낭월 사주용어사전

낭월 사주용어사전

엮은이 — 낭월 박주현

동학사

책머리에

『적천수강의(滴天髓講義)』를 출판한 후 저술 작업은 잠시 쉬었는데, 주변에서 사주 용어에 대한 불편함이 많아 관련 서적을 구상해 달라는 부탁을 받게 되었다. 그래서 서점에서 관련 자료들을 살펴보았는데, 그 중에는 나름대로 참고가 될만한 자료들도 있었다. 그러나 과연 자평명리학(子平命理學)의 전문서적을 보는데 불편함이 없을 정도의 전문적인 자평(子平) 사주 사전에 대한 자료는 다소 아쉬움이 있었다. 박재완(朴在琓) 선생님의『명리사전(命理辭典)』도 있었고, 조성우(曹誠佑) 선생님과 한중수(韓重洙) 선생님의 공저인『역학대사전(易學大辭典)』은 나름대로 상세하다는 생각도 하였다.

다만, 부분적으로 너무 상세하게 다룬 내용들이 오히려 사전이라는 본래의 의미를 손상시킬 수도 있다고 생각하였다. 그래서 그야말로 교과서가 아닌 사전으로서의 역할을 할 수 있는 서적도 필요하다는 판단으로 비로소 마음을 일으켰는데, 이러한 일은 사실 하루아침에 정리가 될 일은 아니라는 생각이었다. 내용이 자평명리학(子平命理學)에 대한 전문적인 사전이라는 점을 고려한다면 그래도 평소에 오로지 자평명리학의 정도(正道)를 위해서 많은 시간을 보내왔던 낭월의 노력이 있으므로 관련 사전을 참고하고, 많은 명리서적을 뒤져서 자료를 찾아낸다면 일정한 수준은 될 것이란 생각으로 마음을 일으켰다.

하지만 이 자리를 빌어서 죄송하고 주제넘은 의견을 말씀드리지 않을 수가 없다. 그 이유는 평소에 낭월이 생각하던 자평법(子平法)과 연관해서 도

저히 용납할 수 없는 이론들도 모두 총망라해야 명색이 사전의 모양을 갖출 것이라는 생각을 했는데, 그러한 자료는 실로 자평명리학에서는 제거하고 싶은 마음도 적지 않았음을 말씀드린다. 그러므로 이 점에 대해서는 다음과 같이 하기로 했다는 말씀을 드리고 양해를 구하려고 한다.

'가능하면 본래의 뜻을 살려서 풀이한다. 그리고 풀이 뒤에는 사족(蛇足)을 달아서 낭월의 의견을 첨가한다.'

이와 같은 방식이 사전의 본래 의미에서는 다소 벗어나기 때문에 죄송한 마음이다. 그러나 명칭만을 나열한다면 또한 공부하는 후학들에게 또 다른 혼란을 주게 될지도 모른다는 판단으로 부득이 사전으로는 다소 어색하지만 사족이 달린 사전을 만들기로 결정하였다. 그리고 이렇게 하는 것이 많은 학자들의 생각과 충돌될 수 있음도 염려가 된다. 그러나 아직은 자평명리학계(子平命理學界)는 과도기라는 생각이다. 그래서 이러한 시기에 어정쩡한 자료집보다는 가능하면 설명을 첨부하더라도 올바른 의미를 부여하는 작업도 누군가는 해야 하고, 그 과정에서 다소 독선적(獨善的)인 비난을 받더라도 감수해야겠다는 결론을 내리게 된 것이 다소 송구스러울 뿐이다.

새로운 용어도 추가되었다. 그 내용 중에는 주로 심리분석(心理分析)과 연관한 내용들이 포함된다. 낭월의 연구에 의해서 정리되고 발현된 하건충(何建忠) 선생의 이론들에 대해서도 가능한 모두 정리하여 신도록 노력하였다. 이러한 내용들이 명리학의 발전에 도움이 될 것이라 생각한다.

다만 사주학과 연관된 책을 모두 읽어 보고 그에 대한 장단점을 적어야 하는데, 여러 여건상 그렇게 하지 못하고 부록의 책소개에 저자와 출판사만 표시한 것에 대해 양해를 구한다. 이것은 인터넷에서 검색하여 책이름이라도 알려 드리고자 하는 의도임을 헤아려 주시기 바란다.

  아무리 꼼꼼하게 살펴서 챙겨 넣는다고 해도 또한 빠진 것이 있기 마련이다. 이러한 것에 대해서는 아마도 수정과 보완한 2판을 약속드린다. 이 작은 노력의 결실이 명리학의 기준을 세우는 시금석(試金石)이 된다면 더 없는 보람일 것이며, 모쪼록 벗님의 정진을 통해서 자평명리학의 깊은 이치에 두루 통함을 이루시길 기원드린다.

임오년(壬午年) 겨울에
계룡감로(鷄龍甘露)에서 낭월 두손 모음

일러두기

내용 중에는 일부 실험적인 자료가 포함되어 있다. 임상을 하면서 타당한 수정 사항을 보내 주시면 다음 판에서 수정할 것을 약속드린다. 특히 직업 적성(職業適性)에 대해서는 직접 종사하거나 보다 구체적으로 알고 있는 분 야에 대해서 고견을 주시면 적극적으로 수용할 것이므로 많은 의견을 부탁 드린다.(의견을 보내실 때에는 표지 약력부분의 E-mail 참고)

1 본 사주사전의 이름은 『낭월 사주용어사전(朗月四柱用語辭典)』이다. 이름에서 알 수 있듯이 낭월의 설명이 첨부된 사전임을 미리 참고하기 바 란다. 일반적인 학설을 바탕으로 하되 생극제화(生剋制化)의 원리(原理)에 합당하지 않은 것은 추가로 부연설명을 하겠다는 의미로 헤아려 주시기 바 란다.

2 본 사주사전은 자평명리학(子平命理學)의 연구를 돕기 위한 목적으로 작성되었다. 그러므로 다른 명리학(命理學)을 연구하는 경우에는 크게 도 움이 되지 않을 수도 있음을 헤아리시기 바란다. 다만 오행(五行)이나 간지 (干支)의 부분에 대해서는 그대로 대입될 수 있다고 생각한다.

3 본 사주사전은 학문적인 용어와 관련 서적, 학자 등을 위주로 작성하 였으며, 일부 세시풍속과 연관된 용어도 포함되었다.

4 형식은 한자 용어인 경우에는 우리말로 풀이하고 이어서 설명을 하였 다. 다만, 자주 쓰이는 목화토금수(木火土金水)의 경우에는 그냥 토(土), 금 (金), 목(木)으로 하고 쇠, 흙, 나무 등으로 하지 않았다. 하지만 경우에 따

라서는 풀어서 설명하기도 하였다.

5 개인적으로 신살(神殺)에 대해서는 과감히 물리쳐야만 명리학이 학문적으로 발전하게 될 것이라는 생각이다. 그러나 사전이라는 특성을 생각하여 관련 자료에서 찾을 수 있는 것은 모으도록 노력하였다. 다만 낭월의 해설을 통해서 이치적으로 부당한 부분은 부연설명을 하는 형식을 취하였다.

6 서적(書籍)에 대한 설명은 주로 대만(臺灣)에서 출판된 책들이다. 국내 서적들은 마음이 있으면 구입하기가 쉬우므로 설명을 생략하고, 대만에서 구입한 서적을 중심으로 설명드렸음을 참고하시기 바란다.

7 한자 병기를 되도록 많이 사용하였다. 이유는 국내의 한자교육의 실상을 고려하여 가능하면 괄호 속에 한자를 넣었다. 자평명리학(子平命理學)을 처음으로 입문하는 경우에도 찾아보기 쉽게 배려한 것이지만 어느 정도 관심 있는 이용자에게는 오히려 불편할 수도 있을 것이다. 이러한 점을 헤아려 주시기 바란다.

8 검색의 이해를 돕기 위해 약물을 사용하였다. 다만, 어느 한 가지로 구분하기 애매한 용어도 상당수 있는데, 이러한 경우에는 어느 한 가지의 부분에 적용하면 그 방향으로 적용시켰으므로 다른 의미도 포함된다는 것을 참고하여 혼동이 없으시길 바란다.
　사전에 쓰인 약물은 다음과 같다.

　五 음양오행(陰陽五行) 관련
　格 격국(格局) 관련
　用 용신(用神) 관련
　令 계절(季節) 월지(月支) 관련
　殺 신살(神殺) 관련
　俗 세시풍속(歲時風俗) 관련

　⑪ 서적(書籍) 관련
　ⓛ 역학인명(易學人名) 관련
　固 고법(古法)의 논리 관련
　外 자평명리(子平命理) 외의 용어 관련
　子 자평명리학(子平命理學)의 구조와 관련
　星 십성(十星)과 육친(六親) 관련
　干支 천간(天干)이나 지지(地支) 관련
　心 심리구조(心理構造) 관련
　業 직업과 적성 관련
　朗月 저자 낭월(朗月)의 의견

9 일반적인 설명 아래에는 **朗月** 표시를 해서 낭월의 사견을 첨부하였다. 개인적인 의견을 사전에 넣는다는 것이 대단한 부담이었지만 아직까지 자평명리학에 대한 용어의 의미들이, 혹 잘못 전해진다고 생각하거나 부연설명이 필요한 경우에 첨부한 내용들이다. 언젠가 사주학이 학문적인 체계가 공식적으로 기준을 마련할 정도가 된다면 다시 수정될 것이라 생각하고 지금의 상황에서는 이렇게 하는 것이 바른 전달이 되리라는 생각에서 시도한 것임을 헤아려 주시기 바란다.

10 【滴天髓】라는 표시가 있는 곳은 『적천수(滴天髓)』의 원문(原文)이다. 이는 『적천수징의(滴天髓徵義)』를 따랐다. 적천수를 공부하시는 벗님들을 위해서 간단하게나마 원문(原文)을 직역하여 약간의 도움이 되도록 하였다. 그리고 어느 정도의 의역(意譯)도 추가하여 이해를 돕도록 하였다. 책을 보다가 원문의 뜻에 대해서 찾아볼 경우에 도움이 되었으면 하는 바람이다. 다만 상세한 설명이 필요로 하다면 해설서(解說書)인 『적천수강의(滴天髓講義)』를 참조하시기 바란다.

11 【窮通寶鑑】이라는 표시가 되어 있는 곳은 『궁통보감(窮通寶鑑)』의 구

조를 나타낸 것이다. 원리를 응용한 것으로 참고하는 용도로만 보면 좋다. 다만, 『궁통보감』의 모든 내용을 모두 수용할 수 없었다는 점을 일러두기로 대신한다. 내용에서 일일이 설명하는 것은 생략하였다.

12 자평명리학(子平命理學)에서 추가되어야 할 용어를 발견하면 모두 수집하여 다음 판에서 보다 완벽한 사전이 되도록 수정 · 보완할 것을 약속드린다.

13 본 사전의 자료들을 인용한 서적은 다음과 같다. 관련 서적을 집필하신 선학(先學) 제현(諸賢) 님께 감사드린다.

- 『역학대사전(易學大辭典)』 한중수(韓重洙) 조성우(曹誠佑) 공저(共著)
- 『명리사전(命理辭典)』 박재완(朴在琓) 저(著)
- 『연해자평정해(淵海子平精解)』 심재열(沈載烈) 강술(講述)
- 『사주첩경(四柱捷徑)』 이석영(李錫暎) 저(著)
- 『적천수징의(滴天髓徵義)』 임철초(任鐵樵) 강해(講解)
- 『삼명통회(三命通會)』 만육오(萬育吾) 편저(編著)
- 『팔자심리추명학(八字心理推明學, 2권)』 하건충(何建忠) 저(著)
- 『자평진전(子平眞詮)』 심효첨(沈孝瞻) 저(著)
- 『궁통보감(窮通寶鑑)』 여춘태(余春台) 저(著)
- 『명리요강(命理要綱)』 박재완(朴在琓) 저(著)
- 『명리정종정해(命理正宗精解)』 심재열(沈載烈) 강술(講述)
- 『대한민력(大韓民曆)』 명문당(明文堂)
- 『사주팔자(四柱八字)와 숙명(宿命)』 정지섬(丁智蟾) 저(著)
- 기타 관련 서적 다수 포함

낭월 사주용어사전 차례

가기(假氣) 🛦 거짓된 기운(氣運). 월령(月令)을 얻지 못한 글자에 해당한다.

가살위권(假殺爲權) 格 거짓된 편관(偏官)이 권세가 됨. 신왕하여 편관을 용신으로 삼은 경우를 멋스럽게 이름 붙인 것으로, 편관격(偏官格)과 같은 의미이다.

가상관(假傷官) 用 거짓된 상관(傷官). 상관은 나쁜데 거짓으로 나쁜 것이다. 월지(月支)가 아닌 다른 곳에 있는 상관으로 용신의 역할을 할 경우에 이 명칭을 부여한다. ⇨ 용신격(用神格)

　朗月 가상관이라도 전체적으로 상관의 세력이 많아 부담이 된다면 진상관(眞傷官)과 다를 바가 없으므로, 명칭으로 편견을 만드는 것은 이치에 맞지 않다. 그냥 용신격(用神格)으로 부르는 것이 좋다.

가색격(稼穡格) 格 일행득기격(一行得氣格)이라고도 함. 종왕격(從旺格)의 외격(外格)에도 해당한다. 구조는 일간(日干)과 주변이 모두 토(土)의 세력으로 형성되어 있어 다른 글자는 거의 보이지 않는다. ⇨ 일행득기격(一行得氣格)

　朗月 가색격에 금토목(金土木)이 있으면 성립되지 않는다.

가신난진(假神亂眞) 用 가짜가 진짜를 어지럽게 함. 여기에서 진신(眞神)은 용신을 말하고, 가신(假神)은 기신을 말한다. 기신이 용신을 극하거나 합하여 어지럽게 한다는 의미이다.

가용신(假用神) 用 거짓된 용신. 월령(月令)을 얻지 못한 용신이다. 다른 의미로는 진정으로 필요한 글자를 용신으로 하지 못하고 부득이 차선책으로 용신을 정한 경우이기도 한데, 의미로는 뒤쪽의 것이 더욱 타당하다.

가을 🛦 ⇨ 추(秋)

가종(假從) 格 거짓으로 따름. 종격(從格)이 성립되고 그 중에서 미련을 남기는 뿌리가 있을 경우에 해당한다. 이것도 '종이 되었다'는 것을 의미한다.

　朗月 실제 임상에서 가종은 성립되지 않는다. 즉 가종의 형상은 모두 정격(正格)으로 봐야 한다는 결론이다. 약간의 뿌리만 있어도 종이 되지 않는 것으로 늘 확인된다. 그렇지 않고『적천수징의(滴天髓徵義)』에 나타난 대로 가종을 적용시킨다면 많은 오류가 생긴다.

가종격(假從格) 格 거짓으로 종이 된 격. ⇨ 가종(假從)

가화(假化) 格 거짓으로 합화(合化)함을 이르는 말. 합(合)하여 화(化)하였는데 뿌리가 있으면, 그로 인해 마음에 갈등을 남기므로 이런 경우에 쓰이는 말이다. 이 말도 '화가 되었다'는 의미이다.

　朗月 실제 임상에서 화기격(化氣格)도 잘 발생하지 않기 때문에 가화(假化)는 더욱 보기 어렵다. 그래서『적천수징의(滴天髓徵義)』에 나온 대로 적용시키면 큰 오류를 범하게 된다.

가화격(假化格) 格 거짓으로 합화(合化)한 격. ⇨ 가화(假化)

가화지인역다귀 이성고아능출류(假化之人亦多貴 異性孤兒能出類)【滴天髓】 거짓으로 화격(化格)이 되는 사주로 부귀(富貴)를 누릴 수 있으니 고아(孤兒)라도 능히 큰 인물이 될 수 있다.

간(干) 干支 천간(天干)의 줄임말. ⇨ 천간(天干)

간극(干剋) 干支 천간(天干)의 극(剋). 천간은 충이 없고 극만 있기 때문에 간충(干沖)이라는 말은 타당하지 않다.

간극지(干剋支) 干支 천간(天干)이 지지(地支)를 극(剋)함. 예를 들어 간지(干支)가 정유(丁酉)나 신묘(辛卯) 또는 임오(壬午) 등이면 천간에서 지지를 극한다.

간극지충(干剋支沖) 干支 천간(天干)은 극(剋)의 이치가 있고, 지지(地支)는 충(沖)의 이치가 있음. 예를 들어 좌우에서 병오(丙午)와 임자(壬子)가 만나면 천지충(天地沖)이라고 하는데, 그보다 간극지충이라 하는 것이 옳다.

간생지(干生支) 干支 천간(天干)이 지지(地支)를 생조(生助)함. 예를 들어 간지(干支)가 경자(庚子), 갑오(甲午), 임인(壬寅) 등이면 천간에서 지지를 생조하는 경우이다.

간순(干順) 干支 천간(天干)의 순서. 갑을병정무기경신임계(甲乙丙丁戊己庚辛壬癸)로 순서가 정해지고, 다시 계(癸)에서 갑(甲)으로 이어진다.

간오행(干五行) 五 ⇨ 천간오행(天干五行)

간(干)**의 음양**(陰陽) 五 천간(天干)의 음양(陰陽). 갑병무경임(甲丙戊庚壬)은 천간의 양이고, 을정기신계(乙丁己辛癸)는 천간의 음이다.

간(干)**의 음양오행**(陰陽五行) 干支 천간(天干)의 음양오행. 음양으로 구분하면 갑병무경임(甲丙戊庚壬)의 양간(陽干)과 을정기신계(乙丁己辛癸)의 음간(陰干)으로 나뉘고, 오행(五行)으로 나누면 갑을목(甲乙木), 병정화(丙丁火), 무기토(戊己土), 경신금(庚辛金), 임계수(壬癸水)로 나뉜다. 이러한 음양오행을 각각 부여한 것이 십간(十干)이다.

간지(干支) 干支 십간(十干)과 십이지(十二支). 천간(天干)과 지지(地支)를 줄인 말로, 천지(天地)라고도 한다. ⇨ 천간(天干), 지지(地支)

朗月 간지의 변화는 참으로 다양해서 일일이 설명할 수 없을 정도이다. 천간과 천간의 관계, 지지와 지지의 관계, 천간과 지지의 관계까지도 모두 충분히 이해하지 않으면 사주 해석을 올바로 하기 어렵다. 그러므로 정밀하고 다양한 경우를 모두 대입하여 완전하게 이해하는 것이 중요한데, 간지를 얼마나 정확하게 이해하느냐가 사주학(四柱學)의 핵심이다.

간지동(干支同) 干支 천간(天干)과 지지(地支)의 음양오행(陰陽五行)이 같은 구조임을 이르는 말. 갑인(甲寅), 을묘(乙卯), 무진(戊辰), 무술(戊戌), 기축(己丑), 기미(己未), 경신(庚申), 신유(辛酉) 등 8개의 간지(干支)가 같은 구조이다. 참고로 오행은 같지만 음양이 다른 간지는 병오(丙午), 정사(丁巳), 임자(壬子), 계해(癸亥) 등 4개이다.

간지동체격(干支同體格) 格 고전격국(古典格局)의 한 종류. 천원일기격(天元一氣格)과 지진일기격(地辰一氣格)의 합체이다.

朗月 이러한 형상이라면 아마 편중되었다고 해야 할 것이다. 사갑술(四甲戌)이나 사을유(四乙酉), 사병신(四丙申) 등의 사주도 모두 여기에 해당하는데, 이러한 사주들에서 귀기(貴氣)는 보이지 않는다. 쓸모 없는 격의 명칭일 뿐이다.

간지방위(干支方位) 干支 천간(天干)과 지

경금(庚金), 편인(偏印)인 임수(壬水), 편재(偏財)인 무토(戊土)가 있기 때문에, 인내심(忍耐心)과 신비성(神秘性)과 통제성(統制性) 등을 나타낸다. 기토(己土)는 논하지 않는다.

갑오(甲午) 干支 육십간지의 하나. 갑목(甲木)과 오화(午火)의 결합이다. 형상을 보면 갑목은 오화에게 모든 기운을 빼앗겨서 상당히 무력한 것으로 이해한다.

갑오순(甲午旬) 干支 갑오(甲午), 을미(乙未), 병신(丙申), 정유(丁酉), 무술(戊戌), 기해(己亥), 경자(庚子), 신축(辛丑), 임인(壬寅), 계묘(癸卯) 등이다.

갑오을미사중금(甲午乙未沙中金) 古 갑오(甲午)와 을미(乙未)는 사중금(沙中金)임을 이르는 말. 사중금은 모래 속의 금이라는 뜻이다. ⇨ 납음오행(納音五行)

朗月 오행 원리와 간지 구조로 보아 전혀 부합되지 않으므로 그냥 덮어두고 사용하지 않음을 권한다.

갑오(甲午)**의 성격**(性格) 心 갑오(甲午) 일주(日柱)는 지지(地支)에 상관(傷官)인 정화(丁火), 식신(食神)인 병화(丙火), 정재(正財)인 기토(己土)가 있기 때문에, 사교성(社交性)과 연구성(研究性)과 집착성(執着性) 등을 나타낸다.

갑월(甲月) 干支 갑(甲)의 달. 사주의 월간(月干)이 갑에 해당하는 경우이다.

갑을(甲乙) 干支 갑목(甲木)과 을목(乙木). 목(木)의 음양을 의미한다.

朗月 오행은 모두 음양이 있는데, 목의 양은 갑을(甲乙)로 불린다. 양목(陽木)을 대표해서 갑(甲)을 사용하고, 음목(陰목)을 대표해서 을(乙)을 사용하는데, 이는 목의 음양이 된다. 갑(甲)을 목의 기운으로 이해하고, 을(乙)을 목의 형상으로 이해한다.

갑을일간(甲乙日干) 干支 갑일(甲日)이나 을일(乙日)에 태어난 사람.

갑인(甲寅) 干支 육십간지의 하나. 갑목(甲木)과 인목(寅木)의 결합이다. 형상을 보면 갑목이 인목을 만나 매우 왕성한 세력을 형성하는 것으로 해석한다.

朗月 인목의 지장간에는 병화(丙火)가 있기 때문에 추운 계절이라면 더욱 좋지만 반면에 더운 계절에는 다소 건조한 허물이 남는다.

갑인순(甲寅旬) 干支 갑인(甲寅), 을묘(乙卯), 병진(丙辰), 정사(丁巳), 무오(戊午), 기미(己未), 경신(庚申), 신유(辛酉), 임술(壬戌), 계해(癸亥) 등이다.

갑인을묘대계수(甲寅乙卯大溪水) 古 갑인(甲寅)과 을묘(乙卯)는 대계수(大溪水)임을 이르는 말. 대계수는 큰 시내의 물이라는 뜻이다. ⇨ 납음오행(納音五行)

朗月 설명은 이렇게 되어 있지만 오행 원리와 간지 구조로 봐서 전혀 부합되지 않으니 그냥 덮어두고 사용하지 않음을 권한다.

갑인(甲寅)**의 성격**(性格) 心 갑인(甲寅) 일주(日柱)는 지지(地支)에 비견(比肩)인 갑목(甲木), 식신(食神)인 병화(丙火), 편재(偏財)인 무토(戊土)가 있기 때문에, 주체성(主體性)과 연구성(研究性)과 통제성(統制性) 등을 나타낸다.

갑일(甲日) 干支 갑(甲)의 날. 사주의 일간(日干)이 갑에 해당하는 경우이다.

갑일간(甲日干) 干支 태어난 날이 갑일(甲日)에 해당하는 사람.

갑일주(甲日主) 干支 ⇨ 갑일간(甲日干)

갑자(甲子) 干支 육십간지의 하나. 갑목(甲木)과 자수(子水)의 결합이다. 간지의 구조는 수생목(水生木)의 형상이며 갑목이 매우 강한 것으로 이해한다. 단, 겨울이면 추위가 심하므로 화(火)를 급히 찾는다.

갑자순(甲子旬) 干支 갑자(甲子), 을축(乙丑), 병인(丙寅), 정묘(丁卯),

지(地支)를 각 방위에 배속시키는 것. 갑을인묘진(甲乙寅卯辰) - 동방(東方), 병정사오미(丙丁巳午未) - 남방(南方), 경신신유술(庚辛申酉戌) - 서방(西方), 임계해자축(壬癸亥子丑) - 북방(北方), 무기진술축미(戊己辰戌丑未) - 중앙방(中央方) 등으로 분류한다.

간지순(干支順) 干支 천간(天干)과 지지(地支)의 순서. 갑자(甲子), 을축(乙丑), 병인(丙寅), 정묘(丁卯) 등의 순서로 나열한 것이다.

간지쌍련(干支雙連) 干支 갑자(甲子)가 을미(乙未)를 보거나, 병신(丙申)이 정유(丁酉)를 보거나, 무술(戊戌)이 기해(己亥)를 보면 상하(上下)가 서로 연결된다는 의미이다.

朗月 이것만으로는 별 의미가 없다.

간지오행(干支五行) 干支 간지(干支)의 오행(五行). 갑을인묘(甲乙寅卯) - 목(木), 병정사오(丙丁巳午) - 화(火), 무기진술축미(戊己辰戌丑未) - 토(土), 경신신유(庚辛申酉) - 금(金), 임계해자(壬癸亥子) - 수(水)를 나타낸다.

간지유정(干支有情) 干支 천간(天干)과 지지(地支)가 서로 유정함을 이르는 말. 특히 유정(有情)은 합(合)을 말하는데, 간지(干支)가 합이 되는 것은 무자(戊子), 정해(丁亥), 임오(壬午), 신사(辛巳) 등 4종류이다. 그러나 반드시 합을 안 해도 서로 유정한 경우가 있다. 천간에서 생조(生助)를 원할 경우에 지지가 인겁(印劫)이 되거나, 지지에서 생조를 원할 경우에 천간이 인겁이 되어 감싸주는 경우도 유정하다.

간지음양(干支陰陽) 干支 천간(天干)과 지지(地支)의 음양(陰陽). 양(陽)에 속하는 간지(干支)는 갑병무경임(甲丙戊庚壬)과 자인진오신술(子寅辰午申戌)이고, 음(陰)에 속하는 간지는 을정기신계(乙丁己辛계)

癸)와 축해유미사묘(丑亥酉未巳卯)이다.

간지(干支)**의 기원**(起源) 古 황제가 치우(蚩尤)를 토벌하기 위해서 하늘에 기도를 올린 다음 열 명의 천신(天神)을 얻었는데 그들이 십간(十干)이다. 그리고 그들이 세상을 평정한 다음 마련해준 배필이 십이지(十二支)가 되었다는 이야기가 전해 내려온다. 음양과 오행이 결합하면서 발생한 것이 십간이고, 다른 시기에 각 월의 상황을 살펴서 십이지가 생겨났다고 본다.

간지(干支)**의 색**(色) 干支 천간(天干)과 지지(地支)의 색(色). 간지(干支)의 색이 별도로 지정된 것은 아니고, 오행(五行)의 색을 대입한 것이다. ⇨ 오색(五色)

간지(干支)**의 수**(數) 古 천간(天干)과 지지(地支)의 수. 선천수(先天數)와 후천수(後天數)가 있는데 각각 대입이 다르다. ⇨ 선천수(先天數), 후천수(後天數)

간충(干沖) 干支 천간(天干)의 충(沖). ⇨ 천간상충(天干相沖)

간하수(澗下水) 古 ⇨ 병자정축간하수(丙子丁丑澗下水)

간합(干合) 干支 천간(天干)의 합. 갑기합(甲己合), 을경합(乙庚合), 병신합(丙辛合), 정임합(丁壬合), 무계합(戊癸合) 등을 말한다. 오합(五合)이라고도 한다. ⇨ 오운(五運)

朗月 천간이 서로 합하는 논리는 오운육기(五運六氣)에서 언급하였으며, 그에 관한 자료는 『황제내경(黃帝內經)』의 「오운응상대론편」에서 설명한다.

간합오행(干合五行) 干支 천간(天干)이 합(合)할 경우에 발생하는 오행(五行). 갑기합화토(甲己合化土), 을경합화금(乙庚合化金), 병신합화수(丙辛合化水), 정임합화목(丁壬合化木), 무계합화화(戊癸合化火) 등을 말한다.

朗月 다만, 화(化)하지 않은 경우에는

고려하지 않음을 주의한다. 한편, 합만 되면 화하는 오행으로 논하는 관습이 있는데 이것은 절대로 아니다. 반드시 화하지 않으면 변화의 오행은 논하지 않고 기본 오행만 대입한다. 왜냐하면 미세한 경우에 해석의 변화에 큰 차이가 있기 때문이다.

감리상지(坎離相持) 占 수(水)와 화(火)가 서로 유지함을 이르는 말. 수·화의 마찰을 없애는 목(木)의 역할 때문에 서로 유지가 된다.

감리재천지지중기 성불독성 이유상지자재(坎離宰天地之中氣 成不獨成 而有相持者 在)【滴天髓】 수화(水火)로 태어난 사람은 천지(天地)의 중심에서 통제(統制)하지만 홀로는 이룰 수 없으니 서로 유지하는 자는 존재한다.

감리진태(坎離震兌) 占 동서남북(東西南北)을 의미하는 팔괘(八卦)의 명칭. 감(坎)-수(水), 리(離)-화(火), 진(震)-목(木), 태(兌)-금(金)의 의미이다.

감명(鑑命) 業 운명(運命)을 감정(鑑定)함. ⇨ 운명감정(運命鑑定)

감여학(堪輿學) 用 ⇨ 풍수지리(風水地理)

감정적(感情的) 心 성격존에서 일간(日干)과 같은 음양(陰陽)으로 모두 짜여져 있다면 그것의 심리 구조는 감정적이 된다. 그리고 일간(日干)이 양간(陽干)이면 외향적(外向的)인 감정형(感情形)이라 하고, 일간이 음간(陰干)이면 내성적(內省的)인 감정형이라고 한다.

감정지(鑑定紙) 業 사주를 감정할 때 적는 용지. 감정자에 따라 스타일이 다르다. 어떤 경우에는 적어서 주기도 하고, 절대로 주지 않기도 한다.

갑(甲) 干支 천간(天干)에서 양목(陽木)으로도 부르며, 목(木)의 기운(氣運)으로 보는 것. 지지(地支)에는 인목(寅木), 을목(乙木), 해수(亥水)에도 포함되어 있

다.

朗月 갑(甲)의 형상을 거대한 나무 또는 대림목(大林木)으로도 보지만 타당하지 않은 음양관이다. 오히려 갑은 형상이 결정되지 않은 목(木)의 눈으로 봐야 할 가능성이 더 많으며, 갑목(甲木)은 반드시 나무로만 표현될 필요는 없다.

갑경충(甲庚沖) 干支 갑(甲)과 경(庚)이 만나면 충(沖)함을 이르는 말.

朗月 일반적으로는 금극목(金剋木)의 이론이 대입되므로 충으로 보지 않는다. 그냥 극(剋)의 의미로 이해해도 무방하다.

갑기합(甲己合) 干支 갑(甲)과 기(己)가 만나 합함을 이르는 말. 갑목(甲木)이 기토(己土)를 옆에서 만나면 합을 한다. 합의 이론은 『황제내경(黃帝內經)』에 나오는데, 갑년(甲年)과 기년(己年)에는 토(土)의 기운이 진사월(辰巳月)을 통과하므로 무진월(戊辰月)과 기사월(己巳月)이 되고, 갑기년에는 토의 기운이 된다고 해서 토운(土運)이라고 한다. 갑기합을 중정지합(中正之合)이라고도 하는데 실제로 임상에 적용시키기에는 문제가 있다.

朗月 어떤 경우에는 갑기(甲己)가 있으면 위치를 묻지 않고 모두 합이 된다고도 하지만, 서로 바짝 붙어 있어야만 성립된다고 본다. 중간에 무언가 있으면 합은 무효가 된다.

갑기합화격(甲己合化格) 格 ⇨ 화토격(化土格)

갑기합화토(甲己合化土) 干支 갑(甲)과 기(己)가 합하여 토(土)로 변화함을 이르는 말. 변화한 오행이 무토(戊土)인지 기토(己土)인지 구분할 수 없으며 또 그럴 필요도 없다.

朗月 서로 합하기는 쉽지만 변화하기는 매우 어렵다. 변화하려면 주변에 토(土)의 세력이 강해야 하고, 목(木)의 뿌리가 전혀 없어야 한다. 합화(合化)에는 일간

합(日干合)과 천간합(天干合)이 있는데, 화(化)한다는 것은 여간해서 어렵기 때문에 거의 없는 것으로 보는 것이 좋다.

갑기합화토격(甲己合化土格) 格 ⇨ 화토격(化土格)

갑기화토격(甲己化土格) 格 갑기(甲己)의 합이 화(化)하면 토(土)가 되는 격. ⇨ 화토격(化土格)

갑년(甲年) 干支 갑(甲)의 해. 사주의 연간(年干)이 갑에 해당하는 경우이다.

갑목맹아(甲木萌芽) 占 갑목(甲木)의 어린 싹눈(새싹). 해월(亥月)의 갑목을 부르는 명칭이다. 목(木)의 생지(生地)에 해당하는 해월에서 목은 싹눈(새싹)의 상태로 존재한다고 본다.

갑목붕아(甲木崩芽) 占 갑목(甲木)이 싹을 틔운다는 것을 이르는 말. 해월갑목(亥月甲木)을 두고 달리 부르는 말이다. 비록 춥지만 목(木)의 생지(生地)에 해당하므로 싹을 틔운다는 의미이다.

갑목참천(甲木參天) 占 갑목(甲木)은 그 형상이 하늘 높이 솟아오르는 모양을 상징한다.

갑목참천 탈태요화(甲木參天 脫胎要火)【滴天髓】 갑목(甲木)은 그 천성(天性)이 하늘에 우뚝 솟은 것인데, 이른 초봄에 태어난 것은 따스한 불로 데워주는 것이 필요하다.

갑술(甲戌) 干支 육십간지의 하나. 갑목(甲木)과 술토(戌土)의 결합이다. 형상을 보면 갑목이 술토를 극하는 배합이지만, 술토의 지장간에는 신금(辛金)과 정화(丁火木)가 있어서 편안하지 않은 자리에 앉은 것으로 이해한다.

갑술순(甲戌旬) 干支 갑술(甲戌), 을해(乙亥), 병자(丙子), 정축(丁丑), 무인(戊寅), 기묘(己卯), 경진(庚辰), 신사(辛巳), 임오(壬午), 계미(癸未) 등이다.

갑술을해산두화(甲戌乙亥山頭火) 占 갑술

(甲戌)과 을해(乙亥)는 산두화(山頭火)임을 이르는 말. 산두화는 산 위의 불이라는 뜻이다. ⇨ 납음오행(納音五行)

朗月 오행 원리와 간지 구조로 보아 전혀 부합되지 않으므로 그냥 덮어두고 사용하지 않음을 권한다.

갑술(甲戌)**의 성격**(性格) 心 갑술(甲戌) 주(日柱)는 지지(地支)에 편재(偏財)인 무토(戊土)와, 상관(傷官)인 정화(丁火)와, 정관(正官)인 신금(辛金)이 있으로, 통제성(統制性)·사교성(社交)·합리성(合理性) 등을 나타낸다.

갑시(甲時) 干支 갑(甲)의 시(時). 시간(時干)이 갑에 해당하는 경우

갑신(甲申) 干支 육십간지의 하나. 목(木)과 신금(辛金)의 결합이다. 면 갑목은 지지(地支)의 신금 받는 모습이다. 그래도 다행히 속에 임수(壬水)가 있어서 나마 되기 때문에 살인상생 나 절처봉생(絶處逢生)의 기도 한다.

갑신무인 진위살인상생(甲 相生)【滴天髓】 살인상생 태는 많지만, 그 중에서 인(戊寅)은 잘 어울리

갑신순(甲申旬) 干支 갑 酉), 병술(丙戌), 子), 기축(己丑), 卯), 임진(壬辰), 계

갑신을유천중수(甲申 (甲申)과 을유(乙 을 이르는 말. 천 뜻이다. ⇨ 납음

朗月 오행 원 혀 부합되지 용하지 않음

갑신(甲申)의 주(日柱)는

갑을

辰), 기사(己巳), 경오(庚午), 신미(辛未), 임신(壬申), 계유(癸酉) 등이다.

갑자을축해중금(甲子乙丑海中金) 固 갑자(甲子)와 을축(乙丑)은 해중금(海中金)임을 이르는 말. 해중금은 바닷속의 금이라는 뜻이다. ⇨ 납음오행(納音五行)

朗月 오행 원리와 간지 구조로 보아 전혀 부합되지 않으므로 그냥 덮어두고 사용하지 않음을 권한다.

갑자(甲子)**의 성격**(性格) 心 갑자(甲子) 일주(日柱)는 지지(地支)에 정인(正印)을 두고 있어 직관력(直觀力)이 발달되었기 때문에 예감(豫感)이 좋게 작용한다. 임수(壬水)는 고려하지 않는다.

갑중을(甲中乙) 干支 갑목(甲木) 가운데의 을목(乙木). 갑목(甲木)은 목(木)의 음양(陰陽)에서는 양(陽)에 속하지만, 다시 양목(陽木)의 음양으로 나눠서 생각한 것이다.

갑진(甲辰) 干支 육십간지의 하나. 갑목(甲木)과 진토(辰土)의 결합이다. 형상을 보면 갑목이 진토에 뿌리를 내리고 있는데, 진토는 습목이므로 충분히 의지할 수 있다. 그러므로 갑진의 갑목은 세력을 얻었다는 해석도 가능하다.

갑진순(甲辰旬) 干支 갑진(甲辰), 을사(乙巳), 병오(丙午), 정미(丁未), 무신(戊申), 기유(己酉), 경술(庚戌), 신해(辛亥), 임자(壬子), 계축(癸丑) 등이다.

갑진을사복등화(甲辰乙巳復燈火) 固 갑진(甲辰)과 을사(乙巳)는 복등화(復燈火)임을 이르는 말. 복등화는 가리개가 있는 등불의 불이다. ⇨ 납음오행(納音五行)

朗月 오행 원리와 간지 구조로 보아 전혀 부합되지 않으므로 그냥 덮어두고 사용하지 않음을 권한다.

갑진(甲辰)**의 성격**(性格) 心 갑진(甲辰) 일주(日柱)는 지지(地支)에 편재(偏財)인 무토(戊土), 정인(正印)인 계수(癸水),

겁재(劫財)인 을목(乙木)이 있기 때문에, 통제성(統制性)과 직관력(直觀力)과 경쟁심(競爭心) 등을 나타낸다.

강(強) 用 강함. 특히 인성(印星)의 생조(生助)가 많아서 신강(身強)인 경우에 해당한다.

강과이적중자 세재성호중(強寡而敵衆者 勢在成乎衆)【滴天髓】 일간(日干)은 허약하고 반대로 관살(官殺)이 매우 강할 때에는 그 관살을 따라서 종(從)하므로 종살격(從殺格)이 된다.

강금(強金) 五 강한 쇠. 경신금(庚辛金)이 간지(干支)에서 토(土)의 세력이 매우 많고, 수(水)나 화(火)의 극설(剋洩)이 없을 경우에 해당한다.

朗月 강(強)한 것과 왕(旺)한 것의 상황이 비슷하지만, 인성(印星)이 많은 경우와 비겁(比劫)이 많은 경우는 차이가 있으므로 구분하는 것이 좋다.

강금득화(強金得火) 五 강한 금(金)이 화(火)를 얻었음을 이르는 말. 금이 강하면 그 세력으로 통제하기가 어려운데, 힘이 있는 화를 만나면 비로소 금이 쓰임을 얻는다고 본다.

朗月 주인을 잘 만나야 능력을 인정받는다는 의미도 포함한다.

강목(強木) 五 강한 나무. 갑을목(甲乙木)이 사주에 수(水)의 성분을 많이 포함하고 있을 경우에 해당한다.

朗月 강(強)한 것과 왕(旺)한 것의 상황이 비슷하지만 인성(印星)이 많은 경우와 비겁(比劫)이 많은 경우는 차이가 있으므로 구분하는 것이 좋다.

강수(強水) 五 강한 물. 임계수(壬癸水)가 간지(干支)에 매우 강한 수(水)의 세력을 만나고, 반대로 목화토(木火土)의 세력이 약할 경우에 해당한다.

朗月 강(強)한 것과 왕(旺)한 것의 상황이 비슷하지만 인성(印星)이 많은 경우와

비겁(比劫)이 많은 경우는 차이가 있으므로 구분하는 것이 좋다.

강약(强弱) 用 강하거나 약함. 일간(日干)의 기준으로 전체의 주변 상황을 살펴서 일간을 돕는 인겁(印劫)이 많으면 강(强)이라 하고, 반대로 식재관(食財官)이 많으면 약(弱)이라고 한다.

강왕(强旺) 用 강하고 왕한 것. 인성(印星)과 비겁(比劫)이 많은 경우이다.

강유(剛柔) 用 강하고 부드러움. 사주 상황에 대한 설명으로 강은 양(陽)을 말하고, 유는 음(陰)을 말하므로 음양(陰陽)이라는 말과 같다.

강유불일야 불가제자 인기성정이이의(剛柔不一也 不可制者 引其性情而已矣)【滴天髓】강약(强弱)의 변수는 참으로 많으니, 제어가 안 되는 사주는 그 성향에 따르는 것이 옳다.

강자의억(强者宜抑) 用 강(强)한 자는 누르는 것이 옳음을 이르는 말. 억부법(抑扶法)의 억법(抑法)에 해당한다. 방법은 관살(官殺)로 극(剋)하거나, 식상(食傷)으로 설(洩)하는 것을 말한다. ⇨ 억부법(抑扶法)

강중이적과자 세재거기과(强衆而敵寡者 勢在去其寡)【滴天髓】일주(日主)가 강하고 관살(官殺)이 극히 약하다면 그 약한 것을 제거해 버리게 된다. 그래서 종강격(從强格)이나 종왕격(從旺格)이 된다.

강중지덕 주류불체(剛中之德 周流不滯)【滴天髓】양(陽)의 성분이므로 강한 가운데에서도 살기(殺氣)를 유통시켜 덕성(德性)을 갖추니, 두루두루 흘러서 막히는 곳이 없다.

　　朗月 주류불체(周流不滯)는 아마 그냥 물을 말하는 것은 아니라고 생각한다. 무토(戊土) 가운데 함께 흐르는 생명(生命)의 기(氣)인 수기(水氣)가 아닐까 한다.

강토(强土) 五 강한 토. 무기토(戊己土)가

사주에서 극설(剋洩)을 받지 않고 화(火)의 세력을 많이 얻고 있을 때에 해당한다.

　　朗月 강(强)한 것과 왕(旺)한 것의 상황이 비슷하지만 인성(印星)이 많은 경우와 비겁(比劫)이 많은 경우는 차이가 있으므로 구분하는 것이 좋다.

강화(强火) 五 강한 불. 병정화(丙丁火)가 간지(干支)에서 목(木)의 세력을 많이 만나고, 토(土)나 수(水)의 극설(剋洩)이 없는 경우에 해당한다.

　　朗月 강(强)한 것과 왕(旺)한 것의 상황이 비슷하지만 인성(印星)이 많은 경우와 비겁(比劫)이 많은 경우는 차이가 있으므로 구분하는 것이 좋다.

강화위약(强化爲弱) 用 강(强)이 변해서 약(弱)이 되었음을 이르는 말. 강하다는 말은 월지(月支)를 얻었다는 의미이고, 상황에 의해서 약하게 되었다는 말이므로 세력(勢力)을 얻지 못했다고 이해한다. 결과적으로 신약(身弱)과 같은 것이다.

개고(開庫) 干支 창고가 열림. 창고를 열기 위해서는 삼합(三合)의 왕(旺)에 해당하는 글자를 만나야 한다. 예를 들어 술토(戌土)의 화(火)를 사용하기 위해서 인오술(寅午戌)의 왕지(旺地)인 오화(午火)가 와서 오술(午戌)로 합이 되어 열리는 것과 같은 의미이다. 다른 경우도 이렇게 유추한다.

　　朗月 일설에는 충(沖)을 만나야 열린다고 하는데 말이 안 되는 이야기이다. ⇨ 묘고봉충설(墓庫逢沖說)

개두(蓋頭) 干支 머리에 덮임. 지지(地支)에서 천간(天干)을 보고 하는 말이다. 예를 들어 신묘(辛卯)가 있을 때 지지에서 바라보면 천간에는 금(金)이 있어 극을 하니 덮였다고 하는데, 만약 용신(用神)이 신금(辛金)이 된다면 개두라고 하지 않는다. 자신이 필요한 글자를 천간에서

엎었을 때에 해당한다.

朗月 대운이나 세운에서도 이처럼 말하는데, 이 경우에는 천간의 운을 사용하지 못할 때에 해당한다. 일설에는 대운을 10년으로 묶어 보아야만 개두의 법이 적용된다고 하는데, 반드시 그렇게 볼 필요는 없고, 나눠서 대입해도 충분히 그 의미는 적용된다. 개두라는 말을 사용하기 위해서라도 대운을 나누면 안 된다는 말은 용어에 집착한 것이다.

개두절각(蓋頭截脚) 干支 ⇨ 개두(蓋頭), 절각(截脚)

개띠 俗 술년(戌年)에 태어난 사람. 생극제화(生剋制化)의 이치와는 무관하게 보는 것이 타당하다.

개운(開運) 子 운을 좋게 한다는 의미. 보통 나쁜 운이 될 경우에 나쁜 것을 좋게 하는 방법으로 거론되기도 한다. 역학(易學)에서 전반적으로 사용하는 용어이다.

朗月 개운의 방법은 가능하지만 그 효용은 쉽지 않다. 가장 좋은 개운은 마음을 고치는 것인데, 예를 들어 성급한 사람이면 실수를 저지를 가능성이 많으므로 여유를 길러 실수를 줄이는 인과관계가 성립한다고 보는 것이다. 다만 매우 어렵다고들 한다.

객신유육경이재소(客神游六經而災小) 【滴天髓】 떠돌이 한신(閑神)이 천간(天干)에 무력하게 떠 있으면 병의 뿌리도 깊지 않으니 두렵지 않다.

거관유살(去官留殺) 古 정관(正官)은 합으로 제거되고 편관(偏官)은 머물러 있음을 이르는 말. 관살혼잡(官殺混雜)이 부담이라는 의미도 포함하는데, 그 중의 하나를 제거해서 맑아졌다는 의미이다. 일리는 있으나 만약 관살이 신약하다면 오히려 용신이 무력하다는 부담도 되므로, 절대적으로 모두 해당하는 것은 아니다. 편관이 강할 경우에 어울리는 말이다.

거류서배(去留舒配) 古 가야 할 자는 가고, 머물러야 할 자는 머무르며, 짝을 찾는 자는 짝을 맺음을 이르는 말. 사주 구조에 문제가 있을 수도 있지만 배합 조절이 잘 되어서 결과적으로 적절했다는 의미로 사용한다.

거북점 外 고대 중국에서 비롯된 거북의 등을 사용하여 치는 점법. 육효점(六爻占)이라고도 한다. 복희씨(伏羲氏) 때 황하(黃河)에서 나왔다는 『하도낙서(河圖洛書)』에서 유래된 것으로, 음양오행(陰陽五行)에 의하여 괘(卦)를 만들어 점친다. 『삼국사기(三國史記)』의 「백제본기(百濟本紀)」를 보면 660년(의자왕 20)에 땅속에서 거북이 나와, 그 등을 보니 "백제는 둥근 달과 같고 신라는 초승달과 같다"고 쓰여 있었는데, 이것은 곧 백제는 망하고 신라는 흥한다는 뜻으로, 그 해에 나당연합군(羅唐聯合軍)에 의하여 백제는 멸망하였다. 처음에는 거북등의 껍데기를 불에 태워 그 균열에 따라 점쳤으나, 현재는 산 거북을 사용하지 않고 거북의 모습을 응각(凝刻)하여 손에 들고 점을 친다.

거살유관(去殺留官) 古 편관(偏官)은 보내고 정관(正官)은 머물게 둠을 이르는 말. 관살혼잡(官殺混雜)의 경우에 청하는 방법 중 하나이다. 비슷한 것으로는 거관유살(去官留殺)이 있다. 보내는 방법으로는 식신(食神)으로 극하는 방법이 있다.

거탁류청(去濁流淸) 古 탁기(濁氣)를 제거하고 청하게 흘러간다는 의미. 무엇인가 탁한 성분이 있었는데 운에서 제거된 것으로 본다. 여기에서의 탁(濁)은 기신(忌神)으로 본다.

건각살(蹇脚殺) 殺 절름발이살. 사주에 이 살이 있으면 소아마비를 앓거나 나무에서 떨어져 다리 불구가 되기 쉽다고 한다. 구조는 1월생이 인(寅)이 있거나, 2

월생이 묘(卯)가 있거나, 3월생이 진(辰)이 있는 경우이다. 간단히 말하면 월지(月支)와 같은 글자가 다른 곳에 있으면 해당된다.

朗月 실제로는 큰 비중이 없다. 개인적인 생각으로는 신살(神殺)은 모두 무시해도 좋고, 특히 생극제화(生剋制化)의 이치에 부합되지 않는 것이 대부분이므로 적용시키면 그만큼 혼란이 가중될 수 있다.

건록(建祿) 古 문패를 세우고 녹봉을 받음을 이르는 말. 십이운성(十二運星)에서 말하는 명칭의 하나이다.

朗月 양간(陽干)에서는 일리가 있지만, 음간(陰干)에서는 허무맹랑하므로 적용하지 않는 것이 좋다.

건록격(建祿格) 格 녹을 세운 격. ⇨ 비견격(比肩格)

건명(乾命) 子 하늘의 목숨. 사주의 주인공이 남자임을 구분하는 말이다.

건왕(健旺) 五 견실하고 왕성함. 어느 오행이나 뿌리도 튼튼하고 주변 세력도 왕성한 경우에 해당한다.

건조(乾燥) 五 메마르고 덥다는 의미. 이 상황에서는 촉촉한 습기를 희망하게 되는데, 축진토(丑辰土)가 와서 습기를 제공하고, 건조한 성분을 제거하는 것을 가장 반갑게 여긴다.

검봉금(劍鋒金) 古 임신계유검봉금(壬申癸酉劍鋒金)의 줄임말. ⇨ 임신계유검봉금(壬申癸酉劍鋒金)

검봉살(劍鋒殺) 殺 신살(神殺)의 하나. 구조는 갑자순(甲子旬)에서 진(辰)이 검이고 술(戌)이 봉이다. 갑오순(甲午旬)에서는 술(戌)이 검이고 진(辰)이 봉이며, 갑신순(甲申旬)에서는 신오(申午)가 검봉이고, 갑인순(甲寅旬)에서는 오신(午申)이 검봉이다. 갑술순(甲戌旬)에서는 인자(寅子)가 검봉이고, 갑진순(甲辰旬)에서

는 자인(子寅)이 검봉이다. 이 살의 작용은 처자궁에 해롭고 전택이 손실을 입는다고 하는데 낭설로 본다.

朗月 실제로는 큰 비중이 없다. 개인적인 생각으로는 신살(神殺)은 모두 무시해도 좋고, 특히 생극제화(生剋制化)의 이치에는 부합되지 않는 것이 대부분이므로 적용시키면 그만큼 혼란이 가중될 수 있다.

겁살(劫殺) 殺 신살(神殺)의 하나. 큰 재난을 당한다는 살이다. 구조는 일지(日支)나 연지(年支)가 삼합(三合)이 되는 끝 글자 다음에 오는 글자에 해당한다. 예를 들어 일지(日支)에 축(丑)이 있을 경우에 삼합은 사유축(巳酉丑)이 되고, 끝자 축(丑)의 다음 글자는 인(寅)이 되므로 인이 겁살에 해당한다.

朗月 실제로는 큰 비중이 없다. 개인적인 생각으로는 신살은 모두 무시해도 좋고, 특히 생극제화(生剋制化)의 이치에는 부합되지 않는 것이 대부분이므로 적용시키면 그만큼 혼란이 가중될 수 있다.

겁왕(劫旺) 星 비겁(比劫)이 왕(旺)함을 이르는 말.

겁재(劫財) 星 재물을 겁탈함. 사흉신(四凶神)으로 대접하기도 한다. 길신(吉神)에 해당하는 정재(正財)를 극한다고 해서 붙여졌는데 물론 나쁜 작용도 하지만 신약(身弱)한 사람에게는 오히려 동반자가 되기도 한다. 구조는 일간(日干)과 같은 오행에 음양이 다른 경우이다. 육친으로는 성별이 다른 형제라고도 하고, 일설에는 이복형제(異腹兄弟)라고도 한다. 심리적으로는 경쟁심을 의미한다.

朗月 성별이 다른 형제 또는 이복형제라고도 하는데 구태여 구분할 필요도 없고 집착할 필요도 없다. "당신에게는 이복형제가 있소"라는 말을 했을 때, 듣는 사람의 기분이 즐겁지 않다는 것을 헤아려

상담에 필요 없는 이야기는 하지 않는 것이 좋다. 비록 그렇다고 해도 실제로 이복형제가 반드시 있다면 어쩔 수 없지만 사실 그렇지 않다는 것이 문제이다.

겁재격(劫財格) 格 겁재의 격. 월겁격(月劫格)이라고도 한다. 월지(月支)의 십성이 겁재에 해당하는 경우에 붙이는 이름이다. 십격(十格)의 한 종류이다.

　朗月 월지가 겁재라는 것은 자신과 같은 오행의 계절에 태어났다는 말이므로 일간(日干)의 상황은 신왕(身旺)한 경우일 가능성이 많음을 의미한다. 하지만 절대로 그렇다는 것도 아니므로 다른 위치의 오행도 함께 고려해서 판단하는 것이 현명하다. 혹자는 월지에 겁재가 되면 무조건 신왕으로 보고 용신을 정하기도 하는데 현명한 방법은 아니다.

겁재궁(劫財宮) 星 겁재의 집. 별도로 나른 곳에 위치를 부여하지 않고 일간(日干)의 자리에 포함시킨다. 원리는 궁성이론(宮星理論)을 참고한다. ⇨ 궁성이론(宮星理論)

　朗月 하건충 선생의 설이다. 비견궁(比肩宮)에 함께 대입하는 것이 당연한 이유는 성(星)은 열 종류이고, 자리는 여덟 곳뿐이어서 두 가지를 함께 머물도록 해야 하기 때문이다.

겁재성격(劫財性格) 心 겁재에 해당하는 대표적인 성격. 경쟁성을 나타낸다. 그러나 반대로 부정적 요소인 투쟁(鬪爭)의 성향도 나타날 수 있는데, 이는 겁재의 양면성으로 이해한다.

　朗月 기본형의 성격을 이해한 다음에는 겹치는 성격이 있음을 이해하는 것도 중요하다. 겹치게 되는 성격은 거부하는 현상으로 이해한다.

겁재(劫財)와 겁재(劫財) 心 겁재가 겹침. 겁재가 겹치면 경쟁심이 발생하여 지는 것을 못 참는데, 이러한 성분이 겹치면 거부하는 현상도 발생되어 경쟁심을 갖지 않으려고 노력하지만 여전히 본색은 그대로 유지된다.

겁재(劫財)와 비견(比肩) 心 ⇨ 비견(比肩)과 겁재(劫財)

겁재(劫財)와 상관(傷官) 心 겁재와 상관이 만남. 이 둘이 만나면 경쟁성과 사교성이 포함되므로 요령을 잘 피우는 사람이라고 할 수 있고, 주변 상황에 따라서 적응을 잘 하는 사람이라고도 할 수 있다. 꿋꿋함은 다소 부족하지만 주변 상황에 따라서 적응을 잘 하는 것도 훌륭한 능력이다. 다만 신뢰감이 다소 떨어지는데 이는 양면성으로 본다.

겁재(劫財)와 식신(食神) 心 겁재와 식신의 만남. 이 둘이 만나면 경쟁성과 연구심이 만나 몰두하는 형상이 되기도 한다. 다만 경쟁자가 있으면 더욱 힘을 발휘하여 혼자서 연구하는 것보다 단체로 연구하는 것에서 더 뛰어난 능력을 발휘한다는 점을 참고한다. 또한 그런 환경을 만드는 것도 성공을 앞당기는 요령이라 할 수 있다. 경쟁자가 없으면 비견(比肩)보다 못하다는 말도 가능하다.

겁재(財)와 정관(正官) 心 겁재와 정관의 만남. 이 둘이 만나면 경쟁성과 합리성이 결합되어 선의(善意)의 경쟁을 하므로 바람직한 형태가 된다. 다만 요령을 피울 수도 있음을 고려하는 것은 이기고자 하는 욕심 때문에 방법에 무리수를 둘 수도 있기 때문인데, 정관의 제어력이 작용하면 다행이다. 상당한 성취를 이룰 수 있는 구조이다.

겁재(劫財)와 정인(正印) 心 ⇨ 정인(正印)과 겁재(劫財)

겁재(劫財)와 정재(正財) 心 겁재와 정재의 만남. 이 둘이 만나면 경쟁성과 치밀성이 결합되어 결과 위주의 사고방식을 가질 수 있는데, 경쟁심이 유발되면 목적의 결실을 위해 무리한 방법을 취할 수 있다. 여기에 식신(食神)이 더해지면 치밀함에 연구성이 추가되어 뭔가 새로운 발명품을 만들 수도 있다. 그러나 관살(官殺)이 없다면 이기적인 목적을 이루기 위해 수단을 동원할 수 있는데 이는 양면성이다.

겁재(劫財)와 편관(偏官) 心 겁재와 편관의 만남. 이 둘이 만나면 경쟁성과 봉사성이 결합되어 맡은 역할을 잘 수행할 수 있다. 그리고 경쟁심을 유발시키면 더욱 분발하게 되는데 편관이 있다면 동료보다 더 노력한다. 그래서 성취를 빨리 이룰 수 있다.

겁재(劫財)와 편인(偏印) 心 ⇨ 편인(偏印)과 겁재(劫財)

겁재(劫財)와 편재(偏財) 心 겁재와 편재의 만남. 이 둘이 만나면 경쟁성과 통제성이 결합되어 자칫하면 과욕이 생길 수도 있다. 그래서 남의 부추김을 당하지 않아야 하는데, 경쟁심에 부채질을 하면 편재의 통제성과 연결되어 무리수를 두게 될 수 있다.

겁재운(劫財運) 子 겁재의 운. 대운이나 세운에서 겁재에 해당하는 운이 들어오는 것이다. 이러한 운에서는 주로 경쟁심이 강화된다고 해석하는데, 대인관계에서 사소한 일로 마찰을 일으킬 수도 있다. 그리고 무리하게 억지를 쓸 수도 있는데, 이러한 경우에는 마음을 잘 다스리는 것이 좋다. 다만 신약한 경우에는 오히려 좋은 동업자를 만나는 길운이 되기도 하므로 한 가지로 판단하는 것은 매우 위험하다. 항상 사주의 원국을 살펴서 결정한다.

겉궁합 俗 ⇨ 겉궁합 속궁합

겉궁합 속궁합 俗 궁합(宮合)은 사람과 사람이 만나서 일어나는 암시이다. 특히 남녀간의 궁합을 으뜸으로 삼는다. 그 중에서 겉궁합은 연지(年支)끼리의 관계인데, 삼합(三合)이나 육합(六合)이면 좋고, 충(沖)이나 원진(怨嗔)이면 나쁘다. 그리고 속궁합은 일간(日干)끼리의 관계인데, 서로 간합(干合)이면 가장 좋고, 서로 충이면 흉하다. 일설에서는 궁합이 성생활(性生活)을 의미한다고도 하지만 논리적으로 보아 확대해석이라고 본다.

朗月 성생활을 궁합으로 보는 겉궁합, 속궁합을 이제 폐지하고 새로운 겉궁합과 속궁합을 알아야 한다. 우선 겉궁합은 일간끼리의 상생(相生)을 말한다. 서로 상생이 되면 60점이고, 서로에게 용신(用神)의 역할도 된다면 80점 이상으로 본다. 서로 극(剋)이 되면 30점이고, 특히 여자가 남자를 극하면 20점이다. 그리고 일간합(日干合)이 되면 또한 20점이다. 합을 이렇게 보는 것은 합은 집착을 의미하기 때문이다. 일시적으로 만나는 것은 좋은 의미가 되지만 일생을 살아가는 과정에서의 합은 늘 거추장스럽고 짐이 되기도 하므로 이렇게 보는 것이다. 그리고 실제로 일간합이 되는 부부가 의외로 이혼 상담을 많이 청하는 것을 보면 틀림없다고 판단한다. 그리고 속궁합은 본인의 배우자에 대한 행동의 심리구조와 상대방의 배우자에 대한 심리구조를 분석한 것이다. 예를 들어 한 쪽이 보수적인 생각으로 상대에게도 그렇게 해주기를 바라는데, 다른 한 쪽은 개방적이고 활발한 것을 좋아한다면 이 결합은 오래 버티기 어렵다고 본다. 이러한 것을 고려하는 것이 속궁합이라면 썩 잘 어울린다고 할 수 있다. 그리고 내용면에서도 품격이 다르다고 할 수 있다.

겨울 슈 ⇨ 동(冬)

격(格) 格 일정한 규격. 자평명리학에서 사용하는 격은 두 가지로 격국(格局)의 격과 용신격(用神格)의 격이다. 격국의 격은 구체적인 의미를 포함하지 않고 월지

(月支)의 상황을 고려하여 주로 판단하는데, 고전에서는 이러한 의미를 많이 대입하였다. 그리고 임철초(任鐵樵) 선생을 위시하여 용신격의 의미가 등장하였는데 이것은 용신의 상황을 격으로 정리하여 이름만으로도 어떤 상황인지 내용을 파악할 수 있다. ⇨ 용신격(用神格)

朗月 용신격으로 보면 이름만으로도 어떤 상황인지 내용을 파악할 수 있기 때문에 매우 찬성하는 입장이며 언제나 이 기준으로 사주를 설명한다.

격각살(隔角殺) 殺 신살(神殺)의 하나. 이 살이 있으면 부모형제를 떠나서 객지를 떠돈다. 구조는 일지(日支)에서 시지(時支)를 대입하는데, 자일(子日) - 인시(寅時), 축일(丑日) - 묘시(卯時), 인일(寅日) - 진시(辰時), 묘일(卯日) - 사시(巳時), 진일(辰日) - 오시(午時), 사일(巳日) - 미시(未時), 오일(五一) - 신시(申時), 미일(未日) - 유시(酉時), 신일(申日) - 술시(戌時), 유일(酉日) - 해시(亥時), 술일(戌日) - 자시(子時), 해일(亥日) - 축시(丑時) 등이 해당한다.

朗月 구조를 보면 지지(地支)의 순서에서 중간에 한 글자가 빠진 상태로 배열되어 있으면 해당하는 살이다. 물론 의미가 없는 것으로 본다. 어떤 경우에는 공협(拱夾)이 되어서 좋다고 하고, 또 어떤 경우에는 격각살이라고 하니 일정한 기준이 없다고 본다.

격국(格局) 格 일정한 규격과 일정한 국세. 격(格)을 작은 단위로 보면, 그에 비해서 큰 규모의 세력을 국(局)이라고 한다. 다만 자평명리학에서는 보통 사주의 형세를 말할 때 격국이라고 하는데, 용어는 같더라도 사용하는 사람에 따라서 의미가 달라질 수 있다.

朗月 월지와 연관해서 규격을 사용하는 것이 격이고, 전체적인 상황과 연관해서 사용하는 것이 국이다. 중요한 것은 모두 사주의 형상을 의미한다는 것이다. 그러므로 구분하지 않고 붙여서 격국이라 하고 이는 사주의 형상을 의미한다고 본다.

격국론(格局論) 格 사주의 형상(形象)을 특정 구조에 따라서 분류한 것. ⇨ 격국(格局)

격국용신(格局用神) 格 격국과 용신. 격국은 전체적인 상황을 의미하고, 그 상황을 관찰하여 중요한 의미가 되는 글자를 찾아내는 것이 용신이다. ⇨ 격국(格局), 용신(用神)

朗月 전체적인 상황을 고려하지 않고 용신을 찾을 수도 없지만, 찾은 용신을 올바르게 해석하기도 어렵다고 생각하는 것이 좋다. 반드시 전체를 파악하여 용신을 찾아야 한다고 강조하는 이유는 혹자는 월지(月支)에 무슨 글자가 있느냐만 가지고 용신을 정하기도 하고, 또는 무슨 시에 태어났느냐만으로 용신을 정하는 등 매우 위험하기 때문이다. 학문의 체계가 정립되기 전에는 그럴 수도 있었지만 지금은 그러한 방식을 사용하면 학자라고 볼 수 없다.

격국(格局)**의 진가**(眞假) 格 진격(眞格)과 가격(假格). 진가를 붙이는 경우는 해당하는 성분이 월령(月令)에 뿌리를 두느냐 아니냐를 기준으로 삼는 것이 보통이다. 즉 격국의 진가는 어떤 격국이 월령에 뿌리를 두고 힘있게 형성되었느냐를 보아 구분한다.

朗月 다만 하나의 예는 될지라도 절대적인 의미는 없다는 것을 생각해야 한다. 월령과 무관하더라도 얼마든지 힘이 있는 형상을 이룰 수 있기 때문이다. 참고 사항 정도로 이해한다.

결혼운(結婚運) 子 결혼을 하는 운. 남자에게는 재성(財星)의 운이나 관살(官殺)의 운으로 판단한다. 대운(大運)과 세운(歲

運)을 구분하지 않고 함께 참고한다. 여자에게는 관살의 운과 식상(食傷)의 운을 함께 대입한다.

朗月 이성의 운은 결혼하는 것이 보통이지만, 자식의 운이 되었을 경우에 결혼의 인연이 생기는 경우도 있다는 것을 참고하는 것이 좋다. 자연의 법칙을 본다면 암컷은 자식을 두기 위해서 발정이 되면 수컷을 찾게 되므로, 인간도 자연의 일부라고 본다면 자식의 운에 대해서 대입하는 것이 무리가 없다고 생각한다. 혹 결혼 연령이 넘었을 경우에는 이성의 운이 아니어도 결혼의 인연이 될 수 있으므로 이러한 운에 대해서만 너무 집착할 것은 아니다.

경(庚) 干支 천간(天干)의 양금(陽金). 금(金)의 기운(氣運)이라고 한다. 지지(地支)에서는 신금(申金), 유금(酉金), 사화(巳火)에도 포함된다.

朗月 칼날을 마주하면 살기가 감도는데 그 성분도 경금(庚金)이 아닐까 생각한다. 일설에는 경금을 무쇠나 원석으로 보는데, 다소 융통성 없는 대입으로 보여진다. 금의 기운이라면 구체적인 광물질에만 집착해서 덩치가 크면 경금, 즉 양금이요, 작으면 음금으로 대입하던 것이 고전의 방법이라면 이제 기와 질로 나누는 음양관으로 수정해야 한다.

경금대살 강건위최(庚金帶殺 剛健爲最) 【滴天髓】 경금(庚金)은 만물의 생명을 숙살(肅殺)하는 성분이니 살기(殺氣)를 띠고 있어, 그 강건(剛健)하고 사사로움이 없기가 가장 으뜸이다.

경금벽갑(庚金劈甲) 古 경금(庚金)으로 갑목(甲木)을 쪼갬을 이르는 말. 『궁통보감(窮通寶鑑)』에 나오는 말이다. 갑목(甲木)으로는 정화(丁火)를 생조(生助)할 수 없으므로 반드시 경금이 있어야만 비로소 목생화(木生火)를 할 수 있다는 설이

다.

朗月 이치에 타당하지 않은 말이다. 목(木)은 당연히 생화(生火)하는 것이 자연의 이치이다. 여기에 도끼를 넣어야 하는 것은 너무 인위적이다. 소박한 면은 있지만 이치적으로는 제외하는 것이 옳다.

경년(庚年) 干支 경(庚)의 해. 사주의 연간(年干)이 경에 해당하는 경우이다.

경술(庚戌) 干支 육십간지의 하나. 경금(庚金)과 술토(戌土)의 결합이다. 형상을 보면 경금은 술토에게 뿌리를 내리는 형상인데, 술토의 지장간에는 정화(丁火)가 있으니 약할 수도 있음을 염려하게 된다. 지지(地支)의 좌우에 오화(午火)가 없다면 뿌리가 될 수 있다는 조건을 단다.

경술신해차천금(庚戌辛亥釵釧金) 古 경술(庚戌)과 신해(辛亥)는 차천금(釵釧金)임을 이르는 말. 차천금은 비녀와 팔찌로, 결혼 예물의 금을 의미한다. ⇨ 납음오행(納音五行)

朗月 오행 원리와 간지 구조로 보아 전혀 부합되지 않으므로 그냥 덮어두고 사용하지 않음을 권한다.

경술(庚戌)**의 성격**(性格) 心 경술(庚戌) 일주(日柱)는 지지(地支)에 편인(偏印)인 무토(戊土), 정관(正官)인 정화(丁火), 겁재(劫財)인 신금(辛金)이 있기 때문에 신비성과 합리성과 경쟁심 등을 나타낸다.

경시(庚時) 干支 경(庚)의 시. 사주의 시간(時干)이 경에 해당하는 경우이다.

경신(庚申) 干支 육십간지의 하나. 경금(庚金)과 신금(辛金)의 결합이다. 형상을 보면 경금이 신금을 만난 것이므로 금(金)의 세력이 매우 강하다고 해석한다.

경신(庚辛) 干支 경금(庚金)과 신금(辛金). 금(金)의 음양(陰陽)을 말한다.

朗月 오행은 모두 음양이 있는데, 금의 음양은 경신(庚辛)으로 불린다. 그래서

양금(陽金)을 경(庚)이라 하고, 음금(陰金)을 신(辛)이라고 하여 이 둘은 금의 음양이 된다. 경은 금의 기운으로 이해하고, 신은 금의 형상으로 이해한다.

경신신유석류목(庚申辛酉石榴木) 固 경신(庚申)과 신유(辛酉)는 석류목(石榴木)임을 이르는 말. 석류목은 석류나무를 말한다. ⇨ 납음오행(納音五行)

朗月 오행 원리와 간지 구조로 보아 전혀 부합되지 않으므로 그냥 덮어두고 사용하지 않음을 권한다.

경신(庚申)**의 성격**(性格) 心 경신(庚申) 일주(日柱)는 지지(地支)에 비견(比肩)인 경금(庚金), 식신(食神)인 임수(壬水), 편인(偏印)인 무토(戊土)가 있기 때문에 주체성과 연구성과 신비성 등을 나타낸다.

경신일간(庚辛日干) 干支 경일(庚日)이나 신일(辛日)에 태어난 사람.

경오(庚午) 干支 육십간지의 하나. 경금(庚金)과 오화(午火)의 결합이다. 형상은 경금이 오화에게 극을 받는 형상인데, 오화의 지장간(支藏干)에는 기토(己土)가 있어서 미약하나마 뿌리를 내리는 것으로 본다.

경오신미노방토(庚午辛未路傍土) 固 경오(庚午)와 신미(辛未)는 노방토(路傍土)임을 이르는 말. 노방토는 실가의 흙이라는 뜻이다. ⇨ 납음오행(納音五行)

朗月 오행 원리와 간지 구조로 보아 전혀 부합되지 않으므로 그냥 덮어두고 사용하지 않음을 권한다.

경오(庚午)**의 성격**(性格) 心 경오(庚午) 일주(日柱)는 지지(地支)에 정관(正官)인 정화(丁火), 정인(正印)인 기토(己土), 편관(偏官)인 병화(丙火)가 있기 때문에 합리성과 직관력과 봉사성 등을 나타낸다.

경월(庚月) 竖 경(庚)의 달. 사주의 월간

(月干)이 경에 해당하는 경우이다.

경인(庚寅) 干支 육십간지의 하나. 경금(庚金)과 인목(寅木)의 경합이다. 형상을 보면 경금이 인목을 극한다고 보지만, 인목 속에도 병화(丙火)가 있어 만만하지 않다. 『적천수(滴天髓)』에는 양신흥왕(兩神興旺)이라 하여 경금과 갑목(甲木)이 모두 힘이 있다고 본다.

경인계축 야좌양신흥왕(庚寅癸丑 也坐兩神興旺) 【滴天髓】 경인(庚寅)은 금(金)과 목(木)이 모두 왕한 형상으로 보고, 계축(癸丑)은 수(水)와 토(土)가 모두 왕한 것으로 본다.

경인신묘송백목(庚寅辛卯松柏木) 固 경인(庚寅)과 신묘(辛卯)는 송백목(松柏木)임을 이르는 말. 송백목은 소나무와 잣나무라는 뜻이다. ⇨ 납음오행(納音五行)

朗月 오행 원리와 간지 구조로 보아 전혀 부합되지 않으므로 그냥 덮어두고 사용하지 않음을 권한다.

경인(庚寅)**의 성격**(性格) 心 경인(庚寅) 일주(日柱)는 지지(地支)에 편재(偏財)인 갑목(甲木), 편인(偏印)인 무토(戊土), 편관(偏官)인 병화(丙火)가 있기 때문에 통제성과 신비성과 봉사성 등을 나타낸다.

경일(庚日) 干支 경(庚)의 날. 사주의 일간(日干)이 경에 해당하는 경우이다.

경일간(庚日干) 干支 태어난 날이 경일(庚日)에 해당하는 사람.

경일주(庚日主) 干支 ⇨ 경일간(庚日干)

경자(庚子) 干支 육십간지의 하나. 경금(庚金)과 자수(子水)의 결합이다. 형상을 보면 경금은 자수에게 기운을 설하게 되어 뿌리를 의지하지 못하는 것으로 해석한다.

경자신축벽상토(庚子辛丑壁上土) 固 경자(庚子)와 신축(辛丑)은 벽상토(壁上土)임을 이르는 말. 벽상토는 벽에 바른 흙이

라는 뜻이다. ⇨ 납음오행(納音五行)

朗月 오행 원리와 간지 구조로 보아 전혀 부합되지 않으므로 그냥 덮어두고 사용하지 않음을 권한다.

경자(庚子)**의 성격**(性格) ⓒ 경자(庚子) 일주(日柱)는 지지(地支)에 상관(傷官)인 계수(癸水)가 있기 때문에 사교성(社交性)이 있다. 임수(壬水)는 논하지 않는다.

경쟁성(競爭性) ⓒ 경쟁 상대를 만나면 분발하는 성품. 겁재(劫財)의 성격이다.

경진(庚辰) ⑦支 육십간지의 하나. 경금(庚金)과 진토(辰土)의 결합이다. 형상을 보면 경금이 진토에게 강한 뿌리를 두고 있어서 힘을 얻고 있다.

경진신사백납금(庚辰辛巳白鑞金) ㊤ 경진(庚辰)과 신사(辛巳)는 백납금(白鑞金)임을 이르는 말. 백납금은 하얀 납의 금이라는 뜻이다. ⇨ 납음오행(納音五行)

朗月 오행 원리와 간지 구조로 보아 전혀 부합되지 않으므로 그냥 덮어두고 사용하지 않음을 권한다.

경진(庚辰)**의 성격**(性格) ⓒ 경진(庚辰) 일주(日柱)는 지지(地支)에 편인(偏印)인 무토(戊土), 정재(正財)인 을목(乙木), 상관(傷官)인 계수(癸水)가 있기 때문에 신비성과 치밀성과 사교성 등을 나타낸다.

경칩(驚蟄) ㊛ 24절기의 하나. 계칩(啓蟄)이라고도 한다. 목(木)의 기운이 가장 왕성한 시기로 양력으로는 3월 5일이나 6일경에 들어와서 춘분(春分:3월 21일경) 전까지의 15일간에 해당한다. 묘월(卯月)이 시작되는 절기에 해당하며 30일간 작용한다. 날씨가 따뜻해서 초목의 싹이 돋고, 동면하던 동물이 땅속에서 깨어 꿈틀거리기 시작한다는 뜻에서 이러한 이름이 붙었다.

경칩시(驚蟄時) ㊛ 경칩이 시작되는 시각.

이 시각을 기준으로 묘월(卯月)이 시작하므로 출생시간이 이 부근일 경우에는 정밀하게 대입해야 한다.

계(癸) ⑦支 천간(天干)의 음수(陰水). 수(水)의 질(質)이라고도 본다.

朗月 계수(癸水)는 음에 속해 강력한 응집력으로 이해하므로 블랙홀이 있다면 계수의 성분일 것이라고 생각한다. 일설에는 계수를 옹달샘이나 이슬 등으로 표현하기도 하는데, 다소 부족한 대입이 아닌가 싶다. 계수를 수의 질이라고 한다면 그대로 바다와 강이 될 것이며, 옹달샘과 강과의 다른 차이는 없다고 본다. 이는 다 같은 수의 질이라고 보기 때문이다.

계년(癸年) ⑦支 계(癸)의 해. 사주의 연간(年干)이 계에 해당하는 경우이다.

계묘(癸卯) ⑦支 육십간지의 하나. 계수(癸水)와 묘목(卯木)의 결합이다. 형상을 보면 계수가 묘목을 만나서 매우 무력한 형상인데, 수생목(水生木)의 이치로 목(木)이 매우 강한 것으로 해석한다.

朗月 십이운성론(十二運星論)에서는 음장생(陰長生)이라고 하여 계수가 묘목에게 생조를 받는다고 했지만, 수생목(水生木)으로 허약한 계수(癸水)로만 보는 것이 타당하다. 오행의 생극제화(生剋制化)를 무시한 대입은 수용하지 않는 것이 좋다.

계묘(癸卯)**의 성격**(性格) ⓒ 계묘(癸卯) 일주(日柱)는 지지(地支)에 식신(食神)인 을목(乙木)이 있기 때문에 연구성(研究性)을 나타낸다. 갑목(甲木)은 논하지 않는다.

계미(癸未) ⑦支 육십간지의 하나. 계수(癸水)와 미토(未土)의 결합이다. 형상을 보면 계수는 미토에게 전혀 뿌리를 내리지 못하고 힘들어하는 모습이다.

계미(癸未)**의 성격**(性格) ⓒ 계미(癸未) 일주(日柱)는 지지(地支)에 편관(偏官)인

기토(己土), 식신(食神)인 을목(乙木), 편재(偏財)인 정화(丁火)가 있기 때문에 봉사심과 연구성과 통제성 등으로 나타난다.

계비관(鷄飛關) 殺 신살(神殺)의 하나. 닭이 날아가는 살이다. 이 살이 있으면 10세 이전에 질병이 있거나 몸을 다치기 쉽다. 구조는 갑기일(甲己日)-사유축(巳酉丑), 을병정무기일(乙丙丁戊己日)-자(子), 경신일(庚辛日)-해묘미(亥卯未), 임계일(壬癸日)-인오술(寅午戌) 등에 해당한다.

朗月 실제로는 큰 비중이 없다. 개인적인 생각으로는 신살은 모두 무시해도 좋고, 특히 생극제화(生剋制化)의 이치에는 부합되지 않는 것이 대부분이므로 적용시키면 그만큼 혼란이 가중될 수 있다.

계사(癸巳) 干支 육십간지의 하나. 계수(癸水)와 사화(巳火)의 결합이다. 형상을 보면 계수는 사화에 뿌리를 내리지 못해서 무력한 형상을 하는데, 사화 속의 경금(庚金)에게도 뿌리내릴 수 없는 것이 또한 현실이다.

계사(癸巳)의 성격(性格) 心 계사(癸巳) 일주(日柱)는 지지(地支)에 정재(正財)인 병화(丙火), 정인(正印)인 경금(庚金), 정관(正官)인 무토(戊土)가 있기 때문에 지밀성과 식관력과 합리성 등을 나타낸다.

계수지약 달어천진(癸水至弱 達於天津) 【滴天髓】 계수(癸水)는 음중지음(陰中之陰)이라 그 약하기가 이루 말할 수 없지만, 아무리 먼 곳도 도달하지 않음이 없다.

계시(癸時) 干支 계(癸)의 시. 사주의 시간(時干)이 계에 해당하는 경우이다.

계월(癸月) 干支 계(癸)의 달. 사주의 월간(月干)이 계에 해당하는 경우이다.

계유(癸酉) 干支 육십간지의 하나. 계수(癸水)와 유금(酉金)의 결합이다. 형상을 보면 계수가 유금에 강력한 뿌리를 내리고 있어 강한 계수의 형상이다.

계유(癸酉)의 성격(性格) 心 계유(癸酉) 일주(日柱)는 지지(地支)에 편인(偏印)인 신금(辛金)이 있기 때문에 신비성을 나타낸다. 경금(庚金)은 논하지 않는다.

계일(癸日) 干支 계(癸)의 날. 사주의 일간(日干)이 계에 해당하는 경우이다.

계일간(癸日干) 干支 태어난 날이 계일(癸日)에 해당하는 사람.

계일주(癸日主) 干支 ⇨ 계일간(癸日干)

계축(癸丑) 干支 육십간지의 하나. 계수(癸水)와 축토(丑土)의 결합이다. 형상을 보면 계수는 축토에게 극을 받지만 축토는 습토가 되고, 지장간에는 신금(辛金)과 계수가 있으니 계수에게는 뿌리가 된다.

朗月 기본적으로는 토극수(土剋水)의 원리에 의해서 천간의 계수는 의지할 수 없지만, 축토의 지장간에는 신금과 계수가 있어서 의지가 가능하다고 본다. 50%의 뿌리로 본다.

계축(癸丑)의 성격(性格) 心 계축(癸丑) 일주(日柱)는 지지(地支)에 편관(偏官)인 기토(己土), 편인(偏印)인 신금(辛金), 비견(比肩)인 계수(癸水)가 있기 때문에 봉사성과 신비성과 주체성 등을 나타낸다.

계해(癸亥) 干支 육십간지의 하나. 계수(癸水)와 해수(亥水)의 결합이다. 형상을 보면 계수가 해수를 만난 것이므로 왕성한 수(水)의 세력을 형성하는 것으로 해석한다.

朗月 지장간의 갑목(甲木)은 수(水)의 생조를 받지만 과습(過濕)으로 화(火)를 생조하지 못한다고 본다.

계해(癸亥)의 성격(性格) 心 계해(癸亥) 일주(日柱)는 지지(地支)에 겁재(劫財)인 임수(壬水), 상관(傷官)인 갑목(甲木)이 있기 때문에 경쟁심과 사교성 등을 나타낸다. 무토(戊土)는 논하지 않는다.

고(庫) 古 창고. 고장지(庫藏地)라고도 하고, 사고지(四庫地)라고도 한다.

고과살(孤寡殺) 殺 고신살(孤神殺)과 과숙살(寡宿殺)의 통칭. ⇨ 고신살(孤神殺), 과숙살(寡宿殺)

고관무보(孤官無輔) 古 외로운 정관(正官)을 도울 재성(財星)이 없음을 이르는 말. 관성(官星)이 용신인 경우에 재성(財星)의 도움을 받지 못하여 힘이 약할 경우에 해당한다.

고근(庫根) 干支 고(庫)에 뿌리를 내렸다는 말. 예를 들어 을목(乙木)이 미토(未土)를 얻거나, 임수(壬水)가 진토(辰土)를 얻거나, 신금(辛金)이 축토(丑土)를 얻거나, 병화(丙火)가 술토(戌土)를 얻는 것이다. 각각의 오행에 따라서 상황은 변수가 있다.

고금명인명운감상(古今名人命運鑑賞) 冊 대만의 종의명(鍾義明) 선생의 저서. 내용은 과거의 정치인물인 이세민, 소후, 칭기즈칸, 건륭, 중산, 히틀러, 케네디, 박정희, 육영수, 한신 등의 명식이 있고, 학술계의 인물로는 공자, 소강절, 주자, 베이컨 등이 있으며, 문학예술계의 인물로는 이백, 두보, 에드가 앨런 포, 로맹 롤랑, 고흐, 임어당 등의 명식이 있고, 과학·종교계로는 에디슨, 아인슈타인, 육조, 노스트라다무스, 임철초, 원수산, 서낙오 등의 명식이 있다. 나름대로 흥미가 있는 인물들의 사주를 풀이하였다.

고독감(孤獨感) 心 외로움을 느끼는 마음. 심리구조에서 자신 외에는 아무도 없다고 생각하는 것은 종교성과도 연관 있는 편인(偏印)의 성분이다.

고란과곡살(孤鸞寡鵠殺) 殺 신살(神殺)의 하나. 이 살이 있으면 남자는 상처(喪妻)하고 여자는 상부(喪夫)한다. 구조는 일주(日柱)에 해당하는데, 을사(乙巳), 정

사(丁巳), 신해(辛亥), 무신(戊申), 갑인(甲寅) 등이 해당한다.

朗月 실제로는 큰 비중이 없다. 개인적인 생각으로는 신살은 모두 무시해도 좋고, 특히 생극제화(生剋制化)의 이치에는 부합되지 않는 것이 대부분이므로 적용시키면 그만큼 혼란이 가중될 수 있다.

고란과숙살(孤鸞寡宿殺) 殺 고란살(孤鸞殺)과 과숙살(寡宿殺)의 통칭. ⇨ 고란살(孤鸞殺), 과숙살(寡宿殺)

고란살(孤鸞殺) 殺 신살의 하나. 일생 외롭게 산다는 의미이지만, 작용은 비중이 없는 것으로 본다. 구조는 사주에서 태어난 날이 을사일(乙巳日), 정사일(丁巳日), 신해일(辛亥日), 무신일(戊申日), 갑인일(甲寅日)이면 해당된다.

고모(姑母) 星 아버지의 여자 형제. 아버지가 편재(偏財)이므로 고모는 정재(正財)로 봐도 되지만 현실적으로 대입할 경우는 거의 없다. 왜냐하면 정재의 의미를 남자는 아내로 봐야 하는 것이 우선이고, 여자에게는 오히려 시어머니로 봐야 하는 것이 우선이기 때문이다. 대입하는 방법에 대해서만 고려한다.

고모부(姑母夫) 星 고모의 남편. 고모가 재성(財星)이면 고모의 남편은 그 관살(官殺)이 되므로 비견(比肩)에 해당한다. 다만 비견은 형제를 의미하므로 형제보다 고모부가 우선할 수 없다. 그러므로 이론적으로만 그렇고 실제로 대입할 일은 거의 없다.

고법(古法) 古 예전에 마련된 방법. 명리학(命理學)은 오랜 시간을 통해서 연구되고 발전되었다. 비교적 오래된 것은 고법이라 하고, 청대 이후에 발전된 부분은 고법과 분류하여 신법(新法)이라고 한다.

朗月 고법에서도 대단히 심오한 것은 취하고 허구(虛構)로 밝혀진 것은 과감히 버리는 것이 후학의 몫이다.

고신살(孤神殺) 殺 신살(神殺)의 하나. 고독살, 홀아비살이라고도 한다. 구조는 연지(年支) 위주로 보아 인묘진(寅卯辰) - 사(巳), 사오미(巳午未) - 신(申), 신유술(申酉戌) - 해(亥), 해자축(亥子丑) - 인(寅)이다.

朗月 실제로는 큰 비중이 없다. 개인적인 생각으로는 신살(神殺)은 모두 무시해도 좋고, 특히 생극제화(生剋制化)의 이치에는 부합되지 않는 것이 대부분이므로 적용시키면 그만큼 혼란이 가중될 수 있다.

고장지(庫藏地) 古 창고에 저장하는 지지(地支). 진술축미(辰戌丑未)를 부르는 말이다. 진토(辰土)는 수고(水庫), 술토는 화고(火庫), 축토(丑土)는 금고(金庫), 미토(未土)는 목고(木庫)가 된다.

고전(古典) 古 예부터 전해지는 자평명리학(子平命理學)의 경전(經典). 대표적인 것으로는 『적천수(滴天髓)』가 있고, 『연해자평(淵海子平)』, 『명리정종(命理正宗)』, 『자평진전(子平眞詮)』, 『명리약언(命理約言)』, 『삼명통회(三命通會)』 등이 있다.

朗月 고전에는 나름대로 심오한 부분도 있고 의미가 없는 부분도 있으니 이러한 것은 후학이 밝혀 나가야 한다.

고전격국(古典格局) 古 고전(古典)인 자평명리학(子平命理學)에서 거론되는 격국론(格局論). 십정격(十正格) 이전의 원리에 해당하는 것으로 구분할 수 있는데, 『연해자평(淵海子平)』이나 『삼명통회(三命通會)』에서 거론되는 것을 고전격국(古典格局)이라 한다. 구조는 전체적인 상황을 고려하여 붙여진 이름은 그대로 사용하지만, 대다수의 경우에는 특정한 지지(地支)나 천간(天干) 또는 의미 없는 논리들로 짜여진 것이 많으므로 기본적으로 활용하기는 어렵다.

고지(庫地) 古 창고가 되는 땅. 진술축미(辰戌丑未)를 고지(庫地)라고도 하는데, 각각 오행의 고지에 해당하기 때문이다. 진 - 수(水)의 고지, 술 - 화(火)의 고지, 축 - 금(金)의 고지, 미 - 목(木)의 고지이다.

고천지순수이정수자창 천지괴패이혼란자망(故天地純粹而精粹者昌 天地乖敗而混亂者亡) 【滴天髓】 천간(天干)과 지지(地支)가 잘 따르는 깨끗한 사주는 그 사람이 번창하고, 반대로 일그러지고 혼란스러운 사주는 그 사람의 삶도 성공하기 어렵다.

고초살(枯焦殺) 殺 신살(神殺)의 하나. ⇨ 월살(月殺)

고허살(孤虛殺) 殺 외롭고 허망한 살. 이 살이 있으면 남녀를 불문하고 허랑방탕(虛浪放蕩)하여 재물을 모을 수 없고 부부인연도 가벼이 여겨 백년해로하기 어렵다. 구조는 공망(空亡)과 충(沖)이 되는 글자이다. 일주(日主)를 중심으로 갑자순(甲子旬) - 진사(辰巳), 갑술순(甲戌旬) - 인묘(寅卯), 갑신순(甲申旬) - 자축(子丑), 갑오순(甲午旬) - 술해(戌亥), 갑진순(甲辰旬) - 신유(申酉), 갑인순(甲寅旬) - 오미(午未) 등이 해당한다.

朗月 실제로는 큰 비중이 없다. 개인적인 생각으로는 신살은 모두 무시해도 좋고, 특히 생극제화(生剋制化)의 이치에는 부합되지 않는 것이 대부분이므로 적용시키면 그만큼 혼란이 가중될 수 있다.

곡각살(曲脚殺) 殺 신살(神殺)의 하나. 구조는 기(己), 을(乙), 사(巳), 축(丑)에 해당하는데, 사주에 이러한 살이 있으면 수족에 상처나 장애가 있다고 한다.

朗月 신빙성의 논리가 없으므로 무시하는 것이 좋다.

곡우(穀雨) 節 진월(辰月)의 중기(中氣)에 해당하는 절기. 청명(淸明)이 지난 후 15일부터 다음 절기인 입하(立夏)까지 작용한다.

곡직격(曲直格) 格 종왕격(從旺格)의 외격
(外格)에 해당하는 것. 일행득기격(一行
得氣格)이라고도 한다. 구조는 일간(日
干)과 주변이 모두 목(木)의 세력으로 형
성되고 다른 글자는 거의 보이지 않을 때
해당한다.

　　朗月 곡직격에 화토금(火土金)이 있으면
이미 성립되지 않는다.

곡직인수격(曲直仁壽格) 格 ⇨ 곡직격(曲直
格)

곤명(坤命) 俗 땅의 목숨. 사주의 주인공이
여자임을 구분하는 말이다.

곤원합덕기함통(坤元合德機緘通)【滴天髓】
땅의 근본은 자연의 덕성(德性)과 함께
은밀한 곳으로 통한다.

골상(骨相) 外 골격을 보고 예언하는 방법.
관상(觀相)의 한 종류이지만 단독으로
사용하기보다는 복합적으로 참고한다.

골파쇄(骨破碎) 殺 뼈가 부서져 가루가 되
는 살. 남자는 처가(妻家)가 망하고, 여
자는 시집이 망한다. 구조는 자년(子年)-
남자는 2월생, 여자는 6월생. 축년(丑年)
-남자는 3월생, 여자는 4월생. 인년(寅
年)-남자는 10월생, 여자는 3월생. 묘년
(卯年)-남자는 5월생, 여자는 1월생. 진
년(辰年)-남자는 12월생, 여자는 6월생.
사년(巳年)-남자는 1월생, 여자는 4월
생. 오년(午年)-남자는 8월생, 여자는 3
월생. 미년(未年)-남자는 9월생, 여자는
1월생. 신년(申年)-남자는 4월생, 여자
는 6월생. 유년(酉年)-남자는 11월생,
여자는 4월생. 술년(戌年)-남자는 6월
생, 여자는 3월생. 해년(亥年)-남자는 7
월생, 여자는 1월생에 해당한다. 연지(年
支), 즉 띠를 기준으로 생월을 보는 것이
다.

　　朗月 실제로는 큰 비중이 없다. 개인적
인 생각으로는 신살은 모두 무시해도 좋

고, 특히 생극제화(生剋制化)의 이치에는
부합되지 않는 것이 대부분이므로 적용
시키면 그만큼 혼란이 가중될 수 있다.

공귀격(拱貴格) 格 고전격국(古典格局)의
하나. 영향요계격(影響遙繫格)에도 해당
된다. 구조는 사주에 천을귀인(天乙貴人)
을 공협으로 끼고 있다. 갑신일(甲申日)-
갑술시(甲戌時), 갑인일(甲寅日)-갑자시
(甲子時), 무신일(戊申日)-무오시(戊午
時), 을미일(乙未日)-을유시(乙酉時), 신
축일(辛丑日)-신묘시(辛卯時) 등이 해당
한다. 이렇게 되면 귀격(貴格)의 사주가
된다.

　　朗月 공록공귀격(拱祿拱貴格)으로 묶어
서 부르기도 한다. 그러나 생극제화(生剋
制化)의 이치를 벗어난 논리이므로 사용
하지 않는 것이 최선이다.

공록(拱祿) 古 殺 신살(神殺)의 하나. 구조
는 무진(戊辰)일-병오(丙午), 병오(丙
午)일-무진(戊辰), 정사(丁巳)일-기미
(己未), 기미(己未)일-정사(丁巳) 등이
며, 진사오(辰巳午)의 흐름에서 중간에
사화(巳火)가 끼여 있으면 이것을 공협
(拱夾)이라고도 한다. 그리고 끼여 있는
글자가 녹(祿)에 해당하는데, 없는 글자
를 끌어와야 한다.

　　朗月 실제로는 큰 비중이 없다. 녹에 해
당하는 없는 글자를 끌어오는 것은 허망
한 일이며, 이런 경우가 많은데 모두 낭
설일 뿐이다. 개인적인 생각으로 신살은
모두 무시해도 좋고, 특히 생극제화(生剋
制化)의 이치에는 부합되지 않는 것이 대
부분이므로 적용시키면 그만큼 혼란이
가중될 수 있다.

공록격(拱祿格) 格 고전격국(古典格局)의
하나. 영향요계격(影響遙繫格)에도 해당
된다. 구조는 사주에 녹(祿)을 공협(拱
夾)으로 끼고 있다. 계해일(癸亥日)-계
축시(癸丑時), 계축일(癸丑日)-계해시

(癸亥時), 기미일(己未日) - 기사시(己巳時), 무진일(戊辰日) - 무오시(戊午時), 정사일(丁巳日) - 정미시(丁未時) 등이 해당된다. 이렇게 되면 귀격(貴格)의 사주가 된다.

朗月 공록공귀격(拱祿拱貴格)으로 묶어서 부르기도 한다. 논리적으로 공협은 역시 쓸모 없는 헛된 그림일 뿐이다. 그냥 무시하는 것이 최선의 결론이다.

공망(空亡) 古 殺 신살(神殺)의 하나. 허하고 허망함을 이르는 말이다. 일본에서는 천중살(天中殺)이라고 하여 상당한 비중을 두지만 허망한 논리일 뿐이다.

朗月 실제로는 큰 비중이 없다. 개인적인 생각으로는 신살은 모두 무시해도 좋고, 특히 생극제화(生剋制化)의 이치에는 부합되지 않는 것이 대부분이므로 적용시키면 그만큼 혼란이 가중될 수 있다.

공망론(空亡論) 殺 공망(空亡)에 대한 논리.

朗月 공망에 대해서 여러 가지 말이 있으나 실제로는 의미가 없는 내용이니 무시하는 것이 좋다. 사용하지 않는 것이 최선이다.

공작조화(功作造化) 古 노력하여 조화를 만든다는 의미. 납음오행(納音五行)으로 대입한다.

朗月 자평명리학(子平命理學)에서는 납음(納音)조차도 인정하지 않으므로 어떻게 납음오행을 대입하느냐를 생각하는 것이 옳다.

공주병(公主病) 星 스스로가 마치 백설공주나 된 듯한 착각 속에 빠져 있는 후천성 자기망상증. 심리구조에서 여자가 남들이 자신에 대해 어떻게 평가하는가에 매우 관심이 많으면서 스스로 가장 뛰어나다고 생각하는 것으로 상관(傷官)이 해당한다.

공협(拱夾) 古 사이에 끼여 있음을 이르는 말. 영향요계(影響遙繫)의 실마리를 주고 있는 논리이다. 주로 지지(地支)를 대입할 경우에 사용한다. 예를 들어 지지의 구조에 인(寅)과 진(辰)이 있다면 그 중간에 묘(卯)가 빠진 것으로 생각하고 그 빠진 것을 인진(寅辰)이 이끌고 들어오는 것과 같다는 논리이다. 그래서 빠진 글자가 천을귀인(天乙貴人)에 해당하면 좋은 조짐이고, 녹(祿-比肩)에 해당하면 힘이 된다고 본다.

朗月 허상(虛象)을 실상으로 도입하는 것은 어리석은 논리이다. 있지도 않은 것을 공협이라는 이름으로 불러들인 것을 보면 아마도 무척이나 필요한 사주에서 나쁘게 말할 수도 없는 절박한 입장이었을 것이라고 이해한다. 그러나 없는 것이 생겨나지 않는 것은 당연한 일이니 이러한 논리와 연관된 것은 모두 삭제하는 것이 현명하다.

과거절(過去節) 子 과거(科去)의 절기(節氣). 대운(大運)의 대입에서 양남음녀(陽男陰女)와 음남양녀(陰男陽女)에 따라 월주(月柱)를 기준으로 순행(順行)과 역행(逆行)을 하는데, 특히 과거절로 가는 경우는 음남양녀(陰男陽女)에 해당한다. 이 경우에는 대운의 숫자를 계산할 때 과거의 절기까지 날짜를 세어서 3으로 나누기 때문에 과거절이라고 한다.

과살(戈殺) 殺 신살(神殺)의 한 종류. 사주에 무술이 있으면 해당한다. 이 살이 있으면 몸에 중상을 입을 가능성이 많다.

朗月 단지 무술이 있다는 것으로 몸에 중상을 입는 사람이 얼마나 될까 싶다. 고려하지 않는 것이 최선이다.

과숙살(寡宿殺) 殺 신살(神殺)의 하나. 과부살이라고도 한다. 구조는 연지(年支) 위주로 인묘진(寅卯辰) - 축(丑), 사오미(巳午未) - 진(辰), 신유술(申酉戌) - 미(未), 해자축(亥子丑) - 술(戌)이 된다.

朗月 실제로는 큰 비중이 없다. 아마도 순진한 부녀자를 겁주기 위해서가 아니라면 이러한 것이 발생할 이유가 없다. 개인적인 생각으로는 신살은 모두 무시해도 좋고, 특히 생극제화(生剋制化)의 이치에는 부합되지 않는 것이 대부분이므로 적용시키면 그만큼 혼란이 가중될 수 있다.

과습(過濕) 干支 너무 지나치게 습기가 많음을 이르는 말. 천간(天干)에는 임계수(壬癸水)가 넘치고, 지지(地支)에는 해자축(亥子丑)의 성분이 질펀하면 습기가 너무 과하게 된다. 이러한 경우에는 바싹 마른 조토(燥土)가 해결책인데, 조토는 술미토(戌未土)와 무토(戊土)가 된다. 그리고 조토도 힘이 있어야 제습(除濕)하는 것으로 본다.

과어유정(過於有情) 古 정이 너무 지나침을 이르는 말. 이러한 형상은 다정유병(多情有病)이라는 말과 통한다.

朗月 정은 본래 좋은 것이지만 필요한 곳에 써야지 지나치면 또한 허물이 된다.

관내유직녀 관외유우랑 차관약통야 상당입통방(關內有織女 關外有牛郎 此關若通也 相邀入通房)【滴天髓】관내에는 베를 짜는 직녀가 있고, 관외에는 소를 치는 견우가 있으니 이 둘을 서로 통하게 해줘서 한 방으로 맞아들이는 것이니 이를 일러 통관(通關)이라고 한다.

관대(冠帶) 古 관을 쓰고 허리띠를 맴. 십이운성(十二運星)에서 말하는 명칭의 하나이다.

朗月 성장하여 약관(弱冠)의 나이라고 대입한 것으로 보인다. 그러나 대입 방법이 유치하고 이치적으로도 부합되지 않으므로 적용하지 않는 것이 좋다.

관록분야(官祿分野) 古 정관(正官)이 지지(地支)에 녹(祿)을 넓게 가졌음을 이르는 말. 녹은 비견(比肩)을 말하고 관성(官

星)이 매우 견고하다는 의미를 포함한다. 특히 분야라는 말에는 관성의 국(局)으로 합이 되었다는 의미도 있는데, 관성이 깔려 있다는 것은 귀하게 될 가능성이 없다고 보지만, 워낙 정관이 좋아 조심스럽게 다룬 듯하다. 만약 신약한 상황에서 인성(印星)이 없다면 쓸모가 없다.

관매점(觀梅占) 外 ⇨ 매화역수(梅花易數)

관부(官符) 殺 천관부(天官符)와 지관부(地官符)를 합쳐서 부르는 신살(神殺). 사주에 이 살이 있으면 늘 관액을 당한다고 한다. 구조는 자년(子年)-진(辰), 축년(丑年)-사(巳), 인년(寅年)-오(午), 묘년(卯年)-미(未), 진년(辰年)-신(申), 사년(巳年)-유(酉), 오년(午年)-술(戌), 미년(未年)-해(亥), 신년(申年)-자(子), 유년(酉年)-축(丑), 술년(戌年)-인(寅), 해년(亥年)-묘(卯) 등이 해당한다. 띠에서 지지(地支)로 대입한다.

朗月 실제로는 큰 비중이 없다. 개인적인 생각으로는 신살은 모두 무시해도 좋고, 특히 생극제화(生剋制化)의 이치에는 부합되지 않는 것이 대부분이므로 적용시키면 그만큼 혼란이 가중될 수 있다.

관살(官殺) 星 정관(正官)과 편관(偏官)을 묶어서 이르는 말. 편관을 살(殺)이라고도 부르는데, 신살(神殺)과는 무관한 말이다.

관살격(官殺格) 格 정관(正官)이나 편관(偏官)이 용신이 된 경우에 해당하는 이름. 또는 관살(官殺)이 함께 용신이 된 경우에도 해당한다.

朗月 월지(月支)에 관살이 있는 경우에도 월지격(月支格)의 변형으로 이렇게 말할 수 있다.

관살과다(官殺過多) 星 사주에 정관(正官)이나 편관(偏官)이 지나치게 많은 것을 이르는 말. 예를 들어 갑을목(甲乙木)이 사주에 경신신유금(庚辛申酉金)이 너무

많거나, 병정화(丙丁火)가 사주에 임계해
자수(壬癸亥子水)가 너무 많거나, 무기토
(戊己土)가 사주에 갑을인묘목(甲乙寅卯
木)이 너무 많거나, 경신금(庚辛金)이 사
주에 병정사오화(丙丁巳午火)가 너무 많
거나, 임계수(壬癸水)가 사주에 무기진술
축미토(戊己辰戌丑未土)가 너무 많은 경
우에 해당한다. 또는 종살격(從殺格)이
될 수도 있다. 그러나 미약한 뿌리라도
있으면 그렇게 되지 못하므로 인성(印
星)이 있으면 다행이지만, 그렇지 않으면
비겁(比劫)은 아예 무력하여 용신 역할
을 하지 못하고 식상(食傷)으로 대적하
려고 해도 너무 신약하여 버티기가 어렵
다. 이러한 형상은 관살이 너무 과다하기
때문에 '관살과다의 해(害)'라고도 한
다.

관살과다(官殺過多)의 해(害) 星 일간(日
干)을 극(剋)하는 관살(官殺)은 조금만
많아도 부담인데, 하물며 너무 과다하게
많으면 당연히 해가 된다. ⇨ 관살과다
(官殺過多)

관살국(官殺局) 星 지지(地支)에 관살(官
殺)의 국(局)이 된 경우. 예를 들어 일간
(日干)이 갑을목(甲乙木)일 경우에 지지
에 사유축(巳酉丑)으로 금(金)의 기운이
강하게 되었을 때를 가리킨다.

관살병용(官殺竝用) 星 정관(正官)과 편관
(偏官)을 함께 용신(用神)으로 함. 관살
(官殺)이 강하지 않을 경우에는 혼잡(混
雜)이지만, 이것을 나쁘게 보지 않는다.
함께 협력해서 용신의 역할을 하기 때문
이다. 이런 경우에 해당한다.

**관살상혼수세론 살유가혼불가혼(官殺相混須
細論 殺有可混不可混)** 【滴天髓】 관살(官
殺)이 혼잡(混雜)되었다고 해서 무조건
나쁘다고 할 것이 아니라 자세히 살펴보
는 것이 중요하니, 편관(偏官)이라고 해
도 혼잡이 되어서 도움이 되는 경우도 있

고 해로울 수도 있기 때문이다.

관살왕(官殺旺) 星 관살(官殺)이 왕(旺)함.

관살용관살격(官殺用官殺格) 格 월지(月支)
가 관살(官殺)인데 그 관살을 용신으로
삼았다는 말. 용신격에서의 정관격(正官
格) 또는 편관격(偏官格)과 같은 의미이
다.

관살용인격(官殺用印格) 格 사주에 관살(官
殺)이 많아서 인성(印星)을 용신으로 삼
는 격. 용신격(用神格)의 하나이다. 또는
월지(月支)가 관살인데 신약하여 인성을
용신으로 삼았다는 의미이기도 하다.
　朗月 비슷한 경우로는 관인상생격(官印
相生格), 살중용인격(殺重用印格) 등도
있다.

관살용재격(官殺用財格) 格 월지(月支)에
관살(官殺)이 있지만, 용신을 재성(財星)
으로 한 격(格)이다.
　朗月 관살(官殺)이 월지에 있더라도 용
신으로 하기는 적당하지 않고 오히려 재
성이 적절하다면 재성으로 용신을 삼게
된다. 이렇게 되면 용신격의 재관격(財官
格)이나 재자약살격(財滋弱殺格)과도 비
슷하다고 할 수 있다.

관살혼잡(官殺混雜) 星 사주의 형상으로 정
관(正官)과 편관(偏官)이 중복되어 있을
때 해당하는 말. 여자는 이러한 형상이
꺼려지는데 중혼(重婚)의 암시가 있기
때문이다. 다만 반드시 일치하는 것이 아
니므로 그냥 참고만 한다.

관상(觀相) 外 모양을 보고 예언하는 방법
의 하나. 명리학(命理學)과 더불어 보편
적으로 인기가 있는 분야이다. 깊이 들어
가면 설이 다양하고 분류가 애매한 경우
가 많아서 웃으며 들어갔다가 울면서 나
온다는 말이 있을 정도이다. 다만 심안
(心眼)을 얻어서 마음의 눈으로 관찰한
다면 관형찰색(觀形察色)의 경지가 되어
한번 보는 것으로 내용을 파악하는 경지

도 있다. 자평명리학의 관점에서는 직관력이 탁월한 정인(正印)의 사주구조를 가진 사람에게 유리하다.

관색(貫索) 殺 매사에 꼬이는 일이 많은 살. 구조는 자년(子年)-묘(卯), 축년(丑年)-진(辰), 인년(寅年)-사(巳), 묘년(卯年)-오(午), 진년(辰年)-미(未), 사년(巳年)-신(申), 오년(午年)-유(酉), 미년(未年)-술(戌), 신년(申年)-해(亥), 유년(酉年)-자(子), 술년(戌年)-축(丑), 해년(亥年)-인(寅) 등이 해당한다. 띠에서 지지(地支)로 대입한다

> **朗月** 실제로는 큰 비중이 없다. 개인적인 생각으로는 신살은 모두 무시해도 좋고, 특히 생극제화(生剋制化)의 이치에는 부합되지 않는 것이 대부분이므로 적용시키면 그만큼 혼란이 가중될 수 있다.

관성(官星) 星 정관(正官)을 이르는 말. 경우에 따라서는 편관(偏官)도 관성이라고 할 수 있다. 다만 기본적으로는 정관을 말한다.

관성득지(官星得地) 星 관성(官星)이 지지(地支)에 뿌리를 얻었음을 이르는 말. 주로 관성은 귀한 것으로 생각하는데, 특히 관성이 천간(天干)에 있으면서 지지(地支)에 뿌리를 얻으면 좋은 현상으로 보는 의미에서 사용한다.

> **朗月** 관성득지만 가능한 것은 아니다. 식신득지(食神得地)나 정인득지(正印得地)라는 말도 얼마든지 가능하다. 편중된 견해는 생극제화(生剋制化)의 이치에서 벗어난다.

관왕(官旺) 星 관성(官星)이 왕(旺)함.

관인격(官印格) 格 관성(官星)이 인성(印星)을 생조하여 용신이 된 격. 용신격(用神格)의 한 종류이다. 일간(日干)이 다소 약하다고 판단된 경우에 인성의 생조(生助)를 기다리는데, 인성을 만나면 신약용인격(身弱用印格)이 된다. 그러나 그 인

성이 다소 약하다고 판단될 경우에 관성이 다시 인성을 생조하면 매우 반가운 배합이 된다. 인성은 두려운 재성(財星)을 만나도 관성이 유통시키니 용신의 불안감이 사라진다.

> **朗月** 보통 행정공무원의 형태라고 할 수 있는데, 반드시 그러한 것은 아니므로 참고만 한다. 옛 문헌을 보면 매우 귀한 형상으로 대우하기도 한다.

관인상생(官印相生) 星 정관(正官)이 인성(印星)을 생조(生助)하는 형상. 그래서 인성(印星)이 용신 역할을 한다면 관인상생격(官印相生格)이 되기도 한다.

관인쌍전(官印雙全) 星 정관(正官)과 인성(印星)이 모두 완전함을 이르는 말. 신약한 사주에서 인성을 용신으로 하고, 그 인성이 다시 관성(官星)의 도움을 받는 형상이다.

> **朗月** 다만 용신이 되지 못한 경우에는 해당없다.

광신도(狂信徒) 心 자기의 신념을 지나치게 믿어 이성과 관용을 잃은 태도나 주장을 갖는 신앙인. 심리구조에서 자신이 믿는 것에 완전히 몰입하는 것으로 순수하게 받아들이는 정인(正印)과, 그것을 남에게 광고하고 싶어하는 표현성인 상관(傷官)이 있으면 가능하다.

괘상(卦象) 外 주역(周易)에서 사용하는 64괘 각각의 의미.

괴강(魁罡) 殺 ⇨ 괴강격(魁罡格)

괴강격(魁罡格) 格 고전격국(古典格局)의 하나. 신살격(神殺格)에도 해당한다. 구조는 사주의 간지가 임진(壬辰), 임술(壬戌), 경진(庚辰), 경술(庚戌) 등에 해당한다. 남자는 대권을 장악하게 되고, 여자는 풍파가 많다고 해석한다.

> **朗月** 전체 구조를 고려하지 않고 이름하는 것이므로 올바른 자평명리학(子平命理學)의 법칙이 아니다. 그러므로 사용하

지 않음을 권한다.

교록(交祿) 殺 신살(神殺)의 하나. 갑신(甲申)이 경인(庚寅)을 보거나, 경인(庚寅)이 갑신(甲申)을 보는 경우이다. 그래서 녹(祿)을 교차해서 갖고 있다는 말인데 쓸모 없는 논리이다.

　朗月　실제로는 큰 비중이 없다. 개인적인 생각으로는 신살은 모두 무시해도 좋고, 특히 생극제화(生剋制化)의 이치에는 부합되지 않는 것이 대부분이므로 적용시키면 그만큼 혼란이 가중될 수 있다.

교주성분(教主性分) 心 심리구조에서 교주(教主)의 성분이라고 할 수 있는 것은 상관(傷官)이다.

구교(句絞) 殺 사주에 있으면 몸을 크게 다치거나 손재수나 재앙이 있는 살. 구조는 자년(子年)-묘(卯), 축년(丑年)-진(辰), 인년(寅年)-사(巳), 묘년(卯年)-오(午), 진년(辰年)-미(未), 사년(巳年)-신(申), 오년(午年)-유(酉), 미년(未年)-술(戌), 신년(申年)-해(亥), 유년(酉年)-자(子), 술년(戌年)-축(丑), 해년(亥年)-인(寅) 등이 해당한다. 띠에서 지지(地支)로 대입한다

　朗月　실제로는 큰 비중이 없다. 개인적인 생각으로는 신살을 모두 무시해도 좋고, 특히 생극제화(生剋制化)의 이치에는 부합되지 않는 것이 대부분이므로 적용시키면 그만큼 혼란이 가중될 수 있다.

구룡치수(九龍治水) 俗 아홉 마리의 용이 물을 다스림. ⇨ 일용치수(一龍治水)

구신(仇神) 用 원수와 같음. 희신(喜神)을 극(剋)하는 글자이다. 기신(忌神)과 함께 묶어서 기구신(忌仇神)이라고도 하는데, 운의 작용에 나쁜 역할을 하기 때문이다.

구신충(仇神沖) 用 구신(仇神)이 충을 맞았음을 이르는 말. 구신은 기신(忌神)을 돕는 글자이므로 충으로 제거되면 더욱 반갑다. 기다리던 바를 의미한다.

구신합(仇神合) 用 구신(仇神)이 합이 됨을 이르는 말. 구신은 기신(忌神)을 생조하는 것이므로 합으로 작용되지 않음을 반갑게 여긴다.

구응(救應) 用 필요한 경우에 구제해 주는 것을 이르는 말. 주로 기신(忌神)을 만나 흉하게 된 상황에서 구제해 주는 글자를 말한다.

구진득위격(句陣得位格) 格 고전격국(古典格局)의 하나. 삼합격(三合格)에도 해당한다. 구진(句陳)이란 토(土)를 말하므로 무기토(戊己土) 일주가 지지(地支)에 삼합으로 목국(木局)이나 수국(水局)을 이루면 크게 귀하게 된다.

　朗月　아마도 종(從)을 한다고 볼 수 있지만 이것만으로 대귀한다는 것은 어불성설이다. 구조를 살피지 않고 하나의 합으로만 길흉을 논하는 것도 의미 없는 이름이다.

구추(九醜) 殺 남자는 인물이 추하고 횡사하기 쉬우며, 여자는 산액이 있고 음란한 살. 방해살(妨害殺)이라고도 한다. 구조는 간지(干支)를 보는데, 무자(戊子), 무오(戊午), 기유(己酉), 기묘(己卯), 을유(乙酉), 을묘(乙卯), 신유(辛酉), 신묘(辛卯) 등이 해당한다.

　朗月　실제로는 큰 비중이 없다. 개인적인 생각으로는 신살을 모두 무시해도 좋고, 특히 생극제화(生剋制化)의 이치에는 부합되지 않는 것이 대부분이므로 적용시키면 그만큼 혼란이 가중될 수 있다.

구통수화(溝通水火) 古 수(水)와 화(火)가 서로 대립하지 않도록 길을 만났다는 것을 의미하는 말. 수화(水火)는 본성이 대립인데, 목(木)을 만나면 서로 유정하다.

국(局) 格 일정한 국세. 어느 범위를 이루는 상황을 국(局)이라고 한다. 대체로 사주에서 이 말을 사용할 경우는 삼합(三合)의 상황이 되어 전체적으로 그 세력권

을 형성하는 경우에 많다. 예를 들어 수국(水局)이나 화국(火局) 등으로 말하는 것도 같은 의미이다.

朗月 다만 실제로 활용하는 경우는 흔치 않으므로 구태여 국이라고 할 필요는 없다. 용신격(用神格)의 응용으로 충분하므로 큰 비중은 없다.

국중현분발지기자 신서의창(局中顯奮發之機者 神舒意暢)【滴天髓】 사주에 분발의 기틀이 나타나는 자는 정신이 긍정적이고 뜻도 밝다.

국혼방혜유순자 행운희남환희북(局混方兮有純疵 行運喜南還喜北)【滴天髓】 방(方)과 국(局)에 결함이 있을 경우에는, 운에서는 그 방국(方局)의 결함을 채우려고 원하는 방향으로 흐르는 것을 기뻐한다.

군(君) 星 임금. 고전에서의 의미는 경우에 따라서 일간(日干)을 의미하기도 하고, 때로는 관살(官殺)을 의미하기도 한다. 구분 없이 경우에 따라서 사용한다.

군겁쟁재(群劫爭財) 用 사주에 많은 비겁(比劫)들이 재성(財星)을 서로 차지하려고 다투는 현상. 비겁은 왕하고 재성이 약한 경우에 발생한다. 먹을 것이 적으면 서로 차지하려고 다투는 현상이 발생하는데, 쟁탈전이 생기는 현상으로 이해한다. 이러한 경우에는 사주에 식상(食傷)이나 관살(官殺)이 없는 것이 전제가 되는데 운에서라도 들어오면 흉함이 제거된다고 해석한다.

군뢰신생(君賴臣生) 用 임금은 신하의 도움을 의지하게 됨. 일간(日干)이 군(君)이라면 재성(財星)이 신하가 되는데, 사주에 인성(印星)이 너무 많아 재성이 필요한 경우에 일간인 임금은 재성인 신하가 해주는 것에 의지해서 살아난다고 해석한다. 『적천수(滴天髓)』에 나오는 말로, 재성이 용신(用神)인 경우에 해당한다.

군뢰신생이최미(君賴臣生理最微)【滴天髓】

일주(日主)인 임금의 인성(印星)이 너무 많을 경우에는 오로지 신하(臣下)인 재성(財星)의 도움을 의지하므로 이것을 잘 살펴야 한다.

군불가항(君不可抗) 用 임금과 겨루려고 하면 안 됨을 이르는 말. 임금은 일간(日干)이 되고 상대적으로 신하는 재성(財星)이 되는데, 군(君)이 왕하고 신(臣)인 재성이 약하다면 식상으로 군의 기운을 설하는 것이 좋다는 것도 포함한다.

군불가항야 귀호손상이익하(君不可抗也 貴乎損上以益下)【滴天髓】 일간(日干)인 임금이 지나치게 왕성(旺盛)하면 신하(臣下)인 재성(財星)은 대들 수가 없으니 오로지 식상(食傷)을 의지해서 생조(生助)를 받아야 하므로 위를 덜어서 아래를 이익되게 한다.

군비쟁재(群比爭財) 用 비견(比肩)은 너무 왕하고 재성(財星)은 너무 약할 경우의 형상. 다만 겁재(劫財)가 아닌 비견이 많이 있을 경우에 해당하지만, 형상은 군겁쟁재(群劫爭財)와 유사하므로 같이 볼 수 있다.

군신(君臣) 格 임금과 신하. 자평명리학(子平命理學)에서는 두 가지의 경우로 쓰이는데, 일간(日干)이 신하이면 임금은 관살(官殺)이 되고, 일간이 임금이면 신하는 재성(財星)이 된다. 특별히 일간이 임금이거나 신하가 되는 경우는 없고 인용하기에 따라서 달라진다.

군신경회(君臣慶會) 古 임금과 신하가 모여서 잔치를 하는 것. 천간(天干)은 임금이고 지지(地支)는 신하인데, 같은 순(旬)에 있는 간지(干支)가 모이면 이렇게 부르고 귀격(貴格)이 된다.

朗月 이름은 좋지만 쓸모 없다고 본다. 간지가 군신이라는 말도 어색하지만 같은 순에 있으면 귀격이라는 것은 더욱 말이 안 된다.

궁(宮) 星 집이라고 할 수 있음. 대표적으로 육친궁(六親宮)이라고 한다. 부모궁(父母宮), 형제궁(兄弟宮), 남편궁(男便宮), 처궁(妻宮), 자식궁(子息宮) 등으로 분류한다. 고정된 위치를 의미한다. ⇨ 부모궁, 형제궁, 남편궁, 처궁, 자식궁

궁성이론(宮星理論) 星 궁(宮)과 성(星)에 대한 이론. 자평명리학(子平命理學)에서는 예부터 궁과 성에 대한 이론이 있었지만, 이렇게 궁성이론이라는 말을 사용한 사람은 하건충(何建忠) 선생이다.

朗月 하건충 선생의 저서『천고팔자비결총해(千古八字秘訣總解)』를 보면 궁성이론(宮星理論)의 원리가 나타난다.

1. 궁위이론(宮位理論)

時干	日干	月干	年干
戊	庚	壬	甲
偏印宮	主體宮	食神宮	偏財宮

時支	日支	月支	年支
癸	乙	丁	己
傷官宮	正財宮	正官宮	正印宮

(1) 일간(日干)은 주체궁(主體宮)이다.
(2) 일지(日支)는 정재궁(正財宮)이다. 남자에게는 처궁(妻宮)도 포함한다.
(3) 월지(月支)는 정관궁(正官宮)이다. 여자에게는 남편궁(男便宮)도 포함한다. 그리고 편관궁(偏官宮)도 포함한다.
(4) 월간(月干)은 식신궁(食神宮)이다. 표현궁(表現宮)이라고도 한다.
(5) 연지(年支)는 정인궁(正印宮)이다. 어머니의 궁도 포함한다.
(6) 연간(年干)은 편재궁(偏財宮)이다. 아버지의 궁도 포함한다.
(7) 시지(時支)는 상관궁(傷官宮)이다. 자식의 궁도 포함한다.
(8) 시간(時干)은 편인궁(偏印宮)이다. 고독궁(孤獨宮)이라고도 한다.

2. 일간(日干) 진입원리(進入原理)

일간(日干)이 외로우면 고독하므로 마음은 고독궁(孤獨宮)으로 들어간다. 고독궁에 어떤 글자가 있느냐에 따라서 그의 마음은 달라진다. 예를 들어 편인궁(偏印宮)인 시간(時干)에 편인(偏印)이 있다면 고독에 푹 빠지게 된다. 그리고 편재(偏財)가 있다면 고독을 빨리 잊고 자신의 취미를 살려서 몰두하게 된다는 설이다. 또, 어느 날은 그 마음에 표현(表現)하고자 하는 마음이 생기면 그 마음은 다시 표현궁(表現宮)에 해당하는 월간(月干)으로 들어간다. 그리고 그 자리에 정인(正印)이 있다면 정인의 심성은 직관성(直觀性)을 의미하므로 시상(詩想)을 떠올려 그의 표현을 시로 나타낼 수 있게 된다. 그리고 만약 그 자리에 정관(正官)이 있다면 정관의 성분은 합리적인 것이므로 표현은 도덕적인 방향으로 나타나게 된다는 설(說)이다.

3. 변궁(變宮)과 변성(變星)의 원리(原理)

어떤 사주에서 일간이 갑목(甲木)이라면 정관궁(正官宮)에 들어가는 글자는 신금(辛金)이 된다. 그 자리에 신금이 있으면 정관이 정관궁에 있으므로 그 사람은 합리적인 사회 개념을 갖는다. 만약 월지(月支)에 오화(午火)가 있다면 그 오화는 상관(傷官)에 해당하면서 월지의 신금궁은 손상받게 된다. 그렇게 되면 그의 정관에 대한 생각은 상관적(傷官的)인 성향을 띠게 되어 관을 무시하는 형태로 나타난다. 이것이 변궁(變宮)의 원리이다. 또 연지(年支)는 정인궁(正印宮)이므로 갑목에게 정인인 계수(癸水)의 궁이 된다. 이 자리에 오화(午火)가 있다면 그 사람의 상관은 정인궁의 공격을 받으므로 상관의 표현성이 위축되는 것으로 나타

난다. 이것이 변성(變星)의 원리(原理)이다.

궁통보감(窮通寶鑑) 冊 여춘태(余春台) 선생이 지었다고 전하는 『난강망(欄江網)』이라는 책. 서낙오(徐樂吾) 선생의 평주(評註)로 출판되어 자평명리학(子平命理學)에서는 비중 있는 중요한 책이다. 주로 조후법(調候法)에 대한 깊은 통찰력으로 일관한 내용이며, 특이한 것은 월별(月別)로 용신을 정했다는 것이다. 자칫 여기에 너무 몰두하면 또한 장애가 발생할 수도 있음을 주의한다. 이름을 달리하여 『조화원약(造化元鑰)』, 『난강망(欄江網)』 등이 있는데 원본은 모두 같다. 단독으로 전해지지는 않고 『궁통보감평주(窮通寶鑑評註)』라는 이름으로 대만에서 출판되었다.

궁통보감평주(窮通寶鑑評註) 冊 『궁통보감(窮通寶鑑)』에 대한 서낙오(徐樂吾) 선생의 해설서. 살펴보면 원문이나 해설서나 크게 다르지 않을 정도로 설명이 약하다. 대만에서 출간하였다.

궁합(宮合) 俗 사람과 사람이 서로 만났을 때 인연이 좋은지 불리한지를 따져보는 방법. ⇨ 남녀궁합법(男女宮合法)

궁합법(宮合法) 俗 상대방과 인연의 암시가 어떤지를 대입하는 방법. 대체로 남녀의 결혼에 활용하지만, 크게는 주인이나 종업원, 또는 동업자나 가족간에도 대입할 수 있다. ⇨ 남녀궁합법(男女宮合法)

朗月 이 방법은 대체로 남녀궁합법(男女宮合法)을 기준으로 한다. 그리고 연지(年支)만으로 따지는 겉궁합도 있고, 표현도 애매한 속궁합도 있다.

권설(券舌) 殺 몸을 크게 다치거나 손재수가 있고, 기타 재난이 따름을 이르는 말. 구조는 자년(子年)-유(酉), 축년(丑年)-술(戌), 인년(寅年)-해(亥), 묘년(卯年)-자(子), 진년(辰年)-축(丑), 사년(巳年)-인(寅), 오년(午年)-묘(卯), 미년(未年)-진(辰), 신년(申年)-사(巳), 유년(酉年)-오(午), 술년(戌年)-미(未), 해년(亥年)-신(申) 등이 해당한다. 띠에서 지지(地支)로 대입한다.

朗月 실제로는 큰 비중이 없다. 개인적인 생각으로는 신살은 모두 무시해도 좋고, 특히 생극제화(生剋制化)의 이치에는 부합되지 않는 것이 대부분이므로 적용시키면 그만큼 혼란이 가중될 수 있다.

권재일인(權在一人) 古 권세가 한 사람에게 있음을 이르는 말. 일간(日干)의 세력이 막강하다는 것을 의미한다. 일행득기격(一行得氣格)도 여기에 포함될 수 있다.

귀격(貴格) 格 기품이 넘치는 좋은 구조를 하고 있는 격. 충극(沖剋)이 되지 않고, 생(生)할 것은 생조(生助)하고, 극할 것은 극해서 오행(五行)의 균형이 잘 이루어진 것이다.

朗月 다만 이름만 귀격인 것도 많이 있으므로 사주의 상황을 살펴서 귀한 것을 판단하는 것이 중요하다.

귀기불통(貴氣不通) 古 귀(貴)한 기운이 무엇인가에 막혀서 통하지 못함을 이르는 말. 예를 들어 병화(丙火) 일간(日干)이 신약하여 연간(年干)의 갑목(甲木)을 용신으로 삼을 경우에 월간(月干)에 임수(壬水)나 계수(癸水)가 있다면 중간에 장애가 생겨서 도움받지 못하는 것 등이다.

귀록격(歸祿格) 格 고전격국(古典格局)의 하나. 시격(時格)이라고도 하며, 일록귀시격(日祿歸時格)이라고도 한다. 구조는 갑일(甲日)-인시(寅時), 을일(乙日)-묘시(卯時), 병무일(丙戌日)-사시(巳時), 정기일(丁己日)-오시(午時), 경일(庚日)-신시(申時), 신일(辛日)-유시(酉時), 임일(壬日)-해시(亥時), 계일(癸日)-자시(子時) 등이 해당한다.

朗月 기껏 하나의 상황에 불과한 것에

격국의 이름을 붙인 것은 너무 빈약한 대입이다. 그래서 시(時)의 특수성으로 사주를 운운하는 것은 모두 합리적인 자평명리학(子平命理學)에서 벗어나므로 모두 무시하고 사용하지 않음을 권한다.

귀문관(鬼門關) 殺 잡귀가 씌어 질병을 앓기 쉬운 살. 이 살이 사주에 있으면 사당이나 공동묘지, 또는 멀리 가는 것도 피해야 한다. 구조는 자년(子年) - 유(酉), 축년(丑年) - 오(午), 인년(寅年) - 미(未), 묘년(卯年) - 유(酉), 진년(辰年) - 해(亥), 사년(巳年) - 술(戌), 오년(午年) - 축(丑), 미년(未年) - 인(寅), 신년(申年) - 묘(卯), 유년(酉年) - 자(子), 술년(戌年) - 사(巳), 해년(亥年) - 진(辰) 등이 해당한다. 띠에서 지지(地支)로 대입한다.

朗月 실제로는 큰 비중이 없다. 개인적인 생각으로는 신살은 모두 무시해도 좋고, 특히 생극제화(生剋制化)의 이치에는 부합되지 않는 것이 대부분이므로 적용시키면 그만큼 혼란이 가중될 수 있다.

귀물(鬼物) 用 귀신 같은 물건. 기신(忌神)을 말하기도 한다. 또는 종(從)하고자 하는데 미약한 뿌리가 된 경우에 종을 하기는 하지만 가종(假從)이 되는 것을 두고 귀물이라는 말도 한다. 이 때는 구태여 대입하지 않아도 된다.

귀물제거(鬼物除去) 古 귀신 같은 흉물을 제거함을 이르는 말. 사주에서 매우 흉한 기신(忌神)의 역할을 하는 글자를 운에 충(沖)이 들어서 극하면 귀물이 제거되었다고 할 수 있다. 그래서 기신을 제거한다는 뜻이 된다.

귀상(鬼象) 古 신취팔법(神趣八法)의 하나. 편관(偏官)이 일간(日干)을 극하는 형상이다.

朗月 별도로 취급하지 않는다.

귀상격(鬼象格) 格 고전격국(古典格局)의 하나. 신취팔법(神趣八法)의 하나로 종살격(從殺格)을 이르는 말이다.

귀중(貴中) 星 정관(正官)이 겹침. 보통 정관을 귀한 것으로 보기 때문에 정관이 둘이면 이렇게 말할 수 있다.

균형(均衡) 俗 서로 대립하지 않고 적절하게 조절하는 것. 세상의 삼라만상이 다 그렇듯이 자평명리학(子平命理學)에서도 오행이 치우치지 않는 것을 바란다. 용신법(用神法)도 사실은 균형을 이루었는가를 관찰하는 것이다.

극(剋) 五 극을 하는 입장이 되기도 하고, 극을 받는 입장이 되기도 한다. 극하는 것은 관살(官殺)이 된다. ⇨ 상극(相剋)

극설(剋洩) 五 관살(官殺)은 극하는 것이고, 식상(食傷)은 설하는 것이다. 이것이 겹치면 극설교차(剋洩交叉) 또는 극설교가(剋洩交加)라고 한다.

극설교가(剋洩交加) 古 극하는 관살(官殺)도 있고, 설하는 식상(食傷)도 있다. 신약(身弱)할 가능성이 많은데, 이러한 경우에 신약의 원인이 되는 것으로 상황을 설명할 수 있다.

극설교집(剋洩交集) 古 극하는 관살(官殺)과 설하는 식상(食傷)이 모여 있다. 신약의 원인 중 하나를 설명하는 말이다.

극설교차(剋洩交叉) 古 ⇨ 극설교가(剋洩交加)

극이불극(剋而不剋) 古 극을 해도 극이 되지 않음을 이르는 말. 예를 들어 목극토(木剋土)이지만, 목과 토 사이에 화(火)나 금(金)이 있으면 목은 토를 극할 수 없으므로 극이면서도 극이 되지 않는다.

극제(剋制) 五 극하거나 제(制)함을 이르는 말. 관살(官殺)로 극하는 것이다.

극처(剋妻) 星 처를 극함을 이르는 말. 사주에 비겁(比劫)이 있어서 재성(財星)을 극할 경우에 해당한다.

극해공망(克害空亡) 古 처자(妻子)를 극한다는 공망을 이르는 말. 구조는 갑을일

(甲乙日) - 오(午), 병정일(丙丁日) - 신
(申), 무기일(戊己日) - 사오(巳午), 경신
일(庚辛日) - 인(寅), 임계일(壬癸日) - 유
축(酉丑) 등이 해당한다.

朗月 실제로는 큰 비중이 없다. 개인적
인 생각으로는 신살은 모두 무시해도 좋
고, 특히 생극제화(生剋制化)의 이치에는
부합되지 않는 것이 대부분이므로 적용
시키면 그만큼 혼란이 가중될 수 있다.

근(根) 干支 뿌리. 연주(年柱)의 다른 이름
이다. 연에서 월, 일, 시가 나온다고 하여
그렇게 표시한 것이며 크게 무리가 없다.

근묘화실(根苗花實) 子 뿌리와 싹과 꽃과
열매. 연월일시(年月日時)의 간지(干支)
를 부르는 다른 이름이다. 흐름에 의해서
연주에서 월주가 나오고, 월주에서 일주
가 나오고, 일주에서 시주가 나왔다고 보
아 일정한 흐름으로 연결시켰다.

朗月 이치적으로는 그럴 듯하지만 실제
로 구조를 살피면 연주(年柱)는 일주를
닮았고, 월주는 시주와 닮았다. 그러므로
월주와 상관없이 연주에 의해서 일주가
나타난다고 본다. 다시 말하면 입춘이 지
났거나 그 이전이거나 일주가 고정된 것
을 보면 월주에서 일주가 나왔다는 말은
부합되지 않는다. 그렇기 때문에 근묘화
실이라는 말은 사용하지 않는 것이 좋다.
고인의 가르침이라고 해서 무조건 따르
기보다는 다시 검토하는 것이 필요하다.

금(金) 五 광물질로 대표되는 오행의 한 종
류. 결실, 결단, 단단함 등의 의미가 있
다. 천간(天干)에서는 양금(陽金)을 경
(庚)으로 하고, 음금(陰金)은 신(辛)으
로, 지지(地支)에서는 양금을 신(申)으
로, 음금을 유(酉)로 한다.

금견수이유통(金見水而流通) 【滴天髓】 강
(强)한 금(金)이 수(水)를 보면 그 성품
이 유통(流通)하니 좋다.

금고(金庫) 五 금(金)의 창고(倉庫). 축토
(丑土)를 말한다. 금의 생지(生地)는 사
화(巳火)가 되고, 왕지(旺地)는 유금(酉
金)이 되며, 고지(庫地)는 축토(丑土)가
되는데, 축토 속에는 신금(辛金)이 있어
서 금의 고장지(庫藏地)라고 한다.

朗月 일설에는 금고(金庫)를 열기 위해
서는 미토(未土)가 와서 충(沖)해야 한다
고 했는데, 이는 낭설이며 오히려 충하면
내용물이 파괴된다고 이해하는 것이 타
당하다. 고(庫)를 열면 저장한 주체의 주
인인 왕지(旺地)가 와야만 가능하다. 여
기에서는 유금(酉金)이 된다.

금국(金局) 干支 금(金)의 국세. 사주의 지
지에서는 사유축(巳酉丑)으로 합을 이루
고, 천간에서는 경신금(庚辛金)이 나열되
어 전체적으로 금의 세력을 이루면 금국
이라고 한다. 또는 지지에 사유축(巳酉
丑)만 있어도 금국이라고 한다.

금극금(金剋金) 五 금(金)이 금(金)을 극
(剋)함. 같은 금이 금을 극하는 경우이
다. 사주에 토(土)가 왕해서 목(木)을 의
지해 목극토(木剋土)로 사용하려고 할 경
우에, 금이 많으면 금극목(金剋木)의 작
용으로 토를 제어할 수 없으므로 결과적
으로 금극금(金剋金)의 결과가 된다. 이
러한 현상은 군겁쟁재(群劫爭財) 또는 군
비쟁재(群比爭財)의 현상이라 할 수 있
다.

금극목(金剋木) 五 금(金)이 목(木)을 극함
을 이르는 말. 금은 명령자가 되고, 목은
수행자가 된다. 오행상극(五行相剋)의 법
칙에 해당하며 매우 무정한 것으로 해석
한다.

朗月 다만 기본 공식으로만 이해한다.
상황에 따라서 세력이 서로 뒤바뀌는 경
우도 발생하기 때문이다. 그렇게 되면 공
격자가 도리어 공격받을 수도 있다는 것
이 오행의 세계이다.

금극수(金剋水) 五 금(金)이 수(水)를 극

(剋)함을 이르는 말. 기본적으로는 금생수(金生水)의 이치이다. 그러나 만약 사주에 수(水)가 이미 과중한 경우 금의 생조를 다시 만나면 수는 그 세력이 더욱 강해져 수생목(水生木)으로 목(木)을 사용하려 하면 금극목(金剋木)으로 차단시켜 버리고, 다시 토(土)를 사용해서 토극수(土剋水)를 하려 하면 이번에는 토생금(土生金)으로 오히려 수를 다시 생조한다. 결과적으로는 금극수(金剋水)의 이치가 된다.

금극토(金剋土) 五 금(金)이 토(土)를 극(剋)함을 이르는 말. 기본적으로 토생금(土生金)이지만, 만약 사주에 토(土)가 매우 허약해서 화(火)의 도움을 받아야 할 상황에 오히려 금(金)이 왕하여 토를 설기(洩氣)시킨다면 결과적으로 금이 토를 극한 현상이 된다.

금극화(金剋火) 五 금(金)이 화(火)를 극(剋)함을 이르는 말.
　朗月 역극(逆剋)의 원리이다. 원래는 화극금(火剋金)이지만, 금(金)은 세력이 매우 강하고, 반면에 화(火)가 세력이 너무 무력하다면 금이 화를 극하게 된다. 이러한 현상은 재다신약(財多身弱)의 현상(現狀), 중과부적(衆寡不敵), 금다화식(金多火熄)의 현상이라고 할 수 있다.

금기(金氣) 五 금(金)의 기운(氣運). ⇨ 금(金)

금다수탁(金多水濁) 五 금(金)이 너무 많으면 수(水)는 탁류(濁流)가 됨을 이르는 말. 기본적으로 금생수(金生水)가 되지만 사주에 금이 너무 과중하면 오히려 물이 탁해지므로 이러한 경우에는 화(火)를 이용하여 금을 극제(剋制)하는 것이 좋다.

금다토허(金多土虛) 五 금(金)이 지나치게 많으면 토(土)는 허하게 됨을 이르는 말. 토생금(土生金)으로 기운이 흐르는데 토는 계속 금을 생조하고 화(火)의 생조를 받지 못하면 균형이 깨지는 현상이다. 식상과다(食傷過多)의 해(害)에 속한다.

금다화식(金多火熄) 五 금(金)은 너무 왕하고, 반대로 화(火)는 매우 허약하여 화극금(火剋金)을 하지 못하고 오히려 금극화(金剋火)가 되는 현상이다.

금목상쟁(金木相爭) 五 금(金)과 목(木)이 서로 싸움. 원래는 금극목(金剋木)으로 금이 목을 극하는 원리이지만, 경우에 따라서는 목의 세력이 당당하여 금과 대립하는 경우이다. 보통 금목(金木)은 대립한다고 한다.

금박금(金箔金) 古 임인계묘금박금(壬寅癸卯金箔金)의 줄임말. ⇨ 임인계묘금박금(壬寅癸卯金箔金)

금방(金方) 五 금(金)의 방향. 지지에 신유술(申酉戌)이 모여 있거나, 대운(大運)에서 신유술의 방향으로 흐름을 타게 될 경우이다.

금백수청(金白水淸) 古 금(金)은 희고, 수(水)는 맑음을 이르는 말. 사주의 형상이 금수(金水)로 이루어진 경우에 해당한다.

금생금(金生金) 五 금(金)이 금(金)을 생(生)함을 이르는 말. 같은 금이 금을 생한다는 것은 사주에 목(木)이 과중하여 재다신약(財多身弱)이 극심할 경우에 힘 있는 금을 얻어 금극목(金剋木)을 하게 되면, 자칫 목다금결(木多金缺)의 위기에서 구제되므로 금생금(金生金)이 된다고도 본다. 이러한 현상을 득비리재(得比利財) 또는 재중용겁(財重用劫)이라고 한다.

금생목(金生木) 五 금(金)이 목(木)을 생(生)함을 이르는 말. 기본적으로 금극목(金剋木)이 되지만, 만약 사주에 목이 너무 과중하면 토(土)가 있어도 군겁쟁재(群劫爭財)의 쟁탈전(爭奪戰)이 벌어지고, 화(火)를 사용하려 해도 목다화치(木多火熾)의 현상으로 불길이 너무 과중해지는 현상이 발생할 수 있다. 이러한 경우에 금이 강력하게 목을 제어하면 결과적으로 금생목(金生木)의 이치가 된다. 이러한 현상을 제목(制木)이라고도 한다. 목을 다스려 적절하게 통제한다는 의미이다.

금생수(金生水) 五 금(金)이 수(水)를 생조함을 이르는 말. 금은 어머니의 입장이고, 수는 자식의 입장으로도 이해한다. 오행상생(五行相生)의 법칙에 속하며 매우 유정한 것으로 해석한다.

朗月 다만 이것은 기본 공식으로 이해하는 것이 중요하다. 경우에 따라서 생하는 것이 오히려 병이 되는 경우도 많기 때문이다.

금생토(金生土) 五 금(金)이 토(土)를 생(生)함을 이르는 말. 역생(逆生)의 원리이다. 원래 토생금(土生金)이지만, 토가 목(木)에게 목극토(木剋土)의 공격을 받게 될 경우에 금이 나서서 금극목(金剋木)을 하여 토를 살린다. 이런 경우에 해당하는 것이 식신제살격(食神制殺格)의 구조이다. 또는 토의 세력이 과다하여 목극토(木剋土)가 되지 못할 경우에 금이 있어서 그 토를 유통(流通)시켜 주는 경우에도 금생토(金生土)의 논리가 적용된다. 이런 경우에 해당하는 것이 식신격(食神格)이다.

금생화(金生火) 五 금(金)이 화(火)를 생(生)함을 이르는 말. 기본적인 이치로는 화극금(火剋金)이지만, 만약 사주에 목(木)이 너무 많아서 화를 과중하게 생조하면 화는 오히려 목으로부터 지나치게 과열(過熱)되어 오히려 목극화(木剋火)가 되므로 목다화치(木多火熾)의 현상이 된다. 이 때 사주에 힘 있는 금이 있다면 금극목(金剋木)을 하게 되어 목이 화를

과중하게 생조하지 못하도록 하므로, 결과적으로 금생화(金生火)의 이치가 된다. 이러한 현상을 기인취재(棄印就財) 또는 군뢰신생(君賴臣生)이라고도 한다.

금쇄관(金鎖關) 殺 자물쇠 등을 갖고 놀다가 잠겨서 나오지 못하는 살. 구조는 1·7월 – 신시(申時), 2·8월 – 유시(酉時), 3·9월 – 술시(戌時), 4·10월 – 해시(亥時), 5·11월 – 자시(子時), 6·12월 – 축시(丑時) 등에 해당한다.

朗月 실제로는 큰 비중이 없다. 개인적인 생각으로는 신살은 모두 무시해도 좋고, 특히 생극제화(生剋制化)의 이치에는 부합되지 않는 것이 대부분이므로 적용시키면 그만큼 혼란이 가중될 수 있다.

금수(金水) 五 쇠와 물. 금생수(金生水)와 같은 말이다. 금(金)이 수(水)를 생(生)하는 의미인데, 특히 금수는 서로 잘 어울린다고 봐서 목화(木火)의 구조와 대비된다고 본다. 어미와 자식이 함께 있어서 평화로워 진다고 이해한다.

금수고상이신경허(金水枯傷而腎經虛)【滴天髓】 금수(金水)의 기운이 열토(熱土)를 만나서 메마르고 손상되면 신장(腎臟)과 신경(辛庚)이 허약해진다.

금수상관(金水傷官) 古 금(金)의 일주가 수(水)를 만나면 상관(傷官)이 됨을 이르는 말. 특히 겨울의 해자월(亥子月)에 태어난 경신금(庚辛金)에게 해당하는 말이기도 하다.

朗月 금수상관(金水傷官)이면 관살(官殺)을 좋아한다는 고정된 설은 겨울 금(金)은 조후가 급하다는 의미로 전해졌다. 금이 너무 무력하다면 조후보다도 생조(生助)가 더 급하다는 것을 알아야 한다. 그래서 너무 약한 경우에는 아무리 금수상관이더라도 인성(印星)을 용신으로 삼아야 한다.

금수상관격(金水傷官格) 古 금수상관(金水

ㄱ

傷官)과 같은 말. 상관(傷官)을 용신으로 삼은 경우에는 격(格)을 붙여도 무방하다.

금수상관 한즉냉수 열즉담화(金水傷官 寒則冷嗽 熱則痰火)【滴天髓】 겨울에 태어난 금(金)은 수기(水氣)가 너무 강하면 해수(咳嗽)의 병이 생기기 쉽고, 너무 열이 많으면 담화(痰火)가 끓는다.

금수상관희견관(金水傷官喜見官) 古 해자월(亥子月)에 태어난 경신금(庚辛金)은 병정화(丙丁火)를 반긴다. 겨울의 금(金)은 조후(調候)가 급하다는 의미에서 생겨난 말이다.

朗月 너무 신약한 금(金)은 생조(生助)가 우선 필요하기 때문에 이 말이 해당되지 않는다. 다만 생조가 급하지 않을 경우에는 이 말이 유효하다고 본다.

금수상생격(金水相生格) 格 고전격국(古典格局)의 하나. 사주 구조에서 다른 성분은 전혀 없고, 금수(金水)의 두 성분만 있으면 양기성상격(兩氣成象格) 또는 금백수청(金白水淸)이라고도 한다.

朗月 용신을 정할 경우에는 상황에 따라서 달라지는데, 억부법(抑扶法)에 따라서 대입하면 무난하므로 특별히 양기성상격을 고려할 필요는 없다.

금수상함(金水相涵) 古 금(金)이 수(水)를 생조(生助)하고, 수는 금을 적셔주는 것. 금수(金水)가 유정(有情)함을 의미한다.

금신격(金神格) 格 고전격국(古典格局)의 하나. 신살격(神殺格)에도 해당한다. 구조는 시주(時柱)가 기사(己巳), 을축(乙丑), 계유(癸酉)에 해당한다.

朗月 구조의 이치를 알 수 없기 때문에 단지 특정시에 출생한 것으로 이름이 부여된 것은 생극제화(生剋制化)의 법칙에 벗어나므로 사용하지 않는 것이 옳다.

금실무성(金實無聲) 古 금(金)이 너무 견고하니 소리가 없음을 이르는 말. 금이 과

다하다는 의미이다. 이러한 경우에는 식상(食傷)을 만나거나 관살(官殺)을 만나야 용법(用法)이 생기는데, 그렇지 못하므로 안타까워서 하는 말이다.

금여(金輿) 殺 신살(神殺)의 하나. 작용은 인품이 온화하고, 용모 단정하며, 총명하다. 구조는 일간(日干)을 기준으로 갑(甲)-진(辰), 을(乙)-사(巳), 병무(丙戊)-미(未), 정기(丁己)-신(申), 경(庚)-술(戌), 신(辛)-해(亥), 임(壬)-축(丑), 계(癸)-인(寅) 등이 해당한다.

朗月 실제로는 큰 비중이 없다. 개인적인 생각으로는 신살은 모두 무시해도 좋고, 특히 생극제화(生剋制化)의 이치에는 부합되지 않는 것이 대부분이므로 적용시키면 그만큼 혼란이 가중될 수 있다.

금왕절(金旺節) 종 금(金)의 기운이 왕성한 계절. 신유월(申酉月)이 해당한다.

금운(金運) 子 1.금(金)의 운. 대운에서 경신(庚辛)이나 신유(申酉)의 운이 진행되는 것을 말한다.
2.오운(五運)에서 금(金)에 해당하는 운. 을년(乙年)이나 경년(庚年)은 금의 운에 해당하는데, 특히 경년은 금태과(金太過)의 운으로 보고, 기년(己年)은 금불급(金不及)의 운으로 본다.

朗月 자평명리학에서는 이렇게 대입하지 않으므로 몰라도 상관없다.

금(金)의 **계절**(季節) 종 신유월(申酉月). 경우에 따라서는 술월(戌月)을 포함시키기도 한다.

금(金)의 **음양**(陰陽) 五 천간(天干)에서 음금(陰金)은 신금(辛金)이 되고, 양금(陽金)은 경금(庚金)이 된다. 지지(地支)에서의 음금은 유금(酉金)이 되고, 양금은 신금(申金)이 된다.

朗月 금(金)의 음양을 다른 관점에서 본다면 양금(陽金)을 금기(金氣) 또는 살기(殺氣) 등으로 보고, 음금(陰金)은 광물

질(鑛物質)로 보는 것도 타당하다.

금일간(金日干) 五 태어난 날이 경신금(庚辛金)에 해당하는 사람.

금일주(金日主) 五 태어난 날이 경신일(庚辛日)에 해당하는 사람.

금창고(金倉庫) 干支 ⇨ 금고(金庫)

금침수저(金沈水底) 古 금(金)이 물의 바닥에 가라앉았음을 이르는 말. 오행의 형상에서 금은 적고 수(水)가 너무 많은 경우에 사용한다. 해결 방법은 토(土)가 와야 하는데, 습토가 아닌 건조한 토가 도움을 줘야 해결된다.

금한수냉(金寒水冷) 古 금(金)은 차갑고 수(水)는 냉함을 이르는 말.

朗月 금수(金水)의 성분은 원래 차가운 성질을 갖고 있으므로, 온도의 균형을 생각한다면 사주에서는 목화(木火)의 기운이 있는 것을 좋아한다. 그런데 사주에서는 온기가 전혀 없을 경우에 해당한다. 이는 생성의 기운이 부족하다고 이해한다.

급각관(急脚關) 殺 다리 불구나 소아마비 또는 공사장에서 구덩이에 떨어지게 되는 살. 구조는 1·2·3월생-해자(亥子), 4·5·6월생-묘미(卯未), 7·8·9월생-인술(寅戌), 10·11·12월생-축진(丑辰) 등에 해당한다.

朗月 실제로는 큰 비중이 없다. 개인적인 생각으로는 신살은 모두 무시해도 좋고, 특히 생극제화(生剋制化)의 이치에는 부합되지 않는 것이 대부분이므로 적용시키면 그만큼 혼란이 가중될 수 있다.

급신이지(及身而止) 古 내 몸까지 와서는 멈춰버렸음을 이르는 말. 관생인(官生印)하고 인생아(印生我)해서 흐름이 생겼는데, 아생식(我生食)으로 흐름을 타지 못했다는 말로 아쉬움을 나타낸다.

기(己) 干支 천간(天干)의 음토(陰土)라고도 하며, 토(土)의 질(質)이라고도 한다.

지지(地支)에서는 미토(未土), 신금(申金), 축토(丑土) 등도 포함된다.

朗月 토양(土壤)은 기토(己土)에 해당할 것이며 무토(戊土)를 산(山), 기토를 평지로 대입한 것은 다시 생각해봐야 한다. 십간(十干)의 사물에 대입하는 과정에서 너무 현상적인 것으로만 이해하는 것은 고전적인 견해이므로 지금의 학자는 새로운 관점으로 이해해야 한다.

기(氣) 五 만물 생성의 근원이 되는 것. 자평명리학(子平命理學)에서는 양간(陽干)을 기(氣)의 차원으로 이해하고, 음간(陰干)을 질(質)의 차원으로 이해한다.

기관팔방(氣貫八方) 五 기운이 팔방으로 통해져 있음을 이르는 말. 사주의 형상에서 자오묘유(子午卯酉)가 완전하거나, 인신사해(寅申巳亥)나 진술축미(辰戌丑未)가 갖춰지면 이 말을 사용한다.

朗月 위험한 발상이다. 전체 상황을 고려하지 않는다면 그야말로 공론일 뿐이다. 어느 감명가는 진술축(辰戌丑)만 있고 미(未)가 없다고 해서 이런 것을 사주라고 내어 놨느냐는 말도 하는데, 이것이야말로 용어에 매달린 어리석은 판단이다. 전체 구조를 파악해서 결론을 내리는 것이 옳다.

기구신(忌仇神) 用 사주에서 흉한 작용을 하는 기신(忌神)과 구신(仇神)을 묶어서 하는 말.

기년(己年) 干支 기(己)의 해. 사주의 연간(年干)이 기에 해당하는 경우이다.

기명종살격(棄命從殺格) 格 고전격국(古典格局)의 한 종류. ⇨ 종살격(從殺格)

기명종세격(棄命從勢格) 格 자신을 버리고 세력을 따라서 종(從)함을 이르는 말. ⇨ 종세격(從勢格)

기명종재격(棄命從財格) 格 고전격국(古典格局)의 한 종류. ⇨ 종재격(從財格)

기묘(己卯) 干支 육십간지의 하나. 기토(己

土)와 묘목(卯木)의 결합이다. 형상을 보면 기토는 묘목에게 극을 받고 매우 무력한 모습으로 이해한다.

기묘(己卯)의 성격(性格) ㉟ 기묘(己卯) 일주(日柱)는 지지(地支)에 편관(偏官)인 을목(乙木)이 있으므로 봉사성(奉仕性)을 나타낸다.

기문둔갑(奇門遁甲) 外 시간과 공간으로 연명의 방법을 가려내는 학문. 음양오행(陰陽五行)의 학문으로 본다면 매우 오래된 역사를 갖고 있다. 천문(天文)과 지리(地理)와 인사(人事)에 두루 통하는 학문이다. 기문둔갑을 운용할 때는 구궁(九宮)이라는 장소에 시간이 뿌려진 국(局)을 사용하며, 이 국은 크게 홍국과 연국의 두 가지로 분류한다. 이 국에는 여러 요소가 일정 원칙에 따라 배치되며, 여기에 배치되는 요소 가운데 육의삼기(六儀三奇)에서는 기(奇)를, 팔문(八門)에서는 문(門)을, 또한 구궁에 갑(甲)이 숨어 있으면서 나타나지 않는다는 뜻의 둔갑(遁甲)을 조합하여 기문둔갑(奇門遁甲)이라 한다.

朗月 일설에는 둔갑술(遁甲術)도 가능하다고 하지만 중간에 그 방법이 사라진 것인지 아니면 낭설인지는 모르겠으나, 지금은 주로 사람의 생년월일시(生年月日時)를 갖고 운명을 판단하는 명리학(命理學)의 분야로 알려져 있다. 운명을 감정할 때에는 명반(命盤)을 작성해서 풀이하는데, 부분적으로 적중률이 좋다고 한다.

기문둔갑개별용비의(奇門遁甲個別用秘義) 冊 일본의 무전(武田) 선생의 저서. 대만 무릉출판사(武陵出版社)에서 발행되었다. 내용은 자평명리학(子平命理學)과 기문둔갑(奇門遁甲)의 응용을 다루었는데, 활용에 중점을 둔 임상 내용이다.

기문사주(奇門四柱) 外 기문둔갑(奇門遁甲)을 이용한 사주해석법. 자평명리학(子平命理學)을 제외하고는 가장 인기 있는 운명해석법이다. 그리고 그 뒤를 자미두수(紫微斗數)가 쫓고 있다.

기미(己未) 干支 육십간지의 하나. 기토(己土)와 미토(未土)의 결합이다. 형상을 보면 기토와 미토는 모두 같은 토(土)이므로 세력이 매우 강하다고 해석한다.

朗月 비록 지장간의 을목(乙木)이 천간 기토를 극하지만 지장간에는 정화(丁火)가 있기 때문에 유통시키니 기토는 강하다고 해석한다.

기미(己未)의 성격(性格) ㉟ 기미(己未) 일주(日柱)는 지지(地支)에 비견(比肩)인 기토(己土), 편인(偏印)인 정화(丁火), 편관(偏官)인 을목(乙木)이 있기 때문에 주체성과 신비성과 봉사성 등을 나타낸다.

기반(羈絆) 干支 얽혀 묶이는 것. 합(合) 때문에 묶이는 것이다. 특히 용신(用神)에 해당하는 글자가 묶이는 경우이다. 용신기반(用神羈絆)이라고도 한다. 용신은 활용해서 쓰는 글자인데, 합으로 묶이면 마치 말이 마구간에 묶여 있는 것처럼 움직이지 않으니 진행하려는 모든 일이 정지되기 때문에 매우 흉한 것으로 본다.

朗月 기반에는 원국(原局)의 기반과 행운(行運)의 기반이 있는데, 원국의 기반은 운에서 묶고 있는 글자를 충(沖)해 주는 것을 좋아하고, 운에서 기반이 되면 원국에서 합하러 들어오는 글자를 극해 주어야 한다. 그렇지 않으면 쓸모 없어진다.

기사(己巳) 干支 육십간지의 하나. 기토(己土)와 사화(巳火)의 결합이다. 형상은 화생토(火生土)가 되어서 기토가 강한 구조를 갖는다.

기사(己巳)의 성격(性格) ㉟ 기사(己巳) 일주(日柱)는 지지(地支)에 정인(正印)인 병화(丙火), 상관(傷官)인 경금(庚金),

겁재(劫財)인 무토(戊土)가 있기 때문에 직관력과 사교성과 경쟁심 등을 나타낸다.

기시(己時) 干支 기(己)의 시. 사주의 시간(時干)이 기에 해당하는 경우이다.

기식법(起息法) 五 일주(日柱)와 합이 되는 간지(干支)가 옆에 있을 경우. 예를 들어 갑자(甲子) 일주가 옆에 기축(己丑)을 만나면 갑기합(甲己合)이 되고, 자축합(子丑合)이 되어서 여기에 해당한다. 이렇게 되면 귀격이 된다는 말도 있다.
　朗月 합은 무조건 귀하다는 것을 전제로 생긴 말이다. 이러한 말은 버리는 것이 좋다.

기식상통(氣息相通) 古 기운과 마음은 서로 통한다는 것을 나타내는 말. 중간에 무엇인가가 가로막혀 있어도 장애를 받지 않으면 그 마음이 일간(日干)을 돕고자 하는 것을 의미한다. 그런 구조는 좋은 조짐으로 봐도 된다.

기식중화지정리 이어오행지묘 유능전언(旣識中和之正理 而於五行之妙 有能全焉) 【滴天髓】 이미 치우치지 않은 중화(中和)의 참 이치를 알았다면 오행(五行)의 변화에 대한 오묘함을 알게 된 것이니 능히 잘 알았다고 하게 된다.

기신(忌神) 用 꺼리는 글자. 용신을 극(剋)하는 글자에 해당한다. 예를 들어 용신이 병화(丙火)라면 기신(忌神)은 임수(壬水)가 되고, 계수(癸水)도 기신의 영역으로 본다.

기신입오장이병흉(忌神入五臟而病凶) 【滴天髓】 기구신(忌仇神)이 지장간(支藏干)에 들어 있으면 그 병도 흉하다고 한다.

기신충(忌神沖) 用 기신(忌神)이 충(沖)을 맞았음을 이르는 말. 기신은 용신을 해롭게 하는데 그 글자가 충을 맞았다면 반가운 일이라고 해석한다. 용신의 고민이 해소되었으므로 원하는 일이 마음과 같이 잘 된다고 본다.

기신합(忌神合) 用 기신(忌神)이 합 되었음을 이르는 말. 기신은 없어지거나 가만히 있기를 바라는 것이 사람의 마음이니 합이 되면 더욱 반가운데 이는 작용하지 않기 때문이다.

기(氣)**와 질**(質) 五 양(陽)을 기운(氣運)으로 보고, 음(陰)을 형질(形質)로 이해하는 논리. 기운이 뭉치면 형질인 음이 되고, 다시 형질이 흩어지면 기운이 양이 되는 것도 같은 의미이다.

기월(己月) 干支 기(己)의 달. 사주의 월간(月干)이 기에 해당하는 경우이다.

기유(己酉) 干支 육십간지의 하나. 기토(己土)와 유금(酉金)의 결합이다. 형상을 보면 토생금(土生金)의 이치에 의해 기토는 유금에게 기운이 설기(洩氣)되어서 천간은 약하고 지지는 강한 것으로 해석한다.

기유(己酉)**의 성격**(性格) 心 기유(己酉) 일주(日柱)는 지지(地支)에 식신(食神)인 신금(辛金)이 있기 때문에 연구심(研究心)이 있나. 경금(庚金)은 논하지 않는다.

기인취재(棄印就財) 古 인성(印星)이 너무 많아서 꺼리게 되는 경우에 재성(財星)을 용신(用神)으로 삼게 되는 것.

기인취재격(棄印就財格) 格 인성(印星)이 많아서 재성(財星)으로 용신을 삼는 격. 용신격(用神格)의 한 종류이다. 인중용재격(印重用財格)으로 가능한 형상이다. 사주에 인성이 너무 많으면 재성을 용신으로 삼아서 균형을 이룬다. 이 경우에는 비겁(比劫)을 보지 않아야 하고, 운에서라도 만나면 용신이 큰 손상을 입게 되므로 식상(食傷)을 대동하는 것이 좋다.

기일(己日) 干支 기(己)의 날. 사주의 일간(日干)이 기에 해당하는 경우이다.

기일간(己日干) 干支 태어난 날이 기일(己日)에 해당하는 사람.

기일주(己日主) 干支 ⇨ 기일간(己日干)

기축(己丑) 干支 육십간지의 하나. 기토(己土)와 축토(丑土)의 결합이다. 형상을 보면 기토는 같은 음양오행인 축토를 만나서 상당히 왕성한 세력을 유지한다.

기축(己丑)의 성격(性格) 心 기축(己丑) 일주(日柱)는 지지(地支)에 비견(比肩)인 기토(己土), 식신(食神)인 신금(辛金), 편재(偏財)인 계수(癸水)가 있기 때문에 주체성과 연구심과 통제성 등을 나타낸다.

기취감궁(氣聚坎宮) 古 수(水)의 기운으로 모여 있음을 이르는 말. 감(坎)은 수의 팔괘(八卦) 명칭이다. 그래서 기(氣)가 감궁에 모여 있다는 것은 사주에 수의 세력권이 형성되어 있다는 말이다.

기토비습 중정축장(己土卑濕 中正蓄藏) 【滴天髓】 기토(己土)는 축축한 땅바닥이지만 그 가운데에는 자연의 올바름을 깊이 감추고 있다.

기토탁임(己土濁壬) 古 기토(己土)는 임수(壬水)를 탁(濁)하게 함. 『궁통보감(窮通寶鑑)』의 설이다. 기토는 임수를 탁하게 하고 극(剋)하지는 못하지만 경우에 따라 충분히 극할 수도 있다는 점을 참고한다.

기해(己亥) 干支 육십간지의 하나. 기토(己土)와 해수(亥水)의 결합이다. 형상을 보면 기토는 해수에 뿌리를 내리지 못하고 떠도는 형상이다.

朗月 지장간의 갑목(甲木)과 천간(天干)의 기토(己土)는 합하지 않는다. 본기인 임수(壬水)의 영역 때문에 작용하지 않는 것으로 본다.

기해(己亥)의 성격(性格) 心 기해(己亥) 일주(日柱)는 지지(地支)에 정재(正財)인 임수(壬水), 정관(正官)인 갑목(甲木)이 있기 때문에 치밀성과 합리성 등을 나타낸다.

길격(吉格) 格 좋은 형상으로 짜여진 격. 사주에 충극(沖剋)이 없고 상생(相生)으로 잘 짜여진 격이다.

길성(吉星) 星 길한 별. 희용신(喜用神)이 되는 십성(十星)을 말한다.

길신태로(吉神太露) 古 좋은 글자가 천간(天干)에 있으면서 뿌리가 약한 경우. 태로(太露)라는 말은 풀 끝의 이슬처럼 대롱대롱 매달린 것을 의미한다. 길신(吉神)은 뿌리를 깊이 내려야 하기 때문에 길신이 그렇게 되면 큰일이다. 그래서 이 말을 사용하면 불안하고 위험하다. 내게 소중한 것은 남들에게도 소중하기 때문에 쟁탈전(爭奪戰)이 벌어질 가능성이 많아진다.

길신태로 쟁기탈지풍(吉神太露 爭起奪之風) 【滴天髓】 용신(用神)이 천간(天干)에 무력하게 투출하면 쟁탈의 바람이 불 위험이 있다.

길운(吉運) 子 좋은 운. 운은 좋을 수도 있고, 나쁠 수도 있는데 그 중에서 좋게 작용할 암시가 있는 것을 길한 운이라고 한다. 주로 용신(用神)의 운에서 결함이 발생하지 않으면 좋은 운으로 작용한다.

꿈 外 잠을 자는 동안에 얻어진 영상(映像)이 잠을 깨고 나서도 기억에 남아 있는 것. 이것을 해석하여 길흉(吉凶)을 판단하는 것을 해몽(解夢)이라고 한다.

朗月 꿈에 대해서는 아직 명확한 자료가 없다. 다만 몇 가지의 형태가 있다고 생각하는데, 다음과 같다.

1. 현몽(現夢) : 조상(祖上)이나 신령(神靈)의 암시로 뭔가 발원(發願)하는 바가 있을 경우에 꿈에 나타나서 계시(啓示)를 주는 꿈이다. 해석(解釋)할 필요도 없이 그대로 명명백백(明明白白)한 것으로 누구라도 혼동 없이 바로 수용되는 꿈이다.

2. 상징몽(象徵夢) : 직접적으로 설명하는 것이 아니고 우회(迂廻)적인 의미를 갖는

꿈이다. 예를 들어 재물(財物)을 의미하는 것으로 인분(人糞)을 꿈꾼다거나, 재수(財數)를 의미하는 것으로 돼지꿈을 꾸는 것이다. 여기에 대해서는 해석이 분분한데, 바로 대입해야 할 꿈도 있고, 또는 돌려서 풀어야 할 꿈도 있으므로 해독하는 과정에서 많은 오류를 범할 수 있고, 전문가(專門家)의 조언이 필요할 수도 있다. 이러한 꿈을 얻으면 잠시 생각해 보고 바로 잊어버리는 것이 최선이다. 어차피 돈이 되려면 될 것이고, 되지 않으려면 안 될 것이기 때문이다.

3. 희망몽(希望夢) : 평소에 소원(所願)하는 것이 있어서 꿈으로 나타나는 것이다. 예를 들어 어머니가 집을 나갔는데 계속 어머니를 생각하다가 꿈에서 보는 것 등이 해당한다. 이러한 꿈은 해석할 의미가 없는데, 상상해서 얻은 꿈이기 때문이다.

4. 신체몽(身體夢) : 자기 몸의 상황에 따라서 꾸는 꿈이다. 예를 들어 소변이 마려울 경우에는 꿈에서 화재(火災)의 현장에서 소변으로 불을 끄려고 시도하는 것 등이다. 그리고 질병이 있을 경우에 그 통증이나 증세로 꿈을 꾸기도 하는데, 특히 신경계통(神經系統)에 고장이 나면 꿈으로 많은 현상이 나타난다고 한다. 물론 꿈을 깨는 것으로 모든 것은 해결되니 해석하는 것은 의미가 없다. 몸이 아픈 것은 꿈으로 해석해 봐야 소용이 없으니 병원에 가는 것이 현명하기 때문이다.

5. 환경몽(環境夢) : 잠을 자는 동안에 주변 환경에 따라서 얻어지는 꿈이다. 예를 들어 일찍 일어나려고 자명종(自鳴鍾) 시계를 켜고 자는 중에 종이 울리면 꿈 속에서는 누가 자전거를 타고 옆을 지나가는 꿈으로 변환되는 것 등이다. 물론 환경으로부터 잠이 방해받지 않으려는 것이므로 수면상태를 보호하고자 하는 회로가 작용하는 것으로 해석된다.

6. 회상몽(回想夢) : 지나간 일을 꿈으로 보는 것이다. 예를 들어 며칠 전에 누구를 만났는데, 꿈에서 다시 만나는 것이다. 아마 저장된 기억이 꿈으로 정리되는 과정에서 언뜻 보이는 것으로 생각된다. 물론 해석할 필요도 없는 꿈이다.

7. 예보몽(豫報夢) : 어떤 일이 일어나기 며칠 전이나 또는 몇 달 전에 꿈을 꾸는 것이다. 꿈을 깨고는 잊어 버렸는데, 얼마 후에 그 상황이 재연되어 꿈을 떠올리게 되는 경우이다. 심지어 몇 년 전에 꿈을 꾸기도 한다. 주로 영감(靈感)이 뛰어난 사람에게 나타나는 현상으로 생각되는데, 이러한 꿈은 해석되지 않는 것이 보통이므로 그냥 잊어버리고 무시하면 점차로 희미해져서 나중에는 잘 꾸지 않게 된다.

8. 잡몽(雜夢) : 위에 설명한 이유와 무관한 것은 모두 잡몽(雜夢)으로 보고 깨고 나면 잊어버리는 것이 최선이다. 이상의 종류를 살펴보았지만 꿈을 꾸고 나서 바로 해석이 되면 그만이고 그렇지 않으면 잊어버리면 된다. 그 이상의 의미를 부여할 필요는 없다. 그러나 무의미한 것은 아니므로 해석이 명확하면 참고하는 것도 무방하다.

ㄴ

나 用 주체(主體). 일간(日干)에 해당한다.

나무창고 干支 ⇨ 목고(木庫)

낙정관(落井關) 殺 우물에 빠지는 살. 구조는 갑기일(甲己日)-사(巳), 을경일(乙庚日)-자(子), 병신일(丙辛日)-신(申), 정임일(丁壬日)-술(戌), 무계일(戊癸日)-묘(卯) 등이 해당한다.

　朗月 실제로는 큰 비중이 없다. 개인적인 생각으로는 신살은 모두 무시해도 좋고, 특히 생극제화(生剋制化)의 이치에는 부합되지 않는 것이 대부분이므로 적용시키면 그만큼 혼란이 가중될 수 있다.

난강망(欄江網) 冊 여춘태(余春台) 선생의 저서. 자평명리학(子平命理學)에서 비중 있는 책이다. 관련 자료를 가장 완전하게 수록한 책은 『여씨용신사연(余氏用神辭淵)』으로 보는데, 「사명정축판(四明丁丑版) 난강망(欄江網)」이라는 항목으로 난강망의 원형을 보여준다. 서낙오(徐樂吾) 선생이 정리한 『궁통보감(窮通寶鑑)』과는 다소 차이가 있다. 별도로 전하지는 않고 『여씨용신사연(余氏用神辭淵)』에 수록되어 있다. 대만에서 출간되었다.

남극(南極) 用 지구의 남쪽 끝의 극지방. 이 곳에서 태어난 경우에는 어떤 기준으로 감명해야 할지 기준이 없다. 대체로 추운 지방이기 때문에 조후(調候)의 용신법(用神法)으로 대입하면 무난하다고 생각하는데, 그렇다면 남극이나 북극지역에서 태어난 사람은 거의 대부분 화(火)를 용신으로 삼게 될 가능성도 있다. 아직은 확실한 자료가 없다.

남녀궁합법(男女宮合法) 五 남녀(男女)의 궁합을 보는 방법. 남녀의 결합(結合)은 인생에서 중요한 부분이므로 나름대로 신중해야 하는데, 온갖 궁합법(宮合法)이 난무해서 어느 말을 믿어야 할지 모를 지경이다. 올바른 궁합법을 고려하지 않고는 도움은 커녕 오히려 해가 될 수도 있다. ⇨ 겉궁합 속궁합

남매(男妹) 星 겁재(劫財)를 남매로 봄. 일간(日干)과 음양은 다르고 오행이 같은 경우로, 같은 항렬이면서 성별이 다른 것으로 대입한다. 그러나 구태여 구분할 수 없다는 것도 참고한다.

남명(男命) 俗 남자(男子)의 사주(四柱). ⇨ 건명(乾命)

남반구(南半球) 外 지구의 적도(赤道) 이남. 남반구에서 태어난 사람의 경우에도 시간은 같은 것으로 본다. 다만 기후가 반대로 흐르는 것이 문제인데, 이론적으로는 출생지역의 당시 평균기온을 고려하여 조후를 참고한다.

남반구(南半球) **출생**(出生) 外 지구 적도 이남에서 태어남. ⇨ 남반구(南半球)

남방운(南方運) 子 남쪽 방향의 운. 대운의 흐름을 지지(地支)로 대입해서 부분적으로 논하는 방법이다. 대운에서 사오미(巳午未)의 운으로 진행되는 경우를 남방운이라고 한다. 세운에서는 잘 사용하지 않

는다.

朗月 대운은 천간(天干)의 작용도 고려해야 하므로 방향만으로 길흉을 참고하는 것은 무리이다.

남편(男便) [星] 여자에게 남편은 정관(正官)이다. 여자에게 남편은 어쩌면 인생의 전부라고 해도 과언이 아니다. 그래서 관성의 동태를 살펴서 희용신(喜用神)이 되면 남편의 도움이 크다고 하고, 반대로 기구신(忌仇神)이 되면 남편으로 인한 고통이 많다고 해석한다. 인생에서 대입되는 육친으로는 아마도 부부의 인연이 가장 많은 비중을 차지하기 때문에 많은 연구가 필요하다.

남편궁(男便宮) [星] 남편이 머무는 자리. 월지(月支)는 사회궁(社會宮)도 되면서 여자에게는 남편궁도 된다. ⇨ 궁성이론(宮星理論)

朗月 많은 학자들은 일지(日支)를 배우자궁(配偶者宮)으로 대입한다. 월지(月支)를 남편의 궁으로 보는 것은 하건충 선생이 처음이다. 과연 이치적으로 월지를 남편궁으로 보는 것이 타당하다. 이 사회를 보면 남녀가 평등한 것이 절대로 아니다. 그럼에도 일지를 배우자의 궁으로 함께 대입하는 것은 이치적으로 타당하지 않다. 어쩌면 아득한 옛날에는 남녀가 평등했을 수도 있다면 그렇게 보는 것이 타당하겠지만 지금 상황에서는 그 시대에 어울리게 대입하는 것이 참으로 살아 있는 자평명리학이다.

남편성(男便星) [星] 남편이 되는 십성(十星). 부성(夫星)이라고도 한다. 정관(正官)이나 편관(偏官)을 말한다.

납음(納音) [古] 납음오행(納音五行)의 줄임말.

납음법(納音法) [古] 납음(納音)의 방법(方法). ⇨ 납음오행(納音五行)

납음오행(納音五行) [古] 납음(納音) 또는 화갑자(花甲子) 또는 육십화갑자(六十花甲子)라고도 한다. 언제부터 사용이 되었는지 알 수 없으나 오래 전부터 간지(干支)를 두 개씩 묶어 오행을 붙여 사용했던 것이 전해지며, 민간(民間)에서도 널리 사용하는 방법이다.

朗月 납음으로 남녀궁합(男女宮合)을 보는 것은 자평명리학(子平命理學)에서 보면 어불성설(語不成說)의 구조이다. 생극제화(生剋制化)의 원리 이전에는 어떻게 활용되었는지 모르지만 지금의 자평법은 논리적으로 구체화가 되어 있는 상황이므로 이 방법을 사용할 일은 전혀 없다. 납음오행의 구조에 대해서 관심이 있다면 종진첨(鍾進添)이 지은 『명리대감(命理大鑑)』을 참고한다. 어떤 책에는 납음오행이 간지(干支)의 오행을 생(生)한다고도 했는데 또한 이치에 부합되지 않으므로 일축하는 것이 좋다.

납음오행궁합법(納音五行宮合法) [古] 납음오행으로 궁합을 보는 것. 구조를 보면 갑자년(甲子年)에 태어난 남자면 해중금(海中金)이니 금(金)이고, 무진(戊辰)년에 태어난 여자면 대림목(大林木)이니 남자는 금이고 여자는 목(木)이다. 이들의 관계에서 금극목(金剋木)을 하니 만사에 구설이 분분하고 패망하며 자손이 불화하고 재물이 궁핍하다.

朗月 실제로 내용을 보면 아무 의미도 없는 납음오행(納音五行)을 대입한 것이다. 그래서 소용 없는 말인데도 여전히 많은 부모들은 이 답을 정답으로 보고 있다는 것이 한심스러운 일이다. 더구나 납음으로 본 궁합을 속궁합이라고 해서 더욱 비중을 두니 과연 역학의 미신은 언제 정리될지 염려된다.

납향(臘享) [俗] 세시 풍속의 하나. 동지(冬至)가 지나고 세 번째의 미일(未日)이다. 이 날 왕궁에서는 제사를 지내고 내의원에서는 약을 지어서 올리면 임금은 신하들에게 나눠주는 행사도 했다고 한다. 지금은 거의 지내지 않는다.

낭월명리학당(朗月命理學堂) 外 낭월(朗月)이 연구(研究)하는 명리학당(命理學堂).

내격(內格) 子 안의 격. 외격(外格)과 반대되는 의미로 일반적으로 억부법(抑扶法)에 해당하는 사주를 말한다. 억부법은 강자의억(强者宜抑)하고 약자의부(弱者宜扶)라는 말인데, 일상적인 방법을 사용한다고 해서 내격이라는 말을 쓴다.

년간(年干) 子 ⇨ 연주(年柱)

년월(年月) 子 ⇨ 연월(年月)

년주(年柱) 子 ⇨ 연주(年柱)

년주격(年柱格) 格 ⇨ 연주격(年柱格)

년지(年支) 子 ⇨ 연지(年支)

노방토(路傍土) 古 경오신미노방토(庚午辛未路傍土)의 줄임말. ⇨ 경오신미노방토(庚午辛未路傍土)

노예근성(奴隸根性) 心 심리구조에서 남에게 종속되어서 살아야 마음이 편한 사람의 심리. 이런 사람은 비겁(比劫)이 없어 주체성(主體性)이 약하고, 관살(官殺)이 너무 강한 경우이다. 이 경우에는 직장생활이 무난하다고 해석한다.

노장(露藏) 子 노출(露出)과 암장(暗藏)을 묶어서 이르는 말. 밖으로 나타난 것을 노출이라 하고, 지장간(支藏干)에 들어 있는 것을 암장이라고 한다.

노중화(爐中火) 古 병인정묘노중화(丙寅丁卯爐中火)의 줄임말. ⇨ 병인정묘노중화(丙寅丁卯爐中火)

녹(祿) 格 천간(天干)이 지지(地支)에 비견(比肩)을 봤을 경우에 대용(代用)하는 말. 병무(丙戊)는 사(巳)에 녹을 둔다는 말과 정기(丁己)는 오(午)에 녹을 둔다는 말은 무시한다.

녹근(祿根) 格 비견(比肩)에 뿌리를 두었을 경우. 갑인(甲寅), 을묘(乙卯), 경신(庚申), 신유(辛酉) 등이 해당한다. 튼튼한 뿌리가 되므로 신약한 경우에는 매우 좋다.

녹록종신(祿祿終身) 用 죽을 때까지 한 가지도 올바르게 하지 못함을 이르는 말. 관성(官星)이 용신(用神)이더라도 무력하고 운도 만나지 못하면 일생 하는 일이 뜻을 이루기 어렵다는 의미이다.

녹마교치(祿馬交馳) 古 格 인오술(寅午戌)은 신(申)이 마(馬)가 되니 시간(時干)에 경(庚)을 얻고, 해묘미(亥卯未)는 사(巳)가 마(馬)에 해당하니 시간에 병(丙)을 얻고, 신자진(申子辰)은 인(寅)이 마(馬)가 되니 시간에 갑(甲)을 얻고, 사유축(巳酉丑)은 해(亥)가 마(馬)가 되므로 시간에 임(壬)을 얻는 것이다.

> **朗月** 생극제화(生剋制化)를 논하지 않고 삼합(三合)으로 설명하는 것이므로 고려하지 않아도 된다.

녹마동향(祿馬同鄉) 古 格 재성(財星)과 관성(官星)이 같은 뿌리를 둠. 재관격(財官格)과 같은 의미이다. 또는 천간(天干)에 투출(透出)한 재성과 관성이 같은 지지(地支)에 뿌리를 두는 경우에도 해당한다.

녹원호환(祿元互換) 古 格 녹의 원기를 서로 교환함을 이르는 말. 예를 들어 무신(戊申)일 을묘(乙卯)시라면 무토(戊土)의 정관(正官)은 을목(乙木)이 되고, 을목의 정관은 일지(日支)의 신금(申金)이 되어 서로 교환한다는 말이다. 고전의 흔적이므로 의미 없는 것으로 본다.

논담다목화 생독울화금(論痰多木火 生毒鬱火金) 【滴天髓】 가래를 논할 때에는 목화(木火)가 병이 될 경우에 많이 발생하고, 독울(毒鬱)의 증세는 화목(火木)이 서로 대립할 경우에 발생하기 쉽다.

논부논자요안상 기정화평부도장 삼기이덕허호화 합지역마반추상(論夫論子要安祥 氣

靜和平婦道章 三奇二德虛好話 咸池驛馬半推祥】【滴天髓】 남편이나 자식을 말함에 사주가 편안해야 좋은 형상이고, 기운이 고요하고 화평(和平)하면 아내의 길을 잘 지킨다.

　　朗月 삼기격(三奇格)이니 이덕을 갖췄느니 하는 신살론은 아무 소용없고, 도화살(桃花殺)이라는 함지나 역마살(驛馬殺)도 절반만 참고한다.

논재논살논정신 사주평화이양성 기세유장무착상 살관수유불상신(論才論殺論精神 四柱平和易養成 氣勢攸長無·喪 殺關雖有不傷身)【滴天髓】 재주가 있는지를 보려면 편관(偏官)과 함께 정신(精神)을 논하고, 사주의 형상이 평화롭다면 기르기도 쉬울 것이다. 기세가 유장하고 손상됨이 없다면 신살(神殺)이든 소아관살(小兒關殺)이든 모두 소용없다.

논천간(論天干)【滴天髓】 천간(天干)에 대해서 논함.

뇌공타뇌관(雷公打腦關)［殺］ 벼락 맞는 살. 구조는 갑을일(甲乙日) - 오(午), 병정일(丙丁日) - 자(子), 무기일(戊己日) - 술(戌), 경신일(庚辛日) - 인(寅), 임계일(壬癸日) - 유(酉)에 해당한다.

　　朗月 실제 로는 큰 비중이 없다. 개인적인 생각으로는 신살은 모두 무시해도 좋고, 특히 생극제화(生剋制化)의 이치에는 부합되지 않는 것이 대부분이므로 적용시키면 그만큼 혼란이 가중될 수 있다.

뇌정살(雷霆殺)［殺］ 천둥이나 맹수의 화를 입는 살. 구조는 1·7월-자(子), 2·8월-인(寅), 3·9월-진(辰), 4·10월-오(午), 5·11월-신(申), 6·12월-술(戌)에 해당한다.

　　朗月 실제로는 큰 비중이 없다. 개인적인 생각으로는 신살(神殺)은 모두 무시해도 좋고, 특히 생극제화(生剋制化)의 이치에는 부합되지 않는 것이 대부분이므로

로 적용시키면 그만큼 혼란이 가중될 수 있다.

능단경금 봉신반겁(能煆庚金 逢辛反怯)【滴天髓】 경금(庚金)이 강하지만 능히 불로 지져버리는데, 오히려 연약(軟弱)하다는 신금(辛金)을 만나면 병신합(丙辛合)으로 수(水)가 될까 두려우니 도리어 겁을 낸다.

능부사직 능구생령(能扶社稷 能救生靈)【滴天髓】 병화(丙火)가 목(木)을 태우는 것을 병신합수(丙辛合水)로 막으니 임금인 병화의 조상(祖上)을 보호하여 이것으로 사직을 구하게 되고, 또한 합하여 수(水)가 된다면 금생수(金生水)로 자식들을 구제하기도 한다.

능영갑형 수어을매(能嬴甲兄 輸於乙妹)【滴天髓】 먼저 생겨난 목(木)의 기운(氣運)인 갑목(甲木)은 그대로 처단(處斷)해 버리지만, 목(木)의 질(質)인 을목(乙木)을 만나면 단단하게 도와준다.

능지쇠왕지진기 기어삼명지오 사과반의(能知衰旺之眞機 其於三命之奧 思過半矣)【滴天髓】 능히 쇠약(衰弱)하고 왕성(旺盛)한 참된 기틀을 파악해야 하니 그것이 천간(天干)인 천명(天命)과 지지(地支)인 지명(地命)과 지장간(支藏干)인 인명(人命)의 참이치이다.

단교관(斷橋關) 殺 배를 타고 가다가 물에 빠지거나 다리에서 떨어지게 되는 살. 구조는 1월생이 인(寅)이 있거나, 2월생이 묘(卯)가 있거나, 3월생이 진(辰)이 있는 경우이다. 간단히 말하면 월지(月支)와 같은 글자가 다른 곳에 있으면 해당된다.

朗月 실제로는 큰 비중이 없다. 개인적인 생각으로는 신살(神殺)은 모두 무시해도 좋고, 특히 생극제화(生剋制化)의 이치에는 부합되지 않는 것이 대부분이므로 적용시키면 그만큼 혼란이 가중될 수 있다.

단명관(短命關) 殺 단명하는 살. 구조는 신자진생(申子辰生)-사(巳), 사유축생(巳酉丑生)-인(寅), 인오술생(寅午戌生)-진(辰), 해묘미생(亥卯未生)-미(未)에 해당한다. 연지 기준으로 대입한다.

朗月 실제로는 큰 비중이 없다. 개인적인 생각으로는 신살(神殺)은 모두 무시해도 좋고, 특히 생극제화(生剋制化)의 이치에는 부합되지 않는 것이 대부분이므로 적용시키면 그만큼 혼란이 가중될 수 있다.

단시(斷時) 外 ⇨ 단시점(斷時占)

단시점(斷時占) 外 질문받는 시간을 이용하여 점괘(占卦)를 만들어 해석하는 방법. 남자는 태어난 연간(年干)과 점치는 날의 일간(日干)과 점치는 시(時)의 지지(地支)를 숫자로 바꿔서 합산하고, 여자는 태어난 연지(年支)와 점치는 날의 일간(日干)과 점치는 시(時)의 지지(地支)를 합산한 다음에 13부터 27 사이의 15가지 종류의 경우를 곤충이나 동물의 형상으로 붙여 놓은 것으로 해석한다. 동물의 종류는 13-뱀, 14-지렁이, 15-거미, 16-비둘기, 17-달팽이, 18-산의 쥐, 19-묶인 원숭이, 20-파리, 21-묶인 돼지, 22-독수리, 23-집의 쥐, 24-박쥐, 25-까치, 26-매미, 27-용 등인데, 자료에 따라서 약간의 차이가 있다.

단식판단(單式判斷) 子 종합적으로 생극제화(生剋制化)를 살펴서 판단하지 않고, 십성(十星)이나 오행(五行) 각각의 성질을 설명하는 것이다.

朗月 자평명리학(子平命理學)을 잘 모르는 경우에는 그렇게 해도 별 문제가 없다고 생각하기 쉽지만 결국 그 방법은 큰 오류를 범할 수 있기 때문에 절대로 삼가해야 한다. 예를 들어 편인(偏印)을 흉신(凶神)으로 판단이지만, 종합적으로 보아 신약(身弱)한 경우에는 오히려 일간(日干)을 돕는 길신(吉神)이 될 수도 있기 때문이다. 다른 십성(十星)도 모두 마찬가지이다. 이러한 이치를 파악하지 못하고 함부로 말하는 것은 매우 위험한 오류를 범하게 된다.

단오(端午) 俗 세시 풍속의 하나. 음력 5월 5일인데, 양(陽)의 기운이 극(極)에 달하는 날이라는 의미가 있다. 유래는 초나라 충신 굴원(屈原)이 멱라수(汨羅水)에 투신 자살을 한 날로, 뒷날 충신의 혼을 달래고자 배를 만들어 물에 띄우고 혼을 건지는 시늉을 했다. 이것이 전래되어 처녀들이 단옷날에 배를 타고 멱라수를 건너기도 했다. 한국에서는 단오에 그네를 뛰고 씨름을 하는 축제의 형태로 즐겼다.

단장관(斷腸關) 殺 소나 돼지 잡는 것을 보면 경풍에 걸리거나 괴질이 발생할 수 있는 살. 구조는 갑을일(甲乙日) – 오미(午未), 병정일(丙丁日) – 진사(辰巳), 무기일(戊己日) – 없음, 경신일(庚辛日) – 인(寅), 임계일(壬癸日) – 축(丑)에 해당한다.

　朗月 실제로는 큰 비중이 없다. 개인적인 생각으로는 신살(神殺)은 모두 무시해도 좋고, 특히 생극제화(生剋制化)의 이치에는 부합되지 않는 것이 대부분이므로 적용시키면 그만큼 혼란이 가중될 수 있다.

달마상법(達磨相法) 外 달마대사(達磨大師)가 창안했다는 관상법(觀相法)의 한 종류.

　朗月 달마대사가 마음을 깨친 도인이라면 과연 형상의 의미를 분석하는 상법을 창안했을지 다소 의문이 되기도 한다. 고서들이 그렇듯이 이름을 빌어서 쓴 것이 아닐까 하는 생각도 해본다.

닭 俗 닭띠에 해당하는 동물.

닭띠 俗 유년(酉年)에 태어난 사람을 부르는 말. 생극제화(生剋制化)의 이치와는 무관한 것으로 본다.

당령(當令) 子 월령(月令)에 당도함. 12지지(地支)에는 각기 당령이 되는 천간(天干)이 있는데 이것이 지장간(支藏干)이다. 그 중에 절기가 들어온 시간에서 일정하게 자신의 당령이 되는 순서와 날짜가 있는데, 그 날짜에 해당하는 천간이 당령에 해당한다.

　朗月 예를 들어 인월(寅月)의 입춘(立春)이 지난 후 10일만에 태어난 사람이

있다면 그 사람은 인월 지장간의 무병갑(戊丙甲)의 순서에 날짜가 7·7·16이 되는 것을 고려하면 중간의 7일간에 해당하는 당령은 병화(丙火)가 된다. 다른 경우에도 이와 같은 방법으로 적용시킨다.

당명관(撞命關) 殺 어려서 여러 번 생명을 잃을 곤경에 처한다는 살. 구조는 자인년(子寅年) – 사(巳), 축술년(丑戌年) – 미(未), 묘년(卯年) – 자(子), 진사신년(辰巳申年) – 오(午), 오미년(午未年) – 축(丑), 유해년(酉亥年) – 해(亥)가 해당한다. 연지 기준으로 대입한다.

　朗月 실제로는 큰 비중이 없다. 개인적인 생각으로는 신살(神殺)은 모두 무시해도 좋고, 특히 생극제화(生剋制化)의 이치에는 부합되지 않는 것이 대부분이므로 적용시키면 그만큼 혼란이 가중될 수 있다.

당사주(唐四柱) 古 당나라 때에 형성된 사주학의 한 종류. 지은이가 명확하지 않다. 내용은 연지(年支)를 중심으로 월(月), 일(日), 시지(時支)로 가면서 12가지의 의미 있는 공식을 대입하는데 명칭은 다음과 같다. 자천귀(子天貴), 축천액(丑天厄), 인천권(寅天權), 묘천파(卯天破), 진천간(辰天奸), 사천문(巳天文), 오천복(午天福), 미천역(未天驛), 신천고(申天孤), 유천인(酉天刃), 술천예(戌天藝), 해천수(亥天壽)이다. 사용법은 우선 해당하는 띠별로 대입한다. 양띠라면 미천역(未天驛)에 해당하여 연지는 초년을 보게 되니 어려서 많이 돌아다닌다고 해석하고, 생월(生月)이 5월이라면 미(未)에서부터 따져서 자(子)에 멈추므로 이것은 중년(中年)의 운으로 자(子)에 해당하므로 오래 살고, 생일이 9일이면 9번째의 위치는 신(申)에 해당하므로 말년(末年)에는 고독하다고 해석하게 된다. 인시

(寅時)에 태어났다면 술(戌)에 해당하여 노년(老年)과 평생운은 예술로 보낸다고 엉성하게 해석하게 되는데, 자평명리학(子平命理學)이 나오기 이전에 발생해서 따지기 쉽다는 이유로 아직도 여전히 많이 응용하고 있다. 특히 길가에 컬러로 그려진 그림책을 놓고 신수를 봐주는 경우가 바로 이 당사주(唐四柱) 책이라고 이해하면 거의 틀림없다. 위와 같은 형식으로 대입해서 해석하며 점차로 추가된 내용은 부부궁(夫婦宮), 재물궁(財物宮), 직업궁(職業宮), 임종궁(臨終宮)까지 알 수 있고, 근래에는 그림으로 그려져서 누가 봐도 이해하기 쉽도록 된 서민형 사주학이다.

朗月 아마 학문적인 논리가 형성되기 전에는 많은 사랑을 받았지만, 오늘날에는 골동품과 같다. 일부에서는 당사주도 잘 맞는다고 하여 연구하는 학자도 있는데, 논리적으로 보면 학자가 연구할 자료라고는 하기 어렵다. 오로지 맞느냐, 맞지 않느냐는 관점으로만 논한다면 점술(占術)에 해당하지 학문이라고 하기에는 어렵기 때문에 공부를 권하지 않는다. 자평명리학에서 본다면 생극제화(生剋制化)의 이치는 전혀 없다.

대각훈명백세전 천연청기현기권(臺閣勳名百世傳 天然淸氣顯機權)【滴天髓】대궐에 이름이 높아서 백세를 전하는 것은 타고난 맑은 기운이 권세로 나타난 것이다.

대계수(大溪水) 固 갑인을묘대계수(甲寅乙卯大溪水)의 줄임말. ⇨ 갑인을묘대계수(甲寅乙卯大溪水)

대림목(大林木) 固 무진기사대림목(戊辰己巳大林木)의 줄임말. ⇨ 무진기사대림목(戊辰己巳大林木)

대목지토(帶木之土) 固 토(土)가 목(木)을 갖고 있음을 이르는 말. 미토(未土)나 진토(辰土)의 지장간에는 목이 들어 있으므로 여기에 해당한다. 상황에 따라서는 구태여 목을 찾지 말고 다른 방법을 찾는 것이 좋다. 부득이 달리 해결법이 없고 오로지 토의 지장간에 든 목만 써야 할 경우라면 고려해야 한다. 토가 많은 상황에서 화(火)의 일간이라면 이러한 입장에 해당할 수 있다.

대서(大暑) 固 24절기의 하나. 여름의 막바지 절기이다. 하지(夏至)가 지나고 15일이 되면 들어오는 절기로 다음 절기인 입추(立秋)까지 작용한다. 양력으로 7월 23일경 시작되고, 음력으로는 6월중이다. 태양의 황경이 대략 120°에 달한다. 옛 중국에서는 대서 기간을 5일씩 끊어서 3후(候)로 하였다. 제1후에는 썩은 풀이 화하여 반딧불이 되고, 제2후에는 흙이 습하고 무더워지며, 제3후에는 때때로 큰 비가 내린다고 하였다. 한국에서는 이 시기가 중복(中伏)으로, 대개 장마가 끝나고 더위가 가장 심해지는 때이다. 그러나 때때로 장마전선이 늦게까지 한반도에 동서로 걸쳐 있으면 큰 비가 내리기도 한다.

대설(大雪) 固 24절기의 하나. 겨울이 깊어져 큰 눈이 내린다는 대설은 양력으로 12월 7일경에 시작되어서 15일간 작용한다. 자월(子月)이 시작되는 절기에 해당하여 30일간 작용하며 특별히 동짓달이라는 명칭도 있다. 음력으로는 10월중이다. 태양이 대략 황경(黃經) 255°에 도달한다. 눈이 많이 내린다는 뜻에서 이런 이름이 붙었는데, 이는 중국 화북지방의 기상(氣象)을 기준으로 삼았기 때문이다. 그러므로 한국에서도 이 시기에 반드시 적설량이 많다고 볼 수는 없다. 한국을 비롯한 동양에서는 입동 이후, 소설·대설·동지·소한·대한까지를 겨울이라 보지만, 서양에서는 추분 이후 대설까지를 가을이라고 본다.

대설시(大雪時) 㑔 대설이 시작되는 시각. 이 시각을 기준으로 자월(子月)이 시작되므로 출생시간이 이 부근일 경우에는 정밀하게 대입해야 한다.

대역토(大驛土) 固 무신기유대역토(戊申己酉大驛土)의 줄임말. ⇨ 무신기유대역토(戊申己酉大驛土)

대운(大運) 子 큰 운. 사주의 월주(月柱)를 기준으로 양남음녀(陽男陰女)는 간지(干支)가 순행하고, 음남양녀(陰男陽女)는 역행한다. 예를 들어 어느 사주의 월주(月柱)가 갑오(甲午)이면 양남음녀는 대운의 흐름이 을미(乙未), 병신(丙申), 정유(丁酉), 무술(戊戌)로 흐르고, 음남양녀의 경우에는 대운이 계사(癸巳), 임진(壬辰), 신묘(辛卯) 등으로 흐른다. 흔히 '대운을 탔다'라는 말은 좋은 일이 진행 중일 경우에 하지만, 학문적으로는 그렇게 보지 않고 대운은 누구에게나 십 년 단위로 들어오는 것으로 보는 것이 타당하다. 그 중에서 용신(用神)에 해당하는 운이면 좋고, 기신(忌神)의 운에 해당하면 흉하다고 해석한다. 상담 도중에 내년부터 대운이 들어온다고 하면 그 의미를 운이 교체한다는 것으로 듣지 않고 좋은 일이 시작된다는 것으로 받아들이기가 쉬우므로 오해가 없도록 설명해주는 것이 중요하다.

朗月 대운은 그 사람의 사주가 활동하게 되는 환경으로 이해해도 무방하다. 환경이 좋은 것은 대운이 좋은 것이고, 환경이 나쁜 것은 대운이 나쁜 것으로 대입한다. 대운의 길흉은 용신에 따라서 정해진다. 간지를 대입하는 과정에서 10년간을 함께 본다는 설과, 천간을 3으로 보고 지지를 7로 대입해야 한다는 설이 있다. 그리고 각 간지의 대운을 10년으로 보되 간지의 생극관계를 생각하여 나누는 비중을 정하기도 한다. 다만 낭월은 전후반을 5년씩 나눠서 대입하는데 여러 가지의 설로 혼란스럽기보다는 오히려 이편이 더 낫다고 보며, 실제로 대입해보아도 크게 문제가 없음을 임상을 통해서 확인하고 있다. 그러므로 대략 5년을 기준으로 천간(天干)과 지지(地支)를 대입하는 것도 충분하리라고 본다. 물론 이 부분에 대해서도 각 설(說)이 분분하므로 통일하기는 어려울 것이다.

대운법(大運法) 子 대운(大運)을 따지는 방법. ⇨ 대운(大運)

대운수(大運數) 子 대운(大運)의 숫자(數字). 대운수는 절기(節氣)까지의 날짜를 세어서 3으로 나누는데, 양남음녀(陽男陰女)는 미래절(未來節)로 향해서 날짜를 세고, 음남양녀(陰男陽女)는 과거절(過去節)로 향해서 날짜를 세어 간다. 그렇게 나온 날짜의 수를 3으로 나눠서 남는 몫이 대운의 수가 된다. 그러므로 처음의 수부터 대운이 시작되어서 십 년(十年)마다 하나의 간지(干支)를 적용하는데, 하나의 간지는 다시 전반이 5년이고 후반이 5년이므로 이렇게 적용시킨다. 대운수와 나이는 만으로 계산한다. 그리고 일사이입(一捨二入)을 해서 남은 날짜를 처리한다. ⇨ 대운(大運)

대운순행설(大運順行說) 子 간지(干支)가 거꾸로 간다는 것은 있을 수 없고 조작적(操作的)이기 때문에 모두 순행(順行)하는 것으로 봐야 한다는 주장. 그러나 일반적으로는 대운(大運)에서 양남음녀(陽男陰女)는 순행(順行)하고, 음남양녀(陰男陽女)는 역행(逆行)하는 것으로 대입한다.

대운유년평단급탐토(大運流年評斷及探討) 冊 대만의 황춘발(黃春發) 선생의 저서. 내용은 제목에 나타난 대로 대운과 세운의 작용에 대한 내용이다.

대운합(大運合) 子 대운이 합되었음을 이

르는 말. 대운이 머무는 동안 원국(原局)의 어느 글자와 합이 되었을 경우에는 그 합이 된 글자는 대운이 떠나기 전까지 작용하지 못하는 것으로 해석한다. 합이 된 글자가 용신이라면 좋은 일이 없을 것이고, 기신이라면 흉한 일이 없을 것으로 해석한다. 다른 경우에도 가감하면 된다.

대장군(大將軍)[殺] 3년마다 방향을 고쳐 앉는 연신(年神). 해자축년(亥子丑年) - 서대장군, 인묘진년(寅卯辰年) - 북대장군, 사오미년(巳午未年) - 동대장군, 신유술년(申酉戌年) - 남대장군 등으로 구분한다. 작용은 그 해 대장군이 있는 방향으로는 건물증축이나 수리하지 못한다고 하는데, 크게 부담될 것은 없지만 예부터 지켜온 풍습이므로 가능하면 고려하는 것도 무난하다.

朗月 실제로는 큰 비중이 없다. 개인적인 생각으로는 신살(神殺)은 모두 무시해도 좋고, 특히 생극제화(生剋制化)의 이치에는 부합되지 않는 것이 대부분이므로 적용시키면 그만큼 혼란이 가중될 수 있다.

대장군방(大將軍方)[殺] 대장군이 있는 방향. ⇨ 대장군(大將軍)

대천이지인위귀(戴天履地人爲貴)【滴天髓】하늘과 땅 사이에서 사람은 귀하다.

대패살(大敗殺)[殺] 부모 유산을 물려받아도 하루아침에 다 망하고 유랑하게 되는 살. 구조는 자진사년(子辰巳年) - 4월, 미술해년(未戌亥年) - 1월, 축신유년(丑申酉年) - 7월, 인묘오년(寅卯午年) - 10월 등이 해당한다. 연지 기준으로 대입한다.

朗月 실제로는 큰 비중이 없다. 개인적인 생각으로는 신살(神殺)은 모두 무시해도 좋고, 특히 생극제화(生剋制化)의 이치에는 부합되지 않는 것이 대부분이므로 적용시키면 그만큼 혼란이 가중될 수 있다.

대한(大寒)[令] 24절기의 하나. 소한(小寒)이 시작되고 15일이 지나면 들어오는 한 해의 마지막 절기이다. 양력으로는 1월 20일경부터 시작된다. 음력으로는 12월 중기(中氣)이다. 다음 절기는 입춘(立春)이 되어 새롭게 한 해가 시작되는 것으로 본다. 태양의 황경은 약 300°가 된다. 대한은 그 말뜻으로 보면, 가장 추운 때를 의미하지만, 한국에서는 1년 중 가장 추운 시기가 1월 15일경이므로 사정이 다소 다르다. 따라서 "대한이 소한 집에 놀러갔다 얼어죽었다"거나 "소한 얼음, 대한에 녹는다"는 이야기가 생겼다. 한국을 비롯한 동양에서는 겨울을 매듭짓는 절후로 보아, 대한의 마지막 날을 절분(節分)이라 하여 계절적으로 연말일(年末日)로 여겼다. 풍속에서는 이 날 밤을 해넘이라 하여, 콩을 방이나 마루에 뿌려 악귀를 쫓고 새해를 맞는 풍습이 있다. 절분 다음날은 정월절(正月節)인 입춘의 시작일로, 이 날은 절월력(節月曆)의 연초가 된다.

대한민력(大韓民曆)[冊] 매년 발행되는 책력(冊曆). 일진(日辰)과 그 일진의 길흉(吉凶) 관계를 볼 수 있고, 바닷물의 조수시간과 일월(日月)의 출몰(出沒)시간도 일일이 표시되어 있다. 부록으로 생기복덕으로 택일(擇日)하고, 이사방위법으로 이사방향을 보기도 한다. 민간에서 매우 유용하게 사용한다.

대해수(大海水)[五] 임술계해대해수(壬戌癸亥大海水)의 줄임말. ⇨ 임술계해대해수(壬戌癸亥大海水)

덕승재자 국전군자지풍(德勝財者 局全君子之風)【滴天髓】 관인(官印)이 식재(食財)를 이기는 사주는 군자의 풍모가 나타난다.

도기(盜氣)[五] 자신의 기운이 약한 상황에서 다음 오행으로 흘러가는 구조인 경우에 사용하는 말. 기운이 넘치는 것을 흘려보낼 때에는 '설기(洩氣)'라고 한다.

도박(賭博) 俗 다른 사람과 금품을 걸고 승부를 다투는 일. 내기·노름·박희(博戲)라고도 한다. 도박에는 우연성이 큰 비중을 차지하는데, 여기에 약간의 기량을 발휘할 여지가 있기 때문에 스릴이 있고 인간 고유의 사행심을 자극해서 예로부터 세계 각처에서 행하여졌다. 잘 알려진 것으로는 화투·골패·마작 등이 있고, 아이들 놀이로 돈치기도 있다. 증권투자도 한국의 상황에서 보면 도박에 해당하고, 경마나 투우도 도박에 해당할 수 있다. 다만 그것을 좋아하는 사람은 남의 돈을 그냥 먹으려는 마음이 있기 때문에 겁재(劫財)의 성분으로 보고, 승부심도 경쟁심이므로 또한 겁재(劫財)이며, 논리적으로 확률이 50% 미만임에도 불구하고 달려드는 것은 합리적인 사고력이 없다고 보아 정관(正官)이 빠진 것으로 본다. 그리고 오락성에 대해서도 흥미가 많으므로 상관(傷官)의 성분이 있어도 가능하다. 이러한 성분만으로 도박하는 사람이라고 확신하기는 어렵지만 가능성이 있다고 본다.

도식(倒食) 星 밥을 엎음을 이르는 말. 식신(食神)을 극(剋)하는 것은 편인(偏印)인데, 사주에 식신이 용신 역할을 할 경우에 편인이 식신을 극하면 용신이 깨어졌다는 의미로 사용한다. 다만 신약(身弱)해서 편인이 용신이 된 경우에는 편인이 식신을 극하더라도 이렇게 말하지 않는다.

도유체용 불가이일단론야 요재부지억지득기의(道有體用 不可以一端論也 要在扶之抑之得其宜) 〖滴天髓〗 명리(命理)의 도(道)에는 일간(日干)인 체(體)를 기본으로 하고 균형을 이루는 용신(用神)을 용(用)으로 하니 한 가지로 논하면 옳지 않다. 중요

한 것은 억부(抑扶)의 이치를 잘 알아야 한다.

도충격(倒沖格) 古 고전격국(古典格局)의 하나. 『적천수(滴天髓)』의 영향요계(影響遙繫)에 해당하기도 한다. 구조는 병화(丙火)의 사주에 관살(官殺)이 없고 오화(午火)가 많으면 오화가 충(沖)을 해서 자수(子水)를 불러와 정관(正官)으로 삼아 귀한 사람이 된다. 그러나 말이 되지 않는 논리이므로 논하지 않음을 권한다.

도화(桃花) 殺 신살(神殺)의 하나. ⇨ 도화살(桃花殺)

도화살(桃花殺) 殺 신살(神殺)의 하나. 애정사건으로 망신을 당한다는 살이다. 구조는 일지(日支)나 연지(年支)가 삼합(三合)이 되는 글자의 첫자 다음에 오는 글자에 해당한다. 예를 들어 일지(日支)에 축(丑)이 있을 경우 삼합은 사유축(巳酉丑)이 되고, 그 첫자는 사(巳)가 되므로 다음 글자는 오(午)이다. 그러므로 오가 도화살에 해당한다.

朗月 신살의 인지도를 보면 역마살과 더불어 최고급이지만 도화살이 있다고 하여 음란하다고 하기도 어려우며, 또한 없다고 해서 정숙하다는 말도 해당되지 않음을 늘 경험하므로, 이러한 살은 호사가(好事家)들의 말장난에 불과하다. 더구나 생극제화(生剋制化)의 이치도 없으니 그냥 무시하는게 좋다.

독살당권(獨殺當權) 格 비겁(比劫)이 많은 상황에서 하나의 편관(偏官)이 천간(天干)에 있을 경우이다.

독상(獨象) 格 한 가지 오행으로 이뤄진 형상. 일행득기격(一行得氣格)과 같은 말이다. ⇨ 일행득기격(一行得氣格)

독상희행화지 이화신요창(獨象喜行化地 而化神要昌) 【滴天髓】 곡직격(曲直格)이나 염상격(炎上格)처럼 하나의 기운(氣運)으로만 이루어진 사주의 경우에는 그 기

운을 유통(流通)시키는 식상(食傷)의 기운이 왕성하게 들어와야 번창한다.

독재성(獨裁性) 心 자신의 뜻대로 모든 것이 이루어지기를 바라는 성품. 편재(偏財)의 성격이다.

동(冬) 修 겨울. 수(水)의 계절이며, 해자축월(亥子丑月)을 말한다.

동경(東經) **127도 30분** 外 서울을 기준으로 사용하는 시간. 여러 가지 국제 정세를 고려하여 지금은 일본 표준시를 따르고 있다. 1910년 이전과 1954 ~ 1961년에는 자연시간(自然時間)과 동일한 서울 표준시를 사용하였다.

동경(東經) **135도** 外 일본 동경(東京)에서 사용하는 표준시. 우리나라 자연시간(自然時間)에서는 약 30분이 모자라므로 이 점을 고려한다.

동경표준시(東京標準時) 外 동경 135도를 기준으로 한 시각. 현재 사용하는 시각 기준이다. 이 기준으로는 한국의 자연시간(自然時間)은 약 30분을 늦춰야 한다. 예를 들어 135도 기준으로 아침 10시에 태어났으면 실제로는 아침 9시 30분에 태어난 것이 자연시간이라고 이해한다. 그러므로 이 기준으로 표준시간을 사용할 경우에는 언제나 시주(時柱)를 작성할 때에 30분을 늦춰서 대입한다.

　朗月 절기가 바뀌는 시간에 대해서도 이 기준을 대입해야 한다는 점을 주의한다. 다시 말하면 신사(辛巳, 2001)년의 입춘시(立春時)는 일본과 한국이 동일하게 오전 3시 28분이다. 이 말은 일본에서 절기가 바뀌고 나서 30분 후에 한국에서 바뀐다는 것을 의미하므로 이러한 점을 소홀히 하면 다른 사주가 될 수 있음을 주의해야 한다. 어떤 경우에는 이러한 것을 무시하고 그냥 사용하는 시간을 대입해도 된다지만 학자의 상식으로는 당연히 자연시간을 기준으로 삼아야 한다는 것

을 잊지 않아야 한다.

동금(冬金) 五 겨울의 쇠. 계절에 따른 오행의 상황을 의미하는데 겨울은 수(水)의 계절이므로 금생수(金生水)의 이치에 의해서 금(金)은 기운이 약하다고 이해한다. 경신(庚辛) 일간(日干)이 해자축월(亥子丑月)에 태어나면 동금이라고 한다.

동기(東奇) 外 동방의 기문둔갑(奇門遁甲). 홍연진결(洪烟眞訣)을 두고 하는 말이기도 하다. 중국의 기문인 연기(煙奇)에 대해 우리나라의 기문을 의미한다. 우리나라의 동기는 인사의 해단(解斷)에 탁월한데, 중국의 기문인 연기는 역(曆)의 연월일시를 사용하여 연반(年盤) · 월반(月盤) · 일반(日盤) · 시반(時盤)으로 구성되었기 때문에 기본적으로 한 사람의 길흉을 판단하는데 한계가 있다. 이와 달리 우리의 동기는 역의 연월일시는 물론 한 개인의 사주를 홍국수(洪局數)로 바꾸어 중궁에 포국하기 때문에 중국 기문보다 한층 더 발전한 형태이다.

동목(冬木) 五 겨울의 나무. 계절에 따른 오행을 의미하는 말로 겨울에 태어난 목(木)이라는 말이다. 겨울은 수(水)의 계절이므로 이 때의 목은 기운은 왕성하지만 온도가 너무 낮아서 따뜻한 온기에 속하는 화(火)가 있어야 활동이 된다고 이해한다. 갑을(甲乙) 일간(日干)이 해자축월(亥子丑月)에 태어난 경우이다.

동방운(東方運) 子 동쪽 방향의 운. 대운의 흐름을 지지(地支)로 대입하여 부분적으로 논하는 방법이다. 대운에서 인묘진(寅卯辰)의 운으로 진행하는 경우이다. 세운에서는 잘 사용하지 않는다.

　朗月 다만 대운은 천간 작용도 고려해야 하므로 방향만으로 길흉을 참고하는 것은 무리이다.

동삼월(冬三月) 修 겨울철의 3개월. 해자축월(亥子丑月)을 말한다.

동성애(同性愛) 外 이상 성욕 중에서 성애(性愛)의 대상으로 동성을 택하는 성대상 도착. 성대상 이상(性對象異常 : inversion)이라고도 한다. 이성에 대한 성적 관심은 거의 없거나 매우 희박하며, 때로는 혐오감을 갖는 사람도 있다. 동성애는 음양(陰陽)의 법칙(法則)에서 본다면 매우 잘못된 사랑이다. 음양은 남녀가 결합하는 것이고, 그래서 자녀가 생산되는 것이 자연의 법칙이기도 하므로 자평명리학(子平命理學)의 관점에서 본다면 오류라고 해야 한다.

朗月 다만 심리적으로 본다면 서로의 구하는 바를 같은 동성이 갖고 있다는 것일 뿐, 특별히 달라야 할 것은 없다고 볼 수도 있다. 그러므로 신체적으로는 잘못되었지만 정신적으로는 크게 문제삼을 것이 없다고 생각한다.

동성애자(同性愛者)**의 사주**(四柱) 子 동성애자의 사주를 살펴보면 특별한 점이 있는 것은 아니다. 그냥 대상이 동성(同性)으로 결정된 것일 뿐, 사주가 득별해서 동성애를 하게 되었다는 해석은 의미가 없다.

동수(冬水) 五 겨울의 물. 계절에 따른 오행의 상황을 의미하는데 겨울은 수(水)의 계절이므로 수가 자신의 계절을 만나서 매우 왕성하다고 이해한다. 임계(壬癸) 일간(日干)이 해자축월(亥子丑月)에 태어나면 동수라고 한다.

동절(冬節) 休 ⇨ 동(冬)

동정(動靜) 五 움직이는 것과 고요한 것. 음양(陰陽)의 작용으로 이해한다. 음(陰)은 정(靜)의 성분이고, 양(陽)은 동(動)의 성분이다. 사주에서는 충극(沖剋)의 형상이면 동(動)하는 것으로, 생합(生合)의 형상이면 정(靜)으로 보기도 한다.

동정심(同情心) 心 다른 인간(또는 생물)에 대한 친애(親愛)·연민(憐憫)·자비(慈悲) 등 인간이 가진 고유의 감정. 인도사상의 자비, 중국사상 중 공자(孔子)의 인(仁)과 맹자(孟子)의 측은지심(惻隱之心) 등은 동정을 주요 계기의 하나로 포함시킨다. 또한 서양사상의 구약·신약 성서를 통하여 볼 수 있는 헤브라이즘의 카리타스나 아가페도 이웃사랑의 한 계기로서 동정을 강조한다. 심리구조에서 상대의 처지가 불쌍해 보이는 것은 어머니의 마음에 해당하는 정인(正印)이 있고, 의심(疑心)에 해당하는 편인(偏印)이 없으며, 원인을 따지려는 식신(食神)도 보이지 않는 경우에 발생하기 쉽다.

동지(冬至) 休 24절기의 하나. 대설(大雪)이 지나고 15일이 지나 들어오는 절기이다. 태양의 길이가 가장 짧아지는 날이기도 하고 다음 절기인 소한(小寒)까지 작용한다. 양력 12월 22일경이 절기의 시작일이다. 음력으로는 11월 중기(中氣)이다. 천문학적으로는 태양이 적도 이남 23.5°의 동지선(冬至線 : 南回歸線)과 황경(黃經) 2/0°에 노날하는 12월 22일 또는 23일을 가리킨다. 동양의 태음태양력(太陰太陽曆)에서 역(曆)의 기산점으로 중요한 의미를 지닌 동지는 북반구에서는 태양이 가장 남쪽에 이르는 남지일(南至日)이며, 태양의 남중고도가 1년 중 제일 낮아 밤이 가장 긴 날이다. 반대로 남반구에서는 낮이 가장 길고 밤이 제일 짧은 하지가 된다. 한국에서도 동지를 '다음 해가 되는 날(亞歲)' 또는 '작은 설'이라 하여 크게 축하하는 풍속이 있었다. 그래서 동지가 되면 한 살을 더 먹는다는 말도 생겼다. 동지는 하지(夏至)와 더불어 이지(二至)라고도 하여 태양이 가장 짧은 날로 표시하는데, 옛날에는 동지를 한 해의 시작으로 삼았기 때문에 지금도 동지가 되면 팥죽을 끓여서 액운을 막기 위해 먹는 풍습이 전해지기도 한다. 대만에서는 동지를 한 해의 시작으로 삼아야 한다는 설이 상당히 비중 있는 이론으로 다루어지고 있다.

동지기준설(冬至基準說) 子 동지를 기준으로 연주(年柱)를 작성한다는 설. 이것은 현재의 자평명리학(子平命理學)이 입춘을 기준으로 삼아서 연주를 작성하는 입춘기준설에 대한 이견이다. 동지기준설에 의하면 처음에 사주는 갑자(甲子)년, 갑자(甲子)월, 갑자(甲子)일, 갑자(甲子)시로 시작이 되는데, 갑자년, 갑자월이 되기 위해서는 분명히 동지를 기준으로 해야만 성립되기 때문이다. 실제로 갑자년에 갑자월이 되기 위해서는 동지를 연주의 기준으로 삼지 않고서는 불가능하다. 왜냐하면 현재 입춘을 기준으로 삼으면 갑자년에는 병자월이 되거나, 병인월이 될 수밖에 없기 때문이다. 그러므로 대만 등지의 일부 학자들은 입춘을 기준으로 하지 않고 동지를 기준으로 해야 한다고 주장하는데 이치는 타당하다. 이 때 발생되는 문제는 동지 이후부터 입춘까지 태어난 사람들의 연주가 모두 다음 해의 것으로 수정되어야 하고, 남녀에 따른 대운이 반대로 흘러야 한다는 결과가 발생한다는 점이다. ⇨ 입춘기준설(立春基準說)

朗月 여기에 대한 임상 경험으로는 동지기준설에 대한 이유는 일리가 있고 그렇게 대입해야 해석되는 경우도 있지만, 상당수의 자료에서는 현재대로 입춘기준을 적용해야 해석되는 경우도 있어서 이 이론은 당분간 결론내리기가 어려울 것으로 보인다. 더러는 맞고 더러는 맞지 않는 이유를 찾으려고 다각적으로 임상해 봤으나 아직은 확연한 실마리를 얻지 못하고 있다. 그래서 '무시할 수 없는 이론'으로만 보고 사용하지 않는 입장이다.

동토(凍土) 五 얼어 있는 토(土). 보통 겨울에 태어난 토가 사주에 화(火)의 기운이 전혀 없을 경우에 해당한다. 일반적으로 습토인데 겨울이라는 환경이 주어지면 얼어 있는 토라고 해서 동토(凍土)라고 한다.

동토(冬土) 五 겨울의 흙. 계절에 따른 오행의 상황을 의미하는데, 겨울은 수(水)의 계절이므로 겨울에 태어난 토는 토극수(土剋水)의 이치에 의해서 힘은 약하지 않지만 세력이 부족하다고 이해한다. 무기(戊己) 일간(日干)이 해자축월(亥子丑月)에 태어나면 동토(冬土)라고 한다.

동화(冬火) 五 겨울의 불. 계절에 따른 오행의 상황을 의미하는데, 겨울은 수(水)의 계절이므로 수극화(水剋火)의 이치에 따라서 겨울에 태어난 화(火)는 그 세력이 매우 약하다고 이해한다. 병정(丙丁) 일간(日干)이 해자축월(亥子丑月)에 태어나면 동화(冬火)라고 한다.

돼지 俗 돼지띠에 해당하는 동물.

돼지띠 俗 해년(亥年)에 태어난 사람. 생극제화(生剋制化)의 이치와는 무관하다고 보는 것이 타당하다.

둔시법(遁時法) 子 ⇨ 시간법(時干法)

둔월법(遁月法) 子 ⇨ 월간법(月干法)

득괘법(得卦法) 外 점을 쳐서 결과를 얻기 위해 괘를 얻는 방법. ⇨ 작괘법(作卦法)

득기(得氣) 子 기(氣)를 얻음을 이르는 말. 기본적으로 월령(月令)에 통근(通根)이 되는 경우이고, 응용으로는 인성(印星)이나 비겁(比劫)을 만나는 경우에 해당한다.

득력(得力) 子 힘을 얻음을 이르는 말. 사주에 같은 세력이 많이 있어서 강하다고 판단될 때 하는 말이다.

득령(得令) 子 월령(月令)을 얻음. 일간(日干)이 월지(月支)에 인겁(印劫)을 만나면 월령을 얻었다고 한다.

득룡이운 공화사신(得龍而運 功化斯神)【滴

天髓】 진토(辰土)를 얻으면 변화를 일으켜 오운(五運)법에 의해 화기(火氣)를 발생시키고, 무계합화(戊癸合火)가 되면 그 공력(功力)으로 물이 불로 변하는 신비로운 변화(變化)를 일으킨다.

득비리재(得比利財) 格 사주에 재성(財星)이 과다하게 많고 반대로 비겁(比劫)은 약할 경우에 비겁을 만나면 재성을 취할 수 있다고 해서 붙여진 이름이다. 이러한 형상이면 용신(用神)으로 비겁이 작용하므로 재중용겁격(財重用劫格)으로 될 가능성이 많아지고 득비리재격(得比利財格)도 용신격으로 사용이 가능하다.

득비리재격(得比利財格) 格 재성(財星)이 많아서 신약한 경우에 비겁(比劫)을 만나게 되는 격. 용신격(用神格)의 한 종류이다. 사주에 재성이 많을 경우에 비겁을 용신으로 삼으면 해당된다. 다만 운에서 관살(官殺)을 만나는 것은 꺼린다.

朗月 이 경우 용신은 비견이거나 겁재로 나누지 않고 득비리재격으로 부른다.

득세(得勢) 子 세력을 얻음을 이르는 말. 세력이라는 것은 사주에 인성(印星)이나 비겁(比劫)이 많이 있는 것인데, 글자로는 3~4자 이상이면 세력을 얻었다고 할 수 있다. 단, 경우에 따라서 변수가 많음을 참고하는 것도 중요하다. ⇨ 억부법(抑扶法)

朗月 특히 자평명리학(子平命理學)에서 중요한 포인트라고 할 수 있는 강약(強弱)의 균형을 보는 것으로 월지(月支)의 인겁(印劫) 여부, 일지(日支)의 인겁(印劫) 여부 그리고 세력(勢力)의 득실(得失) 여부를 놓고 저울질을 하는데, 그 중에서 어떤 세력을 얻었는가를 보는 것도 중요하다.

득수이청 득화이예(得水而淸 得火而銳) 【滴天髓】 임계수(壬癸水)를 얻으면 금생수(金生水)로 흐름을 타니 강력(強力)한 성분이 맑아지게 되고, 병정화(丙丁火)를 얻으면 화극금(火剋金)의 단련을 받아서 더욱 날카로워진다.

득시(得時) 手 시절(時節)을 얻음을 이르는 말. 여기에서의 시절은 계절을 말하고, 계절이 일간(日干)의 인겁(印劫)에 해당하면 시(時)를 얻었다고 말한다. 그리고 시주(時柱)에 인겁이 있어서 일간을 도울 경우에도 사용할 수 있다.

득신(得辛) 俗 신년(新年) 농사점의 종류. 신(辛)은 벼의 결실을 의미하므로 득신의 숫자가 높으면 늦게 결실을 이루고, 낮으면 빨리 결실을 이룬다고 한다. 구조는 1일 득신에서 10일 득신(得辛)까지 있다. 득신이란 신금(辛金)을 얻었다는 말로 음력 정월 초하루부터 따져서 신(辛)이 들어오는 날의 숫자인데, 원리는 특별한 의미가 없다. 그렇지만 시골에서 어르신들은 이 방법으로 한 해의 농사에 대한 결실시기를 점쳤다.

득지(得地) 子 땅을 얻음을 이르는 말. 일간(日干)이 앉은 자리를 지(地)라고도 한다. 그리고 여기에 인겁(印劫)이 있으면 땅을 얻었다고 하니 이것이 득지이다. ⇨ 억부법(抑扶法)

등라계갑(藤蘿繫甲) 古 등나무 줄기와 칡덩굴이 소나무에 얽혀 있음을 이르는 말. 을목(乙木)이 갑목(甲木)을 의지할 때 사용한다.

등라계갑 가춘가추(藤蘿繫甲 可春可秋) 【滴天髓】 등나무 줄기와 칡덩굴이 소나무에 얽히듯이 갑목(甲木)을 의지하면, 봄날이든 가을이든 즐겁기만 하다.

딸 星 자식(子息)을 의미하는 부분에서 성별을 고려할 때에는 그냥 참고만 하지만, 남자에게는 정관(正官)을 자식이라고 보고, 여자에게는 식신(食神)을 자식으로 본다는 설도 있으므로 반드시 일치하는 것은 아니다. 또한 어떤 경우에는 남자에

게는 정관이 아들이라고도 하는데, 역시
일정한 기준이 없다고 보는 것이 옳고 결
국 성별은 대입할 필요가 없다.

ㄷ

마상단시(馬上斷時) 外 제갈공명(諸葛孔明)
이 말 위에서 점을 쳤음을 이르는 말. 점
괘를 만들어 해석하는 방법으로, 보통 단
시점(斷時占)이라고 한다. ⇨ 단시점(斷
時占)

마의상서(麻衣相書) 冊 전설적인 마의도인
(麻衣道人)이 진희이(陳希夷) 선생에게
전수했다는 상법(相法). 마의상법(麻衣
相法)이라고도 한다.

마지막 사주 子 간지(干支)의 배합에서 맨
마지막에 해당하는 사주. 구조는 계해년
(癸亥年), 계해월(癸亥月), 계해일(癸亥
日), 계해시(癸亥時)가 여기에 해당한다.
지금의 자평명리학(子平命理學)에는 존
재하지 않는 사주이다. ⇨ 동지기준설(冬
至基準說)

만반탁기령인고 일국청고야고인(滿盤濁氣令
人苦 一局淸枯也苦人)【滴天髓】탁기만 가
득한 사주를 타고난 사람은 일생 고통이
끊임없고, 사주가 맑으면서도 시든 형상
이면 그도 고뇌가 많은 사람이다.

만세력(萬歲曆) 冊 역서(曆書)의 한 종류.
매일의 일진(日辰)을 표시한 것이 특징
이다. 자평명리학(子平命理學)의 연구에
중요한 자료이다.

말 俗 말띠에 해당하는 동물.

말년운(末年運) 子 인생의 마지막 무렵에
만나는 운. ⇨ 말운(末運)

말띠 俗 오년(午年)에 태어난 사람의 띠. 생
극제화(生剋制化)의 이치와는 무관하다.

말복(末伏) 俗 삼복(三伏) 가운데 마지막
복. 입추(立秋)가 지나고 첫 번째 경일
(庚日)에 해당한다. 때로는 중복이 지나
고 10일째에 해당하기도 하고, 20일째에
해당하기도 한다. 20일에 해당하면 여름
이 덥거나 길다고 한다.

말운(末運) 子 말년(末年)의 운수. 인생의
마지막 무렵에 만나는 운으로, 말년운(末
年運)이라고도 한다. 십년대운(十年大運)
에서 뒷부분에 해당한다. 다만, 사주의
시주(時柱)를 보고 말년을 논하는 것은
일리가 있지만 대운의 상황이 고려되지
않은 것은 의미가 없다.

말전(末傳) 外 육임(六壬)에서 다루는 용
어. 육임을 삼전사과(三專四課)라고도 하
는데, 그 삼전에서 맨 끝에 해당한다. 이
것을 해석할 경우에는 어떤 일의 결말(結
末)을 예측한다.

망상심(忘想心) 心 온갖 생각들로 뒤범벅
이 된 성품. 정인(正印)과 편인(偏印)이
결합한 성격이다.

망신살(亡身殺) 殺 신살(神殺)의 하나. 망
신을 당한다는 살이다. 구조는 일지(日
支)나 연지(年支)가 삼합(三合)되는 글자
에서 가운데 글자의 앞 글자에 해당한다.
예를 들어 일지(日支)에 축(丑)이 있을
경우 삼합은 사유축(巳酉丑)이 되고, 유
(酉)가 가운데 글자이므로 앞 글자인 신
(申)이 망신살이다.

　朗月 흔히 남사스러운 일을 당했을 때

망신살이 뻗쳤다고 넋두리하는 것도 여기에서 나온 말이다. 그러나 자신이 잘 행동하지 못하고 얻은 것을 살(殺) 때문이라고 하는 것은 어리석은 생각이다. 또한 그러한 행동을 하지 않았음에도 망신을 당했다면 억울한 누명이니 언젠가 벗겨질 것이라고 생각하는 것은 이성 있는 사람의 자세이다. 실제로 큰 비중이 없다. 개인적인 생각으로는 신살은 모두 무시해도 좋고, 특히 생극제화(生剋制化)의 이치에는 부합되지 않는 것이 대부분이므로 적용시키면 그만큼 혼란이 가중될 수 있다.

망종(芒種) 佺 24절기의 하나. 소만(小滿)과 하지(夏至) 사이의 절기로 여름의 한 중간에 있다. 양력 6월 6일경에 시작되어 15일간 작용한다. 오월(午月)이 시작되는 계절에 시작하여 30일간 작용하는 절기이기도 하다.

망종시(芒種時) 佺 망종이 시작되는 시각. 이 시각을 기준으로 오월(午月)이 시작되므로 출생시간이 이 부근일 경우는 정밀하게 대입한다.

매금(埋金) 五 금(金)이 묻힘을 이르는 말. 사주에 토(土)가 너무 많을 경우에 해당한다.

매아관(埋兒關) 殺 10세 이전에 죽어서 묻히는 살. 구조는 자오묘유일(子午卯酉日) - 축(丑), 진술축미일(辰戌丑未日) - 묘(卯), 인신사해일(寅申巳亥日) - 신(申)에 해당한다.

> **朗月** 실제로 큰 비중이 없다. 개인적인 생각으로는 신살(神殺)은 모두 무시해도 좋고, 특히 생극제화(生剋制化)의 이치에는 부합되지 않는 것이 대부분이므로 적용시키면 그만큼 혼란이 가중될 수 있다.

매화역수(梅花易數) 冊 중국 송나라 때의 소강절(邵康節) 선생이 무명인(無名人)으로부터 전수받아 개발한 것. 관매점(觀梅占)이라고도 한다. 매화꽃을 감상하던 중에 새가 싸우다 떨어지는 것을 보고 그 수를 계산하여 이웃집 여자가 다음날 저녁에 꽃을 꺾다가 떨어져서 다리를 다친 것을 예언하였는데, 매화역수의 이름과 점치는 방법이 이로부터 연유하였다. 이렇듯 자연현상에 근거한 점술의 하나로 간단한 숫자계산에 의하여 길흉화복을 판단하는 신묘한 기법이다. 매화역수를 제대로 응용하기 위해서는 육효(六爻)의 의미를 잘 알아야 한다.

면상(面相) 外 얼굴의 생김새를 보고 예언하는 방법. 면상은 대만에서 사용하는 용어로 한국에서는 보통 관상(觀相)이라 한다.

명관과마(明官跨馬) 古 밝은 관성(官星)이 말을 타고 있음을 이르는 말. 천간(天干)에 투출된 관성이 다소 약한 상황에서 마침 앉아 있는 재성(財星)이 관을 생조하므로 참 좋은 그림이라는 의미이다. 고전에서는 재(財)를 말(馬)이라고도 한다.

명국(命局) 子 운명의 형국(形局). 사주와 대운을 적어놓은 것이나 그 형상을 말한다. 자평명리학(子平命理學)에서는 명식(命式)이라고 한다.

명궁(命宮) 子 목숨이 들어가는 집. 구조는 다음 도표와 같다.

月\時	寅月	卯月	辰月	巳月	午月	未月	申月	酉月	戌月	亥月	子月	丑月
子時	卯	寅	丑	子	亥	戌	酉	申	未	午	巳	辰
丑時	寅	丑	子	亥	戌	酉	申	未	午	巳	辰	卯
寅時	丑	子	亥	戌	酉	申	未	午	巳	辰	卯	寅
卯時	子	亥	戌	酉	申	未	午	巳	辰	卯	寅	丑
辰時	亥	戌	酉	申	未	午	巳	辰	卯	寅	丑	子
巳時	戌	酉	申	未	午	巳	辰	卯	寅	丑	子	亥
午時	酉	申	未	午	巳	辰	卯	寅	丑	子	亥	戌
未時	申	未	午	巳	辰	卯	寅	丑	子	亥	戌	酉
申時	未	午	巳	辰	卯	寅	丑	子	亥	戌	酉	申
酉時	午	巳	辰	卯	寅	丑	子	亥	戌	酉	申	未
戌時	巳	辰	卯	寅	丑	子	亥	戌	酉	申	未	午
亥時	辰	卯	寅	丑	子	亥	戌	酉	申	未	午	巳

인월(寅月) : 대한 ~ 우수, 묘월(卯月) : 우
수 ~ 춘분, 진월(辰月) : 춘분 ~ 곡우, 사
월(巳月) : 곡우 ~ 소만, 오월(午月) : 소만
~ 하지, 미월(未月) : 하지 ~ 대서, 신월
(申月) : 대서 ~ 처서, 유월(酉月) : 처서 ~
추분, 술월(戌月) : 추분 ~ 상강, 해월(亥
月) : 상강 ~ 소설, 자월(子月) : 소설 ~ 동
지, 축월(丑月) : 동지 ~ 대한을 의미한다.
이 표가 나타내는 것이 명궁이다. 구조는
태양궁(太陽宮)을 나타내며, 월장(月將)
이라고도 한다. 예를 들어 인월(寅月)의
대한 ~ 우수에 태어난 사람의 출생시간
이 유시(酉時)이면 명궁(命宮)은 오화(午
火)가 된다. 사주에서 명궁의 글자가 좋
은 역할을 하면 더욱 길하다고 하여, 일
종의 영향요계격(影響遙繫格)으로 본다.
원리는 태양 각도에 의해서 발현되었지
만 많은 학자들은 고려하지 않는다. 사주
의 본질은 태어난 시점에서 생년월일시
(生年月日時)에 의한 생극제화(生剋制化)
의 해석이면 충분하다. 그 외의 다른 논
리는 고려하지 않지만 일부에서는 비중
을 두는 경우도 있다.

명리(命理) 子 목숨의 이치. 명리학(命理
學)을 줄여서 부르는 말이다.

명리가(命理家) 業 운명의 이치를 연구하
는 사람. 태어난 연월일시(年月日時)를
바탕으로 운명의 이치를 연구하는 사람
을 통칭한다. 현실적으로는 자평명리학
(子平命理學)을 연구하는 사람을 일컫는
다.

명리난제해제(命理難題解題) 冊 대만의 종
의명(鍾義明) 선생의 저서. 고전(古典)에
서 내용을 취해 부연 설명한 것으로 사주
자료를 많이 참작하였다.

명리뇌근급전만(命理腦筋急轉彎) 冊 대만의
종의명(鍾義明) 선생의 저서. 고전의 내
용을 참고하여 임상 경험을 설명하였다.

명리대감(命理大鑑) 冊 종진첨(鍾進添) 선
생의 저서.

朗月 기본적인 이론을 정립하려고 노력
한 흔적이 보이고, 특히 납음오행(納音五
行)에 대해 상세하게 설명한 것이 특징이
다.

명리신론(命理新論) 冊 중국의 오준민(吳俊
民) 선생의 저서. 내용은 자평명리학(子
平命理學)을 총괄한 것이다. 생극제화(生
剋制化)에 비중을 두었으며 신살(神殺)이
나 십이운성(十二運星) 등은 비중을 두지
않았다.

명리약언(命理約言) 冊 중국의 진소암(陳素
庵) 선생의 저서. 위천리(韋千里) 선생이
교집(校輯)하였다. 내용은 『적천수(滴天
髓)』 찬가(讚歌)의 성격인데, 특히 편재
(偏財)의 부친(父親)설에 대한 비판 내용
이 흥미롭다.

명리연구원(命理研究院) 業 명리학(命理學)
을 연구하는 곳. 주로 운명상담업(運命相
談業)을 하는 곳이다.

명리요강(命理要綱) 冊 한국의 박재완(朴在
琓) 선생의 자평명리학(子平命理學) 저
서. 제목처럼 자료를 요간하게 정리한 책
으로, 야자시설(夜子時說)을 부정하고,
신살론(神殺論)은 그대로 도입한 것이 특
징이다. 고전격국(古典格局)에 대해서도
비교적 상세하게 다루었다.

명리원(命理院) 業 운명상담업(運命相談業)
을 하는 곳을 부르는 명칭 중 하나이다.

명리입문(命理入門) 冊 중국의 서낙오(徐樂
吾) 선생의 저서. 입문서의 성격이며, 자
평일득(子平一得)과 합본이다.

명리정종(命理正宗) 冊 명나라 때 장남(張
楠)이 지은 자평명리서(子平命理書). 내
용은 대체로 『연해자평(淵海子平)』과 비
슷한데, 『연해자평』이 너무 형식에 치중
하고 화려하다면, 이것은 보다 실질적인
대입이 되도록 오류를 바로잡으려고 하
였다. 관련서적으로는 『명리정종평주(命

理正宗評註)』(대만), 『명리정종정해(命理正宗精解)』(심종열 저) 등이 있다.

朗月 자평학을 공부하는 사람은 구태여 교재로 삼을 필요가 없다. 고인의 흔적을 이해하는 정도로만 본다.

명리정종정해(命理正宗精解) 冊 『명리정종(命理正宗)』의 번역서. 1972년 한국의 심재열(沈載烈) 선생이 명문당(明文堂)에서 출판하였다.

명리탐원(命理探原) 冊 원수산(袁樹珊) 선생의 저서. 자평명리학(子平命理學)의 종합적인 내용을 다루었다.

명리학(命理學) 子 인간 운명의 이치를 연구하는 학문. 사주학(四柱學) 또는 추명학(推命學)이라고도 한다. 글자를 해석하면 목숨의 이치를 연구하는 학문이란 의미이다. 사람은 태어나서 죽을 때까지 길흉화복(吉凶禍福)이 정해져 있다고 생각하고 학문적으로 그 원리를 풀어보려고 접근한 것이다. 넓은 의미로 보면, 관상(觀相)이나 수상(手相), 풍수학(風水學), 자미두수(紫微斗數), 기문둔갑(奇門遁甲), 하락이수(河洛理數) 등도 명리학의 범주에 속한다. 특히 사주학을 자평명리학이라고 한다. ⇨ 자평명리학(子平命理學)

명리학(命理學)**의 상위법**(上位法) 子 신살(神殺), 육합(六合), 육해(六害), 육파(六破), 삼형(三刑), 12운성(運星) 등이 이치에 부합되지 않아 하위법(下位法)으로 볼 경우에 상위법은 생극제화(生剋制化)를 의미한다.

명리학자(命理學者) 業 운명의 이치를 연구하는 학자. 명리가(命理家)를 높여서 부르는 말이다. ⇨ 명리가(命理家)

명보(命譜) 冊 중국의 원수산(袁樹珊) 선생의 저서. 고전에서 발췌한 위인들의 명식을 많이 다루었다. 한국에서는 크게 알려지지 않은 인물이 많아 참고자료로는 부족하다.

명식(命式) 子 운명의 공식. 사주를 해석하기 위해서 연월일시(年月日時)를 간지(干支)로 바꾸어놓은 것이다. 대운은 포함하지 않는다.

명식작성법(命式作成法) 子 ⇨ 사주작성법(四柱作成法)

명암부집(明暗夫集) 古 밝고 어두운 곳에 남편이 모여 있음을 이르는 말. 천간(天干)과 지지(地支)에 정관(正官)과 편관(偏官)이 있는 경우로, 관살혼잡(官殺混雜)이라고도 한다. 여자 사주에서 관살이 혼잡되면 부담될 가능성이 많지만, 혼잡이라고 해서 반드시 결혼을 여러 번 한다는 것은 아니다. 실제로 그렇지 않은 경우가 많다.

명운적개척(命運的開拓) 冊 대만의 전화성(田和成) 선생의 저서. 내용은 운명 개척에 대한 생각을 정리한 것이다.

명조(命造) 子 사주의 구조. 명식(命式) 또는 사주(四柱)라고도 한다. 자평명리학(子平命理學)의 방법으로 사주를 감정하기 위해 간지(干支)와 대운(大運)을 나타낸 것이다.

명판(命板) 外 명식의 판. 기문둔갑(奇門遁甲)이나 자미두수(紫微斗數)에서 주로 사용하는 용어이다. 자평명리학(子平命理學)의 명식(命式)과 같은 용어이다.

명학비해(命學秘解) 冊 대만의 백혜문(白惠文) 선생의 저서. 일반적인 명리서로 한국에서도 많이 알려졌다.

명학신의(命學新義) 冊 반자단(潘子端) 선생의 저서. 이 책을 자평명리학(子平命理學)의 보석(寶石)이라고도 한다. 「수화집(水火集)」, 「적천수신주(適天髓新註)」, 「명학습령(命學拾蕶)」, 「신명학사자경(新命學四字經)」 등 4편으로 구성되었다. 특히 심리분석(心理分析)의 내용이 많은데, 과학적인 방향으로 접근을 시도하였다.

모다멸자(母多滅子) 固 ⇨ 모자멸자(母慈滅子)

모선망(母先亡) 俗 모친(母親)이 먼저 돌아가심을 이르는 말. 출생시(出生時)를 잘 모르는 경우에 확인하는 방법이다. 모선망(母先亡)이면 축해유미사묘(丑亥酉未巳卯)의 시(時)에 해당한다.

　朗月 이 이론이 부합되려면 자녀의 모든 출생 시지(時支)가 음지(陰支)여야 하는데 실제로는 그렇지 않다. 궁여지책(窮餘之策)의 방법이므로 시(時)를 잘 모를 경우에는 그대로 놓고 대입한다.

모쇠자왕(母衰子旺) 固 어머니는 쇠약한데 자식은 왕성함을 이르는 말. 일간(日干)에 식상(食傷)이 많아 매우 신약한 상황에 처할 때 해당한다. 확대 해석하면 일간의 오행이 태왕하고, 인성(印星)은 그로 인해 크게 무력해도 같은 의미가 된다. 형상만 이해하도록 한다.

모자멸자(母慈滅子) 固 어머니의 정(情)이 지나치면 자식을 멸망시킨다는 의미. 이 경우에 아이는 마마보이가 된다고 한다. 어머니인 인성(印星)이 너무 많고 비겁(比劫)은 많지 않을 경우에 해당한다. 이러한 상황에서는 재성을 긴급하게 찾는데, 재성(財星)이 있으면 기인취재격(棄印就財格)의 성격이 된다.

모자멸자관두이(母慈滅子關頭異) 【滴天髓】 인성(印星)이 너무 많아 재성(財星)으로도 극(剋)할 수 없을 지경이면 인성을 따라서 종(從)하게 되는데, 이것이 역생(逆生)이다.

모정유변(母情有變) 固 어머니의 정(情)에 변화가 생겼음을 이르는 말. 종강격(從强格)에 해당한다. 인성(印星)이 태왕해서 인성을 용신으로 삼고 종강격이 되었는데, 운에서 재성(財星)을 만나면 어머니는 그 마음에 변동이 생겨 자식을 미워한

다.

모친(母親) 星 ⇨ 어머니

목(木) 五 나무로 대표되는 오행의 한 종류. 시작, 소년, 아침, 새싹, 바람 등의 의미를 갖는다. 천간(天干)에서는 목의 양(陽)을 갑(甲)으로 대표하고, 음(陰)을 을(乙)로 대표한다. 또 지지(地支)에서는 양목(陽木)을 인(寅)으로 하고, 음목(陰木)을 묘(卯)로 한다.

목견금결(木堅金缺) 五 목(木)은 너무 왕하고, 금(金)은 너무 허약한 경우를 이름.

목고(木庫) 五 목(木)의 창고(倉庫)인 미토(未土)를 말함. 목의 생지(生地)는 해수(亥水)가 되고, 왕지(旺地)는 묘목(卯木)이 되며, 고지(庫地)는 미토가 되는데, 미토 속에는 을목(乙木)이 있어서 목의 고장지(庫藏地)라고 한다.

　朗月 일설에는 목고(木庫)를 열기 위해서는 축토(丑土)가 와서 충(沖)해야 한다고 하는데 이것은 낭설이다. 오히려 충하면 내용물은 파괴된다. 고(庫)를 열면 저장한 주체의 주인인 왕지(旺地)가 와야만 가능한데, 여기서는 묘목(卯木)이 된다.

목국(木局) 五 목(木)의 국세(局世). 목국은 지지(地支)에 해묘미(亥卯未)가 합을 이루고, 천간에 갑을목(甲乙木)이 있어 사주 전체가 목의 세력을 형성했을 경우이다. 한편 지지에 해묘미(亥卯未)가 있어도 목국이라고 한다.

목극금(木剋金) 五 목(木)이 금(金)을 극(剋)함.

　朗月 역극(逆剋)의 원리이다. 원래는 금극목(金剋木)이지만, 목(木)은 세력이 매우 강하고 금(金)이 세력이 너무 무력하면, 목(木)이 금(金)을 극하게 된다. 이러한 현상은 재다신약(財多身弱)의 현상(現狀), 중과부적(衆寡不敵), 목다금결(木多金缺)의 현상이라고 한다.

목극목(木剋木) 五 목(木)이 목(木)을 극

(剋)함을 이르는 말. 같은 목이 목을 극하는 경우이다. 사주에 수(水)가 왕해서 토(土)를 의지하여 토극수(土剋水)로 사용할 경우에 목이 많으면 목극토(木剋土)의 작용으로 수를 제어할 수 없다. 결과적으로 목극목(木剋木)이 되는데 군겁쟁재(群劫爭財), 군비쟁재(群比爭財)의 형상이다.

목극수(木剋水) 五 목(木)이 수(水)를 극(剋)함을 이르는 말. 기본적으로 수생목(水生木)의 이치이지만, 만약 사주에 수가 매우 허약하여 금(金)의 도움을 받아야 할 상황에서 오히려 목(木)이 왕하여 설기(洩氣)시킨다면 결과적으로 목이 수를 극한다.

목극토(木剋土) 五 목(木)이 토(土)를 극함을 이르는 말. 목이 명령자가 되고, 토가 수행자가 되는 것으로, 오행상극(五行相剋)의 법칙에 해당하며 매우 무정한 것으로 해석한다.

　朗月 상황에 따라서 세력이 서로 뒤바뀌는 경우가 발생하기 때문에 다만 기본적인 공식으로만 이해한다. 이렇게 되면 공격자가 도리어 공격을 받을 수도 있는 것이 오행의 세계이다.

목극화(木剋火) 五 목(木)이 화(火)를 극(剋)함을 이르는 말. 기본적으로 목생화(木生火)의 이치이지만, 사주에 화가 과중한 경우 목을 다시 만나면, 결국 그 목도 화에 가세하여 화다목분(火多木焚)으로 화기(火氣)만 도와준다. 화생토(火生土)로 토를 사용하면 목극토(木剋土)로 막아버리고, 다시 수극화(水剋火)로 사용하면 수생목(水生木)으로 화를 생조하므로 결과적으로 목극화(木剋火)의 이치가 된다.

목기(木氣) 五 목(木)의 기운. ⇨ 목(木)

목다금결(木多金缺) 五 목(木)이 지나치게 많으면 금(金)이 부서진다는 의미. 기본적으로 금극목(金剋木)의 이치이지만, 사주에 목의 세력이 너무 왕성한 경우 금이 목을 극해도 세력에 밀려 잘 되지 않고 오히려 공격하는 금이 부서진다는 의미이다.

　朗月 경우에 따라서는 목극금(木剋金)의 현상도 얼마든지 가능한 것이 오행의 이치이다.

목다수삼(木多水滲) 五 목(木)이 지나치게 많으면 수(水)는 목에 흡수됨을 이르는 말. 수생목(水生木)으로 수의 기운이 너무 약해져 금(金)의 생조를 받아야 하는데 그렇지 못한 경우이다.

목다수약(木多水弱) 五 목(木)이 많으면 수(水)는 자연 약해진다는 의미. 오행(五行)의 기운은 수에서 목으로 흐르기 때문에 수의 역할을 제대로 수행하지 못한다.

　朗月 수의 역할을 예로 든다면 화(火)를 제어하는 것도 하나인데, 목이 너무 많으면 수는 약해져 목에게 흡수되어버리니 도리어 화를 생조하는 결과가 된다.

목다화식(木多火熄) 五 목(木)이 많으면 화(火)가 꺼짐을 이르는 말.

　朗月 이 말은 목다화치(木多火熾)의 오류라고 생각한다. 비록 이치로는 아궁이에 나무를 많이 넣으면 산소가 부족해 질식하는 장면을 떠올릴 수 있지만, 이것은 특수한 경우에 조작된 상황이므로 수용할 수 없다.

목다화치(木多火熾) 五 목(木)이 과다하면 화(火)의 불길이 치열해짐을 이르는 말. 목생화(木生火)의 관계이지만, 목이 너무 지나치면 화의 세력도 그만큼 치열해진다.

　朗月 목(木)의 과다함으로 화(火)의 세력이 너무 강하여 화가 본래 부여받은 역할을 올바르게 수행할 수 없는 상황을 의미한다. 화의 일이라면 화생토(火生土)를 해야 하는데, 화가 너무 치열하면 토(土)

가 말라서 올바르게 사용되지 못하고, 또 금을 극하면 금(金)이 그대로 녹아버려 모두 못쓰게 된다.

목방(木方) 五 목(木)의 방향. 지지(地支)에 인묘진(寅卯辰)이 있거나 대운(大運)에서 인묘진의 지지로 흐름을 타는 경우이다.

목분남이연겁(木奔南而軟怯)【滴天髓】여름에 태어난 나무는 기운의 설기(洩氣)가 심하니 연약하고 겁이 많다.

목불수수자혈병(木不受水者血病)【滴天髓】목(木)의 수(水)가 너무 과다하여 흡수하지 못하면 또한 혈액에 병이 생긴다.

목생금(木生金) 五 목(木)이 금(金)을 생(生)함을 이르는 말. 기본적인 이치는 금극목(金剋木)이지만, 사주에 토(土)가 많아 금을 과중하게 생조하면 금은 오히려 토에게 묻히므로, 토다금매(土多金埋)가 된다. 금의 입장에서는 토극금(土剋金)의 형상이지만, 사주에 힘이 있는 목이 목극토(木剋土)를 하면 토는 목의 공격을 받아 금을 생조하지 못하므로 결과적으로 목생금(木生金)의 이치가 된다. 기인취재(棄印就財) 또는 군뢰신생(君賴臣生)의 형상이다.

목생목(木生木) 五 목(木)이 목(木)을 생(生)함을 이르는 말. 같은 목이 목을 생한다. 사주에 토(土)가 과중하여 재다신약(財多身弱)이 극심할 경우에 토다목절(土多木折)이 되는데, 이때 힘있는 목이 있으면 목극토(木剋土)를 하여 결과적으로 목생목(木生木)이 된다. 득비리재(得比利財) 또는 재중용겁(財重用劫)의 형상이다.

목생수(木生水) 五 목(木)이 수(水)를 생(生)함을 이르는 말. 역생(逆生)의 원리이다. 원래는 수생목(水生木)이지만, 수가 토(土)에게 토극수(土剋水)의 공격을 받을 경우에 목이 나서서 목극토(木剋土)

를 하여 수를 살린다. 이런 경우 식신제살격(食神制殺格)의 구조가 된다. 또한 수의 세력이 과다하여 토극수(土剋水)가 되지 못할 경우에 목이 있어 그 수를 유통시켜주는 경우에도 목생수(木生水)의 논리가 적용된다. 이런 경우 식신격(食神格)이 된다.

목생토(木生土) 五 목(木)이 토(土)를 생(生)함을 이르는 말. 기본적으로 목극토(木剋土)이지만, 사주에 토가 과중하면 수(水)가 와도 군겁쟁재(群劫爭財)의 쟁탈전이 벌어진다. 금(金)을 사용하려 해도 과중한 토 때문에 토다금매(土多金埋)의 현상이 발생한다. 이 경우에 힘있는 목이 있어 강력하게 토를 제어하면 오히려 토는 그 용도를 발휘하여 결과적으로 목생토(木生土)의 이치가 된다. 목이 토의 완고함을 깨트리고 유연하게 한다 하여 소토(疎土)라고도 한다.

목생화(木生火) 五 목(木)이 화(火)를 생조함을 이르는 말. 목은 어머니의 입장이고, 화는 자식의 입장이다. 오행상생(五行相生)의 법칙이라고도 하는데, 목은 숙명적으로 화를 살리는 구조이다.

  朗月 다만 이것은 기본 공식으로 이해하는 것이 중요하다. 경우에 따라서는 생(生)하는 것이 오히려 병(病)이 되는 경우도 많기 때문이다.

목왕절(木旺節) 舍 목(木)의 기운이 왕성한 계절. 인묘월(寅卯月)이 해당한다.

목욕(沐浴) 古 목욕을 함. 십이운성(十二運星)에서 말하는 명칭의 하나이다.

  朗月 오행이 목욕한다는 말은 유치하다. 아마도 글자 수를 맞추기 위해 대입한 것으로 보이며 적용하지 않는다.

목(木)**의 계절**(季節) 舍 인묘월(寅卯月)을 이름. 경우에 따라서는 진월(辰月)을 포함한다.

목(木)**의 음양**(陰陽) 五 천간(天干)에서 음

목(陰木)은 을목(乙木)이 되고, 양목(陽木)은 갑목(甲木)이 된다. 지지(地支)에서 음목은 묘목(卯木)이 되고, 양목은 인목(寅木)이 된다.

朗月 목(木)을 음양으로 구분하면 양목은 목의 기운(氣運) 또는 기(氣)에 해당하고, 음목은 목의 질(質)에 해당한다. 일설에는 양목을 고목(古木)과 같은 기둥으로 보고 음목(陰木)을 화초(花草)로도 보는데, 이러한 대입보다는 기(氣)와 질(質)로 구분하는 것이 좀더 목의 본질에 근접한 것이다. 이것은 『자평진전(子平眞詮)』에도 나타나는데, 올바른 목의 음양관(陰陽觀)으로 본다.

목운(木運) 子 1. 목(木)의 운(運). 대운에서 갑을(甲乙)이나 인묘(寅卯)의 운이 진행되는 것이다.
2. 오운(五運)에서 목(木)에 해당하는 운. 임년(壬年)이나 정년(丁年)은 목의 운에 해당하는데, 특히 임년은 목태과(木太過), 정년은 목불급(木不及)의 해라고 한다. 자평명리학에서는 대입하지 않는다.

목일간(木日干) 子 태어난 날이 갑을목(甲乙木)인 경우.

목일주(木日主) 子 태어난 날이 갑을일(甲乙日)인 경우.

목종화세(木從火勢) 古 목(木)이 화(火)의 세력을 따름. 목생화(木生火)에서 변화한 상황이다. 목은 너무 약한 상황이고, 화는 반대로 너무 왕한 상황을 의미한다.

朗月 약한 목이 강한 화에 흡수되어 자신의 역할을 하지 못한다는 의미이다. 여기에서 목의 역할을 생각하면 목극토(木剋土)를 해야 하는데, 화의 강력한 힘에 흡수되어 결국은 화생토(火生土)를 하게 되어 원하지 않는 결과가 된다.

목화(木火) 五 나무와 불. 목(木)과 화(火)를 함께 이르는 말이다. 목은 화를 생조

하는데, 어미와 자식처럼 유정하게 모였다는 의미이다. ⇨ 목생화(木生火)

朗月 오행 중에 서로 닮음꼴로 연결한다면 목과 화는 서로 잘 통한다고 이해한다.

목화상관(木火傷官) 古 목(木)이 화(火)를 만나면 상관(傷官)이 됨. 특히 갑을목(甲乙木)이 사오월(巳午月)에 태어났을 경우이다.

목화상관격(木火傷官格) 格 상관(傷官)을 용신으로 삼은 경우에는 격(格)을 붙여도 상관없다. ⇨ 목화상관(木火傷官)

목화상생격(木火相生格) 格 고전격국(古典格局)의 하나. 사주 구조에서 다른 성분은 전혀 없고, 목화(木火) 두 성분만 있으면 양기성상격(兩氣成象格)이라고도 하고, 청적부자(靑赤父子)라고도 한다.

朗月 용신을 정할 경우에는 상황에 따라 달라지는데, 억부법(抑扶法)에 따라 대입하면 무난하다. 특별하게 양기성상격을 고려할 필요는 없다.

목화통명(木火通明) 古 목화(木火)의 화(火)가 밝게 통함을 이르는 말. 인묘월(寅卯月)의 갑을목(甲乙木)이 화를 용신으로 삼으면 이에 해당한다. 참고로 겨울 나무가 화를 용신으로 삼는 것은 목화통명이 아니고 한목향양(寒木向陽)이라고 한다.

묘(墓) 古 무덤에 들어감. 십이운성(十二運星)에서 말하는 명칭이다.

朗月 죽음을 말하고 다시 무덤을 말하는 것은 오행상극의 이치에 어긋나므로 적용하지 않는다. 다만 묘(墓)에 해당하는 것의 일부는 고지(庫地)에도 포함되므로 참고한다.

묘(苗) 子 싹. 월주(月柱)의 다른 이름. 연주(年柱)가 뿌리이면, 그 연주를 좇아서 월주가 나오므로 흐름에 따라 월주를 싹으로 본다.

묘(卯) 干支 12지(十二支)의 4번째. 지지(地支)의 음목(陰木)이라고도 함. 토끼를 상징하며 계절은 경칩(驚蟄)에서 춘분(春分) 사이고, 시각은 오전 5시 ~ 오전 7시이다. 달로는 음력 2월, 방위로는 정동(正東)을 중심으로 한 15°이다. 단, 동경 135도 기준으로 약 30분을 가산한다. 목(木)의 왕지(旺地)가 되는데, 해(亥)나 미(未)를 만나면 합이 되며 화(化)해도 목은 그대로이다. 유(酉)와는 충을 하는데, 금극목(金剋木)의 이치가 작용하여 피해가 극심하다. 지장간의 구조는 갑목(甲木)-10, 을목(乙木)-20의 배합이다.
　朗月 묘년에 태어나면 토끼띠인데 실제로는 의미가 없다. 천파성(天破星)이 들어 풍파가 많다 하여 토끼띠를 꺼리는 경우가 있는데, 이것은 당사주에서 나온 말로 사실과 다르다. 그러나 묘년에 신생아 탄생율이 떨어진다고 하니 이는 잘못된 지식이다.

묘고(墓庫) 古 묘지나 창고. 같은 말로 고(庫)라고 쓰는 것이 더 합당하다.

묘고봉충설(墓庫逢沖說) 古 묘고(墓庫)가 충(沖)을 만나는 설. 창고(倉庫)는 충을 해야 열린다는 설이다. 예를 들어 진토(辰土)는 물의 창고가 되는데, 그 속에 든 수(水)를 활용하기 위해서는 불의 창고인 술토(戌土)를 만나야 충이 된다.
　朗月 전혀 말이 되지 않는 설이다. 창고는 열어서 속에 든 것을 사용해야지 두드려 부순 다음에 속에 든 것을 사용한다는 것은 맞는 이치가 아니다. 그러므로 묘고가 충을 만나면 내용물이 모두 파손된다는 것이 올바른 묘고봉충설이다. ⇨ 개고(開庫)

묘년(卯年) 子 묘(卯)의 해. 연지(年支)가 묘일 경우이다. 보통 토끼띠의 해라고 한다.

묘말(卯末) 子 묘시(卯時)의 끝 부분.

묘미(卯未) 子 묘(卯)와 미(未)가 가깝게 붙어 있으면 반합이다. 반합이면 목(木)의 기운이 생성되므로 합의 의미도 있다. 다만, 반합이 되었다고 두 글자 모두 목이 되었다고 보는 것은 성급한 결론이다. ⇨ 합화(合化)의 조건

묘방(卯方) 干支 묘(卯)의 방향. 정동(正東)을 말한다. 목방(木方)이라고도 하며, 팔괘(八卦)에서는 진방(震方)이라고도 한다.

묘술합(卯戌合) 干支 육합(六合)의 한 종류. 묘(卯)와 술(戌)이 만나면 합을 한다.
　朗月 실제로는 작용이 없다고 본다. 그리고 육합은 사용하지 않는 것이 좋다. 묘와 술의 관계는 목극토(木剋土)의 이치만 고려할 뿐 합의 관계는 생각하지 않는다.

묘술합화(卯戌合化) 干支 ⇨ 묘술합화화(卯戌合化火)

묘술합화화(卯戌合化火) 干支 묘(卯)와 술(戌)이 합하여 변화하면 화(火)가 됨을 이르는 말. 구조를 살피면 천간(天干)의 오합(五合)을 흉내낸 것으로 현실적으로 전혀 작용하지 않는다.
　朗月 육합 자체도 믿을 것이 못되는데, 하물며 합하여 변화까지 한다는 것은 더욱 황당하므로 실제로는 작용이 없는 것으로 본다. 그리고 육합은 사용하지 않는 것이 좋다.

묘시(卯時) 子 묘(卯)의 시(時). 사주의 시지(時支)가 묘에 해당하는 경우이다. 동경 135도 기준으로 오전 5시 30분 ~ 오전 7시 30분 두 시간에 해당한다.
　朗月 시계를 보지 않고 출생한 경우에 보통 새벽이라고 하면 묘시일 가능성이 많다.

묘신원진(卯申怨嗔) 殺 신살(神殺)의 하나. 원진살(怨嗔殺)의 일종이다.

묘월(卯月) 子 묘(卯)의 달. 사주의 월지

(月支)가 묘에 해당하는 경우이다. 절기는 경칩(驚蟄)과 춘분(春分)에 해당한다.

묘월갑목(卯月甲木) 子 묘월(卯月)에 태어난 갑목(甲木). 목(木)이 왕성한 계절에 태어난 목이므로 목의 기운을 설기(洩氣)하는 의미에서 화(火)가 있기를 원한다.
【窮通寶鑑】용신(用神)은 경금(庚金), 보조(補助)는 병정화(丙丁火)와 무기토(戊己土)이다. 양인격(羊刃格)이므로 편관(偏官)이 있다면 경금을 용신으로 하고, 무기토(戊己土)로 용신을 돕는다. 경금이 없다면 병정화(丙丁火)를 용(用)하여 수기(秀氣)를 설(洩)하는데, 식신제살(食神制殺)은 되지 않는다.

묘월경금(卯月庚金) 子 묘월(卯月)에 태어난 경금(庚金). 목(木)의 세력이 강하므로 금(金)의 협조가 요구될 가능성이 크다.
【窮通寶鑑】용신(用神)은 정화(丁火), 보조(補助)는 갑목(甲木), 경금(庚金), 병화(丙火)이다. 경금이 은근히 강하므로 오로지 정화를 쓰게 된다. 그리고 갑목을 가져다 정화를 도울 경우에는 경금으로 갑목을 나눈다. 정화가 없으면 병화(丙火)를 쓴다.

묘월계수(卯月癸水) 子 묘월(卯月)에 태어난 계수(癸水). 묘월과 임수(壬水)의 상황에 따른다.
【窮通寶鑑】용신(用神)은 경금(庚金), 보조(補助)는 신금(辛金)이다. 을목(乙木)이 사령(司令)하니 오로지 경금이 좋고, 신금은 그 다음이다.

묘월기토(卯月己土) 子 묘월(卯月)에 태어난 기토(己土). 묘월과 무토(戊土)의 상황에 따른다.
【窮通寶鑑】용신(用神)은 갑목(甲木), 보조(補助)는 계수(癸水)와 병화(丙火)이다. 갑목을 용신으로 쓸 경우에 꺼리는

것은 갑기합(甲己合)이다. 다음으로 계수를 써서 윤택하도록 한다.

묘월무토(卯月戊土) 子 묘월(卯月)에 태어난 무토(戊土). 무토가 목(木)이 매우 왕성한 계절에 태어났으므로 화(火)의 도움을 절대적으로 원한다.
【窮通寶鑑】용신(用神)은 병화(丙火), 보조(補助)는 갑목(甲木)과 계수(癸水)이다. 병화의 조후가 없으면 무토(戊土)는 생(生)할 수 없고, 갑목의 소토(疎土)가 없으면 무토는 정신(精神)이 부족하고, 계수의 자윤(滋潤)이 없으면 만물은 오래 갈 수 없으니 먼저 병화를 쓰고 다음에 갑목을 쓰며 그 다음으로 계수를 쓴다.

묘월병화(卯月丙火) 子 묘월(卯月)에 태어난 병화(丙火). 화(火)의 기운을 강화시키는 목(木)의 기운이 왕성한 계절이므로 기운을 설하는 토(土)를 만나는 것이 좋다.
【窮通寶鑑】용신(用神)은 임수(壬水), 보조(補助)는 기토(己土)이다. 오로지 임수를 용신으로 삼는데, 수(水)가 과다하면 무토(戊土)를 써서 제어한다. 신약하면 인성(印星)인 목(木)으로 유통(流通)시킨다. 임수가 없으면 기토를 쓴다.

묘월신금(卯月辛金) 子 묘월(卯月)에 태어난 신금(辛金). 묘월과 경금(庚金)의 상황에 따른다.
【窮通寶鑑】용신(用神)은 기토(己土), 보조(補助)는 임수(壬水)와 경금(庚金)이다. 월령(月令)을 얻지 못했으니 기토로 도와야 하고, 임수를 얻어야 쓰임새가 생기므로 함께 쓴다. 경금은 보조가 된다.

묘월을목(卯月乙木) 子 묘월(卯月)에 태어난 을목(乙木). 묘월과 갑목(甲木)의 상황에 따른다.
【窮通寶鑑】용신(用神)은 병화(丙火), 보조(補助)는 계수(癸水)이다. 계수로 목(木)을 길러주고, 병화로 수기(秀氣)를

설(洩)한다. 금(金)을 보는 것은 옳지 않다.

묘월임수(卯月壬水) 子 묘월(卯月)에 태어난 임수(壬水). 목(木)의 기운이 매우 왕성하므로 수(水)의 기운은 약해질 가능성이 많아 금(金)의 도움을 요청한다.

【窮通寶鑑】 용신(用神)은 무토(戊土), 보조(補助)는 경신금(庚辛金)이다. 임수(壬水)가 절지(絕地)에 해당하므로 경신금의 수원지(水源地)를 필요로 한다. 수(水)가 많으면 무토를 쓴다.

묘월정화(卯月丁火) 子 묘월(卯月)에 태어난 정화(丁火). 묘월과 병화(丙火)의 상황에 따른다.

【窮通寶鑑】 용신(用神)은 경금(庚金), 보조(補助)는 갑목(甲木)이다. 경금은 을목(乙木)과 합하니, 갑목으로 정화(丁火)를 생조(生助)한다.

묘유상충(卯酉相沖) 子 ⇨ 묘유충(卯酉沖)

묘유충(卯酉沖) 子 묘(卯)와 유(酉)가 만나면 충돌함을 이르는 말. 왕지(旺支)끼리의 충돌이므로 결과를 잘 살피는 것이 중요하다. 기본적으로 금극목(金剋木)의 이론이 작용하므로 대등한 충돌이라고는 보지 않는다.

묘(卯)**의 지장간**(支藏干) 干支 지지(地支)의 묘목(卯木)에 들어 있는 천간(天干). 지장간의 구조는 갑목(甲木) - 10, 을목(乙木) - 20에 해당한다. 인원용사(人元用事)의 구조는 을목(乙木)만을 논한다.

朗月 지지에 천간이 포함된 형태가 각 비율로 포함되어 각각 분류할 수 있는 형태로 존재하는지, 아니면 완전히 일정한 비율로 용해되어 분리시킬 수 없는 상태인지 말하기 어렵다. 절기를 고려하면 일정한 흐름에 따라 지장간의 기운이 흘러간다고 참고하면 분리하지 못할 형상으로는 보지 않는다. 지지의 그릇에 담긴 일정 비율의 천간 덩어리라고 이해한다.

묘일(卯日) 子 묘(卯)의 날. 사주의 일지(日支)가 묘에 해당하는 경우이다.

묘정(卯正) 俗 묘시(卯時)의 중앙.

묘중갑목(卯中甲木) 干支 묘목(卯木)에 있는 갑목(甲木). 월령(月令)에 해당할 경우에 인월(寅月)의 갑목을 여기(餘氣)로 보아 절기로는 경칩(驚蟄)에 해당하며 약 10일간 작용한다. 독립된 묘목일 경우에는 거의 논하지 않는다.

朗月 심리분석을 할 경우에 묘목 속의 갑목은 고려하지 않는다.

묘중을목(卯中乙木) 干支 묘목(卯木)에 있는 을목(乙木). 월령(月令)에 해당할 경우에 본기(本氣)로 보아, 절기는 춘분(春分)에 속하며 약 20일간 작용한다. 독립된 묘목일 경우에는 전체를 묘목으로 본다.

묘진상천(卯辰相穿) 殺 신살(神殺)의 하나. 묘진(卯辰)이 만나면 상천(相穿)이 된다. ⇨ 상천(相穿)

朗月 실제로 큰 비중이 없다. 개인적인 생각으로는 신살은 모두 무시해도 좋고, 특히 생극제화(生剋制化)의 이치에는 부합되지 않는 것이 대부분이므로 적용시키면 그만큼 혼란이 가중될 수 있다.

묘천파(卯天破) 殺 신살(神殺)의 하나. 묘(卯)는 천파성(天破星)에 해당한다. 당사주(唐四柱)에서 12성에 해당하는데, 묘에 해당하면 풍파가 많다는 뜻이다. ⇨ 당사주(唐四柱)

묘초(卯初) 俗 묘시(卯時)의 첫 부분.

무(戊) 干支 십간(十干)의 다섯째. 순서·등급을 매길 때 정(丁) 다음의 다섯째를 나타내며, 방위로는 기(己)와 함께 오방(五方)의 중앙, 오행(五行)에서는 토(土)에 해당한다. 시각으로는 무야(戊夜)로 오전 4시 ~ 5시 사이인 인시(寅時)와 같다. 천간(天干)의 양토(陽土)라고도 하며, 토의 기운에 해당한다. 지지(地支)에서는 진토(辰土), 술토(戌土), 사화(巳火), 인목(寅木), 갑목(甲木), 신금(申金)에도 포함된다.

朗月 무토(戊土)를 토(土)의 양(陽)으로 보아 지구의 인력을 무토로 볼 수 있지 않을까 생각한다. 한편으로는 높은 산 등으로도 대입하는데 바람직하지 않은 음양관이다. 토의 기운에 해당한다면 오히려 지구를 음토(陰土)로 보아 지구에서 생성되는 인력을 토의 양이라고 보는 것이 더 타당하다.

무계합(戊癸合) 子 무(戊)와 계(癸)가 만나면 합함을 이르는 말. 천간(天干)에서 무토(戊土)와 계수(癸水)가 서로 만나면 합한다. 합의 이론은『황제내경(黃帝內經)』에 등장하는데, 무년(戊年)과 계년(癸年)에는 화(火)의 기운이 진사월(辰巳月)을 통과하여 병진월(丙辰月)과 정사월(丁巳月)이 되므로, 무계년(戊癸年)에는 화의 기운이 되어 화운(火運)이라고 한다. 무정지합(無情之合)이라고도 하는데 실제로는 의미가 없다.

朗月 어떤 책에는 무토와 계수가 있기만 하면 모두 합이 된다고도 하는데, 그렇지 않고 서로 바짝 붙어 있어야만 성립된다.

무계합화격(戊癸合化格) 格 ⇨ 화화격(化火格)

무계합화화(戊癸合化火) 格 무(戊)와 계(癸)가 만나서 합하고, 또 변화한다면 화(火)가 됨을 이르는 말. 단, 이 때의 오행은 병화(丙火)인지 정화(丁火)인지 구분할 수 없다.

朗月 서로 합하기는 쉽지만 변화하기는 매우 어렵다. 그러기 위해서는 주변에 화의 세력이 강력해야 하고, 토(土)나 계수(癸水)의 뿌리가 전혀 없어야 한다. 합화(合化)에는 일간합(日干合)과 천간합(天干合)이 있는데, 화(化)한다는 것은 여간해서 어렵기 때문에 거의 없는 것으로 본

다. ⇨ 화화격(化火格)

무관사주(無官四柱) 星 사주에 관성(官星)이 하나도 없음을 이르는 말. 지장간(支藏干)에도 관성이 없을 경우에 이렇게 말한다.

朗月 사주에 관성이 없으면 여자의 경우에는 남편이 없다고 말하는데, 지장간에도 관성이 없다면 용신을 남편으로 본다. 그리고 관운(官運)이 오면 결혼한다.

무근(無根) 干支 뿌리가 없음. 천간(天干)의 글자가 지지(地支)에서 인겁(印劫)을 만나지 못하면 해당한다.

무기(戊己) 干支 무토(戊土)와 기토(己土). 토(土)의 음양을 의미한다.

朗月 오행은 모두 음양이 있는데, 토의 음양을 무기(戊己)라 부른다. 그래서 양토(陽土)는 무(戊)이고, 음토(陰土)는 기(己)이므로, 이 둘은 모두 토의 음양이다. 무는 토의 기운으로 이해하고, 기는 토의 형상으로 이해한다.

무기일간(戊己日干) 干支 무일(戊日)이나 기일(己日)에 태어난 경우.

무년(戊年) 子 무(戊)의 해. 사주의 연간(年干)이 무에 해당하는 경우이다.

무덤 干支 자평명리학(子平命理學)에서 무덤이란 진술축미(辰戌丑未)를 말한다. 진토(辰土)는 수(水)의 무덤, 술토(戌土)는 화(火)의 무덤, 축토(丑土)는 금(金)의 무덤, 미토(未土)는 목(木)의 무덤이다.

朗月 무덤은 다시 꺼낼 기약이 없다는 의미이므로 고(庫)를 붙이는 것이 좋다. 수고(水庫), 화고(火庫), 금고(金庫), 목고(木庫)라는 말이 훨씬 편안하다. 또한 창고의 의미는 다음에 꺼내어 쓴다는 의미도 포함하므로 고(庫)를 사용하는 것이 좋다.

무력(無力) 子 힘이 없음. 오행의 주변에 극(剋)하는 오행이나 극(剋)을 받는 오행, 또는 설기(洩氣)하는 오행이 많고,

생조(生助)하는 오행이 적으면 무력하다고 한다.

무속인(巫俗人) 業 신령을 섬겨 길흉(吉凶)을 점치고 굿을 주관하는 사람. 조상신이나 특정신을 몸에 받아서 신의 계시대로 해석해주는 사람을 가리킨다. 흔히 남자는 박수라 하고, 여자는 무당(巫堂)이라고 한다. 학문적으로 궁리를 하기보다는 신탁(神託)에 의지하므로 그 능력은 천차만별이다. 일반적인 현상은 처음에는 명확하고 놀랍도록 적중하다가 몇 년이 경과하면 희미해지는 현상이 많이 나타난다. 자평명리학(子平命理學)에서는 신약한 사주일 때 이 계통에 종사하는 경우가 많은데, 특히 그 중에서도 을목(乙木)과 정화(丁火)의 경우가 많다.

무술(戊戌) 干支 육십간지의 하나. 무토(戊土)와 술토(戌土)의 결합이다. 형상을 보면 무토가 술토에게 뿌리를 의지하고 상당히 강한 힘을 발휘하는데, 술토 또한 조토(燥土)가 되므로 그 힘이 더욱 강하다.

무술기해평지목(戊戌己亥平地木) 古 무술(戊戌)과 기해(己亥)는 평지목(平地木)임을 이르는 말. 평지목은 평평한 땅의 나무라는 뜻이다. ⇨ 납음오행(納音五行)

朗月 오행 원리와 간지 구조로 보아 위의 설명이 전혀 부합되지 않으니 사용하지 않는다.

무술(戊戌)**의 성격**(性格) 心 무술(戊戌)의 일주(日柱)는 지지(地支)에 비견(比肩)인 무토(戊土)와, 정인(正印)인 정화(丁火)와, 상관(傷官)인 신금(辛金)이 있기 때문에, 주체성(主體性)과 직관력(直觀力)과 사교성(社交性) 등을 나타낸다.

무시(戊時) 子 무(戊)의 시. 사주의 시간(時干)이 무에 해당하는 경우이다.

무신(戊申) 干支 육십간지의 하나. 무토(戊土)와 신금(辛金)의 결합이다. 형상을 보면 토생금(土生金)의 이치에 따라 신금에게 무토의 기운이 흘러 신금은 매우 강력하지만 무토는 무력하다고 해석한다.

朗月 지장간의 임수(壬水)는 무토의 극을 받지 않는다. 이는 본기(本氣)인 경금(庚金)이 보호하기 때문이다.

무신기유대역토(戊申己酉大驛土) 古 무신(戊申)과 기유(己酉)는 대역토(大驛土)임을 이르는 말. 대역토는 역의 광장에 있는 흙을 의미한다. ⇨ 납음오행(納音五行)

朗月 오행 원리와 간지 구조로 보아 위의 설명은 전혀 부합되지 않으므로 사용하지 않는다.

무신(戊申)**의 성격**(性格) 心 무신(戊申)의 일주(日柱)는 지지(地支)에 식신(食神)인 경금(庚金)과, 편재(偏財)인 임수(壬水)와, 비견(比肩)인 무토(戊土)가 있기 때문에, 연구심(研究心)과 통제성(統制性)과 주체성(主體性) 등을 나타낸다.

무오(戊午) 干支 육십간지의 하나. 무토(戊土)와 오화(午火)의 결합이다. 형상을 보면 화생토(火生土)의 이치에 따라 무토는 오화를 만나 기운을 얻으므로, 토(土)는 강하고 오화도 약하지 않다고 해석한다.

무오기미천상화(戊午己未天上火) 古 무오(戊午)와 기미(己未)는 천상화(天上火)임을 이르는 말. 천상화는 하늘 위의 불이라는 의미이다. ⇨ 납음오행(納音五行)

朗月 오행 원리와 간지 구조로 보아 위의 설명은 전혀 부합되지 않으므로 사용하지 않는다.

무오(戊午)**의 성격**(性格) 心 무오(戊午)의 일주(日柱)는 지지(地支)에 정인(正印)인 정화(丁火)와, 편인(偏印)인 병화(丙火)와, 겁재(劫財)인 기토(己土)가 있기 때문에, 직관력(直觀力)과 신비성(神秘性)과 경쟁심(競爭心) 등을 나타낸다.

무월(戊月) 子 무(戊)의 달. 사주의 월간

(月干)이 무에 해당하는 경우이다.

무인(戊寅) 干支 육십간지의 하나. 무토(戊土)와 인목(寅木)의 결합이다. 형상을 보면 무토는 인목에게 극을 받아 불편한 자리인데, 인목의 지장간을 보면 병화(丙火)와 무토가 그 속에 있으므로 그래도 의지할 수 있다. 절처봉생(絶處逢生)이나 살인상생(殺印相生)의 의미이다.

무인기묘성두토(戊寅己卯城頭土) 古 무인(戊寅)과 기묘(己卯)는 성두토(城頭土)임을 이르는 말. 성두토는 성벽 위의 흙이라는 의미이다. ⇨ 납음오행(納音五行)

朗月 오행 원리와 간지 구조로 보아 위의 설명은 부합되지 않으므로 사용하지 않는다.

무인(戊寅)**의 성격**(性格) 心 무인(戊寅)의 일주(日柱)는 지지(地支)에 편관(偏官)인 갑목(甲木)과, 편인(偏印)인 병화(丙火)와, 비견(比肩)인 무토(戊土)가 있기 때문에, 봉사성(奉仕性)과 신비성(神秘性)과 주체성(主體性) 등을 나타낸다.

무일(戊日) 子 무(戊)의 날. 사주의 일간(日干)이 무에 해당하는 경우이다.

무일간(戊日干) 子 태어난 날이 무일(戊日)에 해당하는 경우.

무일주(戊日主) 子 ⇨ 무일간(戊日干)

무자(戊子) 干支 육십간지의 하나. 무토(戊土)와 자수(子水)의 결합이다. 형상을 보면 무토는 자수를 극하는데, 자수의 본기(本氣)는 계수(癸水)가 되어 무계합(戊癸合)으로 정재(正財)의 합이 되므로 간지(干支)가 유정한 형상이다.

무자기축벽력화(戊子己丑霹靂火) 古 무자(戊子)와 기축(己丑)은 벽력화(霹靂火)임을 이르는 말. 벽력화는 벼락의 불이라는 의미이다. ⇨ 납음오행(納音五行)

朗月 오행 원리와 간지 구조로 보아 위의 설명은 부합되지 않으므로 사용하지 않는다.

무자(戊子)**의 성격**(性格) 心 무자(戊子)의 일주(日柱)는 지지(地支)에 정재(正財)인 계수(癸水)가 있기 때문에 치밀성(緻密性)이 있다.

무재사주(無財四柱) 星 사주에 재성(財星)이 하나도 없음을 이르는 말. 지장간(支藏干)에도 재성이 없을 경우를 가리킨다.

朗月 사주에 재성이 없으면 일생 재물이 없다고 해석하는데, 운의 흐름과 사주의 구조에 따라 달라짐을 참고한다. 그리고 남자 사주가 이러한 상황이면 아내가 없다고도 하는데, 희신(喜神)을 아내로 본다. 그리고 재운(財運)이 오면 결혼하게 된다.

무정관(無精關) 殺 어려서 한쪽 부모를 잃고 편부모 밑에서 자라거나 두 부모를 섬기는 살. 구조는 1 · 2 · 3월생 - 인유자(寅酉子), 4 · 5 · 6월생 - 사술해(巳戌亥), 7 · 8 · 9월생 - 신축(申丑), 10 · 11 · 12월생 - 자오(子午)에 해당한다.

朗月 실제로 큰 비중이 없다. 개인적인 생각으로는 신살(神殺)은 모두 무시해도 좋고, 특히 생극제화(生剋制化)의 이치에는 부합되지 않는 것이 대부분이므로 적용시키면 그만큼 혼란이 가중될 수 있다.

무정지합(無情之合) 干支 정(情)이 없는 합(合). 무계합(戊癸合)이라고도 하는데 의미는 없다.

무진(戊辰) 干支 육십간지의 하나. 무토(戊土)와 진토(辰土)의 결합이다. 형상은 무토가 진토에게 뿌리를 내리고 있어 같은 토(土)의 세력으로 힘이 왕성하다.

무진기사대림목(戊辰己巳大林木) 古 무진(戊辰)과 기사(己巳)는 대림목(大林木)임을 이르는 말. 대림목은 커다란 숲 속의 나무라는 의미이다. ⇨ 납음오행(納音五行)

朗月 오행 원리와 간지 구조로 보아 위의 설명은 부합되지 않으므로 사용하지

않는다.

무진(戊辰)**의 성격**(性格) 心 무진(戊辰)의 일주(日柱)는 지지(地支)에 비견(比肩)인 무토(戊土)와, 정재(正財)인 계수(癸水)와, 정관(正官)인 을목(乙木)이 있기 때문에, 주체성(主體性)과 치밀성(緻密性)과 합리성(合理性) 등을 나타낸다.

무토고중 기중차정(戊土固重 旣中且正) 【滴天髓】 무토(戊土)는 단단하면서도 중후(重厚)한데, 그 이유는 가운데에 또한 바름〔正〕이 있는 것이 토(土)이기 때문이다.

문창성(文昌星) 殺 식신(食神)의 다른 이름. 학문의 재주와 풍류를 즐긴다. 다만 식신으로 볼 수 없는 이유는 다른 것은 모두 같지만, 병화(丙火)와 무토(戊土)를 같이 놓고 신(申)을 문창이라 하고, 정화(丁火)와 기토(己土)를 같이 놓고 유(酉)를 문창이라고 하기 때문이다.

물창고 子 ⇨ 수고(水庫)

미(未) 干支 12지(十二支)의 8번째로 양을 상징. 지지(地支)의 음토(陰土)라고도 한다. 시각으로는 오후 1시 ~ 3시이다. 단, 동경 135도 기준으로 약 30분을 가산한다. 음력으로는 6월을 가리키며, 방위는 정남(正南)으로부터 서쪽으로 30°를 중심으로 한 좌우 15° 안이다. 목(木)의 고지(庫地)가 된다. 묘(卯)를 만나면 합하며, 화(化)하면 목(木)이 된다. 축(丑)을 만나면 충하는데, 같은 토(土)의 충이므로 피해는 없지만 대신 암장된 정화(丁火)나 을목(乙木)은 손상을 피할 수 없다. 특히 월령(月令)에서 미월(未月)이 되면 한의학(漢醫學)에서는 장하(長夏)라고 하여 별도의 계절로 보기도 하고, 토왕절(土旺節)로 보기도 한다. 모든 토의 본부로 볼 수 있다. 지장간의 구조는 정화-9, 을목-3, 기토-18 등의 배합이다.

朗月 미년(未年)에 태어나면 양띠 또는 염소띠인데 이치적으로는 서로 연관이 없다. 토의 충은 창고가 열려 내용의 성분을 사용할 수 있다는 설이 있는데, 밖이 깨어진 다음에 내용물을 사용한다는 것은 이치적으로 맞지 않는다. 『자평진전(子平眞詮)』에서는 이러한 오류를 바로 잡았지만, 아직도 이렇게 주장하는 학자가 많으니 깊이 생각해야 한다. 창고에 든 물건은 열쇠로 열어야 다시 사용할 수 있으므로 미토의 열쇠는 묘목(卯木)이다.

미근(微根) 干支 미약한 뿌리. 뿌리이지만 충극(沖剋)을 받아 무력하게 된다.

미년(未年) 子 미(未)의 해. 연지(年支)가 미(未)일 경우에 해당한다. 보통 양띠의 해라고도 한다.

미래절(未來節) 子 미래(未來)의 절기(節氣). 앞으로 다가올 절기인데, 대운(大運)을 표시하는 경우에 양남음녀(陽男陰女)는 미래절(未來節)을 기준으로 하고, 음남양녀(陰男陽女)는 과거절(過去節)을 기준으로 한다. 이 기준은 날짜수를 따져서 3으로 나눈 다음 대운수(大運數)로 정하는데, 양남음녀(陽男陰女)에게 해당되는 기준이다.

미말(未末) 俗 미시(未時)의 끝 부분.

미시(未時) 子 미(未)의 시. 사주의 시지(時支)가 미에 해당하는 경우이다. 동경 135도 기준으로 13시 30분 ~ 15시 30분의 두 시간에 해당한다.

朗月 시계를 보지 못하고 출생한 경우에는 보통 점심을 먹고 낳았다고 하면 미시가 될 가능성이 많다.

미신방(未申方) 外 미신(未申)의 방향. 남서(南西) 방향을 가리키고, 토방(土方)·음토방(陰土方)이라고도 한다. 팔괘(八卦)로는 곤방(坤方)이라고도 한다.

朗月 방향은 팔방(八方)으로 논하는데, 지지(地支)는 십이지(十二支)가 되므로

부득이 어느 지지는 겹친다. 미신(未申)
도 이렇게 지정된 것이다.

미온지토(微溫之土) 五 겨울에 약간의 온기
를 갖고 있는 토(土). 겨울생의 사주에
온기가 부족한 경우 미토(未土)나 술토
(戌土)를 만나면 약하지만 온기가 있다
는 의미이다.

미월(未月) 子 미(未)의 달. 사주의 월지
(月支)가 미에 해당하는 경우이다. 절기
로는 소서(小暑)와 대서(大暑) 사이에 해
당한다. 한의학에서는 장하(長夏)라고
하여 토(土)의 계절로 보기도 한다.

미월갑목(未月甲木) 子 미월(未月)에 태어
난 갑목(甲木). 늦여름이므로 상당히 건
조한 계절로 보아 수(水)의 필요성이 강
조된다.
【窮通寶鑑】용신(用神)은 계수(癸水), 보
조(補助)는 경금(庚金)과 정화(丁火)이
다. 상반기(上半期)에는 계수를 쓰고, 하
반기(下半期)에는 경금이나 정화를 용신
(用神)으로 한다.

미월경금(未月庚金) 子 미월(未月)에 태어
난 경금(庚金). 늦여름에 해당하는 계절
로 기운은 약하지 않고 습기를 조절하는
수(水)가 필요하다.
【窮通寶鑑】용신(用神)은 정화(丁火), 보
조(補助)는 갑목(甲木)이다. 만약 지지
(地支)에 토국(土局)이 된다면 갑목을 우
선하고 정화는 그 다음이다.

미월계수(未月癸水) 子 미월(未月)에 태어
난 계수(癸水). 미월과 임수(壬水)의 상
황에 따른다.
【窮通寶鑑】용신(用神)은 경금(庚金), 보
조(補助)는 신금(辛金)과 임계수(壬癸水)
이다. 상반기(上半期)에는 금(金)이 약하
고, 화기(火氣)는 맹렬하므로 비겁(比劫)
으로 도와야 하기 때문에, 오월(午月)과
같다. 하반기(下半期)에는 비겁이 없어도
된다.

미월기토(未月己土) 子 미월(未月)에 태어
난 기토(己土). 미월과 성토(戊土)의 상
황에 따른다.
【窮通寶鑑】용신(用神)은 계수(癸水), 보
조(補助)는 병화(丙火)이다. 조후(調候)
가 필요하니 계수는 절대적으로 소중하
고, 토(土)가 윤택하기 위해서는 병화 없
이는 불가능하다.

미월무토(未月戊土) 子 미월(未月)에 태어
난 무토(戊土). 토(土)의 기운이 넘치는
계절에 태어났으므로 사주에 수(水)의
기운이 강하기를 희망한다.
【窮通寶鑑】용신(用神)은 계수(癸水), 보
조(補助)는 병화(丙火)와 갑목(甲木)이
다. 조후(調候)가 시급하므로 계수는 빠
질 수 없고, 병화는 참작하여 쓴다. 토
(土)가 많다면 갑목이 필요하다.

미월병화(未月丙火) 子 미월(未月)에 태어
난 병화(丙火). 늦여름에 태어난 화(火)
인데, 점차로 화의 세력이 약해지는 상황
이므로 목(木)의 도움이 필요하다.
【窮通寶鑑】용신(用神)은 임수(壬水), 보
조(補助)는 경금(庚金)이다.

미월신금(未月辛金) 子 미월(未月)에 태어
난 신금(辛金). 미월(未月)과 경금(庚金)
의 상황에 따른다.

미월을목(未月乙木) 子 미월(未月)에 태어
난 을목(乙木). 미월과 갑목(甲木)의 상
황에 따른다.
【窮通寶鑑】용신(用神)은 계수(癸水), 보
조(補助)는 병화(丙火)이다. 토(土)가 윤
택하면 목(木)을 도와주므로 계수를 반
긴다. 사주에 금수(金水)가 많으면 먼저
병화를 용신(用神)으로 삼는다. 여름의
임계수(壬癸水)는 무기토(戊己土)와 혼잡
(混雜)되는 것을 매우 꺼린다.

미월임수(未月壬水) 子 미월(未月)에 태어
난 임수(壬水). 늦여름의 상황에서 수
(水)는 흡수가 심하므로 금(金)의 도움이

절실하다.

【窮通寶鑑】 용신(用神)은 신금(辛金), 보조(補助)는 갑목(甲木)이다. 신금으로 근원을 삼고, 갑목으로는 토(土)를 극제(剋制)한다.

미월정화(未月丁火) 子 미월(未月)에 태어난 정화(丁火). 미월과 병화(丙火)의 상황에 따른다.

【窮通寶鑑】 용신(用神)은 갑목(甲木), 보조(補助)는 임수(壬水)와 경금(庚金)이다. 갑목으로 임수를 유통(流通)하여 정화(丁火)를 생조(生助)한다. 갑(甲)을 용신으로 삼더라도 경금이 없으면 불가능하다. 그래서 경금을 보조로 삼는다.

미(未)**의 지장간**(支藏干) 干支 지지(地支)의 미토(未土)에 들어 있는 천간(天干). 지장간의 구조는 정화(丁火)-9, 을목(乙木)-3, 기토(己土)-18에 해당한다. 인원용사(人元用事)의 구조도 같다.

朗月 지지(地支)에 천간(天干)이 포함된 형태가 각 비율로 포함하여 각기 분류할 수 있는 형태로 존재하는지, 아니면 완전히 일정한 비율로 용해되어 분리시킬 수 없는 상태인지는 말하기 어렵다. 절기를 고려해 일정한 흐름에 따라 지장간의 기운이 흘러가는 것으로 참고한다면, 분리하지 못할 형상으로는 보지 않는다. 지지의 그릇에 담긴 일정 비율의 천간 덩어리라고 이해한다.

미일(未日) 子 미(未)의 날. 사주의 일지(日支)가 미에 해당하는 경우이다.

미정(未正) 俗 미시(未時)의 중앙.

미중기토(未中己土) 干支 미토(未土)에 들어 있는 기토(己土). 월령(月令)에 해당할 경우에 본기(本氣)가 되며, 절기는 대서(大暑)에 해당하고 약 18일간 작용한다. 독립적으로 미토의 주체가 된다. 미토의 본기인 기토가 음토(陰土)에 해당하면서도 조토(燥土)로 작용하는 것은 그 속에 정화(丁火)를 포함하기 때문이다. 그래서 비록 본기가 기토이기는 하지만 지장간에 포함된 성분 때문에 그 작용은 달라진다.

미중을목(未中乙木) 五 미토(未土)에 있는 을목(乙木). 월령(月令)에 해당할 경우에 중기(中氣)에 해당하며, 절기는 소서(小暑)에 해당하고 약 3일간 작용한다. 독립적으로는 목고(木庫)에 해당하여 비록 비율은 적지만, 만약 묘목(卯木)을 만나면 약 50%의 비중을 차지한다. 미토가 목(木)의 뿌리 역할을 할 수 있는 것은 이 을목이 있기 때문이다.

미중정화(未中丁火) 干支 미토(未土)에 있는 정화(丁火). 월령(月令)에 해당할 경우에 오월(午月)에 넘어온 여기(餘氣)가 되며, 절기는 소서(小暑)에 해당하고 약 9일간 작용한다. 독립적으로는 미토가 건조한 토(土)일 수 있다.

미천역(未天驛) 殺 신살(神殺)의 하나. 미(未)는 천역성(天驛星)에 해당한다. 당사주(唐四柱)에서 12성(星)에 해당하는데, 미에 해당하면 역마(驛馬)처럼 떠돌아다닌다는 의미이다. ⇨ 당사주(唐四柱)

미초(未初) 俗 미시(未時)의 첫 부분.

반국(反局) 格 역방향(逆方向)으로 흐름이 잡히는 것. 특히 종강격(從强格)의 경우에 해당한다.

반국한신임한착 요긴지장자작가(半局閑神任閑着 要緊之場自作家) 【滴天髓】 절반의 한신(閑神)이 제멋대로 놀고 있다면 늘 주시하고 살펴야 하는데, 경우에 따라서 스스로 자신의 세력을 만들기도 한다.

반상(返象) 古 신취팔법(神趣八法)의 하나. 예를 들어 을경합(乙庚合)이 인묘월(寅卯月)에 나면 화기(化氣)를 반하는 형상이다.
　朗月 특별히 고려하지 않는다.

반안(攀鞍) 殺 신살(神殺)의 하나. ⇨ 반안살(攀鞍殺)

반안살(攀鞍殺) 殺 신살(神殺)의 하나. 말 안장살이라고도 하는데, 작용에 대한 설명이 분명하지 않다. 말 안장이므로 귀하게 말을 탈 인연이라는 의미이다. 구조는 일지(日支)나 연지(年支)가 삼합(三合)하는 글자 중 가운데 글자 다음에 오는 글자에 해당한다. 예를 들면 일지에 축(丑)이 있을 경우 삼합은 사유축(巳酉丑)이고, 가운데 글자는 유(酉)이고 다음 글자가 술(戌)이므로 반안살에 해당한다.
　朗月 실제로 큰 비중이 없다. 개인적인 생각으로는 신살은 모두 무시해도 좋고, 특히 생극제화(生剋制化)의 이치에는 부합되지 않는 것이 대부분이므로 적용시키면 그만큼 혼란이 가중될 수 있다.

반음(反吟) 殺 ⇨ 반음살(反吟殺)

반음살(反吟殺) 殺 신살(神殺)의 하나. 연지(年支)를 충하는 해이면 반음살이 된다. 충이 되었다는 것은 부담이지만 경우에 따라서는 좋을 수도 있는데, 사용할 필요는 없다.

반탁반청유시가 다성다패도신혼(半濁半清猶是可 多成多敗度晨昏) 【滴天髓】 청탁(清濁)이 반반인 사주는 오히려 좋지만, 성공과 실패로 낮과 밤을 보낸다.

반합(半合) 干支 절반의 합. 삼합(三合)은 안 되고 두 글자가 모이면 반합이 되는데, 다음 몇 가지가 있다. 인오(寅午) 반합, 오술(午戌) 반합, 신자(申子) 반합, 자진(子辰) 반합, 해묘(亥卯) 반합, 묘미(卯未) 반합, 사유(巳酉) 반합, 유축(酉丑) 반합 등이다. 이 외에는 반합이 성립되지 않으며 위의 경우도 서로 바짝 붙어 있고 중간에 다른 글자가 없을 경우에만 성립한다.

방(方) 五 동서남북(東西南北)의 방향.

방국(方局) 五 방(方)과 국(局). 방은 동방(東方), 서방(西方), 남방(南方), 북방(北方), 중방(中方)이고, 국은 목국(木局), 화국(火局), 수국(水局), 금국(金局), 토국(土局) 등을 의미한다.

방국일제(方局一齊) 干支 한 사주에 방(方)과 국(局)이 같이 있음을 이르는 말. 예를 들어 갑을목(甲乙木)이 지지(地支)에 해묘미(亥卯未)를 두는데, 다시 인목(寅

木)을 만나면 국에 방이 포함되고, 인묘진(寅卯辰)이 있는데 다시 해수(亥水)를 만나면 방(方)에 국을 더한 것이다. 기세가 순청(純淸)하여 길격(吉格)인데, 상황에 따라서 얼마든지 달라질 수 있다.

방시방혜국시국 방요득방막혼국(方是方兮局是局 方要得方莫混局)【滴天髓】해묘미(亥卯未)나 인오술(寅午戌) 등의 국(局)이 되거나, 해자축(亥子丑)이나 인묘진(寅卯辰) 등의 방(方)이 되는 경우에는 서로 방국(方局)이 섞이지 않아야 한다.

방신유정(幫身有情) 用 비겁(比劫)으로 일간(日干)을 도우니 유정함. 신약하고 재(財)가 많은 상황에서 비겁(比劫)이 반갑다는 의미이다. 재중용겁격(財重用劫格)의 형상으로 이해한다.

방조(幫助) 用 곁들거나 생조함. 인성(印星)은 생조하므로 조(助)에 해당하고, 비겁(比劫)은 곁들여주므로 방(幫)에 해당한다. 다시 말해 인겁(印劫)을 말한다.

방조설상(幫助洩傷) 用 곁들여주거나 생조하거나 설기하거나 극함. 사주에서 용신을 정하는 방법을 요약한 것으로 상황에 따라 이 방법을 적절하게 대입한다.

방합(方合) 干支 방향의 합(合). 지지(地支)를 방위의 개념으로 전개하면 동서남북(東西南北)이 되고, 각 방위의 글자들이 모인 것을 의미한다. 삼합(三合)과 다른 것은 삼합은 합이 잘 되면 화(化)하는 의미이지만, 방합은 그런 의미는 없고 그냥 세력이 모여 있는 정도이다. 해자축북방(亥子丑北方), 인묘진동방(寅卯辰東方), 사오미남방(巳午未南方), 신유술서방(申酉戌西方) 등으로 구분하며, 삼합과 마찬가지로 자오묘유(子午卯酉)가 빠지면 방합으로 보지 않는다.

배곡살(背曲殺) 殺 꼽추가 되는 살. 구조는 납음오행(納音五行)으로 따져서 금(金) - 신유오해시(申酉午亥時), 목(木) - 인묘신시(寅卯申時), 수(水) - 미신유술시(未申酉戌時), 화(火) - 인신사미시(寅申巳未時), 토(土) - 축인사오시(丑寅巳午時) 등이 해당한다. 예를 들어 갑자년(甲子年)에 태어나면, 납음은 해중금(海中金)이므로 시주(時柱)에 신유오해시(申酉午亥時)가 되면 꼽추가 된다.

朗月 실제로 큰 비중이 없다. 개인적인 생각으로는 신살(神殺)은 모두 무시해도 좋고, 특히 생극제화(生剋制化)의 이치에는 부합되지 않는 것이 대부분이므로 적용시키면 그만큼 혼란이 가중될 수 있다.

배록축마(背祿逐馬) 古 녹을 등지고 말을 내쫓음을 이르는 말. 정관(正官)은 상관(像官)이 극하고, 비겁(比劫)은 재성(財星)을 극하는 형상으로 무정한 구조이다.

배신(背信) 心 심리구조에서 의리를 져버리고 약속을 어기며 자신의 이익만을 추구함. 정편재(正偏財)가 강하고 비겁(比劫)은 약하며, 관살(官殺)도 없고 인성(印星)이 손상되었을 경우에 발생한다.

배우자궁(配偶者宮) 星 처궁(妻宮)과 남편궁(男便宮). 남자에게 배우자궁은 일지(日支)가 되며, 여자에게 배우자궁(宮)은 월지(月支)가 된다. ⇨ 궁성이론(宮星理論)

배합간지자세상(配合干支仔細詳)【滴天髓】천간(天干)과 지지(地支)의 합충변화(合沖變化)를 자세히 보아야 한다.

백납금(白鑞金) 古 경진신사백납금(庚辰辛巳白鑞金)의 줄임말. ⇨ 경진신사백납금(庚辰辛巳白鑞金)

백로(白露) 節 24절기의 하나. 하얀 이슬이 맺힌다는 의미이다. 양력으로는 태양 황경이 165°에 이르는 9월 8일경에 시작되어 추분(9월 23일) 전까지 15일간 작용한다. 유월(酉月)이 시작되는 절기에 해당하며, 음력으로는 금(金)의 기운이 강력한 계절로 결실의 기운이 발생한다.

백로시(白露時) 鬥 백로가 시작되는 시각. 이 시각을 기준으로 유월(酉月)이 시작되므로 출생시간이 이 부근일 경우는 정밀하게 대입한다.

백말띠(俗) 경오년(庚午年)을 이르는 말. 금(金)은 흰색이고, 말띠는 오(午)에 해당한다. 또는 병오년(丙午年)에 태어난 사람을 가리키기도 하는데 이것은 이치에 틀린 말이다.

백일관(百日關) 殺 태어난 지 100일 만에 죽는 살. 구조는 1·4·7·10월생-진술축미(辰戌丑未)시, 3·6·9·12월생-자오묘유(子午卯酉)시, 2·5·8·11월생-인신사해(寅申巳亥)시가 해당한다.

　朗月 실제로 큰 비중이 없다. 개인적인 생각으로는 신살(神殺)은 모두 무시해도 좋고, 특히 생극제화(生剋制化)의 이치에는 부합되지 않는 것이 대부분이므로 적용시키면 그만큼 혼란이 가중될 수 있다.

백호관(白虎關) 殺 질병이 많거나 몸을 크게 다칠 우려가 있는 살. 구조는 1·2월생-신유시(申酉時), 3·4월생-자술시(子戌時), 5·6월생-축묘시(丑卯時), 8·9월생-묘시(卯時)에 해당한다.

　朗月 실제로 큰 비중이 없다. 개인적인 생각으로는 신살(神殺)은 모두 무시해도 좋고, 특히 생극제화(生剋制化)의 이치에는 부합되지 않는 것이 대부분이므로 적용시키면 그만큼 혼란이 가중될 수 있다.

백호대살(白虎大殺) 殺 해당되는 육친(六親)이 액을 당한다는 살. 확대 해석하면 교통사고를 당한다는 의미이다. 호랑이와 자동차를 연결한 것으로, 구조는 무진(戊辰), 정축(丁丑), 병술(丙戌), 을미(乙未), 갑진(甲辰), 계축(癸丑), 임술(壬戌) 등이다. 흉살(凶殺)의 왕(王)이라고 할 수 있는 살이다.

　朗月 실제로 큰 비중이 없다. 개인적인 생각으로는 신살(神殺)은 모두 무시해도

좋고, 특히 생극제화(生剋制化)의 이치에는 부합되지 않는 것이 대부분이므로 적용시키면 그만큼 혼란이 가중될 수 있다.

뱀(俗) 뱀띠에 해당하는 동물.

뱀띠(俗) 사년(巳年)에 태어난 사람의 띠. 생극제화(生剋制化)의 이치와는 무관하다.

범띠(俗) ⇨ 호랑이띠

벽갑(劈甲) 干支 갑목(甲木)을 나눔. ⇨ 경금벽갑(庚金劈甲)

벽갑생화(劈甲生火) 古 갑목(甲木)을 나누어 불[火]을 살림. ⇨ 벽갑인정(劈甲引丁)

벽갑인정(劈甲引丁) 古 갑목(甲木)을 나누어 정화(丁火)를 생조함.『궁통보감(窮通寶鑑)』에서 나온 것이다. 정화는 갑목을 필요로 하지만 반드시 경금(庚金)으로 갑목을 나눈다.

　朗月 다소 무리한 논리이다. 갑목은 그대로 목(木)이니 목이 화(火)를 생조함에 경금이 필요하다는 것은 오행의 이치를 너무 물질적으로 대입한 것이다. 이것은 『궁통보감』의 티라고 볼 수 있다.

벽갑인화(劈甲引火) 古 갑목(甲木)을 나누어 불[火]을 붙임. 목(木)을 나누려는 순간 오류를 범하는데, 목은 나누지 않아도 이미 화(火)를 생조한 까닭이다.

　朗月 『궁통보감(窮通寶鑑)』에 나오는 견해로 깊은 통찰이라고 하기 어렵다. 이러한 사고방식은 수정이 필요하다.

벽력화(霹靂火) 古 무자기축벽력화(戊子己丑霹靂火)의 줄임말. ⇨ 무자기축벽력화(戊子己丑霹靂火)

벽상토(壁上土) 古 경자신축벽상토(庚子辛丑壁上土)의 줄임말. ⇨ 경자신축벽상토(庚子辛丑壁上土)

변궁(變宮) 星 궁(宮)이 변함. ⇨ 궁성이론(宮星理論)

변덕(變德) 心 심리구조에서 이랬다 저랬

다 하여 변하기를 잘 하는 것. 주체성(主體性)에 해당하는 비견(比肩)이 약하고, 합리성(合理性)에 해당하는 정관(正官)이 없고, 수용성(受容性)의 성분인 인성(印星)의 도움에 의지하는 경우에 발생한다.

변성(變星) 星 성(星)이 변함. ⇨ 궁성이론(宮星理論)

변시제사병수령 야종청탁분형영(便是諸司幷首領 也從淸濁分形影)【滴天髓】한 영역의 수령이 되는 것은 청탁(淸濁)의 기운이 반반인 사주에 나타난다.

변화(變化) 干支 기본형에서 변화함. 주로 합화(合化)의 의미이다.

변화상관(變化傷官) 古 상관(傷官)의 뜻이 변함. 상관은 원래 나쁜데, 용도가 생겨 변화한 상관이라는 뜻이다.

　朗月 상관을 나쁜 성분이라고 편견을 갖는 것은 합리적이지 못하다.

병(丙) 干支 천간(天干)의 양화(陽火)라고 부르며, 화(火)의 기운(氣運)이라고도 함. 지지(地支)에서 사화(巳火), 인목(寅木), 오화(午火)에도 포함된다.

　朗月 병화(丙火)를 태양이라고 한정하는 것은 오류를 범할 수 있으므로 유연하게 대입하는 것이 좋다. 불의 기운이 빛에 가깝다고 해서 병화로도 볼 수 있지만, 거대한 불을 병화라고 보기보다는 오히려 광선을 병화로 보고 이해하는 것이 화(火)의 기운에 더 가깝다.

병(病) 殺 병듦. 십이운성(十二運星)에서 말하는 명칭의 하나이다.

　朗月 인생에 대입한 것은 이해되지만, 늙는다고 해서 모두 병이 든 것은 아니므로 객관성이 떨어지고, 오행생극(五行生克)의 이치에도 어긋나기 때문에 적용하지 않는다.

병권헌부병난대 인살신청기세회(兵權憲府幷蘭台 刃殺神淸氣勢恢)【滴天髓】무관(武官)의 길에서 이름을 날리는 것은 양인(羊刃)과 편관(偏官)에 기세가 청한 경우에 가능하다.

병년(丙年) 干支 병(丙)의 해. 사주의 연간(年干)이 병에 해당하는 경우이다.

병령(秉令) 令 월령(月令)을 잡았다거나 월령에 임(臨)했음을 이르는 말. 어떤 글자가 월령에서 투출(透出)되었을 경우에 해당한다.

병부살(病符殺) 殺 신살(神殺)의 하나. 사주에 이 살이 있으면 몸이 허약하거나 질병으로 고생한다고 하는데, 의미는 없다. 구조는 자년(子年)에 출생하면 해수(亥水)가 되고, 축년(丑年)에 출생하면 자수(子水)가 해당한다.

병불용금(丙不鎔金) 古 병화(丙火)는 경금(庚金)을 녹일 수 없음을 이르는 말. 『궁통보감(窮通寶鑑)』에 나오는 것으로 경우에 따라서는 충분히 녹이고도 남는다.

　朗月 『궁통보감』에서는 병화를 허공(虛空)의 태양(太陽) 정도로 관찰한 흔적이 있는데 다소 짧은 견해이다.

병술(丙戌) 干支 육십간지의 하나. 병화(丙火)와 술토(戌土)의 결합이다. 형상을 보면 병화는 술토에게 기운을 빼앗기는 모습이다. 술토의 지장간에는 정화(丁火)가 있고, 술토가 화(火)의 고지(庫地)라는 점을 고려하면 절반의 뿌리는 된다.

병술(丙戌)**의 성격**(性格) 心 병술(丙戌)의 일주(日柱)는 지지(地支)에 식신(食神)인 무토(戊土)와, 정재(正財)인 신금(辛金)과, 겁재(劫財)인 정화(丁火)가 있기 때문에 호기심(好奇心)과 치밀성(緻密性)과 경쟁심(競爭心) 등을 나타낸다.

병술정해옥상토(丙戌丁亥屋上土) 古 병술(丙戌)과 정해(丁亥)는 옥상토(屋上土)임을 이르는 말. 옥상토란 지붕 위의 흙이라는 의미이다. ⇨ 납음오행(納音五行)

　朗月 오행 원리와 간지 구조로 보아 위

ㅂ

의 설명은 부합되지 않으므로 사용하지 않는 것이 좋다.

병시(丙時) 干支 병(丙)의 시. 사주의 시간 (時干)이 병에 해당하는 경우이다.

병신(丙申) 干支 육십간지의 하나. 병화(丙火)와 신금(申金)의 결합이다. 형상을 보면 병화가 신금을 극하지만, 뿌리를 내릴 상황이 전혀 아니므로 불안하다고 해석한다. 그러나 극하는 형상은 성립한다.

병신(丙申)**의 성격**(性格) 心 병신(丙申)의 일주(日柱)는 지지(地支)에 편재(偏財)인 경금(庚金)과, 식신(食神)인 무토(戊土)와, 편관(偏官)인 임수(壬水)가 있기 때문에, 통제성(統制性)과 연구심(研究心)과 봉사심(奉仕心) 등이 있다.

병신정유산하화(丙申丁酉山下火) 古 병신(丙申)과 정유(丁酉)는 산하화(山下火)임을 이르는 말. 산하화는 산 아래의 불이라는 의미이다. ⇨ 납음오행(納音五行)

朗月 오행 원리와 간지 구조로 보아 위의 설명은 부합되지 않으므로 사용하지 않는다.

병신합(丙辛合) 干支 병(丙)과 신(辛)이 서로 합함을 이르는 말. 천간(天干)에 병화(丙火)와 신금(辛金)이 있으면 합을 한다. 합의 이론은 『황제내경(黃帝內經)』에 나온다. 병년(丙年)과 신년(辛年)에는 수(水)의 기운이 진사월(辰巳月)을 통과하므로 임진월(壬辰月)과 계사월(癸巳月)이 된다. 병신년(丙辛年)에는 수의 기운이 된다 하여 수운(水運) 또는 위제지합(威制之合)이라고도 하는데, 임상에는 적용하지 않는다.

朗月 어떤 사람은 병신(丙辛)이 있기만 하면 모두 합이 된다고 하는데, 서로 가깝게 붙어 있어야만 성립된다.

병신합화수(丙辛合化水) 干支 병(丙)과 신(辛)이 서로 합하여 변화하면 수(水)가 됨을 이르는 말. 이 때 변화한 오행이 임수(壬水)인지, 계수(癸水)인지는 구분할 필요가 없다.

朗月 서로 합하기는 쉽지만 변화하기는 매우 어렵다. 그러기 위해서는 주변에 수(水)의 세력이 강력해야 하고, 화(火)와 금(金)의 뿌리가 전혀 없어야 한다. 합화(合化)에는 일간합(日干合)과 천간합(天干合)이 있는데, 화(化)한다는 것은 여간해서 어려우므로, 거의 없는 것으로 본다.

병신합화수격(丙辛合化水格) 格 ⇨ 화수격(化水格)

병신화수격(丙辛化水格) 格 병신(丙辛)의 합(合)이 화(化)하면 수(水)가 되는 격. ⇨ 화수격(化水格)

병약(病藥) 用 병과 약. 용신(用神)이 기신(忌神)을 만나면 병(病)이고, 병에 해당하는 기신을 제거하는 글자가 있으면 이것을 약(藥)이라고 한다.

병약법(病藥法) 用 사주의 일간(日干)이나 용신(用神)이 기구신(忌仇神)의 공격을 받는 형상일 경우에 병(病)이 들었다고 한다. 이러한 글자를 제거하는 것을 약(藥)이라고 한다. ⇨ 병약용신(病藥用神)

병약상제(病藥相濟) 古 병(病)이 약(藥)을 만났음을 이르는 말. 아무 문제가 없는 상황으로 보지만, 주의할 점은 만약 운에서 그 약이 합거(合去)되거나 충거(沖去)되면 병이 재발한다는 것이다.

병약용신(病藥用神) 用 용신(用神)을 정하는 방법의 하나. 사주에 일간(日干)이 병 들었을 경우에 그 병을 제거하는 글자가 용신이 된다는 설이다.

朗月 병약용신은 『명리약언(命理約言)』에서 진소암(陳素庵) 선생이 주장한 설이다. 병이 있고 약을 얻으면 참 좋은 사주라고 하면서, 병도 없고 약도 없으면 별볼일이 없는 사주라는 말로 논리에 흠을 남겼다. 병이 없으면 약은 당연히 필요없

으니 결함없는 사주이지만, 이는 이치에 맞지 않는 주장이다. 실제로 용신법(用神法)에 큰 비중을 두지 않지만 그 논리는 활용이 가능하다. 특히 용신이 합충(合沖)되면 병이 있다고 한다.

병약용신법(病藥用神法) 用 병(病)과 약(藥)의 논리로 용신을 정하는 방법의 하나. 사주에 병이 있으면 용신을 극하거나 일간(日干)을 극하는 경우에, 약은 그 극하는 글자를 제거할 수 있다. 이 논리는 널리 적용되는데, 용신을 정하는 기준으로는 매우 제한적이므로 참고만 한다. 왜냐하면 억부용신법(抑扶用神法)의 내부에는 병약용신법을 수용하고 있기 때문이다.

병오(丙午) 干支 육십간지의 하나. 병화(丙火)와 오화(午火)의 결합이다. 형상을 보면 병화가 오화를 만나 같은 화(火)가 되어 매우 왕성한 세력을 유지한다.

　　朗月 지장간의 기토(己土)는 병화를 설(洩)하지 않는다. 이미 지장간의 구조가 병정화(丙丁火)로 되어 있기 때문이다.

병오(丙午)**의 성격**(性格) 心 병오(丙午)의 일주(日柱)는 지지(地支)에 겁재(劫財)인 정화(丁火)와, 상관(傷官)인 기토(己土)와, 비견(比肩)인 병화(丙火)가 있기 때문에, 경쟁심(競爭心)과 사교성(社交性)과 주체성(主體性) 등이 있다.

병오정미천하수(丙午丁未天河水) 古 병오(丙午)와 정미(丁未)는 천하수(天河水)임을 이르는 말. 천하수란 은하수를 말한다. ⇨ 납음오행(納音五行)

　　朗月 오행 원리와 간지 구조로 보아 위의 설명은 전혀 부합되지 않으므로 사용하지 않는다.

병월(丙月) 子 병(丙)의 달. 사주의 월간(月干)이 병에 해당하는 경우이다.

병인(丙寅) 干支 육십간지의 하나. 병화(丙火)와 인목(寅木)의 결합이다. 형상을 보면 병화가 인목에 뿌리를 두는 매우 강한 불의 형상이다.

병인(丙寅)**의 성격**(性格) 心 병인(丙寅)의 일주(日柱)는 지지(地支)에 편인(偏印)인 갑목(甲木)과, 식신(食神)인 무토(戊土)와, 비견(比肩)인 병화(丙火)가 있기 때문에, 신비성(神秘性)과 통제성(統制性)과 주체성(主體性) 등이 있다.

병인정묘노중화(丙寅丁卯爐中火) 古 병인(丙寅)과 정묘(丁卯)는 노중화(爐中火)임을 이르는 말. 노중화는 화로 가운데의 불이라는 의미이다. ⇨ 납음오행(納音五行)

　　朗月 오행 원리와 간지 구조로 보아 위의 설명은 전혀 부합되지 않으므로 사용하지 않는다.

병일(丙日) 子 병(丙)의 날. 사주의 일간(日干)이 병에 해당하는 경우이다.

병일간(丙日干) 干支 태어난 날이 병일(丙日)에 해당하는 경우이다.

병일주(丙日主) 干支 ⇨ 병일간(丙日干)

병임충(丙壬沖) 干支 병(丙)과 임(壬)이 만나면 충(沖)을 함.

　　朗月 일반적으로 수극화(水剋火)의 이론이 우선하므로 대립은 되지 않는다고 본다. 같은 세력으로 보지 않는 것이 좋다. 다만, 극(剋)으로만 보면 무난하다.

병자(丙子) 干支 육십간지의 하나. 병화(丙火)와 자수(子水)의 결합이다. 형상을 보면 병화는 지지(地支)에 뿌리를 못 내리고 떠도는 형상이다.

병자(丙子)**의 성격**(性格) 心 병자(丙子)의 일주(日柱)는 지지(地支)에 정관(正官)인 계수(癸水)가 있기 때문에, 합리성(合理性)이 있다. 임수(壬水)는 고려하지 않는다.

병자정축간하수(丙子丁丑澗下水) 古 병자(丙子)와 정축(丁丑)은 간하수(澗下水)임을 이르는 말. 줄여서 간하수라고도 한

다. 간하수는 바위틈 사이의 물이라는 의미이다. ⇨ 납음오행(納音五行)

朗月 오행 원리와 간지 구조로 보아 위의 설명은 부합되지 않으므로 사용하지 않는다.

병정(丙丁) 干支 병화(兵火)와 정화(丁火). 화(火)의 음양을 나타낸다.

朗月 오행은 모두 음양이 있는데, 화의 음양은 병정(丙丁)이다. 그래서 양화(陽火)를 줄여서 병(丙)으로 사용하고, 음화(陰火)를 줄여서 정(丁)으로 대신하므로 이 둘은 화의 음양이 된다. 병은 화의 기운으로 이해하고, 정은 화의 형상으로 이해한다.

병정일간(丙丁日干) 干支 병일(丙日)이나 정일(丁日)에 태어난 사람.

병중무구(病重無救) 用 병(病)은 위중한데 구할 약(藥)이 없음을 이르는 말. 용신(用神)이 기신(忌神)을 만나면 병이 드는데, 그 기신을 제거할 방법이 없다. 예를 들어 신약하여 인성(印星)을 용신으로 삼았는데, 사주에는 재성(財星)이 너무 왕성하여 인성이 무력한데 비겁(比劫)이 하나도 없는 경우이다.

병진(丙辰) 干支 육십간지의 하나. 병화(丙火)와 진토(辰土)의 결합이다. 형상을 보면 화생토(火生土)의 법칙으로 병화는 진토로 기운이 흘러간다. 진토는 강하지만 병화는 약해진다고 해석한다. 진토 속의 을목(乙木)은 병화에게 큰 도움이 못 된다.

병진(丙辰)**의 성격**(性格) 心 병진(丙辰)의 일주(日柱)는 지지(地支)에 식신(食神)인 무토(戊土)와, 정인(正印)인 을목(乙木)과, 정관(正官)인 계수(癸水)가 있기 때문에, 연구심(研究心)과 직관력(直觀力)과 합리성(合理性) 등이 있다.

병진정사사중토(丙辰丁巳沙中土) 古 병진(丙辰)과 정사(丁巳)는 사중토(沙中土)임

을 이르는 말. 사중토는 모래 속의 흙이라는 의미이다. ⇨ 납음오행(納音五行)

朗月 오행 원리와 간지 구조로 보아 위의 설명은 부합되지 않으므로 사용하지 않는다.

병화맹렬 기상모설(丙火猛烈 欺霜侮雪) 【滴天髓】 병화(丙火)는 천성(天性)이 불처럼 맹렬하여 임수(壬水)나 계수(癸水)를 만나도 굽히지 않는다.

복덕격(福德格) 格 고전격국(古典格局)의 하나. 삼합격(三合格)에도 해당한다. 구조는 어떤 일간(日干)이든 상관없이 지지에 사유축(巳酉丑)의 금국(金局)을 얻으면 해당하는데, 이는 사유축이 복덕이기 때문이다.

朗月 사유축이 왜 복덕인지는 모른다. 금(金)은 돈이라는 개념이 도입되었는지 모르지만 생극제화(生剋制化)에는 거리가 멀기 때문에 무시한다.

복덕수기(福德秀氣) 古 ⇨ 복덕수기격(福德秀氣格)

복덕수기격(福德秀氣格) 格 고전격국(古典格局)의 하나. 구조는 사주의 천간(天干)에 을목(乙木)이 나란히 세 글자가 있거나 지지(地支)에 사유축(巳酉丑)이 있는 경우이다. 예를 들어 을사(乙巳), 을유(乙酉), 을축(乙丑)이 나란히 있다면 여기에 해당하고, 용모가 수려하고 뜻이 고상하며 재주도 총명하여 부귀공명을 누린다는 의미이다.

朗月 특수한 구조를 놓고 말하는 것이므로 특수격(特殊格)이라고도 한다. 생극제화(生剋制化)의 이치 없이 단순한 형상으로만 길하다고 하는 것이므로 의미가 없기 때문에 적용시키지 않는다.

복등화(復燈火) 古 갑진을사복등화(甲辰乙巳復燈火)의 줄임말. ⇨ 갑진을사복등화(甲辰乙巳復燈火)

복상(伏象) 古 신취팔법(神趣八法)의 하나.

사주에 재관인(財官印)이 밖으로 나오지 않고 지장간(支藏干)에 암장되어 있을 경우에 해당한다.

朗月 별도로 취급하지 않는다.

복상격(伏象格) 格 고전격국(古典格局)의 하나. 신취팔법(神趣八法)의 하나이다. 구조는 임수(壬水)가 무력한데 오월(午月)에 태어나면 오중정화(午中丁火)와 합하여 인오술화국(寅午戌火局)이 되는 것으로 종재격(從財格)과 같이 이해한다.

복성귀인(福星貴人) 殺 갑(甲)-인(寅), 을(乙)-축(丑), 병(丙)-자(子), 정(丁)-유(酉), 무(戊)-신(申), 기(己)-미(未), 경(庚)-오(午), 신(辛)-사(巳), 임(壬)-진(辰), 계(癸)-묘(卯) 등에 해당한다. 빈천한 명이라도 귀하게 된다는 의미이다.

朗月 실제로 큰 비중이 없다. 개인적인 생각으로는 신살(神殺)은 모두 무시해도 좋고, 특히 생극제화(生剋制化)의 이치에는 부합되지 않는 것이 대부분이므로 적용시키면 그만큼 혼란이 가중될 수 있다.

복시살(伏尸殺) 殺 집안에 괴변이 자주 발생하는 살. 구조는 연지(年支)와 같은 글자가 있으면 해당한다. 예를 들어 자년(子年)에 태어난 사람의 사주에 자(子)가 있으면 해당한다.

朗月 실제로는 큰 비중이 없다. 개인적인 생각으로는 신살(神殺)은 모두 무시해도 좋고, 특히 생극제화(生剋制化)의 이치에는 부합되지 않는 것이 대부분이므로 적용시키면 그만큼 혼란이 가중될 수 있다.

복음(伏吟) 殺 ⇨ 복음살(伏吟殺)

복음살(伏吟殺) 殺 신살(神殺)의 하나. 구조는 연지(年支)와 같은 글자가 들어오는 해이다. 같은 글자가 들어오는 것으로 길흉을 판단하는데, 이는 일간(日干)을 주체로 보는 개념이 아니므로 자평명리학(子平命理學)과는 무관하다.

복회상영(福會相迎) 古 십간(十干)에서 생(生)도 되고, 극(剋)도 되는 것. 예를 들어 갑(甲)은 병(丙)을 생하고, 무(戊)는 극(剋)하는데, 식신(食神)과 재성(財星)이 만나는 것이다.

본기(本氣) 神 본래의 기운. 월령(月令)의 지장간에서 자신의 본래 기운에 해당하는 부분이다. ⇨ 지장간(支藏干)

봄 外 ⇨ 춘(春)

봉사심(奉仕心) 心 남을 위해 베푸는 성품. 편관(偏官)의 성격이다.

봉충(逢沖) 干支 충(沖)을 만남. 충을 만나면 충이 되면서 그 다음 결과를 고려한다. 하지만 봉충은 결과는 고려하지 않고 그냥 충이 있음을 의미한다.

부건파처(夫健怕妻) 古 남편이 건실하면서도 처를 두려워함을 이르는 말. 신왕재왕(身旺財旺)이면 처를 두려워하지 않는데, 재왕대살(財旺帶殺)이 되어 살을 포함한 재성(財星)이라면 일간(日干)도 함부로 하기 어렵다. 때문에 건왕(健旺)하면서도 처를 두려워한다.

부건하위우파처(夫健何爲又怕妻) 【滴天髓】 일주(日主)도 왕(旺)하고 재성(財星)도 왕한데, 재성(財星)을 두려워하는 것은 관살(官殺)을 포함하기 때문이다.

부격(富格) 格 부유(富裕)함이 넘치는 격(格). 재성이 희용신(喜用神)이 되는 경우이다.

부귀빈천길흉수요(富貴貧賤吉凶壽夭) 【滴天髓】 부귀(富貴)하고 빈천(貧賤)하며, 오래 살고 요절한다.

부모궁(父母宮) 星 부모가 머무는 자리. 연간(年干)은 아버지의 궁이고, 연지(年支)는 어머니의 궁이다. ⇨ 궁성이론(宮星理論)

朗月 월주(月柱)를 부모의 자리로 보는 설도 있으나, 자평명리학(子平命理學)이 개인적인 운명을 보는 학문이라면, 연주

(年柱)를 의미도 없는 조상에게 남겨 둔다는 것은 너무 형식적이다.

부모혹흥여혹체 세월소관과비세(父母或興與或替 歲月所關果非細)【滴天髓】부모가 융성하기도 하고 침체되기도 하는 것은 운세와 연관되지만 큰 비중은 없는데, 이는 자신의 팔자가 있기 때문이다.

부목(浮木) 五 나무가 물에 뜸. ⇨ 수다목부(水多木浮)

부목현상(浮木現狀) 五 나무가 물에 뜨는 현상. ⇨ 수다목부(水多木浮)

부벽성(斧劈星) 殺 실패를 자주 하여 손재(損財)가 많다는 살. 구조는 자오묘유(子午卯酉)일 - 사(巳), 진술축미(辰戌丑未)일 - 축(丑), 인신사해(寅申巳亥)일 - 유(酉)에 해당한다.

朗月 실제로는 큰 비중이 없다. 개인적인 생각으로는 신살(神殺)은 모두 무시해도 좋고, 특히 생극제화(生剋制化)의 이치에는 부합되지 않는 것이 대부분이므로 적용시키면 그만큼 혼란이 가중될 수 있다.

부선망(父先亡) 俗 부친(父親)이 먼저 돌아가심을 이르는 말. 출생시(出生時)를 잘 모를 때에 확인하는 방법으로, 부선망(父先亡)이면 자인진오신술(子寅辰午申戌)의 시에 해당한다.

朗月 이 이론이 부합되려면 자녀의 모든 출생 시지(時支)가 음지(陰支)라야 하는데, 실제로는 그렇지 않기 때문에 황당한 이론이다. 그냥 궁여지책(窮餘之策)으로 생각해도 무방하지만, 시를 잘 모를 경우에는 그대로 놓고 대입하는 것이 오히려 현명하다.

부성입묘(夫星入墓) 古 남편이 묘지에 들어감을 이르는 말. 여기서 묘(墓)라 함은 진술축미(辰戌丑未)가 고지(庫地)에 해당한다는 의미이다. 관성(官星)의 고지에 남편성인 정관(正官)이 있고, 다른 곳

에는 나타나지 않을 경우에 사용한다. 예를 들어 병화(丙火)의 여자가 천간(天干)이나 지지(地支)에 임계해자(壬癸亥子)가 전혀 없고, 지지에 진토(辰土)가 있으면 부성입묘라고 하는데, 이는 진토가 수(水)의 창고이기 때문이다.

朗月 이 말은 형상을 두고 하는 말일 뿐, 용어에서 의미하는 대로 남편의 무덤으로 해석하는 것은 이치에 부합되지 않는다.

부처인연숙세래 희신유의방천재(夫妻姻緣宿世來 喜神有意傍天財)【滴天髓】부부의 인연은 전생에서 맺어진 것이니 배우자가 희신 역할을 하면 좋은 인연이다.

부친(父親) 星 ⇨ 아버지

부하(部下) 星 자신이 부리는 직원. 상사와 반대되는 의미로 주인의 입장에서 다스린다. 부하는 재성(財星)으로 대입한다.

북극(北極) 外 지구의 북쪽 끝 북극점을 중심으로 펼쳐지는 극지방. 이 곳에서 태어난 경우에는 감명 방법에 대한 기준이 없다. 추운 지방이기 때문에 조후(調候)의 용신법(用神法)이 많이 사용될 수 있는데, 이렇게 하면 북극이나 남극에 태어난 사람은 대부분이 화(火)를 용신으로 삼게 되므로 신중히 고려해야 한다.

북방운(北方運) 子 북쪽 방향의 운. 대운(大運)의 흐름을 지지(地支)로 대입하여 부분적으로 논하는 방법이다. 대운에서 해자축(亥子丑)의 운으로 진행되는 경우이며, 세운에서는 잘 사용하지 않는다.

朗月 다만 대운은 천간의 작용도 고려해야 하므로 방향만으로 길흉을 참고하는 것은 무리이다.

분노(忿怒) 心 심리구조에서 조그만 일에도 화를 잘 내는 것을 의미한다. 일간(日干)이 병화(丙火)이거나, 또는 사주에 인내심을 의미하는 관살(官殺)이 없고, 주체성인 비견(比肩)만 보이며, 표현력에

해당하는 식상(食傷)이 보이지 않으면 나타난다.

분발심(奮發心) 心 심리구조에서 장애(障礙)가 있어도 굴하지 않고 열심히 노력하는 것을 의미한다. 주체성(主體性)을 의미하는 비견(比肩)과 인내심(忍耐心)을 의미하는 편관(偏官)이 있을 때에 나타난다.

분번사목재관화 격국청순신기다(分藩司牧財官和 格局淸純神氣多)【滴天髓】고을의 수령이 되어 백성을 돕는 것은 재관(財官)이 화목한 사주이고, 격국(格局)이 청순하니 인성(印星)도 비겁(比劫)도 넉넉한 형상이다.

분별심(分別心) 心 사물을 잘 분별하는 성품. 편재(偏財)의 성격이다.

불급(不及) 五 너무 부족함. 어떤 오행이 지나치게 부족한 경우이다. 너무 부족하면 사용할 수 없기 때문에 도움을 필요로 한다.

불급지년(不及之年) 外 불급(不及)에 해당하는 해. 오운(五運)에서 말하는 것으로 태과불급(太過不及)으로 구분하는데, 그 중에 불급(不及)은 음간(陰干)에 해당하는 연(年)이다.

불록(不祿) 古 녹(祿)을 받지 못함. 고전에서 명식(命式)을 설명하는 것으로 사망하면 사용한다. 사망이라 하지 않고 불록이라 한 것은 공직자는 죽음에 이르면 녹봉(祿俸)을 받지 못하기 때문이다.

불론유근무근 구요천복지재(不論有根無根 俱要天覆地載)【滴天髓】뿌리가 있느냐 없느냐를 논하지 말고, 천간(天干)은 지지(地支)를 덮어주고, 지지는 천간을 받아주어 유정(有情)하는 것이 중요하다.

불수목성 불외수광(不愁木盛 不畏水狂)【滴天髓】갑을목(甲乙木)이 왕성해도 아무 근심 없이 그 뿌리를 잡아서 자라게 하고, 임계수(壬癸水)가 넘쳐나도 막거나 길을 터주면 두려움이 없다.

朗月 대지(大地)의 모습을 생각하게 한다. 무토(戊土)는 대기권의 공간이고, 기토(己土)는 인간이 딛고 살아가는 낮은 땅이라는 느낌이다. 땅은 아무리 높아도 역시 인간의 발 아래에 있기 때문이다.

불수화토 불론경신(不愁火土 不論庚辛)【滴天髓】화토(火土)는 많아도 화(化)하거나 종(從)을 하면 그만이기 때문에 근심하지 않으므로, 경신금(庚辛金)이 생조(生助)하거나 말거나 신경쓰지 않는다.

불창고 五 ⇨ 화고(火庫)

비겁(比劫) 星 비견(比肩)과 겁재(劫財)를 함께 이르는 말.

비겁국(比劫局) 格 지지(地支)에 비견(比肩)과 겁재(劫財)가 국(局)을 이룸. 예를 들어 갑을목(甲乙木)이 지지에 해묘미(亥卯未)의 합을 이루고 목(木)의 세력이 강하면 해당한다.

비겁과다(比劫過多) 星 비견(比肩)이나 겁재(劫財)가 지나치게 많음을 이르는 말. 관살(官殺)로 제어해도 무력하므로 식상(食傷)을 찾아서 용신(用神)으로 하는 것이 좋다. 식상도 없이 재성(財星)을 용신으로 삼으면 군겁쟁재(群劫爭財)가 일어난다.

비겁과다(比劫過多)**의 해**(害) 星 일간(日干)과 같은 비겁(比劫)은 같은 세력으로 도움을 주지만, 너무 과다하면 오히려 해가 된다. ⇨ 비겁과다(比劫過多)

비겁왕(比劫旺) 星 비겁(比劫)이 왕(旺)함.

비견(比肩) 星 어깨를 나란히 함. 구조는 일간(日干)의 음양(陰陽)과 오행(五行)이 같을 때 해당한다. 육친으로는 형제나 친구가 되고 동업자로도 본다. 심리적으로는 주체성(主體性)을 의미하고, 그 외에 적용시킬 때에는 일간과 같은 음양오행이기 때문에 대상이 다른 성분에 비해 적어진다.

朗月 예를 들어 물이 물을 어떻게 이용하며, 불이 불을 어떻게 이용하느냐는 식으로 생각한다. 불이 물을 이용하거나 나무를 이용할 수는 있어도 자신을 이용하기는 애매하다는 관점에서 비견과 겁재를 이해한다.

비견격(比肩格) 格 비견(比肩)의 격. 건록격(建祿格)이라고도 한다. 십격(十格)의 한 종류로 월지(月支)의 십성이 비견에 해당하는 경우이다.

朗月 월지가 비견이라는 것은 자신과 같은 오행의 계절에 태어났다는 말이므로 일간(日干)의 상황은 신왕(身旺)한 경우가 될 가능성이 많음을 의미한다. 그러나 절대로 그렇다는 것은 아니므로 다른 위치의 오행도 함께 고려해서 판단하는 것이 현명하다. 어떤 사람은 월지에 비견이 되면 무조건 신왕으로 보고 용신을 정하는데, 이는 현명한 방법이라고 하기 어렵다.

비견(比肩)과 겁재(劫財) 心 비견(比肩)과 겁재(劫財)가 만나면 주체성과 경쟁성 등이 형성되어 고집불통의 현상이 나타난다. 자신의 생각이 절대적으로 옳다고 하는데, 이와 같은 합리적인 정관(正官)의 성분이라도 없다면 그야말로 벽창호가 될 가능성이 있다.

비견(比肩)과 비견(比肩) 心 비견(比肩)이 겹치면 주체성이 강한 현상이 나타난다. 한편으로는 자신의 주체성에 대해서 확신을 갖지 못하고 머뭇거리는 형상도 나타난다. 여기에서 비견과 비견은 일간(日干)을 제외하고 논한다.

비견(比肩)과 상관(傷官) 心 비견(比肩)과 상관(傷官)이 만나면 주체성과 사교성이 나타난다. 자신의 고집대로 남에게 자기의 생각을 설명하려고 노력한다. 이 경우 뜻이 같은 사람은 잘 따르지만, 뜻이 다르면 그 곁을 떠나는 양극단의 현상이 나타난다. 기본적으로 고집불통이기 때문에 자신의 생각을 다듬고 정리하는 시간이 필요하다.

비견(比肩)과 식신(食神) 心 비견(比肩)과 식신(食神)이 만나면 주체성과 연구성의 현상이 나타나 자신의 고집대로 연구하고 궁리한다. 이러한 현상은 외길인생으로 나타나는데, 한 분야에서 대가(大家)가 되는 성분이다. 여기에 재성(財星)이 추가되면 자신의 연구를 마무리한다. 발명가의 성분이다.

비견(比肩)과 정관(正官) 心 비견(比肩)과 정관(正官)이 만나면 주체성과 합리성이 결합하여 합리적으로 주체성을 살리기 때문에 억지로 봉사하는 성분은 아니다. 충성스런 형상인데, 잔꾀를 부리지 않고 주어진 일이 합리적이면 그대로 따른다. 공무원의 성분이다.

비견(比肩)과 정인(正印) 心 ⇨ 정인(正印)과 비견(比肩)

비견(比肩)과 정재(正財) 心 비견(比肩)과 정재(正財)가 만나면 주체성과 치밀성이 결합하여 자신의 주관대로 모든 일이 진행되기를 바란다. 또한 매우 치밀하여 남을 긴장시킬 수 있기 때문에 감사(監査)의 일이 적당하다. 대인관계에서는 부정적일 수 있으므로 너무 강요하지 않는 것이 좋다.

비견(比肩)과 편관(偏官) 心 비견(比肩)과 편관(偏官)이 만나면 주체성과 복종성이 결합하여 자신의 주관대로 봉사하는 형상이다. 위압적인 조직에서 찾아볼 수 있다. 스스로 주인을 위해 목숨도 버릴 수 있는 우직하고 든든한 성향이다.

비견(比肩)과 편인(偏印) 心 ⇨ 편인(偏印)과 비견(比肩)

비견(比肩)과 편재(偏財) 心 비견(比肩)과 편재(偏財)가 만나면 주체성과 통제성이 결합하여 자신의 고집대로 남을 통제하려 한다. 이런 성향은 단체를 관리하는 감독에게 잘 어울리는데, 만약에 정관(正官)의 성분이 작용하면 더욱 좋다. 그러나 자칫 독불장군으로 강행하여 마찰이 일어날 수도 있다.

비견궁(比肩宮) 星 비견(比肩)의 집. 일간(日干)을 비견의 궁으로 본다. ⇨ 궁성이론(宮星理論)

朗月 이 이론은 하건충 선생의 설로 누구나 주체성은 있고 그 위치를 일간(日干)으로 놓고 일간에 위치하는 글자에 따라서 주체성이 나타난다. 이는 탁월한 판단력으로 생각된다.

비견성격(比肩性格) 心 비견(比肩)에 해당하는 대표적인 성격은 주체성(主體性)이고, 반대로 고집도 포함한다. 비견의 양면성이다. 무슨 일을 하든 자존심이 강해서 남의 뒤를 따르는 것을 수용하지 못한다고 이해한다.

朗月 기본형의 성격을 이해한 다음에는 겹치는 성격을 이해하는 것도 중요하다. 겹치는 성격은 거부하는 현상으로 이해한다.

비견운(比肩運) 子 비견(比肩)의 운. 대운이나 세운에서 비견에 해당하는 운이 들어오는 것이다. 주로 주체성이 강화되는 운으로 대인관계에서 마찰이 발생할 수 있다. 직장인은 자신의 일을 하려는 마음이 생기는데, 자칫 사기를 당할 수도 있으므로 주의한다. 다만 신약한 경우에는 오히려 좋은 동반자를 만나는 길운이 되므로 한 가지로 판단하는 것은 매우 위험하다.

비부살(飛符殺) 殺 신살(神殺)의 하나. 사주에 이 살이 있으면 재물이 모이지 않는다. 구조는 자년(子年) - 진(辰), 축년(丑年)-사(巳), 인년(寅年)-오(午), 묘년(卯年)-미(未), 진년(辰年)-신(申), 사년(巳年)-유(酉), 오년(午年)-술(戌), 미년(未

年)-해(亥), 신년(申年)-자(子), 유년(酉年)-축(丑), 술년(戌年)-인(寅), 해년(亥年)-묘(卯) 등에 해당한다. 연지에서 타지에 이러한 글자가 있거나 태세(太歲)에 이러한 지지가 들어와도 해당한다. 논리성이 없기 때문에 무시한다.

비인살(飛刃殺) 殺 신살(神殺)의 하나. 구조는 일간 위주로 양인살(羊刃殺)과 충(沖)이 되는 궁이 해당한다. 구조는 갑(甲)-유(酉), 을(乙)-술(戌), 병무(丙戊)-자(子), 정기(丁己)-축(丑), 경(庚)-묘(卯), 신(辛)-진(辰), 임(壬)-오(午), 계(癸)-미(未) 등이다. 작용은 양인(羊刃)과 비슷한데, 실제로는 고려하지 않는다.

朗月 실제로는 큰 비중이 없다. 개인적인 생각으로는 신살은 모두 무시해도 좋고, 특히 생극제화(生剋制化)의 이치에는 부합되지 않는 것이 대부분이므로 적용시키면 그만큼 혼란이 가중될 수 있다.

비천녹마(飛天祿馬) 古 ⇨ 비천녹마격(飛天祿馬格)

비천녹마격(飛天祿馬格) 格 고전격국(古典格局)의 하나. 특수격(特殊格)에도 해당하고, 적천수의 영향요계(影響遙繫)에도 해당한다. 녹마(祿馬)가 하늘을 날아다닌다는 좋은 격이다. 구조는 경자일(庚子日)이나 임자일(壬子日)처럼 사주에 자(子)가 많이 나타나거나, 신해일(辛亥日)이나 계해일(癸亥日)처럼 사주에 해(亥)를 많이 만나면 해당한다. 예를 들어 사주에 자수(子水)가 많으면 스스로 오화(午火)를 충으로 불러들여 그 속의 정화(丁火)를 관성(官星)으로 용신을 삼는다. 또 사주에 해수(亥水)가 많으면 사해충(巳亥沖)으로 사화(巳火)를 불러들여 그 속의 무토(戊土)를 관성으로 용신을 삼는다.

朗月 그냥 우스갯소리로는 무난하지만 학자의 생각으로는 가당치 않은 것으로

본다.

빈격(貧格) 格 가난한 격(格). 재성(財星)이 기구신(忌仇神) 또는 용신(用神)이더라도 충극(沖剋)으로 파괴(破壞)된 경우에 해당한다.

빛의 음양(陰陽) 五 빛을 화(火)의 양(陽)으로 보고 음양을 논한다면, 빛의 양(陽)은 파동(波動)으로 보고, 빛의 음(陰)은 입자(粒子)로 대입하여 이해한다. 이는 광자물리학(光子物理學)의 관점에서 빛과 음양(陰陽)을 생각한 것이다.

뿌리 干支 천간(天干)의 글자가 지지(地支)에 의지할 곳이 있으면 뿌리가 있다 하고, 의지할 곳이 없으면 뿌리가 없다고 한다. 여기에서 의지할 곳이란 인겁(印劫)을 말한다.

ㅂ

사(死) 子 죽음. 주변에 나를 공격하는 세력이 형성되었을 경우에 해당하는 말이다. 봄의 토(土), 여름의 금(金), 토(土)의 계절에 태어난 수(水), 가을의 목(木), 겨울의 화(火) 등이 해당한다. 십이운성(十二運星)에서 말하는 명칭 중에 하나이다.

　朗月 십이운성의 사(死)는 양간(陽干)에서는 일리가 있으나, 음간(陰干)에서는 허무맹랑하므로 적용하지 않는 것이 좋다.

사(巳) 干支 십이지(十二支)의 여섯째. 뱀을 상징한다. 지지(地支)의 양화(陽火)라고도 한다. 계절로는 입하(立夏)에서 소만(小滿) 사이고, 시간은 오전 9시에서 오전 11시 사이다. 단, 동경 135도 기준으로는 약 30분을 가산한다. 금(金)의 생지(生地)가 된다. 유(酉)를 만나면 합이 되고, 화(化)하면 금(金)이 된다. 해(亥)와 충(沖)을 하는데, 수극화(水剋火)의 이치가 우선이므로 그 피해가 극심하다. 지장간의 구조는 무토-7, 경금-7, 병화-16의 배합이다.

　朗月 사년(巳年)에 태어나면 뱀띠인데 이치적으로는 서로 연관이 없다고 본다. 다만 진월(辰月)과 연관해서 생각한다면 용의 흉내를 낸다는 뜻으로 갑기년(甲己年)의 오운(五運)이 토(土)이므로 진월(辰月)에는 무진(戊辰)이 되고, 사월(巳月)은 기사월(己巳月)이 되어 천간이 오

운과 닮아 있다고 해석하는 것은 재미있다.

사갑술(四甲戌) 干支 사주가 모두 갑술(甲戌)로 이루어진 것. 갑술년(甲戌年), 갑술월(甲戌月), 갑술일(甲戌日), 갑술시(甲戌時)를 말한다. 구조는 신왕재왕(身旺財旺)과 재다신약(財多身弱) 중 어느 것으로 볼 것인지를 고려해야 하는데, 후자에 가깝다.

사갑자(四甲子) 干支 사주가 모두 갑자(甲子)로 이루어진 것. 갑자년(甲子年), 갑자월(甲子月), 갑자일(甲子日), 갑자시(甲子時)를 말한다. 지금의 자평명리학(子平命理學)에서는 성립되지 않는 사주로, 동지(冬至)를 기준으로 연주가 정해질 경우에 가능하다. 지금처럼 입춘(立春)이 기준일 때에는 성립되지 않는다. 그러므로 이러한 형상은 종강격(從强格)으로 본다.

사경진(四庚辰) 干支 사주가 모두 경진(庚辰)으로 이루어진 것. 경진년(庚辰年), 경진월(庚辰月), 경진일(庚辰日), 경진시(庚辰時)를 말한다. 구조는 지지에 인성(印星)이 과다하여 매우 강하므로 진중을목(辰中乙木)을 용신으로 삼는다.

사계(四季) 슈 진술축미월(辰戌丑未月)인 토(土)의 계절을 이르는 말. 계(季)를 끝에 붙이는 것은 각 계절의 맨 뒤에 해당한다는 의미이다.

사계관(四季關) 殺 일생 질병이 많은 살

(殺). 구조는 1·2·3월생 - 사축(巳丑), 4·5·6월생 - 신진(申辰), 7·8·9월생 - 미해(未亥), 10·11·12월생 - 인술(寅戌)이 해당한다.

朗月 실제로는 큰 비중이 없다. 개인적인 생각으로는 신살은 모두 무시해도 좋고, 특히 생극제화(生剋制化)의 이치에는 부합되지 않는 것이 대부분이므로 적용시키면 그만큼 혼란이 가중될 수 있다.

사계절(四季節) 休 일년(一年)을 말함. 그러나 자평명리학(子平命理學)에서는 진술축미월(辰戌丑未月)을 말하는 경우가 더 많다. ⇨ 환절기(換節氣)

사계축(四癸丑) 干支 사주가 모두 계축(癸丑)으로 이루어진 것. 계축년(癸丑年), 계축월(癸丑月), 계축일(癸丑日), 계축시(癸丑時)를 말한다. 구조는 지지에서 토극수(土剋水)를 하지만, 계수(癸水)에게 축토(丑土)는 뿌리가 되므로 약하지 않다고 보고 편관을 용신으로 삼는다. 그러나 너무 과습한 것이 아쉽다.

사고(四庫) 子 네 가지의 창고. 사고지(四庫地)라고도 하며, 진술축미(辰戌丑未)를 의미한다.

사과(四課) 外 육임(六壬)에서 다루는 용어. 육임을 삼전사과(三專四課)라고 하는데, 사과(四課)는 좀더 구체적인 해석이 필요할 때 대입하는 부분이다.

사교성(社交性) 心 남과 잘 사귀는 성품. 상관(傷官)의 성격이다.

사기(死氣) 子 죽음의 기운. 상생(相生)의 흐름이 끊기고 충극(沖剋)의 부담만 남아서 썰렁한 분위기를 만드는 것이다. 탁(濁)한 형상보다 더 나쁘다.

사기사(四己巳) 干支 사주(四柱)가 모두 기사(己巳)로 이루어진 것. 기사년(己巳年), 기사월(己巳月), 기사일(己巳日), 기사시(己巳時)를 말한다. 구조는 인성(印星)이 과다하여 매우 강하므로 사중경금(巳中庚金)을 용신으로 하지만 너무 조열한 것이 아쉽다.

사길신(四吉神) 子 네 종류의 좋은 십성(十星). 정관(正官), 정인(正印), 식신(食神), 재성(財星)을 말한다.

朗月 종류에 따라서 길흉을 정하는 것은 이치에 합당하지 않다. 경우에 따라서 길흉을 정하는 것이 현명한데, 이는 정관(正官)도 사주에서 흉한 일을 할 수 있기 때문이다.

사년(巳年) 干支 사(巳)의 해. 연지(年支)가 사(巳)일 경우에 해당한다. 보통 뱀띠의 해라고 한다.

사대공망(四大空亡) 殺 신살(神殺)의 하나. 이 살(殺)이 사주에 있으면 요절한다. 구조는 납음의 순을 보아 오행이 빠진 것이다. 갑자순(甲子旬)과 갑오순(甲午旬)에는 납음으로 수(水)가 없고, 갑인순(甲寅旬)과 갑신순(甲申旬)에는 금(金)이 없는 것이다.

朗月 실제로는 큰 비중이 없다. 개인적인 생각으로는 신살은 모두 무시해도 좋고, 특히 생극제화(生剋制化)의 이치에는 부합되지 않는 것이 대부분이므로 적용시키면 그만큼 혼란이 가중될 수 있다.

사대길신(四大吉神) 子 ⇨ 사길신(四吉神)
사대흉신(四大凶神) 子 ⇨ 사흉신(四凶神)
사령(司令) 子 ⇨ 당령(當令)
사룡치수(四龍治水) 俗 네 마리의 용이 물을 다스림. ⇨ 일용치수(一龍治水)
사마귀점(日占) 外 몸에 있는 사마귀나 점을 보고 점치는 방법. 주로 얼굴에 난 것을 중심으로 보는데, 흉한 사마귀는 빼고 좋은 사마귀는 그대로 둔다. 관상(觀相)의 한 유파(流派)로 본다.

사말(巳末) 俗 사시(巳時)의 끝 부분.

사목생화(死木生火) 五 죽은 나무가 화(火)를 만드는 것을 이르는 말. 목생화(木生火)의 의미를 생각해본 것으로, 죽은 나

무의 목생화는 불태워서 화를 만들어낸
다고 본다.

사묘(死墓) 子 죽거나 묘에 들어감. 십이운
성(十二運星)에 해당한다. ⇨ 십이운성
(十二運星)

사무오(四戊午) 干支 모두 무오(戊午)로 이
루어진 사주. 무오년(戊午年), 무오월(戊
午月), 무오일(戊午日), 무오시(戊午時)
를 말한다. 구조는 지지에 인성(印星)이
과다하므로 수(水)가 있으면 좋지만, 없
기 때문에 종강격(從強格)으로 본다.

사병신(四丙申) 干支 모두 병신(丙申)으로
이루어진 사주. 병신년(丙申年), 병신월
(丙申月), 병신일(丙申日), 병신시(丙申
時)를 말한다. 구조는 재다신약(財多身
弱)의 형상이고, 용신은 화(火)에 있다.

사상(四象) 外 네 가지의 상징(象徵). 태음
(太陰), 소음(少陰), 소양(少陽), 태양(太
陽)을 말한다. ⇨ 태음(太陰), 소음(少
陰), 소양(少陽), 태양(太陽)

사상격(四象格) 格 네 가지 상생구조로 된
사주. 사주에 목화토금(木火土金), 화토
금수(火土金水), 토금수목(土金水木) 등
의 순서로 상생구조가 있는 경우이다. 길
격이라고도 한다.

사술원진(巳戌怨嗔) 殺 신살(神殺)의 하나.
원진살(怨嗔殺)의 하나이다.

사시(四時) 命 사계절(四季節). 춘하추동
(春夏秋冬)을 의미한다. .

사시(巳時) 子 사(巳)의 시. 사주의 시지
(時支)가 사에 해당하는 경우이다. 동경
135도 기준으로 오전 9시 30분부터 오전
11시 30분까지 두 시간에 해당한다.

　　朗月 시계를 보지 못하고 출생한 경우
보통 오전에 낳았다고 하면 사시가 될 가
능성이 많다.

사신묘(四辛卯) 干支 모두 신묘(辛卯)로 이
루어진 사주. 신묘년(辛卯年), 신묘월(辛
卯月), 신묘일(辛卯日), 신묘시(辛卯時)

를 말한다. 구조는 신왕재왕(身旺財旺)이
라고도 하지만, 재다신약(財多身弱)으로
보는 것이 타당하다. 용신은 비겁(比劫)
에 있다고 본다.

사신합(巳申合) 子 육합(六合)의 하나. 사
(巳)와 신(申)이 만나면 합이 된다.

　　朗月 다만 실제로는 작용이 없는 것으로
보고, 사용하지 않는 것이 좋다.

사신합수(巳申合水) 子 ⇨ 사신합화수(巳申
合化水)

사신합화수(巳申合化水) 子 사(巳)와 신
(申)이 만나서 변화하면 수(水)가 됨을
이르는 말. 구조는 천간(天干)의 오합(五
合)을 흉내낸 것으로 보지만, 현실적으로
작용하는 것을 찾을 수 없다.

　　朗月 육합(六合) 자체도 믿지 못하는데,
하물며 합하여 변화까지 한다는 것은 더
욱 황당하다. 그냥 무시하는 것이 좋다.

사신형(巳申刑) 子 신살(神殺)의 하나. 사
(巳)와 신(申)이 만나면 형(刑)이 된다.

　　朗月 사와 신의 관계는 화극금(火剋金)
의 관계가 적용될 뿐이고 그 외에 형을
할 의미는 없다.

사업운(事業運) 子 사업하는 운. 운의 분류
과정에서 용신(用神)이 식상(食傷)이나
재성(財星)인 경우에 사업하기 좋은 운
으로 해석한다.

　　朗月 재성의 운이 들어오면 용신과 상관
없이 돈을 벌 운이라고 해석하는 경우도
있는데, 이것은 단식판단으로 큰 오류를
범할 수 있으므로 매우 주의해야 한다.
재성이 기신(忌神)인 상황에서의 재운은
부도가 나거나 패망하는 운이라는 점도
반드시 알고 조언해야 한다.

사오(巳午) 干支 사(巳)와 오(午). 지지(地
支)의 화(火)이다. 사는 양화(陽火)이고,
오는 음화(陰火)이다. 또는 남방(南方)이
라고도 한다.

사오미(巳午未) 干支 사(巳)와 오(午)와 미

(未). 이 셋이 함께 있으면 남방합(南方合)이 되는데, 이 때 오화의 위치는 고려하지 않는다.

사오미월(巳午未月) 休 사월(巳月)과 오월(午月)과 미월(未月).여름철의 3개월로 화절(火節) 또는 하절(夏節)이라고도 한다.

사오월(巳午月) 休 사월(巳月)과 오월(午月). 화월(火月)이라고도 한다.

사월(巳月) 休 사(巳)의 달. 사주의 월지(月支)가 사에 해당하는 경우이다. 절기로는 입하(立夏)와 소만(小滿)에 해당한다. 이 때부터 여름이 시작되는 것으로 본다.

사월갑목(巳月甲木) 干支 사월(巳月)에 태어난 갑목(甲木). 여름이 시작되는 상황이므로 사주에 수(水)가 있는 것이 좋다.

【窮通寶鑑】 용신(用神)은 계수(癸水), 보조(補助)는 정화(丁火)와 경금(庚金)이다. 조후(調候)가 필요하니 계수를 용신으로 한다. 원국(原局)에서 조습(燥濕)이 적절하면 경금(庚金)이나 정화(丁火)를 용신(用神)으로 삼는다.

사월경금(巳月庚金) 干支 사월(巳月)에 태어난 경금(庚金). 화(火)의 기운이 강해지는 계절이라 자칫하면 약해질 가능성이 많아지므로 토(土)의 도움이 필요하다.

【窮通寶鑑】 용신(用神)은 임수(壬水), 보조(補助)는 무토(戊土)와 병정화(丙丁火)이다. 병화(丙火)는 금(金)을 녹일 수 없으니 임수로 제어하는 것이 가장 좋고 다음으로 무토(戊土)를 취한다. 병화가 하나만 있고 지지(地支)가 금국(金局)을 이루고 있다면 약(弱)이 변해서 강(强)이 되므로 정화(丁火)를 취해야 한다.

사월계수(巳月癸水) 干支 사월(巳月)에 태어난 계수(癸水). 사월의 임수(壬水)의 상황에 따른다.

【窮通寶鑑】 용신(用神)은 신금(辛金)이다. 신금(辛金)이 없으면 경금(庚金)도 된다.

사월기토(巳月己土) 干支 사월(巳月)에 태어난 기토(己土). 사월의 무토(戊土)의 상황에 따른다.

【窮通寶鑑】 용신(用神)은 계수(癸水), 보조(補助)는 병화(丙火)이다. 조후(調候)가 필요하니 계수는 절대적으로 소중하고, 토(土)가 윤택해지려면 병화가 꼭 있어야 한다.

사월무토(巳月戊土) 干支 사월(巳月)에 태어난 무토(戊土). 초여름에 태어난 토(土)이므로 기운은 왕성하여 금(金)이나 수(水)가 필요할 가능성이 많다.

【窮通寶鑑】 용신(用神)은 갑목(甲木), 보조(補助)는 병화(丙火)의 계수(癸水)이다. 무토(戊土)가 건록(建祿)을 얻으니 먼저 갑목(甲木)으로 뚫어주고, 다음에 병화와 계수를 취한다.

사월병화(巳月丙火) 干支 사월(巳月)에 태어난 병화(丙火). 화(火)의 계절에 태어나 세력이 왕성하므로 사주에 수(水)가 있으면 좋다.

【窮通寶鑑】 용신(用神)은 임수(壬水), 보조(補助)는 경금(庚金)의 계수(癸水)이다. 경금이 보조인 까닭은 무토(戊土)가 임수를 극하는 것을 방지하기 위해서이다. 임수가 없으면 계수를 쓴다.

사월신금(巳月辛金) 干支 사월(巳月)에 태어난 신금(辛金). 사월의 경금(庚金)의 상황에 따른다.

【窮通寶鑑】 용신(用神)은 임수(壬水), 보조(補助)는 갑목(甲木)의 계수(癸水)이다. 임수는 설기(洩氣)해주고, 조후(調候)도 겸한다. 다시 갑목은 무토(戊土)를 제어하므로 맑은 사주가 된다.

사월을목(巳月乙木) 干支 사월(巳月)에 태어난 을목(乙木). 사월의 갑목(甲木)의 상황에 따른다.

【窮通寶鑑】 용신(用神)은 계수(癸水)로 삼는다. 월령(月令)에 이미 병화(丙火)가 당령했으므로 반드시 계수가 필요한데, 이는 조후(調候)가 급한 까닭이다.

사월임수(巳月壬水) 干支 사월(巳月)에 태어난 임수(壬水). 화(火)기운이 강한 계절이므로 수(水)가 증발되는 것을 방지하기 위해 금수(金水)의 성분을 반긴다.

【窮通寶鑑】 용신(用神)은 임수(壬水), 보조(補助)는 경신금(庚辛金)과 계수(癸水)이다. 임수가 매우 약하므로 경신금(庚辛金)으로 생조(生助)해야 하고, 임계수(壬癸水)는 협조해야 한다.

사월정화(巳月丁火) 干支 사월(巳月)에 태어난 정화(丁火). 사월의 병화(丙火)의 상황에 따른다.

【窮通寶鑑】 용신(用神)은 갑목(甲木), 보조(補助)는 경금(庚金)이다. 갑목을 취해서 정화(丁火)를 생조(生助)한다. 갑목이 많을 경우에는 경금이 우선한다.

사위 星 딸의 남편. 여자에게 딸은 식상(食傷)이고, 식상의 관살(官殺)은 일간(日干)에게 인성(印星)이 되므로 사위는 곧 인성에 해당한다. 또 남자에게 딸은 관살이 되고, 그 관살의 관살은 식상이므로 사위는 식상에 해당한다.

사위순전(四位純全) 古 ⇨ 사위순전격(四位純全格)

사위순전격(四位純全格) 格 고전격국(古典格局)의 하나. 지지격(地支格)에도 해당한다. 구조는 지지가 자오묘유(子午卯酉)일 경우에 해당하는데, 대길하다는 말도 있지만, '대귀하겠느냐'는 생각도 든다. 의미 없는 명칭으로 본다.

사유(巳酉) 干支 사(巳)와 유(酉)가 바짝 붙어 있으면 반합이다. 다만 극하는 관계의 합이 성립되므로 그 작용력은 약하다고 본다. 주변 상황에 따라서 합을 고려하는데, 주변에 화(火)가 많으면 화극금(火剋金)으로만 보고, 금(金)이 많으면 합이 된다고 본다.

사유축(巳酉丑) 子 사(巳)와 유(酉)와 축(丑)이 모이면 합이 된다. 사는 금(金)의 생지(生地)가 되고, 유는 금의 왕지(旺支)가 되며, 축은 금의 고지(庫地)가 되므로 셋이 모이면 합이 된다. 그리고 서로 유정하다 하여 부자손합(父子孫合)이라고도 한다. 이 셋이 모여 있으면 금의 세력이 강하다.

朗月 단, 사와 유의 관계는 화극금(火剋金)의 생극이 우선하기 때문에 금(金)이 화(火)에서 생을 받는 것은 다소 어색하다. 무정(無情)한 합이라는 말도 가능하다. 한편 다른 글자들은 모두 생지와 왕지가 서로 상생되는데, 사유(巳酉)는 극이 되므로 아마도 지지(地支) 중에서 짜맞추고 남은 자투리를 모은 것이 아닌가 하는 생각도 든다. 그리고 어떤 경우에는 사, 유, 축 세 글자만 사주에 있으면 무조건 합이 된다고도 하는데, 그렇게 작용하는 것은 아니다. 반드시 순서를 지켜야 한다. 즉 사유축(巳酉丑)이거나 축유사(丑酉巳)일 경우에만 합이 된다고 이해하는 것이 옳다.

사유축금국(巳酉丑金局) 干支 사유축(巳酉丑)이 합하여 변화하면 금국(金局)이 된다. ⇨ 금국(金局)

사유축삼합(巳酉丑三合) 干支 사유축(巳酉丑)이 모이면 합한다. ⇨ 사유축(巳酉丑)

사유축합금(巳酉丑合金) 干支 사유축(巳酉丑)이 합하여 변화하면 금(金)이 된다.

朗月 합화(合化)의 이치는 주변 정세에 따라서 변수가 많다. 화기(化氣)가 넉넉한 경우에만 화(化)한다. 그렇지 않을 경우 합은 인정되지만 화(化)한다는 것은 여간해서 잘 나타나지 않는다는 것을 참고한다.

사을유(四乙酉) 干支 모두 을유(四乙)로 이루어진 사주. 을유년(乙酉年), 을유월(乙酉月), 을유일(乙酉日), 을유시(乙酉時)를 말한다. 구조는 편관이 너무 태왕해서 일간이 신약한 구조이다. 인성(印星)이 보이지 않으므로 살중용겁격(殺重用劫格)으로 보는 것이 타당하다. 종살격(從殺格)이라고도 하는데 이치에 합당하지 않다.

사(巳)**의 지장간**(支藏干) 干支 지지(地支)의 사화(巳火) 속에 들어 있는 천간(天干). 지장간의 구조는 무토(戊土)-7, 경금(庚金)-7, 병화(丙火)-16에 해당한다. 인원용사(人元用事)의 구조도 같다.

朗月 지지에 천간이 포함된 형태가 일정 비율을 이루어 각각 분류할 수 있는 형태로 존재하는지, 아니면 완전히 일정한 비율로 용해되어서 분리시킬 수 없는 상태인지는 말하기 어렵다. 그러나 절기를 고려했을 때 일정한 흐름에 의해서 지장간의 기운이 흘러간다면 분리하지 못할 형상으로는 보이지 않는다. 지지의 그릇에 담긴 일정 비율의 천간 덩어리라고 이해한다.

사일(巳日) 子 사(巳)의 날. 사주의 일지(日支)가 사에 해당하는 경우이다.

사임인(四壬寅) 五 모두 임인(壬寅)으로 이루어진 사주. 임인년(壬寅年), 임인월(壬寅月), 임인일(壬寅日), 임인시(壬寅時)를 말한다. 구조는 원래 종아격(從兒格)으로 논하는데, 현실적으로는 상관용겁격(傷官用劫格)으로 보는 것이 타당하다.

사절(死絶) 子 휴수(休囚)되거나 사절(死絶)되는 것. 무력하고 허탈한 모습을 의미한다.

사정(巳正) 俗 사시(巳時)의 중앙(中央).

사정미(四丁未) 干支 모두 정미(丁未)로 이루어진 사주. 정미년(丁未年), 정미월(丁未月), 정미일(丁未日), 정미시(丁未時)

를 말한다. 구조는 지지(地支)에 비록 식신이 있지만 모두 화(火)의 뿌리에 해당하므로 강한 사주라고 보고, 용신은 토(土)로 본다. 너무 조열하다.

사주(四柱) 子 네 개의 기둥. 사람이 출생한 연월일시(年月日時)를 각각의 기둥으로 삼은 것이다. 인간의 길흉화복과 심리 구조와 인간관계를 대입하여 풀이한다. 운명 판단을 다루는 것은 모두 여기에 기준하는데, 간지(干支)가 각 기둥에 두 자씩이므로 사주팔자(四柱八字)라고 한다. 자평명리학(子平命理學)뿐만 아니라 기문둔갑(奇門遁甲), 자미두수(紫微斗數), 하락이수(河洛理數) 등에서도 모두 사주를 바탕으로 각기 다른 방법을 써서 운명을 해석한다. 이렇게 사주를 놓고 연구하는 것을 사주학(四柱學) 또는 명리학(命理學)이라고 한다.

朗月 재미로 하는 일이겠지만, 동물이나 건물에 대해서도 출생일시나 완공일시를 사주로 만들기도 하는데 의미가 없는 것으로 본다. 왜냐하면 오행을 다 갖춘 사람을 위한 자평명리학이라고 보기 때문이다. 그러므로 사주학의 적용범위가 한정되는 것으로 이해한다.

사주관(四柱關) 殺 의자, 수레, 원두막 등 네 개의 다리가 달린 곳에서 떨어져 다치거나 불구자가 되는 살. 구조는 1·7월-사해(巳亥)시, 2·8월-진술(辰戌)시, 3·9월-묘유(卯酉)시, 4·10월-인신(寅申)시, 5·11월-축미(丑未)시, 6·12월-자오(子午)시에 해당한다.

朗月 실제로는 큰 비중이 없다. 개인적인 생각으로는 신살은 모두 무시해도 좋고, 특히 생극제화(生剋制化)의 이치에는 부합되지 않는 것이 대부분이므로 적용시키면 그만큼 혼란이 가중될 수 있다.

사주단자(四柱單子) 俗 혼인을 정하고 신랑 집에서 신부집으로 신랑이 출생한 연

(年), 월(月), 일(日), 시(時)의 사주를 적어서 보내는 간지(簡紙). 단자(單子)라는 말은 어떤 물건을 누구에게 보낼 때 그 물건의 내용을 적은 적바림이다. 신랑집에서 신부집으로 사주단자가 가면 신부집에서는 혼약이 성립된 것으로 여겼고, 그 단자가 증표가 되었다. 사주단자를 받은 신부집에서는 신랑집의 사정을 고려하면서 알맞고 좋은 날, 곧 길일(吉日)을 가려 혼인 날짜를 잡는데, 이것을 연길(涓吉) 또는 택일(擇日)이라 하며, 이 날짜를 신랑집에 통고하는 서신을 보낸다. 작성법은 백지(한지)를 다섯 면으로 접어서 중앙에 갑자년(甲子年) 정월(正月) 십오일(一五日) 묘시생(卯時生)의 순서로 적는다.

사주순포(四柱順布) 子 시일월년(時日月年)의 순서대로 사주의 간지가 배치된 경우.

사주작성법(四柱作成法) 子 사람의 생년월일시(生年月日時)를 사주(四柱)의 간지(干支)로 변환하는 방법. 연주(年柱)는 태어난 해의 간지가 되고, 월주(月柱)는 태어난 절기(節氣)의 간지가 되며, 일주(日柱)는 태어난 날의 간지가 되고, 시주(時柱)는 태어난 시(時)를 보고 정한다. ⇨ 연주(年柱), 월주(月柱), 일주(日柱), 시주(時柱)

사주쟁이 業 사주보는 것을, 업으로 삼고 살아가는 사람을 낮춰 부르는 말. 명리가(命理家)라고도 한다.

사주정법(四柱定法) 子 ⇨ 사주작성법(四柱作成法)

사주정설(四柱精說) 冊 한국의 백영관(白靈觀) 선생이 자평명리학(子平命理學)을 번역한 책. 대만에서 출판된 서적의 내용을 그대로 번역한 것으로 내용은 간결하게 요약되어 있다.

朗月 머리말에서 번역서임을 밝히지 않

은 것은 일종의 저작권 침해라는 생각이 든다.

사주첩경(四柱捷徑) 冊 한국의 이석영(李錫暎) 선생이 쓴 자평명리학(子平命理學) 책. 총 6권이며 명리학과 연관된 자료들을 모두 망라하였다.

朗月 연구해야 할 자료와 참고할 자료를 구분하지 않아서 혼란스러우므로 참고로 보는 것이 좋다.

사주총론(四柱總論) 【滴天髓】 사주에 대한 모든 것을 논한다.

사주카페 業 사주(四柱)를 볼 수 있는 찻집. 차를 마시면서 사주를 볼 수 있는 공간으로 젊은 세대들이 많이 찾는 새로운 형태의 역술원이다.

사주팔자(四柱八字) 子 俗 1. 네 기둥의 여덟 글자. 연주(年柱), 월주(月柱), 일주(日主), 시주(時柱)가 각각 두 글자로 이루어진 것이다. 연월일시는 각각의 순환과정에서 60진법으로 회전하는데, 출생 당시 회전하는 간지(干支)와 만난 지점의 글자들을 모은 것이다. 이렇게 작성된 것을 명식(命式), 또는 흔히 사주팔자라고도 한다. 이 명식의 해석이 사주학(四柱學)이며 명리학이다. 그러므로 사주팔자를 정확히 모르는 사람은 운명을 해석할 수 없다. 대표적인 방법으로는 자평명리학(子平命理學), 자미두수(紫微斗數), 기문명리학(奇門命理學)을 들 수 있다. 간지를 숫자로 바꿔서 해석하는 하락이수(河洛理數) 역시 사주를 이용한다.

2. 정해진 운명 ⇨ 사주(四柱)

朗月 사주를 본다고 할 때 이렇게 다양한 방법으로 해석하기 때문에 문외한이 듣기에는 매우 혼란스러울 것이다. 그리고 각각의 학문마다 내리는 결론이 서로 다를 경우에는 혼란이 더욱 심할 것이다. 그러므로 이러한 오차는 어쩔 수 없다고 보고 스스로 임상하여 자신에게 맞는 방

법을 참고하는 것이 최선이다. 개인적으로는 자평명리학의 이치가 가장 합리적이라고 생각하지만 하나의 해석방법으로 보는 것이 합당하다.

사주팔자천미여실무(四柱八字闡微與實務) 冊 대만의 진백유(陳柏諭) 선생의 저서. 상하(上下) 2권. 내용은 일반적인 명리학(命理學)이다.

사주학(四柱學) 子 사주를 연구하는 학문. ⇨ 명리학(命理學)

사중경금(巳中庚金) 干支 사화(巳火) 속에 들어 있는 경금(庚金). 월령(月令)에 해당할 경우에는 중기(中氣)가 되고, 절기는 입하(立夏)에 해당하며 약 7일간 작용한다. 독립적으로는 사중병화(巳中丙火)에 눌려서 무토(戊土)를 의지하는 상황으로 이해한다. 비록 생지(生地)에 들어 있는 경금이지만 상황은 그리 편안하지 않다고 본다.

> **朗月** 어떻게 생(生)을 받게 되었는지는 아직 이해가 되지 않는 부분이다.

사중금(沙中金) 古 갑오을미사중금(甲午乙未沙中金)의 줄임말.

사중무토(巳中戊土) 干支 사화(巳火) 속에 들어 있는 무토(戊土). 월령(月令)에 해당할 경우에는 진월(辰月)에서 넘어온 여기(餘氣)로 보고, 절기는 입하(立夏)에 해당하며 약 7일간 작용한다. 독립적으로는 건조한 토(土)로 보고, 함께 암장된 경금(庚金)을 보호하는 것으로 이해한다.

사중병화(巳中丙火) 干支 사화(巳火) 속에 들어있는 병화(丙火). 월령(月令)에 해당할 경우에는 본기(本氣)가 되고, 절기는 소만(小滿)에 해당하며 약 16일간 작용한다. 독립적으로는 사화의 주체가 된다.

사중토(沙中土) 古 병진정사사중토(丙辰丁巳沙中土)의 줄임말.

사천문(巳天文) 古 신살(神殺)의 하나. 사(巳)는 천문성(天文星)에 해당한다. 당사주(唐四柱)의 12성(星)에 해당하는데 사(巳)에 해당하면 문장(文章)에 능하다. ⇨ 당사주(唐四柱)

사초(巳初) 俗 사시(巳時)의 첫 부분.

사촌(四寸) 星 삼촌의 자녀. 나와 같은 항렬(行列)이므로 비견(比肩)이나 겁재(劫財)로 대입한다. 사촌, 육촌, 팔촌 모두 형제의 항렬에 속하므로 같은 비겁(比劫)으로 대입하는 것이 맞지만, 실제로 대입할 때는 형제에 만족한다.

사축(巳丑) 干支 사(巳)와 축(丑)은 화생토(化生土)의 관계이다. 반합은 성립하지 않는다.

> **朗月** 반합이 성립할 때도 있는데 유금(酉金)이 빠진 상태의 합은 시멘트가 빠진 콘크리트라고 이해해도 무방하다. 그리고 사축(巳丑)이 있고, 천간에 경금(庚金)이나 신금(辛金)이 있으면 삼합(三合)이 되지만 믿기 어렵다. 오로지 그 자리에는 그 글자가 있어야 한다고 보는 것이 타당하다.

사폐일(四廢日) 俗 신살(神殺)의 하나. 구조는 인묘진월(寅卯辰月)에 경신일(庚申日), 사오미월(巳午未月)에 임자일(壬子日), 신유술월(申酉戌月)에 갑인일(甲寅日), 해자축월(亥子丑月)에 병오일(丙午日)이므로 월령을 얻지 못했다는 의미에서는 일리가 있다. 다만, 월령을 얻지 못한 날짜가 이 네 날에만 해당되는 것이 아니므로 별도의 신살로 다룰 필요는 없다.

> **朗月** 실제로는 큰 비중이 없다. 개인적인 생각으로는 신살은 모두 무시해도 좋고, 특히 생극제화(生剋制化)의 이치에는 부합되지 않는 것이 대부분이므로 적용시키면 그만큼 혼란이 가중될 수 있다.

사해상충(巳亥相沖) 子 ⇨ 사해충(巳亥沖)

사해충(巳亥沖) 子 사(巳)와 해(亥)가 만나

면 충돌함을 이르는 말. 일반적으로 사해충(巳亥冲)이 사주에 있으면 정신적인 장애가 있을 수 있다. 확실하지 않으므로 참고만 한다. 기본적으로 수극화(水剋火)의 이치가 우선하므로 대등한 싸움은 되지 않는다고 이해한다. 또한 생지(生支)의 충은 그 피해가 더욱 크다고 본다.

사회궁(社會宮) 星 사회 생활의 형상을 살피는 궁. 위치는 월지(月支)를 말한다. 월지는 모든 오행의 환경이라는 점에서 이를 사회궁으로 본 하건충(何建忠) 선생의 견해는 합리적이다.

사흉신(四凶神) 子 네 종류의 나쁜 십성(十星). 편관(偏官)으로 칠살(七殺), 편인(偏印), 겁재(劫財), 상관(傷官) 등을 말한다.

朗月 종류에 따라서 길흉을 정하는 것은 이치에 맞지 않다. 경우에 따라서 길흉을 정하는 것이 현명한데, 편관도 사주에서 필요하다면 용신으로 삼을 수 있기 때문이다. 명칭에 매이지 않아야 한다. 무슨 일을 하느냐에 따라서 길흉을 구분하는 것이 옳다.

산두화(山頭火) 古 갑술을해산두화(甲戌乙亥山頭火)의 줄임말.

산하화(山下火) 古 병신정유산하화(丙申丁酉山下火)의 줄임말.

살국(殺局) 格 사주의 구조가 전체적으로 관살(官殺)로 이루어진 것.

살상겁인(殺傷劫印) 古 子 편관(偏官), 상관(傷官), 겁재(劫財), 편인(偏印)을 줄인말. ⇨ 살상효인(殺傷梟刃)

살상효인(殺傷梟刃) 古 편관(偏官), 상관(傷官), 편인(偏印), 양인(羊刃)을 말함. 사흉신(四凶神)이라고도 한다.

朗月 이름으로 길흉(吉凶)을 구분하는 것은 이치에 맞지 않으므로 별개의 십성(十星)으로 놓고 상황에 따라서 대입하는 것이 옳다.

살생인(殺生印) 子 편관(偏官)이 인성(印星)을 생조(生助)함을 이르는 말.

살왕(殺旺) 子 편관(偏官)이 왕(旺)함을 이르는 말.

살인상생(殺印相生) 古 편관(偏官)이 약한 인성(印星)을 생조(生助)함. ⇨ 살인상생격(殺印相生格)

살인상생격(殺印相生格) 格 편관(偏官)이 인성(印星)을 생조(生助)하여 용신이 된 격. 용신격(用神格)의 한 종류이다. 일간(日干)이 다소 약하다고 판단할 경우에 인성의 생조를 기다리는데, 이 때 인성을 만나면 신약용인격(身弱用印格)이 된다. 그런데 그 인성도 다소 약하다고 판단할 경우에는 운에서 재성(財星)을 만나면 파괴될 두려움을 갖는데, 이 상황에서 사주에 편관을 만나면 용신 인성은 든든한 보호자를 얻은 셈이므로 불안감이 사라진다. 그러므로 혼자서 신약용인격이 된 것에 비해서 훨씬 높은 용신격이라고 해석한다.

朗月 행정공무원이나 경찰공무원의 형상이라고 할 수 있는데, 반드시 그러한 것은 아니므로 참고만 한다. 옛 문헌에는 매우 귀한 형상으로 나오기도 한다.

살인상정(殺刃相停) 古 편관(偏官)과 겁재(劫財)가 함께 합이 되었음을 의미함. 편관을 제어하는 방법이지만, 인성이 없을 경우에 하는 수 없이 비겁을 용신으로 삼는다는 뜻이다.

朗月 합으로 살을 제어하는 것은 너무 구시대적인 정치감각이라고 할 수 있다. 그냥 비겁이 뭉쳐서 살을 물리치는 것으로, 살중용겁격(殺重用劫格)의 형태가 좋다는 의미다.

살장관로(殺藏官露) 古 편관(偏官)은 숨고 정관은 드러났음을 의미함. 하나의 형상으로 이해한다. 관살혼잡(官殺混雜)에 비해서 다소 청하다고 할 수 있지만, 단지 이유만으로 좋고 나쁨을 판단하지 않는 것이 좋다.

살중용비격(殺重用比格) 格 관살(官殺)이 많아 신약한 상황에서 비겁을 용신으로 삼은 격. 용신격(用神格)의 한 종류이다. 관살이 많아서 신약하면 인성의 도움을 기대하는데, 인성도 없으면 하는 수 없이 비겁을 용신으로 삼는다. 운에라도 인성이 들어오기를 간절히 희망하는데 이는 용신이 너무 약하기 때문이다.

살중용인격(殺重用印格) 格 관살(官殺)의 세력이 많아서 인성(印星)으로 용신을 삼은 격. 용신격(用神格)의 한 종류이고, 격이 바르다. 사주에 관살이 너무 많으면 일간은 극을 받아서 허약하게 된다. 이 경우에는 무엇보다도 인성의 유통을 원하는데 일종의 통관(通關)의 의미도 된다. 다만, 운에서는 재성을 보지 않기를 희망하는데, 이는 용신이 손상받을까 두려워하기 때문이다.

삼구살(三邱殺) 殺 우환과 질병이 끊이지 않는 살. 구조는 1·2·3월생 - 축(丑), 4·5·6월생 - 진(辰), 7·8·9월생 - 미(未), 10·11·12월생 - 술(戌)이 해당한다.

朗月 실제로는 큰 비중이 없다. 개인적인 생각으로는 신살(神殺)은 모두 무시해도 좋고, 특히 생극제화(生剋制化)의 이치에는 부합되지 않는 것이 대부분이므로 적용시키면 그만큼 혼란이 가중될 수 있다.

삼기(三奇) 外 인품이 수려하고, 영웅적인 포부가 있으며, 과거 급제하여 이름을 떨침을 의미함. 구조는 갑무경(甲戊庚), 을병정(乙丙丁), 임계신(壬癸辛)이다.

朗月 이러한 논리는 성립될 수 없다. 생극제화(生剋制化)를 고려하지 않았기 때문이다. 기분을 좋게 하는 용도라면 모르지만, 자평명리학(子平命理學)에서는 이

러한 의미를 고려하지 않는다.

삼기귀인(三奇貴人) 殺 갑무경(甲戊庚) - 천상삼기(天上三奇), 을병정(乙丙丁) - 지하삼기(地下三奇), 신임계(辛壬癸) - 인중삼기(人中三奇)를 이르는 말. 예를 들어 사주의 천간에 갑무경이 있으면 천상삼기에 해당하고, 을병정이 있으면 지하삼기에 해당한다. 이 셋이 모이면 대귀하다고 한다.

朗月 실제로는 큰 비중이 없다. 개인적인 생각으로는 신살(神殺)은 모두 무시해도 좋고, 특히 생극제화(生剋制化)의 이치에는 부합되지 않는 것이 대부분이므로 적용시키면 그만큼 혼란이 가중될 수 있다.

삼기득위(三奇得位) 古 재관인(財官印)이 자리를 잘 얻었음을 의미함. 좋은 뜻이지만 상황에 따라서 가감해야 한다. 왜냐하면 일간이 뚜렷하게 왕하다면 모르지만 그렇지 않으면 신약하므로 좋다고 하기 어렵기 때문이다. 명칭에 매달리지 않고 실제의 상황을 냉정하게 살피는 것이 중요하다.

삼기성상(三氣成象) 古 세 가지의 기운이 모여서 형상을 이룸. 금수목(金水木), 수목화(水木火) 등 세 글자가 모여서 형상을 이루는 경우이다. 때에 따라서는 좋은 모습도 있고 흉한 모습도 있기 때문에 그 길흉에 대해서는 말하기 어렵다.

삼명학(三命學) 外 사주학(四柱學)의 한 종류. 사람이 태어난 연주(年柱)를 중심으로 보고, 월일시(月日時)를 참고하여 길흉화복(吉凶禍福)을 살피는 학문이다. 근원은 삼명통회(三命通會)에 둔다.

朗月 삼명학의 논리는 자평명리학(子平命理學)과 많은 차이점이 있다. 자평명리학이 일간(日干)을 중심으로 하고 월지(月支)를 바탕으로 하여 생극제화(生剋制化)를 논하는 학문이라면, 보다 초기에

발생한 삼명학은 연주(年柱)를 위주로 대입한다. 자평명리학의 관점에서 본다면 구식(舊式)이라고 생각하기 때문에 권하지 않는다.

삼반귀물(三般貴物) 固 세 종류의 귀한 물건. 삼기(三奇)라고도 한다. 재성(財星)과 관성(官星)과 인성(印星) 등 세 가지가 다 갖춰져 있을 경우이다. 이미 재관인(財官印)은 좋다는 선입견이 작용하기 때문에 문제가 있다. 사주의 정황에 따라서 판단하지 않으면 오류를 범할 수 있으므로 주의가 필요하다. 정관(正官)이 있어도 신약하다면 아무 소용이 없다.

삼복(三伏) 俗 초복(初伏)·중복(中伏)·말복(末伏). 세 번 엎드린다는 뜻으로 일년 중 가장 더운 세 시기를 가리킨다. 삼복더위라 부른다. 뜻을 보면 너무 더워서 못 견디는 단계를 나타낸다.

삼살(三殺) 殺 세 가지의 살. ⇨ 삼살방(三煞方)

　朗月 실제로는 큰 비중이 없다. 개인적인 생각으로는 신살(神殺)은 모두 무시해도 좋고, 특히 생극제화(生剋制化)의 이치에는 부합되지 않는 것이 대부분이므로 적용시키면 그만큼 혼란이 가중될 수 있다.

삼살방(三煞方) 俗 삼살(三煞)이 있는 방위. 이사할 경우에 매우 꺼리는 연신(年神)에 속한다. 해묘미(亥卯未)-서삼살, 신자진(申子辰)-남삼살, 인오술(寅午戌)-북삼살, 사유축(巳酉丑)-동삼살로 찾으면 간단하다. 삼합의 오행은 마주보는 방향에서 발생한다. 살아서 나가기 어렵다고 말할 정도로 흉악하게 작용한다.

　朗月 실제 임상에서 삼살방으로 이해해보니 별 문제는 없었다. 그래도 특별히 급한 일이 아니면 삼살 방향으로는 이사하지 않는 것이 좋다. 실제로는 큰 비중이 없다. 개인적인 생각으로는 신살(神殺)은 모두 무시해도 좋고, 특히 생극제화(生剋制化)의 이치에는 부합되지 않는 것이 대부분이므로 적용시키면 그만큼 혼란이 가중될 수 있다.

삼상격(三象格) 格 고전격국(古典格局)의 하나. 세 가지의 오행으로 된 것이다.

　朗月 이러한 것을 특별히 삼상격이라고 이름하는 것도 어색하다. 그냥 고려하지 않는 것이 좋다.

삼용치수(三龍治水) 俗 세 마리의 용이 물을 다스림. ⇨ 일용치수(一龍治水)

삼원(三元) 子 천원(天元), 지원(地元), 인원(人元). 천원은 천간(天干)을, 지원은 지지(地支)를, 인원은 지장간(支藏干)을 말한다.

삼원갑자(三元甲子) 固 상원갑자(上元甲子), 중원갑자(中元甲子), 하원갑자(下元甲子). 하나의 갑자는 연(年)으로 따질 경우에는 60년이므로 삼원갑자는 180년을 의미한다. 그리고 월(月)로 따질 경우에는 180개월이므로 15년을 의미하고, 일(日)로 따질 경우에는 180일이므로 6개월에 해당하며, 시(時)로 보면 180시간이므로 15일이 된다.

삼원오행(三元五行) 固 삼원(三元)의 오행. 천원(天元)과 지원(地元)과 인원(人元)의 오행을 말하는 것으로, 삼원(三元)과 같은 뜻이다.

삼재(三災) 殺 신살(神殺)의 하나. 세 가지의 재앙을 나타낸다. 태세(太歲)에서 들어오는 신살이다. 해묘미(亥卯未)생-사오미(巳午未)년, 인오술(寅午戌)생-신유술(申酉戌)년, 신자진(申子辰)생-인묘진(寅卯辰)년, 사유축(巳酉丑)생-해자축(亥子丑)년과 같이 각기 삼재가 들어온다고 한다.

　朗月 오행의 생극제화(生剋制化) 이치와는 무관하므로 실제로는 믿을 수 없지만, 사람들에게는 적지 않은 영향을 미친다.

3년 중에 첫해는 들삼재, 가운데 해는 잘삼재, 마지막 해는 날삼재라고 한다. 이 기간에는 세 가지 재앙인 수재(水災)·화재(火災)·풍재(財)의 자연재해와, 도난(盜難)·사고(事故)·질병(疾病)의 인간재해가 발생한다고 한다.

삼재팔란(三災八亂) 俗 세 가지의 재앙과 여덟 가지의 어려움. 모든 어려움을 의미하는 말이다. 인생살이의 고달픔을 총칭하기도 하고, 재앙이 발생할 경우에도 이렇게 말한다.

삼전(三傳) 外 육임(六壬)에서 다루는 용어. 육임을 삼전사과(三傳四課)라고도 한다. 삼전은 초전(初傳)-어떤 일의 시작, 중전(中傳)-어떤 일의 진행, 말전(末傳)-어떤 일의 결말 등을 나타낸다.

삼주(三柱) 子 세 기둥. 사주를 모두 모르고 삼주만 알 경우에 작성한다. 간혹 출생시간을 전혀 모를 때, 모르는 것은 그대로 두고 삼주로 감명(鑑命)한다. 물론 그만큼 정확하지 않을 수도 있다.

삼태(三台) 殺 신살(神殺)의 하나. 삼태성(三台星)이라고도 한다. 구조는 자년(子年)-진(辰), 축년(丑年)-사(巳), 인년(寅年)-오(午), 묘년(卯年)-미(未), 진년(辰年)-신(申), 사년(巳年)-유(酉), 오년(午年)-술(戌), 미년(未年)-해(亥), 신년(申年)-자(子), 유년(酉年)-축(丑), 술년(戌年)-인(寅), 해년(亥年)-묘(卯) 등에 해당한다.

朗月 실제로는 큰 비중이 없다. 개인적인 생각으로는 신살은 모두 무시해도 좋고, 특히 생극제화(生剋制化)의 이치에는 부합되지 않는 것이 대부분이므로 적용시키면 그만큼 혼란이 가중될 수 있다.

삼합(三合) 子 세 글자가 모이면 합이 됨을 이르는 말. 지지(地支)에서 세 글자가 나란히 모여 합이 되는 것이다. 해묘미(亥卯未), 인오술(寅午戌), 사유축(巳酉丑),

신자진(申子辰) 등을 말한다.

朗月 조건이 복잡하다. 합을 하는데 중심인 글자는 각각 합의 그룹에서 자오묘유(子午卯酉)가 되는데, 이 글자가 가운데에 있을 경우에만 삼합은 성립된다. 이 글자를 왕지(旺支)라고도 하는데, 만약 한쪽 옆에 이 글자가 있다면 반합(半合)이 되고 그 중간에 다른 글자가 끼여 있으면 합은 성립되지 않는 것으로 본다. 보통 세 글자만 보이면 위치와 무관하게 합이 된다고 보는데, 그렇게 되면 해석에서 오류가 생길 수 있으므로 신중한 판단을 요구한다.

삼합격(三合格) 格 고전격국(古典格局)에서 그 형식이 삼합(三合)으로 성립되는 것. 정난차격(井欄叉格) 등이 여기에 해당한다.

삼합취회(三合聚會) 古 셋이 합하여 모여 있음을 이르는 말. 용봉삼태격(龍鳳三台格)이라고 한다. 천간(天干)에 정정정계(丁丁丁癸)의 구조이거나, 지지(地支)에 인인인신(寅寅寅申)의 구조이면 이에 해당한다. 임임임무(壬壬壬戊), 경경경병(庚庚庚丙)의 경우도 마찬가지다. 다만 생극제화(生剋制化)의 이치와 무관하기 때문에 실제로 대입할 필요는 없다.

삼형(三刑) 子 세 가지의 형살. 인사신(寅巳申)의 무은지형(無恩之刑), 자묘(子卯)의 무례지형(無禮之刑), 축술미(丑戌未)의 지세지형(持勢之刑)의 관계를 각각 형(刑)이라 하고 이 세 가지를 삼형이라고 한다.

朗月 형의 의미는 크게 비중을 두지 않는다. 나름대로 생각이 있는 학자도 인사신의 형은 고려하는 것이 좋다고 하는데, 크게 비중을 둘 필요가 없다고 본다. 왜냐하면 무엇보다도 생극제화(生剋制化)의 이치에 부합되지 않기 때문이다.

상(相) 子 재상(宰相). 사주의 주변에 나를

생하는 성분이 많은 것을 말한다. 예를 들어 목(木)이 겨울에, 화(火)가 봄에, 토(土)가 여름에, 금(金)이 토(土)의 계절에, 수(水)가 가을에 태어나도 해당한다.

朗月 힘으로만 보면 왕(旺)보다 상(相)이 약하지만, 왕은 이미 너무 가득한 상황이고, 상은 거의 완성된 상황으로 이해한다면, 왕보다는 상이 더욱 희망적이라고 볼 수 있다. 만물은 가득 차면 기울고, 기울면 또 서서히 차오른다는 법칙이 그대로 적용된다.

상강(霜降) 㦤 24절기의 하나. 서리가 내린다는 뜻이다. 한로(寒露)와 입동(立冬) 사이의 절기로 양력 10월 23일부터 약 15일 동안이다.

상관(傷官) 㦝 관(官)을 손상시킴. 이 말은 정관(正官)을 극(剋)하는 성분에 해당하기 때문에 붙여졌다. 예전에는 성공의 최우선 가치로 관리(官吏)를 생각했다. 이는 출세의 목적으로 달리 이름을 얻을 방법이 없었기 때문일 것이다. 그러나 이것은 상관에 대한 오해를 불러일으켜 오히려 매우 흉악한 성분으로 보게 되었다. 그래서 사흉신(四凶神)의 대표가 되었지만 이 또한 편견이다. 현대에는 매우 활발한 사회성분을 나타낸다. 구조는 일간(日干)이 생조(生助)하는 오행이면서 음양이 다른 경우에 해당한다. 육친으로는 여자에게는 자식이고, 남자에게는 식신(食神)과 마찬가지로 장모 정도가 된다. 심리적으로는 사교성(社交性)으로, 사회적으로는 유통성(流通性)으로 대입한다.

상관가살격(傷官駕殺格) 㦔 상관(傷官)이 편관(偏官)을 제어하여 용신이 된 격. 용신격의 한 종류이다. ⇨ 식신제살격(食神制殺格)

상관격(傷官格) 㦔 1. 상관을 용신으로 삼은 격. 용신격(用神格)으로 통용되는 격의 명칭이다. 사주에 비겁이 많아서 왕성한 경우에 관살이 없거나, 있어도 무력하다면 상관을 용신으로 삼을 수 있는 조건이 된다. 가능하면 재성(財星)이 있어서 함께 용신이 되면 상관생재격(傷官生財格)이 되지만, 그대로 용신의 역할을 할 수도 있다. 다만 운에서 인성(印星)의 운을 만나면 용신이 크게 손상당할 수 있다.

2. 상관의 격. 월지가 일간(日干)의 상관일 때 해당하는 격으로 십격(十格)의 한 종류이다.

朗月 월지(月支)가 식신이 되면 일간의 기운을 설하는 계절이므로 신약한 상황이 될 가능성이 많은 것은 사실이다. 그렇지만 절대적인 것은 아니므로 전체적인 상황을 고려하여 판단한다. 혹자는 월지에 상관이 되면 무조건 신약하다 하여 용신을 찾기도 하는데 현명한 방법은 아니다.

상관격 청즉겸화 탁즉강맹(傷官格 清則謙和 濁則剛猛)【滴天髓】 상관격(傷官格)에서도 청(清)한 경우에는 겸손하고 온화하지만, 탁(濁)한 경우에는 사납게 달려든다.

상관견관(傷官見官) 㦛 상관(傷官)이 정관(正官)을 봄을 이르는 말. 만약 정관이 용신이라면 그 용신은 깨진 것으로 보는데, 바로 옆에서 극할 경우에는 그 흉한 작용이 커진다. 다만 상관이 용신일 경우에는 정관을 보아도 문제가 없다.

朗月 예전에는 정관을 용신으로 보는 경향이 많아서 상대적으로 상관을 흉한 글자로 인식했다. 실로 정관은 이타적(利他的)인 성분이고, 상관은 이기적(利己的)인 성분이므로 통치자의 입장에서 보면 나쁜 암시인 것은 사실이다. 그러나 이러한 선입견으로 길흉을 단정할 수는 없다.

상관견관최난변 관유가견불가견(傷官見官最

難辨 官有可見不可見)【滴天髓】 상관(傷官)이 정관(正官)을 보면 무조건 나쁘다고 하지만 실은 이러한 것을 구분하는 것이 가장 난해한 것이니, 관성(官星)이 있어서 무난할 경우가 있고, 있어서는 안 될 경우도 있기 때문이다.

상관(傷官)**과 겁재**(劫財) 心 ⇨ 겁재(劫財) 와 상관(傷官)

상관(傷官)**과 비견**(比肩) 心 ⇨ 비견(比肩) 과 상관(傷官)

상관(傷官)**과 상관**(傷官) 心 상관이 겹치면 사교성이 중복된다. 지나치게 의식이 밖으로 활발해지면, 남에게 신뢰감을 주기 어려우므로 이 점을 주의하는 것이 중요하다. 확장(擴張)의 성향은 넘치는데, 결실의 능력은 부족하기 때문에 마무리를 잘 못할 수도 있다. 이러한 결점을 보완하는 인성이 있다면 오히려 탁월한 수완가의 능력을 발휘할 수도 있다.

상관(傷官)**과 식신**(食神) 心 ⇨ 식신(食神) 과 상관(傷官)

상관(傷官)**과 정관**(正官) 心 상관(傷官)이 정관(正官)을 만나면 사교성과 합리성이 결합한다. 이를 두고 이중인격자(二重人格者)라고 할 수도 있음을 주의한다. 어떤 때에는 합리적으로 생각한다고 보기도 하지만, 또 어떤 때에는 자신의 목적을 위해서 주변 여건을 이용하는 것으로도 볼 수 있다. 이것은 상관견관(傷官見官)의 현상이기도 한데, 상관을 제어할 인성이 있으면 단점은 제어되고 장점이 살아난다는 것도 살핀다.

상관(傷官)**과 정인**(正印) 心 ⇨ 정인(正印) 과 상관(傷官)

상관(傷官)**과 정재**(正財) 心 상관(傷官)이 정재를 만나면 사교성과 치밀성이 결합한다. 너무 계산적이고 이기적인 방향으로 작용할 수 있다. 따라서 인간미가 없다고도 할 수 있는데, 이러한 결점이 보완되면 목적을 향해서 노력하는 사람으로 인정받는다.

상관(傷官)**과 편관**(偏官) 心 상관(傷官)이 편관(偏官)을 만나면 사교성과 봉사성이 결합한다. 외교관 성향을 나타내는데, 주어진 역할을 위해서 남과 타협을 잘 하는 성향으로 보기 때문이다. 타고난 능력을 공익을 위해서 사용하므로 더욱 돋보인다.

상관(傷官)**과 편인**(偏印) 心 ⇨ 편인(偏印) 과 상관(傷官)

상관(傷官)**과 편재**(偏財) 心 상관이 편재를 만나면 사교성과 통제성이 생긴다. 수단이 너무 뛰어나 오히려 신뢰감을 주지 못할 수도 있다. 이러한 성향은 누군가가 잘 지도해주면 남이 갖지 못한 능력을 발휘하기도 하지만, 그렇지 못하면 마음만 앞서 서두르다가 스스로 지치게 되는 현상도 염려된다.

상관국(傷官局) 格 사주의 구조가 전체적으로 식상(食傷)으로 이루어진 것이다.

상관궁(傷官宮) 子 상관의 집. 시지(時支)를 상관의 궁으로 본다. ⇨ 궁성이론(宮星理論)

　朗月 하건충 선생의 설이다. 시주(時柱)를 종교궁(宗敎宮)과 표현궁(表現宮)으로 본 것은 나름대로 일리가 있다. 정신은 종교로 흐르고 삶의 경험으로 몸이 잘 표현해낼 수 있을 것으로 봐도 된다는 생각을 해본다.

상관대살(傷官帶殺) 古 상관이 편관(偏官)을 거느리고 있음. 사주 상황에 대한 설명이다.

　朗月 상관이 살을 보고 있는 것만으로 어떤 의미를 가질 수는 없다. 다만 그로 인해서 신약(身弱)하다면 인성(印星)을 찾아야 하고, 신왕(身旺)하다면 상관(傷官)을 용신(用神)으로 삼으면 된다.

상관대살격(傷官帶殺格) 格 고전격국(古典

格局)의 한 종류. 구조는 갑을목(甲乙木)이 지지에 인오술(寅午戌)로 화국(火局)을 이루는 상황에서 천간에 경신금(庚辛金)이 있으면 이것이 관성을 보호하여 귀하게 된다. 왜냐하면 화를 제어하고 관을 보호하여 귀하게 되기 때문이다.

朗月 격의 이름은 이해하지만 상황설명은 실망스럽다. 어떻게 인성을 찾는지 말하지 않는 것이 의아하다. 그야말로 스타일만 찾다가 굶어죽는 형상이다. 이치에 맞지 않는다면 무시하는 것이 좋다.

상관상진(傷官傷盡) 古 상관이 손상을 받았음을 의미함. 상관이 용신인 경우에 인성(印星)을 보는 것을 꺼리는데, 특히 정인이 상관을 극하여 깨졌다면 어울린다. 다만 신약한데 상관이 너무 많아서 인성이 상관을 극하는 것은 상관패인(傷官佩印)이라 한다.

상관성격(傷官性格) 格 상관의 대표적인 성격은 사교성(社交性)이다. 반대로 부정적인 요소는 방황을 나타내는데 이는 상관의 양면성으로 이해한다. 또한 표현력도 뛰어난데, 이는 상관이 자신의 생각을 차분하게 정리해서 남에게 설명하는 수단이 좋기 때문이다.

朗月 기본 성격을 이해한 다음에는 중복되는 성격을 이해하는 것도 중요하다. 겹치는 성격은 거부하는 현상으로 이해하면 무난하다.

상관용인격(傷官用印格) 格 식상(食傷)이 많아서 인성(印星)을 용신으로 하는 격. 용신격(用神格)의 한 종류이다. 유사한 것으로 상관패인격(傷官佩印格)이 있다. 사주에 식상이 너무 많아서 신약한 경우에 정인이나 편인이 있어서 용신으로 삼으면 적절하다. 다만, 운에서는 재성을 만나지 않기를 바라게 되는데 재성이 들어오는 것이 두려우므로 비겁이 용신을 보호하면 더욱 좋다.

朗月 사주에 상관이 아니라 식신이 많아도 상관용인격이 되는데, 이는 도움이 되지 않으면 상관으로 이름을 붙이는 습관 때문이다.

상관용재격(傷官用財格) 格 월지(月支)가 상관(傷官)인데, 재성(財星)을 용신(用神)으로 삼은 격.

朗月 상관생재격(傷官生財格)과는 다르다. 이것은 상관이 직접 재성을 생조하는 격을 말하고, 상관용재격은 상관이 직접 재성을 생하든 말든 구분하지 않는다는 의미이다.

상관운(傷官運) 子 상관의 운. 대운이나 세운에서 상관에 해당하는 운이 들어오는 것이다. 운에서는 주로 대인관계가 많이 발생함을 암시하는데, 그 관계에서 도움을 받을 수도 있고 해를 당할 수도 있으므로 사주의 정황을 고려하여 판단한다. 신왕(身旺)하여 식상을 용신으로 삼은 경우라면 크게 발전할 계기가 되고, 신약(身弱)한 경우에는 관재와 구설 등의 어려움이 발생할 암시도 되므로 잘 판단해야 한다.

상관패인(傷官佩印) 古 상관(傷官)이 정인(正印)을 차고 있음을 이르는 말. 상관을 용신으로 할 경우에는 흉하다고 하고, 그렇지 않은 경우에는 길흉을 논할 필요가 없다. ⇨ 상관패인격(傷官佩印格)

朗月 보통 상관은 나쁜 글자이므로 정인을 봐야 다듬어서 사용한다는 의미도 있는데, 이는 편견이라 할 수 있다. 신왕하여 상관을 용신으로 삼을 경우에는 당연히 인성을 만나면 흉하게 된다. 그럼에도 식신은 인성을 보면 도식(倒食)이거나 효신(梟神)이라 하여 꺼리는데, 정작 식신과 크게 다를 바 없는 상관(傷官)을 이렇게 판단하는 것은 균형을 잃은 것이다.

상관패인격(傷官佩印格) 格 사주에 상관(傷官)이 많은데, 정인(正印)을 용신으로 삼

은 격(格). ⇨ 상관용인격(傷官用印格)

상괘(上卦) 外 주역(周易)이나 육효(六爻) 등을 이루는 구조의 하나. 상괘(上卦)와 하괘(下卦)로 이루어져 있다. 그 중 위에 올려지는 괘를 가리킨다. 보통 하괘를 먼저 놓고 그 위에 상괘를 놓는다. 상괘는 하괘에 대응해서 주로 국가적인 일에 의미를 둔다.

상극(相剋) 子 서로 극하거나 공격함. 오행 배열에서 서로 공격하는 구조일 경우에 사용한다. 종류는 목극토(木剋土), 토극수(土剋水), 수극화(水剋火), 화극금(火剋金), 금극목(金剋木) 등으로 구분한다.

朗月 일반적으로 서로 관계가 나쁘면 상극이라는 말을 사용하기도 한다. 다만 서로 극한다기보다는 일방적인 극이라고 한다. 목은 토를 극하고, 토는 수를 극한다고 규정되었기 때문이다. 경우에 따라서는 수도 토를 공격하지만 일반적이지 않으므로 '일방적으로 공격하는 극'으로 보는 것이 타당하다.

상내다침매지기자 심울지회(象內多沈埋之氣者 心鬱志灰)【滴天髓】사주에 침체되고 가라앉은 기운이 많은 사람은 그 마음이 우울하고 희망이 없다.

상담가(相談家) 業 자평명리학(子平命理學)을 바탕으로 상담을 의뢰한 사람의 운명에 대해서 해석해 주는 사람 또는 그 일에 종사하는 사람을 말한다.

朗月 혹자는 운명상담가(運命相談家)를 예언자(豫言者)로 생각하는 경우가 많은데, 예언자로 행동하는 사람도 적지 않은 것이 사실이다. 다만 진정한 상담자라면 방문자의 과거를 정확하게 밝힐 것이 아니라 진지한 대화를 통해서 그의 삶에 바른 길을 제시해주어야 한다.

상담실(相談室) 業 방문자와 운명상담을 하는 곳. 특히 자평명리학(子平命理學)으로 상담의뢰자와 이야기를 나누는 곳이다.

상담지(相談紙) 業 ⇨ 감정지(鑑定紙)

상문살(喪門殺) 殺 신살(神殺)의 하나. 운에서 대입하는 살이다. 구조는 일지를 기준으로 한다. 자(子) - 인(寅), 축(丑) - 묘(卯), 인(寅) - 진(辰), 묘(卯) - 사(巳), 진(辰) - 오(午), 사(巳) - 미(未), 오(午) - 신(申), 미(未) - 유(酉), 신(申) - 술(戌), 유(酉) - 해(亥), 술(戌) - 자(子), 해(亥) - 축(丑)이 된다. 작용은 문상갈 일이 생긴다는데, 이 살에 해당하는 해가 아니면 문상갈 일이 없는 것이므로 이해가 안 된다.

朗月 실제로는 큰 비중이 없다. 개인적인 생각으로는 신살은 모두 무시해도 좋고, 특히 생극제화(生剋制化)의 이치에는 부합되지 않는 것이 대부분이므로 적용시키면 그만큼 혼란이 가중될 수 있다.

상배(相背) 古 서로 등지고 자기 좋을 대로 하는 것. 무정(無情)한 형상으로 본다.

상사(上司) 星 자기보다 계급이 위인 사람. 자신을 통제하는 것으로 보아 상사는 관살(官殺)로 대입한다. 주인과 같은 입장으로도 본다.

상생(相生) 子 서로 생조(生助)함. 오행 구조에서 서로 생조하는 작용인 경우에 사용한다. 종류는 목생화(木生火), 화생토(火生土), 토생금(土生金), 금생수(金生水), 수생목(水生木) 등 다섯 종류이다.

朗月 상생의 의미는 일반적으로 좋은 관계를 의미할 때 사용한다. 뜻은 '서로 생조한다'는 것이지만, 실제로는 일방적으로 어머니가 자식을 키우듯이 그렇게 생조하는 것이다. 다만 경우에 따라서 자식이 어머니를 돕는 의미로 생한다고 할 수 있지만 엄밀히 말하면 상생보다 '일방적인 생'으로 보는 것이 타당하다.

상성오리(相成五理) 子 서로 이루는 데에는 다섯 가지의 이치가 있음을 이르는 말. 『적천수(滴天髓)』에서 말하는 공성윤종난(攻成潤從暖)이다. 금(金)과 목(木)이 서로 대립할 경우의 해석법이다. 이른 봄에는 목이 어리므로 화(火)로 금을 공격해서 해결하고, 목이 왕하면 토(土)로 금을 도와서 이루며, 여름 나무는 건조하므로 물로 윤택하게 하고, 가을 나무는 금의 세력이 강하므로 금에게 종(從)하고, 겨울 나무는 추우니 화로 따뜻하게 하여 이룬다는 이치이다.

상순(相順) 子 간지(干支)의 좌우 상황에 따라 발생한다.

朗月 하건충(何建忠) 선생의 설이다. 예를 들어 갑자(甲子)와 병인(丙寅)이 나란히 있으면 서로의 흐름이 같으면서 순서는 2급이 되어 2급 상순으로 말한다. 길한 작용이지만 특별히 작용되는 것은 아니다.

상신(相神) 古 재상(宰相)의 역할을 하는 십성(十星). 『자평진전(子平眞詮)』에서 월지(月支)의 격과 일간(日干)의 관계를 원활하게 해주는 글자로 보통 용신(用神)을 말한다.

상원갑자(上元甲子) 古 60년을 하나의 원(元)으로 하여 상중하(上中下)로 나눈 것. 큰 주기는 삼원(三元)으로 180년을 잡고, 그 주기의 초중말(初中末)에 해당하는 의미로 60년을 잡은 것이다. 1984년부터는 하원갑자(下元甲子)가 되므로 그 이전의 60년은 중원갑자(中元甲子)가 되고, 다시 그 이전의 60년은 상원갑자(上元甲子)가 된다. 그리고 월일시(月日時)도 상중하로 구분하는데, 다만 자평명리학(子平命理學)에서는 아무 의미가 없다.

상자목(桑柘木) 古 임자계축상자목(壬子癸丑桑柘木)의 줄임말.

상조살(喪弔殺) 殺 상문살(喪門殺)과 조객살(弔客殺)을 말함.

朗月 실제로는 큰 비중이 없다. 개인적인 생각으로는 신살(神殺)은 모두 무시해도 좋고, 특히 생극제화(生剋制化)의 이치에는 부합되지 않는 것이 대부분이므로 적용시키면 그만큼 혼란이 가중될 수 있다.

상천(相穿) 殺 신살(神殺)의 하나. 서로 뚫어서 구멍을 낸다는 의미. 상해(相害)라고도 한다. 자미(子未), 축오(丑午), 인사(寅巳), 묘진(卯辰), 신해(申亥), 유술(酉戌)이 서로 만나면 상천이 되는데, 주로 흉한 질병이 따라다닌다.

朗月 분석을 해보면 자미(子未) 상천은 토극수(土剋水)이므로 자수가 미토를 뚫을 방법이 없고, 축오(丑午) 상천은 화생토(火生土)이므로 오화가 축토를 뚫을 일이 없다. 인사(寅巳) 상천은 목생화(木生火)를 하니 인목이 사화를 뚫을 일이 없고, 묘진(卯辰) 상천은 목극토(木剋土)가 되므로 진토가 묘목을 뚫을 방법이 없다. 신해(申亥) 상천은 금생수(金生水)이니 해수가 신금을 뚫을 일이 없고, 유술(酉戌) 상천은 토생금(土生金)이므로 유금이 술토를 뚫을 일이 없다. 만약 있으면 생극제화(生剋制化)의 이치보다 우선할 것이므로 모순에 빠지는 것이다. 이러한 이치로 상천이거나 상해(相害)거나 고려할 필요가 없다.

상충(相沖) 子 서로 충돌함. 지지(地支)의 육충(六沖)을 말한다. ⇨ 육충(六沖)

상충살(相沖殺) 殺 질병과 신액이 따르는 살. 구조는 자오(子午)년 - 8월, 축미(丑未)년 - 9월, 인신(寅申)년 - 10월, 묘유(卯酉)년 - 11월, 진술(辰戌)년 - 12월, 사해(巳亥)년 - 1월에 해당한다.

朗月 실제로는 큰 비중이 없다. 개인적인 생각으로는 신살(神殺)은 모두 무시해도 좋고, 특히 생극제화(生剋制化)의 이치에는 부합되지 않는 것이 대부분이므로 적용시키면 그만큼 혼란이 가중될 수 있다.

상하귀호정화(上下貴乎情和)【滴天髓】위와 아래가 서로 아껴주고 감싸준다면 다정하고 화목하다.

상하정화(上下情和)固 천간(天干)과 지지(地支)가 서로 유정함. 사주에 충극의 흉한 형상이 없다. 생조하는 글자는 생조해주고, 설기를 원하는 글자는 설기를 만나 상하가 모두 유정하다는 의미이다.

상형(相刑)殺 신살(神殺)의 하나. 서로 형액을 발생시킨다. 인사신(寅巳申), 축술미(丑戌未), 자묘(子卯)를 삼형(三刑)이라고 하는데, 이것이 있으면 사주에 형액을 발생시키는 작용을 한다. 그러나 이론적 근거가 부족하다. ⇨ 삼형(三刑)

생극(生剋)子 생조(生助)하거나 충극(沖剋)하는 것.

생극제화(生剋制化)五 음양오행의 처리법을 묶어서 이르는 말. 생(生)은 생조(生助)를 해주거나 받는 것이고, 극(剋)은 관살(官殺)이나 식상(食傷)으로 다스리는 것이고, 제(制)는 극(剋)과 비슷하지만 적절한 극이 되어 통제하는 것이고, 화(化)는 일반적인 이론이 변화하는 것이다. 합충(合沖)의 변화가 여기에 해당한다. 다만 일일이 구분하기보다는 묶어서 사주 해석의 모든 상황으로 본다.

생기(生氣)子 생동감(生動感). 인성(印星)에 해당한다. 가장 좋은 생동감은 간지(干支)를 따라서 흐르는 기운이 형성될 경우이다.

생목생화(生木生花)子 살아 있는 나무는 꽃을 만든다. 살아 있는 나무의 목생화(木生火)를 설명하는 방법으로, 꽃을 피우는 것을 목생화로 보는 것이다.

생방파동고의개 패지봉충자세추(生方怕動庫宜開 敗地逢沖仔細推)【滴天髓】인신사해(寅申巳亥)의 생지(生地)는 충돌을 겁내고, 진술축미(辰戌丑未)의 고지(庫地)가 속에 들어 있으면 사용할 수 없으므로 밖으로 나와야 하고, 자오묘유(子午卯酉)의 왕지(旺地)는 충돌을 만나면 어느 세력이 유리한지를 살펴야 한다.

생사상취(生死相聚)固 십이운성(十二運星)에서 생(生)과 사(死)에 해당하는 간지(干支)가 모여 있는 경우.

생생지도(生生之道)固 생하고 또 생하는 이치. 흐름이 끝이 없다는 의미로 쓰인다.

생시귀숙지지 비지묘야(生時歸宿之地 譬之墓也)【滴天髓】태어난 시간은 돌아가서 잠을 잘 곳이니 비유하면 묘지(墓地)와 같다.

생왕(生旺)子 생조(生助)를 받거나 왕성(旺盛)하다는 말로 매우 기운찬 모습을 의미함.

생왕고(生旺庫)子 태어나서 왕성(旺盛)하다가 창고에 들어감. 생왕묘(生旺墓)와 같은 말이다. 삼합(三合)의 구조를 이루는 세 글자를 말하는데, 예를 들어 인오술(寅午戌)에서 인목(寅木)은 생(生)이고, 오화(午火)는 왕(旺)이며, 술토(戌土)는 고(庫)가 된다. 또 신자진(申子辰)의 경우에도 마찬가지로 신(申)은 생, 자(子)는 왕, 진(辰)은 고가 된다.

생왕묘(生旺墓)子 태어나서 왕성하다가 무덤에 들어감. ⇨ 생왕고(生旺庫)

생왕사절(生旺死絶)固 생왕(生旺)하거나 사절(死絶)함. 즉 기운이 왕성한 경우도 있고, 허약한 경우도 있음을 말한다.

생이불생(生而不生)固 생(生)을 하지만 생이 아님. 예를 들어 갑목(甲木)이 지지(地支)에 모두 해자수(亥子水)를 깔고 있다면 이 경우에는 수(水)가 너무 과다하므로 수생목(水生木)에 해당한다. 그러나 사실은 생하지 않는 것과 같음을 말하는 것이다.

생조(生助)子 인성(印星)이 도움을 준다는 의미. 넓은 의미로는 인겁(印劫)을 묶어서 말한다.

생지(生地) 干支 생하는 땅. 인신사해(寅申巳亥)를 생지(生地)라고 하는데, 이유는 각각 오행의 생지에 해당하기 때문이다. 인 – 화(火)의 생지, 신 – 수(水)의 생지, 사 – 금(金)의 생지, 해 – 목(木)의 생지이다.

생합(生合) 子 생조(生助)하거나 결합(結合)하는 것. 길한 형상인 경우에 하는 말이다.

생화유정(生化有情) 古 생조할 것은 생조하고, 변화할 것은 변화하니 유정함. 특히 대립된 상황에서 이러한 역할을 수행하는 글자가 있다면 더욱 유정하다고 이해한다.

서머타임 外 ⇨ 일광절약제(日光節約制)

서방운(西方運) 子 서쪽 방향의 운. 대운의 흐름을 지지(地支)로 대입하여 부분적으로 논하는 방법이다. 대운에서 신유술(申酉戌)의 운으로 진행되는 경우이다. 세운에서는 잘 사용하지 않는다.

朗月 대운은 천간의 작용도 고려해야 하므로 방향만으로 길흉을 참고하는 것은 무리이다.

서울 표준시(標準時) 外 동경 127도 30분에 태양이 도달할 경우. 이것은 동경(東京) 기준인 135도와 비교하여 약 30분 정도 차이가 난다. 참고로 동경 127도 30분을 표준시로 삼았던 해는 1910년〔庚戌〕 이전에 태어난 경우와 1954년〔甲午〕~1961년〔辛年〕에 해당한다. 자연시간(自然時間)을 위주로 사주의 명식을 작성한다면 출생 당시의 표준시는 무엇을 기준으로 사용해야 하는지 생각해야 한다.

서죽점(筮竹占) 外 시초(蓍草)라는 풀의 줄기 50개를 갖고 점을 쳐서 괘를 얻는 것을 말함. 원래 주역점(周易占)이라고 한다. 본서법(本筮法)과 중서법(中筮法)과 약서법(略筮法)등의 세 종류가 있다. 처음에는 복잡했던 것이 점차 간략하게 변했을 것으로 추측한다. 그리고 현재는 동전을 갖고 점괘를 뽑는 등 시대에 따라서 더욱 간편화되고 있다.

석류목(石榴木) 古 경신신유석류목(庚申辛酉石榴木)의 줄임말.

선관제재여신공(先觀帝載與神功) 【滴天髓】 먼저 오행(五行)의 이치인 제재와 더불어 일년(一年)의 변화인 신공(神功)을 본다.

선전(旋轉) 子 간지(干支)의 좌우(左右) 관계에서 발생하는 구조.

朗月 원리는 하건충(何建忠) 선생이 발견하였다. 예를 들어 갑진(甲辰)과 병인(丙寅)처럼 두 간지가 나란히 있으면 천간(天干)은 갑을병(甲乙丙)으로 흐름이 잡히고, 지지(地支)는 인묘진(寅卯辰)의 방향이 된다. 주의할 것은 그 흐름의 방향이 위와 아래가 서로 반대로 흐른다는 것이다. 이 경우에는 2급 선전이라고 한다. 심리적인 영향은 3급까지만 고려하고, 특히 일주(日柱)가 포함되어야 하는 것도 참고한다. 그 작용의 결과는 대체로 꼬인다고 말하는데, 왜곡(歪曲)이라고 할 수 있다. 예를 들어, 정인(正印)이 선전에 해당하면 수용성에 왜곡현상이 생긴다고 본다. 다만, 신왕(身旺)한 경우에는 그 비중이 줄어들고 신약(身弱)한 경우에는 비중이 커질 수 있는데, 모두 그렇게 작용하는 것이 아니기 때문에 일률적으로 대입할 수 없다는 것이 문제이므로 참고만 한다. 특히 술(戌)이 들어가면 선전현상이 강하게 나타난다는 임상보고도 있다.

선천수(先天數) 外 선천(先天)의 수(數). 오행의 선천수와 간지의 선천수가 있는데, 일육수(一六水), 이칠화(二七火), 삼팔목(三八木), 사구금(四九金), 오십토

(五十土) 등은 오행의 선천수이고, 갑기자오(甲己子午) - 구(九), 을경축미(乙庚丑未) - 팔(八), 병신인신(丙辛寅申) - 칠(七), 정임묘유(丁壬卯酉) - 육(六), 무계진술(戊癸辰戌) - 오(五), 사해(巳亥) - 사(四) 등은 간지의 선천수이다. 특히 작명(作名)할 때 선천수를 쓰는 사람과 후천수(後天數)를 쓰는 사람이 있는데, 지금은 대부분 후천수를 사용한다.

설(泄) 子 기운을 유출시키는 것. 설(洩)과 혼용하지만 의미는 같다. 설하는 것은 식상(食傷)이 된다.

설금(洩金) 五 금(金)을 설기(洩氣)시킴. 수(水)의 작용을 말한다. 금의 입장에서는 생수(生水)라고 한다.

설기(洩氣) 子 넘치는 기운을 다음 오행으로 흘려보내는 경우. 기운이 부족한 상태에서 이 관계가 성립하면 설기라고 하지 않고 도기(盜氣)라고 하는데, 이 때는 기운을 도둑질당한다.

설기청영(洩氣菁英) 古 빼어난 기운이 유통되는 것. 강한 사주에서 식상(食傷)을 봤을 경우에 해당한다.

설기태과(洩氣太過) 古 기운을 유출시킴이 너무 지나침. 어떤 오행의 상황이거나 그 오행을 의지하려는 경우에, 생하는 식상(食傷)이 너무 많으면 무력해져서 사용이 매우 불편해진다. 이러한 경우에 해당하는 오행은 설기태과(洩氣太過)가 되는데, 반드시 일간(日干)에만 국한하는 것이 아니고 전체 오행에 모두 통용된다.

설목(洩木) 五 목(木)을 설기(洩氣)시킴. 화(火)의 작용을 말한다. 목의 입장에서는 생화(生火)라고 한다.

설수(洩水) 五 수(水)를 설기(洩氣)시킴. 목(木)의 작용을 말한다. 수의 입장에서는 생목(生木)이라고 한다.

설이불설(洩而不洩) 古 기운을 빼내도 기운이 빠져나가지 않음. 예를 들어 병술(丙戌) 옆에 오화(午火)가 있다면 화생토(火生土)의 법칙에 의해서 병화(丙火)는 술토(戌土)에게 설기(洩氣)가 되지만, 오화의 열기로 술토(戌土)는 병화의 기운을 설하지 못하는 경우 등을 말한다.

설토(洩土) 五 토(土)를 설기(洩氣)시킴. 금(金)의 작용을 말한다. 토의 입장에서는 생금(生金)이라고 한다.

설화(洩火) 五 화(火)를 설기(洩氣)시킴. 토(土)의 작용을 말한다. 화의 입장에서는 생토(生土)라고 한다.

성(星) 星 간지(干支)의 특정 글자에 부여하는 의미. 예를 들어 관살(官殺)이 남편성(男便星)이거나, 재성(財星)이 처성(妻星)인 것을 의미한다. 해당 육친(六親)의 성(星)을 대입하여 길흉을 논한다.

성격 겹침 心 성격존에서 같은 성분이 서로 겹칠 경우에 나타나는 현상. 예를 들어 월간(月干)에 식신(食神)이 있고, 다시 일지(日支)나 시간(時干)에 식신이 있는 경우를 말하는데, 이 때 식신은 거부하려는 현상이 포함된다. 또 편인(偏印)이 겹치면 의심(疑心)을 거부하려는 마음이 생긴다고 이해한다.

朗月 언뜻 생각하면 겹치면 더욱 강화될 것 같지만, 사실은 그렇지 않다. 겹치는 성분이 있는 것은 사실이지만, 오히려 그 사이에 부정하는 성분이 발생한다. 참고로 성격존에서 세 글자가 모두 같을 경우에는 강화된다고 본다.

성격구조(性格構造) 心 사주에서 나타나는 성격(性格)의 구조 ⇨ 심리구조(心理構造)

성격순서(性格順序) 心 1차 성격존인 일지(日支), 월간(月干), 시간(時干)에서 성격의 우선 순위. 1번 - 상관(傷官), 2번 - 정인(正印), 3번 - 정재(正財), 4번 - 정관(正官), 5번 - 겁재(劫財), 6번 - 식신(食神), 7번 - 편인(偏印), 8번 - 편재(偏財),

9번-편관(偏官), 10번-비견(比肩)의 순이다. 단, 일간(日干)이 합되는 글자는 최우선으로 적용한다. 또 서로 극하는 구조이면 극을 받는 입장의 성분은 약화되는 것으로 대입한다.

朗月 이것은 하건충(何建忠) 선생의 심리분석을 바탕으로 임상하면서 정리한 것이다. 이 순서의 응용은 사회성(社會性)의 적성(適性)을 분석하는데 참고가 된다.

성격의 1차 구조心 사주에 타고난 성격에서 1차로 나타나는 구조. 월간(月干), 시간(時干), 일지(日支)를 1차의 성격구조라고 한다. 성격존이라고도 부른다.

朗月 이 말은 낭월이 심리구조를 분석하다가 얻은 결실이다. 참고로 성격의 발생 순서는 성격순서(性格順序)를 참고한다. 성격의 1차 구조에서 같은 십성이 겹치면 그 작용을 부정하려는 마음이 발생한다. 그렇다고 해서 다른 것으로 변하는 것은 아니다. 다시 같은 십성이 셋이면 이번에는 오히려 그와 같은 성분이 강화되는 것으로 이해한다. 이것은 1차 성격구조에서만 고려하는 상황이다. 단, 일지의 지장간(支藏干)에 암장된 본기(本氣) 외에는 고려하지 않는다.

성격의 2차 구조心 사주에 타고난 성격에서 2차로 나타나는 구조. 월지(月支), 시지(時支), 연간(年干)을 2차 성격구조라고 한다.

朗月 이 말은 낭월이 심리구조를 분석하다가 얻은 결실이다. 참고로 성격의 발생 순서는 성격순서(性格順序)를 참고한다. 월지를 별도로 대입하여 우선해야 한다는 의견도 참고한다. 고전에서는 대체로 월지의 구조에 따라서 기본적인 성향을 파악하는데, 다소 피상적이라고 생각한다. 보다 구체적인 심리구조를 적용시키면 훨씬 흥미로울 것이다.

성격의 3차 구조心 사주에 타고난 성격에서 3차로 나타나는 구조. 연지(年支) 하나만 여기에 해당한다. 일간으로부터 멀어지는 만큼 우선 순위가 떨어지는 것으로 대입한다.

朗月 이 말은 낭월이 심리구조를 분석하다가 얻은 결실이다. 연지(年支)의 구조는 거의 대입하지 않아도 무난하다. 참고로 성격의 발생 순서는 성격순서(性格順序)를 참고한다.

성격(性格)**존**(zone)心 성격구조의 영역. 일간(日干)을 중심으로 월간(月干), 일지(日支), 시간(時干)을 부르는 말이기도 하다. 1차적으로 심리구조에 영향을 미치는 것을 보고 붙인 이름이다. 다른 위치의 글자도 작용하지만 우선 이 위치의 글자들의 영향이 큰 것으로 보아 성격존 또는 1차존이라고 한다. 티(T)존이라고도 한다.

朗月 하건충 선생의 설을 참고해서 낭월이 설정하였다.

성국간투일관성 좌변우변공록록(成局干透一官星 左邊右邊空碌碌)【滴天髓】예를 들어 일간(日干)이 갑을목(甲乙木)이고 지지(地支)는 해묘미(亥卯未)로 이루어졌을 경우에는 아무것도 되지 않고 일생이 고단하기만 하다.

성두토(城頭土)古 무인기묘성두토(戊寅己卯城頭土)의 줄임말.

성방간투일원신 생지고지개비복(成方干透一元神 生地庫地皆非福)【滴天髓】예를 들어 인묘진(寅卯辰)이 지지(地支)에 형성되고 일간(日干)이 갑을목(甲乙木)이면 생지(生地)인 해수(亥水)나 고지(庫地)인 미토(未土)는 모두 좋은 일을 하지 못하게 되는데, 이는 너무 강한 기운으로 몰려 있기 때문이다.

성신(星辰)外 별들. 신살(神殺)을 달리 부르는 말이다.

성전환자(性輾換者) 外 남자가 여자로 전환(轉換)하거나, 여자가 남자로 전환한 것이다. 앞으로는 더 많아질 것이다. 이러한 경우에 자평명리학(子平命理學)에서는 본래의 성(性)으로 놓고 봐야 할 것이다. 왜냐하면 성전환을 했더라도 단지 성기(性器)만 변환되었을 뿐, 그 외의 것은 달라진 것이 없기 때문이다. 또 태어날 때 결정된 것이 사주팔자(四柱八字)이므로 그대로 진행하는 것이 옳다. 다만 하나의 수술을 통한 과정이라고만 생각하는 것이 타당하다.

성전환자(性輾換者)**의 대운**(大運) 子 수술을 통해서 남녀의 성(性)이 바뀐 경우에 대운은 수술 이전의 상황으로 대입해야 옳다. 왜냐하면 사주는 태어나면서 결정되는 것이고, 성전환 수술을 해도 천지의 기운을 되돌릴 수는 없기 때문이다.

성전환자(性輾換者)**의 사주**(四柱) 子 남성으로 태어난 사람이 수술로 여성이 되거나, 여성으로 태어난 사람이 수술로 남성이 되는 경우의 사주. 이 경우의 사주는 수술 전의 상황으로 작성하여 풀이할 것인지, 수술한 후의 기준으로 수정하여 풀이를 할 것인지가 논란이 된다. 성전환을 했어도 염색체는 타고난 대로 있을 것이므로 단지 성기를 전환했다고 해서 크게 달라진 것은 없다고 보는 것이 타당하다. 마치 사고를 당해서 수술한 정도로 이해하는 것이 좋다.

朗月 성별이 바뀌면 대운(大運)의 순역(順逆)이 반대로 흐르기 때문에 그 기준에 따라서 해석하는 과정에 큰 차이가 있다. 만약 본인이 수술한 것을 이야기하여 이전의 상태로 해석하면 무리가 없다. 다만 본인이 과거의 자신을 숨기고 수술 후의 자신으로 운명감정을 의뢰할 경우에는 아마도 틀린 결론이 나올 가능성을 고려해야 한다. 앞으로 성전환수술을 하는

사람이 많아질 것을 고려하면 상담지(相談紙)에 별도로 성전환 여부에 대한 항목을 추가해야 할지도 모른다. 다음 표는 성전환 여부를 표시하는 상담지의 예이다.

| 乾命 ☐ | 坤命 ☐ | 性轉換與否: 했음 ☐ 아님 ☐ |
| 이름 | | 이전의 성별: 남 ☐ 녀 ☐ |

성전환자(性輾換者)**의 운세**(運勢) 子 ⇨ 성전환자(性輾換者)의 대운(大運), 성전환자(性輾換者)의 사주(四柱)

성정(性情) 古 성품(性品)의 구조를 의미하므로 심리상태(心理狀態)를 말하는 것과 같다.

성중유패(成中有敗) 古 격(格)이 이루어졌는데, 결함이 있어서 패(敗)가 됨. 사주의 격이 기신을 만나서 성격(成格)이 되지 못한 것이다.

성패구응(成敗救應) 古 이루어지거나 깨어지거나 구할 글자가 있거나 등의 사주상황을 설명하는 말. 성패(成敗)를 구분하여 패함이 있는 경우에는 패한 요인을 찾아서 제거하는데 그 제거하는 글자를 구응(救應)이라고 한다.

세덕부살격(歲德扶殺格) 格 고전격국(古典格局)의 한 종류. 연주격(年柱格)이라고도 한다. 예를 들어 갑목(甲木)이 경오(庚午)년에 태어나면 연간(年干)의 경금이 편관으로 살(殺)이 되는데, 연(年)은 임금이고 일(日)은 신하가 되므로 임금의 덕으로 신하가 권세를 얻은 것이다.

朗月 이 논리의 등장은 망발이라고 말해도 된다. 단지 연간에 편관이 있어서 좋은 권위를 누린다는 말이 어떻게 성립되는지를 생각해본다. 자평명리학(子平命理學)에 사용되었지만 사용하지 말아야 한다.

세덕부재격(歲德扶財格) 格 고전격국(古典格局)의 한 종류. 연주격(年柱格)이라고

도 한다. 일간(日干)의 재성이 연주에 있다. 예를 들어 갑을목(甲乙木)이 무기(戊己)년에 태어나는 경우인데, 조상의 유산이 넉넉하다고 해석한다.

朗月 심지어 월지(月支)조차도 고려하지 않은 것은 말이 안 된다. 과연 이것이 자평명리학(子平命理學)에서 거론해야 하는 격에 해당하는지도 의문스럽다.

세력(勢力) 子 사주에 인겁(印劫)의 글자들이 모여서 힘을 발휘하는 것. 세력의 최소 한계는 일간(日干)은 제외하고, 일간의 인겁인 세 글자 정도로 본다. 세력이 있는 경우에는 득세(得勢)라고 한다.

세운(歲運) 子 매년의 운세. 일년간의 길흉을 대입하는 기준은 그 해의 간지(干支)가 사주의 용신과 대운의 관계를 고려했을 때 어떻게 작용하는지 확인하는 것이다. 그래서 매년의 운은 세운을 기준으로 하는데, 다만 대운의 환경을 고려하여 세운을 대입하는 것이 원칙이다.

朗月 세운을 대입할 경우에 천간(天干)을 6개월, 지지(地支)를 6개월로 대입하는 방법이 있지 않을까 싶어서 수년간 임상을 하였으나 적중하지 못했으므로 이렇게 대입하는 기준은 없는 것으로 생각하는 것이 좋다. 혹자는 대운을 무시하고 세운만으로 길흉을 본다고도 하는데, 위험한 발상이다. 반드시 대운을 고려한 상황에서 세운을 대입해야 옳다. 대운을 환경이라고 본다면 환경을 무시한 세운의 대입은 옳지 않다.

세운합(歲運合) 子 세운이 합되었음. 매년 들어오는 세운이 사주의 원국(原局)에 있는 어느 글자와 합이 되었을 경우에, 합이 된 그 글자는 세운이 떠나기 전까지 작용하지 못한다고 해석한다. 합이 된 글자가 용신이라면 좋은 일이 없고, 기신이라면 흉한 일이 없다고 해석한다. 다른 경우에도 가감을 한다.

소 俗 소띠에 해당하는 동물.

소띠 俗 축년(丑年)에 태어난 사람을 부르는 말. 생극제화(生剋制化)의 이치와는 무관하게 본다.

소만(小滿) 令 24절기의 하나. 사월(巳月)의 중간에 해당하는 절기이다. 입하(立夏)가 지나고 15일이 되면 들어오는 계절로, 다음 절기인 망종(亡種)까지 약 15일간 작용한다.

소서(小署) 令 24절기의 하나. 삼복더위가 시작되는 절기에 속한다. 미월(未月)이 시작되는 계절에 해당한다. 양력으로 7월 6일경부터 약 15일간 작용한다.

소서시(小署時) 令 소서(小署)가 시작되는 시각. 이 시각을 기준으로 미월(未月)이 시작되므로, 출생시간이 이 부근일 경우에는 정밀하게 대입해야 한다.

소설(小雪) 令 24절기의 하나. 입동(立冬)이 지나고 15일이 되면 해당하는 절기로, 다음 절기인 대설(大雪)이 들어오기 전까지 약 15일간 작용한다.

소아관살(小兒關殺) 殺 어린아이에게만 해당하는 살. 살 이름에 관(關)이 붙은 것은 대체로 소아관살로 본다. 종류는 낙정관(落井關), 계비관(鷄飛關), 취명관(取命關), 뇌공관(雷公關), 단복관(斷復關), 천일관(千日關), 급각관(急脚關), 철사관(鐵蛇關), 백호관(白虎關), 귀문관(鬼門關), 오귀관(五鬼關), 천구관(天狗關), 단명관(短命關), 매아관(埋兒關), 천조관(天弔關), 화상관(和尙關), 탕화관(湯火關), 야제관(夜啼關), 당명관(撞命關), 직난관(直難關), 수화관(水火關), 심수관(深水關), 사주관(四柱關), 장군관(將軍關), 단장관(斷腸關), 욕분관(浴盆關), 무정관(無精關), 염왕관(閻王關), 백일관(百日關), 사계관(四季關), 금쇄관(金鎖關), 건각살(蹇脚殺), 안맹관(眼盲關) 등이 있다.

朗月 실제로는 큰 비중이 없다. 개인적인 생각으로는 신살(神殺)은 모두 무시해도 좋고, 특히 생극제화(生剋制化)의 이치에는 부합되지 않는 것이 대부분이므로 적용시키면 그만큼 혼란이 가중될 수 있다.

소양(少陽) 外 양(陽)이 적음. 사상(四象)의 하나이다. 체(體)는 음(陰)이고, 양(陽)을 포함하는 형상을 취한다. 괘상은 '==' 으로 표시한다.

소운(小運) 子 작은 운. 일종의 신살(神殺)로 본다. 남자는 1살을 병인(丙寅)에서 시작하여 정묘(丁卯), 무진(戊辰)으로 진행하고 해당 나이에 해당 간지가 소운이다. 여자는 1살을 임신(壬申)에서 시작하여 신미(辛未), 경오(庚午)로 진행하고 해당 나이에 해당 간지가 소운이 된다. 대운이 들어오기 전에 임시로 사용한다고도 하는데, 그럴 경우에는 분명 세운(歲運)이 있으므로 소운을 사용할 필요없이 세운을 응용하면 충분하다.

소운법(小運法) 子 ⇨ 소운(小運)

소음(少陰) 外 음(陰)이 적음. 사상(四象)의 하나이다. 체(體)는 양(陽)이고, 음(陰)을 포함하는 형상을 취한다. 괘상은 '==' 으로 표시한다.

소토(疎土) 五 땅을 트이게 함. 토(土)가 많아서 두터운 경우에 목(木)을 써서 토를 극하는 형상이다.

소한(小寒) 節 24절기의 하나. 조금 춥다는 의미의 소한(小寒)이지만 실제로는 대한(大寒)보다 더 춥다. 동지(冬至) 후 대한 전의 절기로 양력 1월 7일경에 시작되어 약 15일간 작용한다. 축월(丑月)에 해당하는 절기이다. 특히 소한과 대한은 섣달이라고 부른다.

소한시(小寒時) 節 소한(小寒)이 시작되는 시각. 이 시각을 기준으로 축월(丑月)이 시작되므로 출생시간이 이 부근일 경우에는 정밀하게 대입해야 한다.

소한법(小限法) 子 ⇨ 소운(小運)

속궁합 俗 ⇨ 겉궁합 속궁합

속상(屬象) 五 신취팔법(神趣八法)의 하나. 지지(地支)에 삼합(三合)을 이루고 천간(天干), 합화(合化)의 오행이 있을 경우에 해당한다. 예를 들어 지지에 해묘미(亥卯未)가 있고 천간에 갑을목(甲乙木)이 있을 경우이다.

朗月 별도로 취급하지 않는다.

속상격(屬象格) 格 고전격국(古典格局)에도 속하며, 신취팔법(神趣八法)의 하나. 지지에 국(局)을 이루면 해당한다. 예를 들어 갑을목(甲乙木)의 지지에 해묘미(亥卯未)가 있으면 해당한다. 매우 강하지만 그로 인해서 길흉을 논하는 것은 의미가 없다.

손녀(孫女) 星 손녀는 손자와 같이 보는데 남자에게는 식상이고, 여자에게는 인성이지만 실제로 대입할 경우는 거의 없다. 따지는 방법만 알아둔다. ⇨ 손자(孫子)

손자(孫子) 星 손자를 실제로 사주 해석에 대입할 경우는 거의 없다. 남자에게는 며느리가 낳은 자식이 손자이니 며느리는 아들의 처가 되고, 아들은 관살이니 관살의 처는 비겁이며, 비겁이 낳은 것은 식상이니 결과적으로 남자에게 손자는 식상이 된다. 그리고 여자에게는 자식이 관살이 되니 자식은 식상이고, 식상의 관살은 인성(印星)이 되니 정인과 편인이 손사가 되는 것으로 대입한다.

솔잎점 外 송엽점(松葉占)이라고도 한다. 서죽점(筮竹占)의 변형으로 서죽 대신 솔잎을 이용한 것이다.

송백목(松柏木) 古 경인신묘송백목(庚寅辛卯松柏木)의 줄임말.

쇠(衰) 古 시듦. 십이운성(十二運星)에서 말하는 명칭의 하나이다.

朗月 양간(陽干)에서는 일리가 있지만

음간(陰干)에서는 허무맹랑하므로 적용하지 않는다.

쇠극의설(衰極宜洩) 古 극히 쇠약한 경우에는 설(洩)하는 글자를 용신으로 삼는다는 의미. 종아격(從兒格)의 의미도 되지만 만약 인겁(印劫)이 조금이라도 있다면 해당하지 않는다.

쇠왕태극(衰旺太極) 古 너무 쇠약하거나 너무 태왕해서 극에 달했음을 이르는 말. 세력이 한쪽으로 치우쳐 있음을 의미한다. 종격으로 방향이 잡힐 가능성이 있지만, 매우 편중되어서 배합이 어려운 구조이다.

수(囚) 子 갇힘. 감옥에 갇힌다는 의미이다. 주변에 내가 극하는 세력이 많을 경우에 해당한다. 목(木)의 계절에 태어난 금(金), 화(火)의 계절에 태어난 수(水), 토(土)의 계절에 태어난 목(木), 금(金)의 계절에 태어난 화(火), 그리고 수(水)의 계절에 태어난 토(土)의 경우이다.

朗月 이러한 상황에 잘 어울리는 말은 중과부적(衆寡不敵)이다. 기본적으로 내가 극할 수 있지만, 상대방의 세력을 감당하지 못해서 도리어 갇히게 된다고 이해한다.

수(水) 五 물로 대표되는 오행의 한 종류. 끝, 죽음, 저장, 응축 등의 의미가 있다. 천간(天干)에서는 양수를 임(壬)으로, 음수를 계(癸)로 하며, 지지(地支)에서는 양수를 해(亥)로, 음수를 자(子)로 한다.

수고(水庫) 子 수(水)의 창고(倉庫)인 진토(辰土)를 말함. 수의 생지(生地)는 신금(申金)이고, 왕지(旺地)는 자수(子水)이며, 고지(庫地)는 진토(辰土)인데, 진토(辰土) 속에는 계수(癸水)가 있어서 수의 고장지(庫藏地)라고 한다.

朗月 수고(水庫)를 열기 위해서 술토(戌土)가 와서 충(沖)을 해야 된다는 설이 있는데, 이는 낭설이며 오히려 충하면 내

용물은 파괴된다고 이해하는 것이 타당하다. 고(庫)를 연다고 하면 저장한 주체의 주인인 왕지(旺地)가 와야만 가능하다. 여기서는 자수(子水)가 된다.

수국(水局) 五 수(水)의 국세. 사주의 지지(地支)에 신자진(申子辰)으로 합을 이루고, 천간(天干)에는 다시 임계수(壬癸水)가 널려 있어서 전체적으로 수의 세력을 형성하고 있는 것이다. 또는 지지(地支)에 신자진이 모여 있는 것도 해당한다.

수극금(水剋金) 五 수(水)가 금(金)을 극(剋)함. 기본적으로는 금생수(金生水)가 되지만, 만약 사주에서 금이 매우 허약해 토(土)의 도움을 받아야 할 상황인데, 오히려 수가 왕해서 금을 설기(洩氣)시킨다면 결과적으로 수가 금을 극하는 현상이다.

수극목(水剋木) 五 수(水)가 목(木)을 극(剋)함. 기본적으로는 수생목(水生木)이 되지만, 만약 사주에 목이 이미 과중할 경우에 다시 수의 생조를 만나면 목은 더욱 그 세력이 강화된다. 목생화(木生火)로 화(火)를 사용하려면 수극화(水剋火)로 화를 꺼버리고, 다시 금극목(金剋木)으로 금(金)을 사용하려면 이번에는 금생수(金生水)로 오히려 다시 목을 생조하는 결과가 되어버리므로, 결과적으로는 수극목의 이치가 된다.

수극수(水剋水) 五 수(水)가 수(水)를 극(剋)함. 수가 같은 수를 극하는 경우이다. 사주에 금(金)이 왕해서 화(火)를 의지해 화극금(火剋金)으로 사용하려고 할 경우에 수가 많으면 수극화(水剋火)의 작용으로 화를 제어할 수 없으므로 결과적으로 수극수(水剋水)가 된다. 이러한 현상은 군겁쟁재(群劫爭財), 또는 군비쟁재(群比爭財)의 현상으로 말할 수 있다.

수극토(水剋土) 五 수(水)가 토(土)를 극(剋)함.

朗月 역극(逆剋)의 원리이다. 원래 토극수(土剋水)이지만, 수(水)는 세력이 매우 강하고 반면에 토(土)는 세력이 너무 약하면 수가 토를 극한다. 이러한 현상은 재다신약(財多身弱)의 현상 또는 중과부적(衆寡不敵), 수다토류(水多土流)의 현상이라 한다.

수극화(水剋火) 五 수(水)가 화(火)를 극함. 수는 명령자가 되고 화는 수행자가 된다고 이해한다. 오행상극(五行相剋)의 법칙에 해당하며 매우 무정한 것으로 해석한다

朗月 다만 기본 공식으로만 이해한다. 상황에 따라서는 세력이 서로 뒤바뀌는 경우도 생기기 때문이다. 그렇게 되면 공격자가 도리어 공격을 받을 수도 있는 것이 오행의 세계이다.

수기(秀氣) 古 빼어난 기운. 식상(食傷)을 말한다.

수기(水氣) 五 수(水)의 기운(氣運). ⇨ 수(水)

수기유행(秀氣流行) 古 빼어난 기운이 흘러다님. 식상의 기운이 유통되어서 재성으로 흘러가는 것이다. 흐름이 좋은 사주를 두고 칭찬하는 말이기도 하다.

朗月 대부분의 사주는 막히고, 충되고, 무정하기 때문에 이러한 수기유행의 구조를 만나면 속이 시원함을 느낀다.

수다금침(水多金沈) 五 수(水)가 지나치게 많으면 금(金)이 물에 잠김. 금생수(金生水)의 기운이 너무 소모되므로 금의 기운을 유지하기 위해서 토(土)의 도움을 받아야 하는데 그렇지 못하다는 의미이다. 식상과다(食傷過多)의 해(亥)에 속한다.

수다목부(水多木浮) 五 물이 많으면 목(水)이 떠다님. 부목현상(浮木現狀)이라고도 한다. 인성과다(印星過多)의 해(害)에 속한다.

朗月 의미만 수용할 뿐 실제로 사주에

물이 지나치게 많은 경우에 그 목(水)이 죽거나 썩는다고 이해하는 것은 지나치다. 다른 오행과 마찬가지로 목의 기운이 너무 강하다고 이해해야 옳다.

수다토류(水多土流) 五 물이 너무 많으면 토(土)가 떠내려감. 원래는 토극수(土剋水)가 되지만, 그 수(水)가 너무 많으면 토는 수를 제어하지 못하고 오히려 떠내려간다는 의미이다. 재성과다(財星過多)의 해(害)에 속한다.

수대근심(樹大根深) 古 나무가 크고 뿌리도 깊다는 의미. 목(木)의 일주가 매우 강왕(强旺)하다는 것을 의미한다

수목(水木) 五 물과 나무. 수목은 수생목(水生木)과 같은 말이다. 수(水)가 목(木)을 생하는 구조이므로 서로 유정하다고 이해한다. 어미와 자식이 함께 있는 것으로 이해하여 유정하다고도 한다.

수목상관(水木傷官) 古 수(水)의 일주가 목(木)을 본 것. 특히 임계수(壬癸水)가 인묘월(寅卯月)에 태어났을 때 잘 어울리는 말이다.

수목상관격(水木傷官格) 格 수목상관(水木傷官)과 같은 말. 상관(傷官)을 용신으로 삼는 경우에는 격을 붙여도 무방하다.

수목상생격(水木相生格) 格 고전격국(古典格局)의 하나. 사주 구조에서 다른 성분은 전혀 없고, 수목(水木)의 두 성분만 있으면 양기성상격(兩氣成象格)이라고도 하고, 수목청기(水木淸奇)라고도 한다.

朗月 용신을 정하는 것은 상황에 따라서 달라지는데, 억부법(抑扶法)에 준해서 대입하면 무난하므로 특별히 양기성상격을 고려할 필요는 없다.

수목상승이비위설(水木相勝而脾胃泄) 【滴天髓】 수목(水木)이 화토(火土)를 이겨 왕성해지면 비위(脾胃)가 허약해지는 병이 된다.

수목청기(水木淸奇) 格 ⇨ 수목상생격(水木

相生格)

수방(水方) 五 수(水)의 방향. 지지에 해자축(亥子丑)이 모여 있거나, 대운(大運)이 해자축의 방향으로 흐를 경우이다.

수분이성유자 전금목지신(水奔而性柔者 全金木之神) 【滴天髓】 수(水)가 왕성한데, 금(金)만 있고 목(木)이 없거나, 목으로만 흘러가면 성품이 유연(柔軟)하다.

수상(手相) 外 손의 생김새와 손바닥의 문양을 보고 예언하는 방법. 넓은 의미로는 관상(觀相)의 한 분류이다.

수생금(水生金) 五 수(水)가 금(金)을 생(生)함.

　朗月 역생(逆生)의 원리이다. 원래 금생수(金生水)이지만, 금(金)이 화(火)에게 화극금(火剋金)의 공격을 받게 될 경우에 수(水)가 나서서 수극화(水剋火)로 금을 살린다. 이 경우는 식신제살격(食神制殺格)의 구조에 해당한다. 금의 세력이 과다하여 화극금(火剋金)이 되지 못할 경우에 수가 있어서 그 금을 유통시킬 경우에도 수생금(水生金)의 논리가 적용된다. 이런 경우에는 식신격(食神格)이 된다.

수생목(水生木) 五 수(水)가 목(木)을 생조함. 수는 어머니의 입장이고, 목은 자식의 입장으로 이해한다. 오행상생(五行相生)의 법칙에 해당하며 매우 유정한 것으로 이해한다.

　朗月 다만 이것은 기본 공식으로 이해하는 것이 중요하다. 경우에 따라서는 생하는 것이 오히려 병이 되는 경우도 허다하기 때문이다.

수생수(水生水) 五 수(水)가 수(水)를 생(生)함. 같은 수가 수를 생한다. 사주에 화(火)가 과중하여 재다신약(財多身弱)이 극심할 경우에 힘 있는 수를 얻어서 수극화(水剋火)하면, 자칫 화염수작(火炎水灼)이 될 위기에서 구제되므로 수생수(水生水)가 된다. 이러한 현상을 득비리재(得比利財) 또는 재중용겁(財重用劫)이라고도 한다.

수생토(水生土) 五 수(水)가 토(土)를 생(生)함. 기본 이치로는 토극수(土剋水)이지만, 만약 사주에 화(火)가 너무 많아서 화생토(火生土)가 과중하면, 화의 열기를 과중하게 받아서 화염토초(火焰土焦)의 현상이 발생한다. 이 경우에 힘있는 수가 있으면 수극화(水剋火)하여 화가 토를 생조하지 못하므로, 결과적으로 수생토(水生土)의 이치가 된다. 이 현상을 기인취재(棄印就財) 또는 군뢰신생(君賴臣生)이라고도 한다.

수생화(水生火) 五 수(水)가 화(火)를 생(生)함. 기본적으로 수극화(水剋火)가 되지만, 사주에 화가 너무 과중하면 금(金)이 있어도 군겁쟁재(群劫爭財)의 쟁탈전이 벌어져 토(土)를 사용하려고 해도 과중한 열기 때문에 화다토척(火多土斥)이 된다. 이 경우에 힘있는 수(水)가 있어서 강력하게 화를 제어하면 결과적으로 수생화(水生火)의 이치가 된다. 이 현상을 제화(制火)라고도 한다. 불을 다스려서 적절하게 통제한다는 의미이다.

수술(手術)**한 사주**(四柱) 外 ⇨ 제왕절개(帝王切開)

수왕절(水旺節) 倲 수(水)의 기운이 왕성한 계절. 해자월(亥子月)이 해당한다.

수용성(受容性) 心 긍정적으로 받아들이는 성품. 정인(正印)의 성격이다.

수운(水運) 子 1. 수(水)의 운. 대운에서 임계(壬癸)나 해자(亥子)의 운이 진행되는 것을 의미한다.
2. 오운(五運)에서 수(水)에 해당하는 운. 병년(丙年)이나 신년(辛年)이 수의 운에 해당하는데, 특히 병년은 수태과(水太過)의 운으로 보고, 신년은 수불급(水不及)의 운으로 본다. 자평명리학에서는 이렇게 대입하지 않는다.

수윤물생 화조물병(水潤物生 火燥物病)【滴天髓】 수분이 적당하여 윤택한 상황에서는 만물이 잘 성장하지만, 열기가 과다하여 너무 조열(燥熱)하면 가뭄이 들어 모두 병들게 된다.

朗月 '무토(戊土)-산(山), 기토(己土)-평원(平原)'의 차원이 아니다. 그대로 지구(地球)적인 차원으로 관찰했다는 생각이 든다.

수(水)**의 계절**(季節) 休 해자월(亥子月)을 말함. 경우에 따라서는 축월(丑月)을 포함시키기도 한다.

수(水)**의 음양**(陰陽) 五 천간(天干)의 음수는 계수(癸水)가 되고, 양수는 임수(壬水)가 된다. 지지(地支)의 음수(陰水)는 자수(子水)가 되고, 양수(陽水)는 해수(亥水)가 된다. 다만 지지의 경우에는 체용(體用)이 바뀌는데, 체(體)로 본다면 자수가 양(陽)이 되고, 해수는 음(陰)이 됨을 혼동하지 않아야 한다. 자평명리학(子平命理學)에서는 용(用)만을 사용하므로 고려하지 않는다.

朗月 수(水)의 음양(陰陽)을 다른 관점으로 본다면 양수(陽水)는 수기(水氣)로 보고, 음수(陰水)는 수분(水分)으로 볼 수 있다.

수일간(水日干) 子 태어난 날이 임계수(壬癸水)에 해당하는 사람.

수일주(水日主) 子 태어난 날이 임계일(壬癸日)에 해당하는 사람.

수재불시진범자 청기환혐관불기(秀才不是塵凡子 清氣還嫌官不起)【滴天髓】 일생 공부만 하고 벼슬길에 나가지 못하는 수재(秀才)도 평범한 사람은 아닌데, 청기(清氣)는 있으나 도리어 관성(官星)이 무력한 것이 아쉽다.

수치심(羞恥心) 心 심리구조에서 무엇인가 자신의 잘못으로 스스로를 꾸짖는 것은, 경쟁심(競爭心)을 의미하는 겁재(劫財)

와 결과에 비중을 두는 재성(財星)이 있고, 자신을 감시하는 관살(官殺)이 강할 경우에 나타난다.

수화관(水火關) 殺 물에 빠지거나 불에 데어서 생명을 잃을 위험이 있는 살. 구조는 1·2·3월생-술미(戌未)시, 4·5·6월생-축진(丑辰)시, 7·8·9월생-유시(酉時), 10·11·12월생-축시(丑時)가 해당한다.

朗月 실제로는 큰 비중이 없다. 개인적인 생각으로는 신살(神殺)은 모두 무시해도 좋고, 특히 생극제화(生剋制化)의 이치에는 부합되지 않는 것이 대부분이므로 적용시키면 그만큼 혼란이 가중될 수 있다.

수화기제(水火旣濟) 古 수화(水火)가 서로 돕고 있음. 주역에 나오는 말로 일반적으로 많이 사용한다. 수(水)는 화(火) 없이는 이룰 수 없고, 화는 수 없이는 이룰 수 없다는 의미로, 서로 균형을 이루면 서로 도와서 이룬다는 뜻이다.

朗月 수(水)의 입장에서는 화(火)가 있어 움직이고, 화의 입장에서는 수가 있어 폭발을 방지한다고도 한다.

수화상극(水火相剋) 五 수(水)와 화(火)가 서로 극(剋)함. 원래 수극화(水剋火)로 수가 화를 극하는 원리이지만, 경우에 따라서는 화의 세력이 당당해 수와 대립하는 경우를 말한다. 보통 수화(水火)는 대립한다고 말한다.

숙명(宿命) 外 이미 과거의 생에서 정해진 것, 또는 고정적으로 정해진 것. ⇨ 숙명론(宿命論)

숙명론(宿命論) 外 숙명(宿命)을 믿는 논리. 모든 것은 태어나면서 이미 운명이 정해졌다고 생각하는 것이다. 자평명리학(子平命理學)에서도 숙명론을 취한다.

숙살지기(肅殺之氣) 古 죽이는 기운. 금(金)을 달리 부르는 말이기도 하다.

순(順) 外 따름. 흐름을 따르는 것이다.

순공(旬空) 古 殺 갑자순(甲子旬)에는 술해(戌亥)가 공망이고, 갑술순(甲戌旬)에는 신유(申酉)가 공망이다. 또 갑신순(甲申旬)-오미(午未), 갑오순(甲午旬)-진사(辰巳), 갑진순(甲辰旬)-인묘(寅卯), 갑인순(甲寅旬)-자축(子丑)이 공망이다. 갑자순에서 술해가 공망이 되는 이유는 갑자(甲子)에서 계유(癸酉)까지만 있고 술해(戌亥)는 없기 때문이다.

朗月 이것은 도표적인 의미임을 주의해야 한다. 왜냐하면 실제로 과연 10개의 천간이 나열될 때 그 사이가 끊어져 있느냐는 것이다. 다시 말해 계유 다음에 갑술이지 계유에서 끊어지고 다시 갑술로 이어진다는 것은 말이 되지 않는다. 이러한 점을 살핀다면 공망론(空亡論)이 얼마나 허망한 논리인지를 알게 될 것이다. 또 이것은 실제로는 큰 비중이 없다. 개인적인 생각으로는 신살(神殺)은 모두 무시해도 좋고, 특히 생극제화(生剋制化)의 이치에는 부합되지 않는 것이 대부분이므로 적용시키면 그만큼 혼란이 가중될 수 있다.

순국(順局) 格 흐름에 따르는 국세(國勢). 특히 종아격(從兒格)의 경우에 해당한다.

순극(順剋) 五 일반적인 오행(五行)의 상극(相剋). 순극(順剋)은 역극(逆剋)에 대해 반대되는 말이다.

순극(順剋)**의 원리**(原理) 五 일반적으로 오행(五行)은 상생(相生)과 상극(相剋)을 한다. 여기에서 순극(順剋)은 상극과 같은 말이다.

순생(順生) 五 순리(順理)로 생조(生助)하는 것. 목생화(木生火), 화생토(火生土), 토생금(土生金), 금생수(金生水) 등을 말한다.

순생(順生)**의 원리**(原理) 五 특별히 순생이라고 하지 않아도 일반적인 오행(五行)의 상생법(相生法)을 말한다. 목생화(木生火), 화생토(火生土), 토생금(土生金), 금생수(金生水), 수생목(水生木)을 말한다.

순생지기 우격신이항(順生之機 遇擊神而抗) 【滴天髓】식상(食傷)으로 흐름을 타는 구조에서는 관살(官殺)을 만나면 싸움이 일어난다.

순역(順逆) 【滴天髓】일반적인 이치를 상순(相順)이라고 하고, 일상적인 논리를 뒤집어서 대입하는 것을 반역(反逆)이라고 하는 것이 사주의 해석법이다. 그러므로 목생화(木生火)의 이치는 순(順)이고, 목생수(木生水)의 이치는 역(逆)이다.

순역부제야 불가역자 순기기세이이의(順逆不齊也 不可逆者 順其氣勢而已矣)【滴天髓】흐름을 따르거나 거역하는 것은 일정하지 않다. 거역하여 버틸 수 없다면 그 기세를 따르는 것이 옳다.

순용(順用) 子 흐름에 따라 사용한 용신. 식신생재격(食神生財格), 상관생재격(傷官生財格), 종아격(從兒格) 등이 해당한다.

순운(順運) 子 순행(順行)하는 운. 대운의 흐름에서 음남양녀(陰男陽女)는 역행하고, 양남음녀(陽男陰女)는 순행한다. 순운이라는 말은 양남음녀의 운을 말한다. 한편 사주의 흐름에 순응하는 운이라는 의미도 포함한다. 좋은 운과 같은 의미로도 사용할 수 있다.

순잡(純雜) 古 순수(純粹)하거나 혼잡(混雜)함. 사주의 형상을 말한다. 순수하다는 것은 청(淸)한 기운이 도는 것으로 충극(沖剋)이 없는 것이며, 혼잡하다는 것은 충극(沖剋)이 많고 탁(濁)한 기운이 도는 것이다. 청탁(淸濁)과 비슷한 말이다.

순즉길혜흉즉패(順則吉兮凶則悖)【滴天髓】자연의 이치를 따르면 길(吉)하고 어기면 흉하다.

순패지기수리회(順悖之機須理會)【滴天髓】
자연을 따르거나 어기는 이치를 모름지
기 알 것이다.

순행(順行) 子 대운(大運)의 흐름에서 양남
음녀(陽男陰女)의 경우에 해당한다. ⇨
순운(順運)

순행설(順行說) 子 대운(大運)의 역행(逆
行)을 부정하고, 순행(順行)으로 대입해
야 한다는 설이다. ⇨ 대운순행설(大運順
行說)

순환불식(循環不息) 古 사주에서 간지(干
支)의 흐름이 잘 짜여져 있어 끊어지지
않는 것을 말함. 예를 들어 연주(年柱)부
터 시작하여 월주(月柱)와 일주(日柱)와
시주(時柱)가 상생(相生) 원리로 흐르는
것이다. 『적천수징의(滴天髓徵義)』의 「청
탁(淸濁)」절에 나오는 계유(癸酉), 갑자
(甲子), 병인(丙寅), 을미(乙未)의 명조
(命造)나, 갑자(甲子), 병인(丙寅), 기해
(己亥), 신미(辛未) 등이 해당한다.

순환상생(循環相生) 古 흐르고 또 흘러서
한 바퀴 돎. 연주상생(聯珠相生)이라는
말과 같은 의미이다. 흔하지 않은 사주이
지만 좋은 사주에 속하는 구조이다.

술(戌) 干支 십이지(十二支)의 11번째. 지
지(地支)의 양토(陽土)라고도 한다. 개를
상징하고 계절로는 한로(寒露)에서 상강
(霜降) 사이고, 시간은 오후 7시 ~ 9시이
다. 단, 동경 135도 기준일 경우에는 약
30분을 가산한다. 화(火)의 고지(庫地)에
해당하며, 오화(午火)를 만나면 합하고,
화(化)하면 화(火)가 된다. 진(辰)과는
충하는데, 같은 토(土)의 성분이라 큰 피
해는 없지만 지장간의 신금과 정화는 모
두 손상을 받는다. 지장간의 구조는 신금
-9, 정화-3, 무토-18의 배합이다.

　朗月 술년(戌年)에 태어나면 개띠인데,
이치적으로는 서로 연관이 없다. 토의 충

은 창고가 열리게 되어 내용의 성분을 사
용할 수 있다는 설이 있는데, 밖이 깨어
진 다음에 내용물을 사용한다는 것은 이
치적으로 조잡하다. 『자평진전(子平眞
詮)』에는 오류를 바로잡았지만 아직도
이렇게 주장하는 학자가 많으니 깊이 생
각해야 한다. 창고에 든 물건은 열쇠로
열어야 다시 사용할 수 있으므로 술토(戌
土)의 열쇠는 오화가 되는 것으로 봐야
한다.

술년(戌年) 子 술(戌)의 해. 연지(年支)가
술인 경우이다. 보통 개띠의 해라고 한
다.

술말(戌末) 俗 술시(戌時)의 끝 부분.

술미형(戌未刑) 殺 신살(神殺)의 하나. 술
(戌)과 미(戌未)가 만나면 형의 작용이
나타난다.

　朗月 술과 미는 같은 토(土)가 되는데
왜 별도로 형을 하는지 의미를 모르므로
그냥 무시한다.

술시(戌時) 子 술(戌)의 시. 사주의 시지
(時支)가 술에 해당하는 경우이다. 동경
135도 기준으로 오후 7시 30분 ~ 9시 30
분 두 시간에 해당한다.

　朗月 시계를 보지 못하고 출생한 경우
보통 초저녁에 낳았다고 하면 술시가 될
가능성이 많다.

술월(戌月) 子 술(戌)의 달. 사주의 월지
(月支)가 술에 해당하는 경우이다. 절기
로는 한로(寒露)와 상강(霜降) 사이에 해
당한다.

술월갑목(戌月甲木) 干支 술월(戌月)에 태
어난 갑목(甲木). 늦가을에 태어난 목
(木)이므로 기운이 약한 상황에서 추위
가 염려되어 수(水)와 화(火)의 배합이
적절하기를 희망한다.

　【窮通寶鑑】 용신(用神)은 경금(庚金), 보
조(補助)는 갑목(甲木), 정화(丁火), 임
계수(壬癸水)이다. 토(土)가 왕성하면 갑

목을 용신으로 하고, 목(木)이 왕(旺)하면 경금을 쓴다. 정화, 임수, 계수는 보조가 된다.

술월경금(戌月庚金) 干支 술월(戌月)에 태어난 경금(庚金). 금(金)이 늦가을에 태어났지만 기운은 왕하므로 화(火)의 성분이나 수(水)가 있으면 좋을 가능성이 많다.

【窮通寶鑑】용신(用神)은 갑목(甲木), 보조(補助)는 임수(壬水)이다. 토(土)가 많으면 갑목을 먼저 써서 소토(疏土)한다. 다음에는 임수로 썼어준다. 기토(己土)를 만나 임수가 탁해지는 것은 꺼린다.

술월계수(戌月癸水) 干支 술월(戌月)에 태어난 계수(癸水). 술월 임수(壬水)의 상황에 따른다.

【窮通寶鑑】용신(用神)은 신금(辛金), 보조(補助)는 갑목(甲木), 임계수(壬癸水)이다. 오로지 신금을 쓰고, 무토(戊土)는 꺼린다. 비겁(比劫)이 갑목을 도와줘서 무토를 제어하면 묘(妙)하다.

술월기토(戌月己土) 干支 술월(戌月)에 태어난 기토(己土). 술월 무토(戊土)의 상황에 따른다.

【窮通寶鑑】용신(用神)은 갑목(甲木), 보조(補助)는 병화(丙火), 계수(癸水)이다. 토(土)가 왕성한 계절이니 갑목으로 소토(疏土)하고 다음으로 병화와 계수를 쓴다.

술월무토(戌月戊土) 干支 술월(戌月)에 태어난 무토(戊土). 늦가을에 태어났지만 상황에 따라서는 토(土)의 계절이기 때문에 금(金)이 필요할 수 있다.

【窮通寶鑑】용신(用神)은 갑목(甲木), 보조(補助)는 병화(丙火), 계수(癸水)이다. 무토(戊土)가 월령(月令)을 잡으니 먼저 갑목을 쓰고, 다음으로 병화를 취한다. 금(金)이 보이면 먼저 계수를 쓰고, 다음으로 병화를 취한다.

술월병화(戌月丙火) 干支 술월(戌月)에 태어난 병화(丙火). 늦가을에 태어난 병화이므로 화의 기운이 무력해서 목(木)의 도움을 필요로 할 경우가 많다.

【窮通寶鑑】용신(用神)은 갑목(甲木), 보조(補助)는 임수(壬水)이다. 토(土)가 화기(火氣)를 흡수하는 것을 꺼리므로 먼저 갑목으로 토를 누르고, 다음으로 임수를 용신으로 삼는다.

술월신금(戌月辛金) 干支 술월(戌月)에 태어난 신금(辛金). 술월 경금(庚金)의 상황에 따른다.

【窮通寶鑑】용신(用神)은 임수(壬水), 보조(補助)는 갑목(甲木)이다. 화토(火土)는 병(病)이 되고 수목(水木)은 약(藥)이 된다.

술월을목(戌月乙木) 干支 술월(戌月)에 태어난 을목(乙木). 술월 갑목(甲木)의 상황에 따른다.

【窮通寶鑑】용신(用神)은 계수(癸水), 보조(補助)는 신금(辛金)이다. 금(金)으로 수(水)의 발원지(發源地)를 삼는다. 갑목(甲木)이 있으면 등라계갑(藤蘿繫甲)이라고 한다.

술월임수(戌月壬水) 干支 술월(戌月)에 태어나 임수(壬水). 늦가을에 태어난 수(水)이므로 약하지 않으면 필요로 하는 것이 목(木)이 될 가능성이 많다.

【窮通寶鑑】용신(用神)은 갑목(甲木), 보조(補助)는 병화(丙火)이다. 갑목으로 술토(戌土) 속의 무토(戊土)를 제어하고 병화는 보조가 된다.

술월정화(戌月丁火) 干支 술월(戌月)에 태어난 정화(丁火). 술월 병화(丙火)의 상황에 따른다.

【窮通寶鑑】용신(用神)은 갑목(甲木), 보조(補助)는 경금(庚金), 무토(戊土)이다. 무토가 많은데 갑목이 없으면 상관상진(傷官傷盡)이 된다.

술(戌)의 지장간(支藏干) 干支 지지(地支)의 술토(戌土) 속에 들어 있는 천간(天干). 지장간의 구조는 신금(辛金)-9, 정화(丁火)-3, 무토(戊土)-18에 해당한다. 인원용사(人元用事)의 구조도 이와 같다.

朗月 지지에 천간이 포함되어 있는 형태가 각 비율로 포함하여 각기 분류할 수 있는 상태인지, 아니면 완전히 일정한 비율로 용해되어서 분리시킬 수 없는 상태인지는 말하기 어렵다. 절기를 고려했을 때 일정한 흐름으로 지장간의 기운이 흘러간다고 참고하면 분리하지 못할 형상으로는 보이지 않는다. 지지의 그릇에 담긴 일정 비율의 천간 덩어리라고 이해한다.

술일(戌日) 子 술(戌)의 날. 사주의 일지(日支)가 술에 해당하는 경우이다.

술정(戌正) 俗 술시(戌時)의 중앙.

술중무토(戌中戊土) 五 술토(戌土)에 들어 있는 무토(戊土). 월령(月令)에서는 본기(本氣)에 해당하고, 절기로는 상강(霜降)에 속하며 약 18일간 작용한다. 독립적으로는 술토의 주체가 된다.

술중신금(戌中辛金) 干支 술토(戌土) 속에 들어 있는 신금(辛金). 월령(月令)에서는 유월(酉月)의 신금이 넘어와 여기(餘氣)가 되고, 절기로는 한로(寒露)에 해당하며 약 9일간 작용한다. 독립적으로는 술토의 본기인 무토(戊土)를 의지하며 생조받는 형상이다. 또한 지장간의 정화(丁火)에게 극을 받는 다소 복잡한 형상으로 이해한다.

술중정화(戌中丁火) 干支 술토(戌土) 속에 들어 있는 정화(丁火). 월령(月令)에서는 중기(中氣)에 해당하고, 절기로는 한로(寒露)에 속하며 약 3일간 작용한다. 독립적으로는 술토의 무토(戊土)를 생조(生助)하여 열토(熱土)의 형태가 되도록 하기 때문에 상당히 비중있는 작용을 한

다. 또한 지지에서 오화(午火)를 만나면 술토는 화(火)의 성분을 띠어 이 때의 정화는 약 50% 정도의 힘이 발생한다고 보는데, 화의 고지(庫地)가 되는 것은 이 정화 때문이라고 본다면, 술토의 구조는 정화를 위한 것이다.

술천예(戌天藝) 古 殺 신살(神殺)의 하나. 술(戌)은 천예성(天藝星)에 해당한다. 당사주(唐四柱)의 12성(星)에 해당하는데, 술(戌)에 해당하면 예술의 소질이 있다는 뜻이다. ⇨ 당사주(唐四柱)

술초(戌初) 俗 술시(戌時)의 첫 부분.

술해방(戌亥方) 外 술해(戌亥)의 방향. 북서(北西) 방향이다. 팔괘(八卦)로는 건방(乾方)이라고도 한다.

朗月 방향은 팔방(八方)으로 논하는데, 지지는 십이지(十二支)이므로 부득이 어느 지지는 겹친다. 술해(戌亥)도 그렇게 해서 지정되었다. 특히 술해는 건방(乾方)이라고도 하는데, 건(乾)은 하늘이므로 천문(天門)이라고도 한다. 그리고 이것을 확대해석하여 사주에 술해가 있으면 천문이 있으므로 역학(易學) 공부를 잘하고, 없으면 못한다는 말이 있으므로 자신이 사주공부를 할 경우에는 이것을 먼저 살펴보기도 한다. 참고로 낭월은 사주쟁이지만 사주에 술해(戌亥)는 그림자도 없다. 이치에 부합되지 않는 설은 과감히 부정해야 한다.

습목(濕木) 五 습기를 머금은 나무. 사주에서 갑을목(甲乙木) 주변에 임계수(壬癸水)나 해자수(亥子水)가 지나치게 많거나 축토(丑土)와 진토(辰土)가 함께 포함되어 있는 경우이다.

습토(濕土) 五 습기를 머금고 있는 토(土). 천간(天干)의 기토(己土)와 지지(地支)의 진토(辰土)와 축토(丑土)를 이르는 말이다.

시간(時干) 子 시주(時柱)의 천간(天干).

종교궁(宗教宮)이라고도 한다.

시간(時間)**과 공간**(空間) 外 사주학에서는 자연을 시공(時空)으로 나눈 것을 보편적으로 활용하는데, 보통 자평명리학(子平命理學)에서는 시간을 매우 소중하게 여기지만, 공간에 대한 대입은 비중을 두지 않는다. 이것은 출생 연월일시만으로 인간의 운명을 해석하고자 하기 때문이다. 이러한 형태는 사주학에 해당하는 기문둔갑(奇門遁甲)이나 자미두수(紫微斗數) 등 모든 생년월일시(生年月日時)를 바탕으로 하는 학문에서는 마찬가지이다. 어디에서 출생했는가를 묻지 않고 몇일, 몇 시에 났느냐만 묻는 학문은 오직 시간에만 비중을 두는 것이다. 어떤 형태로든 공간의 의미를 부여하는 것이 필요할지도 모르지만, 운명에서 출생환경의 공간에 대해서 크게 비중을 두지 않는 것은 아마도 사람이 유동적인 동물이기 때문이라고 이해한다.

朗月 일부 기문둔갑(奇門遁甲)의 학자는 자평명리학(子平命理學)은 시간만 있고 공간이 없는 절름발이 학문이라고 한다. 기문둔갑에서 명판(命板)을 만들 때 어느 곳의 어떤 환경, 즉 출생 환경이 바닷가인지 도심인지 또는 산 속인지에 대해서 묻는 것을 보지 못했기 때문이다. 그러나 근원적인 문제를 고려하지 않고 단지 명판의 형태를 공간적인 의미로 보고 그렇게 말하는 것은 올바른 견해가 아니다. 만약 그것을 공간적 개념으로 삼는다면 자평명리 또한 오행의 이치를 논하며 그 이치 속에 하늘과 땅과 모든 공간적인 요소가 포함되어 있다고 할 수 있기 때문이다. 이런 식으로 자신의 학문이 우수하다고 하는 것은 현명한 생각이 아니다. 논리성으로 우수성을 논해야 학자다운 견해이다.

시간법(時干法) 子 시지(時支)를 놓고 시간(時干)을 찾는 방법. 둔시법(遁時法)이라고도 한다. 다음 공식을 암기하면 도표가 없어도 바르게 찾을 수 있다. 이것은 월간법(月干法)에서도 그대로 적용한다. '甲己之日甲子頭, 乙庚之日丙子頭, 丙辛之日戊子頭, 丁壬之日庚子頭, 戊癸之日壬子頭'로 암기한다. 적용법은 갑일(甲日)이나 기일(己日)에는 자시(子時)가 갑자시(甲子時)로 시작하므로, 예를 들어 오시(午時)의 시간(時干)을 찾을 때 경오시(庚午時)가 되는 것을 확인할 수 있다.

시간(時間)**의 30분**(三十分) **문제**(問題) 外 동경(東經) 135도를 표준시로 하는 현재의 기준으로는 30분을 자연시(自然時)보다 앞당겨서 사용한다. 만약 동경 127도 30분을 표준시로 한다면 30분의 문제는 해소된다.

시격(時格) 格 고전격국(古典格局)을 특성별로 구분할 때 시주(時柱)의 관계에 의해서 정해진 이름. 시상편재격(時上偏財格), 시상일위귀격(時上一位貴格) 등이 해당한다.

시공(時空) 外 ⇨ 시간(時間)과 공간(空間)

시공간(時空間) 外 ⇨ 시간(時間)과 공간(空間)

시기소시 종기소종 복수부귀 영호무궁(始其所始 終其所終 福壽富貴 永乎無窮) 【滴天髓】 그 형상을 보아 시작되어야 할 곳에서 시작하고 마쳐야 할 곳에서 마친다면, 부귀영화가 영원히 이어져서 다함이 없다.

시기심(猜忌心) 心 샘내고 미워하는 성품. 질투심의 내면적인 성향이므로 비견(比肩)과 식신(食神)이 결합하면 나타날 수 있는 성격이다.

시령(時令) 命 월지(月支)를 말함. 해당 계절을 의미한다.

시록격(時祿格) 格 ⇨ 귀록격(歸祿格)

시(時)**를 모르는 사주**(四柱) 子 출생 당시의 상황이 정확하지 않아서 사주를 바로 잡지 못하는 사주. 이 경우에 여러 가지 방법이 동원되지만, 사실 가장 중요한 것은 최대한 출생 당시의 상황을 고려하여 시(時)를 찾고, 그래도 알 수 없는 경우에는 시주(時柱)는 그대로 두고 삼주(三柱)만으로 해석하는 것이 현명하다.

朗月 시(時)를 모를 경우에는 시를 스스로 만들어서 살아가라는 의미로 생각하기도 한다. 억지로 시를 만들려고 하기보다 있는 그대로 해석하는 것이 가장 현명하다.

시마격(時馬格) 格 ⇨ 전재격(專財格)

시(時)모름 子 출생시(出生時)를 전혀 모름. 이 경우에는 상담하지 않는 것이 원칙이다. 다만 뭔가 알고자 하는 일이 있으면 삼주(三柱)만 놓고 해석한다.

시묘격(時墓格) 格 고전격국(古典格局)의 하나. 특수격(特殊格)에도 해당한다. 구조는 일간(日干)의 묘(墓)에 해당하는 시(時)에 태어난 경우이다. 예를 들어 갑을목(甲乙木)이 미시(未時)에 나거나, 병정화(丙丁火)가 술시(戌時)에, 경신금(庚辛金)이 축시(丑時)에, 임계수(壬癸水)가 진시(辰時)에 나면 해당한다.

朗月 형충을 만나면 길하고 그렇지 않으면 흉하지만, 묘는 충해야 한다는 설을 사용하므로 생극제화(生剋制化)의 이치로 관찰하는 자평명리학(子平命理學)의 논리에는 위반된다. 사용하지 않는다.

시상(時上) 格 시상일위귀격(時上一位貴格)에서 쓰여지는 말로 별다른 의미는 없다. ⇨ 시간(時干)

시상일귀격(時上一貴格) 格 ⇨ 시상일위귀격(時上一位貴格)

시상일위귀격(時上一位貴格) 格 고전격국(古典格局)의 하나이며 시격(時格)의 한 종류. 시주(時柱)에 편관(偏官)이 있으면 해당한다.

朗月 시(時)에 편관이 있어 귀하다는 것은 치우친 견해이므로, 버려야 할 명칭이다.

시상편재격(時上偏財格) 格 고전격국(古典格局)의 하나이며 시격(時格)의 한 종류. 시주(時柱)에 편재(偏財)가 있으면 해당한다. 투출되면 겁탈당하니 암장되는 것이 좋다고 하는데, 상황에 따라서 일주가 신왕하면 용신격(用神格)으로도 사용한다. 다만 시주의 편재 하나만으로 말하는 것은 금물이다.

시종득소(始終得所) 古 시작할 곳에서 시작하고 끝마칠 곳에서 끝남을 이르는 말. 형상의 적절함을 의미한다. 원하는 구조로 되어 있다는 뜻이다. 상생(相生)으로 유통되며, 『적천수(滴天髓)』에서는 이 부분을 '시작할 곳에서 시작하고 마칠 곳에서 마치니 복과 수명이 무궁하다'고 하였다.

시주(時柱) 子 태어난 시간의 간지(干支). 태어난 시간을 기준으로 시주를 삼는다. 그 시간의 기준은 하루를 13시로 나눠서 대입하는데, 다음과 같다.

자시(子時) : 0시30분 ~ 1시30분.
축시(丑時) : 1시30분 ~ 3시30분.
인시(寅時) : 3시30분 ~ 5시30분.
묘시(卯時) : 5시30분 ~ 7시30분.
진시(辰時) : 7시30분 ~ 9시30분.
사시(巳時) : 9시30분 ~ 11시30분.
오시(午時) : 11시30분 ~ 13시30분.
미시(未時) : 13시30분 ~ 15시30분.
신시(申時) : 15시30분 ~ 17시30분.
유시(酉時) : 17시30분 ~ 19시30분.
술시(戌時) : 19시30분 ~ 21시30분.
해시(亥時) : 21시30분 ~ 23시30분.
야자시(夜子時) : 23시30분 ~ 0시30분.

朗月 학자에 따라서 야자시를 무시하는 경우도 있다. 그런 경우에는 23시30분 ~ 1시30분을 자시(子時)로 보고 대입한다.

그리고 이 시간이 되면 날짜도 다음 날로 넘어간다는 것도 참고한다. 어느 경우를 사용하거나 어느 쪽이 절대적으로 옳다고 하기 어렵다. 그러나 혹자는 동경 135도를 시간의 기준으로 사용하는 데에 30분의 오차를 고려할 필요가 없다고 하는데, 편리주의의 생각이다. 자연시간에 충실하기 위해서는 자연상태에서 시간이 어떻게 나타나는가를 고려하는 것이 옳다. 적어도 이치적으로는 이렇게 보는 것이 타당하다.

시주(時柱) **찾기** ⼦ 사주를 정할 때 시주(時柱)가 명확하지 않은 경우에는 태양의 각도나 주위 환경의 정보를 살펴서 결정한다. ⇨ 자시(子時), 축시(丑時), 인시(寅時), 묘시(卯時), 진시(辰時), 사시(巳時), 오시(午時), 미시(未時), 신시(申時), 유시(酉時), 술시(戌時), 해시(亥時)

시지(時支) ⼦ 시주(時柱)의 지지(地支). 자식궁(子息宮)이라고도 한다.

시지탁자 호두사미(時支濁者 虎頭蛇尾) 【滴天髓】 시지(時支)에 기신(忌辛)이 있어 탁하게 된 사주라면 시작은 거창하더라도 마무리는 신통하지 않다.

식상(食傷) 星 식신(食神)과 상관(傷官)을 묶어서 말함. 상식(傷食)이라고도 한다.

식상과다(食傷過多) 古 사주에 식신(食神)이나 상관(傷官)이 너무 많음. 예를 들어 갑을목(甲乙木)이 사주에 병정사오화(丙丁巳午火)만 가득하거나, 병정화(丙丁火)가 사주에 무기진술축미토(戊己辰戌丑未土)만 가득하거나, 무기토(戊己土)가 사주에 경신신유금(庚辛申酉金)만 가득하거나, 경신금(庚辛金)이 사주에 임계해자수(壬癸亥子水)만 가득하거나, 임계수(壬癸水)가 사주에 갑을인묘목(甲乙寅卯木)만 있을 경우에 해당한다. 이런 경우 일간(日干)은 매우 신약하여 도움이 필요한데, 사주에 인성(印星)이 있더라도 식상이 너무 왕성하므로 제어가 잘 안 되고, 비겁이 있더라도 설기가 심하므로 또한 도움이 되지 못한다. 너무 치우친 식상 때문에 나타나는 부작용이다. 경우에 따라서는 종아격(從兒格)이 될 수도 있지만, 여간해서는 종(從)을 하지 않는 것으로 식상의 부담이 크다. 그래서 '식상과다의 해(害)'라고도 한다.

식상과다(食傷過多)**의 해**(害) 星 일간(日干)이 생조(生助)하는 식상(食傷)이 너무 과다하면 오히려 해가 된다. ⇨ 식상과다(食傷過多)

식상국(食傷局) 格 사주에 식상(食傷)으로 국(局)을 이룬 경우. 예를 들어 일간(日干)이 갑을목(甲乙木)인데, 사주에 인오술(寅午戌)의 화국(火局)을 이루면 해당한다.

식상생재격(食傷生財格) 格 식신(食神)이나 상관(傷官)이 재성(財星)을 생조하는 격. 상관생재격(傷官生財格)과 식신생재격(食神生財格)으로 구분한다.

식상왕(食傷旺) 星 식상(食傷)이 왕(旺)함.

식상용식상격(食傷用食傷格) 格 식상(食傷)이 월령(月令)에 있는데 그 식상을 용신(用神)으로 삼는 격. 용신격(用神格)의 식신격(食神格)과 상관격(傷官格)에 해당한다.

식상용인격(食傷用印格) 格 식상(食傷)이 많아서 인성(印星)을 용신으로 삼는 격. 상관용인격(傷官用印格)과 같은 말이다. 또는 월지(月支)가 식상격(食傷格)에 해당하는 경우에 인성을 용신으로 삼는 격도 해당한다.

식상용재격(食傷用財格) 格 식상(食傷)이 재성(財星)을 생조하여 재(財)를 용신으로 삼는 격. 또는 월지(月支)가 식상인데 재성(財星)을 용신으로 삼는 경우에도 해당한다.

식상제살격(食傷制殺格) 格 식상(食傷)으로

편관(偏官)을 제어하는 격. ⇨ 식신제살격(食神制殺格), 상관가살격(傷官駕殺格)

식신(食神)**星** 먹는 신. 좋은 글자의 배합을 나타낸다. 좋은 의미로만 설명한 고전이 많은데, 좋은 작용만 하는 것이 아니다. 구조는 일간(日干)이 생조하는 오행이면서 음양이 같을 경우에 해당한다. 육친의 배합을 보면 여자에게는 자식이 되고 넓은 의미로는 조카라고도 할 수 있으며, 남자에게는 정재의 어머니로 장모가 된다. 심리적으로는 연구(研究)와 궁리(窮理)를 하는 성분이며, 사회적으로는 전문성(專門性)을 의미한다.

朗月 고법(古法)에는 사대길신(四大吉神)이라고 해서 무조건 좋은 작용을 하는 것으로 해석하는데, 이것은 생극제화(生剋制化)의 이치를 모르고 대입한 것으로 본다. 모든 법칙에는 고정적으로 좋은 것도 없고 나쁜 것도 없다는 것을 명심하지 않으면 올바른 판단을 하기 어렵다. 전문적으로 외길을 가는 장인정신(匠人精神)은 식신의 성향으로 이해한다.

식신격(食神格)**格** 1. 식신(食神)을 용신(用神)으로 삼은 격. 용신격으로 통용되는 격의 명칭이다. 사주에 비겁(比劫)이 많아서 신왕한 경우에 관살(官殺)이 없거나, 있어도 무력하고, 식신이 있어서 일간의 왕성한 기운을 설(洩)하면 식신이 용신의 역할을 하게 되는 경우이다. 가능하면 재성(財星)이 함께 있어서 식신생재격(食神生財格)이 되기를 희망하지만, 사주에 재성이 없으면 단독으로 사용하여 식신격이 된다. 단, 식신만을 용신으로 삼은 경우에는 운에서 인성(印星)이 들어와서 극하면 용신의 손상이 극심해진다. 2. 식신의 격. 월지(月支)의 십성이 식신에 해당하는 경우이다. 십격(十格)의 한 종류이다.

朗月 월지가 식신이 되면 일간(日干)의 기운을 설하는 계절이므로 신약한 상황이 될 가능성이 많은 것은 사실이지만, 그렇다고 해서 절대적인 것은 아니므로 전체적인 상황을 고려해서 판단하는 것이 중요하다. 혹자는 월지에 식신이 되면 무조건 신약한 것으로 보고 용신을 찾기도 하는데 현명한 방법은 아니다.

식신(食神)**과 겁재**(劫財)**心** ⇨ 겁재(劫財)와 식신(食神)

식신(食神)**과 비견**(比肩)**心** ⇨ 비견(比肩)과 식신(食神)

식신(食神)**과 상관**(傷官)**心** 식신(食神)과 상관(傷官)이 만나면 연구성과 사교성이 겹치는데, 이것을 비상(飛傷)이라 하여 상관이라는 의미로 사용하기도 한다. 그만큼 활발하고 제어가 잘 되지 않으며, 자신의 지력(智力)을 과신하여 무리한 판단을 내리기도 하므로 인성(印星)의 제어가 있기를 바라기도 한다. 천방지축(天方地軸)이라는 말이 잘 어울릴 수 있을 정도로 마음에 담아두는 것 없이 생각나는 대로 동분서주하는 형태로, 자칫하면 유시무종(有始無終)의 염려가 있다.

식신(食神)**과 식신**(食神)**心** 식신(食神)이 겹치면 연구심이 과다하여 오히려 산만해지는 결과가 될 수도 있는데, 거부하는 현상이 발생하여 연구하지 않으려는 마음도 생긴다. 그러나 결국은 다양한 형태의 연구에 빠져들게 되므로 자칫하면 결과를 얻기 전에 다시 방향을 바꾸는 현상도 나타난다. 그래서 결실을 보는 방법에 대해서 연구하는 것이 좋은데, 식신이 겹치는 사람의 성분을 보면 연구형태의 다양화가 잘 나타난다. 한 가지의 목표를 꾸준하게 파고 들어가는 성분이 부족하기 때문에 여러 가지를 하지 않는 것이 좋다.

식신(食神)**과 정관**(正官)**心** 식신(食神)과

정관(正官)이 만나면 합리성과 연구성이 결합되어서 시간의 낭비를 줄이게 된다. 그리고 연구를 하더라도 이치에 벗어나지 않으므로 사회에 도움이 되는 방향으로 진행된다.

식신(食神)**과 정인**(正印) ⓒ ⇨ 정인(正印)과 식신(食神)

식신(食神)**과 정재**(正財) ⓒ 식신(食神)과 정재(正財)가 만나면 연구성에 치밀함을 더하여 새로운 분야를 개척하는 능력을 발휘한다. 다만 올바르지 못한 방향으로 시작하면 그대로 추진되므로 처음에 어떤 방향으로 연구를 시작하느냐가 매우 중요하다. 방향을 잘 잡고 노력한다면 크게 성공할 구조이다.

식신(食神)**과 편관**(偏官) ⓒ 식신(食神)과 편관(偏官)이 만나면 연구성과 봉사성이 작용하여 주어진 일에 대해서 몰두하게 된다. 다만 주체성이 포함되면 식신제살(食神制殺)의 형태가 발생하여 자칫 하극상(下剋上)으로 관재(官災)를 일으킬 수도 있으므로 역적의 허물을 범할 수 있다. 새로운 방향으로 나아감에 고전적인 제어를 거부하게 될 가능성을 주의한다.

식신(食神)**과 편인**(偏印) ⓒ ⇨ 편인(偏印)과 식신(食神)

식신(食神)**과 편재**(偏財) ⓒ 식신(食神)과 편재(偏財)가 만나면 연구성과 통제성이 결합되어 스스로 생각한 것에 대해 결실을 맺게 된다. 그래서 호흡이 잘 맞는 짝으로 볼 수 있는데, 아쉬운 점이 있다면 모두 감정적인 성분뿐이어서 너무 외골수로 연구에 빠져들 수 있다는 것이다. 또한 결과가 어떻게 작용할 것인가에 대해서도 염려해야 하는데 그러한 점에서는 다소 부족한 면이 있다. 편재의 영역이 확장하여 넓히는 성향도 있다고 볼 때 자칫 조출하게 시작한 일이 시간이 경과하면서 걷잡을 수 없이 확대되는 현상도 발생한다.

식신궁(食神宮) 星 식신(食神)의 집. 월간(月干)을 식신의 궁으로 본다. ⇨ 궁성이론(宮星理論)

　朗月 하건충 선생의 설이다. 월간(月干)을 식신궁으로 대입한 것은 도표적인 구조에서 나타난 것으로 이해한다.

식신대살(食神帶殺) 古 식신(食神)이 편관(偏官)을 거느림을 이르는 말. 사주 상황에 따른 설명이다.

　朗月 식신제살(食神制殺)과 비슷한 말이다. 다만 식신제살은 살을 제어하는 것에 비중이 있다면, 식신대살은 식신도 있고 살도 있다는 정도로 부담이 적은 상황을 의미한다.

식신봉효(食神逢梟) 古 식신(食神)이 용신인데 편인(偏印)을 만나서 극(剋)을 받고 있음을 이르는 말.

식신생재격(食神生財格) 格 식신(食神)이 재성(財星)을 생조하여 용신이 되는 격. 용신격(用神格)의 한 종류이다. 일간(日干)이 강왕(强旺)한 상황에서 관살(官殺)이 없거나, 있더라도 무력한 상황이라면 식신을 용신으로 한다. 그리고 다시 식신은 재성을 만나면 흐름을 타게 되고, 운에서 인성을 만나더라도 두려울 것이 없으므로 더욱 좋은 형상으로 본다. 이러한 형상은 아우생아격(兒又生兒格)과도 통한다.

식신성격(食神性格) 格 식신(食神)에 해당하는 대표적인 성격은 연구성(研究性)이다. 여기에 부정적인 요소로 독선(獨善)이 포함될 수 있다는 것은 식신의 양면성(兩面性)으로 이해한다.

　朗月 기본형의 성격을 이해한 다음에는 겹치는 성격이 있음을 이해하는 것도 중요하다. 겹치는 성격은 거부하는 현상으로 이해한다.

식신시묘격(食神時墓格) 格 시묘격에서 식신이 될 경우에 해당한다.

식신용비격(食神用比格) 格 식신(食神)이 많아서 비견(比肩)을 용신으로 하였다. 상관용겁격(傷官用劫格)과 같은 말이다.

식신운(食神運) 子 식신(食神)의 운. 대운이나 세운에서 식신에 해당하는 운이 들어오는 것을 말한다. 이러한 운에서는 주로 연구하고 궁리하는 일이 발생하기 쉬운데, 그로 인해 새로운 창조의 가능성도 발생한다. 다만 너무 신약한 경우에는 궁리하다가 시간만 낭비하게 되는 경우도 있다.

식신제살(食神制殺) 古 식신(食神)이 편관(偏官)을 극(剋)함. 특히 바짝 붙어 있을 경우에 잘 어울리는 표현이다. 만약 편관을 용신으로 삼을 경우에는 대흉(大凶)하지만, 그렇지 않은 경우에는 길흉(吉凶)하다. ⇨ 식신제살격(食神制殺格)

朗月 보통 편관(偏官)은 사납기 때문에 제어하는 방법으로 살인상생(殺印相生)이나 살인상정(殺刃相停)을 응용하기도 하는데, 이미 식신에 힘이 있다면 구태여 편관을 용신으로 삼을 필요 없이 그대로 식신을 용신으로 한다. 이러한 경우에 식신제살의 의미는 고려하지 않는다.

식신제살격(食神制殺格) 格 식신(食神)이 편관(偏官)을 제어하여 용신이 되는 격. 용신격(用神格)의 한 종류이다. 구조는 두 가지로 분류하는데, 신왕한 상황에서의 식신제살과 신약한 상황에서의 식신제살의 경우가 있다. 일주(日主)가 신왕한 상황에서의 식신제살은 편관을 용신으로 하는데, 만약 그 편관의 힘이 다소 강하게 나타나면 적당하게 제어하여 편관을 용신으로 삼는다. 그리고 신약한 상황에서의 식신제살은 사주에 관살(官殺)이 많아서 인성을 찾게 되는데, 사주에 인성이 보이지 않으면 부득이 식신을 용신으로 한다.

朗月 운에서 인성이 들어오는 경우에는 그 길흉이 어떻게 될지를 염려하는데, 이유는 인성이 식신을 극하면 용신이 손상되기 때문이다. 그러나 임상에서는 신약한 상황에서의 식신제살격은 인성의 운이 무난한 것으로 나타난다. 이러한 정황을 고려한다면 여기에서의 식신은 임시로 용신을 삼은 것으로 생각한다.

식왕(食旺) 星 식상(食傷)이 왕(旺)함.

신(辛) 干支 천간(天干)의 음금(陰金)이라고도 하며, 금(金)의 질(質)로 이해한다.

朗月 일설에는 경금(庚金)과 대비해서 경금을 원석이나 무쇠 등으로 보고, 신금(辛金)을 보석으로도 보는데, 다소 유연한 대입이 아니다. 왜냐하면 보석과 원석의 차이가 없다는 생각 때문이다. 가능하면 인간의 눈이 아닌 자연의 시각으로 보는 것이 좋다. 그런 관점에서 구체적인 광물의 질은 모두 신금으로 보는 것이 좋고, 바위나 보석이나 바늘도 모두 신금에 해당한다고 본다.

신(申) 干支 지지(地支)의 양금(陽金). 계절은 입추(立秋)에서 처서(處暑) 사이고, 시간은 오후 3시 ~ 5시이다. 단, 동경 135도 기준으로는 약 30분을 가산한다. 수(水)의 생지(生地)가 되며, 자(子)를 만나면 합(合)하는데, 화(化)하면 수가 된다. 인(寅)을 만나면 충하는데, 금극목(金剋木)의 이치에 의해서 인목에 비해 피해는 대단하지 않다. 지장간의 구조는 무토-7, 임수-7, 경금-16의 배합이다.

朗月 신(申)의 지장간(支藏干)에 대해서는 다소의 이설(異說)이 있는데, 기무임경(己戊壬庚)으로 보기도 한다. 여기에서 기토(己土)가 등장하는 것은 앞의 월령(月令)이 미월(未月)이고 그래서 미월의 본기인 기토가 넘어왔다고 보는 것이다. 이치적으로는 타당하지만 현실적으로는 무토(戊土)와 구분하지 않고 보통 무토만

고려한다. 신년에 태어나면 원숭이띠 또
는 잔나비띠라고 하는데, 이치적으로는
서로 연관이 없다.

신(神) 星 자평명리학(子平命理學)에서 표
출(表出)하는 것을 말함. 주로 관살(官
殺)이나 식상(食傷)이 해당한다.

신(臣) 古 신하. 고전에 나온 의미로는 경
우에 따라서 일간(日干)을 의미하기도
하고, 때로는 재성(財星)을 의미하기도
한다. 군신(君臣)과 붙어서 주로 상황을
설명하는 용도로 쓰인다.

신강(身强) 子 일주(日主)가 강함. 특히 인
성(印星)에 해당하는 글자들이 많은 경
우에 쓰인다. 그러나 비겁(比劫)이 많아
도 보통 사용한다.

신강신약(身强身弱) 子 신강(身强)과 신약
(身弱). 일주(日主)는 신(身)이 되는데,
인겁(印劫)이 많아서 강하면 신강(身强)
에 속하고, 식재관(食財官)이 많아서 약
하면 신약(身弱)에 속한다.

신강재천(身强財淺) 古 일주(日主)는 강
(强)하고, 재성(財星)은 쇠약(衰弱)하다.
⇨ 군겁쟁재(群劫爭財)

신금연약 온윤이청(辛金軟弱 溫潤而清) 【滴
天髓】신금(辛金)은 부드럽고도 약한 성
분이지만 천성이 차갑고 냉(冷)한 것이
기에 따스하고 촉촉한 분위기에서는 그
성질이 맑아진다.

신년(申年) 子 신(申)의 해. 연지(年支)가
신일(申日)에 해당하는 경우. 보통 원숭
이띠의 해라고도 한다.

신년(辛年) 子 신(辛)의 해. 사주의 연간
(年干)이 신(辛)에 해당하는 경우이다.

신말(申末) 俗 신시(申時)의 끝 부분.

신묘(辛卯) 干支 육십간지의 하나. 신금(辛
金)과 묘목(卯木)의 결합이다. 형상은 신
금이 묘목을 무정하게 극하는 것으로 본
다.

신묘(辛卯)**의 성격**(性格) 心 신묘(辛卯)의

일주(日柱)는 지지(地支)에 편재(偏財)인
을목(乙木)이 있으므로 통제성(統制性)
이 있다. 갑목(甲木)은 논하지 않는다.

신미(辛未) 干支 육십간지의 하나. 신금(辛
金)과 미토(未土)의 결합이다. 신금이 미
토에 뿌리를 내린 형상인데, 미토의 지장
간(支藏干) 속에는 을목(乙木)과 정화(丁
火)가 있어 편안한 자리는 아니고 그냥
의지하는 정도이다.

신미(辛未)**의 성격**(性格) 心 신묘(辛未)의
일주(日柱)는 지지(地支)에 편인(偏印)인
기토(己土)와, 편관(偏官)인 정화(丁火)
와, 편재(偏財)인 을목(乙木)이 있으므로
신비성(神秘性)과 봉사성(奉仕性)과 통
제성(統制性) 등이 있다.

신봉통고(神峯通考) 册 『명리정종(命理正
宗)』의 다른 이름. 신봉(神峯)은 장남(張
楠) 선생의 호이다.

신불가과(臣不可過) 古 신하(臣不)가 너무
강하면 안 됨을 이르는 말. 일간(日干)이
목(木)이라면 군(君)은 금(金)이 되므로
일간이 신(臣)이 되는 관계로 대입한다.
관살의 극제를 받아야 하는데, 비겁이 너
무 왕하면 극제를 거부할 수 있으므로 불
가하다는 말로 용신을 무시하면 안 된다.

신불가과야 귀호손하이익상(臣不可過也 貴
乎損下以益上) 【滴天髓】신하(臣下)가 되
는 일간(日干)이 너무 왕하면 안 된다.
그렇게 되면 관살이 부담을 느끼기 때문
이다. 그래서 식상(食傷)을 용신으로 삼
을 경우에는 관살인 임금이 노하므로 인
성(印星)이 관살을 설하는 것이 좋다.

신비성(神秘性) 心 신비한 현상에 대해서
관심을 갖는 성품. 편인(偏印)의 성격을
말한다.

신사(辛巳) 干支 육십간지의 하나. 신금(辛
金)과 사화(巳火)의 결합이다. 형상을 보
면 신금이 사화로부터 극을 받고 있는데,
사화는 금(金)의 생지라는 의미도 있으

므로 유정하다고 본다. 또한 사(巳) 중의 본기가 병화(丙火)가 되므로 천간의 신금과 합이 되어서 간지합(干支合)으로 정관합(正官合)이 되는 의미도 있으므로 유정하다.

신사(辛巳)의 성격(性格) 心 신사(辛巳)의 일주(日柱)는 지지(地支)에 정관(正官)인 병화(丙火)와, 정인(正印)인 무토(戊土)와, 겁재(劫財)인 경금(庚金)이 있으므로, 합리성(合理性)과 직관력(直觀力)과 경쟁성(競爭性) 등이 있다.

신살(神殺) 子 신(神)은 좋은 역할을 하는 살(殺)이고, 살(殺)은 흉한 역할을 하는 살이다. 이것을 묶어서 신살(神殺)이라고 한다.

朗月 음양오행은 오랜 시간 연구하고 정리되면서 발전해왔다. 그 중에서 특이한 것이 신살인데 학문의 종류에 따라서 비중이 있는 것도 있지만, 자평명리학(子平命理學)에서는 이제 신살의 통제로부터 자유로워져야 할 때가 되었다고 판단한다. 그만큼 논리적으로 상당히 세련된 학문이 되었기 때문이다. 그럼에도 아직 이러한 신살을 관례적으로 사용하는 학자들도 적지 않고, 또 그 적중률이 매력적이라고 생각하여 후학에게 가르치기도 한다. 물론 적중이 잘 된다면 버릴 이유는 없다. 그러나 좀더 꼼꼼하게 살펴보면 신살을 사용하지 말아야 할 이유는 분명하다. 그 하나는 이론적인 발생근거가 없다는 것이다. 그러니 논리적으로 대입하기는 불가능하며, 연구하고 임상할 경우에 관계가 성립되지 않는 신살이 대부분이다. 주로 삼합(三合)이나 도표적인 구조 관계, 다른 학문에서의 이입, 자평명리학의 생극제화(生剋制化)를 바탕에 놓고 살펴보아도 쓸 만한 것은 하나도 없다. 두 번째로 정확하게 적중하지 못한다. 공망(空亡)이 들면 해당되는 육친(六

親)의 인연이 없다고 하는데, 실제로는 인연이 있는 경우가 더 많다. 또 해당 육친의 인연이 없더라도 그 연유를 공망이 들어서 그렇다고 하는 것보다는 생극제화의 이치에 의해서 도움이 안되는 역할을 하고 있다는 것을 얼마든지 찾을 수 있다. 아마 적중률을 묻는다면 50%라고 할 수 있다. 그러나 그만큼 맞아서가 아니고 단지 말 그대로 확률게임일 뿐이다. 맞으면 좋고 틀리면 그만이라는 가벼운 생각이 더 크다는 것이다. 그렇다면 학자가 과연 이러한 설을 수용하는 것이 옳은 것이냐는 질문을 하게 되는데, 당연히 버리는 것이 보다 깊은 이치를 궁구하는 길에 방해받지 않을 것이다.

신살격(神殺格) 格 신살(神殺)의 형상을 이용해서 마련된 격. 형합격(刑合格), 괴강격(魁罡格), 일귀격(日貴格) 등이다. 생극제화(生剋制化)의 논리가 없으므로 사용하지 않는다.

신상전편(神相全篇) 冊 관상학(觀相學)의 고전. 송나라 진희이(陳希夷)의 저서로, 상당히 오래된 관상학 책이다.

신시(申時) 子 신(申)의 시. 사주의 시지(時支)가 신에 해당하는 경우이다. 동경 135도 기준으로 15시 30분 ~ 17시 30분의 두 시간에 해당한다.

朗月 시계를 보지 못하고 출생한 경우에 보통 새참 때 낳았다고 하면 신시가 될 가능성이 많다.

신시(辛時) 子 신(辛)의 시. 사주의 시간(時干)이 신에 해당하는 경우이다.

신약(身弱) 子 일주(日主)가 약함. 사주에 전반적으로 인겁(印劫)이 적고, 식재관(食財官)의 성분이 많을 경우에 신약하다고 한다.

신약용인격(身弱用印格) 格 신약한 상황에서 인성을 용신으로 삼은 격. 용신격(用神格)의 한 종류이다. 일간(日干)이 약한 상황에서 식재관(食財官)이 많다면 용신으로는 인성이 필요한데, 비겁(比劫)의 보조가 있다면 더욱 좋다.

朗月 가장 많은 형태의 용신격이다. 관인격(官印格)이나 살인상생격(殺印相生格)보다는 못하다고 해석한다. 구조에서는 운에서 재성을 만나지 않아야 하는데, 왜냐하면 용신을 보호하는 관살(官殺)이 없기 때문이다.

신왕(身旺) ⟨子⟩ 일주(日主)가 왕함. 사주에 비겁(比劫)이 많을 경우에 사용한다.

신왕재왕(身旺財旺) ⟨古⟩ 일주(日主)도 왕하고 재성(財星)도 왕함. 이 구조는 매우 바람직한 형상으로 보는데, 식상이나 관살을 만나면 더욱 좋다.

신왕적살(身旺敵殺) ⟨古⟩ 일주가 매우 왕해서 살(殺)을 용신으로 삼음을 말한다. 살과 대적한다는 말은 어색하고, 오히려 편관을 용신으로 삼는 것으로 보는 것이 합당하다.

신월(申月) ⟨子⟩ ⟨슘⟩ 신(申)의 달. 사주의 월지(月支)가 신에 해당하는 경우이다. 절기로는 입추(立秋)와 처서(處暑)에 해당한다. 여기에서부터 가을이 시작된다고 본다.

신월(辛月) ⟨子⟩ 신(辛)의 달. 사주의 월간(月干)이 신에 해당하는 경우이다.

신월갑목(申月甲木) ⟨干支⟩ 신월(申月)에 태어난 갑목(甲木). 초가을에 태어나서 금(金)의 공격을 받을 수도 있으므로 수(水)와 화(火)의 적절한 배합을 좋아한다.

【窮通寶鑑】 용신(用神)은 경금(庚金), 보조(補助)는 정화(丁火)와 임수(壬水)이다. 상관제살(傷官制殺)을 하는데, 정화가 없고 임수가 있다면 부자(富者)는 되더라도 귀(貴)하지는 않다.

신월경금(申月庚金) ⟨干支⟩ 신월(申月)에 태어난 경금(庚金). 금(金)이 왕성한 계절에 태어나 수(水)나 화(火)의 작용을 반긴다.

【窮通寶鑑】 용신(用神)은 정화(丁火), 보조(補助)는 갑목(甲木)이다. 오로지 정화를 용신으로 삼는다. 갑목은 정화를 돕기 위한 것이다.

신월계수(申月癸水) ⟨干支⟩ 신월(申月)에 태어난 계수(癸水). 신월과 임수(壬水)의 상황에 따른다.

【窮通寶鑑】 용신(用神)은 정화(丁火)이다. 경금(庚金)이 녹(祿)을 얻으니 반드시 정화로 금(金)을 제어하여 용신이 된다. 정화가 오술미(午戌未)에 통근(通根)이 되면 더욱 묘(妙)하다.

신월기토(申月己土) ⟨干支⟩ 신월(申月)에 태어난 기토(己土). 신월과 술토(戌土)의 상황에 따른다.

【窮通寶鑑】 용신(用神)은 병화(丙火), 보조(補助)는 계수(癸水)이다. 병화는 토(土)를 따뜻하게 하고, 계수는 토(土)를 윤택하게 한다. 경금(庚金)이 당령(當令)하므로 힘 있는 병화로 제어해야 하고, 계수로는 금(金)을 설(洩)하는 것이 좋다. 신금(辛金)을 취하여 계수(癸水)를 돕는다.

신월무토(申月戊土) ⟨干支⟩ 신월(申月)에 태어난 무토(戊土). 초가을이므로 자칫 토(土)의 기운이 약해질 수 있으므로 사주에서는 화(火)의 도움이 필요할 가능성이 많다.

【窮通寶鑑】 용신(用神)은 병화(丙火), 보조(補助)는 계수(癸水)와 갑목(甲木)이다. 한기(寒氣)가 점차 증가하므로 먼저 병화를 쓰고, 수(水)가 많으면 갑목으로 설기(洩氣)한다.

신월병화(申月丙火) ⟨干支⟩ 신월(申月)에 태어난 병화(丙火). 초가을에 태어난 화(火)이므로 자칫 세력이 약해질 가능성이 많아 목(木)이나 화의 도움이 필요할 가능성이 많다.

【窮通寶鑑】 용신(用神)은 임수(壬水), 보조(補助)는 무토(戊土)이다. 임수가 신금(申金)에 통근(通根)이 된다. 임수가 많으면 반드시 무토로 극제(剋制)해야 한다.

신월신금(申月辛金) 干支 신월(申月)에 태어난 신금(辛金). 갑월(甲月)과 경금(庚金)의 상황에 따른다.

【窮通寶鑑】 용신(用神)은 임수(壬水), 보조(補助)는 갑목(甲木)과 무토(戊土)이다. 임수는 존귀함이 되고, 갑목과 무토는 참작(參酌)을 한다. 계수(癸水)를 쓰는 것은 불가하다.

신월을목(申月乙木) 干支 신월(申月)에 태어난 을목(乙木). 신월과 갑목(甲木)의 상황에 따른다.

【窮通寶鑑】 용신(用神)은 병화(丙火), 보조(補助)는 계수(癸水)와 기토(己土)이다. 경금(庚金)이 월령(月令)을 잡고 있으므로 병화를 취해서 제살(制殺)한다. 또는 계수로 유통(流通)시킬 수도 있다. 경금을 쓰든 병화를 쓰든 상관없이 모두 기토가 보조해야 한다.

신월임수(申月壬水) 干支 신월(申月)에 태어난 임수(壬水). 초가을 금(金)의 기운이 강해지는 상황이므로 세력은 강해지기 쉽지만 화(火)나 목(木)의 역할이 중요해 진다.

【窮通寶鑑】 용신(用神)은 무토(戊土), 보조(補助)는 정화(丁火)이다. 정화를 취하여 무토를 돕고 경금(庚金)을 극한다. 무토는 진술토(辰戌土)에 뿌리를 필요로 한다. 정화는 오술(午戌)에 뿌리가 있으면 사용이 가능하다.

신월정화(申月丁火) 干支 신월(申月)에 태어난 정화(丁火). 신월과 병화(丙火)의 상황에 따른다.

【窮通寶鑑】 용신(用神)은 갑목(甲木), 보조(補助)는 경금(庚金), 병화(丙火), 무토(戊土)이다. 경금으로 갑목을 나누어 쓴다. 갑목이 없으면 을목(乙木)을 쓴다. 병화를 써서 경금을 따스하게 하고, 갑목도 볕을 쪼이게 한다. 경갑(庚甲)이 없어 을목을 쓴 경우에 병화를 보면 마른 풀에 등불을 붙이는 셈이다. 수(水)가 왕하면 무토를 쓴다.

신유(辛酉) 干支 육십간지의 하나. 신금(辛金)과 유금(酉金)의 결합이다. 형상을 보면 신금이 유금을 만난 것이므로 왕성한 금(金)의 세력으로 이해한다.

신유(申酉) 干支 신(申)과 유(酉). 지지(地支)의 금(金)이다. 신은 양금(陽金)이고, 유는 음금(陰金)이다. 또는 서방(西方)이라고도 한다.

신유(辛酉)**의 성격**(性格) 心 신유(辛酉)의 일주(日柱)는 지지(地支)에 비견(比肩)인 신금(辛金)이 있으므로, 주체성(主體性)이 있다. 경금(庚金)은 논하지 않는다.

신유술(申酉戌) 子 신(申)과 유(酉)와 술(戌)이 모여 있으면 서방합(西方合)이 된다. 이 때 유금(酉金)의 위치는 고려하지 않는다.

신유술월(申酉戌月) 슈 가을의 3개월. 금절(金節) 또는 추절(秋節)이라고도 한다.

신유월(申酉月) 슈 신월(申月)과 유월(酉月). 금월(金月)이라고도 한다.

신음살(呻吟殺) 殺 고란살(孤鸞殺)이라고도 하는데, 남편과 생리사별을 하고 독수공방을 하게 되는 살. 구조는 납음오행(納音五行)으로 보는데, 금(金)-해(亥), 목(木)-인(寅), 수(水)-사(巳), 화(火)-사(巳), 토(土)-신(申) 등이 해당한다.

朗月 실제로는 큰 비중이 없다. 개인적인 생각으로는 신살(神殺)은 모두 무시해도 좋고, 특히 생극제화(生剋制化)의 이치에는 부합되지 않는 것이 대부분이므로 적용시키면 그만큼 혼란이 가중될 수

있다.

신(申)의 지장간(支藏干) 干支 지지(地支)의 신금(申金) 속에 들어 있는 천간(天干). 지장간의 구조는 무토(戊土)-7, 임수(壬水)-7, 경금(庚金)-16에 해당한다. 인원용사(人元用事)의 구조도 이와 같다. 단, 사주첩경에서는 임경(壬庚)만을 취한다는 것을 참고한다.

朗月 다만 고전에 따라서는 기무임경(己戊壬庚)의 비율로 논하기도 하는데, 기토(己土)를 고려하는 것은 미월(未月)에서 넘어온 것이 신월(申月)이기 때문이다. 그러나 같은 토(土)에 해당하므로 구태여 구분하지 않기도 한다. 지지(地支)에 천간(天干)이 포함된 형태가 각 비율로 포함되어서 각기 분류할 수 있는 상태로 존재하는지, 아니면 완전히 일정한 비율로 용해되어서 분리시킬 수 없는 상태인지는 말하기 어렵다. 절기를 고려해본다면 일정한 흐름에 의해서 지장간의 기운이 흘러간다는 것을 참고하여 분리하지 못할 형상으로는 보지 않는다. 지지의 그릇에 담긴 일정 비율의 천간 덩어리라고 이해한다.

신일(申日) 子 신(申)의 날. 사주의 일지(日支)가 신에 해당하는 경우이다.

신일(辛日) 子 신(辛)의 날. 사주의 일간(日干)이 신에 해당하는 경우이다.

신일간(辛日干) 子 태어난 날이 신일(辛日)에 해당하는 사람.

신일주(辛日主) 子 ⇨ 신일간(辛日干)

신자진(申子辰) 子 신(申)과 자(子)와 진(辰)은 합(合)이 됨. 신은 수(水)의 생지(生地)가 되고, 자는 수의 왕지(旺支)가 되며, 진은 수의 고지(庫地)가 되어서, 셋이 모이면 합이 된다. 그리고 서로 유정하여 부자손합(父子孫合)이라고도 한다. 세 글자가 모여 있으면 수의 세력이 강하다.

朗月 어떤 경우에는 세 글자만 사주에 있으면 무조건 합이 된다고도 하는데, 그렇지는 않다고 본다. 반드시 순서를 지켜야 한다. 즉 신자진(申子辰)으로 있거나 진자신(辰子申)으로 있을 경우에만 합이 된다고 이해하는 것이 옳다.

신자진삼합(申子辰三合) 子 신자진(申子辰)이 모이면 합(合)이 된다. ⇨ 신자진(申子辰)

신자진수국(申子辰水局) 格 신자진(申子辰)이 합하여 변화하면 수국(水局)이 됨. ⇨ 수국(水局)

신자진합수(申子辰合水) 子 신자진(申子辰)이 합해서 변화(變化)하면 수(水)가 됨.

朗月 합화(合化)의 이치는 주변 정세에 따라서 변수가 많다. 화기(化氣)가 넉넉한 경우에만 화(化)하는 것으로 본다. 그렇지 않으면 합은 인정되어도, 화(化)한다는 것은 여간해서 잘 나타나지 않는다는 것을 참고한다.

신장살몰(神藏殺沒) 古 갑병경임(甲丙庚壬)의 양간(陽干)은 인신사해월(寅申巳亥月)을 좋아하고, 을신정계(乙辛丁癸)의 음간(陰干)은 진술축미월(辰戌丑未月)을 좋아하는데, 이것은 흉살(凶殺)들이 모두 숨어버리기 때문이다. 영웅호걸의 사주이다.

朗月 생극제화(生剋制化)를 논하지 않은 설명이므로 고려하지 않아도 된다.

신정(申正) 俗 신시(申時)의 중앙.

신중경금(申中庚金) 干支 신금(申金) 속에 들어 있는 경금(庚金). 월령(月令)에 해당할 경우에는 본기(本氣)에 해당하고, 절기는 처서(處暑)로 연결되며 약 16일간 작용한다. 독립적으로는 신금의 주체가 된다.

신중기토(申中己土) 干支 신금(申金) 속에 들어 있는 기토(己土). 월령(月令)에 해당할 경우에는 미월(未月)에서 넘어온 여기(餘氣)가 되며, 절기는 입추(立秋)에 해당하고 약 6일간 작용한다. 다만, 책에 따라 다소 차이가 있다. 독립적으로는 고려하지 않는 성분이다.

朗月 보통 지장간에서는 기토(己土)가 고려되지 않는 경우가 많은데,『연해자평(淵海子平)』,『명리정종(命理正宗)』,『자평진전(子平眞詮)』,『적천수징의(滴天髓徵義)』 등에서는 고려되었으므로 월령에서는 고려하는 것이 타당하다. 그리고 확대하여 대입하면 인목(寅木)의 경우에도 기토를 고려해야 한다는 주장도 가능하다.

신중무토(申中戊土) 干支 신금(申金) 속에 들어 있는 무토(戊土). 월령(月令)에 해당할 경우에는 여기(餘氣)에 해당하고, 절기로는 입추(立秋)에 해당하며 약 3일간 작용한다. 다만, 책에 따라서는 기토(己土)를 무시하고 무토가 7일간 작용하는 것으로 표시하기도 한다. 또 다른 경우에는 중기(中氣)에 포함시키기도 하는 등 일정하지 않은데, 기토와 함께 여기(餘氣)로 보는 것이 무난하다는 생각이다. 독립적으로는 신금의 본기(本氣)인 경금(庚金)에게 기운이 설기(洩氣)되어서 무력한 것으로 대입한다.

신중인경(身重印輕) 古 일간(日干)은 왕(旺)하고, 인성(印星)은 약(弱)함을 이르는 말. 사주 상황에 대한 설명이다.

신중임수(申中壬水) 干支 신금(申金) 속에 들어 있는 임수(壬水). 월령(月令)에 해당할 경우에는 중기(中氣)에 해당하고, 절기는 입추(立秋)의 영역이며 약 3일간 작용한다. 책에 따라서는 무토(戊土)가 7일간 작용하고, 임수도 7일간 작용하는 것으로도 활용하는데, 신월(申月)의 경우에는 여러 가지 설이 있어서 어느 것이 정설(定說)인지는 아직도 이론이 많다. 독립적으로는 본기(本氣)인 경금(庚金)

의 생조를 받아서 생기(生氣)가 있는 것으로 본다.

신진(申辰) 干支 신(申)과 진(辰). 신과 진은 토생금(土生金)의 관계이다. 반합은 성립하지 않는다.

朗月 반합이라고도 하는데 자수(子水)가 빠진 상태의 합은 시멘트가 빠진 콘크리트라고 이해한다. 그리고 신진(申辰)이 있고, 천간에 임수(壬水)나 계수(癸水)가 있으면 삼합(三合)이 된다고도 하지만 이 또한 믿기 어려운 이야기이다. 오로지 그 자리에는 그 글자가 있어야 한다고 보는 것이 타당하다.

신천고(申天孤) 殺 신살(神殺)의 하나. 신(申)은 천고성(天孤星)에 해당한다. 당사주(唐四柱)에서 12성(星)에 해당하는데 신에 해당하면 고독하다는 의미가 있다. ⇨ 당사주(唐四柱)

신청기수(神淸氣秀) 古 신(神)은 맑고 기(氣)는 빼어남을 이르는 말. 정신이 강건하고 기세도 좋으며 흐름이 좋은 경우에 해당한다. 기수(氣秀)는 수기(秀氣)와 같은 말이다.

신초(申初) 俗 신시(申時)의 첫 부분.

신축(辛丑) 干支 육십간지의 하나. 신금(辛金)과 축토(丑土)의 결합이다. 형상을 보면 신금은 축토에 뿌리를 내리고 매우 강력한 상태를 유지한다고 해석한다.

朗月 지장간의 계수(癸水)는 천간의 신금(辛金)을 설하지 않는 것으로 보는데, 그 이유는 지장간의 기토(己土)에게 억제받기 때문이다.

신축(辛丑)**의 성격**(性格) 心 신축(辛丑)의 일주(日柱)는 지지(地支)에 편인(偏印)인 기토(己土)와, 식신(食神)인 계수(癸水)와, 비견(比肩)인 신금(辛金)이 있으므로, 신비성(神秘性)과 연구심(硏究心)과 주체성(主體性) 등이 있다.

신취팔법(神趣八法) 古 사주 구성의 형태를

여덟 종류로 구분하는 방법. 유상(類象), 속상(屬象), 종상(從象), 화상(化象), 조상(照象), 반상(返象), 귀상(鬼象), 복상(伏象) 등을 말한다.

신해(辛亥) 干支 육십간지의 하나. 신금(辛金)과 해수(亥水)의 결합이다. 형상을 보면 금생수(金生水)의 법칙에 의해서 신금이 해수에게 기운을 설하고 있는 상황이다. 그래서 해수는 강하고 신금은 약하다.

朗月 천간의 신금은 지지의 갑목(甲木)을 극하지 못한다. 임수가 금생수(金生水)로 유통시키기 때문이다.

신해상천(申亥相穿) 殺 신살(神殺)의 하나. 신해(申亥)가 만나면 상천(相穿)이 된다. ⇨ 상천(相穿)

朗月 실제로는 큰 비중이 없다. 개인적인 생각으로는 신살은 모두 무시해도 좋고, 특히 생극제화(生剋制化)의 이치에는 부합되지 않는 것이 대부분이므로 적용시키면 그만큼 혼란이 가중될 수 있다.

신해(辛亥)**의 성격**(性格) 心 신해(辛亥)의 일주(日柱)는 지지(地支)에 상관(傷官)인 임수(壬水)와 정재(正財)인 갑목(甲木)이 있으므로, 사교성(社交性)과 치밀성(緻密性)이 있다. 무토(戊土)는 논하지 않는다.

실(實) 子 열매. 시주(時柱)의 다른 이름이다. 일주(日柱)가 꽃이 되어 시주가 나왔으니 이를 열매라고 한다.

실기(失氣) 子 기를 잃음. 기본적으로는 월령(月令)에 통근(通根)이 되지 못한 경우이고, 응용으로는 주변에 인성(印星)이나 비겁(比劫)을 만나지 못한 경우에 해당한다.

실령(失令) 子 월령(月令)을 잃음. 월지(月支)의 오행(五行)이 식재관(食財官)이 될 경우에 월령을 잃었다고 한다.

실성(實星) 外 실제로 존재하는 별. 서양의 점성술이 해당한다.

실세(失勢) 子 세력을 잃음. 세력을 얻었다고 하려면 사주에 인겁(印劫)이 3~4자 이상 있어야 하는데, 그렇지 못하고 1~2자 정도에 불과하다면 세력을 얻지 못했다고 한다. ⇨ 득세(得勢)

실시(失時) 子 시절을 잃음. 여기에서의 시절은 계절인데, 계절이 일간의 식재관(食財官)에 해당하면 계절을 잃었다고 한다. 또 하나는 시주(時柱)에서 인겁(印劫)이 없으면 도움이 되지 않으므로 시를 얻지 못했다고 말할 수 있다.

실지(失地) 子 땅을 잃음. 일간(日干)이 앉은 자리를 지(地)라고 한다. 그리고 여기에 인겁(印劫)이 아닌 식재관(食財官)이 있으면 땅을 얻지 못했다고 하고, 실지(失地)로 부른다. ⇨ 억부법(抑扶法)

심리구조(心理構造) 心 마음의 형상을 읽을 수 있는 구조. 심리가 사람마다 다르듯이 사주도 그 형상이 각각이라서 이 차이를 이해하고 심리구조를 파악하는 도구가 된다. 특히 대만의 하건충(何建忠) 선생은 이 부분에서 탁월한 능력을 보였다. ⇨ 궁성이론(宮星理論), 성격순서(性格順序)

심리분석(心理分析) 心 심리구조를 분석하는 것. 사주의 간지(干支) 배합에 따라서 성격(性格)의 구조가 달라진다고 보고 분류하는 것이다. ⇨ 성격구조(性格構造)

심리(心理)**의 구조**(構造) 心 ⇨ 심리구조(心理構造)

심수관(深水關) 殺 어릴 때 깊은 물에 빠지게 되는 살. 구조는 1·2·3월생 - 경신(庚申)시, 4·5·6월생 - 미시(未時), 7·8·9월생 - 유시(酉時), 10·11·12월생 - 축시(丑時)가 해당한다.

朗月 실제로는 큰 비중이 없다. 개인적인 생각으로는 신살은 모두 무시해도 좋고, 특히 생극제화(生剋制化)의 이치에는

부합되지 않는 것이 대부분이므로 적용시키면 그만큼 혼란이 가중될 수 있다.

십간(十干) [干支] 열 가지의 천간(天干). ⇨ 천간(天干)

십간론(十干論) [干支] 십간(十干)에 대한 논리. 『적천수(滴天髓)』의 십간론(十干論)이 대표적이다. ⇨ 천간(千干)

십년대운(十年大運) [子] 10년간 들어와서 작용하는 운세. 자평명리학에서 취급하는 운은 대운과 세운이 있는데, 대운은 10년 주기로 하나의 간지(干支)가 들어와서 작용한다.

십룡치수(十龍治水) [俗] 열 마리의 용이 물을 다스림을 이르는 말. ⇨ 일용치수(一龍治水)

십성(十星) [星] 열 가지의 별. 오행(五行)의 음양(陰陽)에 따라서 정해진 명칭인데, 자평명리학(子平命理學)에서는 매우 중요한 의미가 되므로 그 의미를 정확히 이해해야 한다. 비견(比肩), 겁재(劫財), 식신(食神), 상관(傷官), 편재(偏財), 정재(正財), 편관(偏官), 정관(正官), 편인(偏印), 정인(正印)의 열 가지이다. 다른 이름으로는 육친(六親) 또는 십신(十神)이라고도 하는데, 십성으로 통일하는 것이 좋다.

朗月 십성을 논할 때는 늘 주체(主體)와 객체(客體)로 대입한다. 주체에 대한 객체가 십성에 해당하기 때문이다. 이 점을 혼동하지 않아야 하며, 반드시 일간(日干)이어야 할 것은 아니지만 언제나 주체와 객체를 구분하여 명칭을 부여하지 않으면 혼란이 발생하는 점을 잊지 않아야 한다. 다음은 십성표(十星表)이다.

十星 / 主體	比肩	劫財	食神	傷官	偏財	正財	偏官	正官	偏印	正印
甲寅	甲寅	乙卯	丙巳	丁午	戊辰戌	己丑未	庚申	辛酉	壬亥	癸子

乙卯	乙卯	甲寅	丁午	丙巳	己丑未	戊辰戌	辛酉	庚申	癸子	壬亥
丙巳	丙巳	丁午	戊辰戌	己丑未	庚申	辛酉	壬亥	癸子	甲寅	乙卯
丁午	丁午	丙巳	己丑未	戊辰戌	辛酉	庚申	癸子	壬亥	乙卯	甲寅
戊辰戌	戊辰戌	己丑未	庚申	辛酉	壬亥	癸子	甲寅	乙卯	丙巳	丁午
己丑未	己丑未	戊辰戌	辛酉	庚申	癸子	壬亥	乙卯	甲寅	丁午	丙巳
庚申	庚申	辛酉	壬亥	癸子	甲寅	乙卯	丙巳	丁午	戊辰戌	己丑未
辛酉	辛酉	庚申	癸子	壬亥	乙卯	甲寅	丁午	丙巳	己丑未	戊辰戌
壬亥	壬亥	癸子	甲寅	乙卯	丙巳	丁午	戊辰戌	己丑未	庚申	辛酉
癸子	癸子	壬亥	乙卯	甲寅	丁午	丙巳	己丑未	戊辰戌	辛酉	庚申

십성생극(十星生剋) [星] 인생아(印生我), 아생식(我生食), 식생재(食生財), 재생관(財生官), 관생인(官生印)의 상생(相生)과 아극재(我剋財), 재극인(財剋印), 인극식(印剋食), 식극관(食剋官), 관극아(官剋我)의 상극(相剋) 등이다. ⇨ 육신생극(六神生剋)

십신(十神) [星] 열 가지의 신. 십성(十星)의 다른 이름이다. 고전에서는 중요한 의미가 되는 곳에 신(神)이라는 글자를 부여한 경우가 많은데 명리학에서도 그러한 흔적이 많다. 이것은 귀신과는 아무런 연관이 없으며 그만큼 중요하다는 의미로 이해한다. 다만, 명칭의 정리를 위해서 십성으로 통일하는 것이 좋다.

십악대패(十惡大敗) [殺] 신살(神殺)의 하나. 갑진일(甲辰日)과 을사일(乙巳日)은 녹

(祿)이 인묘(寅卯)가 되는데, 갑진순(甲辰旬)에는 인묘가 공망이 되는 구조에 해당한다. 이러한 논리로 60일 중에서 10일은 흉악한 날이라는 의미가 있는 구조이다. 임신(壬申), 경진(庚辰), 신사(辛巳), 정해(丁亥), 기축(己丑), 병신(丙申), 무술(戊戌), 갑진(甲辰), 을사(乙巳), 계해(癸亥) 등이 해당한다. 재물의 복을 누리지 못하므로 아무 의미가 없다.

朗月 실제로는 큰 비중이 없다. 개인적인 생각으로는 신살은 모두 무시해도 좋고, 특히 생극제화(生剋制化)의 이치에는 부합되지 않는 것이 대부분이므로 적용시키면 그만큼 혼란이 가중될 수 있다.

십이룡치수(十二龍治水) 俗 열 두 마리의 용이 물을 다스림. ⇨ 일용치수(一龍治水)

십이신살(十二神殺) 殺 열두 가지의 살(殺). 오랫동안 사용된 신살(神殺)의 종류이다. 구조는 삼합(三合)의 구조와 연관하여 설정하는데, 지지(地支)에서 발생하였다. 지살(地殺), 장성살(將星殺), 화개살(華蓋殺), 역마살(驛馬殺), 재살(災殺), 월살(月殺), 도화살(桃花殺), 반안살(攀鞍殺), 겁살(劫殺), 천살(天殺), 망신살(亡身殺), 육해살(六害殺) 등이다.

십이운성(十二運星) 古 열 두 가지의 흐름을 갖는 설(說). 지지(地支)의 글자를 각기 오행별로 흐름을 만들어서 일생을 놓고 대입하였다.

日干 運星	甲	乙	丙	丁	戊	己	庚	辛	壬	癸
長生	亥	午	寅	酉	寅	酉	巳	子	申	卯
沐浴	子	巳	卯	申	卯	申	午	亥	酉	寅
冠帶	丑	辰	辰	未	辰	未	未	戌	戌	丑
建祿	寅	卯	巳	午	巳	午	申	酉	亥	子
帝王	卯	寅	午	巳	午	巳	酉	申	子	亥
衰	辰	丑	未	辰	未	辰	戌	未	丑	戌
病	巳	子	申	卯	申	卯	亥	午	寅	酉
死	午	亥	酉	寅	酉	寅	子	巳	卯	申
墓	未	戌	戌	丑	戌	丑	丑	辰	辰	未

絶	申	酉	亥	子	亥	子	寅	卯	巳	午
胎	酉	申	子	亥	子	亥	卯	寅	午	巳
養	戌	未	丑	戌	丑	戌	辰	丑	未	辰

朗月 십이운성의 내용을 보면 음양오행설(陰陽五行說)의 초창기에 만들어진 논리이거나 또는 다른 지지(地支)의 운용법에서 따온 것이 아닌가 하는 짐작을 한다. 다만, 현실적으로 보아 자평명리학(子平命理學)의 관점에는 많은 모순점이 있는 것이 사실이다. 예를 들어 음장생(陰長生)의 경우가 대표적이다. 을-오(午), 정·기-유(酉), 신-자(子), 계-묘(卯)가 그것인데, 을목(乙木)이 오화(午火)에서 생조(生助)를 받는다는 것은 학자의 입장에서 수용할 수 없다. 그리고 정화(丁火)는 화(火)이고, 기토(己土)는 토(土)인데 어떤 인연으로 함께 생사(生死)를 하는지 이 또한 수용할 수 없다. 이러한 의미가 분명한데도 불구하고 여전히 이 논리를 적용시키는 학자가 있다는 것은 한심스러운 일이다. 한마디로 자평명리학에서는 삭제하는 것이 옳다.

십이운성론(十二運星論) 古 십이운성(十二運星)에 대한 논리. ⇨ 십이운성(十二運星)

십이절(十二節) 劷 12개의 절기(節氣). 매월의 간지(干支)가 시작되는 기준으로 삼는 절기이다. 입춘(立春), 경칩(驚蟄), 청명(淸明), 입하(立夏), 망종(亡種), 소서(小署), 입추(立秋), 백로(白露), 한로(寒露), 입동(立冬), 대설(大雪), 소한(小寒) 등의 절기가 해당한다.

십이지(十二支) 干支 열두 가지의 지지(地支). ⇨ 지지(地支)

십이지론(十二支論) 干支 십이지(十二支)에 대한 논리성(論理性). ⇨ 지지(地支)

십이지지(十二地支) 干支 열두 가지의 지지(地支). ⇨ 지지(地支)

십일룡치수(十一龍治水) 俗 열한 마리의 용

이 물을 다스림. ⇨ 일용치수(一龍治水)

십천간(十天干) 干支 열 가지의 천간(天干).
⇨ 천간(天干)

쌀점 外 미점(米占)이라고도 함. 쌀을 이용
하여 점을 치는 것이다.

朗月 점을 치는 도구가 무엇이든지 모두
가능하므로 도구의 이용과 점괘가 잘 맞
느냐 하는 것은 의미가 없다고 본다. 자
신의 손에 맞는 것으로 하는 것이 가장
좋다.

아내[星] 결혼한 여자를 그 남편을 상대하여 이르는 말. 남자에게 아내는 정재(正財)가 된다. 결혼은 남자의 인생에서 하반부의 절반에 영향을 미칠 정도로 큰 비중을 차지하며, 사주에 나타난 암시에 의해서 길흉으로 나눠진다. 처성(妻星)이 용신이고 처궁(妻宮)이 희용신이면 처의 보필을 태산같이 받고, 반대이면 처의 재앙이 심해와 같다. 이러한 변화를 깊이 파악하기 위해서는 정밀한 연구를 해야 한다.

아능생모(兒能生母)[古] 아이가 능히 어머니를 구제함을 이르는 말. 식상(食傷)을 의지해서 관살(官殺)을 극하는 것이 해당한다. 식신제살격(食神制殺格)의 형태로 봐도 된다.

아능생모설천기(兒能生母洩天機)【滴天髓】 자식이 어머니를 살리는 이치가 있으니, 예를 들어 겨울나무가 물이 많아서 고민이 될 때에는 자식에 해당하는 병정화(丙丁火)의 도움을 받아서 살아나는 것과 같은 이치이다.

아들[星] 자식(子息). 자식을 의미하는 부분에서 성별을 고려할 때 아들이냐 딸이냐를 나누기도 하는데, 원칙적으로는 나눌 수 없는 것이 타당하다. 다만 구태여 언급한다면 자신과 일간(日干)의 음양이 같으면 동성이고 음양이 다르면 이성의 자식이라는 것으로 대입할 수 있다. 그러므로 남자에게는 편관(偏官)이 아들이고, 여자에게는 상관(傷官)이 아들이지만 반드시 적중하는 것은 아니므로 참고만 한다.

아버지[星] 일간(日干)이 극하는 관계이면서 음양이 같으면 편재(偏財)인데, 이 편재를 아버지로 놓고 대입한다. 특히 사주의 연주(年柱)와 월주(月柱) 사이에 있는 편재를 아버지로 대입하는 것이 보통이다. 만약 사주에 편재가 없고 정재(正財)가 있다면 정재도 아버지로 본다. 갑목(甲木)에게 무진술토(戊辰戌土), 을목(乙木)에게 기축미토(己丑未土), 병화(丙火)에게 경신금(庚申金), 정화(丁火)에게 신유금(辛酉金), 무토(戊土)에게 임해수(壬亥水), 기토(己土)에게 계자수(癸子水), 경금(庚金)에게 갑인목(甲寅木), 신금(辛金)에게 을묘목(乙卯木), 임수(壬水)에게 병사화(丙巳火), 계수(癸水)에게 정오화(丁午火)가 해당한다.

朗月 아버지는 일간이 극하는 오행이면서 음양이 같은 것에 해당하므로 자식이 아버지를 극한다는 말을 하게 된다. 그런데 진소암(陳素庵) 선생은 그의 저서인 『명리약언(命理約言)』에서 자식이 아비를 극하는 법이 어디 있느냐면서 부모는 모두 인성(印星)으로 봐야 한다고 주장하는데 이것은 오해가 있다고 봐야 한다. 원래 자식이 있어서 아비는 바빠지는 것이니 먹여 살려야 한다는 책임이 따르기 때문이다. 아마도 극하는 것에 비한다면

그보다 더하다고 하기도 어려울 것이다. 그래서 명리학의 이치는 자연의 법칙이 그대로 살아있다는 것으로 이해해도 될 것이다.

아우생아(兒又生兒) 古 아이가 또 아이를 낳았음을 이르는 말. 아우생아격(兒又生兒格)으로 작용한다.

아우생아격(兒又生兒格) 格 아이가 또 아이를 낳은 격. 용신격(用神格)의 한 종류이다. 구조는 두 가지의 의미를 갖는데, 하나는 신약하여 의지할 곳이 없는 일간 상황에서 주변이 식상(食傷)의 형상으로 이루어진 형태가 되면 종아격(從兒格)으로 부른다. 여기에 다시 재성(財星)을 보면 아이인 식상이 또 아이인 재성을 봤다는 의미가 되고, 종재격(從財格)이나 종아격(從兒格)에 비해서 한 단계 높은 구조라고 이해하게 된다. 그리고 또 하나는 식신생재격(食神生財格)이나 상관생재격(傷官生財格)의 형상도 해당되지만 잘 사용하지 않는 명칭이므로 종아격의 형상으로 이해하는 것이 무난하다.

악운(惡運) 用 흉악한 암시가 있는 운. 최악의 나쁜 운이라고 판단할 때 말할 수 있다. '사망(死亡) 아니면 중상(重傷)'이라고 말할 수 있는데 운명에서의 악운은 용신이 파극(破剋)되거나 합으로 기반(羈絆)이 되면 악운이라고 말할 수 있다. 이렇게 되면 조심하는 것이 최선이라고 해석하여 경각심을 주는 것이 좋다.

안맹관(眼盲關) 殺 눈을 다치거나 시력을 잃는 살. 구조는 1 · 2 · 3월생 - 축(丑), 4 · 5 · 6월생 - 신(申), 7 · 8 · 9월생 - 미(未), 10 · 11 · 12월생 - 인(寅)이 해당한다.

朗月 실제로는 큰 비중이 없다. 개인적인 생각으로는 신살(神殺)은 모두 무시해도 좋고, 특히 생극제화(生剋制化)의 이치에는 부합되지 않는 것이 대부분이므로

로 적용시키면 그만큼 혼란이 가중될 수 있다.

암록(暗祿) 殺 신살(神殺)의 하나. 갑목(甲木)이 해(亥)를 만나거나, 을목(乙木)이 술(戌)을 만나면 해당한다. 갑목은 녹(祿)이 인(寅)에 있는데, 해수(亥水)가 인해합(寅亥合)으로 인목(寅木)을 암암리에 끌고 오므로 암록에 해당한다.

朗月 황당한 말이라고 생각하면 무리가 없다. 실제로는 큰 비중이 없다. 개인적인 생각으로는 신살은 모두 무시해도 좋고, 특히 생극제화(生剋制化)의 이치에는 부합되지 않는 것이 대부분이므로 적용시키면 그만큼 혼란이 가중될 수 있다.

암요제궐(暗邀帝闕) 古 몰래 임금의 궁궐을 맞이함을 이르는 말. 마주 바라보고 임금과 궁궐이 정해진다고 하는데, 자년(子年)생은 자(子)가 임금이고, 오(午)가 궁궐이 된다.

朗月 자평명리학(子平命理學)에서 이러한 설명이 왜 필요한지 모르겠다. 의미없는 말이라고 생각한다.

암충(暗沖) 子 몰래 충(沖)함. 원국(原局)에는 충이 없는데, 어느 글자이거나 암충을 일으킨다는 것이다. 예를 들어 사주에 오화(午火)가 있다면 원국에 자수(子水)가 없어야 자수(子水)를 충해 와서 자중임수(子中壬水)를 용신으로 한다는 것이다.

朗月 물론 말이 되지 않는다고 생각하면 된다. 생극제화(生剋制化)의 이치가 아니므로 영향요계(影響遙繫)에 해당하는 것으로 본다.

암충암회우위희 아충피충개충기(暗沖暗會尤爲喜 我沖彼沖皆沖起)【滴天髓】원국(原局)에 기신(忌神)이 있는 운(運)에서 충(沖)이 되거나 합(合)이 이루어지면 더욱 반가운 일이고, 내가 충하든 저쪽이 충하든 다 충이 일어나게 된다.

암합(暗合) 子 몰래 하는 합. 본기(本氣)의 오합(五合)은 명합(明合)인데 그냥 합(合)으로 말한다. 지장간(支藏干)의 글자와 서로 오합(五合)이 되는 것을 말한다. 형태는 간지(干支) 암합과 좌우지지(左右地支)의 암합이 있는데, 묘신(卯申)의 경우에는 신중경금(申中庚金)과 묘중을목(卯中乙木)의 본기(本氣)가 서로 합하게 된다. 사중병화(巳中丙火)와 유중신금(酉中辛金)도 합을 하는데, 삼합(三合)이 있으므로 별도로 고려하지 않는다. 작용은 은밀한 일이 발생한다고 보는데, 모두 그러한 것은 아니므로 참고한다.

애가증진(愛假憎眞) 古 가짜를 사랑하고 진짜는 미워함을 이르는 말. 월령(月令)을 잡고 있는 것이 진짜라는 생각이 있기에 월령을 벗어난 것은 가짜라는 선입견이 생기는 것이다. 이렇게 구분하지 않는 것이 좋다. 필요해서 용신으로 삼는다면 월령을 떠나도 상관없다는 의미로 이해한다.

애인(愛人) 星 애인은 결혼하기 전과 후로 나눠서 생각할 수 있지만 사주의 의미로는 같은 급수로 대입한다. 그래서 남자에게는 정재(正財)나 편재(偏財)가 되고, 여자에게는 정관(正官)이나 편관(偏官)이 된다.

朗月 일설에는 여자에게는 편관(偏官)이 애인이고, 남자에게는 편재(偏財)가 애인이라고도 하지만 사실무근이며 어차피 이성관계는 배우자와 동등하게 대입하는 것이 원칙이다. 배우자는 정편(正偏)을 구분하지 않는다고 이해하는 것이 타당하다. 불륜(不倫)인지 아닌지는 고려하지 않고 관계에 대해서 희용기구한(喜用忌仇閑)을 대입하는 것이 원칙이다. 참고로 이해할 것은 명리학은 삼강오륜(三綱五倫)이 아니고 적나라한 본성을 다루는 학문이라는 점이다.

야자시(夜子時) 子 저녁의 자시(子時). 사주의 시지(時支)가 저녁의 자시에 해당하는 경우이다. 동경 135도 기준으로 23시 30 ~ 24시 30분 사이의 1시간에 해당한다.

朗月 야자시에 대해서는 학자간의 견해가 달라 통일하지 못한 상황이다. 옛법을 따라서 하루가 12시라는 기준에서는 존재하지 않는 시간이기 때문에 서양의 시간개념을 도입한 것이라는 말도 있다. 그러나 야자시를 인정하는 학자는 운명의 예단에서 이것을 고려하면 설명이 더 부드럽다는 점에서 무시하지 못한다고 생각하는데, 서양의 문물이 들어오면서 발생한 갈등이라고 본다. 그러나 개인적인 생각과 경험으로는 야자시를 고려하는 것이 타당하다고 본다. 다만 구체적으로 확인하기에는 간단하지 않아서 각자 자신의 기준대로 사용하는 것이 좋다. 우리나라의 박재완 선생은 야자시를 무시하고, 이석영 선생은 인정하고 있다.

야제관(夜啼關) 殺 밤만 되면 울어대는 살. 구조는 1·2·3월생-오(午), 4·5·6월생-유(酉), 7·8·9월생-자(子), 10·11·12월생-묘(卯)가 해당한다.

朗月 실제로는 큰 비중이 없다. 개인적인 생각으로는 신살(神殺)은 모두 무시해도 좋고, 특히 생극제화(生剋制化)의 이치에는 부합되지 않는 것이 대부분이므로 적용시키면 그만큼 혼란이 가중될 수 있다.

약금(弱金) 五 약한 쇠. 경신금(庚辛金)이 간지(干支)에서 토금(土金)의 세력을 얻지 못하고, 반대로 수목화(水木火)의 세력을 만나면 해당한다.

약목(弱木) 五 약한 나무. 갑을목(甲乙木)이 사주에 수목(水木)이 없고, 화토금(火土金)의 세력이 매우 강할 경우에 해당한다.

朗月 월령(月令)을 얻지 못하면 약한 목(木)이라고도 하는데, 주변 상황에 따라서 얼마든지 약하지 않고 오히려 강한 목도 될 수 있음을 알아야 한다.

약목봉화(弱木逢火) 固 약한 나무가 불을 만났음을 이르는 말. 이 결과는 목종화세(木從火勢)의 의미와 같다.

朗月 다만 주체가 목(木)에 있고, 객체는 화(火)에 있는데, 특별히 구분하지 않아도 된다.

약수(弱水) 五 약한 물. 임계수(壬癸水)가 간지(干支)에 금수(金水)의 세력을 얻지 못하고, 반대로 목화토(木火土)의 세력을 강하게 만나게 될 경우에 해당한다.

약연방국일재래 수요간두무반복(若然方局一齋來 須要干頭無反覆)【滴天髓】만약 사주 해묘미(亥卯未)에 인진(寅辰)이 있거나, 인묘진(寅卯辰)에 해미(亥未)가 모여서 방국(方局)이 함께 있는 경우에는 모름지기 천간(天干)에 방국(方局)을 손상시키는 금(金)의 글자가 없어야 한다.

약요물왕 의조의방(若要物旺 宜助宜幇)【滴天髓】만약에 만물이 이 땅에서 무럭무럭 자라나게 하려거든, 병정화(丙丁火)로 도와주고, 무기토(戊己土)로 곁들어 줘야 한다.

약자의부(弱者宜扶) 用 약(弱)한 자는 부축함이 옳음. 신약(身弱)한 사주의 용신(用神)을 정하는 방법으로 방조(幇助)가 있다. 방(幇)은 비겁(比劫)으로 돕는 것이고, 조(助)는 인성(印星)으로 돕는 것이다. 이 둘을 합해서 부(扶)라고 한다.

약재간곤 파충의정(如在艮坤 怕沖宜靜)【滴天髓】만약에 무인(戊寅)이나 무신(戊申)의 무토(戊土)라고 한다면, 충돌(衝突)을 만날까 두려우니 건드리지 않아야 함이 마땅하다.

양(陽) 五 볕. 보통은 음(陰)과 함께 쓰이므로 양(陽)만 분리해서 별도로 의미를 부여할 수 없다. 예를 들어 물을 음이라고 할 경우에 불은 양이 되며, 겨울을 음이라고 할 경우에 여름은 양이 되는 경우이다.

양(養) 固 기르는 상태. 십이운성(十二運星)에서 말하는 명칭의 하나이다.

朗月 비록 인생으로 대입했으나 오행생극(五行生克)의 이치에는 어긋나므로 적용하지 않는 것이 좋다.

양 俗 양띠에 해당하는 동물.

양간부잡(兩干不雜) 格 ⇨ 양간부잡격(兩干不雜格)

양간부잡격(兩干不雜格) 格 고전격국(古典格局)의 한 종류. 천간격(天干格)이라고도 한다. 구조는 천간의 글자가 두 가지로만 되어 있을 경우에 해당한다.

朗月 지지(地支)에 무슨 글자가 있는 것을 고려하지 않고 천간(天干)에 대해서만 의미를 부여하는 것은 자평명리학(子平命理學)과는 거리가 멀다. 그대로 무시하고 사용하지 않는 것이 좋다.

양금(陽金) 五 양(陽)의 금(金). 경금(庚金)과 신금(申金)의 다른 이름이다.

양금지토(養金之土) 五 금(金)을 길러주는 토(土). 특히 습토(濕土)의 경우에 해당한다. ⇨ 양기성상(陽氣成象)

양기성상(兩氣成象) 固 두 가지 기운으로 이루어진 형상. ⇨ 양기성상격(兩氣成象格)

양기성상격(兩氣成象格) 格 고전격국(古典格局)의 하나. 두 가지 기운으로 형성된 사주를 가리킨다. 구조의 배합에 따라서 길흉을 판단하는 것이 현명하다. 양기성상격이면 대귀한다는 말은 이치적으로 부합되지 않는다.

양기합이성상 상불가파야(兩氣合而成象 象不可破也)【滴天髓】목화(木火)나 화토(火土) 등 상생(相生)하는 두 기운과, 목토(木土)나 금목(金木) 등 상극(相剋)하는 두 기운이 합해서 이루어진 형상이라면 그 형상을 깨뜨리면 안 된다.

양남음녀(陽男陰女) 子 양(陽)의 남자(男子)와 음(陰)의 여자(女子). 연간(年干)을 기준으로 구분한다. 연간(年干)이 양간(陽干)에 해당하는 갑병무경임(甲丙戊庚壬)이면 양이고, 을정기신계(乙丁己辛癸)이면 음인데, 성별(性別)에 따라서 남녀(男女)를 붙인다. 예를 들어 어떤 사주의 연주(年柱)가 갑자(甲子)일 경우에 남자는 양남이고 여자는 양녀가 된다. 반대의 경우는 음남양녀(陰男陽女)라고 한다. 이것을 기준으로 양남음녀의 경우에는 대운(大運)의 간지가 월주(月柱)를 기준으로 미래절(未來節)로 향하고, 음남양녀의 경우에는 과거절(過去節)로 진행한다. 구체적인 것은 대운법(大運法)을 참조한다.

양년(陽年) 子 양(陽)에 해당하는 해(年). 갑병무경임(甲丙戊庚壬)에 해당하는 해이다.

양띠 俗 미년(未年)에 태어난 사람을 부르는 말. 생극제화(生剋制化)의 이치와는 무관한 것으로 본다.

양류목(楊柳木) 古 임오계미양류목(壬午癸未楊柳木)의 줄임말. ⇨ 임오계미양류목(壬午癸未楊柳木)

양명우금 울이번다(陽明遇金 鬱而煩多)【滴天髓】건조하고 열기가 있는 사주에서 금(金)을 만나면 우울증(憂鬱症)에 걸리기 쉽고 번민(煩悶)이 많은 사람이다.

양목(陽木) 五 양(陽)의 목(木). 갑목(甲木)과 인목(寅木)의 다른 이름이다.

양상격(兩象格) 格 고전격국(古典格局)의 하나. 양기성상격(兩氣成象格)과 같은 말이다. ⇨ 양기성상격(兩氣成象格)

양수(陽水) 五 양(陽)의 수(水). 임수(壬水)와 해수(亥水)의 다른 이름이다.

양승양위(陽乘陽位) 古 4개의 양간(陽干)이 지지(地支)에도 4개의 양지(陽支)로 되어 있는 경우에 해당한다. 자인(子寅)으로 이루어지면 특히 순양(純陽)이라 하여 귀격(貴格)이라고도 하는데 사실무근으로 본다. 오직 전체의 구조를 봐서 생극제화(生剋制化)의 이치에 부합이 되어야 귀격이다.

양승양위양기창 최요행정안돈(陽乘陽位陽氣昌 最要行程安頓)【滴天髓】간지(干支)가 모두 양(陽)으로 이루어져 양기(陽氣)가 뻗어가는 경우라면 가장 중요한 것은 대운(大運)이 그 기운을 안정시키도록 해야지 충극(沖剋)하면 곤란하다.

양시(陽時) 子 양(陽)에 해당하는 시(時). 자인진오신술(子寅辰午申戌)의 시(時)를 말한다.

양신성상(兩神成象) 古 ⇨ 양기성상격(兩氣成象格)

양신성상격(兩神成象格) 格 두 개의 오행(五行)으로 이루어진 형상의 격. 양기성상격(兩氣成象格)과 같은 말이다.

양신흥왕(兩神興旺) 古 『적천수(滴天髓)』에서 말하는 것으로 계축(癸丑)과 경인(庚寅)이 해당한다. 계축은 계수(癸水)와 축토(丑土)가 함께 왕하고, 경인은 경금(庚金)과 인목(寅木)이 함께 왕한다는 뜻이다. 언뜻 보기에는 어느 한 쪽이 약해 보이지만 내면을 살펴보면 균형을 이룬다.

양원석(梁元碩) 人 명리학자(命理學者). 호는 백민(白民). 명리학계에서 중진의 지위에 있다. 대학에서 명리학을 강의하며 후진을 양성하고 있다.

양의정통중유매 수연요립의추배(兩意情通中有媒 雖然遙立意追陪)【滴天髓】두 뜻이 서로 통하면 중간에 중매쟁이가 필요한데, 비록 그렇게 바라보고 섰더라도 뜻은 서로 통한다.

양인(陽刃) 殺 ⇨ 양인살(羊刃殺)

양인(羊刃) 殺 신살(神殺)의 하나. ⇨ 양인

살(羊刃殺)

양인격(羊刃格) 格 고전격국(古典格局)의 하나. 월지(月支)가 양인(陽刃)에 해당하면 붙이는 월격(月格)의 한 종류이다. 흉신(凶神)으로 간주하여 편관(偏官)으로 제어한다.

朗月 월지만으로 해석하는 것은 무리이다. 아마도 재성(財星)을 겁탈한다고 봐서 붙여진 이름이 아닌가 하다. 신약한 경우에는 대단히 반가운 글자이기도 하다. 대체로 신약한 사주가 더 많은 것을 보면 오히려 양인은 도와주는 역할을 할 가능성이 더 많다고 할 수 있다. 경우에 따라 다르다고 이해한다.

양인국 전즉영위 약자파사(陽刃局 戰則逞威 弱者怕事)【滴天髓】양인(羊刃)이 세력을 형성하고 있는 사주라면 전쟁이 일어난다면 용맹스럽겠지만, 반대로 허약한 양인격(羊刃格)이라면 모든 일에 겁을 낸다.

양인로살(羊刃露殺) 古 양인격(羊刃格)의 천간(天干)에 편관(偏官)이 나타나 있음을 이르는 말. 양인은 흉한 성분이어서 제어해야 한다고 보면 천간에 편관이 있으므로 제어가 가능하다는 의미도 된다. 또 하나는 신약해서 겁재(劫財)를 용신으로 삼아야 하는데, 천간에 편관이 있으니 흉하다는 의미로도 사용이 가능하다. 상황에 따라서 적절하게 사용하는 말이다.

양인살(羊刃殺) 殺 신살(神殺)의 하나. 구조는 일간 위주로 보아 갑(甲)-묘(卯), 병무(丙戊)-오(午), 경(庚)-유(酉), 임(壬)-자(子)에 해당한다. 매우 강하다는 의미로 보는데, 여기에 추가로 을(乙)-진(辰), 정기(丁己)-미(未), 신(辛)-진(辰), 계(癸)-축(丑)도 양인에 해당한다. 다만 이것을 살로 취급하는 것은 선입견이라 할 수 있는데, 이는 사정에 따라서

달라지기 때문에 살로 보지 않아도 된다.

朗月 실제로는 큰 비중이 없다. 개인적인 생각으로는 신살은 모두 무시해도 좋고, 특히 생극제화(生剋制化)의 이치에는 부합되지 않는 것이 대부분이므로 적용시키면 그만큼 혼란이 가중될 수 있다.

양인용관(羊刃用官) 用 월지(月支)에 양인(羊刃)이 있는데 관성(官星)을 용신(用神)으로 삼았다는 말이다.

양인용살(羊刃用殺) 用 월지(月支)에 양인(羊刃)이 있는데 편관(偏官)을 용신(用神)으로 삼았다는 말이다.

양장생(陽長生) 古 양간(陽干)의 장생(長生). 십이운성(十二運星)에서 사용하는 말로 갑병무경임(甲丙戊庚壬)의 장생(長生)이다. 구조는 갑(甲)-해(亥), 병무(丙戊)-인(寅), 경(庚)-사(巳), 임(壬)-신(申)이다.

朗月 대체로 무난하지만 무토(戊土)가 인목(寅木)에서 생한다는 이치는 타당하지 않다. 오래 전에 형성된 논리로 오행(五行)의 생극제화(生剋制化)에는 타당하지 않으므로 사용하지 않는 것이 좋다.

양지(陽支) 干支 양(陽)에 해당하는 지지(地支). 자인진오신술(子寅辰午申戌)을 말한다.

양지동차강 속달현재상(陽支動且强 速達顯災祥)【滴天髓】양지(陽支)에 해당하는 자인진오신술(子寅辰午申戌)은 동적(動的)이면서도 강하므로 좋고 나쁜 것이 빨리 나타난다.

양지부잡격(兩支不雜格) 格 고전격국(古典格局)의 하나. 지지격(地支格)이라고도 한다. 지지에 두 개의 글자로만 이루어진 것을 말하는데, 예를 들어 축년(丑年) 묘월(卯月) 축일(丑日) 묘시(卯時)와 같은 것을 말한다.

朗月 이러한 형상만으로 격을 부여한다는 것은 자평명리학(子平命理學)에서는

의미 없는 논리이므로 그대로 무시하는 것이 좋다.

양착살(陽錯殺) 殺 신살(神殺)의 하나. 구조는 일주만으로 보아 임진(壬辰), 병오(丙午), 임술(壬戌), 병자(丙子), 무인(戊寅), 무신(戊申), 갑인(甲寅)에 해당한다. 작용은 부부인연이 약하고 육친간에 불화한다고 한다.

朗月 위와 같은 작용은 이것만으로 이루어지지 않기 때문에 실제로 큰 비중이 없다. 개인적인 생각으로는 신살은 모두 무시해도 좋고, 특히 생극제화(生剋制化)의 이치에는 부합되지 않는 것이 대부분이므로 적용시키면 그만큼 혼란이 가중될 수 있다.

양토(陽土) 五 양(陽)의 토(土). 무토(戊土)와 진술토(辰戌土)의 다른 이름이다.

양팔통(陽八通) 子 사주에 모두 양(陽)의 성분으로 이루어진 것. 특별히 다를 것은 없지만 다소 외향적인 성향을 보일 수 있다.

朗月 여성이 양팔통을 이루면 팔자에 고난이 많다고도 하지만 이것만으로 판단하는 것은 이치에 합당하지 않다. 전체 상황을 고려하여 판단하는 것이 옳다.

양화(陽火) 五 양(陽)의 화(火). 병화(丙火)와 사화(巳火)의 다른 이름이다.

어머니 星 일간(日干)을 생하는 오행을 어머니로 본다. 기본적으로 일간을 생조하면서도 음양이 다른 경우를 정인(正印)이라 하고 어머니로 보게 된다. 특히 연주나 월주에 있는 정인을 어머니로 보는데, 정인이 없으면 편인(偏印)도 어머니로 대입한다. 갑을목(甲乙木)에게는 임계해자수(壬癸亥子水), 병정화(丙丁火)에게는 갑을인묘목(甲乙寅卯木), 무기토(戊己土)에게는 병정사오화(丙丁巳午火), 경신금(庚辛金)에게는 무기진술축미토(戊己辰戌丑未土), 임계수(壬癸水)에게는 경신

신유금(庚辛申酉金) 등이 해당한다. 사주에서 일간(日干)이 약하다고 판단되면 어머니의 도움이 크다고 해석하고, 일간이 강하다고 판단되면 어머니가 도움이 되지 않는다고 해석하는 것이 보통이다. 또 경우에 따라서는 어머니의 암시가 흉하다고 해석될 경우도 있다. 식상(食傷)이 용신이 될 경우에 특히 그렇게 해석한다.

朗月 어머니는 바른 어머니와 치우친 어머니로 구분하는데 현실적으로 대입시킬 때에는 정인의 바른 어머니를 생모로, 편인의 치우친 어머니를 계모로 보지만 현실적으로 대입해보면 반드시 그러한 것은 아니다. 그러므로 일간을 생조하는 오행은 모두 어머니로 보는 것이 타당하다.

억부(抑扶) 用 누르거나 도와주는 것. 생극제화(生剋制化)의 방법 중에서 대표적인 것이다. 강자의억(强者宜抑), 약자의부(弱者宜扶)라는 말처럼 전체적인 세력의 균형을 봐서 적절하게 조화를 이루는 방법이다. ⇨ 억부법(抑扶法)

억부론(抑扶論) 古 누를 것은 눌러주고, 도울 것은 도와줘야 한다는 논리. 사주의 용신을 정하는 방법의 하나로, 비중이 상당히 높은 부분이다. ⇨ 억부법(抑扶法)

억부법(抑扶法) 用 누르거나 도와주는 방법. 자평명리학(子平命理學)의 핵심이라고 해도 좋을 방법이다. 일간(日干)을 중심에 놓고 월령(月令)은 환경으로 살핀 다음에, 다른 위치의 모든 글자의 음양오행(陰陽五行)을 대입하여 최종적으로 일주(日主)의 기운이 어느 정도인지를 가늠한 다음에 억부법(抑扶法)을 도입한다. 눌러줘야 할 것은 눌러줘야 하고, 도와줘야 할 것은 도와줘야 하는 법이 일정하게 있으므로 이 방법을 배우는 것이 곧 자평명리학을 배우는 법이라고 할 수 있다.

朗月 어떤 경우에 눌러주고 어떤 경우에

도와줘야 하는지를 정확하게 알기 위해서는 상당한 시간동안 연구해야 하는 것이 중요하므로 관련 서적을 찾아서 그 의미를 잘 파악하는 것이 좋다. 구조를 파악한 다음에는 점차로 임상 경험을 쌓으면 혼란은 서서히 줄어들 것이다. 억부의 형상이 뚜렷한 것은 오히려 판단이 간단하지만, 애매모호한 경우에는 오래 임상을 한 사람들도 혼란을 일으킬 수 있으므로 항상 연구하는 마음으로 임해야 한다. 그러나 이 방법을 이해하면 웬만한 사주는 답을 쉽게 얻을 수 있으므로 절대적인 필수항목이다.

억부용신(抑扶用神) 用 일간(日干)의 강약(强弱)에 따라서 용신(用神)을 찾는 방법. ⇨ 억부법(抑扶法)

억부용신법(抑扶用神法) 用 억부법(抑扶法)에 의해서 용신을 찾는 방법. ⇨ 억부법(抑扶法)

억압성(抑壓性) 心 스스로 억압을 받게 되는 성품. 억압 받는 것은 편관(偏官)의 성격이고, 남을 억압하는 것은 편재(偏財)의 성격이다.

여기(餘氣) 令 ⇨ 초기(初氣)

여름 令 ⇨ 하(夏)

여씨용신사연(余氏用神辭淵) 冊 대만에서 출간한 『난강망(欄江網)』에 대한 해설서. 『난강망(欄江網)』의 원형으로 보이는 사명정축판(四明丁丑版) 난강망(欄江網)이라는 항목으로 난강망(欄江網)의 원형을 보여주기도 하는데 비중 있는 책이다. 편저자(編著者)는 양상윤(梁湘潤) 선생이다.

여유적모 가추가동(如有嫡母 可秋可冬) 【滴天髓】만약에 어머니인 갑목(甲木)이 옆에 있어주기만 한다면, 금(金)이 많은 가을에는 화극금(火剋金)으로 어머니를 보호하니 염려가 없고, 수(水)가 많은 겨울이면 어머니의 도움을 받아서 수생목(水生木)하고 목생화(木生火)를 하므로 아무런 근심이 없다.

여춘태(余春台) 人 생몰년대 미상으로 청나라에 살았던 명리학자. 저서로 『난강망(欄江網)』이 있는데 후에 『궁통보감(窮通寶鑑)』, 『조화원약(造化元鑰)』 등으로 되었다. 조후(調候)의 원리로 용신을 정하고자 한 획기적인 내용이다. ⇨ 궁통보감(窮通寶鑑)

역(逆) 子 어김. 흐름을 어기는 것을 말한다.

역(易) 外 바뀜. 수시로 상황에 따라서 변화한다는 의미로 역학(易學)이라 하였다. 이 글자를 취했다.

역(曆) 冊 역법(曆法). 여러 가지가 있지만 종류에 따라서 각기 이름이 다르다. 자평명리학(子平命理學)에서는 만세력(萬歲曆)을 의지하는데, 그 외에도 천세력(千歲曆)이나 백중력(百中曆), 대한민력(大韓民曆)을 응용하기도 한다.

역극(逆剋) 子 거꾸로 극(剋)하는 것. 목극금(木剋金), 금극화(金剋火), 화극수(火剋水), 수극토(水剋土), 토극목(土剋木)을 말한다.

역극(逆剋)**의 원리**(原理) 子 거꾸로 극(剋)하는 원리. 일반적인 극(剋)과 반대되는 의미인데, 경우에 따라서는 오행(五行)의 작용에서 이러한 경우도 발생한다. ⇨ 목극금(木剋金), 금극화(金剋火), 화극수(火剋水), 수극토(水剋土), 토극목(土剋木)

역마(驛馬) 殺 신살(神殺)의 하나. 역마살(驛馬殺)과 같은 말이다.

역마살(驛馬殺) 殺 신살(神殺)의 하나. 분주하게 돌아다닌다는 살이다. 구조는 일지(日支)나 연지(年支)가 삼합(三合)이 되는 글자의 첫글자를 충하는 자에 해당한다. 예를 들면 일지(日支)에 축(丑)이 있을 경우, 삼합은 사유축(巳酉丑)이 되고, 그 첫자는 사(巳)가 되므로 사와 충하는 글자는 해(亥)이니 다른 지지(地支)에 해가 있으면 그를 일러서 역마살이라고 한다.

朗月 아마도 신살의 인지도를 말한다면 도화살과 더불어 최고에 속할 것이다. 일반인도 역마살은 흔히 언급하므로 대단하다고 하겠지만, 실제로 사주에서 역마살이 있어서 돌아다닌다고 해석하는 경우는 거의 없다. 역마살에 관해서는 여러 설이 분분하지만 마굿간이 없다는 역마도 있고, 병든 역마라는 말도 있지만 모두 일축하여 언급할 필요가 없다고 본다. 오로지 생극제화(生剋制化)의 이치로 궁구하는 것이 자평명리학의 본질이다.

역문관(易門關) Ⓐ 유충엽(柳忠燁) 선생의 호. 도계(陶溪) 박재완(朴在琓) 선생의 수제자(首弟子)이다.

역법(曆法) Ⓑ 천지(天地)의 일월성진(日月星辰)의 운행을 표기한 책. 여러 기준에 의해서 만들어진 많은 종류의 역법이 있다.

역생(逆生) Ⓔ 순생(順生)과 반대되는 말. 목생수(木生水), 수생금(水生金), 금생토(金生土), 토생화(土生火), 화생목(火生木)을 말한다.

역생(逆生)**의 원리**(原理) Ⓔ 거꾸로 생(生)하는 원리. 오행(五行)의 이치에서 역생(逆生)은 일상적인 원리를 벗어나서 역으로 대입되는 논리이다. ⇨ 목생수(木生水), 수생금(水生金), 금생토(金生土), 토생화(土生火), 화생목(火生木)

역생지서 견한신이광(逆生之序 見閑神而狂)【滴天髓】역(逆)으로 생하는 것으로 흐름이 되어 있다면 한신(閑神)을 보게 되면 발광(發狂)하게 된다.

역술(易術) Ⓦ 보통 음양오행(陰陽五行)을 바탕에 놓고 연구하는 방법과 술수(術數)를 묶어서 말하기도 한다. 다만 좀더 구체적으로 본다면 학문적인 것은 역학(易學)이라고 하고, 활용적인 것은 역술이라 하는 것이 타당하다.

역술원(易術院) Ⓦ 역술(易術)에 대해 상담할 수 있는 장소. 역학원(易學院)이라고도 한다.

역술인(易術人) Ⓦ 역학(易學)을 직업으로 하는 사람. 보통 운명감정가(運命鑑定家)를 역술인이라고 부르기도 한다. 다만 자평명리학(子平命理學)을 전문으로 연구하는 사람에게는 명리가(命理家)라고 부른다.

역용(逆用) Ⓖ 흐름을 거슬러서 사용한 용신. 기인취재격(棄印就財格) 또는 인중용재격(印重用財格), 재중용겁격(財重用劫格) 등이 해당한다.

역운(逆運) Ⓒ 역행(逆行)하는 운(運). 대운은 음남양녀(陰男陽女)는 역행하고 양남음녀(陽男陰女)는 순행하는데, 역운이라는 말은 음남양녀의 운을 말한다. 한편 사주의 흐름에 역행하는 운이라는 의미도 포함하는데, 나쁜 운이라고 생각될 경우에 사용한다.

역학원(易學院) Ⓦ 역학(易學)에 대한 논리로 방문자와 상담하는 곳. ⇨ 역술원(易術院)

역학인(易學人) Ⓦ 1. 역학(易學)을 전문적으로 연구하는 사람. 역학은 범위가 넓어서 음양오행(陰陽五行)을 바탕으로 연구하는 동양철학(東洋哲學)의 모든 부분을 포함한다. 이것을 연구하는 모든 사람을 역학인이라 불러도 무리가 없다. 다만 좁게는 주역(周易)을 연구하는 사람을 말한다.
2. 직업적성(職業適性)에서 역학(易學)을 업으로 삼게 되는 경우에는 술해(戌亥)의 천문(天門)이 있어야 한다고 하지만, 논리적으로는 의미가 없고, 다만 연구성(研究性)이 요구되는 부분에서는 식신(食神)이 있으면 좋고, 설명을 잘 해주는 말주

변으로 본다면 상관(傷官)이 유리하며, 직관력(直觀力)을 필요로 하는 육임(六壬)이나 육효(六爻) 등의 분야는 정인(正印)이 있으면 좋다. ⇨ 역학자(易學者)

역학자(易學者) 業 ⇨ 역학인(易學人)

역행(逆行) 子 대운(大運)의 흐름에서 음남양녀(陰男陽女)의 경우에 해당함. 역운(逆運)과 같은 말이다.

연간(年干) 子 연주(年柱)의 천간(天干). 부궁(父宮)이라고도 한다.

연구성(研究性) 心 星 무슨 일에 대해서 파고 들어가고 분석하는 성품. 식신(食神)의 성격이다.

연두법(年頭法) 子 그 해의 월건(月建)이 어떻게 정해지는가를 알아내는 방법. 다음 공식을 이용한다. 갑기지년병인두(甲己之年丙寅頭), 을경지년무인두(乙庚之年戊寅頭), 병신지년경인두(丙辛之年庚寅頭), 정임지년임인두(丁壬之年壬寅頭), 무계지년갑인두(戊癸之年甲寅頭) 등이다. 이 공식을 응용하면 예를 들어, 신년(辛年) 미월(未月)의 월건(月建)을 알려면 신년(辛年)은 경인두(庚寅頭)가 되므로 경인(庚寅), 신묘(辛卯), 임진(壬辰), 계사(癸巳), 갑오(甲午), 을미(乙未)가 되어서 을미월(乙未月)에 해당하는 것을 알 수 있다.

연상괘(聯想卦) 外 어떤 결과를 예상하고 점괘를 뽑으면 그 현상이 반영되어 나타난 점괘. 예를 들어 부친이 아파서 점을 쳤는데, 점괘에 부친이 건강한 것으로 나온다면 이것은 건강한 것을 연상하고 점괘를 뽑았기 때문이라 한다. 이런 경우에는 다시 괘를 뽑아야 하는데, 부친이 아파서 점을 쳤으면 우선 점괘에서 아픈 것이 나타나야 비로소 해석이 된다고 한다.

연월(年月) 子 연주(年柱)와 월주(月柱). 선천적인 영향으로 볼 수도 있는데, 부모와 환경의 의미로 대입하는 경우도 있기 때문이다.

연주(年柱) 子 사주에서 태어난 해를 표시하는 간지(干支). 기준은 입춘시(立春時)로 삼는다. 입춘이 지난 시점에서 연주가 바뀌는데, 연주의 기준을 음력이냐 양력이냐를 놓고 이야기하는 것은 아무런 의미가 없다.

朗月 오행학의 초기에는 동지(冬至)를 기준으로 연주(年柱)의 시작으로 삼았을 것이라는 흔적이 보인다. 갑자년(甲子年)의 갑자월(甲子月)이면 최초의 사주를 말하는데, 현재의 입춘 기준으로 대입하면 갑자년에는 병자월(丙子月)이 되므로 최초의 사주명식은 등장할 수 없게 된다. 이로 미루어보아 예전에는 동지(冬至)에 연주를 바꾸는 것이 법이었을텐데 무슨 연유로 입춘으로 그 기준점이 바뀌게 되었는지 모르겠다. 현실적으로 동지에서 입춘 사이에 태어난 사람을 고법(古法)에 따라 동지 기준으로 연주를 잡아서 풀이해보면 적중률은 약 50% 정도이므로 이 법을 사용하기도 어렵고, 버리기도 어렵다. 개인적인 생각으로는 입춘 기준으로 대입하되 뭔가 적중하지 않을 경우에 한해서 동지 지준으로 다시 대입해 보라고 권한다. 이러한 논리는 우리나라보다 대만에서 논쟁이 더 뜨겁다.

연주격(年柱格) 格 고전격국(古典格局)을 형태별로 구분했을 때 연주(年柱)를 갖고 이름 붙여진 경우. 세덕부살격(歲德扶殺格), 세덕부재격(歲德扶財格) 등이 해당한다.

연주상생(聯珠相生) 古 구슬을 꿴 것과 같은 흐름이 생기면서 생조(生助)하고 있음을 이르는 말. 이 사주는 매우 아름다운 구조라 할 수 있는데, 매우 드물지만 실제로 존재하며, 그 좋은 작용의 암시도 포함한다. 『적천수』에서는 부귀빈천(富貴貧賤) 항목의 수(壽)에 수록된 자료인데, 기유(己酉), 을해(乙亥), 병인(丙寅), 무자(戊子)이다. 이 경우를 보면 연간(年干)의 기토(己土)로 시작하여, 토생금(土生金), 금생수(金生水), 수생목(水生木), 목생화(木生火), 화생토(火生土)의 형상으로 오행의 기운이 유통되는 것을 볼 수 있다.

연지(年支) 子 연주(年柱)의 지지(地支). 모궁(母宮)이라고도 한다.

연해자평(淵海子平) 册 송나라 서균(徐均)이 지은 명리서. 그는 종래의 방식이던 연주(年柱)를 기준으로 해석하는 운명학에 일대 변혁을 일으켰는데, 기준을 일주(日主)로 삼고 해석하는 방식을 취했기 때문이다. 그 자료를 정리한 것으로 자평명리학(子平命理學)의 최초 서적이라고 할 수 있다. 일주를 기준으로 운명을 예단하는 방법을 자평명리학 또는 자평사주(子平四柱)라고 하는 것도 이 책에서 연유한 것으로 볼 수 있다. 관련 서적으로는 『연해자평평주(淵海子平評註)』, 『연해자평정해(淵海子平精解)』 등이 있다.

朗月 자평학을 공부하는 학자는 구태여 교재로 삼을 필요는 없다. 고인의 흔적을 이해하는 정도로만 보는 것이 좋다.

연해자평정해(淵海子平精解) 册 『연해자평(淵海子平)』의 번역서. 한국의 심재열(沈載烈) 선생이 번역한 것으로 명문당(明文堂)에서 1994년 5월에 출판되었다.

연해자평평주(淵海子平評註) 册 『연해자평(淵海子平)』의 평주. 대만의 무릉출판사(武陵出版社)에서 출간되었으며, 평주(評註)한 자의 이름은 미상이다.

열등감(劣等感) 心 심리구조에서 열등감이 되는 성분은 남과 비교하는 것으로 봐서 경쟁성(競爭性)인 겁재(劫財)에 해당하고, 스스로 못하다고 비하(卑下)하는 것은 주체성(主體性)이 약하다고 봐서 비겁(比劫)이 없다고 할 수 있다.

열목(熱木) 五 열기가 많은 나무. 갑을목(甲乙木)이 사주에 병정화(丙丁火)나 사오화(巳午火)가 지나치게 많은 경우이다.

열즉희모 한즉희정(熱則喜母 寒則喜丁) 【滴天髓】 병정화(丙丁火)가 너무 많으면 감당이 어려우니 기토(己土)의 보호를 반가워하고, 임계수(壬癸水)가 너무 많으면 병화(丙火)를 기다리지만 병신합(丙辛合)이 되어 냉기를 식히기에 부적합하니 오히려 정화(丁火)를 만나는 것이 반갑다.

열토(熱土) 五 열기를 많이 머금고 있는 토(土). 술토(戌土)가 여기에 해당하는데, 특히 술토 주변에 병정화(丙丁火)나 사오화(巳午火)가 지나치게 많이 있을 경우에 해당한다.

염상격(炎上格) 格 일행득기격(一行得氣格)이라고도 할 수 있으며, 종왕격(從旺格)의 외격(外格)으로 봐도 된다. 구조는 일간(日干)과 주변이 모두 화(火)의 세력으로 형성되었고 다른 글자가 거의 없을 때에 해당하는 말이기도 하다.

朗月 염상격에 금토수(金土水)가 있으면 이미 성립되지 않는다.

염소 俗 양띠에 해당하는 동물.

염소띠 俗 ⇨ 양띠

염왕관(閻王關) 殺 단명하게 되는 살. 구조는 1 · 2 · 3월생-축미(丑未), 4 · 5 · 6월생-진술(辰戌), 7 · 8 · 9월생-자오(子午), 10 · 11 · 12월생-인묘(寅卯)가 해당한다.

朗月 실제로는 큰 비중이 없다. 개인적인 생각으로는 신살(神殺)은 모두 무시해도 좋고, 특히 생극제화(生剋制化)의 이치에는 부합되지 않는 것이 대부분이므로 적용시키면 그만큼 혼란이 가중될 수 있다.

영상심진취득진 가신휴요난진신(令上尋眞聚得眞 假神休要亂眞神) 【滴天髓】 월령(月

슴)에서 진신(眞神)을 얻으면 진기가 모인 것이니 좋겠지만 월령을 얻지 못한 가신은 진신을 어지럽힌다.

영향요계(影響遙繫) 古 고전격국(古典格局)의 합리적이지 못한 원리들을 묶어서 하는 말. 『적천수』에 나오는 용어로 그림자, 메아리, 쳐다보는 것, 얽어매이는 것 등의 구조인데, 있지도 않는 합을 충으로 불러들인다는 등의 논리를 모두 허망한 주장이라는 의미로 쓰인다. 영향요계기위허(影響遙繫旣爲虛)라고 해서 '영향요계는 이미 헛소리가 되었다'고 하였으니 그 말이 과연 옳다. 그러니까 고전격국에서 이러한 형식으로 되어 있는 모든 격은 영향요계격(影響遙繫格)이라고 이름붙여도 된다.

영향요계격(影響遙繫格) 格 고전격국(古典格局)에서 형식이 영향요계(影響遙繫)에 해당하는 경우이다.

영향요계기위허 잡기재관불가구(影響遙繫旣爲虛 雜氣財官不可拘)【滴天髓】그림자나 메아리라고 할 수 있는 이유로 만들어진 격국(格局)이나, 바라다보거나 얽혀 있다는 이유로 만들어진 격국들은 모두 허망(虛妄)한 이야기일 뿐이다. 월지(月支)에서 지장간(支藏干)에 들어 있어서 붙여진 잡기재관격(雜氣財官格)이라는 말도 구애받을 필요가 없다.

오(午) 干支 지지(地支)의 음화(陰火). 계절로는 망종(亡種)에서 하지(夏至) 사이이고, 시간으로는 아침 11시 ~ 오후 1시이다. 단, 동경 135도 기준으로는 30분 정도를 가산한다. 화(火)의 왕지(旺支)가 된다. 인(寅)이나 술(戌)을 만나면 합(合)이 되는데, 화(化)하게 되어도 그대로 화이다. 자(子)와는 충하게 되고, 수극화(水剋火)의 이치에 의해서 피해가 극심하다. 지장간의 구조는 병화-10, 기토-9, 정화-11의 배합이다.

朗月 오년(午年)에 태어나면 말띠라고 하는데, 이치적으로는 서로 연관이 없다고 본다. 특히 말띠 여성은 운명의 암시가 나쁘다는 인식도 있는데 그렇게 생각할 필요가 없다. 그렇게 말이 나온 것은 오화가 화의 기운이 많은 글자라고 봐서 여자는 차분하고 안정되게 가정에서 내조를 잘 해야 집안이 편안하다는 의미로 나온 말이 아닌가 싶은데 반드시 그러한 것도 아니지만, 만약 그렇더라도 시대가 달라졌으므로 그렇게 보지 않아야 한다. 말띠해에 태어나는 것을 꺼려서 임신, 출산을 조정한다는 것은 그야말로 운명학의 미신이다.

오경(五更) 俗 5가지의 시간 구분의 기준. 초경(初更) - 술시(戌時), 이경(二更) - 해시(亥時), 삼경(三更) - 자시(子時), 사경(四更) - 축시(丑時), 오경(五更) - 인시(寅時) 등을 말한다.

오곡(五穀) 外 5가지의 곡식. 쌀, 보리, 조, 콩, 기장을 말한다. 오곡을 오행에 대입하는 기준이 있다.

오귀살(五鬼殺) 殺 질병과 재난이 따르고 부부불화하는 살. 구조는 두 가지이다. 하나는 신자진생(申子辰生) - 유술(酉戌), 사유축생(巳酉丑生) - 축오(丑午), 인오술생(寅午戌生) - 묘진(卯辰), 해묘미생(亥卯未生) - 자축(子丑)이다. 다음은 자년(子年) - 진(辰), 축년(丑年) - 사(巳), 인년(寅年) - 오(午), 묘년(卯年) - 미(未), 진년(辰年) - 신(申), 사년(巳年) - 유(酉), 오년(午年) - 술(戌), 미년(未年) - 해(亥), 신년(申年) - 자(子), 유년(酉年) - 축(丑), 술년(戌年) - 인(寅), 亥年(해년) - 卯(묘) 등이 해당한다.

朗月 실제로는 큰 비중이 없다. 개인적인 생각으로는 신살(神殺)은 모두 무시해도 좋고, 특히 생극제화(生剋制化)의 이치에는 부합되지 않는 것이 대부분이므

로 적용시키면 그만큼 혼란이 가중될 수 있다.

오귀관(五鬼關) 殺 질병이 항상 따라다녀서 늘 병약하게 되는 살. 구조는 자년(子年) – 진(辰), 축년(丑年) – 묘(卯), 인년(寅年) – 인(寅), 묘년(卯年) – 축(丑), 진년(辰年) – 자(子), 사년(巳年) – 해(亥), 오년(午年) – 술(戌), 미년(未年) – 유(酉), 신년(申年) – 신(辛), 유년(酉年) – 미(未), 술년(戌年) – 오(午), 亥年(해년) – 사(巳) 등이 해당한다.

　　朗月 실제로는 큰 비중이 없다. 개인적인 생각으로는 신살(神殺)은 모두 무시해도 좋고, 특히 생극제화(生剋制化)의 이치에는 부합되지 않는 것이 대부분이므로 적용시키면 그만큼 혼란이 가중될 수 있다.

오기(五氣) 五 5가지의 기운. 목기(木氣), 화기(火氣), 토기(土氣), 금기(金氣), 수기(水氣) 등이다. 또한 한의학(韓醫學)에서는 목(木) – 풍기(風氣), 화(火) – 열기(熱氣), 토(土) – 습기(濕氣), 금(金) – 조기(燥氣), 수(水) – 한기(寒氣) 등을 나타낸다.

오기불려 성정정화(五氣不戾 性正情和)【滴天髓】목화토금수(木火土金水)의 다섯 기운(氣運)이 일그러지지 않으면 성품도 반듯하고 마음이 평화롭다.

오기편전정길흉(五氣偏全定吉凶)【滴天髓】오행(五行)으로 불리우는 다섯 기운이 치우치거나, 혹은 완전하게 형성되면서 길흉화복(吉凶禍福)이 정해진다.

오기취이성형 형불가해야(五氣聚而成形 形不可害也)【滴天髓】목화토금수(木火土金水)가 서로 어우러져서 형성된 사주라면 그 형상대로의 구조를 해코지하면 안 된다.

오년(午年) 子 오(午)의 해. 연지(年支)가 오일 경우에 해당한다. 보통 말띠라고

도 한다.

오룡치수(五龍治水) 俗 다섯 마리의 용이 물을 다스린다. ⇨ 일룡치수(一龍治水)

오말(午末) 俗 오시(午時)의 끝 부분.

오묘살(五墓殺) 殺 우환과 질병이 끊이지 않는 살. 구조는 1·2·3월생 – 미(未), 4·5·6월생 – 술(戌), 7·8·9월생 – 축(丑), 10·11·12월생 – 진(辰)이 해당한다.

　　朗月 실제로는 큰 비중이 없다. 개인적인 생각으로는 신살(神殺)은 모두 무시해도 좋고, 특히 생극제화(生剋制化)의 이치에는 부합되지 않는 것이 대부분이므로 적용시키면 그만큼 혼란이 가중될 수 있다.

오미(五味) 外 다섯 가지의 맛. 목(木) – 산미(酸味 : 신맛), 화(火) – 고미(苦味 : 쓴맛), 토(土) – 감미(甘味 : 단맛), 금(金) – 신미(辛味 : 매운맛), 수(水) – 함미(鹹味 : 짠맛) 등이다.

오미합(午未合) 干支 육합(六合)의 하나. 오(午)와 미(未)가 만나면 합(合)이 된다.

　　朗月 오와 미의 관계는 화생토(火生土)의 의미만 있고 합의 관계는 고려하지 않는다. 그리고 화생토라고 말하면서도 실은 미토(未土) 또한 열기가 많아 화(火)의 세력권이 형성되는 것으로 본다.

오미합무화(午未合無化) 干支 오(午)와 미(未)가 합이 되어 변화하면 화(化)하지는 않으나 화(火)의 기운을 띠게 된다.

　　朗月 합은 하고 화하지는 않는다는 말은 이치적으로 합당하지 않다. 그리고 오미(午未)가 남방합(南方合)이라는 것도 문제이다. 남방이 오미라는 것은 적도(赤道)로 연결되는데, 적도 이남은 지구에서 포기한다는 것으로 봐도 되지 않느냐의 의미를 생각해본다. 당시에 적도 이남의 남극을 몰랐다면 이제 그러한 오류가 밝혀졌으므로 버려야 한다. 그래서 육합의

오류는 무시하는 것이 최선이다.

오미합화(午未合火) 干支 ⇨ 오미합무화(午未合無化)

오방(五方) 五 다섯 가지의 방향. 목(木)-동방(東方), 화(火)-남방(南方), 토(土)-중방(中方 : 中央), 금(金) - 서방(西方), 수(水)-북방(北方) 등을 말한다.

오방(午方) 五 오(午)의 방향. 정남(正南)을 가리키고, 화방(火方)이라고도 한다. 팔괘(八卦)로는 이방(离方)이라고도 한다.

오복(五福) 五 다섯 가지의 복락(福樂). 수(壽 : 생명), 부(富 : 풍요), 강녕(康寧 : 건강), 유호덕(攸好德 : 좋은 성품), 고종명(考終命 : 수명을 다하고 죽음) 등이다.

오상(五常) 五 다섯 가지의 인륜(人倫). 목(木)-인(仁), 화(火)-예(禮), 토(土)-신(信), 금(金) - 의(義), 수(水) - 지(智)를 말한다.

오색(五色) 五 오행(五行)의 색. 목(木)-청색(靑色), 화(火) - 적색(赤色), 토(土)-황색(黃色), 금(金) - 백색(白色), 수(水)-흑색(黑色)을 말한다.

　朗月　습관적으로 사용하지만 색(色)의 오행(五行)은 이치에 부합되지 않는다. 다만 상징적일 뿐이다. 왜냐하면 색은 빛에서 나온 것이고, 빛은 오행에서 화(火)하기 때문이다. 확대 해석하면 용신의 색을 권하고 기구신(忌仇神)의 색을 금하는 등의 조언은 허구라고 할 수 있다. 특히 사람의 눈에 보이는 색과 자연의 색이 같지 않다는 것도 문제이므로 깊은 관찰이 필요하다.

오성(五星) 五 1. 다섯 별. 즉 오행(五行)을 말한다.

2. 다섯 가지의 별. 목성(木星), 화성(火星), 토성(土星), 금성(金星), 수성(水性)의 다섯 오행(五行)을 말한다. 그리고 목성은 세성(歲星), 화성은 형혹성(熒或星), 토성은 진성(土 + 眞星), 금성은 태백성(太白星), 수성은 진성(辰星)이라고도 한다.

오성(五性) 五 다섯 가지의 성품. 오상(五常)을 오행(五行)에 배속시킨 것이므로 같은 말이다.

오성(五聲) 五 다섯 가지의 소리. 신(呻 : 신음), 호(呼 : 호흡), 소(笑 : 웃음), 곡(哭 : 울음), 가(歌 : 노래) 등이다.

오수(五數) 五 다섯 가지의 숫자. 일이삼사오(一二三四五)를 말한다. 수(水) - 일(一), 화(火)-이(二), 목(木)-삼(三), 금(金)-사(四), 토(土)-오(五) 등을 가리킨다.

오술(午戌) 干支 오(午)와 술(戌)이 바짝 붙어 있으면 반합이다. 반합이면 화(火)의 기운이 생성된다고 보고 합의 의미도 있다. 다만 반합이 되었다고 두 글자 모두 화(火)가 되었다고 보는 것은 성급한 결론이다. ⇨ 합화(合化)의 조건(條件)

오시(五時) 五 다섯 가지의 시절(時節). 목(木)-춘(春), 화(火)-하(夏), 금(金)-추(秋), 수(水) - 동(冬), 토(土) - 사계(四季) 등이다.

오시(午時) 子 오(午)의 시. 사주의 시지(時支)가 오에 해당하는 경우. 동경 135도 기준으로 11시 30분 ~ 13시 30분의 두 시간에 해당한다.

　朗月　시계를 보지 않고 출생한 경우 보통 점심 때 낳았다고 하면 오시가 될 가능성이 많다.

오양(五陽) 干支 다섯 가지의 양(陽). 갑목(甲木), 병화(丙火), 무토(戊土), 경금(庚金), 임수(壬水) 등을 말한다.

오양개양병위최(五陽皆陽丙爲最) 【滴天髓】 갑병무경임(甲丙戊庚壬)이 모두 양(陽)이지만, 특히 병화(丙火)가 가장 양(陽)답다.

오양종기부종세(五陽從氣不從勢) 【滴天髓】

갑병무경임(甲丙戊庚壬)은 기운의 흐름을 따를 뿐, 억지로 세력을 따르지 않는다.

오오형(午午刑) 殺 신살(神殺)의 하나. 오(午)가 오(午)를 만나면 형(刑)이 된다.

朗月 스스로 자신이 자신을 형한다는 것은 논리적으로 성립되지 않으므로 무시하는 것이 최선이다.

오욕(五欲) 五 다섯 가지의 본능(本能). 성(聲 : 소리), 미(味 : 맛), 색(色 : 빛), 취(臭 : 냄새), 음(飮 : 마실 것)의 다섯 가지를 하고자 하는 것이다.

朗月 불교에서는 오욕(五欲 : 五慾)이라고 하여 다섯 가지의 욕망으로 보기도 하는데, 색(色), 성(聲), 향(香), 미(味), 촉(觸) 등이다.

오운(五運) 古 다섯 가지의 운(運). 오운론(五運論)에 의하면 매년 하늘에서 움직이는 기운이 있는데, 이것이 10년 단위로 변화하는 것이다. 그리고 10년 주기로 움직이는 변화는 다섯 가지의 일정한 공식을 갖는데, 그 공식이 오운(五運)이다. 구조는 갑기년(甲己年) - 토운(土運), 을경년(乙庚年) - 금운(金運), 병신년(丙辛年) - 수운(水運), 정임년(丁壬年) - 목운(木運), 무계년(戊癸年)-화운(火運) 등이다.

朗月 양간(陽干)에 해당하는 해에는 태과(太過)라고 하고, 음간(陰干)에 해당하는 해에는 불급(不及)이라는 말을 사용한다. 예를 들어 갑년(甲年)는 토태과(土太過)라고 하고, 기년(己年)에는 토불급(土不及)이라고 한다. 오운론(五運論)은 한의학(韓醫學)에서 주로 다루는 분야이고, 자평명리학(子平命理學)에서는 이 논리를 사용하지 않고 간합(干合 : 五合)의 의미로만 사용한다.

오운론(五運論) 古 오운(五運)에 대한 논리. ⇨ 오운(五運)

오운육기(五運六氣) 古 다섯 가지의 운(運)과 여섯 가지의 기(氣). 운기학(運氣學)이라고도 한다. 역사는 오래 되었으며 『황제내경(黃帝內經)』에 언급되어 있다. ⇨ 오운(五運), 육기(六氣)

오월(午月) 朔 오(午)의 달. 사주의 월지(月支)가 오에 해당하는 경우이다. 절기로는 망종(亡種)과 하지(夏至) 사이에 해당한다.

오월갑목(午月甲木) 干支 오월(午月)에 태어난 갑목(甲木). 한여름의 계절이므로 수(水)의 필요성이 절대적으로 요구되는 상황이다. 만약 수가 없다면 목(木)은 말라서 성장하지 못한다고 이해한다.

【窮通寶鑑】 용신(用神)은 계수(癸水), 보조(補助)는 정화(丁火)와 경금(庚金)이다. 목성(木性)이 허약하고 건조하니 계수(癸水)로 용신(用神)을 삼고, 계수가 없어서 정화로 용신을 삼으면 운(運)은 반드시 북방(北方)으로 향해야 한다. 목(木)이 왕성(旺盛)하면 경금이 우선이고 경금이 왕성하다면 정화를 우선한다.

오월경금(午月庚金) 干支 오월(午月)에 태어난 경금(庚金). 한여름에 태어난 금(金)이니 습기가 있는 토(土)와 수(水)가 필요할 가능성이 많아진다.

【窮通寶鑑】 용신(用神)은 임수(壬水), 보조(補助)는 계수(癸水)이다. 오로지 임수를 쓰고 계수는 그 다음이다. 모름지기 지지(地支)에서 경신금(庚辛金)의 도움을 얻어야 한다. 임계수(壬癸水)가 없다면 무기토(戊己土)를 써서 화(火)의 기운을 설(洩)해야 한다.

오월계수(午月癸水) 干支 오월(午月)에 태어난 계수(癸水). 오월(午月) 임수(壬水)의 상황에 따른다.

【窮通寶鑑】 용신(用神)은 경금(庚金), 보조(補助)는 경금(庚金) 임계수(壬癸水)이다. 경신금(庚辛金)은 나를 생하는 근본

인데, 정화(丁火)가 당령한다면 금(金)이 화(火)를 대적하기 어려우므로 비겁(比劫)이 필요하다. 그렇게 되면 경신금을 쓸 수 있다.

오월기토(午月己土) 干支 오월(午月)에 태어난 기토(己土). 오월의 무토(戊土)의 상황에 따른다.

【窮通寶鑑】 용신(用神)은 계수(癸水), 보조(補助)는 병화(丙火)이다. 조후(調候)가 필요하니 계수는 절대적으로 소중하고, 토(土)가 윤택하기 위해서는 병화 없이는 불가능하다.

오월무토(午月戊土) 干支 오월(午月)에 태어난 무토(戊土). 한여름에 태어난 토(土)이므로 매우 강해서 사주에 수(水)가 있기를 절대적으로 희망한다.

【窮通寶鑑】 용신(用神)은 임수(壬水), 보조(補助)는 갑목(甲木), 병화(丙火)이다. 조후(調候)가 급하니 먼저 임수를 쓰고, 다음으로 갑목을 쓰며 병화도 참작한다.

오월병화(午月丙火) 干支 오월(午月)에 태어난 병화(丙火). 화(火)의 기운이 넘치는 계절에 태어나서 극히 왕성한 화가 될 가능성이 많으므로 상황에 따라서 수(水)나 토(土)를 필요로 한다.

【窮通寶鑑】 용신(用神)은 임수(壬水), 보조(補助)는 경금(庚金)이다. 임수와 경금이 신금(申金)에게 통근(通根)이 되면 가장 절묘하다.

오월신금(午月辛金) 干支 오월(午月)에 태어난 신금(辛金). 오월 경금(庚金)의 상황에 따른다.

【窮通寶鑑】 용신(用神)은 임수(壬水), 보조(補助)는 기토(己土), 계수(癸水)이다. 기토가 없으면 임수를 적시지 못하고, 신금(辛金)이 없으면 기토는 생조(生助)를 못하니, 그러므로 임수와 기토를 함께 쓴다.

오월을목(午月乙木) 干支 오월(午月)에 태어난 을목(乙木). 갑목(甲木)의 상황에 따른다.

【窮通寶鑑】 용신(用神)은 계수(癸水), 보조(補助)는 병화(丙火)이다. 상반기(上半期)에는 오로지 계수(癸水)를 용신(用神)으로 삼고, 하반기(下半期)에는 병화(丙火)와 계수(癸水)를 함께 쓴다.

오월임수(午月壬水) 干支 오월(午月)에 태어난 임수(壬水). 화(火) 기운이 강한 계절이므로 금수(金水)의 기운으로 보호하게 될 가능성이 많아진다.

【窮通寶鑑】 용신(用神)은 계수(癸水), 보조(補助)는 경신금(庚辛金)이다. 경금(庚金)으로 근원을 삼고, 계수로 보조를 삼는다. 경금이 없으면 신금(辛金)도 가능하다.

오월정화(午月丁火) 干支 오월(午月)에 태어난 정화(丁火). 오월의 병화(丙火)의 상황에 따른다.

【窮通寶鑑】 용신(用神)은 임수(壬水), 보조(補助)는 경금(庚金), 계수(癸水)이다. 화(火)가 많으면 경금과 임수가 함께 투출(透出)되는 것이 귀(貴)하게 된다. 임수가 없어서 계수를 쓰면 독살당권(獨殺當權)이라고 한다.

오음(五陰) 干支 다섯 가지의 음간(陰干). 을목(乙木), 정화(丁火), 기토(己土), 신금(辛金), 계수(癸水)를 말한다.

오음(五音) 五 소리의 오행. 목(木)-각(角:어금니 소리), 화(火)-치(徵:헛소리), 토(土)-궁(宮:목구멍 소리), 금(金)-상(商:잇소리), 수(水)-우(羽:입술 소리)를 말한다.

朗月 참고로 소리의 오행을 작명에 사용하는 경우에는 목(木)-ㄱ·ㅋ, 화(火)-ㄴ·ㄷ·ㄹ·ㅌ, 토(土)-ㅇ·ㅎ, 금(金)-ㅅ·ㅈ·ㅊ, 수(水)-ㅁ·ㅂ·ㅍ 등이 된다.

오음개음계위지(五陰皆陰癸爲至)【滴天髓】

을정기신계(乙丁己辛癸)가 모두 음(陰)이지만, 특히 계수(癸水)가 가장 음(陰)답다.

오음종세무정의(五陰從勢無情義)【滴天髓】 을정기신계(乙丁己辛癸)는 세력을 따르고, 의리(義理)에는 무정(無情)하다.

오(午)**의 지장간**(支藏干) 干支 지지(地支) 오화(午火) 속에 들어 있는 천간(天干). 지장간의 구조는 병화(丙火) - 10, 기토(己土) - 9, 정화(丁火) - 11에 해당한다. 인원용사(人元用事)의 구조는 기정(己丁)만을 취한다.

朗月 지지에 천간이 포함된 형태가 각 비율로 포함되어서 각기 분류할 수 있는 형태로 존재하는 것인지, 아니면 완전히 일정한 비율로 용해되어서 분리시킬 수 없는 상태인지에 대해서는 말하기 어렵다. 절기를 고려해 본다면 일정한 흐름에 의해서 지장간의 기운이 흘러가는 것으로 보이는 것을 참고한다면 분리하지 못할 형상으로는 보이지 않는다. 지지의 그릇에 담긴 일정 비율의 천간 덩어리라고 이해하면 된다.

오일(午日) 干支 오(午)의 날. 사주의 일지(日支)가 오에 해당하는 경우이다.

오장(五臟) 五 다섯 가지의 장기(臟器). 목(木) - 간(肝), 화(火) - 심(心), 토(土) - 비(脾), 금(金) - 폐(肺), 수(水) - 신(腎)을 말한다.

朗月 명칭이 장기와 같지만 반드시 일치한다고 보지 않는다. 경락에 해당 장부가 연결된다는 정도로, 큰 의미의 오장이라고 이해하는 것이 좋다.

오장육부(五臟六腑) 外 다섯 장기와 여섯 부속(附屬). 오장에는 각각 부수적으로 딸린 기관이 있어서 이것을 장부(臟腑)의 음양(陰陽)으로 이해한다. ⇨ 오장(五臟), 육부(六腑)

오정(午正) 俗 오시(午時)의 중앙. 정오(正午)도 같은 말이다.

오준민(吳俊民) 人 대만의 명리학자. 호는 약평. 저서는『명리신론(命理新論)』이 있다. ⇨ 명리신론(命理新論)

오중기토(午中己土) 干支 오화(午火) 속에 들어 있는 기토(己土). 월령(月令)에 해당할 경우에는 중기(中氣)가 되고 비중도 30%에 속할 정도로 크다. 절기는 망종(亡種)에서 하지(夏至)에 걸쳐 있으며 약 9일간 작용한다. 독립적으로는 병화(丙火)와 정화(丁火)를 조율하는 기능으로 존재한다.

오중병화(午中丙火) 干支 오화(午火) 속에 들어 있는 병화(丙火). 월령(月令)에 해당할 경우에는 사월(巳月)에서 넘어온 여기(餘氣)가 되고, 절기는 망종(亡種)에 해당하고 약 10일간 작용한다. 독립적으로는 정화(丁火)와 함께 화(火)의 세력을 형성한다. 인원용사(人元用事)에서는 생략되어 있다.

오중정화(午中丁火) 干支 오화(午火) 속에 들어있는 정화(丁火). 월령(月令)에 해당할 경우에는 본기(本氣)가 되며, 절기는 하지(夏至)에 해당하며 약 11일간 작용한다. 독립적으로는 오화(午火)의 주체가 된다.

오지(五志) 五 다섯 가지의 감정. 희(喜 : 기쁨), 노(怒 : 성냄), 우(憂 : 근심), 사(思 : 생각), 공(恐 : 두려움) 등이다.

오천복(午天福) 古 殺 신살(神殺)의 하나. 오(午)는 천복성(天福星)에 해당한다. 당사주(唐四柱)에서 12성(星)에 해당하는데, 오에 해당하면 복록(福祿)이 많다는 뜻이다. ⇨ 당사주(唐四柱)

오초(午初) 俗 오시(午時)의 첫 부분.

오합(五合) 子 다섯 가지의 합. 열 가지 천간(天干)을 서로 짝을 이루어서 합하니 그 종류가 다섯 가지이다. 간합(干合)을 말한다. ⇨ 간합(干合)

오행(五行) 五 다섯 가지의 성분이 서로 돌아다님. 동양철학에서는 오랜동안 오행론이 기초를 이루었는데, 그 바탕 구조는 목화토금수(木火土金水)이다. 이 다섯 가지의 성분이 서로 만나고 충돌하고 타협하는 과정을 연구하는 것이 오행학(五行學)이다. 이렇게 전개되는 논리를 오행론(五行論)이라고 한다. 그리고 행(行)이라는 말은 순행한다, 흐른다는 의미를 포함하므로 고정된 것이 아니고 늘 주변 환경에 따라서 변화한다는 의미이다.

朗月 자평명리학(子平命理學)에서도 근간을 이루는 것이 오행인데, 오행학에 음양론(陰陽論)을 수용한 형태로 이해한다. 그러므로 음양의 오행이라고 하기보다는 오행의 음양이라고 하는 것이 더 자연스럽다. 그러나 지금은 분류에 의미가 없다. 이미 하나로 녹아들어서 분리가 불가능하기 때문이다. 음양이 단독으로는 의미가 없다면, 오행은 단독으로 이미 자신의 특성이 있는 것으로 볼 수 있다.

오행과다(五行過多)**의 해**(害) 五 오행이 너무 지나치게 많아서 생긴 해로움. 이러한 형상을 각각 이름하여 인성과다(印星過多), 식상과다(食傷過多), 설기과다(洩氣過多), 설기태과(洩氣太過), 재성과다(財星過多), 관살과다(官殺過多), 비겁과다(比劫過多) 등으로 말할 수가 있다. ⇨ 인성과다(印星過多), 식상과다(食傷過多), 설기태과(洩氣太過), 재성과다(財星過多), 관살과다(官殺過多), 비겁과다(比劫過多)

오행관(五行觀) 五 오행(五行)의 이치(理致)를 관찰(觀察)하는 것.

朗月 오행의 관찰에서는 상생법(相生法)과 상극법(相剋法), 역생법(逆生法)과 역극법(逆剋法) 등을 정밀하게 관찰하는 것이 중요하다. 모든 원리의 바탕에는 생극제화(生剋制化)의 이치가 있음을 생각한

다.

오행구족(五行具足) ⇨ 오행구족격(五行具足格)

오행구족격(五行具足格) 格 고전격국(古典格局)의 하나. 사주에 오행(五行)이 모두 들어 있으면 해당한다.

朗月 심지어 태원(胎元)에 있는 오행까지도 동원하는 것을 보면 좋게 말하고 싶어서 안달이 난 것으로 보인다. 논리는 타당하지만 현실적으로 생극제화(生剋制化)를 고려하여 결론내리는 것이 옳으므로 의미를 두지 않는 것이 좋다.

오행론(五行論) 五 ⇨ 오행(五行)

오행방위(五行方位) 五 오행(五行)의 방위(方位). ⇨ 오방(五方)

오행상극(五行相剋) 五 오행(五行)의 상극(相剋). ⇨ 상극(相剋)

오행상생(五行相生) 五 오행(五行)의 상생(相生). ⇨ 상생(相生)

오행상생상극(五行相生相剋) 五 오행(五行)이 서로 생하거나 서로 극하는 법칙. ⇨ 상생(相生), 상극(相剋)

오행생극(五行生克) 五 오행이 서로 생조(生助)하거나, 충극(沖剋)하는 것. ⇨ 상생(相生), 상극(相剋)

오행생극지리(五行生剋之理) 五 오행이 생(生)하기도 하고 극(剋)하기도 하는 이치. 자연의 구조를 한마디로 요약한 말이라 할 수 있다. ⇨ 상생(相生), 상극(相剋)

오행생왕법(五行生旺法) 五 오행이 생조(生助)하거나 왕성(旺盛)하게 되는 법칙. 주체(主體)를 생조하는 것을 만나면 생(生)을 받는 것이고, 주체와 같은 오행을 만나면 왕성하다고 한다. 이러한 오행을 만나면 오행의 주체는 매우 강력한 기운을 소유하게 되는 것으로 이해한다.

오행소속(五行所屬) 五 오행에 속하는 것. 또는 어떤 부류를 다섯 가지의 오행론(五

行論)에 연결시키는 것이다. 예를 들면 오성(五聲), 오상(五常), 오음(五音), 오장(五臟), 오운(五運), 오수(五數), 오방(五方), 오색(五色), 오경(五更), 오지(五志), 오시(五時), 오양(五陽), 오음(五陰), 오성(五星), 오미(五味), 오기(五氣) 등을 말한다.

오행(五行)의 기원(起源) 五 오행의 기원에 대해서는 아무도 모른다. 다만 혼돈(渾沌)의 세상에서 음양(陰陽)으로 나뉘었듯이 오행으로 구분된 것은 아득히 오랜 옛날이라고만 생각해도 무방하다. 책마다 나름대로의 기원을 설명하지만 특별히 근거가 있는 것은 아니므로 자연의 구조를 사계절(四季節)로 대입하여 이해하는 것을 그 기원으로 삼는다.

오행(五行)의 왕상휴수사(旺相休囚死) ⇨ 왕상휴수사(旺相休囚死)

오행(五行)의 왕쇠(旺衰) 五 오행이 왕성하거나 쇠약한 정도. ⇨ 왕상휴수사(旺相休囚死)

오행(五行)의 음양(陰陽) 五 오행(五行)은 목화토금수(木火土金水)를 말하고, 각 성분은 다시 음양(陰陽)의 표리(表裏) 관계를 갖고 있다. ⇨ 음양오행(陰陽五行)

오행일순(五行一旬) 五 연월일시(年月日時)와 태원(胎元)이 모두 같은 순(旬)에 해당하는 것을 말한다.

오행장생(五行長生) 五 오행(五行)이 생(生)을 만나는 것. 목(木) - 수(水), 화(火) - 목(木), 토(土) - 화(火), 금(金) - 토(土), 수(水) - 금(金)을 만나면 생조(生助)를 받는다고 하고, 장생이라고도 한다.

오행절기(五行節氣) 五 절기(節氣)를 오행으로 분류한 것. 목(木) - 춘절(春節:봄), 화(火) - 하절(夏節:여름), 금(金) - 추절(秋節:가을), 수(水) - 동절(冬節:겨울), 환절(換節:환절기)로 분류한다. 좀더 상

세히 보면 입춘(立春)에서 곡우(穀雨)까지는 목(木), 입하(立夏)에서 대서(大暑)까지를 화(火), 입추(立秋)에서 상강(霜降)까지를 금(金), 입동(立冬)에서 대한(大寒)까지를 수(水)로 분류한다. 그리고 토(土)의 절기를 별도로 구분하지 않는데, 구태여 구분한다면 청명(淸明), 곡우(穀雨)와 소서(小暑), 대서(大暑)와 한로(寒露), 상강(霜降)과 소한(小寒), 대한(大寒) 등을 따로 떼어서 볼 수 있다.

오행정인(五行正印) 古 예를 들어 갑자(甲子)생이 을축(乙丑)시를 만나거나, 병인(丙寅)생이 갑술시(甲戌時)를 만나는 경우 등에 해당한다.

오행통변(五行通變) 五 오행(五行)의 변화(變化)에 통하는 것. ⇨ 통변법(通變法)

　　朗月 변화에 통한다는 것은 다른 말로 통달(通達)한 것이라고 할 수 있다. 그만큼 올바른 생극제화(生剋制化)의 법칙을 이해하면 변화에 대해서도 자신의 것으로 소화된다. 다만 깊이 연구하고 공부하지 않으면 그냥 오행(五行)은 다섯 가지로만 보일 것이다. 그러므로 깊은 연구와 통찰을 겸하면 더욱 깊은 이치를 볼 수 있다. 노력한 만큼의 결실이 주어지는 것이고 이것이 오행에 대한 통변(通變)이 된다.

오행통변법(五行通變法) 五 오행(五行)의 원리(原理)를 이해하고 그 변화(變化)를 설명하는 방법. ⇨ 오행통변(五行通變)

오행학(五行學) 五 오행(五行)을 연구하는 학문. ⇨ 오행(五行)

오행화자 일세무재(五行和者 一世無災) 【滴天髓】 오행(五行)이 조화롭게 배치되어 있는 사람은 일평생 아무런 질병(疾病)이 없다.

옥당천을귀인(玉堂天乙貴人) ⇨ 천을귀인(天乙貴人)

옥상토(屋上土) 古 병술정해옥상토(丙戌丁

亥屋上土)의 줄임말. ⇨ 병술정해옥상토
(丙戌丁亥屋上土)

옹고집(壅固執) 心 심리구조(心理構造)에
서 억지가 매우 심한 사람은 주체성(主體
性)이 강화되는 비겁(比劫)이 매우 강하
고, 자신을 조절하는 성분인 관살(官殺)
이 미약한 경우에 쉽게 발생한다.

완전(完全) **풀이 적천수**(滴天髓) 冊 『적천
수(滴天髓)』의 해설서. 한국에서 출판된
포여명(鮑黎明) 선생의 원문을 번역한 책
이다.

왕(旺) 子 1. 왕성함. 왕(王)과도 통한다.
갑을목(甲乙木)이 인묘월(寅卯月)에 나
거나, 병정화(丙丁火)가 사오월(巳午月)
에 나거나, 무기토(戊己土)가 진술축미월
(辰戌丑未月)에 나거나, 경신금(庚辛金)
이 신유월(申酉月)에 나거나, 임계수(壬
癸水)가 해자월(亥子月)에 나면 왕(旺)이
다. 그렇지는 않더라도 주변에 자신과 같
은 오행을 많이 만나도 왕하다. 또한 사
주에 비견(比肩)이나 겁재(劫財)가 많아
도 왕한데, 결국은 자신과 같은 오행을
만난 경우와 동일한 현상이다.
2. 십이운성법(十二運星法)에서의 제왕
(帝王)을 줄여서 왕(旺)이라고 한다.

왕금(旺金) 五 왕성한 쇠. 경신금(庚辛金)
이 신유월(申酉月)의 가을에 태어나고 천
간(天干)에는 경신금이 있어서 매우 왕
성할 경우에 해당한다.

왕목(旺木) 五 왕성한 나무. 갑을목(甲乙
木)이 인묘월(寅卯月)에 나고 천간(天干)
에 갑을목(甲乙木)이 중첩될 때 이른다.

朗月 월지(月支)만 목(木)의 계절이면
왕목이라고도 하는데, 이것은 하나의 가
능성일 뿐 주변 상황을 고려하지 않으면
합당하지 않다. 예를 들어 월지는 묘월
(卯月)이지만 일지(日支)와 연지(年支)와
시지(時支)에는 신유금(申酉金)이 포진
하고 월간(月干)이나 시간(時干)에는 경

신금(庚辛金)이 나열되어 있다면, 이 경
우에는 도리어 매우 약한 목이 된다고 해
석한다.

왕목생화(旺木生火) 五 목(木)이 왕성하면
화(火)를 생함을 이르는 말. 사주에는 화
가 없더라도 이미 목이 왕하다면 그 가운
데에서 화가 생겨난다는 의미이다.

朗月 이것은 확대해석으로 봐야 한다.
목(木)이 아무리 왕(旺)해도 목은 목일
뿐이다. 불씨인 화(火)가 있어야만 화를
생할 수 있다. 즉 기름이 탱크에 가득 있
어도 불씨에 해당하는 도화선이 있어야
만 폭발하는 것이다. 불씨가 없다면 그냥
기름일 뿐이고 목일 뿐이라는 생각이다.

왕상(旺相) 子 어떤 오행(五行) 세력이 왕
성(旺盛)하거나 생왕(生旺)한 것. 주체와
같은 오행은 왕(旺)이고, 주체를 생조하
는 오행은 상(相)이다. 왕상이라 하면 왕
과 상을 함께 포함하는 것이므로 힘이 강
하다는 것을 의미한다.

왕상휴수사(旺相休囚死) 子 오행(五行)이
계절에 따라서 세력의 정도를 가늠하는
말. 일간(日干)의 오행을 기준으로 대입
할 경우, 나를 생조(生助)하는 오행을 만
나면 상(相)이 되고, 나와 같은 오행을
만나면 왕(旺)이 되며, 내가 생조(生助)
해주는 오행을 만나면 휴(休)에 해당하
고, 내가 극(剋)하는 오행을 만나면 수
(囚)가 되며, 내가 극(剋)을 받는 오행을
만나면 사(死)가 된다. 음양(陰陽)은 논
하지 않는다.

朗月 기본적으로 일간(日干)을 월지(月
支)에 대입하는 공식이지만, 월지만이 아
니라 전체적으로 이러한 오행이 있으면
같은 공식으로 대입해도 무방하다. 그래
서 왕상(旺相)이 많으면 강한 일간(日干)
으로 보고, 휴수사(休囚死)가 많으면 약
한 일간으로 본다. 그리고 일간을 기준으
로 대입하지만, 또한 어떤 오행이거나 중

심에 놓고 이러한 방식으로 대입하면 어
느 오행이 어느 정도 강한 힘을 얻었는
지, 혹은 잃었는지를 알 수 있으므로 정
확하게 알아두는 것이 중요하다.

왕쇠(旺衰) 子 오행(五行)의 모습이 왕성하
거나 쇠약한 것. 왕성한 것은 왕상(旺相)
을 만나는 것이고, 쇠한 것은 극설(剋洩)
을 만나는 것이다.

왕쇠강약(旺衰强弱) 子 왕쇠하거나 강약함.
사주의 상황을 비교하는 말이다. 왕(旺)
함은 비겁(比劫)이 많다는 말이고, 강하
다는 말은 인성(印星)이 많다는 말이기
도 한데, 쇠약한 것은 그러한 성분이 많
이 부족하면 해당한다고 본다.

왕수(旺水) 五 왕성한 물. 임계수(壬癸水)
가 해자(亥子)월에 태어나고 천간(天干)
에 임계수가 있어서 매우 왕성한 세력을
얻었을 경우에 해당한다.

왕약(旺弱) 五 왕하거나 약한 것. 왕쇠(旺
衰)나 강약(强弱)의 의미와 같다.

왕이불열 쇠이불궁(旺而不烈 衰而不窮) 【滴
天髓】 정화(丁火)가 왕성(旺盛)하다고 해
도 맹렬(猛烈)하게 타오르지는 않고, 너
무 약하더라도 꺼지지는 않는다.

왕자병(王子病) 心 심리구조에서 남자가
남들이 자신에 대해서 어떻게 평가하는
가에 매우 관심이 많으면서 스스로 가장
뛰어나다고 생각하는 것으로 상관(傷官)
에 해당한다.

왕지(旺地) 干支 왕성한 땅. 자오묘유(子午
卯酉)를 왕지(旺地)라고도 하는데, 이유
는 각각 오행의 생지에 해당하는 까닭이
다. 자(子)-수(水)의 왕지, 오(午)-화
(火)의 왕지, 묘(卯)-목(木)의 왕지, 유
(酉)-금(金)의 왕지 등이다.

왕자충쇠쇠자발 쇠신충왕왕신발(旺者沖衰衰
者拔 衰神沖旺旺者發) 【滴天髓】 왕성(旺
盛)한 글자가 쇠약(衰弱)한 글자와 충돌
(衝突)하면 쇠약한 자는 뿌리가 뽑히는

데, 반대로 쇠약한 글자가 왕성한 글자를
충하면 왕성한 자는 오히려 발전하게 된
다.

왕토(旺土) 五 왕성한 토(土). 무기토(戊己
土)가 간지(干支)에 무기토와 진술축미
토(辰戌丑未土)를 만나고 금(金)이나 목
(木)의 세력이 약한 경우에 해당한다.

왕화(旺火) 五 왕성한 불. 병정화(丙丁火)
가 간지(干支)에서 많은 화(火)를 만나고
토(土)나 수(水)의 극설(剋洩)을 당하지
않은 경우에 해당한다.

왕희순세(旺喜順勢) 古 왕성한 것은 세력을
따라주는 것을 좋아함을 이르는 말. 거역
하지 말고 순응해주는 것이 좋다는 의미
이다. 예를 들어 비겁(比劫)이 왕하면 식
상(食傷)으로 흐르고, 관살(官殺)이 왕하
면 인성(印星)으로 흐르는 것을 말한다.

외격(外格) 格 바깥의 격(格). 내격(內格)
과 반대되는 말로 일상적인 생극제화(生
剋制化)의 이치를 벗어나서 답을 찾아야
하는 특수한 형식을 말한다. 구조는 종격
(從格), 화격(化格) 등이 있다.

외국출생(外國出生) 子 다른 나라에서 출생
한 사람. 사주의 기준은 자연시간(自然時
間)을 사용하므로 지역에 상관없이 태어
난 지역의 자연시간을 사용하는 것이 옳
다.

　　朗月 문제는 한국과 유럽에서 태어난 사
람이 출생날짜가 다르다는 점인데, 이 문
제는 후에 어떤 근거가 밝혀지면 좋겠다.
현재는 그대로 사용하는 수밖에 없다.

외길인생 心 직업적성에서 오로지 한 길로
만 가는 사람은 사주에 주체성(主體性)을
의미하는 비견(比肩)이 강하고, 연구하
고 빠져 들어가는 식신(食神)도 유정하
며 겹치지 않아야 하고, 결과를 나타내는
재성(財星)이 있으면 가능하다.

외로움 心 ⇨ 고독감(孤獨感)

외외과제매등륜 일개원기암리존(巍巍科第邁

等倫 一個元機暗裏存)【滴天髓】과거에 급제하여 벼슬하는 것은 사주에 맑은 기운이 들어있기 때문이다.

외토지첩 요수지영(畏土之疊 樂水之盈)【滴天髓】무기토(戊己土)가 겹겹이 덮이면 인성과다(印星過多)로 답답하지만, 물이 있어 찰랑찰랑 넘치는 것은 금생수(金生水)의 이치를 만나 또한 즐겁다.

요여인간개농외(要與人間開聾聵)【滴天髓】인간이 귀가 어둡고 눈 먼 것을 열어주고자 한다.

욕식삼원만법종(欲識三元萬法宗)【滴天髓】천원(天元)인 천간(天干)과 지원(地元)인 지지(地支)와 인원(人元)인 지장간(支藏干)이 자연의 근본임을 알고자 한다.

용(龍) 俗 용띠에 해당하는 동물.

용(用) 用 쓴다는 의미. 자평명리학(子平命理學)에서는 용신(用神)을 말한다. ⇨ 용신(用神)

朗月 가장 중요한 역할을 맡은 글자에게 쓰인다는 뜻으로 용(用)을 붙인 것은 재미있다.

용두사미(龍頭蛇尾) 心 심리구조에서 시작은 거창한데 마무리는 졸속(拙速)으로 서두르는 사람은 식상(食傷)과 재성(財星)은 있으나, 인성(印星)이 없어서 추진력(推進力)이 떨어지는 경우에 발생한다.

용띠 俗 진년(辰年)에 태어난 사람. 생극제화(生剋制化)의 이치와는 무관하게 보는 것이 타당하다.

용봉삼태격(龍鳳三台格) 格 ⇨ 삼합취회(三合聚會)

용신(用神) 用 쓰이는 글자. 용신이란 자평명리학에서 매우 중요한 의미를 갖는 글자이다. 전체 구조를 살펴서 중화점(中和點)에 이르도록 작용하는 글자이기도 하고, 사주의 일간이 신약하면 도움을 주는 글자가 용신이 된다고도 한다. 또한 일간이 신왕하면 극하거나 설하는 글자가 용신이 되기도 한다.

朗月 비록 용어는 같아도 자평명리학의 용신과 다른 학문에서의 용신은 의미하는 바가 다르므로 혼동되지 않도록 주의한다. 모든 자평명리서에는 이 용신을 찾아내는 방법을 설명하는 것이 목적이라고 해도 과언이 아니다. 용신과 무관한 말로 되어 있는 책도 있지만 그런 것은 무시하더라도 명리학을 논하는 책에서는 어떤 형태이거나 용신에 대한 의미에 비중을 두고 있는 것이 사실이다. 그만큼 용신의 의미는 크다. 용신의 역할을 고려한다면 어떤 사람이거나 하는 일에 대해 언제 잘 될 것인지를 확인하고자 한다면 용신을 찾아서 그 용신이 그 운에서 어떻게 작용하는지를 판단하면 답은 간단하게 나온다. 다만 용신을 찾는 과정이 그리 간단하지 않으므로 많은 시간을 연구해야 하는데 중간에 그만두고 단식판단(單式判斷)으로 운명 감정을 하면 큰 일이다. 아무리 공부가 어려워도 반드시 용신에 대해서 명확한 정리를 한 다음에 임상에 임해야 한다.

용신격(用神格) 格 용신에 해당하는 이름으로 지어진 격(格). 사주 형상과 강약 정도를 살펴서 용신을 정한 다음 그 용신의 상황으로 격을 만든 것이다. 대체적으로 용신격의 원형은 다음과 같지만 여기에 나름대로의 상황을 포함하는 의미의 명칭을 부여해서 새롭게 만들어도 아무 문제가 없다.

1. 인성(印星)이 용신인 경우 - 신약용인격(身弱用印格), 상관용인격(傷官用印格), 살중용인격(殺重用印格), 살인상생격(殺印相生格)(겸용), 재중용인격(財重用印格), 탐재괴인격(貪財壞印格)

2. 비겁(比劫)이 용신인 경우 - 신약용겁격(身弱用劫格), 재중용겁격(財重用劫格), 살중용겁격(殺重用劫格)

3. 식상(食傷)이 용신인 경우 – 식신생재격(食神生財格)(겸용), 상관생재격(傷官生財格)(겸용), 식신격(食神格), 상관격(傷官格), 식신제살격(食神制殺格), 상관가살격(傷官駕殺格)

4. 재성(財星)이 용신인 경우 – 기인취재격(棄印就財格), 식신생재격(食神生財格)(겸용), 상관생재격(傷官生財格)(겸용)

5. 관살(官殺)이 용신인 경우 – 정관격(正官格), 편관격(偏官格), 재관격(財官格)(겸용), 재자약살격(財滋弱殺格)(겸용)

6. 외격(外格)이 대입되는 경우 – 종살격(從殺格), 종재격(從財格), 종아격(從兒格), 종왕격(從旺格), 종강격(從强格), 종세격(從勢格)(겸용), 종아생재격(從兒生財格)(겸용), 화기격(化氣格)

※겸용(兼用)이라는 말은 단독으로 사용되지 않는 경우이다.

용신고저(用神高低) 用 용신이 고귀(高貴)하거나 저급(低級)함을 이르는 말. 용신의 상황을 살피는 말로 청고(靑高)한지 또는 혼탁(混濁)한지를 살펴야 한다는 의미로 쓴다.

용신기반(用神羈絆) 用 용신이 합(合)으로 묶였음을 이르는 말. 용신은 활발하게 움직여야 하는 성분인데 합이 되면 활동하지 않으므로 흉한 형상으로 본다. 해결 방법은 용신을 합하는 글자를 충(沖)으로 제거하는 것이 좋다. 예를 들어 병신합(丙辛合)에 병화(丙火)가 용신이라면 정화(丁火)가 신금(辛金)을 극하는 것 등이다. 반대로 기신(忌神)이 기반된다면 오히려 좋은데, 이런 경우에는 기반이라는 말을 사용하지 않는다.

용신다자 성정불상(用神多者 情性不常) 【滴天髓】 강약이 애매해서 용신(用神)으로 삼을 글자가 여러 가지인 사주의 주인공은 그 마음도 일정하지 못하고 우왕좌왕하게 된다.

朗月 임상에서 신약(身弱)인 듯 신강(身强)인 듯 싶은 사주의 경우에는 하고자 하는 일도 매우 복잡한 것을 발견한다.

용신론(用神論) 用 용신(用神)에 대한 논리. 용신은 사주에서 가장 중요한 역할을 한다. 그리고 그 역할을 하는 글자를 어떻게 하면 오류 없이 정확하게 찾느냐에 대해 많은 학자들이 고심하고 있는데, 그러한 과정에서 발생한 것이 용신론이다.

용신무력(用神無力) 用 용신이 무력함을 이르는 말. 용신은 힘이 있고 극을 받지 않아야 하는데, 그렇지 못하면 무력한 용신이 되어서 사주를 통제하기 어렵다. 이런 경우의 용신을 무력하다고 한다.

용신법(用神法) 用 용신을 정하는 방법. 사주를 작성한 다음에는 반드시 용신을 찾아야 하는데 그 방법을 말한다. 다섯 가지의 기준이 있는데 억부법(抑扶法), 조후법(調候法), 통관법(通關法), 병약법(病藥法), 전왕법(專旺法) 등이 있다. 다시 요약하면 억부법과 전왕법으로 줄일 수 있다. 이 기준으로 용신을 정하고, 그 외의 용신법은 모두 무시해도 좋다.

용신순잡(用神純雜) 用 용신이 순수하거나 혼잡한 것을 이르는 말. 용신의 상황을 살피는 말로, 용신이 순수한지 혼잡한지를 살펴야 한다는 의미이다.

용신(用神)**의 구조**(構造) 用 용신은 기본적으로 일간(日干)을 위해서 존재한다. 이것을 바탕으로 사주를 살펴서 구조에 따라 용신을 대입한다. 용신의 구조는 일간을 생조(生助)하는 경우와 극제(剋制)하는 경우, 일간을 설기(洩氣)하는 경우, 주변 구조에 의해서 결정되는 경우도 있다. 예를 들어 사주에 인성(印星)이 많아서 재성(財星)을 용신으로 삼는 경우 등이다. ⇨ 용신격(用神格)

용신(用神)**의 등급**(等級) 用 용신의 상황을 보다 객관적으로 살피기 위해서 용신의 등급을 고려하기도 한다. 급수(級數)는 1급에서 10급까지이고, 용신의 구조가 상격(上格)이면 1급·2급·3급에서 결정하고, 중격(中格)이면 4급·5급·6급에서 결정하며, 하격(下格)이라면 7급·8급·9급에서 결정한다. 이 외의 등외(等外)는 10급이다.

朗月 용신의 등급일 뿐이지 인생의 등급은 아니다. 용신이 강건하여 상격이더라도 운이 돕지 않으면 중격으로 떨어지고, 용신이 무력하고 파괴되어 하격이더라도 운이 그 결함을 도와 준다면 중격으로 작용하므로 참고로 생각한다.

용신(用神)의 병(病) 㧢 용신이 병들었음을 이르는 말. 예를 들어 갑목(甲木)이 병화(丙火)를 용신으로 삼았을 경우에 그 옆에 임수(壬水)가 있다면 이를 일러서 용신이 병들었다고 한다. 이러한 의미는 많은 경우에 적용된다. 용신의 병을 제거하는 글자는 주로 희신(喜神)이 된다. 참고로 일간이 병들면 그 병을 제거하는 글자가 용신이 된다.

용신(用神)의 역할(役割) 㧢 용신은 사주가 작성되면 반드시 찾아야만 다음 단계로 해석할 수 있으므로 용신의 역할은 모든 해석의 열쇠가 된다. ⇨ 용신법(用神法)

朗月 이러한 것을 틀리지 않기 위해서 용신(用神)을 찾는 방법을 정확하게 숙지해야 하는데, 이것이 자평명리학(子平命理學)의 공부이다.

용신(用神)의 원리(原理) 㧢 사주의 중심에는 용신(用神)이 있고, 용신을 정할 때는 생극제화(生剋制化)의 이치를 대입한다. 이렇게 정해진 용신은 원리에 부합되고, 이렇게 대입하지 않고 찾은 용신은 원리(原理)에 부합되지 않는다. ⇨ 용신법(用神法)

용신(用神)의 응용(應用) 㧢 용신을 정하면 세상살이의 모든 기준을 용신이 담당하므로 길흉화복(吉凶禍福)을 분석하는 기준점(基準點)이 된다. 이것을 응용하면 주택(住宅)의 방향이나 의상(衣裳)의 색채 등에 대입할 수 있다. 예를 들어 사주에 화(火)가 용신일 경우에는 남향(南向)의 집에 살고, 금(金)이 용신이면 서향(西向) 집에서 사는 것이 좋다는 등이다. 옷색깔을 대입할 경우에는 화(火)가 필요한 경우에 붉은 색의 옷을 착용하고, 수(水)가 용신인 경우에는 검은 색(色)의 옷을 입으라고 권하는 것처럼 용신을 응용한다.

용신(用神)의 진가(眞假) 㧢 용신이 월령(月令)을 얻으면 진용신(眞用神)이라 하고, 월령(月令)을 얻지 못하면 가용신(假用神)이라 말한다. ⇨ 진용신(眞用神), 가용신(假用神)

용신충(用神沖) 㧢 용신이 충(沖)을 맞았음을 이르는 말. 용신은 사주에서 가장 소중한 글자이기 때문에 그 글자가 충을 당했다는 것은 최악을 의미하므로 그 결과는 흉한 것으로 해석한다. 혹 용신이 충을 가했을 경우도 해당하지만 그렇게 되면 충을 맞은 것은 아니므로 부담이 적다. 특히 용신충(用神沖)이라는 말을 쓰는 경우에는 용신이 맞은 경우를 의미한다.

용신합(用神合) 㧢 용신이 합(合)되었음을 이르는 말. 용신이 합되면 용신기반(用神羈絆)이라고 한다. 용신이 합되면 좋을 일은 거의 없다고 봐야 하므로 일단 꺼리는 것으로 이해한다. 왜냐하면 합하면 사용하지 못하기 때문이다. 절대로 피하는 것이 최선이다.

용신합거(用神合去) 㧢 용신이 합(合)해서 화(化)한 것을 이르는 말. 최악의 상황이다. 다만, 합은 쉬우나 화(化)하는 것은 어려우므로 합거(合去)하는 경우는 거의 없다.

우수(雨水) ㊜ 입춘(立春)이 시작되고 15일이 지난 후에 들어오는 절기.

우울감(憂鬱感) ㊙ 심리구조에서 우울한 마음으로 늘 그늘이 가시지 않는 사람의 마음은 상관(傷官)이 정인(正印)의 극(剋)을 받고 있으면서 신약(身弱)한 경우이다. 이것이 심해지면 우울증(憂鬱症)이 된다.

우쭐댐 ㊙ 심리구조에서 남들이 자신을 알아주기 바라면서 나서는 것은 상관(傷官)의 성분이다.

운(運) ㊦ 운세. 흘러서 움직이는데 그에 대한 일정한 길이 있음을 의미하기도 한다. 대운(大運)과 세운(歲運)으로 구분하기도 하고, 길운(吉運)과 흉운(凶運)으로 구분하기도 한다. 보통 운이 '좋다', '나쁘다'는 말도 같은 의미로 본다.

운기학(運氣學) ㊐ 오운(五運)과 육기(六氣)를 연구하는 학문. 특히 한의학(韓醫學)에서 매우 중요한 논리로 적용한다.

운로(運路) ㊦ 운의 흐름. 대운(大運)을 주로 말한다. 운의 흐름이 희용신(喜用神)의 방향으로 진행하면 운로(運路)가 순탄하고, 반대로 기구신(忌仇神)으로 진행하면 험난(險難)하다.

운명(運命) ㊦ 운(運)과 명(命). 또는 사람이 태어나면서부터 타고난 것이 각본대로 흘러간다고 생각하는 것을 의미하기도 한다. 대만에서는 명운(命運)이라고도 한다.

> **朗月** 글자의 의미로 본다면 운과 명은 구분된다. 명은 타고난 전생의 인연이고, 운은 그 명이 살아가면서 만나는 인연을 의미한다고 봐야 옳다. 다시 말하면 명은 선천적(先天的)이고, 운은 후천적(後天的)이라는 의미로 이해한다.

운명감정(運命鑑定) ㊢ 운명을 감정하는 것. 사주를 풀이하여 길흉화복(吉凶禍福)을 논하는 것이다.

운명감정가(運命鑑定家) ㊢ 운명의 길흉화복(吉凶禍福)을 연구하고 질문에 대해서 답을 해주는 전문직업인. 역학인(易學人), 역술가(易術家) 등으로 부르기도 한다. 상담을 해주고 그에 상응하는 상담료를 받기도 한다. 상담해주는 입장에서는 깊은 연구를 통해서 이치에 부합되는 답을 해줘야 하고, 질문자의 입장에서는 엉터리 예언가에게 황당한 답변을 듣지 않도록 나름대로 기초적인 지식을 갖고 있는 것이 좋다. 그리고 각자의 개성에 따라서 예언형(豫言形)과 상담형(相談形)이 있다.

운명상담(運命相談) ㊢ 운명에 대해서 서로 이야기를 나눔. 사주를 적어 놓고 상담자의 문제점을 풀어가면서 조언을 제공하는 것을 업으로 삼으면 운명상담업(運命相談業)이다.

운명학(運命學) ㊦ 운명의 길흉화복(吉凶禍福)을 연구하는 학문. 자평명리학(子平命理學)도 운명학의 한 분야로 이해한다.

운세(運勢) ㊦ 운의 세력. 운의 형상으로 이해해도 된다. 운은 대운과 세운이 있는데, 이 둘의 흐름이 힘이 있느냐 없느냐는 의미로 사용하기도 한다. 그러므로 '운세가 약하다' 또는 '운세가 강하다'라는 말로 나누기도 하는데, 이는 이치에 어긋나지 않는 의미로 본다.

원류(源流) ㊣ 근원에서부터 흘러간다는 의미. 원원장류(源遠長流), 원원유장(源遠流長), 연주상생(聯珠相生)이라고도 한다. 오행의 기운이 흐르고 흘러서 멈춤이 없는 형상으로 매우 아름다운 형상이다. 또는 어떤 오행의 출발점에 해당하는 글자를 말하기도 한다. 예를 들어 어떤 사주의 구조가 목생화(木生火)하고 화생토(火生土)하고 다시 토생금(土生金)으로 이어진다면 여기에서의 원류는 목(木)이 해당한다.

원서(原書) 冊 좁게는 자평명리학(子平命理學)의 원서(原書)를, 크게는 중국에서 출판된 서적들을 모두 칭함. 자평명리학의 원서는 『연해자평(淵海子平)』, 『명리정종(命理正宗)』, 『적천수(滴天髓)』, 『궁통보감(窮通寶鑑)』, 『자평진전(子平眞詮)』 등이 있다.

원성(垣城) 殺 신살(神殺)의 하나. 일주(日柱)가 병인(丙寅), 무신(戊申), 임신(壬申), 무신(戊申)이면 해당한다. 이 글자들이 재성(財星)과 합을 이루면 부인이 다른 남자의 자식을 임신한다고 한다.

　朗月 위와 같은 설명은 학자의 위신문제라고 생각한다. 실제로는 큰 비중이 없다. 개인적인 생각으로는 신살은 모두 무시해도 좋고, 특히 생극제화(生剋制化)의 이치에는 부합되지 않는 것이 대부분이므로 적용시키면 그만큼 혼란이 가중될 수 있다.

원수산(袁樹珊) 人 중국 명리학자(命理學者). 명조(命造)는 신사(辛巳), 정유(丁酉), 을사(乙巳), 무인(戊寅) 1대운. 저서에는 『명리탐원(命理探原)』, 『명보(命譜)』 등이 있고, 편저(編著)로는 『적천수천미(滴天髓闡微)』가 있다.

　朗月 『적천수천미』는 서낙오(徐樂吾) 선생의 『적천수징의』와 함께 내용은 대동소이하지만 편집이 달라서 읽기에 따라 다소 맛이 다르지만 꼼꼼하게 설명한 좋은 책이다.

원숭이 俗 원숭이띠에 해당하는 동물.

원숭이띠 俗 신년(申年)에 태어난 사람. 생극제화(生剋制化)의 이치와는 무관한 것으로 본다.

원신투출(原神透出) 古 월지(月支)의 본기(本氣)가 천간(天干)에 나타남을 이르는 말. 예를 들어 인월(寅月) 천간(天干)에 갑목(甲木)이 있으면 원신이 투출한 것인데, 만약 갑목(甲木)이 투출되지 않고 병화(丙火)가 있다면 원신투출이라고는 하지 않는다.

원신투출(元神透出) 古 지장간(支藏干)의 십성이 천간(天干)에 투출(透出)되었음을 이르는 말. 특히 월지(月支)에서 투출된 경우에 해당하는 말이다. 투출되었다고 해서 특별히 달라지는 것은 없고 그 글자의 힘이 다소 강하다는 정도로 본다.

원원유장(源遠流長) 古 근원이 멀리서부터 흘러와서 오래도록 흘러감을 이르는 말. 재성(財星)은 관살(官殺)을 생조하고, 관살은 다시 인성(印星)을 생조하며, 인성은 일간(日干)을 생조하고, 일간은 다시 식상(食傷)을 생조하고, 식상은 다시 재성(財星)을 생조하는 흐름이 될 때를 말한다. 연주상생(聯珠相生)의 구조라고도 한다.

원진살(怨嗔殺) 殺 신살(神殺)의 하나. 원진(元辰)이라고도 한다. 서로 미워하고 증오하며 화를 내는 살이다. 부부 사이에 이 살이 있으면 가정생활이 파탄에 이른다고도 한다. 구조는 출생 연지를 기준으로 자미(子未), 축오(丑午), 인유(寅酉), 묘신(卯申), 진해(辰亥), 사술(巳戌)을 만날 때 해당한다. 다만 실제로 그 구성을 보면 육합(六合)을 방해하기 때문에 미워한다는 것인데, 예를 들어 자미원진(子未怨嗔)의 경우에는 자수(子水)가 축토(丑土)와 합하려고 하는데, 미토(未土)가 축미충(丑未沖)으로 합을 방해하기 때문에 자(子)는 미(未)를 미워하고, 미(未)는 오미(午未)로 합하려는데 자(子)가 자오충(子午沖)하여 합을 방해하므로 미토(未土)는 자수(子水)를 미워한다는 말이다.

　朗月 한편 세간에서 역술가들도 이러한 살이 있으면 풀어야 부부불화를 방지한다고 하여 거금을 요구하기도 하니 참으

로 한심스러운 일이다. 원진살은 이제 그
냥 지나는 길에 농담으로 이해하면 되는
정도로 크게 비중이 없다. 개인적인 생각
으로는 신살은 모두 무시해도 좋고, 특히
생극제화(生剋制化)의 이치에는 부합되
지 않는 것이 대부분이므로 적용시키면
그만큼 혼란이 가중될 수 있다.

월간(月干) ⎡干支⎤ 월주(月柱)의 천간(天干).
식신궁(食神宮)이라고도 한다. ⇨ 식신궁
(食神宮)

월간법(月干法) ⎡合⎤ 월지(月支)를 놓고 월간
(月干)을 찾아내는 방법. 둔월법(遁月法)
이라고도 한다. 도표 없이도 가능한 법이
므로 암기하면 편리하고, 이것은 시간법
(時干法)에도 그대로 적용된다. 갑기지년
병인두(甲己之年丙寅頭), 을경지년무인
두(乙庚之年戊寅頭), 병신지년경인두(丙
辛之年庚寅頭), 정임지년임인두(丁壬之年
壬寅頭), 무계지년갑인두(戊癸之年甲寅
頭)로 암기한다. 적용법은 갑년(甲年)이
나 기년(己年)에는 인월(寅月)이 병인(丙
寅)으로 시작하므로, 예를 들어 오월(午
月)의 월간(月干)을 찾고자 한다면 경오
(庚午)월이 되는 것을 확인할 수 있다.

월건(月建) ⎡干支⎤ 월주(月柱)를 세움. ⇨ 월
주(月柱)

월건법(月建法) ⎡干支⎤ 월주(月柱)를 세우는
방법. ⇨ 월간법(月干法)

월겁격(月劫格) ⎡格⎤ 월지(月支)에 겁재(劫
財)가 있는 격. ⇨ 겁재격(劫財格)

월격(月格) ⎡格⎤ 월지(月支)의 상황으로 격
(格)이 된 것. 십정격(十正格)이 해당한
다. 그 외의 월격(月格)은 생극제화(生剋
制化)의 이치와는 무관한 잡기재관격(雜
氣財官格), 양인격(羊刃格) 등이 있다.

월기심천(月氣深淺) ⎡合⎤ 월의 기운이 깊기도
하고 얕기도 함을 이르는 말. 월률분야
(月律分野)에 따른 오행의 비중을 논하는
것이다. ⇨ 지장간(支藏干)

월덕귀인(月德貴人) ⎡殺⎤ 인오술월(寅午戌月)
- 병(丙), 신자진월(申子辰月) - 임(壬),
해묘미월(亥卯未月) - 갑(甲), 사유축월
(巳酉丑月) - 경(庚)에 해당한다. 월지(月
支)를 보아 천간(天干)에 그에 해당하는
글자가 있으면 된다. 의미를 보면 삼합
(三合)이 되는 글자의 화기(化氣)의 양간
(陽干)이 해당하므로, 삼합에서 나온 신
살이라는 것을 알 수 있다. 사주에 있으
면 병이 적고 관운(官運)에서 이롭다고
한다.

朗月 실제로는 큰 비중이 없다. 개인적
인 생각으로는 신살(神殺)은 모두 무시해
도 좋고, 특히 생극제화(生剋制化)의 이
치에는 부합되지 않는 것이 대부분이므
로 적용시키면 그만큼 혼란이 가중될 수
있다.

월령(月令) ⎡合⎤ 월지(月支)의 다른 말. 계절
을 자연의 법칙이라고 보아 자연이 명령
하는 것으로 이해한 것인지도 모른다. 그
래서 사주의 여덟 글자 중 '영(令)'이라
는 글자가 붙는 곳은 월지뿐이다. 법령
(法令)과 같은 의미라고 본다.

월령제강지부 비지택야(月令提綱之府 譬之
宅也) 【滴天髓】 월지(月支)인 월령(月令)
은 모든 세력의 중심부인데 비유한다면
집과 같다.

월률분야(月律分野) ⎡合⎤ 각 월에 따라서 천
간(天干)을 나누는 방법. 지장간(支藏干)
이라고 한다. ⇨ 지장간(支藏干)

월살(月殺) ⎡殺⎤ 신살(神殺)의 하나. 고초살
이라고도 한다. 고통이 많은 삶을 산다는
살이다. 구조는 일지(日支)나 연지(年支)
가 삼합(三合)하는 글자의 끝자를 충하
는 글자에 해당한다. 예를 들면 일지(日
支)에 축(丑)이 있을 경우, 삼합은 사유
축(巳酉丑)이 되고, 끝자는 축(丑)이 되
므로 축과 충되는 글자는 미(未)이니 다
른 지지(地支)에 미가 있으면 그를 일러

서 월살이라고 한다.

朗月 실제로는 큰 비중이 없다. 개인적인 생각으로는 신살(神殺)은 모두 무시해도 좋고, 특히 생극제화(生剋制化)의 이치에는 부합되지 않는 것이 대부분이므로 적용시키면 그만큼 혼란이 가중될 수 있다.

월상편관격(月上偏官格) 格 고전격국(古典格局)의 하나. 월격(月格)의 한 종류이다. 구조는 월지(月支)가 편관(偏官)에 해당하면 된다. 신왕하면 길하고 신약하면 흉하므로, 특별히 월지에 편관이 있어서 어떻다는 것은 의미가 없다고 본다. 전체를 놓고 관찰하는 것이 현명하다.

월영도(月影圖) 外 주역(周易)의 괘(卦)를 이용하여 점치는 방법의 하나. 토정(土亭) 선생이 창안한 것이다. 주역의 괘를 이용하여 여러 가지의 답을 얻을 수 있다. 내용을 보면 일정한 숫자를 얻으면 그에 해당하는 자료로 성씨, 배우자의 성씨, 주의해야 할 사람의 성씨, 묘자리를 잡을 지관의 성씨 등등의 항목이 나열된다. 많은 역학인(易學人)들이 이 월영도를 얻으려고 노력을 많이 했다는데, 막상 신통한 방법을 얻은 경우는 거의 없다고 한다.

朗月 개인적으로는 이 공부를 권하고 싶지 않다.

월장(月將) 外 월(月)의 장수. 육임(六壬)에서 주로 사용한다. 각 월을 주관하는 장수라고 해석한다. 점치는 날짜는 어느 월장이 담당하느냐에 따라서 해석에도 변수가 생기는 것으로 이해한다.

월주(月柱) 子 태어난 월(月)의 간지(干支). 월주의 기준은 일년의 12절기가 기준으로 입춘(立春)에서 소한(小寒)까지이다. 태어난 시점이 각 절기의 시간을 지났는지를 확인하여 월주를 정한다.

朗月 입춘시각을 만세력에 표시된 대로

사용할 경우에 지금의 기준으로 보면 약 30분의 차이가 생긴다. 일본 기준인 동경 135도의 절입시(節入時)가 그대로 표시되었기 때문에 우리나라의 시간은 30분을 당겨서 사용하고 있는 것이다. 그러므로 만세력에 절입시각이 오전 9시라면 실제로 절입시간은 9시 30분이 되어야 자연시간에 부합되는 것이다. 다만 서울 표준시를 사용했던 1954년부터 1961년 사이는 제외이다.

월지(月支) 子 월주(月柱)의 지지(地支). 남녀(男女) 모두 직업궁(職業宮)이라고 하고, 여자에게는 남편궁(男便宮)이 되기도 한다.

월지장간(月支藏干) 干支 월지(月支)의 지장간(支藏干). 지장간이 다 중요하지만 특히 월지에 있는 경우는 더욱 의미가 크다. 천간(天干)에 투출되었느냐에 따라서 비중은 달라지는데, 보통 월지의 장간(藏干)은 십격(十格)을 정하는 기준이기도 하므로 별도로 비중을 두기도 한다. 또한 월률분야(月律分野)라는 이름도 있는데, 출생 당시의 상황이 그만큼 중요하다는 의미이다.

위엄지합(威嚴之合) 干支 병신합(丙辛合). 위제지합(威制之合)이라고도 한다.

朗月 특별히 이러한 명칭을 가져야 할 이유가 무엇인지는 분명하지 않다.

위천리(韋千里) 人 중국 명리학자(命理學者). 명조(命造)는 신해(辛亥) 신묘(辛卯) 경자(庚子) 경진(庚辰)이다. 홍콩에서 많이 활동하였으며, 저서에는 『명학강의(命學講義)』,『명리적고사(命理的故事)』 등이 있다. 『명운담설(命運談屑)』이란 고고집(呱呱集)은 위인의 명식과 직접 상담한 자료를 실어서 공부하는데 도움을 주고 있다는 것이 새로운 감각이다.

유(酉) 干支 지지(地支)의 음금(陰金). 계절로는 백로(白露)에서 추분(秋分) 사이이고, 시간으로는 오후 5시 ~ 7시 사이다. 단, 동경 135도 기준으로는 30분을 가산한다. 금(金)의 왕지(旺地)에 해당한다. 사(巳)나 축(丑)을 만나면 합(合)하게 되고, 화(化)해도 그대로 금이다. 묘(卯)와는 충(沖)하는데, 금극목(金剋木)의 이치에 의해서 묘목(卯木)보다는 피해가 덜하다. 지장간의 구조는 경금-10, 신금-20의 배합이다.

朗月 유년에 태어나면 닭띠라고 하는데, 이치적으로는 서로 연관이 없다고 본다.

유근(有根) 子 뿌리가 있음. 어느 천간(天干)이 지지(地支)에 인성(印星)이나 비겁(比劫)에 해당하는 글자를 만나면 뿌리가 있다고 한다.

朗月 혹자는 지지에 인성을 만나면 뿌리가 되지 않는다고 하는데, 이치에 부합하지 않는다. 왜냐하면 어머니가 뿌리가 되지 않는다는 말이기 때문이다.

유년(酉年) 子 유(酉)의 해. 연지(年支)가 유일 경우에 해당한다. 보통 닭띠의 해라고도 한다.

유력(有力) 子 힘이 있음을 이르는 말. 어떤 오행(五行)의 주변에 같은 오행이나 생조하는 오행이 있으면 유력하다.

유력무력(有力無力) 子 힘이 있거나 힘이 없음을 이르는 말. 힘이 있다는 말은 주변에서 생조(生助)하여 강하게 된 경우이고, 반대로 주변에서 도움주기를 기다리는데 오히려 극을 하고 뿌리도 얻지 못하면 무력(無力)하다고 한다.

朗月 유력무력(有力無力)은 현실적인 물질의 차원에서 사주의 상황을 이해하는 것이다. 도움을 바라는 것도 현실적인 것인데 그러한 것이 이루어지지 않으면 현실적으로 무력하다고 보는 것이 가능하다. 유정무정이 감정적인 의미라면 이 경우는 물리적인 힘을 말한다.

유말(酉末) 俗 유시(酉時)의 끝 부분.

유방(酉方) 俗 유(酉)의 방향. 정서(正西)를 말한다. 팔괘(八卦)로는 태방(兌方)이라고도 한다.

유백온(劉伯溫) 人 1311 ~ 1375 원(元)나라 말기에서 명(明)나라 초기의 유학자 · 정치가. 이름은 유기(劉基), 자는 백온(伯溫), 시호는 문성공(文成公). 청전 지역에서 출생. 천문과 병법에 정통했으며 명태조를 도와 중원을 얻고 성의백(誠意伯)이 되었다. 저서는 『적천수(滴天髓)』가 있다. ⇨ 적천수(滴天髓)

유병득약(有病得藥) 古 병(病)이 있어 약(藥)을 얻음을 이르는 말. 사주에 용신(用神)이 기신(忌神)의 극을 만나면 병이 되는데, 다시 그 기신을 제거하는 글자가 있으면 약을 얻게 되는 경우에 해당한다.

朗月 명리약언(命理約言)에는 '병이 있고 약을 얻으니 귀하게 된다'는 말이 있는데, 이것을 확대해석해서 병도 없고 약도 없으면 별 수 없는 사주라고 해석하는 것은 무리이다. 병이 없고 약이 없으면 그야말로 중화되어 순수한 사주이기 때문이다. 이러한 것은 가려서 대입한다.

유병무약(有病無藥) 古 병(病)은 있으나 약(藥)이 없음을 이르는 말. 용신(用神)이 기신(忌神)을 만났는데, 그 글자를 제거할 글자가 없을 경우에 해당하는 용어이다. 이러한 경우에는 운에서라도 약에 해당하는 글자를 만나 약을 얻어야 한다.

유상(類象) 古 지지(地支)에 방합(方合)을 이루고, 천간(天干)에 그 합의 기운이 투출된 것. 예를 들어 지지에 인묘진(寅卯辰)이 있고, 천간에 갑을목(甲乙木)이 있는 경우이다.

유상격(類象格) 格 고전격국(古典格局)에 속하는 신취팔법(神趣八法)의 하나. 지지(地支)에 방(方)을 이루면 해당한다. 예를 들어 갑을목(甲乙木)이 지지에 인묘진(寅卯辰)을 이루면 해당한다. 매우 강한 세력이 된다.

朗月 이것을 놓고 무슨 팔법이니 신취니 하는 것은 이미 옛날이야기로 웃어 넘기는 것이 좋다.

유술상천(酉戌相穿) 殺 신살(神殺)의 하나. 유술(酉戌)이 만나면 상천(相穿)이 된다. ⇨ 상천(相穿)

朗月 실제로는 큰 비중이 없다. 개인적인 생각으로는 신살은 모두 무시해도 좋고, 특히 생극제화(生剋制化)의 이치에는 부합되지 않는 것이 대부분이므로 적용시키면 그만큼 혼란이 가중될 수 있다.

유시(酉時) 子 유(酉)의 시. 사주의 시지(時支)가 유에 해당하는 경우이다. 동경 135도 기준으로 17시 30분 ~ 19시 30분이다.

朗月 시계를 보지 않고 출생한 경우 보통 저녁 때 낳았다고 하면 유시가 될 가능성이 많다.

유시무종(有始無終) 心 심리구조에서 시작은 언제나 잘 하는데 마무리를 하나도 못하는 사람이면 식상(食傷)은 많으나 재성(財星)이 없는 것으로 본다.

유월(酉月) 子 유(酉)의 달. 사주의 월지(月支)가 유에 해당하는 경우이다. 절기로는 백로(白露)와 추분(秋分) 사이에 해당한다.

유월갑목(酉月甲木) 干支 유월(酉月)에 태어난 갑목(甲木). 가을에 태어난 목(木)으로 금(金)의 공격이 염려되므로 화(火)와 수(水)가 함께 도와주는 것이 좋다.

【窮通寶鑑】 용신(用神)은 경금(庚金), 보조(補助)는 정화(丁火)와 병화(丙火)이다. 정화를 용신으로 해서 살(殺)을 제(制)하고, 병화는 조후(調候)가 된다. 정화와 병화를 함께 용신과 보좌로 삼는다.

유월경금(酉月庚金) 干支 유월(酉月)에 태어난 경금(庚金). 금(金)이 매우 강한 계절이므로 강력한 화(火)가 있으면 더욱

좋을 수 있다.

【窮通寶鑑】 용신(用神)은 정화(丁火), 보조(補助)는 갑목(甲木)과 병화(丙火)이다. 정화와 갑목을 써서 금(金)을 단련하며, 병화는 조후(調候)로 쓴다.

유월계수(酉月癸水) 干支 유월(酉月)에 태어난 계수(癸水). 유월 임수(壬水)의 상황에 따른다.

【窮通寶鑑】 용신(用神)은 신금(辛金), 보조(補助)는 병화(丙火)이다. 신금을 용신으로 삼고, 병화는 보조가 된다. 그렇게 되면 물은 따스하고 금(金)도 따스하다. 모름지기 둘이 천간(天干)에 나타나야 묘(妙)하게 된다.

유월기토(酉月己土) 干支 유월(酉月)에 태어난 기토(己土). 유월 무토(戊土)의 상황에 따른다.

【窮通寶鑑】 용신(用神)은 병화(丙火), 보조(補助)는 계수(癸水)이다. 신금(辛金)과 계수를 취해서 보조로 삼는다.

유월무토(酉月戊土) 干支 유월(酉月)에 태어난 무토(戊土). 가을도 깊어가니 토(土)는 점차로 약해진다. 그래서 화(火)의 도움이 많이 필요하다.

【窮通寶鑑】 용신(用神)은 병화(丙火), 보조(補助)는 계수(癸水)이다. 병화의 조후(調候)를 의지하게 되고, 수(水)가 마른 무토(戊土)를 적셔주길 원한다.

유월병화(酉月丙火) 干支 유월(酉月)에 태어난 병화(丙火). 가을에 태어난 화(火)가 되어 자칫 세력이 약해질 가능성이 많으므로 상황에 따라서 화나 목(木)이 필요하다.

【窮通寶鑑】 용신(用神)은 임수(壬水), 보조(補助)는 계수(癸水)이다. 사주에 병화(丙火)가 많으면 하나의 임수가 천간(天干)에 투출(透出)되는 것이 매우 기이하다. 임수(壬水)가 없으면 계수(癸水)를 쓴다.

유월신금(酉月辛金) 干支 유월(酉月)에 태어난 신금(辛金). 유월 경금(庚金)의 상황에 따른다.

【窮通寶鑑】 용신(用神)은 임수(壬水), 보조(補助)는 갑목(甲木)이다. 임수로 설기(洩氣)한다. 무기토(戊己土)를 만나면 갑목으로 극제(剋制)해야 한다. 지지(地支)에 금국(金局)이 되고 임수가 없다면 정화(丁火)를 쓴다.

유월을목(酉月乙木) 干支 유월(酉月)에 태어난 을목(乙木). 유월 갑목(甲木)의 상황에 따른다.

【窮通寶鑑】 용신(用神)은 계수(癸水), 보조(補助)는 병정화(丙丁火)이다. 상반기(上半期)에는 계수가 먼저이고 병화가 다음이다. 하반기(下半期)에는 병화(丙火)가 먼저이고 계수는 다음이다. 계수가 없으면 임수(壬水)를 쓴다. 지지(地支)에 금국(金局)이 되면 정화(丁火)를 쓰는 것이 마땅하다.

유월임수(酉月壬水) 干支 유월(酉月)에 태어난 임수(壬水). 이미 금(金)이 기운을 받아서 수(水)는 강하게 되니 목화(木火)의 균형이 필요할 가능성이 많아진다.

【窮通寶鑑】 용신(用神)은 갑목(甲木), 보조(補助)는 경금(庚金)이다. 갑목이 없고 금(金)을 수원지(水源地)로 삼으면, 약한 물이 경신금(庚辛金)을 범하게 되어 종강격(從强格)이 된다.

유월정화(酉月丁火) 干支 유월(酉月)에 태어난 정화(丁火). 유월 병화(丙火)의 상황에 따른다.

【窮通寶鑑】 용신(用神)은 갑목(甲木), 보조(補助)는 경금(庚金), 병화(丙火), 무토(戊土)이다. 경금으로 갑목을 쪼개어 쓴다. 갑목이 없으면 을목(乙木)을 쓴다. 병화를 써서 경금을 따스하게 하고, 갑목도 볕을 쪼이게 된다. 경갑(庚甲)이 없어 을목을 쓴 경우에는 병화를 보면 마른 풀

에 불을 붙이는 셈이다. 수(水)가 왕하면 무토를 쓴다.

유유형(酉酉刑) 殺 신살(神殺)의 하나. 유(酉)가 유(酉)를 만나면 형(刑)이 된다.

朗月 스스로 자신을 형(刑)하는 것에 대한 의미는 납득되지 않으니 그냥 무시하는 것이 최선이다.

유(酉)**의 지장간**(支藏干) 干支 지지(地支) 유금(酉金) 속에 들어 있는 천간(天干). 지장간의 구조는 경금(庚金) - 10, 신금(辛金) - 20에 해당한다. 인원용사(人元用事)의 구조는 신금(辛金)만을 취한다.

朗月 지지에 천간이 포함된 형태가 각 비율로 포함되어서 각기 분류할 수 있는 형태로 존재하는지, 아니면 완전히 일정한 비율로 용해되어서 분리시킬 수 없는 상태인지에 대해서는 뭐라고 말하기 어렵다. 절기를 고려해 본다면 일정한 흐름에 따라 지장간의 기운이 흘러가는 것으로 참고하면 분리하지 못할 형상으로는 보이지 않는다. 지지의 그릇에 담긴 일정 비율의 천간 덩어리라고 이해한다.

유일(酉日) 子 유(酉)의 날. 사주의 일지(日支)가 유에 해당하는 경우이다.

유정(酉正) 俗 유시(酉時)의 중앙.

유정각피인리간 원기은중사불회(有情却被人離間 怨起恩中死不灰) 【滴天髓】 서로 유정한데 중간에서 다른 사람이 이간질을 한다면 사랑에서 발생하는 원한이 천추의 한이 된다.

유정견합(有情牽合) 古 정(情)이 있어서 서로 합(合)함을 이르는 말. 다만 합하면 안 되는 경우에 합한 것을 말한다고 볼 수 있다. 용신의 기반이라고도 할 수 있는 형상이다.

유정무정(有情無情) 古 정(情)이 있거나 정(情)이 없음을 이르는 말. 주변이 서로 감싸주고 보호하는 형상이면 유정하고, 반대로 주변에 충극(沖剋)이 벌어지고

생조(生助)를 바라는데 생조하지 않는 경우는 무정하다.

朗月 유정무정은 감정의 차원에서 사주의 상황을 이해하는 것이라고 할 수 있다. 마음에서 바라는 것이 들어오면 좋지만 그렇지 않으면 감정이 나빠지므로 이러한 형상을 유정무정의 분류로 나눌 수 있다. 특히 음양의 배합도 적절하면 제격이다. 유력무력이 물리적인 힘을 말하면 이 경우는 감정적인 것이다.

유중경금(酉中庚金) 干支 유금(酉金) 속에 들어 있는 경금(庚金). 월령(月令)에서는 신월(申月)에서 넘어온 여기(餘氣)가 되고, 절기는 백로(白露)에 해당하며 약 10일간 작용한다. 독립적으로는 거의 논하지 않으며 인원용사(人元用事)에서도 생략된다.

朗月 심리분석을 할 경우에는 경금(庚金)의 성분은 생략한다.

유중신금(酉中辛金) 干支 유금(酉金) 속에 들어 있는 신금(辛金). 월령(月令)에 해당할 경우에는 본기(本氣)가 되고, 절기는 추분(秋分)에 해당하며, 약 20일간 작용한다. 독립적으로는 유금의 주체가 된다.

유천인(酉天刃) 殺 신살(神殺)의 하나. 유(酉)는 천인성(天刃星)에 해당한다. 당사주(唐四柱)에서 12성(星)에 해당하는데, 유에 해당하면 살상(殺傷)의 액운을 당한다는 뜻이다. ⇨ 당사주(唐四柱)

유초(酉初) 俗 유시(酉時)의 첫 부분.

유축(酉丑) 干支 유(酉)와 축(丑)이 가깝게 붙어 있으면 반합이 됨을 이르는 말. 반합이 되면 금(金)의 기운이 생성되므로 합의 의미도 갖는다. 다만 반합이 되어 두 글자 모두 금이 되었다고 보는 것은 성급한 결론이다. ⇨ 합화(合化)의 조건

유충엽(柳忠燁) 人 명리학자(命理學者). 역문관(易門關)을 운영하며, 도계(陶溪) 박재완(朴在琓) 선생의 제자(弟子)이다.

유하살(流霞殺) 殺 남자는 타향에서 객사하고 여자는 아기를 낳다 사망하는 살. 구조는 갑일(甲日)-유(酉), 을일(乙日)-술(戌), 병일(丙日)-미(未), 정일(丁日)-신(辛), 무일(戊日)-사(巳), 기일(己日)-오(午), 경일(庚日)-진(辰), 신일(辛日)-묘(卯), 임일(壬日)-해(亥), 계일(癸日)-인(寅)에 해당한다.

朗月 실제로는 큰 비중이 없다. 개인적인 생각으로는 신살(神殺)은 모두 무시해도 좋고, 특히 생극제화(生剋制化)의 이치에는 부합되지 않는 것이 대부분이므로 적용시키면 그만큼 혼란이 가중될 수 있다.

유학(留學) 業 외국(外國)으로 가서 공부하는 것. 사주에 유학의 인연이 있는지, 운에 유학의 운이 있는지는 특별히 알 수 없다. 예전에는 멀리 가는 것이 부담이 컸지만 이제는 별 의미가 없으므로 무시한다. 중요한 것은 앞으로 공부하여 활용할 운이 있는지를 참고해야 한다.

朗月 공부해도 활용할 운이 없다면 배우는 것에만 의미를 두고, 활용할 운이 된다면 써먹을 수도 있다고 보면 무난하다는 정도의 조언이 타당하다. 일설에는 연월(年月)이 충(沖)을 만나면 유학의 인연이 있다고 해석하지만 신빙성 없는 논리는 없애야 한다.

유혈살(流血殺) 格 몸을 다쳐서 피를 많이 흘리거나, 종기로 고생하거나, 귀양가거나, 여자는 산액을 당하는 살. 구조는 생월(生月)에서 갑자(甲子)로 시작하여 순행하고, 생년의 지지(地支)에 닿는 곳이 해당된다.

朗月 실제로는 큰 비중이 없다. 개인적인 생각으로는 신살(神殺)은 모두 무시해도 좋고, 특히 생극제화(生剋制化)의 이치에는 부합되지 않는 것이 대부분이므

로 적용시키면 그만큼 혼란이 가중될 수 있다.

육갑(六甲) 干支 여섯 개의 갑(甲). 육갑은 갑자(甲子), 갑인(甲寅), 갑진(甲辰), 갑오(甲午), 갑신(甲申), 갑술(甲戌) 등이다. 육십갑자(六十甲子)를 줄여서 부른 말이다.

육갑공망(六甲空亡) 殺 순공(旬空).

朗月 실제로는 큰 비중이 없다. 개인적인 생각으로는 신살(神殺)은 모두 무시해도 좋고, 특히 생극제화(生剋制化)의 이치에는 부합되지 않는 것이 대부분이므로 적용시키면 그만큼 혼란이 가중될 수 있다.

육갑추건(六甲趨乾) 格 ⇨ 육갑추건격(六甲趨乾格)

육갑추건격(六甲趨乾格) 格 고전격국(古典格局)의 하나. 영향요계격(影響遙繫格)에 해당한다. 구조는 갑목(甲木)이 해(亥)를 보면 술해(戌亥)는 건궁(乾宮)이라 하여 북서(北西)에 머무르기 때문에 붙여진 말이다. 해수(亥水)가 인목(寅木)을 합하여 오므로, 그 인목은 갑목의 녹(祿)이 되어 귀격을 이룬다고 한다.

朗月 건(乾)은 하늘이라 하여 관념적인 의미로 붙여진 것인데, 무시해도 좋다.

육경(六庚) 干支 여섯 가지의 경금(庚金). 경자(庚子), 경인(庚寅), 경진(庚辰), 경오(庚午), 경신(庚申), 경술(庚戌) 등이다.

육계(六癸) 干支 여섯 가지의 계수(癸水). 계축(癸丑), 계묘(癸卯), 계사(癸巳), 계미(癸未), 계유(癸酉), 계해(癸亥) 등이다.

육기(六氣) 外 여섯 가지의 기(氣). 매년 지지(地支)에 의해서 일정하게 정해진다. 구조는 소음군화(少陰君火), 양명조금(陽明燥金), 태양한수(太陽寒水), 태음습토(太陰濕土), 소양상화(少陽相火), 궐

음풍목(厥陰風木) 등이다.

朗月 좀더 상세한 것은 관련 서적(한의학서적)을 참조하는 게 좋고, 자평명리학(子平命理學)에서는 전혀 고려하지 않으므로 아무 연관이 없다.

육기(六己) 干支 여섯 가지의 기토(己土). 기축(己丑), 기묘(己卯), 기사(己巳), 기미(己未), 기유(己酉), 기해(己亥) 등이다.

육기론(六氣論) 古 육기(六氣)에 대한 논리. ⇨ 육기(六氣)

육룡치수(六龍治水) 俗 여섯 마리의 용이 물을 다스림을 이르는 말. ⇨ 일용치수(一龍治水)

육무(六戊) 干支 여섯 가지의 무토(戊土). 무자(戊子), 무인(戊寅), 무진(戊辰), 무오(戊午), 무신(戊申), 무술(戊戌) 등이다.

육병(六丙) 干支 여섯 가지의 병화(丙火). 병자(丙子), 병인(丙寅), 병진(丙辰), 병오(丙午), 병신(丙申), 병술(丙戌) 등이다.

육부(六腑) 外 여섯 가지의 장부(臟腑). 심장(心臟) – 소장(小腸)과 삼초(三焦), 간장(肝臟) – 담(膽), 폐(肺) – 대장(大腸), 신장(腎臟) – 방광(膀胱), 비장(脾臟) – 위(胃) 등이다. 각각 오장(五臟)에 연결되어서 작용한다.

육수(六獸) 外 여섯 짐승. 청룡(靑龍), 주작(朱雀), 구진(句陳), 등사(騰蛇), 백호(白虎), 현무(玄武) 등이다.

朗月 실제로는 큰 비중이 없다. 개인적인 생각으로는 신살(神殺)은 모두 무시해도 좋고, 특히 생극제화(生剋制化)의 이치에는 부합되지 않는 것이 대부분이므로 적용시키면 그만큼 혼란이 가중될 수 있다.

육신(六辛) 干支 여섯 가지의 신금(辛金). 신축(辛丑), 신묘(辛卯), 신사(辛巳), 신

미(辛未), 신유(辛酉), 신해(辛亥) 등이
다.

육신생극(六神生剋) 星 십성 생극(十星生
剋).

　朗月 육신(六神)의 용어는 십성(十星)으
로 통일시키는 것이 좋다.

육십갑자(六十甲子) 干支 육십 가지의 간지
(干支) 결합을 모두 이르는 말. 십간(十
干)과 십이지(十二支)가 서로 대입되어
60개의 간지 결합이 이루어진다.

육위상승(六位相乘) 殺 연월일(年月日)에
태원(胎元)이 있거나, 연지(年支)나 일지
(日支)에 재관(財官)이 있거나, 명궁(命
宮)에서 지지(地支)와 천간(天干)이 합하
면 해당한다.

　朗月 내용이 불분명하지만 명궁(命宮)과
태원(胎元)이 등장하는 것으로 보아 고려
하지 않는다.

육을(六乙) 干支 여섯 가지의 을목(乙木).
을축(乙丑), 을묘(乙卯), 을사(乙巳), 을
미(乙未), 을유(乙酉), 을해(乙亥) 등이
다.

육을서귀(六乙鼠貴) 格 ⇨ 육을서귀격(六乙
鼠貴格)

육을서귀격(六乙鼠貴格) 格 고전격국(古典
格局)의 하나. 신살격(神殺格)이기도 하
다. 을목(乙木)이 자시(子時)에 나면 해
당하므로 을기서귀격(乙己鼠貴格)과도
같은 의미이다. 구조는 을목의 정관(正
官)은 경금(庚金)인데, 사주에 없으면 병
자시의 자수(子水) 속의 계수(癸水)가 사
화(巳火) 속의 무토(戊土)를 합으로 끌고
올 때 함께 따라오는 사화가 다시 사신
(巳申)으로 합이 되어서 신금(申金) 속의
경금을 용신으로 삼는다. 영향요계격(影
響遙繫格)에 해당되는 형상이다.

　朗月 기가 막힌 통변이다. 그야말로 말
이 되는 것처럼 보이지만 역시 어림도 없
는 설명이다. 무시하는 것이 최선이다.

이유는 생극제화(生剋制化)가 벗어나 있
기 때문이다.

육음(六陰) 干支 여섯 가지의 음(陰). 축해
유미사묘(丑亥酉未巳卯)를 말한다. 천간
(天干)은 오음(五陰)인 을정기신계(乙丁
己辛癸)가 있다.

육음조양(六陰朝陽) 格 ⇨ 육음조양격(六陰
朝陽格)

육음조양격(六陰朝陽格) 格 고전격국(古典
格局)의 하나. 시격(時格)에도 해당한다.
육음(六陰)은 신일(辛日)을 말하고, 양
(陽)은 자시(子時)를 말하므로 신금(辛
金)이 자시(子時)에 태어날때 해당한다.
구조는 자중계수(子中癸水)가 사중무토
(巳中戊土)와 합하니 무토(戊土)를 따라
서 병화(丙火)가 들어와 그 병화를 정관
(正官)으로 용신을 삼는다. 영향요계격
(影響遙繫格)이다.

　朗月 시지(時支)에서 합을 끌어들이는
글자에 따라 들어오는 글자를 비로소 사
용한다는 말이다. 원리를 대입할 자료가
없어서 궁여지책(窮餘之策)으로 사용한
것이다. 생극제화(生剋制化)의 논리로 사
주를 연구해야 한다.

육임(六壬) 外 1. 점학(占學)의 한 종류. 매
우 오래된 점학으로 점술의 황제라는 명
성도 얻고 있다. 삼전사과(三傳四課)라고
도 말하는데, 육임(六壬)의 구조를 두고
부르는 것이다. 부적을 그려서 기도하고
태워서 먹는 것으로 보아 학문으로만 이
루어진 것이 아니고, 영감(靈感)도 있어
야 잘 적중한다고 본다.
2. 여섯 가지의 임수(壬水). 임자(壬子),
임인(壬寅), 임진(壬辰), 임오(壬午), 임
신(壬申), 임술(壬戌) 등이다.

육임추간(六壬趨艮) 格 ⇨ 육임추간격(六壬
趨艮格)

육임추간격(六壬趨艮格) 格 고전격국(古典
格局)의 하나. 영향요계격(影響遙繫格)에

도 속한다. 구조는 임수(壬水)가 월지(月支)에 인목(寅木)이 되면 성립한다. 인목은 방향으로는 축인(丑寅)이 간궁(艮宮)인 북동(北東)에 해당하여 붙여진 이름이다. 임수의 녹(祿)은 해(亥)가 되는데, 사주에 해가 없을 경우에 인목이 해수를 합으로 불러오기 때문에 녹을 얻게 되어서 귀격이라고 한다.

朗月 영향요계(影響遙繫)라고도 하는데 의미 없는 것으로 본다.

육정(六丁) 干支 여섯 가지의 정화(丁火). 정축(丁丑), 정묘(丁卯), 정사(丁巳), 정미(丁未), 정유(丁酉), 정해(丁亥) 등이다.

육천(六穿) 殺 여섯 가지의 뚫음. 상천(相穿)과 같은 말이다.

육충(六沖) 干支 지지(地支)에서 서로 충(沖)하는 여섯 가지. 육충(六冲)이라고도 한다. 12개의 지지를 둥그렇게 벌려 놓고 서로 마주보는 글자끼리 충을 한다. 충보다 우선하는 것이 오행상극(五行相剋)이기 때문에 도표적인 의미도 일부 포함되어 있는 것으로 본다. 충하는 종류는 자오충(子午沖), 축미충(丑未沖), 인신충(寅申沖), 묘유충(卯酉沖), 사해충(巳亥沖), 진술충(辰戌沖) 등이다.

육친(六親) 星 여섯 종류의 가족. 부모(父母), 형제(兄弟), 처자(妻子)를 가리키지만 인간관계의 명칭을 연결하는 것이다. 십성(十星)의 이름으로 대입한다.

육친궁(六親宮) 星 육친(六親)이 머무는 집. ⇨ 궁성이론(宮星理論)

육파(六破) 殺 신살(神殺)의 하나. 파괴하는 여섯 가지를 의미한다. 자유(子酉), 축진(丑辰), 인해(寅亥), 묘오(卯午), 사신(巳申), 술미(戌未) 등이다.

朗月 자유(子酉)는 금생수(金生水)가 우선하므로 고려할 필요가 없고, 축진(丑辰)은 같은 토(土)의 세력으로 깨질 이유가 없고, 인해(寅亥)는 수생목(水生木)이 우선하므로 고려하지 않고, 묘오(卯午)는 목생화(木生火)가 우선하므로 고려하지 않고, 사신(巳申)은 화극금(火剋金)이 우선하므로 해당이 없고, 술미(戌未)는 토의 세력이므로 깨질 이유가 없다.

육합(六合) 子 지지(地支)에 있는 여섯 가지의 합. 자축(子丑), 인해(寅亥), 묘술(卯戌), 진유(辰酉), 사신(巳申), 오미(午未)의 합(合) 등이다. 이 지지들이 서로 만나면 합한다.

朗月 지지의 육합은 도표상으로는 참고가 될지 모르지만 실제로는 작용이 없다고 보기 때문에 큰 비중을 두지 않는다. 현실적으로 나타나지 않기 때문에 육합은 응용하지 않는다. 그냥 동그라미를 그려놓고 지지를 빙 돌려서 적은 다음에 동서(東西)로 마주보는 것을 줄로 그은 것에 불과하다.

육해(六害) 殺 신살(神殺)의 하나. 서로 해코지를 하는 것으로 상천(相穿)과 같다.

朗月 실제로는 큰 비중이 없다. 개인적인 생각으로는 신살은 모두 무시해도 좋고, 특히 생극제화(生剋制化)의 이치에는 부합되지 않는 것이 대부분이므로 적용시키면 그만큼 혼란이 가중될 수 있다.

육해살(六害殺) 殺 신살(神殺)의 하나. 육친(六親)으로 인한 재앙을 당한다는 살이다. 구조는 일지(日支)나 연지(年支)가 삼합(三合)하는 끝 글자의 앞에 오는 글자에 해당한다. 예를 들면 일지에 축(丑)이 있을 때 삼합은 사유축(巳酉丑)이 되고, 끝자 축(丑) 앞의 글자가 자(子)이므로 자가 육해살에 해당한다.

朗月 실제로는 큰 비중이 없다. 개인적인 생각으로는 신살은 모두 무시해도 좋고, 특히 생극제화(生剋制化)의 이치에는 부합되지 않는 것이 대부분이므로 적용시키면 그만큼 혼란이 가중될 수 있다.

육행(六行) 外 목생토(木生土), 토생화(土生火), 화생금(火生金), 금생기(金生氣), 기생수(氣生水)의 구조. 『진역경(眞易經)』에 의하면, 오행 구조는 오류이고 육행(六行)으로 대입해야 한다고 주장한다. 오행관으로 볼 때는 마른 나무나 생나무나 모두 목(木)으로 보는데, 육행관에서는 생명이 떨어진 나무는 토(土)로 본다는 점이다. 오행관으로는 부슬부슬하거나 단단하거나 나무를 심을 수 있는 형태의 토를 토라고 하는데 반해서, 육행관은 일단 나무가 생명력을 잃으면 토가 된다고 본다.

　　朗月 일리는 있지만 별도로 대입해서 해석할 필요가 없다. 만약 육행론(六行論)으로 해석한다면 만세력(萬歲曆)부터 고쳐야 하는데, 『진역경(眞易經)』에는 만세력이 별도로 마련되어 있다. 144년의 주기로 논하는데, 그 논리로 대입해보니 결과가 신빙성이 없어 고려할 의미가 없다.

육효(六爻) 外 점학(占學)의 한 종류. 점학의 대표적인 분야이다. 주역(周易)을 바탕으로 해석법을 만들어서 활용한다. 주역의 확대해석으로 보이기도 하지만, 단지 괘상(卦象)만 취하고 전혀 다른 방법으로 해석했기 때문에 주역과는 무관하다.

윤달[閏月] 슈 월건(月建) 윤달[閏月]이 들어 있는 해의 윤달의 간지(干支). 대한민력(大韓民曆) 등의 일반 역법에는 윤달의 월건을 비워놓았다.

　　朗月 윤달을 공달이라 하여 월건을 대입하지 않은 것으로 생각되는데, 명리학을 연구하는 입장에서는 그냥 무시하고 만세력(萬歲曆)에 의하여 명식(命式)을 작성한다.

윤하격(潤下格) 格 일행득기격(一行得氣格)의 하나. 종왕격(從旺格)의 외격(外格)에도 해당한다. 구조는 일간(日干)과 주변이 모두 수(水)의 세력으로 형성되어 있고, 다른 글자가 거의 없을 때 해당한다.

　　朗月 윤하격에 목화토(木火土)가 있으면 이미 성립되지 않는다.

윷점(- 占) 外 윷을 이용해서 점괘를 뽑아서 해석하는 것. 척사점(擲柶占)이라고도 한다.

은원(恩怨) 用 은인(恩人)과 원수(怨讐). 은인(恩人)은 고통에서 구원해주는 글자이고, 원수(怨讐)는 도움이 필요한 희용신(喜用神)을 죽이는 것을 의미한다. 『적천수(滴天髓)』에서 은원을 원기은중사불회(怨起恩中死不恢)라고 하여 은인이 원수로 변하면 그 원한은 하늘 끝까지 사무친다고 했는데 일리 있는 말이다. 믿었던 도끼에 발등을 찍히면 더욱 원한이 사무친다는 의미로도 본다.

을(乙) 干支 천간(天干)의 음목(陰木). 목(木)의 질(質)이라고도 한다. 지지(地支)에서는 묘목(卯木), 진토(辰土), 미토(未土)에도 포함된다.

　　朗月 화초나 풀 등으로 보는 것은 잘못된 해석이다. 목의 질이라고 본다면 대들보나 기둥을 을목(乙木)이라고 해야 타당하다. 올바른 음양관을 세워서 관찰하는 것이 본질을 바로 보는데 도움이 된다.

을경합(乙庚合) 干支 을(乙)과 경(庚)이 만나 합함을 이르는 말. 천간의 합에 대한 한 종류이다. 사주에서 을목(乙木)과 경금(庚金)이 붙어 있으면 합이 된다. 합의 이론은 『황제내경(黃帝內經)』에 나오는데, 을년(乙年)과 경년(庚年)에는 금(金)의 기운이 진사월(辰巳月)을 통과하므로 경진월(庚辰月)과 신사월(辛巳月)이 되는데, 을경년에는 금의 기운이 된다 하여 금운(金運)이라고 한다. 풍월지합(風月之合)이라고도 하는데, 실제 사주의 임상에서는 적용할 필요가 없다.

　　朗月 어떤 책에는 을경만 있으면 모두

합이 된다고도 하는데, 그런 것은 아니고 서로 바짝 붙어 있어야만 성립된다. 중간에 다른 성분이 있으면 합은 성립하지 않는다.

을경합금격(乙庚合金格) 格 ⇨ 화금격(化金格)

을경합화금(乙庚合化金) 干支 을(乙)과 경(庚)이 서로 합하여 변화하면 금(金)이 됨을 이르는 말. 이 때 변화한 오행이 경금(庚金)인지 신금(辛金)인지는 구분할 수 없다.

　朗月 서로 합하기는 쉽지만 변화하기는 매우 어렵다. 그러기 위해서는 주변에 금(金)의 세력이 강력해야 하고, 목(木)의 뿌리는 전혀 없어야 한다. 합화(合化)에는 일간합(日干合)과 천간합(天干合)이 있는데, 화(化)한다는 것이 매우 어렵다고 생각하고 거의 없는 것으로 본다.

을경합화금격(乙庚合化金格) 格 ⇨ 화금격(化金格)

을경화금격(乙庚化金格) 格 을경(乙庚)의 합이 화(化)하면 금(金)이 되는 격. 화금격(化金格)과 같은 말이다.

을기서귀격(乙己鼠貴格) 格 고전격국(古典格局)의 하나. 신살격(神殺格)이기도 하다. 구조는 을목(乙木)이나 기토(己土)가 천을귀인(天乙貴人)을 자신(子申)에 두는데, 그 시에 태어나면 해당한다. 예를 들어 을목이 병자시(丙子時)에 태어나면 해당하는데, 이는 귀한 사주가 된다. 영향요계격(影響遙繫格)에 해당하는 형상이다.

　朗月 신살도 믿지 못하는데 하물며 그 신살의 바탕으로 이루어졌다는 말을 어찌 믿겠는가. 그냥 무시하는 것이 최선이다. 생극제화(生剋制化)의 이치에 부합되지 않으니 자평명리학(子平命理學)이 아니다.

을년(乙年) 子 을(乙)의 해. 사주의 연간(年干)이 을에 해당하는 경우이다.

을목수유 규양해우(乙木雖柔 刲羊解牛)【滴天髓】을목(乙木)이 음목(陰木)이라서 비록 연약(軟弱)하지만, 축미(丑未)의 토(土)에도 능히 뿌리를 내리고 통제한다.

을묘(乙卯) 干支 육십간지의 하나. 형상을 보면 을목(乙木)과 묘목(卯木)의 결합이므로 목(木)의 세력이 상당히 강하다고 해석한다.

을묘(乙卯)**의 성격**(性格) 心 을묘(乙卯) 일주(日柱)는 지지(地支)에 비견(比肩)인 을목(乙木)이 있기 때문에 주체성(主體性)이 강하다. 갑목(甲木)은 고려하지 않는다.

을미(乙未) 干支 육십간지의 하나. 형상을 보면 을목(乙木)과 미토(未土)의 결합으로 을목은 미토에게 미약하나마 뿌리를 내리고 있는데, 미토는 목고(木庫)이므로 약간의 뿌리가 된다.

을미(乙未)**의 성격**(性格) 心 을미(乙未) 일주(日柱)는 지지(地支)에 편재(偏財)인 기토(己土), 식신(食神)인 정화(丁火), 비견(比肩)인 을목(乙木)이 있으므로, 통제성(統制性)과 연구심(研究心)과 주체성(主體性) 등이 나타난다.

을사(乙巳) 干支 육십간지의 하나. 형상을 보면 을목(乙木)과 사화(巳火)의 결합으로 매우 무력하다고 보는데, 사화의 입장에서는 반대로 목생화(木生火)의 이치로 힘을 받기 때문에 매우 강하다고 해석한다.

을사(乙巳)**의 성격**(性格) 心 을사(乙巳) 일주(日柱)는 지지(地支)에 상관(傷官)인 병화(丙火), 정관(正官)인 경금(庚金), 정재(正財)인 무토(戊土)가 있으므로, 사교성(社交性)과 합리성(合理性)과 치밀성(緻密性) 등이 나타난다.

을시(乙時) 子 을(乙)의 시. 사주의 시간(時干)이 을에 해당하는 경우이다.

을신충(乙辛沖) 干支 을(乙)과 신(辛)이 만나면 충(沖)이 됨을 이르는 말.

　　朗月 일반적으로는 금극목(金剋木)의 이론이 우선하므로 대립되지 않는다. 금(金)과 목(木)이 서로 대립하는 정도로만 이해하고, 힘이 같다고는 보지 않는다. 극(剋)으로만 보면 무난하다.

을월(乙月) 子 을(乙)의 달. 사주의 월간(月干)이 을에 해당하는 경우이다.

을유(乙酉) 干支 육십간지의 하나. 형상을 보면 을목(乙木)과 유금(酉金)의 결합으로, 을목은 유금에게 뿌리를 전혀 내리지 못하므로 허약한 모습이다.

을유(乙酉)**의 성격**(性格) 心 을유(乙酉) 일주(日柱)는 지지(地支)에 편관(偏官)이 있으므로 봉사심(奉仕心)이 있다. 경금(庚金)은 고려하지 않는다.

을일(乙日) 子 을(乙)의 날. 사주의 일간(日干)이 을에 해당하는 경우이다.

을일간(乙日干) 干支 태어난 날이 을일(乙日)에 해당하는 사람.

을일주(乙日主) 干支 ⇨ 을일간(乙日干)

을중갑(乙中甲) 干支 을목(乙木) 가운데의 갑목(甲木). 을목은 목(木)의 음양(陰陽)에서는 음(陰)에 속하지만, 다시 음목(陰木)을 음양(陰陽)으로 나눠서 생각한다.

을축(乙丑) 干支 육십간지의 하나. 형상은 을목(乙木)과 축토(丑土)의 결합이다. 을목이 축토를 극하는 형태이지만, 축토도 지장간(支藏干)에 신금(辛金)을 품고 있어 만만하지 않다. 축토가 습토(濕土)이기 때문에 을목은 수분을 공급받는 것으로 이해한다. 단, 겨울생이면 습토가 얼었다고 보아 화(火)를 찾는 일이 급하다.

을축(乙丑)**의 성격**(性格) 心 을축(乙丑) 일주(日柱)는 지지(地支)에 편재(偏財)인 기토(己土), 편관(偏官)인 신금(辛金), 편인(偏印)인 계수(癸水)가 있으므로, 통제성(統制性)과 인내심(忍耐心)과 신비

성(神秘性) 등이 나타난다.

을해(乙亥) 干支 육십간지의 하나. 형상을 보면 을목(乙木)과 해수(亥水)의 결합으로 을목이 해수에 강력하게 뿌리를 내리는 것으로 본다.

을해(乙亥)**의 성격**(性格) 心 을해(乙亥) 일주(日柱)는 지지(地支)에 정인(正印)인 해수(亥水), 겁재(劫財)인 갑목(甲木)이 있으므로, 직관력(直觀力)과 경쟁심(競爭心) 등이 나타난다. 무토(戊土)는 고려하지 않는다.

음(陰) 五 그늘. 보통 양(陽)과 함께 쓰여서 음양(陰陽)이라고 한다. 음은 양과 상대(相對)될 때만 그 의미가 있으며 단독으로는 의미가 없다. 태양이 양일 경우에 달은 음이며, 하늘이 양일 경우에 땅은 음이다. 남자가 양일 경우에 여자는 음이다. 또 할머니가 음일 경우에 여자아이는 양이다. 이처럼 정해지지 않고 서로 비교될 경우에 의미가 있다.

음간(陰奸) 心 음(陰)이 간사(奸邪)함을 이르는 말. 음양(陰陽)을 나눌 때 하는 말로, 양(陽)은 공명정대(公明正大)와 반대의 개념이다.

　　朗月 예전에 양은 좋은 것이고, 음은 나쁜 것이라는 의미가 고정되었기 때문에 생겼다. 그러나 이러한 논리는 타당성이 없다. 오히려 음은 침착하고 치밀하다는 의미가 더 합당하다.

음금(陰金) 五 음(陰)의 금(金). 신금(辛金)과 유금(酉金)의 다른 이름이다.

음남양녀(陰男陽女) 子 음(陰)의 남자와 양(陽)의 여자. 연간(年干)을 기준으로 구분한다. 연간이 양간(陽干)인 갑병무경임(甲丙戊庚壬)이면 양이고, 을정기신계(乙丁己辛癸)이면 음인데, 성별(性別)에 따라서 남녀를 붙인다. 예를 들어 어떤 사주의 연주(年柱)가 갑자(甲子)일 경우에 남자는 양남이고, 여자는 양녀이다.

반대되는 경우는 음남양녀(陰男陽女)라고 한다. 이것을 기준으로 양남음녀의 경우에는 대운(大運)의 간지가 월주(月柱)를 기준으로 미래절(未來節)로 향하고, 음남양녀의 경우에는 과거절(過去節)로 진행한다. ⇨ 대운법(大運法)

음년(陰年) ⊥子⊥ 음(陰)에 해당하는 해(年). 을정기신계(乙丁己辛癸)에 해당하는 해이다.

음목(陰木) ⊥五⊥ 음(陰)의 목(木). 을목(乙木)과 묘목(卯木)의 다른 이름이다.

음목양덕격(陰木陽德格) ⊥格⊥ ⇨ 복덕수기격(福德秀氣格)

음살(陰殺) ⊥殺⊥ 음모를 당하거나 질병을 얻게 된다는 살. 구조는 신자진(申子辰)년-축(丑), 사유축(巳酉丑)년 - 술(戌), 인오술(寅午戌)년 - 미(未), 해묘미(亥卯未)년 - 진(辰) 등이다.

　朗月 실제로는 큰 비중이 없다. 개인적인 생각으로는 신살(神殺)은 모두 무시해도 좋고, 특히 생극제화(生剋制化)의 이치에는 부합되지 않는 것이 대부분이므로 적용시키면 그만큼 혼란이 가중될 수 있다.

음생양사(陰生陽死) ⊥五⊥ 음(陰)이 생하면 양(陽)이 죽음을 이르는 말. 음양 법칙은 어느 한쪽이 왕성해지면 또 다른 한쪽은 쇠약해진다. 더위가 극에 달한 시기에는 추위는 흔적도 없다는 말과 같다.

음수(陰水) ⊥五⊥ 음(陰)의 수(水). 계수(癸水)와 자수(子水)의 다른 이름이다.

음승음위(陰乘陰位) ⊥五⊥ 양승양위(陽乘陽位)에 반대되는 개념. 네 개의 음간(陰干)이 지지(地支)에도 네 개의 음지(陰支)로 된 경우이다. 『적천수(滴天髓)』에서는 음기(陰氣)로 많이 치우친 것을 말하는데, 운에서는 밝은 방향으로 가는 것이 필요하다.

음성음위음기성 환수도로광형(陰盛陰位陰氣盛 還須道路光亨)【滴天髓】 간지(干支)가 모두 음(陰)으로 이루어져 음기(陰氣)가 왕성하다면, 운에서는 반대로 활발한 경우를 만나야 음양의 균형을 이루어 발전한다.

음시(陰時) ⊥干支⊥ 음(陰)에 해당하는 시. 축해유미사묘(丑亥酉未巳卯)의 시를 말한다.

음양(陰陽) ⊥五⊥ 볕과 그늘. 음과 양은 서로 대비되는 관계이다. 밝음이 양이면 어둠은 음이고, 기쁨이 양이면 슬픔은 음이다. 음양을 대표적으로 다루는 주역에서는 음을 '--'로 표시하고 양을 '—'로 표시한다. 동양사상에서는 오행사상(五行思想)과 함께 뿌리 깊은 음양의 개념을 어느 학문에서나 영향받고 있는데, 특히 동양의학이나 철학계통에서는 상당히 큰 비중을 차지한다.

　朗月 음양과 오행의 선후를 생각하면, 음양에서 오행이 나왔을 수도 있고, 오행에서 음양으로 분류되었을 수도 있으므로, 이러한 것의 선후를 따지는 것은 의미가 없다. 서로 같은 양면으로 보면 아무 문제가 없다. 그리고 디지털의 시각으로 보면 0을 음으로, 1을 양으로 음양의 결합으로 볼 수 있기 때문에 컴퓨터에도 대입이 가능하다.

음양설(陰陽說) ⊥五⊥ 음양(陰陽) 구조의 논리적 설명. 세상의 모든 삼라만상(森羅萬象)을 음양으로 구분한다. 예를 들면 남녀(男女), 대소(大小), 주야(晝夜), 노소(老少), 장단(長短), 수화(水火), 목금(木金) 등의 분류도 음양설이라고 할 수 있다. ⇨ 음양오행학(陰陽五行學)

　朗月 오행설(五行說)과 함께 음양오행설(陰陽五行說)이 되고, 음양오행학(陰陽五行學)의 체계가 된다.

음양순역(陰陽順逆) ⊥五⊥ 음생양사(陰生陽死) 또는 양생음사(陽生陰死)를 말함. 음양은 서로 한쪽이 생왕(生旺)하면 다른 한쪽은 사절(死絶)한다는 이론이다. 타당성이 있다고 본다. 예를 들어 여름에는 화(火)가 생왕하는 반면에 수(水)는 사절되는 것도 같은 이치이다.

음양순역지설 낙서유행지용 기리신유지야 기법불가집일(陰陽順逆之說 洛書流行之用 其理信有之也 其法不可執一)【滴天髓】12운성에서 말하는 음양(陰陽)이 순역(順逆)으로 바뀌어서 작용하는 것은 낙서(落書)에서 시작되어 사용했는데, 그 이치야 믿을 수 있지만 그 사용법은 믿을 것이 못되니 집착할 필요가 없다.

음양오행(陰陽五行) 五 음양과 오행. 원래는 음양과 오행으로 각각 구분되어 독립했던 형태가 세월이 흐르면서 서로 합쳐졌다고 보는 것이 일반적이다. 사주학에서는 오행을 주로 삼고, 음양은 변화로 이해한다. 주역에서는 음양을 주로 삼고, 오행을 변화로 이해한다고도 할 수 있다. 다만 지금의 상황에서는 큰 구분 없이 그대로 수용하는 것이 타당하다.

　朗月 오행을 음양으로 구분한다면 현상적(現象的)인 오행은 양에 속한다고 보고, 상대적(相對的)인 음양은 음으로 볼 수 있을 것이다. 오행의 구조를 생각하면 중심에다가 토(土)를 놓고 동서(東西)로는 목(木)과 금(金)을 대립시켜서 물질적인 대립과 수평적인 대립으로 본다. 남북(南北)으로는 수(水)와 화(火)를 배치해서 정신적인 의미와 수직적인 대립관계로도 해석할 수 있다. 다시 음양의 논리가 대입되면 동서로는 목을 양으로, 금을 음으로 보며, 남북으로는 수를 음으로, 화를 양으로 본다. 그리고 토는 음양에 치우치지 않는 중용의 의미로 대입되는데, 다만 구체적인 작용을 논하면 토도 어딘가에 대입되어서 자신의 몫을 하기도 한다. 그러므로 오행 중 가장 난해하고 이해하기 어려운 것이 토임을 공통적으로 느낄 것이다. 오행은 오행끼리의 일정한 법칙이 있는데, 하나는 상생법(相生法)이고, 다른 하나는 상극법(相剋法)이다. 이 두 가지의 법칙에 의해서 오행은 천변만화(千變萬化)로 변하는데, 이 변화에 빠지면 헤어나오기 어렵다. 상생(相生)과 상극(相剋)을 음양으로 나눈다면 상생은 양이고, 상극은 음이다. 다시 세분하면 양의 상생법에서도 다시 음양의 상생이 존재하고, 음의 상극법에서도 음인 상극법과 양인 상극법이 있으므로 정밀하게 연구하면 사람의 길흉화복이 그 속에 있다. 그러므로 명리학의 공부가 깊어질수록 더욱 중요한 것은 오행의 올바른 작용을 연구하는 것임을 스스로 깨달아야 한다.

음양오행설(陰陽五行說) 五 음양(陰陽)과 오행(五行)에 대한 학설. ⇨ 음양오행(陰陽五行)

음양오행학(陰陽五行學) 五 음양오행(陰陽五行)을 전문적으로 연구하는 학문. 풍수지리(風水地理), 한의학(韓醫學), 자평명리학(子平命理學), 기문둔갑(奇門遁甲) 등의 동양철학의 전반적인 범위를 모두 의미한다.

음양(陰陽)**의 이전**(以前) 五 천지 구조에서 음양이라는 이분법(二分法)으로 구분하기 어려운 상태. 혼돈(混沌)이라고 할 수 있다. 태극(太極)이라는 말도 같은 의미로 본다.

음양중화(陰陽中和) 五 음양이 치우치지 않고 균형의 아름다움을 이루고 있는 것. ⇨ 중화(中和)

음양착살(陰陽錯殺) 殺 음차살(陰差殺)과 양착살(陽錯殺)의 통칭. 음양착(陰陽錯)이라고도 한다. ⇨ 음차살(陰差殺), 양착살(陽錯殺)

　朗月 실제로는 큰 비중이 없다. 개인적

인 생각으로는 신살(神殺)은 모두 무시해도 좋고, 특히 생극제화(生剋制化)의 이치에는 부합되지 않는 것이 대부분이므로 적용시키면 그만큼 혼란이 가중될 수 있다.

음양학(陰陽學) 五 음양을 연구하는 학문. 음양의 논리로 이루어진 학문이다. 대표적 학문은 주역(周易)이다. 동양에서는 중요한 비중을 차지하는 학문이다.

음양화평(陰陽和平) 五 음양이 대립하지 않고 균형을 이루는 것. 사주의 음양과 오행이 균형을 이루는 것이고, 마음도 치우침이 없이 중용(中庸)을 유지하는 것을 의미한다.

음욕방해살(陰慾妨害殺) 殺 팔전(八專)과 구추(九醜). 이 살이 있으면 늘어 죽을 때까지 주색과 사치에 빠져서 패가(敗家)한다. ⇨ 팔전(八專), 구추(九醜)

朗月 실제로는 큰 비중이 없다. 개인적인 생각으로는 신살(神殺)은 모두 무시해도 좋고, 특히 생극제화(生剋制化)의 이치에는 부합되지 않는 것이 대부분이므로 적용시키면 그만큼 혼란이 가중될 수 있다.

음장생(陰長生) 古 음간(陰干)의 장생(長生). 십이운성(十二運星)에서 사용하는 말로 을정기신계(乙丁己辛癸)의 장생(長生)이다. 구조는 을(乙)-오(午), 정기(丁己)-유(酉), 신(辛)-자(子), 계(癸)-묘(卯) 등을 나타낸다.

朗月 이치를 살펴보면 전혀 생극제화(生剋制化)의 이치에 부합되지 않으므로 이러한 의미를 대입하는 것은 혼란을 일으킬 뿐이다. 그대로 버려두고 사용하지 않는다.

음지(陰支) 干支 음(陰)인 지지(地支). 축해유미사묘(丑亥酉未巳卯)를 말한다.

음지정차전 부태매경년(陰支靜且專 否泰每經年)【滴天髓】음지(陰支)에 해당하는

축해유미사묘(丑亥酉未巳卯)는 정적(靜的)이면서도 오롯하므로 좋고 나쁜 것이 시간을 두고 나타난다.

음차살(陰差殺) 殺 신살(神殺)의 하나. 구조는 일주만 보면 계사(癸巳), 신묘(辛卯), 정미(丁未), 신유(辛酉), 계해(癸亥), 정축(丁丑)일 때 해당한다. 작용은 부부인연이 약하고 친척간에 불화한다.

朗月 실제로는 큰 비중이 없다. 개인적인 생각으로는 신살(神殺)은 모두 무시해도 좋고, 특히 생극제화(生剋制化)의 이치에는 부합되지 않는 것이 대부분이므로 적용시키면 그만큼 혼란이 가중될 수 있다.

음착살(陰錯殺) 殺 ⇨ 음차살(陰差殺)

음탁장화 포이다체(陰濁藏火 包而多滯)【滴天髓】음습(陰濕)하고 혼탁(混濁)한 사주에서 화(火)가 밖으로 나오지 못하면 기피증(忌避症)이 발생하고 마음이 답답하다.

음토(陰土) 五 음(陰)의 토(土). 기토(己土)와 축미토(丑未土)의 다른 이름이다.

음팔통(陰八通) 干支 사주가 모두 음(陰)의 성분으로 이루어진 것. 특별히 다를 것은 없지만 대체로 내성적인 성향을 보인다.

음화(陰火) 五 음(陰)의 화(火). 정화(丁火)와 오화(午火)의 다른 이름이다.

의리감(義理感) 心 심리구조에서 옳다고 생각하는 것을 끝까지 지키는 것은 감정적인 주체성(主體性)에 해당하는 비견(比肩)과, 인내심(忍耐心)을 의미하는 편관(偏官)이 있으면 작용한다.

의심(疑心) 心 심리구조에서 남의 말이나 행동을 믿지 못하고 그 이면에 다른 뜻이 있는지를 살피는 것으로, 부정적(否定的)인 수용성(受容性)을 의미하는 편인(偏印)이 있으면 해당한다.

이기심(利己心) 心 자신의 이익에 대해서 집착하는 성품. 식신(食神)이나 상관(傷

官)의 성격이다.

이로공명막설경 일간득기우재성(異路功名莫說輕 日干得氣遇財星)【滴天髓】 정상적인 길을 밟지 않았다고 해서 무시하지 못한다. 일간(日干)이 득기하고 또 재성(財星)을 만나면 가능하다.

이룡치수(二龍治水) 俗 두 마리의 용이 물을 다스림을 이르는 말. ⇨ 일용치수(一龍治水)

이모(姨母) 星 어머니의 여자 형제. 어머니가 정인(正印)이라면 이모도 같은 범위로 보면 무난하다. 다만 어머니의 의미가 우선하므로 이모를 대입하지는 않는다. 참고사항으로 보면 무난하다.

이모부(姨母夫) 星 이모의 남편. 이모가 인성(印星)이 되므로 이모의 남편을 재성(財星)으로 볼 수 있지만 현실적으로 대입할 일이 없다.

이분(二分) 수 춘분(春分)과 추분(秋分). 여기에서 분(分)은 나눔의 의미와 낮과 밤의 길이가 정확하게 나눠진다는 의미가 있다.

　朗月 이지(二至)의 의미가 한쪽으로 완전히 치우쳤음을 나타내는 데 비해서 음양(陰陽)의 균형을 이룬다고 보아 좋은 조짐으로도 볼 수도 있다. 왜냐하면 밤낮의 완전한 균형에 가까운 것이 이분이기 때문이다.

이분이지(二分二至) 수 이분(二分)과 이지(二至). 춘분(春分)과 추분(秋分)이 이분이고, 하지(夏至)와 동지(冬至)가 이지이다. 춘하추동(春夏秋冬)을 대신 나타내는 말이다.

　朗月 춘하추동의 기준이 입춘, 입하, 입추, 입동이라면 각 계절이 시작되는 부분이고, 이분이지(二分二至)로 말하면 각 계절의 중심부를 의미한다. 어떤 경우에는 이분이지로 사계절을 말하는 것이 더 합당하다고도 할 수 있다.

이사운(移徙運) 俗 이사하는 운. 사주에서 월지(月支)나 일지(日支)를 대운이나 세운이 충하면 움직일 암시가 있다고 보아 이사의 운이라고 해석한다.

　朗月 다만 이러한 대입은 살아있는 사람에게는 큰 비중이 있는 부분이 아니므로 절대적으로 생각할 필요는 없다. 이사의 운과 무관하게 이사를 다닐 수도 있으므로 단지 참고만 하는 것이 좋다. 이사할 경우에 어느 방향으로 가는 게 좋은지는 예부터 중요하게 여겼다. 특히 삼살방(三煞方) 외에는 크게 구애받지 않아도 된다. 매년 발행되는 대한민력(大韓民曆)을 참고하여 조언하면 충분하다.

이성적(理性的) 心 성격존에서 일간(日干)과 반대되는 글자들로 구성되었으면 심리구조는 이성적으로 된다. 다만 월간(月干), 일지(日支)의 본기(本氣), 시간(時干)이 모두 같은 음양으로 되어 있을 경우에 해당한다.

이승기행기유상(理乘氣行其有常)【滴天髓】 이치를 타고 기운이 흐르니 어찌 항상 있겠는가.

이십사절기(二十四節氣) 수 일년을 15일 단위로 구분하여 이름 붙인 것. 입춘(立春), 우수(雨水), 경칩(驚蟄), 춘분(春分), 청명(淸明), 곡우(穀雨), 입하(立夏), 소만(小滿), 망종(亡種), 하지(夏至), 소서(小暑), 대서(大暑), 입추(立秋), 처서(處暑), 백로(白露), 추분(秋分), 한로(寒露), 상강(霜降), 입동(立冬), 소설(小雪), 대설(大雪), 동지(冬至), 소한(小寒), 대한(大寒) 등이다.

이인동심(二人同心) 古 두 사람의 마음이 하나로 통함을 이르는 말. 수목(水木), 목화(木火), 화토(火土), 토금(土金), 금수(金水)가 서로 유정한 경우에 해당한다. 다만 극하는 성분이 포함되지 않아야 하는 조건으로 종왕격(從旺格)이나 종강격(從强格)의 형태로 이해한다.

이지(二至) 命 동지(冬至)와 하지(夏至). 지(至)는 치우쳐 있음을 의미한다. 동지는 겨울에 치우쳐 있으니 밤이 너무 길어서 균형이 깨졌고, 반대로 하지는 여름에 치우쳐 있으니 낮이 너무 길어서 균형이 깨졌다는 것으로 이해한다.

　朗月 하지는 양(陽)이 극에 달했고, 동지는 음(陰)이 극에 달했다고 한다. 그러므로 주역의 의미로 보면, 하지는 양이 극에 달했으므로 양극즉음생(陽極卽陰生)의 원리에 의해서 음으로 보고, 반면에 동지는 음이 극에 달했기 때문에 오히려 음극즉양생(陰極卽陽生)의 원리로 양의 의미로 본다. 참고로 이분(二分)은 음양의 균형을 이루므로 오히려 조화롭다고 본다.

인(寅) 干支 지지(地支)의 양목(陽木). 계절은 입춘(立春)과 우수(雨水) 사이에 해당하고, 시간은 새벽 3시 ~ 5시이다. 동경 135도 기준일 때는 30분을 가산한다. 화(火)의 생지(生地)인데, 오(午)를 만나면 합하고, 화(化)하면 화(火)가 된다. 신(申)과는 충하는데, 금극목(金剋木)의 이치가 우선되어 손상이 크다. 지장간의 구조는 무토(戊土) - 7, 병화(丙火)-7, 갑목(甲木)-16의 배합이다.

　朗月 인(寅)의 지장간(支藏干)에 대해서는 고려해야 할 점이 있다. 보통 지장간의 배치가 앞 계절의 본기가 넘어오면 인월(寅月)은 축월(丑月)에서 넘어왔기 때문에 초기는 기토(己土)로 시작해야 하고 지장간은 기무병갑(己戊丙甲)이 되어야 옳다. 왜 기토가 빠졌는지는 명확하지 않지만 추운 겨울의 기토라서 기세가 무력하다고 보고 바로 무토를 대입한 것으로 생각해본다.

인겁(印劫) 星 인성(印星)과 비겁(比劫)의 줄임말. 인성은 정인(正印)과 편인(偏印)을 말하고, 비겁은 비견(比肩)과 겁재(劫財)를 말한다.

인공분만(人工分娩) 外 ⇨ 제왕절개(帝王切開)

인국(印局) 星 인성(印星)으로 국(局)이 이루어진 것. 예를 들어 갑을목(甲乙木)이 지지(地支)에 해자축(亥子丑) 등으로 형성되면 해당한다.

인년(寅年) 子 인(寅)의 해. 연지(年支)가 인일 경우에 해당한다. 보통 호랑이띠의 해라고도 한다.

인말(寅末) 俗 인시(寅時)의 끝 부분.

인묘(寅卯) 干支 인(寅)과 묘(卯). 지지(地支)의 목(木)이다. 인은 양목(陽木)이고, 묘는 음목(陰木)이다. 또는 동방(東方)이라고도 한다.

인묘월(寅卯月) 命 인월(寅月)과 묘월(卯月). 목월(木月)이라고도 한다.

인묘진(寅卯辰) 干支 인(寅)과 묘(卯)와 진(辰)이 있으면 동방(東方)이 된다. 이 때의 묘목 위치는 상관이 없다.

인묘진월(寅卯辰月) 命 봄철 3개월을 말함. 목절(木節) 또는 춘절(春節)이라고도 한다.

인사상천(寅巳相穿) 殺 신살(神殺)의 하나. 인사(寅巳)가 서로 만나면 상천(相穿)이 된다.

　朗月 실제로는 큰 비중이 없다. 개인적인 생각으로는 신살은 모두 무시해도 좋고, 특히 생극제화(生剋制化)의 이치에는 부합되지 않는 것이 대부분이므로 적용시키면 그만큼 혼란이 가중될 수 있다.

인사신삼형(寅巳申三刑) 殺 신살(神殺)의 하나. 인(寅)과 신(申)과 사(巳)가 만나면 형(刑)의 작용이 발생한다. 작용은 형액을 당하고 삶에 고통이 많이 따른다.

　朗月 형의 작용 중에서 가장 힘이 강하다. 그러나 살펴보면 인사(寅巳)는 목생화(木生火)의 작용이고, 사신(巳申)은 화

극금(火剋金)의 작용이므로 별도로 형의 의미를 부여할 필요는 없다. 그리고 형상을 무은지형(無恩之刑)이라고 하여 은혜를 모른다고도 하는데, 그렇다면 정관(正官)과 편관(偏官)이 가까이 포진하고 있어도 그렇냐고 물어야 할 것이다. 이러한 의미는 실용화되기 어려우므로 형이라고 하지 않는 것이 좋다.

인사형(寅巳刑) 殺 신살(神殺)의 하나. 인(寅)과 사(巳)가 만나면 형(刑)이 된다.

朗月 인과 사의 관계는 목생화(木生火)의 관계가 우선하므로 달리 형의 작용이 있는 것으로 생각할 필요가 없다.

인상(人相) 外 사람의 생김새를 보고 예언하는 방법. 인상은 일본에서 주로 사용하는 용어이다. 한국에서는 보통 관상(觀相)이라 한다.

인생신(印生身) 星 인성(印星)이 일주(日主)를 생조(生助)함을 이르는 말.

인성(印星) 星 정인(正印)과 편인(偏印)을 묶어서 이르는 말.

인성과다(印星過多) 古 사주에 인성(印星)이 너무 지나치게 많은 것. 예를 들어 갑을목(甲乙木)이 사주에 임계해자수(壬癸亥子水)가 가득하거나, 병정화(丙丁火)가 사주에 갑을인묘목(甲乙寅卯木)만 가득하거나, 무기토(戊己土)가 사주에 병정사오화(丙丁巳午火)만 가득하거나, 경신금(庚辛金)이 사주에 무기진술축미토(戊己辰戌丑未土)만 가득하거나, 임계수(壬癸水)가 사주에 경신신유금(庚辛申酉金)만 가득한 경우이다. 이렇게 인성이 과다한 상황에서 식상(食傷)이 있으면 미약하게 되므로 이러한 구조는 불리하다고 해석한다. 재성(財星)이 있어서 용신으로 삼아도 인성이 너무 과다하기 때문에 용신무력(用神無力)을 면할 길이 없으므로 용신을 쓰기 매우 어렵다. 겨우 종강격(從强格)을 이룰 수는 있지만

드물며, 대체로 일반적인 구조에서는 인성이 너무 많아서 부담이 큰 것으로 본다. 그래서 '인성과다의 해(害)'라고 한다.

인성과다(印星過多)**의 해**(害) 星 일간(日干)을 생조(生助)하는 인성(印星)이 너무 과다하게 많으면 오히려 해가 된다. ⇨ 인성과다(印星過多)

인수(印綬) 星 ⇨ 인성(印星)

인수(印壽) 格 목(木)의 다른 말. 곡직인수(曲直仁壽)라고도 한다.

인수격(印綬格) 格 고전격국(古典格局)의 하나. 월지격(月支格)에 해당한다. 월지(月支)에 정인(正印)이나 편인(偏印)이 있으면 인수격(印綬格)이라고 한다. 용신과는 무관한 형상을 말하고 강약에 따라서 용신이 달라지므로 적용이 가능하다.

인수격(印壽格) 格 ⇨ 곡직격(曲直格)

인수봉살(印綬逢殺) 星 인성(印星)이 편관(偏官)을 만난 경우. 경우에 따라 다르지만 인수가 용신일 경우에 편관(偏官)을 만나면 인수의 힘이 강하다고 생각한다.

인수왕(印綬旺) 星 인성(印星)이 왕(旺)함을 이르는 말.

인수용관(印綬用官) 用 월지(月支)가 인성(印星)인데, 관성(官星)을 용신으로 삼는다는 말.

인수용재격(印綬用財格) 格 월지(月支)에 인성(印星)이 있는데 재성(財星)을 용신으로 삼은 경우. 용신격(用神格)으로는 인중용재격(印重用財格), 기인취재격(棄印就財格)이 있다.

인수지합(印壽之合) 干支 인수(印壽)의 합. 인수는 목(木)의 다른 말이다. 인수의 합은 정임합(丁壬合)인데, 정임합하여 화(化)하면 목이 된다는 말이다.

朗月 실제로 목이 되는 것은 주변 형세에 따라서 달라지므로 정임합이 있다고 해서 목으로 보는 것은 경솔하다.

인술(寅戌) 干支 인(寅)과 술(戌)은 목극토 (木剋土)의 관계이다. 반합은 성립하지 않는다.

　朗月 반합이라고도 하는데 오화(午火)가 빠진 상태의 합은 시멘트가 빠진 콘크리 트라고 이해한다. 인술(寅戌)이 있고, 천 간에 병화(丙火)나 정화(丁火)가 있으면 삼합(三合)이 되지만 믿기 어려운 이야기 이다. 오로지 그 자리에는 그 글자가 있 어야 한다고 보는 것이 타당하다.

인시(寅時) 子 인(寅)의 시. 사주의 시지 (時支)가 인에 해당하는 경우이다. 동경 135도 기준으로 03시 30분 ~ 05시 30분 의 두 시간에 해당한다.

　朗月 시계를 보지 않고 출생한 경우에는 보통 이른 새벽이라고 하면 인시가 될 가 능성이 많다.

인신사해(寅申巳亥) 干支 삼합의 생지(生 支)만 모아놓은 것. 인(寅)과 신(申)과 사(巳)와 해(亥)는 사생지(四生地)라고도 한다. 여기에서 생지란 삼합(三合)하는 조건에서 맨 처음에 있는 지지(地支)를 말하는데, 인신사해(寅申巳亥)가 여기에 해당하기 때문이다.

　朗月 혹자는 사주의 지지에 인신사해가 깔려 있으면 제왕(帝王)의 사주라고도 하 는데 말이 되지 않으며 전체적인 상황에 따라서 해석이 달라진다.

인신상충(寅申相沖) 干支 ⇨ 인신충(寅申 沖)

인신충(寅申沖) 干支 인(寅)과 신(申)이 만 나면 충돌함을 이르는 말. 사주에 이 충 돌이 있으면 신체에 장애가 있을 수도 있 다. 모두 그런 것은 아니므로 그냥 참고 만 한다. 기본적으로 금극목(金剋木)의 이론이 우선하므로 충을 하더라도 가해 자는 금(金)이 되고 피해자는 목(木)이 되므로 대등한 싸움은 못된다.

인오(寅午) 干支 인(寅)과 오(午)가 바짝

붙어 있으면 반합이다. 반합이면 화(火) 의 기운이 생성되는 것으로 합의 의미도 있다. 다만 반합이 된 두 글자를 모두 화 (火)가 되었다고 보는 것은 성급한 결론 이다.

인오술(寅午戌) 干支 인(寅)과 오(午)와 술 (戌)은 합이 됨. 인은 화(火)의 생지(生 地)가 되고, 오는 화의 왕지(旺地)가 되 며, 술은 화의 고지(庫地)가 되어 셋이 모이면 합이 된다. 서로 유정하여 부자손 합(父子孫合)이라고도 한다. 세 글자가 모이면 화의 세력이 강하다고 본다.

　朗月 어떤 경우에는 이 세 글자만 사주 에 있으면 무조건 합이 된다고 하는데, 그렇지는 않다. 반드시 순서를 지켜야 하 는데, 인오술(寅午戌)로 있거나 술오인 (寅戌午)일 경우에만 합한다고 이해하는 것이 옳다.

인오술삼합(寅午戌三合) 干支 인오술(寅午 戌)이 모이면 합함을 이르는 말. ⇨ 인오 술(寅午戌)

인오술합화(寅午戌合火) 干支 인오술(寅午 戌)이 합하여 변화하면 화(火)가 됨을 이 르는 말.

　朗月 합화(合化)의 이치는 주변 정세에 따라 변수가 많다. 화기(化氣)가 넉넉한 경우에만 화(化)한다고 본다. 그렇지 않 으면 합은 인정되지만 화(化)함은 여간 해서 잘 나타나지 않는다는 것을 참고한 다.

인오술화국(寅午戌火局) 干支 인오술(寅午 戌)이 합하여 변화하면 화국(火局)이 됨 을 이르는 말. ⇨ 화국(火局)

인왕(印旺) 星 인성(印星)이 왕(旺)함을 이 르는 말.

인원용사(人元用事) 干支 인원(人元)으로 일을 함을 이르는 말. 인원은 천원(天元) 과 지원(地元)을 포함하여 삼원(三元)이 라고도 하는데, 그 중에서 인원을 쓴다는

말은 월지(月支)의 지장간(支藏干)의 의미를 말한다. ⇨ 지장간(支藏干)

인원위용사지신 묘지혈방야 불가이불변(人元爲用事之神 墓之穴方也 不可以不辨)【滴天髓】 시지(時支)에도 지장간(支藏干)은 있으니 그 지장간의 당령은 묘(卯)의 좌향이다. 그러니 묘의 방향을 구분하지 않으면 불가하다.

인원위용사지신 택지정향야 불가이불복(人元爲用事之神 宅之定向也 不可以不卜)【滴天髓】 지장간(支藏干)의 당령(當令)한 천간(天干)은 사용하는 중심이니 비유한다면 집의 좌향이므로 점하지 않으면 안 된다.

인월(寅月) 子 인(寅)의 달. 사주의 월지(月支)가 인에 해당하는 경우이다. 절기로는 입춘(立春)과 우수(雨水) 사이에 해당한다. 여기에서부터 봄이 시작된다고 본다.

朗月 입춘은 자평명리학(子平命理學)에서 시작점이다. 입춘시(立春時)를 기준으로 전해와 올해로 나뉜다. 처음에는 자월(子月)을 기준으로 구분하였지만 언제부터인지 자평명리학은 입춘을 기준으로 삼았다. 그러나 이치로 보아 자평명리학이 태양력(太陽曆)을 사용하는 것이라면 동지를 기준점으로 삼는 것이 옳다. 입춘을 시작점으로 삼은 이유는 사람의 활동시기를 기준으로 했기 때문일 수도 있다.

인월갑목(寅月甲木) 干支 인월(寅月)에 태어난 갑목(甲木). 비록 목(木)의 계절이지만 상반기에 태어나면 아직 추운 계절이므로 사주에 화(火)의 성분이 있기를 희망한다. 하반기에 태어나면 목의 기운이 왕성하다고 보아 왕성한 기운을 설기(洩氣)하는 관점에서 화를 필요로 한다. 모두 화가 필요한 것은 사실이지만 그 목적이 다르다.

【窮通寶鑑】 용신(用神)은 병화(丙火), 보조(補助)는 계수(癸水)이다. 기후의 조화가 중요하기 때문에 병화를 위주로 하고, 계수는 보조로 삼는다.

인월경금(寅月庚金) 干支 인월(寅月)에 태어난 경금(庚金). 금(金)이 목(木)기운이 왕성한 계절에 태어나므로 세력이 약하면 금이 필요하다.

【窮通寶鑑】 용신(用神)은 무토(戊土), 보조(補助)는 갑목(甲木), 임수(壬水), 병정화(丙丁火)이다. 병화(丙火)를 써서 경금(庚金)을 따뜻하게 한다. 토(土)가 너무 많으면 매금(埋金)이 두려우니 모름지기 갑목으로 트이게 해야 한다. 화(火)가 많으면 토를 쓰고 지지(地支)에 화국(火局)이 되면 임수를 쓴다.

인월계수(寅月癸水) 干支 인월(寅月)에 태어난 계수(癸水). 인월 임수(壬水)의 상황에 따른다.

【窮通寶鑑】 용신(用神)은 신금(辛金), 보조(補助)는 병화(丙火)이다. 신금은 계수(癸水)의 발원지인데 없으면 경금(庚金)으로 삼아도 되지만 병화는 반드시 필요하다.

인월기토(寅月己土) 干支 인월(寅月)에 태어난 기토(己土). 인월 무토(戊土)의 상황에 따른다.

【窮通寶鑑】 용신(用神)은 병화(丙火), 보조(補助)는 경금(庚金), 갑목(甲木)이다. 병화를 취해서 추위를 없애니 임수(壬水)를 꺼린다. 수(水)가 많을 경우에는 모름지기 무토(戊土)를 보조로 삼아야 한다. 토(土)가 많으면 갑목을 쓰고 갑목이 많으면 경금을 쓴다.

인월무토(寅月戊土) 干支 인월(寅月)에 태어난 무토(戊土). 토(土)가 목(木)의 계절에 태어나서 무력해질 가능성이 많으므로 사주에서는 화(火)가 있기를 원한다.

【窮通寶鑑】 용신(用神)은 병화(丙火), 보

조(補助)는 갑목(甲木), 계수(癸水)이다. 병화의 조후(調候)가 없으면 무토(戊土)는 생(生)할 수 없고, 갑목의 소토(疏土)가 없으면 무토는 정신(精神)이 부족하고, 계수의 자윤(滋潤)이 없으면 만물은 오래갈 수 없으니 먼저 병화를 쓰고, 다음에 갑목을 쓰며, 그 다음에 계수를 쓴다.

인월병화(寅月丙火) 干支 인월(寅月)에 태어난 병화(丙火). 목(木)의 계절에 태어났으므로 기운이 왕성하여 설기(洩氣)하는 토(土)의 성분을 좋아한다.
【窮通寶鑑】 용신(用神)은 임수(壬水), 보조(補助)는 경금(庚金)이다. 임수는 용신이 되고, 경금은 수(水)의 발원지가 되어 보조로 삼는다.

인월신금(寅月辛金) 干支 인월(寅月)에 태어난 신금(辛金). 인월 경금(庚金)의 상황에 따른다.
【窮通寶鑑】 용신(用神)은 기토(己土), 보조(補助)는 임수(壬水), 경금(庚金)이다. 월령(月令)을 얻지 못했으니 기토로 도와야 하고, 임수를 얻어야 쓰임새가 생기니 함께 쓴다. 경금은 보조가 된다.

인월을목(寅月乙木) 干支 인월(寅月)에 태어난 을목(乙木). 인월 갑목(甲木)의 상황에 따른다.
【窮通寶鑑】 용신(用神)은 병화(丙火), 보조(補助)는 계수(癸水)이다. 병화는 조후(調候)를 위해서 사용하고, 계수는 수분(水分) 공급을 위해서 조금만 취하는데, 병화를 힘들게 하면 곤란하기 때문이다. 화(火)가 많을 때에는 계수를 용신(用神)으로 삼는다.

인월임수(寅月壬水) 干支 인월(寅月)에 태어난 임수(壬水). 목(木) 기운이 강한 계절이므로 금(金)의 도움이 필요할 가능성이 많다.
【窮通寶鑑】 용신(用神)은 경금(庚金), 보

조(補助)는 병화(丙火), 무토(戊土)이다. 비겁(比劫)이 없으면 무토는 쓸모 없으니 오로지 경금을 쓰고 병화는 보조로 한다. 만약 비겁이 많으면 극제(剋制)해야 하므로 무토가 천간(天干)에 나오면 '장수가 관문을 지키니 많은 흉악한 무리들이 스스로 항복한다' 는 말이 된다.

인월정화(寅月丁火) 干支 인월(寅月)에 태어난 정화(丁火). 인월 병화(丙火)의 상황에 따른다.
【窮通寶鑑】 용신(用神)은 갑목(甲木), 보조(補助)는 경금(庚金)이다. 경금으로 갑목을 쪼개어 정화(丁火)를 돕는다.

인유원진(寅酉怨嗔) 格 신살(神殺)의 하나. 원진살(怨嗔殺)의 일종이다.

인유정신 불가이일편구야 요재손지익지득기중(人有精神 不可以一偏求也 要在損之益之得其中) 【滴天髓】 사람에게는 정신이 있으니 한쪽으로 치우쳐서 구하는 것은 옳지 않다. 중요한 것은 극설(剋洩)하거나 생조(生助)하는 것에 있다.

인(寅)**의 지장간**(支藏干) 干支 지지(地支) 인목(寅木) 속에 들어 있는 천간(天干). 지장간의 구조는 무토(戊土) - 7, 병화(丙火) - 7, 갑목(甲木) - 16에 해당한다. 인원용사(人元用事)의 구조도 같다. 단, 『사주첩경(四柱捷徑)』에서는 병갑(丙甲)만을 논한다는 점을 참고한다.
　朗月 축월(丑月)에서 넘어간 인월(寅月)로 본다면 축월의 본기인 기토(己土)도 어느 정도의 성분으로 존재한다는 것을 참고한다. 지지에 천간이 포함된 형태가 각 비율로 포함되어 각기 분류할 수 있는 형태로 존재하는지, 아니면 완전히 일정한 비율로 용해되어서 분리시킬 수 없는 상태인지는 말하기 어렵다. 절기를 고려해보면 일정한 흐름에 의해서 지장간의 기운이 흘러가는 것을 참고하면 분리하지 못할 형상으로는 보이지 않는다. 지지

의 그릇에 담긴 일정 비율의 천간 덩어리라고 이해하면 된다.

인의지합(仁義之合) 干支 인(仁)은 목(木)이고, 의(義)는 금(金)이 을경합(乙庚合)을 한 것이다.

인일(寅日) 子 인(寅)의 날. 사주의 일지(日支)가 인에 해당하는 경우이다.

인정(寅正) 俗 인시(寅時)의 중앙.

인조사주(人造四柱) 外 인위적으로 만든 사주.

　朗月 사주의 명식(命式)을 바꿔주면서 금전을 요구하는 경우가 있는데, 그야말로 죄업이 큰 어리석음의 극치(極致)이다. 이러한 행동은 하지도 말고 권하지도 말아야 한다. 사주는 태어난 대로 일생을 작용한다고 생각한다.

인중갑목(寅中甲木) 干支 인목(寅木) 속에 들어 있는 갑목(甲木). 월령(月令)에 해당할 경우에는 우수(雨水)의 계절에 속하고 약 16일간 작용한다. 독립적으로 존재할 경우에는 인목의 본기(本氣)에 해당한다.

인중기토(寅中己土) 干支 인목(寅木) 속에 들어 있는 기토(己土). 월령(月令)에 해당할 경우에는 축월(丑月)의 기토가 넘어서 들어온 여기(餘氣)로 보아 입춘(立春)에 해당하는데, 별도로 작용하는 날짜의 수는 표시할 수 없다. 무토(戊土)와 동주(同住)하고, 독립된 인목의 경우에는 고려하지 않는 것이 관례(慣例)이다.

인중무토(寅中戊土) 干支 인목(寅木) 속에 들어 있는 무토(戊土). 월령(月令)에 해당할 경우에는 여기(餘氣)에 해당하며 입춘(立春)의 계절에 속하고 약 7일간 작용한다. 독립된 인목일 경우에는 인중병화(寅中丙火)에 의지하는 약한 상황으로 본다.

인중병화(寅中丙火) 干支 인목(寅木) 속에 들어 있는 병화(丙火). 월령(月令)에 해

당할 경우에는 중기(中氣)에 해당하고, 절기는 입춘(立春)에 해당하며 약 7일간 작용한다. 독립된 인목일 경우에는 본기인 갑목(甲木)에 생조받고 있는 것으로 이해한다.

인천권(寅天權) 殺 신살(神殺)의 하나. 인(寅)은 천권성(天權星)에 해당한다. 당사주(唐四柱)의 12성(星)에 해당하는데 인에 해당하면 권세를 누린다. ⇨ 당사주(唐四柱)

인초(寅初) 俗 인시(寅時)의 첫 부분.

인해합(寅亥合) 干支 인(寅)과 해(亥)가 합함을 이르는 말. 육합(六合)의 하나이고, 서로 상생되므로 유정하다.

　朗月 합하기 전에 수생목(水生木)의 작용만 고려한다. 임상에서 육합은 모두 성립하지 않는다는 것을 확인하였다.

인해합목(寅亥合木) 干支 ⇨ 인해합화목(寅亥合化木)

인해합화목(寅亥合化木) 干支 인과 해가 합하여 변화하면 목이 됨을 이르는 말. 구조는 천간(天干)의 오합(五合)을 흉내낸 것으로 생각된다. 다만 현실적으로 작용하는 것을 전혀 찾을 수 없다.

　朗月 육합 자체도 믿을 수 없는데 하물며 합하여 변화까지 한다는 것은 더욱 황당하다. 그냥 무시하는 것이 좋다.

일간(日干) 干支 사주에서 주체를 의미함. 태어난 날의 천간(天干)을 말한다. 일주(日主) 또는 일원(日元)이라고도 한다.

일간(日干)**의 병**(病) 用 일간(日干)이 병(病)이 들었음을 이르는 말. 예를 들어 갑목(甲木)이 매우 신약한 상황에서 옆에 경금(庚金)을 만나면 그 경금은 병이 된다. 그래서 그 병을 제거하는 글자가 용신(用神)이 된다. 참고로 용신이 병들면 그 병을 제거하는 글자는 희신(喜神)이 된다.

일간합(日干合) 干支 태어난 일간(日干)이

좌우(左右)의 재관(財官)과 합하는 것.

朗月 합으로 논하고 합이 되었다고 해서 모두 화(化)하는 것으로 보지 않는다.

일광절약제(日光節約制) **外** 여름철에 긴 낮 시간을 유효하게 쓰기 위하여 그 지방의 표준시보다 1시간 시계를 앞당겨 놓는 것. 서머타임제라고도 한다. 일광절약제는 18세기 후반 미국의 B.프랭클린이 주장하였으나 시행되지 못하다가, 제1차 세계대전 중 유럽의 여러 나라가 이를 사용하기 시작하였다. 그 후 일상생활이나 학술적인 면에서 불편하고 혼란을 초래하여 채택을 중단한 국가들이 많다. 한국의 경우는 다음과 같다.

년도	기　간
1948	5월 31일 ~ 9월 13일
1949	4월 1일 ~ 9월 24일
1950	4월 1일 ~ 9월 24일
1951	5월 6일 ~ 9월 9일
1954	3월 21일 ~ 12월 31일(30분 앞당김)
1955	1월 1일 ~ 4월 5일(30분 앞당김)
	4월 6일 ~ 9월 22일
1956	5월 20일 ~ 9월 30일
1957	5월 5일 ~ 9월 22일
1958	5월 4일 ~ 9월 21일
1959	5월 4일 ~ 9월 20일
1960	5월 1일 ~ 9월 18일
1987	5월 10일 ~ 10월 10일
1988	5월 8일 ~ 10월 9일

朗月 자평명리학을 연구하는 입장에서 일광절약제에 해당하는 기간에 태어난 사람은 그 시간에서 1시간을 늦추면 자연시간이 된다.

일귀(日貴) **格** ⇨ 일귀격(日貴格)

일귀격(日貴格) **格** 고전격국(古典格局)의 하나. 신살격(神殺格)에 해당하는 격이기도 하다. 구조는 일지(日支)에 천을귀인(天乙貴人)이 있는 경우이다. 정해(丁亥), 정유(丁酉), 계사(癸巳), 계묘(癸卯)일에 태어나면 해당한다. 작용은 좋다고 해석한다.

朗月 좋은 작용을 하지만 믿기 어려운 신살을 놓고 격을 만든 것이기에 단지 그 일주를 가졌다고 해서 좋다고 하는 것은 자평명리학(子平命理學)의 법이 아니다.

일기(一氣) **外** 삼후(三候)를 가르킴. 15일로 절기(節氣)와 같은 말이다. 왜냐하면 일년은 24절기이기 때문이다. 연월일시(年月日時)에 모두 상원(上元), 중원(中元), 하원(下元)으로 분류하는 방법을 예부터 취해왔기 때문에 삼후를 일기로 삼은 것이다. 지금도 기문둔갑(奇門遁甲) 등에서는 이 용어를 사용한다.

일기생성(一氣生成) **格** ⇨ 일기생성격(一氣生成格)

일기생성격(一氣生成格) **格** 고전격국(古典格局)의 한 종류. 사갑술(四甲戌)이나 사을유(四乙酉), 사병신(四丙申) 등을 말한다.

朗月 격의 이름으로 보아 일행득기격(一行得氣格)과 같은 말로 보아야 하는데, 설명에서는 사갑술(四甲戌), 사을유(四乙酉), 사병신(四丙申) 등을 나타내니 그렇게 알면 된다. 이러한 것에 어떤 의미를 부여할 필요는 없다고 본다.

일기위근(一氣爲根) **古** 한 가지의 기운으로 뿌리를 삼았음을 이르는 말. 예를 들어 갑을목(甲乙木)의 일간(日干)이 지지(地支)에 인묘진(寅卯辰)이나 해묘미(亥卯未)를 얻어서 뿌리가 되면 이런 형상을 일기가 뿌리가 되었다고 한다.

朗月 납음(納音)에서도 이렇게 보지만 고려하지 않는다.

일덕(日德) **格** ⇨ 일덕격(日德格)

일덕격(日德格) **格** 고전격국(古典格局)의 하나. 신살격(神殺格)에 해당한다. 구조는 갑인(甲寅), 병진(丙辰), 무진(戊辰),

경진(庚辰), 임술(壬戌)에 태어나면 해당한다. 귀격이라고는 하지만 생극제화(生剋制化)의 이치는 고려하지 않고 일주만으로 말한 것이기 때문에 허상(虛象)이므로 고려하지 않는 것이 좋다.

일덕수기격(日德秀氣格) 格 ⇨ 복덕수기격(福德秀氣格)

일락서산(日落西山) 干支 해가 서산을 넘음을 이르는 말. 병화(丙火)가 가을에 태어난 것을 의미하는데 여기에 필요한 것은 목(木)이다. 낭만이 있는 명칭이다.

일록격(日祿格) 格 ⇨ 귀록격(歸祿格)

일록귀시격(日祿歸時格) 格 고전격국(古典格局)의 하나. 귀록격(歸祿格)과 같은 말이다. ⇨ 귀록격(歸祿格)

일록시귀격(日祿時歸格) 格 ⇨ 귀록격(歸祿格)

일용치수(一龍治水) 俗 한 마리의 용이 물을 다스림을 이르는 말. 매년 대한민력에서 말하는 용의 수이다. 이것을 보고 비가 많이 올지 가뭄이 들지를 기준하는데, 용의 수가 적으면 가뭄이 들고 많으면 홍수가 난다고 한다. 신뢰성은 없지만 아직도 매년 참고하는 사람이 많다. 원리는 음력 정월 초하루에 처음 들어오는 일진(日辰) 중 진(辰)을 찾아서 며칠만에 들어오는지를 계산하여 용의 수를 헤아린다. 12일까지 따지게 되므로 최소 1마리, 최다 12마리이다. 이치로는 아무 의미가 없다.

일시(日時) 干支 일주(日主)와 시주(時柱). 후천적인 방향으로 볼 수 있다. 자신의 노력과 결실에 대한 부분을 의미한다.

일원(日元) 干支 날의 으뜸. 일간(日干)을 말한다.

일이한신용거마 불용하방막동타(一二閑神用去魔 不用何妨莫動他) 【滴天髓】 한두 개의 한신은 버려둔다. 그렇게 사용하지 않아도 아무 문제가 없다.

일인격(日刃格) 格 고전격국(古典格局)의 하나. 신살격(神殺格)에도 해당된다. 구조는 일지(日支)에 양인(陽刃)이 있는 격으로 무오(戊午), 병오(丙午), 임자(壬子)에 해당한다. 전체의 간지 배합을 고려하지 않고 일주(日柱)만으로 붙여진 이름이므로 무시한다.

일인군주격(一人君主格) 格 백성이 없는데 혼자 왕 노릇을 하는 격. 혼자 주인이라는 말도 가능한데, 군겁쟁재격(群劫爭財格)의 의미가 나빠서 위로하는 의미로 붙여진 용신격의 이름이다. 거지팔자라는 말도 있는데 일리가 있다.

일장당관(一將當關) 古 한 장수가 관문을 지킨다는 의미. 사주에 관살(官殺)이 많은 경우에 힘이 있는 식신(食神)이 있거나, 식상(食傷)이 많은데 힘이 있는 인성(印星)이 있거나, 비겁(比劫)이 많은데 힘이 있는 관살(官殺)이 있는 경우 등에 사용하는 말이다. 그 중에서도 관살이 많은 상황에서 식신이 우뚝하게 살(殺)을 제어하는 경우에 가장 잘 어울린다고 이해한다.

일주(日柱) 子 태어난 날의 간지(干支). 출생일 기준은 자시(子時)인데 현재시간으로는 새벽 0시 30분이다. 이 시간 이전은 전날이 되고, 이 시간이 지나면 오늘이 된다. 이것을 기준으로 일주를 정한다.

朗月 어떤 사람은 전날 밤 11시가 되면 날짜가 바뀌는 것으로 대입하는 경우도 있는데, 이것은 야자시(夜子時)를 무시하는 견해이다. 예전에는 당연히 이렇게 대입했지만 근세 명리학의 대가들이 임상을 통해 야자시(夜子時)를 찾아냈다. 현실적으로도 대입해보면 야자시를 무시하고 대입한 경우보다, 오히려 인정하고 대입한 경우가 더 잘 부합된다고 생각한다. 그래서 이 부분은 의견일치가 어렵지만 나름대로 주관을 갖고 사용하도록 한다.

이 설은 또한 대만에서도 통일되지 않았다. 아마도 보수적인 견해와 현실적인 견해의 차이라고 생각한다. 심리적으로 대입해보면 야자시에 해당하는 밤 11시30분 ~ 12시30분에 태어난 경우의 심리구조는 두 날짜의 상황을 모두 포함하는 것으로 나타나는데 아마도 자연 상황이 디지털처럼 갑자기 변하는 것이 아닌 아날로그의 상황 때문이라고 이해한다. 그러므로 심리적으로는 두 날짜의 영향을 다 고려하고, 운명적으로는 야자시를 인정하면 된다고 판단한다.

일주(日主) 子 태어난 날의 천간(天干). 다른 말로는 일간(日干), 일원(日元) 등으로 부른다. 이것은 사주의 주인공이자 주체자를 의미한다.

일주격(日柱格) 格 ⇨ 일지격(日支格)

일지(日支) 子 일주(日柱)의 지지(地支). 별도로 앉은 자리라고도 한다. 남자에게는 처궁(妻宮)이 되기도 한다.

일지격(日支格) 格 고전격국(古典格局)의 형태로 분류할 때에는 일지(日支)의 특성으로 격의 이름을 삼은 경우이다. 예를 들어 전록격(專祿格) 등이 해당한다.

일청도저유유정신 관취평생부귀진(一淸到底有精神 管取平生富貴眞) 【滴天髓】 하나의 맑은 기운이 도달하니 정신(精神)이 있음이라, 일생의 참다운 부귀를 누리게 된다.

일출문래요견아 오아성기구문여(一出門來要見我 吾我成氣構門閭) 【滴天髓】 사주에 식상(食傷)으로만 구성되어 있으면 종아격(從兒格)이 되는데, 이 경우에는 식상(食傷)이 많이 있는 것이 좋다.

일행득기격(一行得氣格) 格 한 가지 기운으로 모여 있는 사주의 구조. 오행(五行) 구조에 따라서 곡직인수격(曲直仁壽格), 염상격(炎上格), 가색격(稼穡格), 종혁격(從革格), 윤하격(潤下格) 등으로 부르기

도 하고, 독상(獨象)이라고도 한다.

일후(一候) 外 시간(時間)의 간지(干支)가 한 바퀴 도는 단위. 일년을 72로 구분하여 그 하나를 일후(一候)라고 한다. 그러므로 일후는 5일이 된다. 일후는 60시간지(時干支)가 경과하는데, 하루를 12시로 보면 5일이면 시간의 간지가 한 바퀴 도는 것이다.

朗月 시골의 5일장은 일후의 단위가 아닌지 생각해본다.

임(壬) 干支 천간(天干)의 양수(陽水). 수(水)의 기운(氣運)에 해당하기도 한다.

朗月 일설에는 임수(壬水)는 강이나 바다라고도 하는데, 새로운 관점에서 바라보는 것이 좋다. 그러니까 수(水)의 기운에 해당하면 단지 많이 모여 있는 바다가 임수라고 볼 수 없고, 그곳에서 발생하는 수의 기운을 양의 수로 보는 것이 좋다.

임계(壬癸) 干支 임수(壬水)와 계수(癸水). 수(水)의 음양이다.

朗月 오행은 모두 음양이 있는데, 수의 음양은 임계(壬癸)로 불린다. 그래서 양수(陽水)를 임(壬)이라고 하고, 음수(陰水)를 계(癸)라고 부른다. 이 둘은 수의 음양이다. 임은 수의 기운으로 이해하고, 계는 수의 형상으로 이해한다.

임계일간(壬癸日干) 干支 임일(壬日)이나 계일(癸日)에 태어난 사람.

임기용배(壬騎龍背) 格 ⇨ 임기용배격(壬騎龍背格)

임기용배격(壬騎龍背格) 格 고전격국(古典格局)에 해당하면서 구조가 일주격(日柱格)인 것. 의미는 임수(壬水)가 용을 타고 있다는 것이다. 특히 사주에 진(辰)이 많아야 하고, 무술(戊戌)과 유(酉)가 없어야 한다. 진이 많으면 술토(戌土)를 충하고, 이것이 술토 속의 정화(丁火)와 무토(戊土)와 신금(辛金)을 이끌어 내서, 정화는 재가 되고, 무토는 관(官)을 삼으

며, 신금은 인성(印星)이 되어 재관인(財官印)을 모두 얻어서 귀격(貴格)이 된다. 영향요계격(影響遙繫格)으로 봐도 된다.

朗月 설명에서 정관(正官)을 찾지 못하면 맞아 죽는다는 긴박한 분위기가 감돈다. 이렇게 있지도 않은 글자를 충으로 불러들여서 그 속에 있는 글자를 용신으로 삼으니 과연 이현령비현령(耳縣鈴鼻縣鈴)이라는 말을 듣는 이유이므로 무시하는 것이 좋다. 오로지 생극제화(生剋制化)가 아닌 것은 자평명리학(子平命理學)이 아니라는 기준을 갖고 공부한다.

임년(壬年) 子 임(壬)의 해. 사주의 연간(年干)이 임에 해당하는 경우이다.

임수통하 능설금기(壬水通河 能洩金氣)【滴天髓】임수(壬水)는 큰 바다로 통하는데, 강력한 금(金)의 기운도 금생수(金生水)로 능히 유통(流通)시킬 수 있다.

임술(壬戌) 干支 육십간지의 하나. 임수(壬水)와 술토(戌土)의 결합이다. 형상을 보면 토극수(土剋水)의 법칙으로 임수는 술토에게 극을 받는 입장이므로 천간은 약하다고 해석한다. 술토 속의 신금(辛金)은 천간의 임수를 생조할 힘이 없다고 해석한다.

임술계해대해수(壬戌癸亥大海水) 古 임술(壬戌)과 계해(癸亥)는 대해수(大海水)임을 이르는 말. 대해수는 큰 바다의 물이라는 뜻이다. ⇨ 납음오행(納音五行)

朗月 오행 원리와 간지 구조로 보아 설명과 전혀 부합되지 않으므로 사용하지 않는다.

임술(壬戌)**의 성격**(性格) 心 임술(壬戌) 일주(日柱)는 지지(地支)에 편관(偏官)인 무토(戊土), 정재(正財)인 정화(丁火), 정인(正印)인 신금(辛金)이 있으므로, 봉사성(奉仕性)과 치밀성(緻密性)과 직관력(直觀力) 등을 나타낸다.

임시(壬時) 子 임(壬)의 시. 사주의 시간(時干)이 임에 해당하는 경우이다.

임신(壬申) 干支 육십간지의 하나. 형상을 보면 임수(壬水)와 신금(申金)의 결합으로 임수가 신금에 깊은 뿌리를 내리므로 강한 수(水)가 된다.

임신계유검봉금(壬申癸酉劍鋒金) 古 임신(壬申)과 계유(癸酉)는 검봉금(劍鋒金)임을 이르는 말. 검봉금은 칼끝의 금이라는 뜻이다. ⇨ 납음오행(納音五行)

朗月 오행 원리와 간지 구조로 보아 설명과 전혀 부합되지 않으므로 사용하지 않는다.

임신(壬申)**의 성격**(性格) 心 임신(壬申) 일주(日柱)는 지지(地支)에 편인(偏印)인 경금(庚金), 편관(偏官)인 무토(戊土), 비견(比肩)인 임수(壬水)가 있으므로, 신비성(神秘性)과 봉사성(奉仕性)과 경쟁성(競爭性) 등을 나타낸다.

임오(壬午) 干支 육십간지의 하나. 형상을 보면 임수(壬水)와 오화(午火)의 결합으로 임수는 오화를 극하는 관계이지만 임수도 의지할 뿌리가 없으므로 약하기는 마찬가지이다. 오화 속의 정화는 임수와 합이 되므로 간지합이 되어서 정재(正財)합이 되는 특수한 구조이기도 하다.

임오계미양류목(壬午癸未楊柳木) 古 임오(壬午)와 계미(癸未)는 양류목(楊柳木)임을 이르는 말. 양류목은 수양버들 나무를 말한다. ⇨ 납음오행(納音五行)

朗月 오행 원리와 간지 구조로 보아 설명과 전혀 부합되지 않으니 사용하지 않음을 권한다.

임오(壬午)**의 성격**(性格) 心 임오(壬午) 일주(日柱)는 지지(地支)에 정재(正財)인 정화(丁火), 편재(偏財)인 병화(丙火), 정관(正官)인 병화(丙火)가 있으므로, 치밀성(緻密性)과 통제성(統制性)과 합리성(合理性) 등을 나타낸다.

임월(壬月) 子 임(壬)의 달. 사주의 월간

(月干)이 임에 해당하는 경우이다.

임인(壬寅) 干支 육십간지의 하나. 임수(壬水)와 인목(寅木)의 결합이다. 형상을 보면 임수는 인목에게 기운이 유통되어 무력한데 인목 속에는 다시 병화도 있어서 더욱 기운의 소모가 심하다. 수생목(水生木)의 이치가 작용하여 천간은 약하고 지지는 강하다고 본다.

　朗月 천간 임수는 지장간의 병화(丙火)를 극제할 수 없는 것은 본기인 갑목(甲木)이 방어하기 때문이다.

임인계묘금박금(壬寅癸卯金箔金) 古 임인과 계묘는 금박금임을 이르는 말. 금박금이란 얇은 금박의 금이라는 뜻이다. ⇨ 납음오행(納音五行)

　朗月 오행 원리와 간지 구조로 보아 설명과 전혀 부합되지 않으므로 사용하지 않음을 권한다.

임인(壬寅)**의 성격**(性格) 心 임인(壬寅) 일주(日柱)는 지지(地支)에 식신(食神)인 갑목(甲木), 편재(偏財)인 병화(丙火), 편관(偏官)인 무토(戊土)가 있으므로, 연구심(研究心)과 통제성(統制性)과 봉사성(奉仕性) 등을 나타낸다.

임일(壬日) 子 임(壬)의 날. 사주의 일간(日干)이 임에 해당하는 경우이다.

임일간(壬日干) 干支 태어난 날이 임일(壬日)에 해당하는 사람.

임일주(壬日主) 干支 ⇨ 임일간(壬日干)

임자(壬子) 干支 육십간지의 하나. 임수(壬水)와 자수(子水)의 결합이다. 형상을 보면 임수가 자수를 만난 것이므로 수(水)의 세력이 매우 강왕(强旺)한 형상이다.

임자계축상자목(壬子癸丑桑柘木) 古 임자(壬子)와 계축(癸丑)은 상자목(桑柘木)임을 이르는 말. 상자목은 뽕나무를 말한다. ⇨ 납음오행(納音五行)

　朗月 오행 원리와 간지 구조로 보아 설명과 전혀 부합되지 않으므로 사용하지

않는다.

임자(壬子)**의 성격**(性格) 心 임자(壬子) 일주(日柱)는 지지(地支)에 겁재(劫財)인 계수(癸水)가 있으므로, 경쟁심(競爭心)이 있다.

임진(壬辰) 干支 육십간지의 하나. 형상을 보면 임수(壬水)와 진토(辰土)의 결합으로 임수는 진토의 극을 받지만, 진토는 수(水)의 고지(庫地)라는 의미로 계수(癸水)가 지장간에 있기 때문에 중간 정도의 뿌리가 된다.

임진계사장류수(壬辰癸巳長流水) 古 임진(壬辰)과 계사(癸巳)는 장류수(長流水)임을 이르는 말. 장류수는 길게 흐르는 물이라는 뜻이다. ⇨ 납음오행(納音五行)

　朗月 오행 원리와 간지 구조로 보아 설명과 부합되지 않으므로 사용하지 않는다.

임진(壬辰)**의 성격**(性格) 心 임진(壬辰) 일주(日柱)는 지지(地支)에 편관(偏官)인 무토(戊土), 상관(傷官)은 을목(乙木)과 겁재(劫財)인 계수(癸水)가 있으니, 봉사심(奉仕心)과 사교성(社交性)과 경쟁심(競爭心) 등을 나타낸다.

임철초(任鐵樵) 人 중국의 명리학자. 『적천수징의(滴天髓徵義)』 또는 『적천수천미(滴天髓闡微)』로 유통되는 『적천수(滴天髓)』 해설서의 저자. 자평명리학(子平命理學)의 참된 도를 깨달은 학자로 청나라 사람으로 보지만 기록이 없다. 대만의 종의명(鍾義明) 선생 자료에 의하면 1848년에 태어났다는 기록이 있으나 정확한 자료인지는 모른다. 『적천수』의 깊은 이치를 밝힌 학자로 존경을 받는다. 『적천수징의』에 자신의 명식을 풀이하기도 하였다.

　朗月 생극제화(生剋制化)의 이치를 논하지 않는 것은 모두 사도(私道)로 간주하고, 오로지 그 이치로만 사주를 논하려고

노력한다는 점에서 그의 정신은 살아있다. 선생의 이론을 공부하면서 모든 신살(神殺)과 십이운성(十二運星)과 형파해(刑破害) 등이 모두 쓰레기이며 오행의 균형을 고려하지 않은 각종 격국(格局)들에 대해서도 과감하게 정리할 수 있다.

입동(立冬) [슘] 24절기의 열아홉째. 겨울이 시작된다는 절기로 양력은 11월 7 ～ 8일경이다. 상강(霜降) 후 약 15일, 소설(小雪) 전 약 15일에 해당한다. 태양의 시황경이 225°일 때 입동이 들고, 음력으로 해월(亥月)이 시작되는 절기에 해당하여 30일간 작용하는 절기이다.

입동시(立冬時) [슘] 입동(立冬)이 시작되는 시각. 이 시각을 기준으로 해월(亥月)이 시작되므로 출생시간이 이 부근일 경우에는 정밀하게 대입한다.

입추(立秋) [슘] 24절기의 열셋째. 양력 8월 8 ～ 9일경에 시작되고, 대서(大暑)의 15일 후로 태양의 시황경이 135°인 날이 입추 입기일(入氣日)이다. 동양의 역(曆)에서는 이날부터 입동 전까지를 가을로 한다. 신월(申月)이 시작되는 절기에 해당하며 30일간 작용하는 절기이기도 하다.

입추시(立秋時) [슘] 입추(立秋)가 시작되는 시각. 이 시각을 기준으로 신월(申月)이 시작되므로 출생시간이 이 부근일 경우에는 정밀하게 대입한다.

입춘(立春) [슘] 24절기의 첫째. 봄이 시작된다는 절기의 하나. 양력 2월 4일경에 시작되어 우수(雨水)가 시작되는 15일간이 입춘기간에 해당한다. 태양이 시황경 315°에 왔을 때를 입춘입기일로 한다. 음력으로는 정월의 절기로 동양에서는 이 날부터 봄이라고는 하지만, 추위는 아직도 강하다. 자평명리학(子平命理學)에서는 입춘이 드는 시각을 한 해의 시작으로 삼는 기준점이기도 한다. 인월(寅月)

의 계절에 해당하며 30일간 작용하는 절기이기도 하다.

입춘기준설(立春基準說) [子] 자평명리학(子平命理學)에서 사주의 명식을 세울 때 연주(年柱)의 시작으로 삼는 기준. 명리학의 초기이거나 음양학의 초기에는 동지(冬至)를 한 해의 시작으로 보고 간지를 정했다는 흔적이 그대로 남아 있다. 예를 든다면 갑자(甲子)년 갑자(甲子)월 갑자(甲子)일 갑자(甲子)시가 사주의 시작이라고 하는데 세월이 흐르면서 어떤 원리에 의해서인지는 모르지만 지금의 자평명리학은 입춘을 시작점으로 삼고 적용시켰다. 그러나 기문둔갑(奇門遁甲) 등의 학문에서는 그대로 동지를 기준으로 삼는 것으로 보아 기문둔갑 등은 고법에 충실하다는 것을 알 수 있다. ⇨ 동지기준설(冬至基準說)

朗月 입춘을 기준으로 삼은 이유는 아마도 자월(子月)과 축월(丑月)은 형상이 완성되기 이전이라 보고 입춘부터 사람의 삶이라고 생각했기 때문일 것이다.

입춘시(立春時) [슘] 입춘(立春)이 시작되는 시각. 이 시각을 기준으로 연주(年柱)와 인월(寅月)의 월주(月柱)가 결정되기 때문에 정확하게 대입한다. 출생시각이 입춘시(立春時)에 근접해 있다면 더욱 세밀하게 대입해야 하는데, 이 경우에는 표준시(標準時)와 자연시(自然時) 사이의 오차도 확인하여 정확하게 대입하는 것이 중요하다. 참고로 대한민력(大韓民曆)에 표시된 입춘 시각은 동경 135도 기준이므로 한국에서는 30분을 당겨서 대입한다.

입태월(入胎月) [占] 부모(父母)의 정자(精子)와 난자(卵子)가 결합한 달. 보통 태어난 월령(月令)의 10개월 이전을 태월로 잡는다. 예를 들어 어떤 사람의 월주(月柱)가 갑자(甲子)이면 갑자부터 따져

서 10개월 이전은 을묘(乙卯)가 되므로
태월(胎月)은 을묘가 된다.

　朗月 태월에서 도움을 주면 더욱 좋다는
말도 하는데, 합당하지 않은 이론이기에
하나의 신살(神殺)로 취급해도 무방하다.
그리고 실제로 반드시 10개월만에 출생
했다는 보장도 없으므로 더욱 대입하기
가 애매하다. 예를 들어 칠삭둥이의 경우
태월을 별도로 계산한다면 일일이 확인
해야 하는데, 임신한 시기가 애매하기 때
문에 명확하지 않은 이론이라 할 수 있으
므로 대입할 필요가 없다.

입태일(入胎日) 固 입태가 된 날. 임신(姙
娠)된 날을 알아내는 방법이다. 태일법
(胎日法)과 같은 말이다. 생일(生日)의
일진(日辰)을 기준으로 간합(干合)과 지
지육합(地支六合)이 되는 날이 그 날이
다. 예를 들어 일주(日柱)가 경자(庚子)
이면 임신된 날은 을축(乙丑)일인데, 말
도 안 되는 논리이다.

입하(立夏) 슈 24절기의 일곱째. 여름이 시
작된다는 계절이다. 양력 5월 5 ~ 6일경
으로, 태양의 시황경이 45°에 있을 때다.
음력으로는 4월절(四月節)로 곡우(穀雨)
후 15일이다. 사월(巳月)이 시작되는 계
절에 해당하며 30일간 작용하는 절기이
기도 하다.

입하시(立夏時) 슈 입하(立夏)가 시작되는
시각. 이 시각을 기준으로 사월(巳月)이
시작되므로 출생시간이 이 부근일 경우
에는 정밀하게 대입한다.

자(子) 王支 십이지(十二支)의 첫째. 지지(地支)의 음수(陰水)라고도 한다. 계절로는 대설(大雪)과 동지(冬至) 사이에 해당한다. 시간으로는 밤 11시 ~ 새벽 1시를 의미하고, 동경 135도 기준으로 약 30분 추가한다. 수(水)의 왕지(旺支)가 되며, 신(申)이나 진(辰)을 만나면 합을 하고, 화(化)하더라도 그대로 수(水)이다. 또 오(午)를 만나면 충을 하는데, 수극화(水剋火)가 되어 오화(午火)를 굴복시킨다. 지장간의 구조로는 임수(壬水)−10, 계수(癸水)−20의 배합이다.

　朗月 동물로는 쥐를 의미하지만 그냥 편의상 부르는 것이고 실제 아무 연관이 없다.

자기궁(自己宮) 星 자신의 집. 위치는 일간(日干)을 나타낸다. 기신궁(己身宮)이라고도 한다.

자녀궁(子女宮) 星 자녀가 머무는 자리. 예부터 시주(時柱)를 자식의 자리라고 하였다. 특히 하건충 선생은 시지(時支)를 자식의 궁으로 보았다. ⇨ 궁성이론(宮星理論)

자녀근지일세전 희신즉시살신련(子女根枝一世傳 喜神卽是殺身聯) 【滴天髓】 자식은 한 세대를 전하는 뿌리와 가지의 관계인데 희신이 관살과 서로 연결되어 있으면 길하다.

자년(子年) 子 자(子)의 해. 연지(年支)가 자일 경우에 쥐띠의 해라고도 한다.

자록(子祿) 古 자식과 봉록(俸祿). 남자 사주에서 관살(官殺)은 자식이 되기도 하고 귀함으로 보기도 하는데, 같은 글자이므로 묶어서 설명한다.

자말(子末) 俗 자시(子時)의 끝 부분.

자매강강(姉妹剛强) 古 여자 형제들이 매우 강함. 여자의 명식에서 비겁(比劫)이 태왕(太旺)하고 더불어 인성(印星)까지 있다면 이렇게 이름한다.

자묘형(子卯刑) 殺 신살(神殺)의 하나. 자(子)와 묘(卯)가 만나면 무례한 형이 된다. 사주에 이러한 형(刑)이 있으면 무례한 사람이라고 한다.

　朗月 자와 묘는 수생목(水生木)의 관계일 뿐 별도로 형이 되어야 할 의미는 없으므로 무시해도 좋다. 한편 서낙오(徐樂吾) 선생은 과연 자묘형이 있으면 무례한지를 찾아 임상해봤지만 의미 없는 공식임을 확인하였다.

자미두수(紫微斗數) 冊 명리학(命理學)의 한 분야. 음양오행 이론과 별과 관련지어 운명을 감정하는 학문이다. 명반(命盤)이라는 명국(命局)을 짜서 해석한다. 대만에서는 자평명리학(子平命理學)과 쌍벽을 이룰 정도로 연구가 활발하다. 한국에서는 근래에 관련 서적이 많이 출간되고 있다.

자미사주(紫微四柱) 外 자미두수(紫微斗數)로 사주를 풀이하는 것. 보통 자미두수라고 한다. 간단명료한 것이 장점이다.

자미상천(子未相穿) 外 신살(神殺)의 하나. 자미(子未)가 만나면 상천(相穿)이 된다. ⇨ 상천(相穿)

　朗月 실제로는 큰 비중이 없다. 개인적인 생각으로는 신살은 모두 무시해도 좋고, 특히 생극제화(生剋制化)의 이치에는 부합되지 않는 것이 대부분이므로 적용시키면 그만큼 혼란이 가중될 수 있다.

자미원진(子未怨嗔) 殺 신살(神殺)의 하나. 원진살(怨嗔殺)의 일종이다.

자방(子方) 五 자(子)의 방향. 정북(正北)을 말한다. 팔괘(八卦)로는 감방(坎方)이라고 한다.

자비심(慈悲心) 心 자애로운 마음과 슬퍼하는 마음. 자애로움은 정인(正印)의 성격이고, 슬퍼하고 안타까워 하는 것은 편관(偏官)의 성격이다. 이 두 성격이 결합하면 자비심이 된다.

자시(子時) 子 자(子)의 시. 사주의 시지(時支)가 자에 해당하는 경우이다. 동경 135도 기준으로 23시 30분 ~ 새벽 01시 30분의 두 시간에 해당한다. 자시(子時)에 해당하면서도 일진(日辰)은 전날로 대입하고 이것을 야자시(夜子時)라고 한다. ⇨ 야자시(夜子時)

　朗月 시계를 보지 못하고 출생한 경우 보통 한밤중에 낳았다고 하면 주로 자시가 될 가능성이 많다.

자식(子息) 星 여자에게는 자식이 식상(食傷)이고, 남자에게는 관살(官殺)이다. 왜냐하면 자식을 낳는 것은 여자이기 때문에 자신이 낳은 오행이 식상과 연결된다. 남자는 여자가 낳은 자식을 키우기 위해 심신이 고단하므로 자식을 부담스러운 존재로 대입한다. 그리고 자연의 법칙에서는 부계(父系)가 아닌 모계(母系)로 보는 것이 타당하다.

자신(子申) 干支 자(子)와 신(申)이 바짝 붙어 있으면 반합이라고 한다. 반합이 되면 수(水)의 기운이 생성된다고 보고 합의 의미도 있다. 다만 반합이 되었다고 두 글자 모두 수로 보는 것은 성급한 결론이다. ⇨ 합화(合化)의 조건

자암성(紫暗星) 殺 사주에 자암성이 있고 형충파해를 만나면 흉사(凶死)를 당한다. 구조는 양인살(羊刃殺)과 같다.

　朗月 실제로는 큰 비중이 없다. 개인적인 생각으로는 신살은 모두 무시해도 좋고, 특히 생극제화(生剋制化)의 이치에는 부합되지 않는 것이 대부분이므로 적용시키면 그만큼 혼란이 가중될 수 있다.

자액살(自縊殺) 殺 스스로 목맬 운명에 처할 근심이 있는 살. 구조는 자년(子年)-유(酉), 축년(丑年)-오(午), 인년(寅年)-미(未), 묘년(卯年)-신(申), 진년(辰年)-해(亥), 사년(巳年)-술(戌), 오년(午年)-축(丑), 미년(未年)-인(寅), 신년(申年)-묘(卯), 유년(酉年)-자(子), 술년(戌年)-사(巳), 해년(亥年)-진(辰)에 해당한다.

　朗月 실제로는 큰 비중이 없다. 개인적인 생각으로는 신살은 모두 무시해도 좋고, 특히 생극제화(生剋制化)의 이치에는 부합되지 않는 것이 대부분이므로 적용시키면 그만큼 혼란이 가중될 수 있다.

자연시(自然時) 外 자연(自然)의 시간(時間). 인위적으로 편리하게 만들어진 시간을 인위시간이라 할 때, 이것과 구분하기 위해서 자연시라는 말을 사용한다. 자연시는 자연 상태에서 실제로 해당하는 시간으로, 인위적인 시간을 원상태로 환원하는 기준시(基準時)가 된다. 예를 들어 현재 한국의 표준시는 낮 12시 30분이 되어야 태양이 남중하는데, 12시를 정오(正午)라고 부르는 것은 편리하게 따지는 방법일 뿐이고 실제의 정오는 12시 30분이어야 한다. 왜냐하면 사주는 자연시(自然時)를 기준으로 해야 하기 때문이다.

자연시간(自然時間) 外 인위적인 시간이 아니고 자연현상 그대로 태양 각도에 의한 시간. 자평명리학(子平命理學)은 자연시간을 중심으로 사주를 정한다. 특히 시주(時柱)에 일광절약제(서머타임제)나 동경표준시(東經表準時) 등으로 혼란이 생길 수 있음을 주의한다.

자오묘유(子午卯酉) 干支 제왕지(帝王地) 또는 삼합(三合)의 왕지(旺支)만 모아 놓은 것. 왕지(旺地)라고도 한다. 한편으로는 패지(敗地)라고도 하는데, 서로 충돌하면 서로 큰 상처를 주기 때문이다. 삼합에서 보면 모두 중심을 잡고 있는 글자들이기 때문에 붙여진 이름이다.

　朗月 자오묘유가 있는 사주를 황제의 사주라고 하는 것은 의미가 없다. 전체적인 상황을 살펴서 판단하는 것이 옳은 오행관(五行觀)이다.

자오상충(子午相沖) 子 ⇨ 자오충(子午沖)

자오쌍포(子午雙包) 古 수화(水火)의 세력이 균형을 이루고 있음을 이르는 말. 중간에 있는 목(木)의 균형으로 유지될 수 있다. 실제로는 거의 균형을 고려할 필요가 없다.

자오충(子午沖) 子 자(子)와 오(午)가 만나면 충돌함. 지지(地支)와 육충(六沖)의 한 종류이며, 수화상전(水火相戰)이라고도 한다. 기본적으로 수극화(水剋火)의 논리가 우선하기 때문에 대등한 입장은 아니다. 자는 수(水)의 왕지(旺支)이고, 오는 화(火)의 왕지(旺支)이기 때문에 서로 충돌하는데, 그 이전에 수극화를 고려하지 않을 수 없다.

자요사격(子遙巳格) 格 고전격국(古典格局)의 하나. 시격(時格)에도 해당한다. 구조는 갑자일(甲子日), 갑자시(甲子時)에 해당한다. 자수(子水)가 사화(巳火)를 불러와서 이루어지는 격으로, 자수 속 지장간(支藏干)에 있는 계수(癸水)가 무토(戊土)를 합으로 끌고 오면 그 무토가 따라오면서 사화도 함께 온다. 다시 사화의 본기인 병화(丙火)도 신금(辛金)을 합으로 불러들여서 신금은 관(官)으로 삼고, 무토는 재(財)로 삼기 때문에 자수 하나로 재관(財官)을 다 얻었다는 의미이다. 영향요계격(影響遙繫格)에도 해당한다.

　朗月 쓸모 없는 방향으로 연구하고 대입한 것을 보면 그 처음 방향이 얼마나 중요한지를 실감한다. 무시하는 것이 현명하다.

자월(子月) 子 자(子)의 달. 사주의 월지(月支)가 자에 해당하는 경우이다. 절기(節氣)로는 대설(大雪)과 동지(冬至) 사이에 해당한다.

　朗月 옛날에는 사주의 시작점으로 삼기도 했다. 지금도 그 흔적에 해당하는 것으로 갑자년(甲子年)과 갑자월(甲子月)의 사주가 있다. 동짓달 즉 자월(子月)을 한 해의 시작으로 삼았는데, 자평명리학(子平命理學) 이 외에는 아직도 동지를 한 해의 시작으로 삼는 경우가 많다. 그리고 동짓날에 팥죽을 먹으면 한 살 더 먹는다는 이야기도 그 흔적이 아닌가 싶다.

자월갑목(子月甲木) 干支 자월(子月)에 태어난 갑목(甲木). 동짓달은 가장 추운 계절이므로 이 때의 갑목은 따스한 화(火)가 있는 것이 좋다.

【窮通寶鑑】용신(用神)은 정화(丁火), 보조(補助)는 경금(庚金), 병화(丙火)이다. 목(木)이 추워지니 정화를 우선하고 경금은 다음으로 한다. 병화는 보조가 된다. 반드시 지지(地支)에는 사화(巳火)나 인목(寅木)이 있어야만 귀격(貴格)이 된다.

자월경금(子月庚金) 干支 자월(子月)에 태어난 경금(庚金). 추운 겨울이므로 웬만하면 화(火)의 기운이 필요한데, 특별히 약할 경우에는 토(土)가 필요하다.

【窮通寶鑑】용신(用神)은 정화(丁火), 보조(補助)는 갑목(甲木), 병화(丙火)이다. 정화와 갑목을 용신으로 삼는다. 다음으로 병화는 조후(調候)로 쓴다. 금수(金水)가 많으면 남방(南方)의 따스한 운을 만나지 못하기 때문에 외롭고 가난하다. 병정(丙丁)은 인사오미술(寅巳午未戌)의 지지(地支)를 만나야 힘이 있다.

자월계수(子月癸水) 干支 자월(子月)에 태어난 계수(癸水). 자월과 임수(壬水)의 상황에 따른다.

【窮通寶鑑】용신(用神)은 병화(丙火), 보조(補助)는 신금(辛金)이다. 병화로 겨울의 추위를 녹이고, 신금으로 일간(日干)을 생조(生助)한다.

자월기토(子月己土) 干支 자월(子月)에 태어난 기토(己土). 자월과 무토(戊土)의 상황에 따른다.

【窮通寶鑑】용신(用神)은 병화(丙火), 보조(補助)는 갑목(甲木), 무토(戊土)이다. 겨울의 기토(己土)는 병화가 아니고는 생조(生助)되지 않는다. 임수(壬水)가 태왕(太旺)하니 무토를 취해서 극제(剋制)하고, 토(土)가 많으면 갑목으로 소토(疎土)한다.

자월무토(子月戊土) 干支 자월(子月)에 태어난 무토(戊土). 추운 겨울에 태어난 토(土)이므로 강력한 화(火)의 도움이 필요하다.

【窮通寶鑑】용신(用神)은 병화(丙火), 보조(補助)는 갑목(甲木)이다. 병화를 높이 받들고, 갑목은 보조(補助)로 삼는다.

자월병화(子月丙火) 干支 자월(子月)에 태어난 병화(丙火). 겨울이란 추운 상황에서 화(火)가 되어 너무 약해지는 계절이므로 목(木)의 도움이 절대적으로 필요하다.

【窮通寶鑑】용신(用神)은 임수(壬水), 보조(補助)는 무기토(戊己土)이다. 화(火)

의 진기(進氣)가 되니, 병화(丙火)는 약한 가운데에서도 강하게 된다. 임수를 용신으로 삼고, 무토(戊土)로 임수를 통제한다. 무토가 없을 경우에는 기토(己土)를 쓴다.

자월신금(子月辛金) 干支 자월(子月)에 태어난 신금(辛金). 자월과 경금(庚金)의 상황에 따른다.

【窮通寶鑑】용신(用神)은 병화(丙火), 보조(補助)는 무토(戊土), 임수(壬水), 갑목(甲木)이다. 병화의 보온(保溫)이 빠질 수 없다.

자월을목(子月乙木) 干支 자월(子月)에 태어난 을목(乙木). 자월과 갑목(甲木)의 상황에 따른다.

【窮通寶鑑】용신(用神)은 병화(丙火)를 쓴다. 겨울 나무는 화(火)를 반기니 오로지 병화를 쓰고 계수(癸水)는 꺼린다.

자월임수(子月壬水) 干支 자월(子月)에 태어난 임수(壬水). 한겨울의 수(水)가 되니 기운이 왕성하므로 강력한 토(土)가 있기를 원한다. 없다면 목(木)이 필요하다.

【窮通寶鑑】용신(用神)은 무토(戊土), 보조(補助)는 병화(丙火)이다. 수(水)가 왕하면 무토가 필요하고, 조후(調候)를 고려하여 병화도 필요하므로 병무(丙戊)를 같이 사용한다.

자월정화(子月丁火) 干支 자월(子月)에 태어난 정화(丁火). 자월과 병화(丙火)의 상황에 따른다.

【窮通寶鑑】용신(用神)은 갑목(甲木), 보조(補助)는 경금(庚金)이다. 경금으로 갑목을 나누어 정화(丁火)를 생조(生助)하니, 갑목은 용신이 되고 경금은 보조(補助)가 된다. 무계(戊癸)가 있으면 참작하여 쓴다.

자(子)**의 지장간**(支藏干) 干支 지지(地支)의 자수(子水) 속에 있는 천간(天干). 지

장간의 구조는 임수(壬水)-10, 계수(癸水)-20에 해당한다. 인원용사의 구조는 계수(癸水)만을 취한다.

朗月 지지(地支)에 천간(天干)이 포함된 형태가 각 비율로 포함되어서 각기 분류할 수 있는 형태로 존재하는지, 아니면 완전히 일정한 비율로 용해되어서 분리시킬 수 없는 상태인지는 말하기 어렵다. 절기를 고려해보면 일정한 흐름에 의해서 지장간의 기운이 흘러간다고 참고하면 분리하지 못할 형상은 아니다. 지지의 그릇에 담긴 일정 비율의 천간 덩어리라고 이해한다.

자일(子日) 子 자(子)의 날. 사주의 일지(日支)가 자에 해당하는 경우이다.

자정(子正) 俗 자시(子時)의 중앙. 날짜의 갈림길에 해당한다. 이 점을 전후로 일진(日辰)이 나누어진다.

朗月 자정(子正) 기준이 아니고 자초(子初) 기준으로 날짜를 나누는 학자도 있다. 이 경우는 보수적인 성향이다. 일리는 있지만 타당성이 있다고는 말하기 어렵다. 자정을 기준으로 날짜 변환을 사용한다. ⇨ 야자시(夜子時)

자존심(自尊心) 心 심리구조에서 감정적인 주체성에 해당하는 비견(比肩)이 강한 마음이다. 여기에 관살(官殺)이 없다면 더욱 고집불통이 된다.

자좌(自座) 子 자신이 앉은 자리. 일지(日支)를 말한다.

자중계수(子中癸水) 干支 자수(子水) 속에 있는 계수(癸水). 월령(月令)에서는 본기(本氣)이며, 절기는 동지(冬至)에 해당하고 약 20일간 작용한다. 독립적으로는 자수의 주체가 된다.

자중임수(子中壬水) 干支 자수(子水) 속에 있는 임수(壬水). 월령(月令)에서는 해월(亥月)에 넘어온 여기(餘氣)에 해당하고, 절기는 대설(大雪)이며 약 10일간 작용한다. 독립적으로는 거의 논하지 않는다.

朗月 심리분석에서는 임수(壬水)를 논하지 않는다.

자진(子辰) 干支 자(子)와 진(辰)이 바짝 붙어 있으면 반합이라고 한다. 반합이 되면 수(水)의 기운이 생성되므로 합의 의미도 있다. 다만 반합의 두 글자 모두 수가 되었다고 보는 것은 성급한 결론이다. ⇨ 합화(合化)의 조건(條件)

자천귀(子天貴) 殺 신살(神殺)의 하나. 자(子)는 천귀성(天貴星)에 해당한다. 당사주(唐四柱)에서의 12성(星)에 해당하는데, 자에 해당하면 귀하게 된다는 의미이다. ⇨ 당사주(唐四柱)

자초(子初) 俗 자시(子時)의 첫 부분. 야자시(夜子時)에 해당한다.

朗月 학자에 따라서는 자초(子初)를 기준으로 일진(日辰)이 바뀐다는 학자도 있다. ⇨ 야자시(夜子時)

자축합(子丑合) 子 자(子)와 축(丑)이 만나면 합이 됨. 육합(六合)의 한 종류이다. 북방합(北方合)이라고도 한다.

朗月 실제로는 그냥 토극수(土剋水)의 작용만 한다고 본다. 자(子)와 축(丑)이 합할 이치가 없으며, 현실적으로도 임상의 상황을 볼 수 없기 때문에 아마 허구이거나 다른 학문에서 이입된 것으로 본다.

자축합토(子丑合土) 子 ⇨ 자축합화토(子丑合化土)

자축합화토(子丑合化土) 子 자축(子丑)이 합하여 화(化)하면 토(土)가 됨. 구조는 천간(天干)의 오합(五合)을 흉내낸 것으로 본다. 다만 현실적으로는 작용하는 것을 전혀 찾을 수 없다.

朗月 육합(六合) 자체도 믿지 못하는데 하물며 합하여 변화까지 한다는 것은 더욱 황당하다. 그냥 무시한다.

자평(子平) 子 자평명리학(子平命理學)을

줄여서 부르는 이름.

자평명리학(子平命理學) 子 자평(子平) 선생이 창안한 방법으로 운명을 연구하는 학문. 일본에서는 사주추명학 또는 추명학이라고도 한다. 사주의 연월일시 중 태어난 날의 천간(天干)을 그 사람의 주체로 삼고, 태어난 달의 지지(地支)를 중심으로 전체 오행의 왕쇠(旺衰)와 강약(强弱)을 참고하여 균형을 이룬 후, 용신(用神)이라는 중심점을 찾아 그 사람의 길흉화복을 판단한다. 창시자는 중국 송나라의 서자평이며 그 후로 많은 발전과 뛰어난 학자를 많이 배출하였다. ⇨ 인명 : 서자평(徐子平)

　朗月 자평명리학의 연구와 발전으로 현재는 운명예단학의 백미로 꼽힌다.

자평사주학(子平四柱學) 子 ⇨ 자평명리학(子平命理學)

자평수언(子平粹言) 册 중국 서낙오(徐樂吾) 선생의 저서. 내용은 일반적인 명리학의 구조를 설명한다. 특히 도둑의 사주도 실려 있다는 점이 재미있다.

자평여명총론(子平女命總論) 册 대만 오정억(吳政億) 선생의 저서. 내용은 제목에서 보이는 대로 여성의 운명에 대해서 언급했는데, 필사본을 영인한 것으로 읽기에 좀 불편하다.

자평일득(子平一得) 册 중국 서낙오(徐樂吾) 선생의 저서. 고전 이론을 일부 발췌하여 새로운 해석을 시도한 것으로, 명리입문(命理入門)과 합본이다.

자평진전(子平眞詮) 册 자평명리학(子平命理學)의 큰 틀을 잡은 책. 심효첨(沈孝瞻) 선생이 고전에 나온 여러 격국론(格局論)을 제거하고 월지(月支)의 십성(十星)에 의한 십격(十格), 또는 십정격(十正格)으로 요약하여 월지를 용신(用神)으로 삼아 해석한 책이다. 대만에서 출간되었다. 한국에서는 이 책의 해설서로

『자평진전평주(子平眞詮評註)』가 박영창(朴永昌) 선생 저서로 나왔다.

자평진전평주(子平眞詮評註) 册 1.『자평진전(子平眞詮)』에 대한 해설서. 대만에서 출간된 서낙오(徐樂吾) 선생의 저서로 총 5권이다. 서낙오 선생의 글이 일부 삽입되었는데, 원래의『자평진전』과 무관하지만 이해를 돕기 위해 첨부하였다. 대만에서 출간하였다.

2. 한국에서 출판된 박영창(朴永昌) 선생의 번역서.

자평학(子平學) 子 ⇨ 자평진전(子平眞詮)

자평학자(子平學者) 業 자평명리학(子平命理學)을 연구하는 전문인. 명리학자(命理學者)라고도 한다.

자형(自刑) 殺 신살(神殺)의 하나. 스스로 형(刑)한다. 자형에 해당하는 글자는 진진(辰辰), 오오(午午), 유유(酉酉), 해해(亥亥) 등이다.

　朗月 스스로 형을 한다는 뜻인데, 왜 특별히 진오유해(辰午酉亥)만 자형을 하고 그 외에는 자형을 하지 않는지 이해되지 않는다. 그냥 무시한다.

작괘법(作卦法) 外 점을 쳐서 결과를 알기 위해 괘를 만드는 방법. 여러 가지 방법이 있는데, 어느 것을 사용하거나 결과는 같다.

잔나비 俗 원숭이띠에 해당하는 동물.

잔나비띠 俗 ⇨ 원숭이띠

잠버릇으로 시주(時柱) **찾기** 子 인신사해(寅申巳亥) 시(時)에 태어난 사람은 옆으로 누워 잠을 자고, 자오묘유(子午卯酉) 시에 태어난 사람은 반듯하게 누워 잠을 자고, 진술축미(辰戌丑未) 시에 태어난 사람은 엎드려 잔다고 한다.

　朗月 현실적으로 확인하기 어렵지만 잠을 자면서 수십 번을 뒤척이는 것을 생각하면 그냥 무시하는 것이 현명하다.

잡격(雜格) 格 잡다한 격(格). 내격(內格)

이나 외격(外格)에 해당하지 않는 모든 격이다.

朗月 생극제화(生剋制化)를 벗어난 모든 격(格)을 잡격(雜格)이라고 하는 것은 옳다. 여기에는 고전격국(古典格局)들의 대부분이 해당하는데, 영향요계격(影響遙繫格)의 구조도 일정한 원리가 없으므로 모두 잡격으로 봐도 무리가 없다.

잡기(雜氣) ⼦ 월령(月令)의 지장간(支藏干)에 재관(財官)이 들어 있는 경우에는 잡기재관(雜氣財官)이라 하고, 인성(印星)이 들어 있으면 잡기인수(雜氣印綬)라고 한다. 투출되면 이러한 말을 하지 않는다.

잡기인수(雜氣印綬) 格 ⇨ 잡기인수격(雜氣印綬格)

잡기인수격(雜氣印綬格) 格 고전격국(古典格局)의 하나. 월지격(月支格)에 해당한다. 잡기(雜氣)라는 말은 월지(月支)가 토(土)라는 말과도 같다. 월지가 토에 해당하고 그 가운데에 인수(印綬), 즉 인성(印星)이 있으면 잡기인수격(雜氣印綬格)이라고 한다. 인수격(印綬格)과 같은 말이다.

잡기재관격(雜氣財官格) 格 고전격국(古典格局)의 하나. 월격(月格)에 해당한다. 구조는 월지(月支)의 지장간(支藏干)에 재관인(財官印)이 있으면서 투출(透出)되지 않은 것을 말한다. 주로 진술축미월(辰戌丑未月)이 해당한다. 예를 들어 계사(癸巳), 임술(壬戌), 계유(癸酉)의 사주가 해당한다. 계수(癸水)의 입장에서는 월지의 지장간이 정관(正官), 편재(偏財), 편인(偏印)으로 잡기재관격이 된다. 다만 전체적인 형상이 나타나지 않는데 하나의 구조로만 이해하는 것은 어떤 상황을 판단하기에 매우 부족하므로 비중을 두지 않는다.

장군전(將軍箭) 殺 장군의 사당이나 신장(神將)이 있는 곳에 가면 경풍(驚風)을 일으키거나 열병이 일어나 사망할 수 있는 살. 구조는 갑년(甲年)−묘(卯), 을년(乙年)−진(辰), 병무년(丙戊年)−오(午), 정기년(丁己年)−미(未), 경년(庚年)−유(酉), 신년(辛年)−술(戌), 임년(壬年)−자(子), 계년(癸年)−축(丑)에 해당한다.

朗月 실제로는 큰 비중이 없다. 개인적인 생각으로는 신살은 모두 무시해도 좋고, 특히 생극제화(生剋制化)의 이치에는 부합되지 않는 것이 대부분이므로 적용시키면 그만큼 혼란이 가중될 수 있다.

장류수(長流水) 古 임진계사장류수(壬辰癸巳長流水)의 줄임말.

장모(丈母) 星 아내의 어머니. 십성(十星)으로 아내는 정재(正財)가 되고, 그 정재를 낳은 것은 정인(正印)이므로 식신(食神)에 해당한다. 결국 장모는 식신으로 대입한다.

장상(掌相) 外 ⇨ 수상(手相)

장생(長生) 古 탄생함. 십이운성(十二運星)에서 말하는 명칭이다.

朗月 양간(陽干)에서는 일리가 있으나 음간(陰干)에서는 허무맹랑하므로 적용하지 않는 것이 좋다.

장생법(長生法) 古 장생(長生)을 따지는 방법. ⇨ 장생(長生)

장성(將星) 殺 신살(神殺)의 하나. ⇨ 장성살(將星殺)

장성살(將星殺) 殺 신살(神殺)의 하나. 우두머리가 된다는 살이다. 구조는 일지(日支)나 연지(年支)에 자오묘유(子午卯酉)가 있으면 해당한다.

朗月 실제로는 큰 비중이 없다. 개인적인 생각으로는 신살은 모두 무시해도 좋고, 특히 생극제화(生剋制化)의 이치에는 부합되지 않는 것이 대부분이므로 적용시키면 그만큼 혼란이 가중될 수 있다.

장인(丈人) 星 아내의 아버지. 십성(十星)

에서 아내는 정재(正財)가 되고, 그 정재의 편재(偏財)가 아버지에 해당하므로 일간(日干)에서 정인(正印)이 장인으로 작용한다. 그러나 정인은 어머니와도 연관되므로 대입할 때에는 고려만 한다.

장하(長夏) 㑬 늦여름. 미월(未月)이 해당한다.

재가살(再嫁殺) 殺 초혼을 실패하고 두 번 시집가는 살. 구조는 자년(子年)-5월, 축년(丑年)-6월, 인년(寅年)-7월, 묘년(卯年)-8월, 진년(辰年)-9월, 사년(巳年)-10월, 오년(午年)-11월, 미년(未年)-12월, 신년(申年)-1월, 유년(酉年)-2월, 술년(戌年)-3월, 해년(亥年)-4월에 해당하며 생년(生年)에서 생월(生月)로 대입한다.

朗月 실제로는 큰 비중이 없다. 개인적인 생각으로는 신살은 모두 무시해도 좋고, 특히 생극제화(生剋制化)의 이치에는 부합되지 않는 것이 대부분이므로 적용시키면 그만큼 혼란이 가중될 수 있다.

재관격(財官格) 格 재성(財星)이 관(官)을 생조하는 격. 용신격의 한 종류이다. 관성(官星)은 용신이 되고 재성은 희신이 된다. 사주에 비겁(比劫)이 많아 신왕한 경우에 관성이 유력하면 용신으로 정하는데, 여기에 다시 재성의 협력을 받으면 마치 장수가 갑옷을 얻은 것처럼 금상첨화이다.

朗月 부귀(富貴)의 격으로 통용된다. 고위 공직자에 어울리는 격이기도 하다. 다만, 운이 돕지 않으면 뜻만 크고 성취를 못하는 경우가 많다.

재관쌍미(財官雙美) 古 재성(財星)과 정관(正官)이 함께 있어 아름답다는 의미. 재관격(財官格)으로 활용이 가능한 형상이다.

재관쌍미격(財官雙美格) 格 고전격국(古典格局)의 하나. 지지격(地支格)이라고도 한다. 일지(日支)에 재관(財官)이 있는 경우인데, 계사일(癸巳日)과 임오일(壬午日)이 해당한다. 지장간의 구조로 보아 계사(癸巳)는 사중무토(巳中戊土)가 관이 되고, 사중병화(巳中丙火)는 재(財)가 되어서 재관쌍미라고 한다. 임오(壬午)는 오중기토(午中己土)가 관(官)이 되고, 오중정화(午中丁火)는 재(財)가 되어 재관쌍미라고 한다.

朗月 예전에는 가장 가치 있는 십성(十星)이 재관(財官)이었기 때문에 좋은 격으로 사용했지만, 지금은 해당되지 않는다. 전체적으로 신왕할 경우에는 일리가 있지만, 신약하다면 흉신으로 변하므로 이 격은 사용하지 않는다.

재관인(財官印) 古 재성(財星)과 관성(官星)과 인성(印星). 자평명리학(子平命理學)에서는 삼기(三奇)라는 말로 존중하는 길신(吉神)이다.

朗月 좋은 역할을 할 경우에만 해당한다. 악역을 맡는다면 당연히 흉신(凶神)이기 때문이다. 그러므로 이름에 매이지 않도록 한다.

재관인수분편정 겸론식신팔격정(財官印綬分偏正 兼論食神八格定) 【滴天髓】 재관인수(財官印綬)를 정편인(正偏印)으로 나누고, 더불어 식신(食神)과 상관(傷官)을 넣어서 팔격(八格)이 된다.

재관인식(財官印食) 古 재성(財星)과 정관(正官)과 인성(印星)과 식신(食神). 사길신(四吉神)이라고도 한다.

朗月 이름으로 길흉(吉凶)을 구분하는 것은 이치에 합당하지 않으므로 거론하지 말고 그냥 별개의 십성(十星)으로 놓고 상황에 따라서 대입하는 것이 옳다.

재국(財局) 格 전체적으로 사주의 구조가 재성(財星)으로 형성된 것.

재기통문호(財氣通門戶) 古 재성(財星)의 기운이 문호(門戶)를 통했음을 이르는 말. 문호는 월령(月令)을 말하고, 강한 사주에서 용신인 재성은 월령에 통근하고 있어서 매우 유력하다는 의미이다. 재물의 인연이 좋다고 해석한다.

재다신약(財多身弱)**의 현상**(現狀) 子 극(剋)을 당하는 글자는 왕성(旺盛)하고 극을 가하는 글자가 매우 약할 경우에, 극이 되지 못하고 오히려 반대로 공격받을 수 있는 형상이다. 예를 들어 관살(官殺)이 약하고 비겁(比劫)이 너무 강하거나, 식상(食傷)이 허약하고 관살이 너무 강한 경우에 해당한다.

재명득기(財命得氣) 古 재(財)도 기세가 좋고, 일간(日干)도 기세가 좋음. 이러한 형상은 신왕재왕(身旺財旺)이라고도 한다. 용신은 재가 되고, 희신은 관살(官殺)이지만 식상(食傷)이 된다. 운이 도우면 크게 성공한다.

재명유기(財命有氣) 古 재성(財星)과 일주(日主)가 모두 왕해서 기운(氣運)이 있음.

재물운(財物運) 子 재물의 운. 사주에서 재성(財星)에 해당하는 정재(正財)나 편재(偏財)의 운을 말한다. 이러한 운에서는 재물과 연관된 일이 주로 발생한다고 해석한다.

> **朗月** 다만 재성이 희용신이면 돈을 벌 가능성이 많다고 해석하고, 재물이 기구신이면 돈을 잃을 가능성이 많다고 해석한다. 일방적으로 재물의 운은 돈을 번다고 해석하면 위험하므로 신중한 판단이 필요하다.

재살(災殺) 殺 신살(神殺)의 하나. 재앙(災殃)이 계속 생기는 살이다. 구조는 일지(日支)나 연지(年支)가 삼합(三合)하는 글자의 가운데 글자를 충하는 자에 해당한다. 예를 들면 일지에 축(丑)이 있을 경우, 삼합은 사유축(巳酉丑)이 되고, 그 가운데 자는 유(酉)가 되므로 유의 앞자

인 묘(卯)가 충되는 글자이므로 다른 지지(地支)에 묘가 있으면 그것을 재살이라고 한다.

> **朗月** 실제로는 큰 비중이 없다. 개인적인 생각으로는 신살은 모두 무시해도 좋고, 특히 생극제화(生剋制化)의 이치에는 부합되지 않는 것이 대부분이므로 적용시키면 그만큼 혼란이 가중될 수 있다.

재성과다(財星過多) 古 사주에 정재(正財)와 편재(偏財)가 지나치게 많은 것. 예를 들어 갑을목(甲乙木)이 사주에 무기진술축미토(戊己辰戌丑未土), 병정화(丙丁火)가 사주에 경신신유금(庚辛申酉金), 무기토(戊己土)가 사주에 임계해자수(壬癸亥子水), 경신금(庚辛金)이 사주에 갑을인묘목(甲乙寅卯木), 임계수(壬癸水)가 사주에 병정사오화(丙丁巳午火)가 너무 많은 경우에 해당한다. 이렇게 되면 일간(日干)은 매우 신약하게 되고, 혹은 종재격(從財格)이 될 수 있지만 그렇게 되는 것도 쉬운 일이 아니므로 매우 신약하게 될 가능성만 높다. 그래서 비겁(比劫)을 용신으로 삼아야 하지만 비겁이 무력해지므로 용신의 역할이 미약하고, 인성(印星)을 용신으로 삼으려고 해도 인성은 재성(財星)이 무서워서 숨으려고 하는데, 이것은 재성이 지나치게 많기 때문이다. 재성과다의 해(害)라고도 한다.

재성과다(財星過多)**의 해**(害) 子 일간(日干)이 극(剋)하는 재성(財星)이라도 너무 과다하면 오히려 해가 된다. ⇨ 재성과다(財星過多)

재승덕자 용현다능지상(財勝德者 用顯多能之象) 【滴天髓】 식재(食財)가 관인(官印)을 이기면 사주에서는 능력 많은 형상이 나타난다.

재왕(財旺) 子 재성(財星)이 왕(旺)함.

재왕대살(財旺帶殺) 古 재성(財星)이 왕(旺)하면서 편관(偏官)을 거느리고 있음

을 이르는 말. 일간도 약하지는 않지만
재성이 관살(官殺)을 거느리면 부담스럽
다는 뜻으로 부건파처(夫健怕妻)와 같은
의미이다.

재왕생관(財旺生官) 固 왕성한 재성(財星)
이 정관(正官)을 생조(生助)함을 이르는
말. 이렇게 되면 관성(官星)의 힘이 강력
해 좋은 형상으로 이해한다.

　朗月 관성이 용신에 해당할 경우이다.
용신이 되지 못하면 이 말은 사용하지 않
는다.

재왕신경(財旺身輕) 固 재성(財星)은 왕성
(旺盛)하고, 일주(日主)는 쇠약(衰弱)함.
재다신약(財多身弱)과 같은 말이다.

재인불애(財印不碍) 固 재성(財星)과 인성
(印星)이 서로 다투지 않음. 원래 재극인
(財剋印)이 작용하지만 중간에 관살(官
殺)이 잘 유통시키면 갈등의 요소가 없어
진다는 뜻이다. 다만 관살이 인성과 재성
의 중간에 위치해야 하며 따로 작용하면
안 된다.

재자약살(財滋弱殺) 固 재성(財星)이 약한
편관(偏官)을 생조(生助)함. 이 형상은
재자약살격(財滋弱殺格)으로 본다.

재자약살격(財滋弱殺格) 格 재성(財星)이
약한 편관(偏官)을 생조(生助)하는 격.
용신격의 한 종류이다. 사주에 비겁(比
劫)이 많아서 신왕한 경우에 편관이 유력
하면 용신으로 정한다. 다소 약한 경우에
는 재성이 편관을 돕는다. 여기에서 살
(殺)은 편관의 별명이다.

　朗月 재관격(財官格)과 비슷한 구조이
다. 재관격을 문관(文官)의 형태라고 하
면, 재자약살격은 무관(武官)의 형태라고
할 수 있다. 다만, 실제의 직업이 반드시
일치하는 것은 아니다.

재중용겁(財重用劫) 格 재(財)가 많아서 비
겁(比劫)을 용하는 경우이다.

재중용인격(財重用印格) 格 재성(財星)이

태왕(太旺)한데 인성(印星)을 용신으로
한 격. 용신격(用神格)의 한 종류이다.
신약한 원인이 재성이라면 비겁(比劫)을
용신으로 해야 올바른데, 비겁이 사주에
없으면 부득이 인성을 용신으로 한다. 이
렇게 하면 용신도 매우 약한 형상이 되
며, 사주에 관살(官殺)이 있기를 희망하
고, 운에서라도 관살이나 비겁이 들어오
는 것을 반긴다. 다만, 일간이 약하므로
관살보다는 비겁이 들어오는 것이 더 좋
다.

쟁재현상(爭財現狀) 子 재물을 놓고 서로
다투는 현상. 기본형은 비겁(比劫)이 너
무 많고, 재성(財星)이 약해서 쟁탈전이
벌어지는 것이다. 이것을 넓은 의미로 보
면, 어느 오행이나 해당하는 성분이 극하
는 오행을 너무 과다하게 공격하면 쟁재
현상이 생긴다. 다만, 반드시 재성을 공
격한다는 의미는 아니다.

쟁투(爭鬪) 子 다툼이 끊임없음. 사주가 충
극(沖剋)의 형상인 구조에 해당한다.

쟁합(爭合) 子 합(合)을 다툼. 두 양간(陽
干)이 한 음간(陰干)을 가운데에 놓고 합
을 다투는 것이다. 예를 들어 천간(天干)
이 갑기갑(甲己甲)이면 두 갑목(甲木)은
한 기토(己土)를 놓고 합하려고 서로 다
툰다는 말이다.

　朗月 실제로 이렇게 이해할 필요는 없
다. 그냥 갑기합(甲己合)이 하나 있는 것
으로만 본다.

적성(適性) 心 특정한 일에 맞는 개인의 성
격. 자평명리학(子平命理學)에서 적성을
알아내는 방법으로는 십성(十星)의 구조
를 응용한다.

적수오건(滴水熬乾) 固 한 방울의 물이 뜨
거운 열기에 바싹 마름. 뜨거운 열기를
감당하기에는 물이 너무 부족하다는 의
미이다.

적천수(滴天髓) 冊 유백온(劉伯溫) 선생이

지은 자평명리학(子平命理學)의 핵심을 정리한 책. 간결하고 직관적인 문장으로, 책을 낸 당시로서는 파격적인 신살론(神殺論)과 형충파해(刑沖破害)를 완전히 배격하고 오로지 생극제화(生剋制化)의 이치로만 해석하였다. 그러나 너무 난해하여 이해하기 어려워 임철초(任鐵樵) 선생이 『적천수징의(滴天髓徵義)』, 혹은 『적천수천미(滴天髓闡微)』라는 해설서를 썼다. 이 책은 명리학의 깊은 이치를 이해하기 위해 반드시 읽어야 할 책이다.

적천수보주(滴天髓補註) 冊 서낙오(徐樂吾) 선생의 『적천수(滴天髓)』 해설서. 임철초(任鐵樵) 선생의 부족한 부분을 보충하고 다른 의견을 첨가하여 저술하였다. 이 책의 서문에 임철초 선생과 대결하기 위해서가 아니고 단지 부족한 것을 보완하기 위함이라는 글을 밝혔다. 대만에서 출판되었다.

朗月 내용에서 일관성이 떨어지는 것이 아쉽다.

적천수상해(滴天隨祥解) 冊 일본의 아부태산(阿部太山) 선생의 『적천수(滴天髓)』 해설서. 『아부희작(阿部喜作)』이라고도 한다. 설명이 길어 다소 지루하지만 나름대로 『적천수(滴天髓)』의 본론을 설명하려고 많이 노력하였다. 전 3권으로 대만에서 출판되었다.

적천수예기(滴天髓禮記) 冊 중국 서낙오(徐樂吾) 선생의 저서. 『적천수보주(滴天髓補註)』라고도 부른다. 내용은 임철초 선생의 『적천수징의(滴天髓徵義)』를 보조한 것으로 선생의 의견을 피력하였다.

적천수집요(滴天髓輯要) 冊 『적천수(滴天髓)』의 해설서. 서낙오(徐樂吾) 선생의 『적천수보주(滴天髓補註)』와 같은 내용으로 이름만 다르게 대만에서 출판되었다.

적천수집요(滴天髓輯要) 冊 대만의 이철필

(李鐵筆) 선생의 저서. 『적천수(滴天髓)』의 해설서이다.

적천수징의(滴天髓徵義) 冊 『적천수(滴天髓)』 해설서의 한 종류. 임철초(任鐵樵) 선생이 해설하고 서낙오(徐樂吾) 선생이 편집과 증주(增註)를 하였다. 많은 적천수 해설서가 있지만 이 책을 능가할 자료는 없다고 해도 과언이 아닐 정도로 심오한 오행의 변화에 대한 통찰력이 돋보인다. 단순히 운명을 풀이하는 책의 차원을 넘어서 자연을 이해하는 철학서로 활용해도 좋은 자료이다. 대만에서 출판되었다.

朗月 이 책에 취해서 많은 시간을 명리학에 빠져 보낸 시간들이 적지 않았다. 명리학 공부를 할 경우에는 반드시 거쳐야 하는 과정으로 생각하고 정독을 권한다.

적천수천미(滴天髓闡微) 冊 『적천수(滴天髓)』의 해설서. 임철초(任鐵樵) 선생의 해설서를 대만의 원수산(袁樹珊) 선생이 편집하여 출판한 책이다. 특징은 『적천수징의(滴天髓徵義)』와 편집목록이 좀 다르고, 원문의 주해(註解)를 그대로 살렸다는 점이 다르지만 내용은 대동소이하다.

전록격(專祿格) 格 고전격국(古典格局)의 하나. 일지격(日支格)에 해당한다. 구조는 갑인일(甲寅日), 을묘일(乙卯日), 경신일(庚申日), 신유일(辛酉日) 등이 해당한다. 앉은 자리에 녹을 얻어서 귀하게 된다.

朗月 물론 신약하다면 도움이 되지만, 신왕하다면 해악(害惡)이 발생한다고 해야 오행의 생극제화(生剋制化)의 이치에 부합될 것이다. 그러므로 단지 일지(日支)만 놓고 길흉을 논하는 것은 전체를 살피지 않은 것이니 사용하지 않는 것이 좋다.

전상희행재지 이재신요왕(全象喜行財地 而財神要旺)【滴天髓】일주(日主)와 용신(用神)과 희신(喜神)이 완전하게 이루어진 사주에서 재성(財星)을 반기려면, 그 재성이 왕성해지는 운을 만나야 한다.

전식합록격(專食合祿格) 格 고전격국(古典格局)의 하나. 무진(戊辰), 무신(戊申), 무술(戊戌), 무자(戊子)일에 해당한다. 단지 이것만으로 길흉을 논하는 것은 의미가 없다.

전왕(專旺) 子 오로지 왕성함. 한 가지 기운으로 모여 있는 사주의 형상이다. 일행득기격(一行得氣格)에 가장 잘 어울리는데, 왜냐하면 종왕격(從旺格)의 형상에 해당하기 때문이다.

전왕법(專旺法) 子 한 가지의 기운으로 모여 있는 경우에 용신을 정하는 방법. 용신법(用神法)의 한 종류이다. 이 방법으로 용신이 나오면 종격(從格)이라는 말로 대신한다. 종격에는 신왕한 경우도 있고 신약한 경우도 있는데, 특정한 오행이 전국(全局)을 장악하면 그 세력이 용신의 역할을 수행하는 경우가 생긴다. 이것을 전왕법에 의한 용신으로 본다.

  朗月 전왕법에 의해서 나온 용신은 종살격(從殺格), 종재격(從財格), 종아격(從兒格), 종왕격(從旺格), 종강격(從强格), 종세격(從勢格), 종아생재격(從兒生財格), 화기격(化氣格) 등이 있다. 다만 현실적으로 대입해보면 대체로 정격(正格)에서 판단내리는 것으로 나타나므로, 실제로 전왕법에 의해서 용신이 되는 경우는 흔하지 않다. 판단을 내릴 때 신중히 결정해야 하며 자칫하면 용신을 거꾸로 잡을 수 있음을 주의한다. 『적천수정의(滴天髓徵義)』에서 설명한 대로 용신을 대입해서 종격으로 해석해보면 요즘 사람들에게는 잘 부합되지 않음을 자주 발견한다. 그러므로 시대에 따라 용신의 기준법도 다르다는 생각을 한다. 책의 설명에 완전히 부합되는 외격의 경우에도 실제로는 정격으로 해석한다는 점을 참고한다.

전왕용신(專旺用神) 子 한 방향의 세력이 너무 강해서 그대로 세력을 따르는 경우에 해당하는 용신(用神). ⇨ 전왕법(專旺法)

전이불항(戰而不降) 古 싸움에 나서서 절대로 항복하지 않음. 관살(官殺)과 대립되는 형국에서 비겁의 세력도 당당하게 버티는 것을 의미한다. 운에서 식상(食傷)이 오거나 인성(印星)이 오면 해결된다.

전인합록(專印合祿) 格 ⇨ 전인합록격(專印合祿格)

전인합록격(專印合祿格) 格 고전격국(古典格局)의 하나. 시격(時格)에도 해당한다. 계유(癸酉), 계묘(癸卯), 계해(癸亥), 계축(癸丑) 등이 해당하며, 일주(日柱)가 경신시(庚申時)에 태어나는 것으로, 금수(金水)운이 길하고 화(火)운은 불길하다.

  朗月 특수한 시(時)를 놓고 인생을 논하는 것은 현명하다고 보기 어렵고, 자평(子平)의 법도 아니다. 자평의 법은 생극제화(生剋制化)를 바탕으로, 일간(日干)을 주로 하여 월지(月支)를 중심으로 보기 때문이다.

전인후종(前引後從) 古 앞에서 끌어주고 뒤에서 따라옴. 서로 유정한 의미를 포함한다. 특별한 의미를 두지 않는다.

전재격(專財格) 格 시마격(時馬格)과 같다. 구조는 갑을목(甲乙木)이 기사(己巳), 진술축미(辰戌丑未)시에 해당하거나, 병정화(丙丁火)가 신유(申酉)시, 무기토(戊己土)가 해자(亥子)시, 경신금(庚辛金)이 인묘(寅卯)시, 임계수(壬癸水)가 사오(巳午)시에 해당한다. 일간(日干)이 시(時)에 재성(財星)을 보면 해당한다.

  朗月 다만, 재성(財星)이 용신(用神)이

면 몰라도 그렇지 않은 상황에서 단지 시(時)에 재(財)를 얻었다는 것만으로 길격(吉格)이라고 하는 것은 합당하지 않다.

전충시기숙항(戰沖視其孰降)【滴天髓】 전쟁이 일어나 싸움을 할 때 누가 항복하는지를 알아야 한다.

절(絕) 固 끊어짐. 십이운성(十二運星)에서 말하는 명칭의 하나이다.

朗月 양간(陽干)에서는 일리가 있지만 음간(陰干)에서는 허무맹랑하므로 적용하지 않는다.

절각(截脚) 固 다리가 잘림. 천간(天干)이 지지(地支)를 보고 하는 말이다. 예를 들어 을유(乙酉)가 있을 경우에 천간의 을목(乙木) 입장에서는 지지의 유금(酉金)에게 전혀 뿌리를 내릴 수 없다. 다만, 용신이 유금에 있는 경우에는 이렇게 말하지 않으며, 자신이 필요한 글자를 지지에서 극할 경우에 해당한다.

朗月 대운이나 세운에서도 이렇게 말하는데, 이 경우는 지지의 운을 사용하지 못할 경우에 해당한다. 일설에는 대운을 10년으로 묶어서 보는 이유를 절각이라고 하는데, 반드시 그렇게 보지 않더라도 지지의 운은 사용하지 못하는 것으로 충분히 대입한다. 절각이라는 말을 사용하기 위해서 대운은 나누지 않아야 한다는 것은 용어에 집착한 것이다.

절궁(絕宮) 固 십이운성(十二運星)에서 절(絕)의 위치에 해당하는 자리. 기운이 끊어진 것이며 매우 불리한 위치를 의미한다.

절기(節氣) 㑷 24절기. 1년을 30일 단위로 나눠서 12절기가 되고, 다시 15일 단위로 나눠서 24절기로 구분한다. 일설에는 12절(節)과 12기(氣)로 나눈다고도 한다. 여기에서의 절(節)은 입절(入節)에 해당하는 입춘(立春), 경칩(驚蟄), 청명(清明), 입하(立夏), 망종(亡種), 소서(小

署), 입추(立秋), 백로(白露), 한로(寒露), 입동(立冬), 대설(大雪), 소한(小寒)이 되고, 기(氣)는 중기(中氣)에 해당하는 우수(雨水), 춘분(春分), 곡우(穀雨), 소만(小滿), 하지(夏至), 대서(大暑), 처서(處暑), 추분(秋分), 상강(霜降), 소설(小雪), 동지(冬至), 대한(大寒) 등이 해당한다. 그냥 묶어서 24절기로 보는 것이 보통이다.

절기력(節氣曆) 㑷 절기(節氣)를 표시한 역(曆). 자평명리학(子平命理學)은 양력(陽曆)도 아니고 음력(陰曆)도 아닌 12절기를 바탕으로 대입하는 학문이다.

절기표(節氣表) 㑷 절기를 표시한 표. 1년을 12절기 또는 24절기로 구분한 다음에, 그 절기들이 들어오는 시간을 표시한다. 그 시간은 매년 다르게 대입된다.

절로공망(截路空亡) 固 길이 끊기는 공망으로 길을 나서면 흉한 일이 발생함을 의미함. 구조는 갑기일(甲己日)이 신유시(申酉時), 을경일(乙庚日)이 오미시(午未時), 병신일(丙辛日)이 진사시(辰巳時), 정임일(丁壬日)이 인묘시(寅卯時), 무계일(戊癸日)이 자축시(子丑時)나 술해시(戌亥時)에 나면 해당한다.

朗月 공망(空亡)이 의미가 없듯이 이러한 방식으로 사주를 논하면 스스로 논리적인 모순에 빠지게 되므로 의미가 없다. 실제로는 큰 비중이 없다. 개인적인 생각으로는 신살은 모두 무시해도 좋고, 특히 생극제화(生剋制化)의 이치에는 부합되지 않는 것이 대부분이므로 적용시키면 그만큼 혼란이 가중될 수 있다.

절방살(絕房殺) 殺 부부간에 이별하고 홀로 빈 방을 지키거나, 서로 불화하여 별거하거나, 아니면 사정이 있어서 같이 동거하지 못하는 살. 구조는 자오묘유(子午卯酉)생-11월, 진술축미(辰戌丑未)생-12월, 인신사해(寅申巳亥)생-7월에 해당한다.

朗月 실제로는 큰 비중이 없다. 개인적인 생각으로는 신살은 모두 무시해도 좋고, 특히 생극제화(生剋制化)의 이치에는 부합되지 않는 것이 대부분이므로 적용시키면 그만큼 혼란이 가중될 수 있다.

절입(節入) 子 절기(節氣)가 들어옴. 절기가 시작되는 시점이다.

절입시(節入時) 舍 절기(節氣)가 시작되는 시각. 매월의 간지(干支)는 절입시(節入時)를 기준으로 시작되는데, 특히 절입일에 해당하는 출생자의 사주를 작성할 경우에는 그 시각이 어떻게 되는지를 살펴서 대입한다.

朗月 예를 들어 신사년(辛巳年, 2001)의 입춘시(立春時)는 일본과 한국이 동일하게 오전 3시 28분이다. 이 말은 일본에서 절기가 바뀐 후 30분이 지난 다음에 한국에서 바뀐다는 것을 의미한다. 이러한 점을 소홀히 하면 다른 사주가 될 수 있음을 주의한다.

절지(絕地) 古 끊어지는 땅. 십이운성(十二運星)에서 절(絕)에 해당하는 지지(地支)를 두고 하는 말. 통근법(通根法)에서 뿌리를 내리지 못하는 경우도 해당한다.

절처봉생(絕處逢生) 古 끊어진 곳에서 다시 생명을 얻음. 자평명리학(子平命理學)에서는 살인상생(殺印相生)의 의미로 이해한다. 예를 들어 갑신(甲申)이나 무인(戊寅)의 경우, 겉으로는 공격받는 자리에 앉아 있지만, 속으로는 신중임수(申中壬水)나 인중병화(寅中丙火)의 도움을 받아서 생조(生助)를 얻는 것이다.

절후(節候) 舍 1년을 72로 구분하여서 그 하나가 일후(一候)이며, 5일간이다. 다른 의미로는 절기(節氣)를 나타낸다.

절후표(節候表) 舍 ⇨ 절기표(節氣表)

점성술(占星術) 外 별을 보고 점하는 방법. 주로 서양에서 12궁도를 놓고 점치는 방법인데, 12궁도는 절기(節氣)와 연관성이 있다. 절기를 바탕으로 12종류의 유형으로 점을 친다.

점술(占術) 外 점을 치는 기술. 가장 오래된 예측법(豫測法)으로는 손바닥에 침을 뱉고 손가락으로 쳐보는 것, 작대기를 세워서 쓰러지는 방향을 보고 점치는 것 등을 들 수 있는데 모두 점술이라고 할 수 있다. 이것이 발전하여 학문적으로 대입한 것을 점학(占學)으로 분류한다.

점학(占學) 外 점술(占術)을 학문적으로 연구하는 것. 대표 분야는 육임(六壬)이고, 보편적인 것으로는 육효(六爻)가 있으며, 간편한 응용법으로는 단시점(斷時占)이 있다. 자평명리학(子平命理學)에서는 구체적으로 언급하지 않기 때문에 간단히 참고만 한다.

정(丁) 干支 천간(天干)의 음화(陰火)라고도 부르며, 화(火)의 질(質)에 해당한다. 지지(地支)에서는 오화(午火), 미토(未土), 술토(戌土)에도 포함된다.

朗月 병화(丙火)를 빛으로 본다면, 정화(丁火)는 열(熱)로 볼 수 있다. 일설에 정화는 촛불이나 등불이라고도 하였다. 이는 아마 음의 불로 세력이 약하다고 생각한 것인데, 잘못된 음양관의 대입이다. 오히려 강력한 열기를 갖고 있는 태양이 정화에 가깝다고 봐야 한다.

정(精) 外 에너지. 자평명리학(子平命理學)에서는 인성(印星)을 근원적인 에너지로 보고, 정(精)이라고도 한다.

정계충(丁癸沖) 干支 정(丁)과 계(丁)가 만나면 충(沖)이 된다.

朗月 일반적으로는 수극화(水剋火)의 이론이 우선하므로 대립할지는 몰라도 싸움은 되기 어렵다고 이해하는 것이 좋다. 극(剋)하는 정도로만 본다.

정관(正官) 星 바른 벼슬. 옛날에는 정관(正官)을 가장 가치있는 성분으로 보고 편애한 흔적이 많다. 그 시대에는 세상에 출세한다는 것이 당연하지만 지금까지도 그대로 통용되는 것은 아니므로, 살펴서 대입하는 것이 좋다. 형상은 일간(日干)을 극하는 오행이면서 음양이 다른 경우에 해당한다. 육친으로는 남자에게는 자식이고, 여자에게는 남편이 된다. 심리적으로는 합리성이고, 부담(負擔)도 포함된다. 사회적으로는 공무원의 형태로 나타나는 경우가 많다.

朗月 고법(古法)에는 사대길신(四大吉神)이라고 하여 무조건 좋은 작용을 한다고 해석했는데, 이것은 생극제화(生剋制化)의 이치를 모르고 대입한 것이다. 모든 법칙에는 고정적으로 좋은 것도 없고 나쁜 것도 없다는 것을 명심하지 않으면 올바르게 판단하기 어렵다는 것을 생각한다.

정관격(正官格) **格** 1. 정관(正官)을 용신으로 삼은 격. 용신격(用神格)의 한 종류이다. 사주에 비겁이 왕성하여 신왕한 상황에서 식상(食傷)이 없거나 있어도 무력하다면 정관을 용신으로 삼을 수 있다. 다만 재성(財星)이 있어서 정관을 보호하면 더욱 좋지만 그렇지 못해도 단독으로 정관을 용신으로 삼는다.
2. 정관의 격. 월지(月支)가 일간(日干)의 정관에 해당하는 격으로 십격(十格)의 한 종류이다.

朗月 월지(月支)가 정관이 되면 일간(日干)은 상당히 신약할 가능성이 많다. 그러나 절대적인 것이 아니므로 주변 상황을 고려하여 판단한다. 혹자는 월지가 편관(偏官)이면 무조건 신약하다고 보고 용신을 찾는 경우도 있지만 이러한 것은 현명한 방법이 아니다.

정관(正官)**과 겁재**(劫財) **心** ⇨ 겁재(劫財)와 정관(正官)

정관(正官)**과 비견**(比肩) **心** ⇨ 비견(比肩)과 정관(正官)

정관(正官)**과 상관**(傷官) **心** ⇨ 상관(傷官)과 정관(正官)

정관(正官)**과 식신**(食神) **心** ⇨ 식신(食神)과 정관(正官)

정관(正官)**과 정관**(正官) **心** 정관이 겹치면 합리성이 과중해져 너무 공식적인 사고방식의 소유자가 된다. 이로 인해 사무적인 스타일로 보일 수 있는데, 이러한 것에서 벗어나려고 노력하지만 마음대로 되지 않는다. 그래서 과중한 업무로 몸은 지칠 대로 지치는 현상도 발생하므로 적절한 조절이 필요한 경우이다.

정관(正官)**과 정인**(正印) **心** ⇨ 정인(正印)과 정관(正官)

정관(正官)**과 정재**(正財) **心** ⇨ 정재(正財)와 정관(正官)

정관(正官)**과 편관**(偏官) **心** ⇨ 편관(偏官)과 정관(正官)

정관(正官)**과 편인**(偏印) **心** ⇨ 편인(偏印)과 정관(正官)

정관(正官)**과 편재**(偏財) **心** ⇨ 편재(偏財)와 정관(正官)

정관궁(正官宮) **星** 정관(正官)의 집. 월지(月支)는 정관의 궁(宮)이 된다. ⇨ 궁성이론(宮星理論)

朗月 하건충 선생의 설이다. 월지는 사회성분을 가늠하는 기준인데, 사주에서 모든 글자가 중심을 두는 위치가 월지라는 점에서 매우 타당한 논리이다.

정관성격(正官性格) **心** 정관(正官)의 성격. 대표적인 성격은 합리성(合理性)이다. 부정적인 현상으로 부담(負擔)도 작용하는 것은 정관의 양면성으로 이해한다.

朗月 일주(日主)가 강한 경우에는 긍정적인 현상이 나타나고, 약할 경우에는 부정적인 현상이 나타난다. 예부터 정관(正官)을 양반이라고 했는데, 이렇게 합리적이거나 부담을 갖고 자신의 몫을 하려고

노력하므로 예의가 있다고 본다. 하건충 선생의 말로는 '남이 하면 자신도 따라서 한다'고 했는데 일리가 있다. 공중질서를 중시하는 성향이 나타나는 것도 정관의 성분이다. 기본형의 성격을 이해한 다음에는 겹치는 성격도 이해하는 것이 중요한데, 겹치는 성격은 거부하는 현상으로 이해한다.

정관용겁격(正官用劫格) **格** 월지(月支)에 정관(正官)이 있는데 용신(用神)은 겁재(劫財)를 삼는 격. 신약(身弱)한 상황인데 용신격(用神格)으로 본다면 살중용겁격(殺重用劫格)이 해당한다.

정관용관격(正官用官格) **格** 월지(月支)에 있는 정관(正官)을 용신(用神)으로 삼은 격. 일주(日主)가 강하다. 용신격(用神格)으로도 정관격(正官格)으로 매우 힘이 있는 용신이므로 격이 좋다.

정관운(正官運) **子** 정관(正官)의 운. 대운이나 세운에서 정관에 해당하는 운이 들어오는 것을 말한다. 이러한 운에서는 주로 합리적인 통제를 받을 일이 발생한다. 정관이 희용신(喜用神)이라면 지위향상이나 수입이 늘어날 수 있고, 기구신(忌仇神)이라면 스트레스를 많이 받을 암시이므로, 사주정황을 잘 살펴서 결론을 내린다.

정관패인격(正官悖印格) **格** 월지(月支)에 정관(正官)이 있는데, 인성(印星)을 용신으로 삼은 격. 일주(日主)는 신약(身弱)해서 월지의 정관을 용신으로 삼지 못하고 인성을 사용하는 형상이다. 용신격(用神格)으로는 살중용인격(殺重用印格)의 형상이다.

정기신(精氣神) **外** 사주에서의 정기신(精氣神). 정(精)－인성(印星), 기(氣)－비겁(比劫), 신(神)－식상(食傷)이나 관살(官殺)을 말한다.

정난차격(井欄叉格) **格** 고전격국(古典格局)의 하나. 삼합격(三合格)에 해당한다. 구조는 지지(地支)에 신자진(申子辰)이 있어야 성립한다. 정난차(井欄叉)라는 말도 우물에 물이 담겼다는 뜻이다. 경금(庚金)의 일주가 신자진이 허충(虛沖)을 일으켜서, 인오술(寅午戌)을 불러들여 재관인(財官印)을 이끌어내는 것이다. 오중정화(午中丁火)는 정관(正官)이고, 기토(己土)는 정인(正印)이며, 인중갑목(寅中甲木)은 재성(財城)이니 귀격이 된다. 영향요계격(影響遙繫格)으로도 본다.

　朗月 이름도 얄궂지만 설명은 더욱 혼란스럽다. 여기에서는 삼합이 단체로 난동을 부리는 것이 아니고 단체로 결연을 맺는 모양이다. 물론 믿을 것이 못된다고 생각하는 것이 좋다.

정년(丁年) **子** 정(丁)의 해. 사주의 연간(年干)이 정에 해당하는 경우이다.

정록귀인(正祿貴人) **殺** 정록성(正祿星)이라고도 하며 건록(建祿)을 말함. 구조는 갑목(甲木)이 인(寅)을 본 경우나, 을목(乙木)이 묘(卯)를 본 경우 등이다. 정록이 있으면 부귀하다.

　朗月 신약한 경우라면 이렇게 말해도 되지만, 신강한 사주에서는 이러한 말은 거짓말이다. 상황에 따르지 않는 명칭이므로 일종의 신살(神殺)로 취급한다.

정묘(丁卯) **干支** 육십간지의 하나. 정화(丁火)와 묘목(卯木)의 결합이다. 형상은 정화가 묘목에 뿌리를 내리는 강한 형상이다.

정묘(丁卯)**의 성격**(性格) **心** 정묘(丁卯)의 일주(日柱)는 지지(地支)에 편인(偏印)인 을목(乙木)이 있으므로 신비성(神秘性)이 있다. 갑목(甲木)은 고려하지 않는다.

정미(丁未) **干支** 육십간지의 하나. 정화(丁火)와 미토(未土)의 결합이다. 형상을 보면 정화는 미토에게 설기되지만 미토는 조토(燥土)가 되어서 정화를 크게 손상시키지 않는다. 그러므로 정화는 절반 정도의 힘을 유지한다고 해석한다.

정미(丁未)의 성격(性格) 心 정미(丁未)의 일주(日柱)는 지지(地支)에 식신(食神)인 기토(己土)와, 편인(偏印)에 해당하는 을목(乙木)과, 비견(比肩)인 정화(丁火)가 있으므로 연구심(研究心)과 신비성(神秘性)과 주체성(主體性) 등이 있다.

정사(丁巳) 干支 육십간지의 하나. 정화(丁火)와 사화(巳火)의 결합이다. 형상을 보면 정화와 사화가 만났기 때문에 화(火)의 세력이 매우 강하다고 해석한다.

朗月 지장간의 경금(庚金)은 지장간의 무토(戊土)를 의지한다고 하지만, 화의 세력이 너무 강해서 녹아버릴 정도이므로 사용할 수 없다는 뜻이다.

정사(丁巳)의 성격(性格) 心 정사(丁巳)의 일주(日柱)는 지지(地支)에 겁재(劫財)인 병화(丙火)와, 상관(傷官)에 해당하는 무토(戊土)와, 정재(正財)에 해당하는 경금(庚金)이 있으므로 경쟁심(競爭心)과 사교성(社交性)과 치밀성(緻密性) 등이 있다.

정시(丁時) 子 정(丁)의 시. 사주의 시간(時干)이 정에 해당하는 경우이다.

정시법(定時法) 子 시주(時柱)를 정하는 방법. 또는 둔시법(遁時法)이라고도 한다. ⇨ 시간법(時干法).

정신기(精神氣) 外 ⇨ 정기신(精氣神)

정신포만(精神飽滿) 古 정(精)과 신(神)이 넘침. 일간(日干)이 매우 강왕하다는 의미이다. 이렇게 되면 관살(官殺)이든 식상(食傷)이든 모두 용신으로 사용할 수 있다.

정오(正午) 俗 오시(午時)의 중앙. ⇨ 오정(午正)

정월(丁月) 子 정(丁)의 달. 사주의 월간(月干)이 정에 해당하는 경우이다.

정유(丁酉) 干支 육십간지의 하나. 정화(丁火)와 유금(酉金)의 결합이다. 형상을 보면 정화는 유금에게 전혀 뿌리내리지 못하므로 의지하기 어렵다. 다만 화극금(火剋金)은 성립되므로 극하는 것은 가능하다.

朗月 십이운성론(十二運星論)에서는 음장생(陰長生)이라고 하여 정화가 유금에게 생조를 받는다. 그 이유는 해가 지는 시간이기 때문에 등불을 켠다는 의미이기 때문이다. 오행의 생극제화(生剋制化)를 무시한 대입은 수용하지 않는 것이 좋다.

정유(丁酉)의 성격(性格) 心 정유(丁酉)의 일주(日柱)는 지지(地支)에 편재(偏財)인 신금(辛金)이 있으므로 통제성(統制性)이 있다. 경금(庚金)은 고려하지 않는다.

정인(正印) 星 바른 도장. 관리가 사령장을 받을 때 함께 받는 상징표를 의미한다. 구조는 일간(日干)을 생(生)하면서 음양이 다른 경우에 해당한다. 갑목(甲木)에게는 계수(癸水)가 정인(正印)이며, 을목(乙木)에게는 임수(壬水)가 정인이다. 육친으로는 어머니에 해당하며, 심리적으로는 직관력으로 보고, 환경적으로는 주거지가 해당한다. 그리고 교육성분으로도 보며, 음식업과도 연결된다.

朗月 고법에는 사대길신(四大吉神)이라 하여 무조건 좋은 작용을 한다고 해석하는데, 이것도 생극제화(生剋制化)의 이치를 모르고 대입하는 것이다. 모든 법칙에는 고정적으로 좋은 것도 없고 나쁜 것도 없다는 것을 명심하지 않으면 올바르게 판단하기 어렵다는 것을 주의한다.

정인격(正印格) 格 정인(正印)의 격. 인수격(印綬格)이라고 한다. 월지(月支)의 십성(十星)이 정인에 해당하는 계절일 경우이다. 보통 십격(十格)이라고도 한다.

朗月 월지가 정인이라는 것은 인성(印星)의 계절에 태어났다는 말이므로 일간

(日干)의 상황이 신강(身强)할 가능성이 많지만, 절대로 그렇다는 것도 아니므로 다른 위치의 오행도 함께 고려하여 판단하는 것이 현명하다. 혹자는 월지에 정인이 되면 무조건 신강으로 보고 용신을 정하기도 하는데 현명한 방법은 아니다.

정인(正印)과 겁재(劫財) ⓒ 정인이 겁재를 만나면 수용성에 경쟁성이 추가되어 정인에 비견(比肩)이 겹친 것과 비슷하다. 경쟁심을 유발시키면 자신이 이기기 위해서 무리할 수 있다.

정인(正印)과 비견(比肩) ⓒ 정인이 비견을 만나면 수용성과 주체성이 작용한다. 이러한 현상은 자신이 아는 것에 대해 고집을 부리거나, 하나의 집단을 형성하고 유지하려는 작용으로 나타난다.

정인(正印)과 상관(傷官) ⓒ 정인이 상관을 만나면 수용성과 사교성이 작용한다. 이것을 활용하면 깊이 연구하지 않지만 임기응변(臨機應變)이 능해 자신의 목적을 이루는 도구로 이용하는 수단이 좋다.

정인(正印)과 식신(食神) ⓒ 정인이 식신을 만나면 수용성과 연구성이 작용한다. 깊은 학문의 경지를 개척할 수 있는 성분으로, 학자의 영역에 적응을 잘 한다. 여기에 주체성이 추가되면 학문의 성취를 크게 이룰 수 있다.

정인(正印)과 정관(正官) ⓒ 정인이 정관을 만나면 수용성과 합리성이 작용한다. 특별히 문제 있는 수용성이 아니라면 따르는 것이 옳다. 정인이 편관(偏官)을 만났을 때 무조건 따라야 한다는 생각에 비해, 정관은 합리적인지 아닌지를 판단하여 수용한다는 점이 다르다.

정인(正印)과 정인(正印) ⓒ 정인이 겹치면 수용성이 중복된다. 누구의 말을 듣는 것이 좋은지 판단하기 어려워 우왕좌왕하는 현상이 생긴다. 여기에 성격 구조에 정재(正財)가 있다면 이러한 현상은 제어된다.

정인(正印)과 정재(正財) ⓒ 정인이 정재를 만나면 수용성과 치밀성이 작용한다. 이것을 받아들여 갈무리하는 것이 나타나지만, 수용성과 저장성은 서로 충돌을 일으켜 수용성이 위축된다.

정인(正印)과 편관(偏官) ⓒ 정인이 편관을 만나면 수용성과 봉사성이 작용한다. 배운 대로 고지식하게 따르는 상당히 보수적인 성향으로 나타난다.

정인(正印)과 편인(偏印) ⓒ 정인이 편인을 만나면 수용성에 음양이 난무하여 머릿속이 혼란스럽다. 한마디로 망상(妄想)이라고 한다. 그래서 인성이 많은 사람은 생각이 여러 가지로 복잡한데, 주변에 재성(財星)의 억제가 있으면 이러한 작용은 감소한다.

정인(正印)과 편재(偏財) ⓒ 정인이 편재를 만나면 수용성과 통제성이 작용한다. 이러한 성분은 배워서 바로 응용하는 것으로 나타난다.

정인궁(正印宮) 子 정인의 집. 연지(年支)는 정인의 궁(宮)이 된다. ⇨ 궁성이론(宮星理論)

朗月 하건충 선생의 설이다. 고법(古法)에서는 기본적으로 연주(年柱)를 조상궁(祖上宮)으로 보고, 월주(月柱)를 부모궁(父母宮)으로 대입하지만 하건충 선생은 개인의 사주에 조상을 거론하는 것은 예의가 바르다는 말은 들을지 몰라도 합리적이지 않다고 판단하여 과감히 수정했다. 참으로 대단한 판단력이다.

정인성격(正印性格) ⓒ 정인의 성격. 대표 성격은 수용성(受容性)이다. 이와 반대로 베푸는 인정(人情)도 있는데, 이러한 현상은 정인의 양면성이다. 남의 이야기가 사실이거나 아니거나 그대로 받아들이는 형태로 이해된다.

朗月 기본형의 성격을 이해한 다음에는

겹치는 성격도 이해하는 것이 중요한데, 겹치는 성격은 거부하는 현상으로 이해한다.

정인운(正印運) ㈜ 정인의 운. 대운이나 세운에서 정인에 해당하는 운이 들어오는 것이다. 이러한 운에서는 주로 공부와 인연이 많은데, 인성(印星)은 수용하는 성분이기 때문이다.

정인화복여재상(定人禍福與災詳) 【滴天髓】 사람의 길흉화복(吉凶禍福)은 그대로 정해졌다.

정일(丁日) ㈜ 정(丁)의 날. 사주의 일간(日干)이 정에 해당하는 경우이다.

정일간(丁日干) ㈜ 태어난 날이 정일(丁日)에 해당하는 사람.

정일주(丁日主) ㈜ ⇨ 정일간(丁日干)

정임합(丁壬合) ㈜ 정과 임이 만나면 합이 됨. 천간(千干)에서 정화(丁火)와 임수(壬水)가 서로 만나면 합을 한다. 합의 이론은 『황제내경(黃帝內經)』에 나오는데, 정년(丁年)과 임년(壬年)에는 목(木)의 기운이 진사월(辰巳月)을 통과하므로 갑진월(甲辰月)과 을사월(乙巳月)이 된다. 그래서 정임년(丁壬年)에는 목의 기운이 되어 목운(木運)이라고 한다. 음란지합(淫亂之合)이라고도 하는데, 특히 여성의 경우에는 신경을 많이 써야 한다.

  朗月 어떤 책에는 정임이 있기만 하면 모두 합이 된다고 하는데, 그렇지 않고 서로 바짝 붙어 있어야만 성립된다.

정임합화목(丁壬合化木) ㈜ 정과 임이 서로 합하여 변화하면 목(木)이 된다. 이 때 변화한 오행이 갑목(甲木)인지 을목(乙木)인지는 구분할 필요가 없다.

  朗月 서로 합하기는 쉽지만 변화하기는 매우 어렵다. 그러기 위해서는 주변의 목(木)의 세력이 강력해야 하고, 화(火)나 수(水)의 뿌리는 전혀 없어야 한다. 합화(合化)에는 일간합(日干合)과 천간합(天干合)이 있는데, 화(化)한다는 것은 여간해서 어렵다는 것을 생각하고 거의 없는 것으로 본다.

정임합화목격(丁壬合化木格) 格 ⇨ 화목격(化木格)

정임화목격(丁壬化木格) 格 정임(丁壬)의 합이 화(化)하면 목(木)이 되는 격. ⇨ 화목격(化木格)

정재(正財) 星 올바른 재물. 인간의 삶에서 재물 없이는 살아갈 수 없어서인지 사길신(四吉神)으로 대우를 받는다. 중국인은 정재를 극한다는 이유만으로 겁재(劫財)라는 명칭을 만들기도 했다. 일간(日干)이 극하는 오행이면서 음양이 다른 경우에 해당한다. 육친으로는 남자에게는 아내가 되고, 여자에게는 시부모가 된다. 심리적으로는 알뜰함과 치밀함을 의미하고, 양간(陽干)에게는 합이 되므로 집착(執着)으로 해석하여 결실의 의미를 포함한다. 사회적으로는 재물로 본다. 그러나 생극제화(生剋制化)의 이치에 의해서 대입해야 하기 때문에 일방적으로 규정하는 것은 현명한 판단이 아니다.

  朗月 고법(古法)에는 사대길신(四大吉神)이라고 하여 무조건 좋은 작용을 한다고 해석한다. 모든 법칙에는 고정적으로 좋은 것도 없고 나쁜 것도 없다는 것을 명심하지 않으면 올바르게 판단하기 어렵다.

정재격(正財格) 格 정재의 격. 월지(月支)가 일간(日干)의 정재가 되면 해당한다. 십격(十格)의 한 종류이다.

  朗月 월지가 정재가 되면 일간의 기운이 갇히는 계절에 속하므로 신약한 상황이 될 수 있다. 다만 절대로 그러한 것은 아니므로 전체 상황을 고려하여 판단하는 것이 중요하다. 혹자는 월지에 정재가 되면 무조건 신약한 것으로 보고 용신을 찾기도 하는데 현명한 방법이 아니다.

정재궁(正財宮) 子 정재의 집. 일지(日支)를 정재(正財)의 궁(宮)으로 본다. ⇨ 궁성이론(宮星理論)

　朗月 하건충 선생의 설이다. 일간(日干)을 본인의 주체성(主體性)이 머무는 비견궁(比肩宮)으로 대입하고, 그 아래의 일지(日支)는 몸이 머무는 기신궁(己身宮)으로 대입한 것으로, 정신과 육신의 불가분리(不可分離)의 원리에 부합한다.

정재성격(正財性格) 心 정재의 성격. 대표적인 성격은 치밀성(緻密性)이다. 알뜰함과 부정적인 현상으로 집착(執着)이 되기도 하는데, 정재의 양면성으로 이해한다. 일간(日干)이 정재와 합할 경우에는 특히 집착의 성향이 강하게 나타난다. 이것이 자칫하면 탐욕으로 흐를 수 있으므로 욕망의 흐름에 휘말리지 않도록 수양하는 것이 필요하다. 기본형의 성격을 이해한 다음에 겹치는 성격도 있음을 이해하는 것이 중요한데, 겹치는 성격은 거부하는 현상으로 이해한다.

정재(正財)**와 겁재**(劫財) 心 ⇨ 겁재(劫財)와 정재(正財)

정재(正財)**와 비견**(比肩) 心 ⇨ 비견(比肩)과 정재(正財)

정재(正財)**와 상관**(傷官) 心 ⇨ 상관(傷官)과 정재(正財)

정재(正財)**와 식신**(食神) 心 ⇨ 식신(食神)과 정재(正財)

정재(正財)**와 정관**(正官) 心 정재가 정관을 만나면 치밀성과 합리성이 결합한다. 알뜰한 성향을 나타내지만, 베풀 장소에서는 크게 베풀기도 한다고 해석한다. 다만 낭비는 싫어하기 때문에 객관적으로 지출하지 않아도 된다면 절대로 지출하지 않는다.

정재(正財)**와 정인**(正印) 心 ⇨ 정인(正印)과 정재(正財)

정재(正財)**와 정재**(正財) 心 정재가 겹치면 너무 치밀하고 알뜰하기 때문에 막힌 사람이라고 할 수 있다. 그리고 결과에 대해서 과민한 집착을 보이기 때문에 두려움과 그 결실을 손상당할까 염려하는 심리도 발생한다.

정재(正財)**와 편관**(偏官) 心 정재가 편관을 만나면 치밀성과 봉사성이 결합되어 매우 인색한 현상이 나타난다. 이러한 점은 대인관계에서 환영받지 못하는데, 알뜰함이 지나치고 견디는 인내심이 포함되어 나타난 결과이다.

정재(正財)**와 편인**(偏印) 心 ⇨ 편인(偏印)과 정재(正財)

정재(正財)**와 편재**(偏財) 心 ⇨ 편재(偏財)와 정재(正財)

정재운(正財運) 子 정재의 운. 대운이나 세운에서 정재에 해당하는 운이 들어오는 것이다. 이러한 운에서는 주로 재물과 연관하여 일이 발생하는데, 정재가 희용신(喜用神)일 경우에는 기쁨이 늘어나는 운이 되고, 기구신(忌仇神)인 경우에는 집을 날리거나 큰 손실을 볼 수 있으므로 신중히 관찰하여 판단한다.

정축(丁丑) 干支 육십간지의 하나. 정화(丁火)와 축토(丑土)의 결합이다. 형상을 보면 정화는 습기가 많은 축토에게 기운을 설기(洩氣) 당한다.

정축(丁丑)**의 성격**(性格) 心 정축(丁丑)의 일주(日柱)는 지지(地支)에 식신(食神)인 기토(己土)와, 편재(偏財)인 신금(辛金)과, 편관(偏官)인 계수(癸水)가 있으므로 연구심(研究心)과 통제성(統制性)과 봉사심(奉仕心) 등이 있다.

정편(正偏) 子 정(正)과 편(偏). 음양(陰陽)이 다른 십성(十星)을 정(正)이라고 한다. 정인(正印), 겁재(劫財), 상관(傷官), 정재(正財), 정관(正官) 등이 정의 십성에 해당하며, 편인(偏印), 비견(比肩), 식신(食神), 편재(偏財), 편관(偏官)

등이 편에 해당하는 십성이다.

정편혼잡(正偏混雜) 古 정편(正偏)이 혼잡함. 정편은 정재(正財)와 편재(偏財), 정인(正印)과 편인(偏印), 정관(正官)과 편관(偏官), 식신(食神)과 상관(傷官), 비견(比肩)과 겁재(劫財) 등을 말한다. 사주에 이 두 성분이 같이 있을 때 해당하는데, 특히 관살혼잡(官殺混雜)에 대해 특별한 비중을 둔다.

정해(丁亥) 干支 육십간지의 하나. 정화(丁火)와 해수(亥水)의 결합이다. 형상을 보면 정화는 해수에게 극을 받고 있는 모습이다. 해수의 지장간에는 갑목(甲木)이 있어서 살인상생(殺印相生)이나 절처봉생(絕處逢生)의 의미가 된다. 다만 임수(壬水)를 밀치고 갑목에게 뿌리내리기는 어렵지만 먹지 못하는 형상으로 이해한다. 그리고 해수의 본기(本氣)인 임수와 정화는 합이 되어 간지합(干支合)으로 정관합(正官合)이 되는 유정한 관계이다.

　朗月 지장간의 경금(庚金)은 지장간 무토(戊土)를 의지하지만, 화(火)의 세력이 너무 강해서 녹아버릴 지경이므로 사용할 수 없다.

정해(丁亥)**의 성격**(性格) 心 정해(丁亥)의 일주(日柱)는 지지(地支)에 정관(正官)인 임수(壬水)와 정인(正印)인 갑목(甲木)이 있으므로 합리성(合理性)과 직관력(直觀力) 등이 있다.

정화유중 내성소융(丁火柔中 內性昭融)【滴天髓】정화(丁火)는 부드럽고 유순(劉純)한 가운데에서도 안으로는 밝고 원만하다.

정흡동벽 만물사명(靜翕動闢 萬物司命)【滴天髓】가을과 겨울에는 고요하게 갈무리하고, 봄과 여름에는 활짝 열어서 움직이니, 삼라만상(森羅萬象)의 천명(天命)을 관리하는 성분이다.

　朗月 이 부분을 음미하다가 문득 느낀

것은 무토(戊土)의 본질은 지구(地球)를 감싸는 인력(引力), 또는 대기권(大氣圈)이 힌트라는 점이다.

제강(提綱) 古 월령(月令)의 다른 이름. 제요(提要)와 같은 말인데, 제강은 그물의 손잡이 부분에 해당하는 것으로 전체의 중심부에 속한다.

제강불여진신조 암처심진야유진(提綱不如眞神照 暗處尋眞也有眞)【滴天髓】월령(月令)에서 진신(眞神)을 도와주지 않아도 운에서 진신이 들어오면 또한 진신과 같다.

제거기병(除去其病) 古 병(病)을 제거함. 사주에서 용신을 극하는 자를 기신(忌神) 또는 병이라고도 하는데, 사주에서 그 용신을 극하는 자를 제거하면 병이 제거되었다고 한다.

제살(制殺) 古 편관(偏官)을 제어함. 식신(食神)이 편관을 극할 경우에 해당한다.

제살태과(制殺太過) 古 편관(偏官)을 제어함이 너무 심함. 일간이 왕하여 편관을 용신으로 삼는 형상인데, 식신(食神)이 약한 편관을 공격한 모양이다. 이렇게 되면 식신을 용신으로 삼게 되어 구태여 제살태과라고 고민할 필요 없이 형상에 대해서만 이해한다.

제왕(帝旺) 古 임금과 같이 왕성함. 십이운성(十二運星) 명칭의 하나이다.

　朗月 양간(陽干)에서는 일리가 있지만 음간(陰干)에서는 허무맹랑하므로 적용하지 않는다.

제왕절개(帝王切開) 外 수술하여 아기가 태어나는 것. 자평명리학(子平命理學)에서는 인공적인 방법으로 출생해도 정상적인 분만과 달리 취급할 방법이 없기 때문에 그대로 대입한다. 다만, 인공출생의 경우 운명(運命)에서 어떤 영향을 받을지에 대해서는 아직 확인되지 않았지만, 특별한 문제는 없다고 본다.

제좌(帝座) 殺 신살(神殺)의 하나. 갑자시(甲子時)가 되면 납음이 금(金)에 해당하고, 금은 유(酉)에서 왕하므로 유시(酉時)가 되면 이에 해당한다.

朗月 실제로는 큰 비중이 없다. 개인적인 생각으로는 신살은 모두 무시해도 좋고, 특히 생극제화(生剋制化)의 이치에는 부합되지 않는 것이 대부분이므로 적용시킨다면 그만큼 혼란이 가중될 수도 있다.

제화(制火) 五 불을 통제함. 수극화(水剋火)의 이치로 화(火)를 제어할 경우에 해당한다.

조객살(弔客殺) 殺 신살(神殺)의 하나. 운에서 대입하는 살이다. 구조는 일지(日支)를 기준으로 자(子)-술(戌), 축(丑)-해(亥), 인(寅)-자(子), 묘(卯)-축(丑), 진(辰)-인(寅), 사(巳)-묘(卯), 오(午)-진(辰), 미(未)-사(巳), 신(申)-오(午), 유(酉)-미(未), 술(戌)-신(申), 해(亥)-유(酉)가 된다. 작용은 집안에 초상이 난다고 한다.

朗月 실제로는 큰 비중이 없다. 개인적인 생각으로는 신살은 모두 무시해도 좋을 것이고, 특히 생극제화(生剋制化)의 이치에는 부합되지 않는 것이 대부분이므로 적용시키면 그만큼 혼란이 가중될수 있다.

조상(照象) 古 신취팔법(神趣八法)의 하나. 사주의 구조가 화토(火土)의 성분으로 이루어진 경우이다.

朗月 별도로 취급하지 않는다.

조상격(照象格) 格 고전격국(古典格局)의 하나. 신취팔법(神趣八法)의 하나이다. 염상격(炎上格)에서 시(時)에 목(木)이 있으면 목화상조(木火相照)라 하고, 윤하격(潤下格)에서 시(時)에 금(金)이 있으면 금수상조(金水相照)라고 한다. 의미로는 일행득기격(一行得氣格)에 인성(印星)

을 끼고 있으면 해당한다.

조습(燥濕) 古 건조(乾燥)하거나 축축한 상태. 건조함은 수분이 없다는 것이고, 축축하다는 것은 수분이 너무 많다는 것이다. 즉 사주에서 습기의 상황을 살피는 것인데, 특히 천간(天干)은 한난(寒煖)으로 말하고, 지지(地支)는 조습(燥濕)으로 설명한다.

조울증(躁鬱症) 心 심리구조(心理構造)에서 기뻐하며 웃다가 갑자기 울적해지는 증세. 심리적으로는 즐거워하는 식상(食傷)과 극을 받아서 슬퍼지는 편인(偏印)이 서로 대립하면 나타난다.

조자시(朝子時) 子 새벽의 자시(子時) ⇨ 주자시(晝子時)

조카 星 조카는 자식과 같은 항렬이니 남자에게는 관살(官殺)이 해당하고, 여자에게는 식상(食傷)이 해당한다. 다만 자식과 같은 급수라면 조카를 구분할 방법이 없기 때문에 그냥 따지는 방법만 참고한다.

조토(燥土) 五 열기를 포함하고 있는 토(土). 천간(天干)에서의 무토(戊土)와 지지에서의 미토(未土)와 술토(戌土)를 두고 하는 말이다.

조화기어원 역지어정 재조정원지회 배태사속지기(造化起於元 亦止於貞 再造貞元之會 胚胎嗣續之機)【滴天髓】조화의 변화는 근원에서 일어나 결실에서 마무리하고, 다시 그 정(貞)에서 원(元)이 시작되어 계속 면면하게 이어지는 것이다.

조화원약(造化元鑰) 冊 『난강망(欄江網)』을 편집하여 새롭게 이름 붙인 책. 서낙오(徐樂吾) 선생이 이름을 붙였다. 대만에서 출판되었다.

조후(調候) 子 기후를 고르게 함. 계절에 비중을 두고 용신을 기준하는 방법의 하나이다. 원리는 『난강망(欄江網)』이라고 부르는 『궁통보감(窮通寶鑑)』에서 비롯

되었다. 이것의 기준으로 보면 겨울에는 모든 오행이 다 화(火)를 필요로 하고, 여름에는 모든 오행이 다 수(水)를 필요로 한다. 다만 너무 지나치게 조후의 원리로 대입하면 억부(抑扶)의 이치를 무시하는 현상이 발생한다. 그러므로 참고만 하는 것이 좋다. ⇨ 궁통보감(窮通寶鑑)

조후론(調候論) 子 추운 것은 따뜻하게 해주고, 더운 것은 시원하게 해준다는 논리. 사주의 용신을 정하는 방법의 하나로 상당한 비중 있는 논리이다. ⇨ 조후(調候)

조후법(調候法) 子 조후로 용신을 잡는 법. ⇨ 조후(調候)

조후용신(調候用神) 用 너무 춥거나 너무 더워서 용신을 찾는 공식에 대입하면 조후용신법에 해당한다. 예를 들어 여름에 열기가 많은 상황에서 수(水)를 목(木)의 용신으로 한 경우에 조후용신의 의미가 있다고 본다. ⇨ 궁통보감(窮通寶鑑)

족상(足相) 外 발의 모습을 보고 예언하는 방법. 부처의 족적도가 전해지므로 나름대로 오래된 방법이다.

졸폭살(卒暴殺) 殺 흉한 일이 발생하는 살. 구조는 자년(子年)-묘(卯), 축년(丑年)-진(辰), 인년(寅年)-사(巳), 묘년(卯年)-오(午), 진년(辰年)-미(未), 사년(巳年)-신(申), 오년(午年)-유(酉), 미년(未年)-술(戌), 신년(申年)-해(亥), 유년(酉年)-자(子), 술년(戌年)-축(丑), 해년(亥年)-인(寅)이 해당한다.

朗月 실제로는 큰 비중이 없다. 개인적인 생각으로는 신살은 모두 무시해도 좋고, 특히 생극제화(生剋制化)의 이치에는 부합되지 않는 것이 대부분이므로 적용시키면 그만큼 혼란이 가중될 수 있다.

종(從) 子 따름. 종격(從格)을 의미한다. 세력에 따른다는 의미이다.

종강격(從强格) 格 인성(印星)이 너무 많아 인성을 용신으로 삼는 격. 외격(外格) 용신의 하나이다. 재성(財星)이 있으면 기인취재격(棄印就財格)이 되고, 식상(食傷)이 있으면 식신격(食神格)이나 상관격(傷官格)이 된다. 이러한 성분이 전혀 없고 관살(官殺)도 없다면 부득이 인성을 따라 종하는데, 운은 인겁(印劫)의 운만 반긴다. 그런데 실제로는 지장간에 식재관(食財官)이 있으면 종강격으로 보지 않고 그에 따라 용신을 정하는 경우가 많다.

朗月 웬만하면 종강격이 되지 않는다는 생각으로 해석하는 것이 실수를 줄이는 방법이다. 종격의 형상은 여간해서 잘 이루어지지 않기 때문이다.

종격(從格) 格 종하는 격(格). 외격(外格)의 형태를 말한다. 종격에는 종강격(從强格), 종왕격(從旺格), 종아격(從兒格), 종재격(從財格), 종살격(從殺格), 종세격(從勢格) 등이 있다.

종관살격(從官殺格) 格 관살(官殺)을 따라가는 격. 종살격(從殺格)이라고도 한다 ⇨ 종살격(從殺格)

종교성(宗敎性) 心 심리구조에서 보이지 않는 세계를 믿고 의지하는 심리. 신비성(神秘性)에 해당하는 편인(偏印)이 있고, 그것을 믿는 주체성(主體性)인 비겁(比劫)이 있을 경우에 발생한다.

종득진자지론종 종신우유길화흉(從得眞者只論從 從神又有吉化凶) 【滴天髓】 외격(外格)에 속하는 진정한 종격(從格)이 되었으면 종격으로만 논하지만, 종을 했다고 해서 다 좋은 것은 아니고 그 가운데에서도 좋고 나쁜 것이 있다.

종사주(從四柱) 子 세력을 따라가는 형상인 사주. ⇨ 종격(從格)

종살격(從殺格) 格 관살(官殺)이 너무 많아 용신으로 삼는 격. 외격(外格) 용신의 하나이다. 관살이 과다할 경우에는 인성(印星)이 있기 때문에 용신이 되면 살중용인격(殺重用印格)이 된다. 비겁(比劫)이 있으면 살중용겁격(殺重用劫格)이 되는데 그렇지 못하면 관살을 따라 종하게 된다.

朗月 웬만하면 종살격이 되지 않는다는 생각으로 해석하는 것이 실수를 줄이는 방법이다. 종격의 형상은 여간해서 잘 이루어지지 않기 때문이다.

종상(從象)[古] 신취팔법(神趣八法)의 하나. 관살(官殺)이 많아서 종(從)하는 것을 말한다. 종격(從格)과 같은 의미이다.

종상격(從象格)[格] 고전격국(古典格局)의 하나. 신취팔법(神趣八法)의 하나이다. 종격(從格)을 두고 하는 말이다.

종세(從勢)[子] 세력(勢力)을 따라서 종(從)함. 이러한 형상으로 이루어진 것을 종세격(從勢格)이라고 한다.

종세격(從勢格)[格] 식재관(食財官)이 너무 많아서 용신으로 삼는 격. 외격(外格) 용신의 하나이다. 일간(日干)은 전혀 무력한데, 식상(食傷)과 재성(財星)과 관살(官殺)이 고르게 균형을 이루면 세력을 따라 종한다. 이러한 경우에는 그 중에서 비교적 강한 오행이 주인 노릇을 하는데, 대체로 균형이 이루어져 있다면 재성이 통관의 의미를 살려서 용신 역할을 한다.

朗月 웬만하면 종세격이 되지 않는다는 생각으로 해석하는 것이 실수를 줄이는 방법이다. 종격의 형상은 여간해서 잘 이루어지지 않기 때문이다.

종아격(從兒格)[格] 식상(食傷)이 너무 많아서 용신으로 삼는 격. 외격(外格) 용신의 하나이다. 식상이 과다할 경우에 인성(印星)이 있으면 상관용인격(傷官用印格)이 되고, 비겁이 있으면 상관용겁격(傷官用劫格)이 되는데, 전혀 없으면 부득이 식상을 따라서 종하게 된다.

朗月 웬만하면 종아격이 되지 않는다는

생각으로 해석하는 것이 실수를 줄이는 방법이다. 종격의 형상은 여간해서 잘 이루어지지 않기 때문이다.

종아불론신강약 지요오아우우아(從我不論身强弱 只要吾我又遇兒)【滴天髓】 사주에 식상(食傷)이 많아서 종(從)하면 이미 종이 되었으니 신강(身强)이나 신약(身弱)을 찾는 것은 의미가 없다. 다만 식상이 다시 식상을 만나는 것을 필요로 한다.

종업원(從業員)[星] 엄밀히 보면 종업원은 육친의 영역 밖이라고 하는데 확대하여 해석하면 내가 돈을 주고 산 것이니 재성(財星)과 같은 급수로 대입할 수 있으므로 편재(偏財)를 종업원으로 본다. 물론 정재(正財)도 함께 대입할 수 있다. 사업을 하는 경우에 종업원의 인연이 좋은지 나쁜지를 참고할 경우 중요하게 취급될 수 있는 문제이니 참고하는 것이 좋다. 사주에서 재성이 희용신(喜用神)이면 종업원의 덕을 입게 되고, 기구신(忌仇神)이면 종업원 때문에 큰 부담을 받는다.

종왕격(從旺格)[格] 비겁(比劫)이 너무 많아서 용신으로 삼는 격. 외격(外格) 용신의 하나이다. 비겁이 왕성할 경우에 관살(官殺)이 있으면 정관격(正官格)이나 편관격(偏官格)이 되고, 식상(食傷)이 있으면 식신격(食神格)이나 상관격(傷官格)이 된다. 이러한 것이 전혀 없고 재성도 없다면 종왕격으로 본다.

朗月 웬만하면 종왕격이 되지 않는다는 생각으로 해석하는 것이 실수를 줄이는 방법이다. 종격의 형상은 여간해서 잘 이루어지지 않기 때문이다.

종재격(從財格)[格] 재성(財星)이 너무 많아서 용신으로 삼는 격. 외격(外格) 용신의 하나이다. 재성이 과다할 경우에 비겁(比劫)이 있어 용신이 되면 득비리재격(得比利財格)이 된다. 인성(印星)이 있어도 재중용인격(財重用印格)으로 정격(正格)이 되는데, 그렇지 못하면 재(財)를 따라 종하게 된다.

朗月 웬만하면 종재격이 되지 않는다는 생각으로 해석하는 것이 실수를 줄이는 방법이다. 종격의 형상은 여간해서 잘 이루어지지 않기 때문이다.

종지진가(從之眞假) 固 종(從)을 함에는 참된 종과 거짓된 종이 있음. 종격(從格)에 대한 상황을 논하는 말인데, 뿌리가 없어서 종하면 진종(眞從)이고, 뿌리가 있으면서 종하면 가종(假從)이라고 한다.

朗月 실제로 임상에서 느낀 것으로 가종(假從)은 없다고 본다. 미약한 뿌리라도 있으면 종을 하지 않기 때문이다. 책만 의지하여 대입하면 낭패할 가능성이 많으므로 주의한다.

종혁격(從革格) 格 일행득기격(一行得氣格)이라고도 함. 종왕격(從旺格)의 외격(外格)에 해당된다. 구조는 일간(日干)과 주변이 모두 금(金)의 세력으로 형성되었고, 다른 글자가 거의 없을 때 해당한다.

朗月 종혁격에 수목화토(水木火土)가 있으면 이미 성립되지 않는다.

종화(從化) 子 종(從)하거나 화(化)하는 것. 외격(外格)을 말한다. 종하는 것은 종격(從格)으로 다루고, 화하는 것은 화격(化格)으로 다룬다.

좌우귀호기협(左右貴乎氣協) 【滴天髓】 좌우의 간지(干支)가 서로 아껴주고 감싸준다면 화기(和氣)가 넘치고 단결도 잘 된다.

좌우협기(左右協氣) 固 좌우에서 도우려는 기운이 끼여듦. 이것은 좌우의 유정함을 의미하는데 충이 되면 뒤에서 합으로 막아주고, 극이 되는 글자는 중간에서 생조의 법칙으로 도움을 준다.

주당(周堂) 殺 신살(神殺)의 하나. 주당살(周堂殺)이라고도 한다. 혼인주당, 이사주당, 신행주당, 안장주당 등 네 종류가

있다. 자평명리학(子平命理學)에서는 다루지 않는다.

주변(周邊) 子 어떤 글자에 가깝게 있는 글자. 해당 글자의 상하좌우(上下左右)가 해당한다.

주역(周易) 外 유교의 경전(經典) 중 3경(三經)의 하나인 『역경(易經)』. 『역(易)』이라고도 한다. 주역이란 주(周)나라 시대의 역(易)이란 말이다. 점복(占卜)을 위한 원전과도 같고, 흉운을 물리치고 길운을 잡는 처세 철학이다. 이 역에는 간역(簡易), 변역, 불역(不易)의 세 가지 뜻이 있는데, 간역은 천지의 자연현상은 끊임없이 변하나 간단하고 평이하다는 뜻으로, 단순하고 간편한 변화가 천지의 공덕임을 말한다. 변역은 천지만물은 멈추어 있는 것 같으나 항상 변하고 바뀐다는 뜻으로, 양(陽)과 음(陰)의 기운이 변화하는 현상을 말한다. 불역이란 변하지 않는다는 뜻으로, 모든 것은 변하고 있으나 그 변하는 것은 일정한 항구불변(恒久不變)의 법칙을 따라서 변하기 때문에 법칙 그 자체는 영원히 변하지 않는다는 뜻이다. 주역은 8괘 64괘, 그리고 괘사(卦辭), 효사(爻辭), 십익(十翼)으로 되어 있다. 역은 양과 음의 이원론으로 이루어지는데, 즉 천지만물은 모두 양과 음으로 되어 있다는 것이다. 태극(太極)이 변하여 음양으로, 이것이 8괘, 즉 건(乾), 태(兌), 이(離), 진(震), 손(巽), 감(坎), 간(艮), 곤(坤) 괘(卦)가 되었고, 이것을 변형하여 64괘가 만들어지고, 거기에 괘사와 효사를 붙여 설명한 것이 바로 주역의 경문(經文)이다. 한편 공자(孔子)는 주역을 깊이 연구하여 이치를 밝힌 십익을 저술하였다.

주인(主人) 星 종업원의 입장에서 보면 주인은 관살(官殺)로 대입된다. 직장생활을 하는 다수의 사람에게 해당될 수 있으

므로 참고할 경우가 많다. 관살이 희용신(喜用神)이면 좋은 주인을 만나고, 관살이 기구신(忌仇神)이면 부담이 많은 주인을 만나게 된다고 해석한다. 그 길흉은 용신에 있다.

주자시(晝子時) 子 낮의 자시(子時), 또는 그 날의 자시. 원래는 그냥 자시였는데 야자시(夜子時)와 구분하기 위해서 붙여졌다. 동경 135도 기준으로 새벽 00시 30분 ~ 01시 30분이 해당한다.

주체성(主體性) 心 자주정신이 투철한 성품. 비견(比肩)의 성격이다.

죽음 外 자평명리학(子平命理學)에서는 사람이 죽을 날짜를 알 수 있느냐에 관심이 많지만 여기에 대해서 마련된 답변이 없다. 사주를 통해서도 알 수 없으며, 스스로 건강 관리에 따라서 수명(壽命)은 달라진다고 본다.

중과부적(衆寡不敵) 古 나의 세력은 적은데 적의 세력은 많은 것. 자평명리학(子平命理學)에서는 내가 극(剋)을 하는 재성(財星)이라도 상대가 너무 많으면 오히려 극을 하지 못하고, 반대로 극을 받게 되는 것을 의미한다. 재다신약(財多身弱)과 비슷하다.

중국서적(中國書籍) 冊 중국에서 발행된 책. 대만, 홍콩 등에서 출판된 서적을 모두 가리킨다. 명리서(命理書)를 많이 출판하는 곳은 무릉출판사(武陵出版社), 집문서국(集文書局) 등이 대표적인데, 중화서국(中華書局)을 이용하여 구입하면 편리하다.

중기(中氣) 金 1. 가운데 기운. 월령(月令)의 지장간(支藏干)에서 중간 부분을 말한다. ⇨ 지장간(支藏干)
2.24절기에서 초기의 입절(入節)에 해당하는 부분을 제외하고 그 중간에 있는 것. 우수, 춘분, 곡우, 소만, 하지, 대서, 처서, 추분, 상강, 소설, 동지, 대설 등이 해당한다.

중년운(中年運) 子 중간에 만나는 운. ⇨ 중운(中運)

중복(中伏) 俗 가운데 복. 삼복(三伏) 중에서 두 번째에 해당함. 구조는 하지(夏至)가 지나고 네 번째 경일(庚日)에 해당한다.

중심점(中心點) 子 한가운데에 해당하는 지점. 자평명리학(子平命理學)에서는 용신(用神)이 그 역할을 한다. 이 학문을 공부하는 모든 마무리는 용신(用神)을 정확하게 찾는 것이고, 그 용신법(用神法)의 핵심은 결국 중심점을 찾는 일이다.

朗月 용신을 잘 찾는 방법을 많이 묻는데, 늘 대답은 그 마음에 치우침이 없으면 용신이 잘 보인다고 말한다. 크게 틀린 말이 아니다.

중앙토양(中央土壤) 外 가운데 있는 토양(土壤). 가운데란 동서남북(東西南北)의 중앙을 말한다.

중운(中運) 子 중간의 운. 보통 중년의 운을 말하는데, 30 ~ 40대의 운을 가리킨다. 같은 의미로 중년이라고도 하는데, 사주의 간지(干支)를 봐서 중년이라고 하는 것은 옳지 않다. 십년대운(十年大運)에서 중간쯤에 해당하는 운세이다.

중원갑자(中元甲子) 古 60년을 하나의 원(元)으로 하여 상중하로 나눈 것. 큰 주기는 삼원(三元)으로 180년을 잡고, 그 주기의 초중말(初中末)에 해당하는 의미로 60년을 잡은 것이다. 중원(中元)은 그 두 번째의 60년에 해당한다. 1984년부터는 하원갑자(下元甲子)가 되므로 그 이전의 60년은 중원갑자(中元甲子)가 되고, 다시 그 이전의 60년은 상원갑자(上元甲子)가 된다. 그리고 월일시(月日時)도 상중하로 구분하는데, 자평명리학(子平命理學)에서는 아무 의미가 없다.

중전(中傳) 外 육임(六壬)에서 다루는 용어. 육임을 삼전사과(三專四課)라고도 하는데, 그 삼전에서 가운데에 해당한다. 해석할 경우에는 어떤 일의 진행과정을 예측한다.

중정지기(中正之氣) 五 중심이 바른 기운. 토(土)를 달리 부르는 말이다.

중정지합(中正之合) 子 바르고 중심이 있는 합(合). 갑기합(甲己合)을 말한다. 합을 하여 변화하면 토(土)의 기운으로 되기 때문에, 토의 본성을 따라 중정(中正)이라고 붙인 것이다. 그러나 실제로 큰 의미를 두지 않는다.

중토성산(重土成山) 古 토(土)가 많이 모이면 산을 이룸. 토의 세력이 매우 왕성함을 의미한다.

중혼살(重婚殺) 殺 두 번 이상 결혼하는 살. 구조는 자년(子年)-4월, 축년(丑年)-5월, 인년(寅年)-6월, 묘년(卯年)-7월, 진년(辰年)-8월, 사년(巳年)-9월, 오년(午年)-10월, 미년(未年)-11월, 신년(申年)-12월, 유년(酉年)-1월, 술년(戌年)-2월, 해년(亥年)-3월에 해당한다.

　　朗月 실제로는 큰 비중이 없다. 개인적인 생각으로는 신살은 모두 무시해도 좋고, 특히 생극제화(生剋制化)의 이치에는 부합되지 않는 것이 대부분이므로 적용시키면 그만큼 혼란이 가중될 수 있다.

중화(中和) 子 적당하게 균형을 이룸. 모든 오행이 많지도 않고 적지도 않아 균형을 이루는 상태이다. 환상적인 구조로, 대다수의 팔자는 치우치고 부족하며 좌충우돌의 형상이기 때문이다.

　　朗月 중화를 전체적으로 이룬 경우는 거의 없다. 그래서 이 경지는 자평명리학(子平命理學)에서 모든 단점을 극복하고 스스로 자신의 갈등을 극복한 경지로 이해하는 것이 현명하다. 예를 들어 사주에 목(木)이 너무 많아 동분서주(東奔西走)한다면 스스로 그 마음을 여유롭게 하면서 균형을 이루려고 노력하는 것이 중화이다. 또 너무 심리적으로 침체된 한냉(寒冷)한 사주일 경우에는 스스로 그 마음을 활발하게 노력하여 그 단점을 극복하는 것도 중화이다. 이렇게 극복된 사람을 도인(道人)이라고도 하는데, 막상 도인의 사주라고 해서 완벽한 것이 아님을 확인하면 이러한 중화의 개념이 무리가 아니라고 생각할 것이다.

중화서국(中華書局) 册 서울의 중국 서적을 파는 곳. 중국판(中國版) 명리서적(命理書籍)을 구입하려면 이 서점에 문의하는 것이 좋다. 위치는 중앙우체국 옆, 중국대사관 골목에 있다. 주문하면 대략 15~30일 사이에 받아볼 수 있다.

쥐 俗 쥐띠에 해당하는 동물.

쥐띠 俗 자년(子年)에 태어난 사람. 생극제화(生剋制化)의 이치와는 무관한 것으로 본다.

증권투자(證券投資) 外 증권에 대한 관심은 재산증식의 목적과 경제활성화의 의미로 국가적으로도 적극 권장한다. 다만, 지금의 추세로는 도박의 형태로 봐야 하므로 상담하는 관점에서는 절대로 권하지 않는다. 심지어 운이 좋다고 해도 말리는데, 증권의 시세는 운과 무관하게 움직이기 때문이다. 즉 무슨 사건을 따라서 오르락내리락 하고, 미국 경제도 작용하므로 그야말로 도박이라고 할 만하다. 도박에 해당하므로 운명적으로 판단할 수는 없고 점술(占術)을 통해서 가부를 볼 수 있을 것이다. 그 책임은 물론 본인이 진다는 것을 신중히 생각해야 한다. 다시 말하면 자평명리학(子平命理學)으로는 주식투자에 대한 가부(可否)를 답하지 않는 것이 현명하다.

지(支) 干支 지지(地支)의 줄임말. ⇨ 지지(地支)

지강자동화전북(至强者東火轉北)【滴天髓】
지극히 강한 것은 봄의 불이 겨울의 운으
로 가는 것이다.

지도유조습 생성품휘 인도득지 불가편야(地
道有燥濕 生成品彙 人道得之 不可偏也)
【滴天髓】 지지(地支)에는 조습(燥濕)이
있으니 만물의 품성을 생성한다. 사람이
이를 얻음에 치우치지 않아야 한다.

지리학(地理學) 外 땅의 이치를 논하는 학
문. 풍수학(風水學) 또는 감여학(堪輿學)
이라고도 한다. 산세(山勢)의 형상을 살
펴서 길흉을 논한다. 명당(明堂)이라는
위치를 찾는 것이 큰 목적이며, 그 명당
에 조상의 시신을 매장하면 자손이 번창
한다는 설(說)을 포함한다. 대표적인 인
물로는 무학(無學) 대사, 도선(道詵) 국
사 등이 있다.

지살(地殺) 殺 신살(神殺)의 하나. 돌아다
닌다는 살이다. 구조는 일지(日支)나 연
지(年支)가 인신사해(寅申巳亥)가 되면
해당한다.
　　朗月 실제로는 큰 비중이 없다. 개인적
인 생각으로는 신살은 모두 무시해도 좋
고, 특히 생극제화(生剋制化)의 이치에는
부합되지 않는 것이 대부분이므로 적용
시키면 그만큼 혼란이 가중될 수 있다.

지삼합(地三合) 干支 지지(地支)의 세 가지
합(合). ⇨ 삼합(三合)

지생간(支生干) 干支 지지(地支)에서 천간
(天干)을 생(生)함. 예를 들어 임신(壬
申), 갑자(甲子), 병인(丙寅) 등과 같이
지지에서 천간을 생하는 것이다.

지생천(地生天) 干支 땅에서 하늘을 생(生)
함. ⇨ 지생간(支生干)

지생천자 천쇠파충(地生天者 天衰怕沖)【滴
天髓】천간(天干)에 약한 용신이 있어 지
지(地支)에서 생조(生助)를 해야 할 경우
라면 지지가 충(沖)을 만나는 것이 무척
두렵다.

지소성(地掃星) 殺 남편과 생사이별하고
세 번 남편을 바꾸거나 남의 첩이 되는
살. 구조는 납음오행(納音五行)에 해당하
는 오행을 기준으로 금(金)-오미신월(午
未申月), 목(木)-묘진사월(卯辰巳月), 수
(水)-유술해월(酉戌亥月), 화(火)-자축
인월(子丑寅月), 토(土)-묘진사월(卯辰
巳月) 등에 해당한다.
　　朗月 실제로는 큰 비중이 없다. 개인적
인 생각으로는 신살은 모두 무시해도 좋
고, 특히 생극제화(生剋制化)의 이치에는
부합되지 않는 것이 대부분이므로 적용
시키면 그만큼 혼란이 가중될 수 있다.

지수(止水) 五 물을 멈추게 함. 수(水)가
범람할 경우 강력한 토(土)가 있으면 토
극수(土剋水)로 물을 멈추게 한다.

지순(支順) 干支 지지(地支)의 순서. 자축
인묘진사오미신유술해(子丑寅卯辰巳午未
申酉戌亥)로 나열된 것이 지지의 순서이
고 다시 해자(亥子)로 이어진다.

지신지이충위중 형여천혜동부동(支神只以沖
爲重 刑與穿兮動不動)【滴天髓】 지지(地
支)의 글자들은 충(沖)만 중요할 뿐, 삼
형(三刑)이든 육해(六害)든 별로 신경쓰
지 않아도 된다.

지역별(地域別) **시간차이**(時間差異) 外 태
양의 각도는 시시각각으로 움직이므로 1
시간이면 상당히 이동한다. 이러한 관점
에서 보면 같은 시간이더라도 실제로 자
연의 시간에서는 같지 않으므로 그 오차
를 알아야 한다. 다음 표와 같은 기준으
로 경도선(經度線)에서만 참고한다. 기준
은 135도의 동경표준시(東經表準時)를
적용하는 관점에서 대입한다. 오전 10시
를 표준시로 한다면 다음 각 지역에서의
실제 자연시간은 다음과 같다.

지역	오차	자연시간
※표준시가 오전 10시 정각일 경우		
서울	약 32분차이	오전 9시 28분
강릉	약 24분차이	오전 9시 36분
목포	약 34분차이	오전 9시 26분
대전	약 30분차이	오전 9시 30분

지윤천화 식립천고(地潤天和 植立千古) 【滴天髓】 지지(地支)는 조습(燥濕)이 적절하여 윤택(潤澤)하고, 천간(天干)은 한난(寒煖)이 적당하여 춥지도 덥지도 않다면, 곧게 심어져서 천년(千年)은 살 것이니 얼마나 좋은가.

지자모휼고지도 시유과질무강지경(知慈母恤孤之道 始有瓜帙無疆之慶) 【滴天髓】 인성(印星)이 너무 과다하여 일간(日干)이 외롭다면, 어머니의 뜻에 따라서 종강격(從強格)이 되면 어머니의 마음이 편안해져서 무럭무럭 성장하게 된다.

지장간(支藏干) 干支 지지(地支)에 감춰진 천간(天干). 지지는 종류가 12가지인데, 각 글자는 일정 비율의 천간을 포함한다. 그 천간이 포함된 것을 지장간이라 하며, 예부터 전해지는 기준은 일정하지 않으므로 약간의 오차는 있다. 지장간의 표시가 언제 누구에 의해서 시작되었는지는 알 수 없으나 그냥 알고 사용하는 법에 속한다. 그리고 사주의 위치에 따라 지장간이 월지에 있는 경우를 월률분야(月律分野)라 하고, 그 외의 지지에서는 인원용사(人元用事)라 한다. 두 경우를 구분하여 참고하여 대입한다.

    朗月 지지(地支)에 천간(天干)이 포함된 형태가 각 비율로 포함되어서 각기 분류할 수 있는 형태로 존재하는지, 아니면 완전히 일정한 비율로 용해되어서 분리시킬 수 없는 상태인지는 말하기 어렵다. 절기를 고려해본다면 일정한 흐름에 의해서 지장간의 기운이 흘러간다면 분리

하지 못할 형상으로는 안 보인다. 지지의 그릇에 담긴 일정 비율의 천간 덩어리라고 이해한다.

지장간(支藏干)**의 구조**(構造) 干支 지지(地支)의 장간(藏干)에 대한 구조. ⇨ 지장간(支藏干)

지장간(支藏干)**의 비율**(比率) 干支 지지(地支)의 장간(藏干)에 대한 비율(比率). ⇨ 지장간(支藏干)

지전(地戰) 子 지지(地支)가 싸우는 것. 육충(六沖)이 된 것이다.

지전살(地轉殺) 殺 신살(神殺)의 하나. 구조는 인묘진월(寅卯辰月) - 신묘(辛卯), 사오미월(巳午未月) - 무오(戊午), 신유술월(申酉戌月) - 계유(癸酉), 해자축월(亥子丑月) - 병자(丙子)에 해당한다. 작용은 단명한다고 하는데, 이치적으로 특별히 일치되지 않으므로 그대로 무시한다.

    朗月 실제로는 큰 비중이 없다. 개인적인 생각으로는 신살은 모두 무시해도 좋고, 특히 생극제화(生剋制化)의 이치에는 부합되지 않는 것이 대부분이므로 적용시키면 그만큼 혼란이 가중될 수 있다.

지전삼물(地全三物) 古 사주에 지지(地支)의 네 글자가 모두 삼합(三合)이 되거나 방합(方合)이 되는 경우이다.

    朗月 지지에 세 가지 성분이 모두 모여 있더라도 천간(天干)에서 돕지 않으면 아무 소용이 없다고 『적천수(滴天髓)』에 나오는데 매우 타당하다. 크게 비중을 둘 필요가 없다.

지전삼물 불가사천도막지용(地全三物 不可使天道莫之用) 【滴天髓】 지지(地支)에 인묘진(寅卯辰)이나 해묘미(亥卯未) 등 세 가지가 다 모여서 좋더라도, 천간(天干)에서 그 쓰임새를 얻지 못하면 아무 소용이 없다.

지지(地支) 干支 지지는 자축인묘진사오미신유술해(子丑寅卯辰巳午未申酉戌亥) 12

가지 종류가 있다. 그래서 십이지지(十二地支)라고도 한다. 지지의 12가지는 천간(天干)의 10가지와 서로 결합하여 60가지의 간지(干支) 결합을 만드는데, 이것을 육십갑자(六十甲子) 또는 육갑(六甲)이라고 한다. 때로는 지(地)라고도 하고, 또는 지(支)라고도 하지만, 이 둘은 구분하지 않고 같은 의미로 이해한다.

朗月 천간에 대응하여 천간을 양(陽)으로 보고, 지지를 음(陰)으로 볼 수 있다. 다만 지지의 구조를 음미해보면, 사실은 지장간의 비율로 짜여진 하나의 부호에 불과하다고도 볼 수 있으므로 절대적으로 천간에 대비하여 분류할 수 없는 것으로 이해한다. 지지는 상당히 복잡하므로 잘 이해해야 혼란이 안 생긴다.

지지격(地支格) 格 고전격국(古典格局)의 특성을 분류하는 형식. 지전일기격(地全一氣格), 재관쌍미격(財官雙美格), 협공격(夾拱格) 등이 해당한다.

지지방위(地支方位) 外 지지(地支)의 방위(方位). 동방(東方)-인묘진(寅卯辰), 남방(南方)-사오미(巳午未), 서방(西方)-신유술(申酉戌), 북방(北方)-해자축(亥子丑)을 말한다. 좀더 구체적으로 구분하면 정동(正東)-묘(卯), 남동(南東)-진사(辰巳), 남(南)-오(午), 남서(南西)-미신(未申), 서(西)-유(酉), 북서(北西)-술해(戌亥), 북(北)-자(子), 북동(北東)-축인(丑寅) 등으로 분류한다.

지지방합(地支方合) 子 지지(地支)에서 같은 방향의 세 글자가 모이면 합이 되는 것. 다만, 합의 의미에 비중을 두지 않고, 그냥 세력으로 보는 것이 타당하다. 인묘진(寅卯辰), 사오미(巳午未), 신유술(申酉戌), 해자축(亥子丑) 등이다.

지지삼합(地支三合) 子 지지(地支)에서 세 글자가 모이면 합이 되는 이치. 해묘미(亥卯未), 신자진(申子辰), 인오술(寅午戌), 사유축(巳酉丑) 등이다.

지지삼형(地支三刑) 子 ⇨ 삼형(三刑)

지지상천(地支相穿) 殺 ⇨ 상천(相穿)

지지상충(地支相沖) 干支 ⇨ 육충(六沖)

지지상형(地支相刑) 子 ⇨ 삼형(三刑)

지지암간(地支暗干) 干支 지지(地支)에 숨은 천간(天干). ⇨ 지장간(支藏干)

지지암장(地支暗藏) 干支 지지(地支)에 숨어 있음. ⇨ 지장간(支藏干)

지지연여(地支連茹) 古 지지(地支)에서 상생되는 것이 연뿌리가 뻗어나가는 것과 같음을 이르는 말. 연지(年支)는 월지(月支)를 생조하고, 월지(月支)는 일지(日支)를 생조하며, 일지(日支)는 다시 시지(時支)를 생조한다. 유정한 형상이지만 반드시 좋은 것은 아니다.

지지오행(地支五行) 干支 지지(地支)의 오행(五行). 인묘목(寅卯木), 사오화(巳午火), 진술축미토(辰戌丑未土), 신유금(申酉金), 해자수(亥子水) 등이다.

지지운(地支運) 子 지지(地支)로 들어오는 운. 대운이나 세운에서 들어오는 운은 천간(天干)과 지지(地支)가 있는데, 그 중에서 지지로 들어오는 운을 의미한다. 특히 대운에서 지지로 들어와서 작용하는 5년간이다.

지지육파(地支六破) 殺 ⇨ 육파(六破)

朗月 실제로는 큰 비중이 없다. 개인적인 생각으로는 신살은 모두 무시해도 좋고, 특히 생극제화(生剋制化)의 이치에는 부합되지 않는 것이 대부분이므로 적용시키면 그만큼 혼란이 가중될 수 있다.

지지육해(地支六害) 殺 육해(六害). ⇨ 육해살(六害殺)

지지음양(地支陰陽) 干支 지지(地支)의 음양(陰陽). 양지(陽支)-자인진오신술(子寅辰午申戌), 음지(陰支)-축해유미사묘(丑亥酉未巳卯) 등이다.

지지음양오행(地支陰陽五行) 五 지지(地支)

의 음양(陰陽)과 오행(五行). ⇨ 지지음
양(地支陰陽), 지지오행(地支五行)

지지장간(地支藏干) 干支 지지(地支)에 숨
어 있는 천간(天干). ⇨ 지장간(支藏干)

지지충(地支沖) 干支 ⇨ 육충(六沖)

지지파(地支破) 殺 ⇨ 육파(六破)

지지해(地支害) 殺 ⇨ 육해(六害)

지진일기(地辰一氣) 格 ⇨ 지진일기격(地辰
一氣格)

지진일기격(地辰一氣格) 格 고전격국(古典
格局)의 하나. 지지격(地支格)이라고도
한다. 구조는 지지에 한 가지로만 되어
있으면 칭하는데, 이를 귀격(貴格)이라
고 한다.

   朗月 천간(天干)에서 덮어주거나 말거나
고려하지 않고 귀격이라고 한다. 물론 말
이 되지 않으므로 무시하고 사용하지 않
는다.

지충(支沖) 干支 ⇨ 육충(六沖)

지파(支破) 殺 ⇨ 육파(六破)

지합(地合) 子 지지(地支)의 합(合). 지지
삼합(地支三合)이라고도 한다. 지지육합
(地支六合), 지지방합(地支方合) 모두 지
지의 합으로 본다. 하지만 원칙적으로 작
용하는 것은 삼합(三合)뿐이다. ⇨ 삼합
(三合)

지합오행(支合五行) 子 지지(地支)가 합
(合)하여 화(化)하면 나타나는 오행(五
行). 인오술합화(寅午戌合火), 해묘미합
목(亥卯未合木), 신자진합수(申子辰合
水), 사유축합금(巳酉丑合金) 등 삼합으
로 모여서 화하면 해당한다. 육합(六合)
의 경우는 자축합토(子丑合土), 인해합목
(寅亥合木), 묘술합화(卯戌合火), 진유합
금(辰酉合金), 사신합수(巳申合水) 등이
다.

   朗月 합하기만 하면 화(化)하는 오행이
발생하는데, 화하지 않으면 의미가 없다.
마치 음식물을 입 안에 넣고 영양이 전달

되기를 바라는 것과 같다. 반드시 소화되
어야만 비로소 영양분으로 변화되듯이
오행도 마찬가지이다. 육합(六合)의 경우
는 합을 고려하지 않으므로 화는 더구나
할 필요가 없다.

지해(支害) 殺 ⇨ 육해(六害)

지형(支刑) 子 ⇨ 삼형(三刑)

지효자봉친지방 시능극해대순지풍(知孝子奉
親之方 始能克諧大順之風)【滴天髓】어머
니는 약하고 비겁(比劫)이 태왕하면 어
머니는 마음이 불안해지는데, 자식인 일
간(日干)이 재성(財星)을 보지 않으면 어
머니의 마음도 편안하니 효자가 되고, 그
래서 집안은 편안하게 된다.

직난관(直難關) 殺 송곳, 칼, 못, 창 등으로
크게 다칠 액이 있는 살. 구조는 1·2월-
묘(卯), 3·4월-미(未), 5·6월-묘술(卯
戌), 7·8월-사신(巳申), 9·10월-인묘
(寅卯), 11·12월-진유(辰酉)에 해당한
다.

   朗月 실제로는 큰 비중이 없다. 개인적
인 생각으로는 신살은 모두 무시해도 좋
고, 특히 생극제화(生剋制化)의 이치에는
부합되지 않는 것이 대부분이므로 적용
시키면 그만큼 혼란이 가중될 수 있다.

직업적성(職業適性) 心 직업에 대한 적성을
분석한 것. 심리적으로 잘 어울리는 분야
가 있다면 십성(十星)의 대입으로 분류
할 수 있으며, 대표적인 직업을 택해서
비록 표면적이기는 하지만 그 성향에 따
라 분류를 시도한다. 다만, 직업 적성을
분석할 경우에 용신(用神)의 관계는 직
접적으로 크게 작용하지 않는다. 일설에
는 용신 중심으로 직업을 생각하는데, 이
러한 분류는 별로 의미가 크지 않다. 다
만 우선적으로 작용하는 것은 성격의 1
차 구조에서 주로 나타난다는 점이다.

진(辰) 干支 지지(地支)의 양토(陽土). 계
절로는 청명(淸明)에서 곡우(穀雨) 사이

고, 시간으로는 아침 7시 ~ 9시이다. 단, 동경 135도 기준으로 약 30분을 가산한다. 수(水)의 고지(庫地)가 되며, 자(子)를 만나면 합하고, 화(化)하면 수(水)가 된다. 술(戌)과는 충하지만 같은 토(土)이기 때문에 손상은 없고, 대신 내부에 암장된 계수(癸水)와 을목(乙木)은 손상을 입는다. 지장간의 구조는 을목(乙木)-9, 계수(癸水)-3, 무토(戊土)-18의 배합이다.

朗月 진년(辰年)에 태어나면 용띠가 되는데, 이치적으로는 연관이 없다. 다만, 용이 조화를 부린다는 말은 약간 의미가 있는데, 월(月)에서 진월(辰月)이 되면 그 해의 오운(五運)이 진월의 천간(天干)인 월간(月干)으로 나타나기 때문에 전해진 것이다. 예를 들어 갑기년(甲己年)에는 토(土)의 오운이므로 무진월(戊辰月)이 되는데, 이를 통해 용이 조화를 부린다는 말이 생겼다고 전한다. 전해지는 글에는 토의 충(冲)은 창고가 열리게 되어 내용의 성분을 사용할 수 있다는 설이 있는데, 밖이 깨어진 다음에 내용물을 사용한다는 것은 이치적으로 복잡하다. 『자평진전(子平眞詮)』에서는 이러한 오류를 바로잡았지만 아직도 이렇게 주장하는 학자가 많으니 깊이 생각해야 한다. 창고에 든 물건은 열쇠로 열어야 다시 사용할 수 있는데 진토(辰土)의 열쇠는 자수(子水)가 된다.

진가(眞假) 子 참과 거짓. 여러 의미가 있지만 대표적인 것은 진용신(眞用神)과 가용신(假用神)이 해당한다. ⇨ 진용신(眞用神), 가용신(假用神)

진가상관(眞假傷官) 古 진상관(眞傷官)과 가상관(假傷官). 상관(傷官)의 총칭이다.

진가참차난변론 불명불암수전둔(眞假參差難辨論 不明不暗受邅迍)【滴天髓】 진신(眞神)이든 가신(假神)이든 구분하는 것은 참으로 어려운데, 밝지도 어둡지도 않으니 인생이 험난하다.

진격(眞格) 格 참된 격(格). 월령(月令)에서 투출(透出)되어 용신(用神)으로 삼은 격(格)이다. 용신이 월령을 잡고 있으니 그 품격이 상당하다.

朗月 월령을 잡고 있다고 해서 모두 다 진격은 아니므로 전체적인 상황을 살펴서 참작하는 것이 옳다.

진기(進氣) 五 나아가는 기운(氣運). 예를 들어 목(木)이 겨울에 나면 다음에 들어올 기운인 목의 입장에서 수(水)는 진기에 해당한다. 그러므로 춘목(春木), 하토(夏土), 추수(秋水), 동목(冬木)은 모두 여기에 해당한다.

진기(眞氣) 令 참된 기운(氣運). 월령(月令)에 통근(通根)한 글자에 의미를 부여한다.

진기왕래(眞氣往來) 古 참된 기운이 서로 왕래함. 예를 들어 갑인일(甲寅日) 신미시(辛未時)의 경우, 갑목(甲木)은 미토(未土) 속의 기토(己土)와 합을 하고, 시간(時干)의 신금(辛金)은 일지(日支)의 인목(寅木) 속의 병화(丙火)와 합한다. 그야말로 공론(空論)이다. 이러한 의미로 대입하면 본질을 벗어나므로 주의한다.

진년(辰年) 子 진(辰)의 해. 연지(年支)가 진일 경우에 해당한다. 보통 용띠의 해라고도 한다.

진말(辰末) 俗 진시(辰時)의 끝 부분.

진법무민(盡法無民) 古 법(法)이 다하니 백성이 따르지 않음. 관살(官殺)이 법이라면 식상(食傷)이 과다하여 관살을 함부로 극하므로, 백성은 법을 무시하고 따르지 않는다는 의미이다.

朗月 어느 정도 관살(官殺)의 비중을 두려는 흔적이 보이지만, 만약 상관(傷官)이 힘이 있다면 구태여 무력한 관살을 염

려하지 말고 그대로 식상을 용신으로 삼으면 된다는 점을 참고로 알아둔다.

진사방(辰巳方) 外 진사(辰巳)의 방향. 남동(南東)을 의미한다. 팔괘(八卦)로는 손방(巽方)이다.

朗月 방향은 팔방(八方)으로 논하는데, 지지(地支)는 십이지(十二支)이므로 부득이 어느 지지는 겹치게 되는데, 진사(辰巳)도 그렇게 해서 지정되었다.

진상관(眞傷官) 古 진정한 상관(傷官). 진짜로 나쁘다는 의미도 포함한다. 월령(月令)에 상관이 있는 경우에 해당한다. 상관을 나쁜 성분으로 확정지은 고전에서는 이 상관을 극해야만 사주의 쓰임새가 살아난다고 말한다. 경우에 따라서는 상관을 용신으로 할 수 있으므로 이름에 구애받지 않는다. 한편 용신이 되는 경우에 가상관(假傷官)이라고도 하는데, 상관에 진가(眞假)를 부여할 필요는 없다.

진술상충(辰戌相沖) 子 ⇨ 진술충(辰戌沖)

진술축미(辰戌丑未) 干支 1. 진(辰)과 술(戌)과 축(丑)과 미(未)가 모이면 사고지(四庫地)라고 한다. 삼합의 고지(庫支)에 해당하는 글자만 모아놓은 것으로 토국(土局)이라고 한다. 다만, 토(土)의 세력으로만 볼 뿐이다.

2. 사고지(四庫地)라고도 한다. 지지(地支)의 토(土)에는 나름대로 각각의 창고라는 의미가 있기 때문이다. ⇨ 사고(四庫)

진술축미월(辰戌丑未月) 干支 진월(辰月), 술월(戌月), 축월(丑月), 미월(未月). 토월(土月)이라고도 한다.

진술축미토국(辰戌丑未土局) 格 진술축미(辰戌丑未)가 모이면 토(土)의 국(局)이라고 한다. ⇨ 토국(土局)

진술충(辰戌沖) 子 진(辰)과 술(戌)이 만나면 충돌함. 같은 토(土)가 되면서 충한다는 것은 진(辰)의 왕지(旺支)는 자(子)가 되고, 술(戌)의 왕지는 오(午)가 되므로 왕지를 따르기 위해서 같은 토이면서 충을 하는 것이다. ⇨ 축미충(丑未沖)

朗月 같은 토가 만나 충돌하는 것은 짜맞춘 논리라고 생각한다. 다만 속에 들어 있는 지장간의 성분이 손상된다는 정도로 이해하고 붕충(朋沖)이라고 한다.

진술토(辰戌土) 干支 진토(辰土)와 술토(戌土). 지지(地支)의 양토(陽土)를 말한다.

진시(辰時) 子 진(辰)의 시. 사주의 시지(時支)가 진에 해당하는 경우이다. 동경 135도 기준으로 07시 30분 ~ 09시 30분의 두 시간에 해당한다.

朗月 시계를 보지 못하고 출생한 경우 보통 아침을 먹고 낳았다고 하면 진시가 될 가능성이 많다.

진신득용평생귀 용가종위녹록인(眞神得用平生貴 用假終爲碌碌人) 【滴天髓】 월령(月令)을 잡은 진신(眞神)으로, 용신을 잡으면 일생 부귀(富貴)를 누릴 것이고, 가신(假神)을 용신으로 삼지 못하니 일생 별볼일 없는 인생이 된다.

진용신(眞用神) 用 참된 용신. 월령(月令)을 잡은 용신을 말한다. 다른 의미는 진정으로 필요한 글자를 용신으로 삼을 경우에도 해당한다. 의미로 봐서는 뒤쪽의 것이 더욱 타당하다.

진월(辰月) 子 진(辰)의 달. 사주의 월지(月支)가 진에 해당하는 경우이다. 절기로는 청명(淸明)과 곡우(穀雨)에 해당한다.

진월갑목(辰月甲木) 干支 진월(辰月)에 태어난 갑목(甲木). 목(木)의 기운이 이미 너무 왕성해진 후에 잠시 멈추는 상황으로 이해한다. 이 시기에는 열기가 점차 증폭되는 계절이므로 사주에 수(水)가 있는 것이 좋다.

【窮通寶鑑】 용신(用神)은 경금(庚金), 보조(補助)는 정화(丁火)와 임수(壬水)이

다. 경금을 용신으로 할 경우에 반드시 정화로 살(殺)을 제어해야 하고 그렇게 되면 상관제살(傷官制殺)이 된다. 경금이 없을 때는 임수를 용신으로 삼는다.

진월경금(辰月庚金) 干支 진월(辰月)에 태어난 경금(庚金). 토(土)의 기운이 왕성한 계절에 태어나면 기운이 왕성하므로 목(木)이나 수(水)를 좋아한다.

【窮通寶鑑】 용신(用神)은 갑목(甲木), 보조(補助)는 정화(丁火)와 임계수(壬癸水)이다. 단단한 금(金)이니 정화가 옳고, 토(土)가 왕하다면 갑목을 쓴다. 다만 경금(庚金)으로 나누지 않는다. 지지(地支)에 화(火)가 많으면 계수(癸水)가 좋고, 천간(天干)에 화가 많으면 임수(壬水)를 쓴다.

진월계수(辰月癸水) 干支 진월(辰月)에 태어난 계수(癸水). 진월(辰月)의 임수(壬水)에 따른다.

【窮通寶鑑】 용신(用神)은 병화(丙火), 보조(補助)는 신금(辛金)과 갑목(甲木)이다. 상반기(上半期)에는 오로지 병화를 쓰고, 하반기(下半期)에는 비록 병화를 쓰지만 신금으로 보조한다.

진월기토(辰月己土) 干支 진월(辰月)에 태어난 기토(己土). 진월의 무토(戊土)의 상황에 따른다.

【窮通寶鑑】 용신(用神)은 병화(丙火), 보조(補助)는 계수(癸水)와 갑목(甲木)이다. 먼저 병화를 쓰고 다음에 계수를 쓰니, 토(土)는 따뜻하면서도 윤택(潤澤)하게 된다. 경우에 따라서는 갑목으로 소토(疎土)한다.

진월무토(辰月戊土) 干支 진월(辰月)에 태어난 무토(戊土). 토(土)가 왕성한 계절에 태어났으므로 금(金)이나 목(木)의 조절을 희망한다.

【窮通寶鑑】 용신(用神)은 갑목(甲木), 보조(補助)는 병화(丙火)와 계수(癸水)이

다. 무토(戊土)가 사령(司令)하면 먼저 갑목으로 뚫어주고, 다음으로 병화를 쓰며 다음으로 계수를 쓴다.

진월병화(辰月丙火) 干支 진월(辰月)에 태어난 병화(丙火). 토(土)의 계절에 태어난 병화이므로 기운의 강약에 따라서 목(木)이 필요하거나 토(土)가 필요하다.

【窮通寶鑑】 용신(用神)은 임수(壬水), 보조(補助)는 갑목(甲木)이다. 오로지 임수를 용신으로 삼고, 토(土)가 너무 많으면 갑목으로 보조를 삼는다.

진월신금(辰月辛金) 干支 진월(辰月)에 태어난 신금(辛金). 진월의 경금(庚金)의 상황에 따른다.

【窮通寶鑑】 용신(用神)은 임수(壬水), 보조(補助)는 갑목(甲木)이다. 만약 병신합(丙辛合)이 보이면 계수(癸水)로 병화(丙火)를 제어해야 하고, 지지(地支)에 해자신(亥子申)이 있다면 귀(貴)한 사주이다.

진월을목(辰月乙木) 干支 진월(辰月)에 태어난 을목(乙木). 진월의 갑목(甲木)의 상황에 따른다.

【窮通寶鑑】 용신(用神)은 계수(癸水), 보조(補助)는 병화(丙火)와 무토(戊土)이다. 만약 지지(地支)에 수국(水局)이 되면 무토로 보조를 삼는다.

진월임수(辰月壬水) 干支 진월(辰月)에 태어난 임수(壬水). 토(土)의 기운이 강한 계절이므로 도움이 필요한데 금(金)이 있기를 원한다.

【窮通寶鑑】 용신(用神)은 갑목(甲木), 보조(補助)는 경금(庚金)이다. 갑목으로 진월(辰月)의 상황을 해소하고, 다음에 경금으로 수원지(水源地)를 삼는다. 금(金)이 많으면 병화(丙火)로 통제해야 묘(妙)가 된다.

진월정화(辰月丁火) 干支 진월(辰月)에 태어난 정화(丁火). 진월의 병화(丙火)의 상황에 따른다.

【窮通寶鑑】 용신(用神)은 갑목(甲木), 보조(補助)는 경금(庚金)이다. 갑목(甲木)을 써서 화(火)를 생조(生助)하고, 토(土)는 극제(剋制)한다.

진유합(辰酉合) 子 진(辰)과 유(酉)가 만나면 합함. 육합(六合)의 하나이다.

朗月 다만, 실제로는 작용이 없다고 본다. 육합은 사용하지 않는다.

진유합금(辰酉合金) 子 ⇨ 진유합화금(辰酉合化金)

진유합화금(辰酉合化金) 子 진(辰)과 유(酉)가 만나서 변화하면 금(金)이 된다. 구조로는 천간(天干)의 오합(五合)을 흉내낸 것으로 본다. 다만 현실적으로는 전혀 작용하지 않는다.

朗月 육합 자체도 믿을 수 없는데 하물며 합하여 변화까지 한다는 것은 더욱 황당하다. 그냥 무시한다.

진(辰)**의 지장간**(支藏干) 干支 지지(地支)의 진토(辰土) 속에 들어 있는 천간(天干). 지장간의 구조는 을목(乙木)-9, 계수(癸水)-3, 무토(戊土)-18에 해당한다. ⇨ 인원용사(人元用事)

朗月 지지(地支)에 천간(天干)이 포함된 형태가 각 비율로 포함되어서 각기 분류할 수 있는 형태로 존재하는 것인지, 아니면 완전히 일정한 비율로 용해되어서 분리시킬 수 없는 상태인지는 말하기 어렵다. 절기를 고려해 일정한 흐름에 의해서 지장간의 기운이 흘러간다고 참고하면 분리하지 못할 형상은 아니다. 지지의 그릇에 담긴 일정 비율의 천간 덩어리라고 이해한다.

진일(辰日) 子 진(辰)의 날. 사주의 일지(日支)가 진에 해당하는 경우이다.

진정(辰正) 俗 진시(辰時)의 중앙.

진종(眞從) 古 진정(眞正)한 종격(從格)을 이룬 경우. 반대로 가종(假從)이 있다.

진종지가유기인 가종역가발기신(眞從之家有

幾人 假從亦可發其身)【滴天髓】 확실한 종(從)을 얻은 사주가 얼마나 되겠는가. 거짓으로 종을 한 사주도 또한 성공할 수 있다.

진중계수(辰中癸水) 干支 진토(辰土) 속에 있는 계수(癸水). 월령(月令)에 해당할 경우에 중기(中氣)에 해당하고, 절기는 청명(淸明)에 해당하며 약 3일간 작용한다. 독립적으로는 진토(辰土)가 수고(水庫)에 해당하는 성분이므로, 자수(子水)를 만나면 진토는 50%의 계수로 강화된다.

진중무토(辰中戊土) 干支 진토(辰土) 속에 있는 무토(戊土). 월령(月令)에 해당할 경우 본기(本氣)에 해당하고, 절기는 곡우(穀雨)에 해당하며 약 18일간 작용한다. 독립적으로는 계수(癸水)를 품고 있기 때문에 습토(濕土)로 본다.

진중을목(辰中乙木) 干支 진토(辰土) 속에 있는 을목(乙木). 월령(月令)에 해당할 경우 진월(辰月)에서 넘어온 여기(餘氣)에 해당하고, 청명(淸明)에 해당하며 약 9일간 작용한다. 독립된 진토일 경우에는 상당히 약한 을목으로 이해한다.

진진형(辰辰刑) 殺 신살(神殺)의 하나. 진(辰)이 진(辰)을 만나면 자형(自刑)이 된다.

朗月 진이 진을 보면 스스로 형을 한다고 하는데, 이치적으로 믿을 수 없으므로 그냥 무시한다.

진천간(辰天奸) 殺 신살(神殺)의 하나. 진(辰)은 천간성(天奸星)에 해당한다. 당사주(唐四柱)에서 12성(星)에 해당하는데, 간교(奸狡)하다는 뜻이다. ⇨ 당사주(唐四柱)

진초(辰初) 俗 진시(辰時)의 첫 부분.

진태주인의지진기 세불양립 이유상성자존
(震兌主仁義之眞機 勢不兩立 而有相成者存)【滴天髓】 금목(金木)으로 태어난 사

람은 인의(仁義)를 갖는데, 세력은 양립
할 수 없으니 서로 균형을 이룬 자만 존
립한다.

진해원진(辰亥怨嗔) 殺 신살(神殺)의 하나.
원진살(怨嗔殺)의 일종이다.

진혜퇴혜의억양(進兮退兮宜抑揚)【滴天髓】
나아가기도 하고 물러나기도 하므로 여
기에 따라서 눌러주기도 하고 날려주기
도 한다.

질(質) 外 구체적으로 물건(物件)이라고
말할 수 있는 형상(形狀)을 갖는 것. 자
평명리학에서는 양간(陽干)을 기(氣)의
차원으로 이해하고, 음간(陰干)을 질(質)
의 차원으로 이해한다.

질병(疾病)【滴天髓】사주를 통해서 타고난
질병을 읽을 방법을 논한다.

　　朗月 다만 실제로 임상해보면 사주에서
암시하는 것과 반드시 일치한다고 보기
는 어렵다. 건강이라는 것이 유전인자(遺
傳因子)와 생존의 환경에 따라 많은 차이
가 나기 때문이다. 이러한 것을 고려하지
않고 사주만 갖고 질병이나 수명을 읽는
것은 매우 위험하다. 그냥 참고사항으로
만 본다.

질투심(嫉妬心) 心 남이 나보다 잘되면 마
음이 상하는 성품. 경쟁심의 겁재(劫財)
와 표현하는 상관(傷官)이 결합하면 나
타난다.

집착성(執着性) 心 지나치게 관심을 보이
는 성품. 정재(正財)와 합이 된 성격이
다.

징탁구청청득정 시래한곡역회춘(澄濁求淸淸
得淨 時來寒谷亦回春)【滴天髓】탁함을 맑
게 해서 맑음을 구하니, 고요함을 얻어
마치 겨울을 보내고 차가운 골짜기에 봄
이 오는 것과 같다.

징험(徵驗)【滴天髓】인생에서 무슨 일이
일어날지를 신기하게 안다.

차천금(釵釧金) 古 경술신해차천금(庚戌辛
亥釵釧金)의 줄임말. ⇨ 경술신해차천금
(庚戌辛亥釵釧金)

처(妻) 星 ⇨ 아내

처궁(妻宮) 星 처가 머무는 자리. 일지(日
支)를 처궁이라고 한다. 자신이 깔고 있
는 자리에 처를 두는 것은 이치적으로도
타당하다. ⇨ 궁성이론(宮星理論)

처서(處暑) 令 24절기의 하나. 입추(立秋)
15일 후 8월 23일경에 들어오는 절기이
다. 태양은 황경(黃經) 150°에 달할 때부
터 15° 사이가 처서의 구역인데, 음력으
로는 7월의 중기이다. 입추가 지나고 백
로(白露)로 향하는 도중에 있는, 더위가
물러가는 시기이다.

처성(妻星) 星 아내가 되는 십성(十星). 정
재(正財)나 편재(偏財)를 말한다.

처음 사주 子 간지(干支)의 배합에서 맨 처
음에 해당하는 사주의 구조. 갑자년(甲子
年), 갑자월(甲子月), 갑자일(甲子日), 갑
자시(甲子時)가 해당한다. 다만, 지금의
자평명리학(子平命理學)에서는 존재하지
않는 사주이다. ⇨ 동지기준설(冬至基準
說)

처자(妻子) 星 아내와 자식. 남자의 사주에
서 비중을 두는 십성(十星)으로 아내인
재성(財星)과 자식인 관살(官殺)을 말한
다.

　　朗月 재성과 관살이 희용신(喜用神)에
해당하면 도움이 되고, 반대로 기구신(忌

仇神)에 해당하면 부담이 된다고 해석한
다.

처재(妻財) 星 아내와 재물. 자평명리학(子
平命理學)에서는 처와 재물을 같이 본다.

　　朗月 처(妻)는 일지(日支)의 처궁(妻宮)
에 비중을 두고 살펴보고, 재물(財物)은
사주의 재성(財星)에 비중을 두고 살펴서
구분하기도 한다. 예를 들어 처궁은 용신
인데 재성이 기신(忌神)이라면 아내는 현
숙(賢淑)하지만 재물의 인연은 나쁘다고
해석한다.

천간(天干) 干支 천간(天干)은 오행(五行)
을 음양(陰陽)으로 분류하는 부호이다.
간지(干支)의 간(干)에 해당한다. 갑을병
정무기경신임계(甲乙丙丁戊己庚辛壬癸)
열 종류이며, 십천간(十天干)이라고도 한
다. 이 중 갑병무경임(甲丙戊庚壬)을 양
간(陽干)이라 하고, 을정기신계(乙丁己辛
癸)를 음간(陰干)이라고도 한다.

　　朗月 지지(地支)를 음(陰)으로 본다면
천간(天干)은 양(陽)으로 구분할 수도 있
는데 일리가 있다.

천간격(天干格) 格 고전격국(古典格局)을
형태별로 구분하면 천간(天干)의 특성으
로 분류하는 격국들을 가리킴. 양간부잡
격(兩干不雜格), 천원일기격(天元一氣
格), 천간순식격(天干順食格) 등이 해당
한다.

천간방위(天干方位) 五 천간(天干)의 방위.
갑을동방(甲乙東方), 병정남방(丙丁南

方), 경신서방(庚辛西方), 임계북방(壬癸北方), 무기중앙(戊己中央) 등이다.

천간상충(天干相沖) `干支` 천간(天干)에서 서로 충(沖)하는 것. 갑경충(甲庚沖), 을신충(乙辛沖), 병임충(丙壬沖), 정계충(丁癸沖) 등을 말한다.

　朗月 다만 천간의 오행은 충이 될 수 없으므로 단순히 극(剋)만 고려하는 것이 이치에 부합된다. 잘못된 용어에 속한다.

천간성(天奸星) `殺` 신살(神殺)의 하나. 간교(奸狡)하다는 뜻과 총명하다는 뜻이 있다. 지지(地支)의 진(辰)에 해당하는 살이다. ⇨ 당사주(唐四柱)

천간순식(天干順食) `古` ⇨ 천간순식격(天干順食格)

천간순식격(天干順食格) `格` 고전격국(古典格局)의 한 종류. 천간격(天干格)에도 해당한다. 구조는 갑년(甲年) 병월(丙月) 무일(戊日) 경시(庚時)와 같이 연간(年刊)에서 보면 월간(月干)이 식신이고, 월간에서 보면 일간(日干)이 식신이며, 일간에서는 시간(時干)이 식신인 경우에 붙여진 이름이다. 흐름이 좋으므로 사주가 건왕하다면 좋다고 할 수도 있다.

천간오행(天干五行) `五` 천간(天干)의 오행(五行). 갑을목(甲乙木), 병정화(丙丁火), 무기토(戊己土), 경신금(庚辛金), 임계수(壬癸水) 등을 말한다.

천간운(天干運) `子` 천간(天干)으로 들어오는 운. 대운이나 세운에서 들어오는 운은 천간과 지지가 있는데, 그 중에서 천간의 운을 의미한다. 특히 대운의 경우에 천간운의 작용을 5년으로 하는 것이 대부분이다.

천간음양(天干陰陽) `五` 천간(天干)의 음양(陰陽). 양간(陽干) - 갑병무경임(甲丙戊庚壬), 음간(陰干) - 을정기신계(乙丁己辛癸) 등을 말한다.

천간지지(天干地支) `干支` ⇨ 천간(天干), 지(地支)

천간충(天干沖) `干支` ⇨ 천간상충(天干相沖)

천간합(天干合) `干支` 천간의 합. 간합(干合)을 말한다.

천격(賤格) `格` 빈천(貧賤)한 형상인 격. 충극(沖剋)이 극심하고, 생조(生助)해야 할 것은 극을 받고, 극을 받아야 할 것은 생조를 받아서 오행의 균형이 깨진 것이다.

　朗月 다만 이름만 천격인 것도 있으므로 사주의 상황을 살펴서 천한 것을 판단하는 것이 중요하다.

천고성(天孤星) `殺` 신살(神殺)의 하나. 고독(孤獨)하게 살아간다는 뜻을 갖으며, 지지(地支)의 신(申)에 해당하는 살이다. ⇨ 당사주(唐四柱)

천고팔자비결총해(千古八字秘訣總解) `冊` 하건충(何建忠) 선생의 저서. 내용은 팔자심리추명학(八字心理推命學)의 일부분을 다시 정리한 부분과, 궁성이론(宮星理論)이 있는데, 특히 궁성이론은 독보적인 분야를 개척한 것이다. 내용의 전부를 취하지는 않더라도 한번 보는 것으로도 많은 도움이 된다. ⇨ 궁성이론(宮星理論)

천관귀인(天官貴人) `殺` 갑(甲) - 미(未), 을(乙) - 진(辰), 병(丙) - 사(巳), 정(丁) - 유(酉), 무(戊) - 술(戌), 기(己) - 묘(卯), 경(庚) - 해(亥), 신(辛) - 신(申), 임(壬) - 인(寅), 계(癸) - 오(午)가 해당한다. 연간(年干)에서 지지(地支)를 대입하는 형상으로 복록이 많다.

　朗月 실제로는 큰 비중이 없다. 개인적인 생각으로는 신살(神殺)은 모두 무시해도 좋고, 특히 생극제화(生剋制化)의 이치에는 부합되지 않는 것이 대부분이므로 적용시키면 그만큼 혼란이 가중될 수 있다.

천관지축(天關地軸) `古` 하늘의 관문과 땅의 축을 이르는 말. 건(乾)은 천관으로 술해

(戌亥)이고, 곤(坤)은 지축으로 미신(未申)이니 건곤이 모두 갖춰져 있다는 말이다. 이렇게 되면 사해에 이름을 떨친다고 하는데 이 내용은 무시하는 것이 좋다. 중요한 것은 사주의 형상이며 말만 그렇다고 보면 된다.

천권성(天權星) 殺 신살(神殺)의 하나. 권세(權勢)를 누린다는 뜻을 갖는다. 지지(地支)의 인(寅)에 해당하는 살이다. ⇨ 당사주(唐四柱)

천귀성(天貴星) 殺 신살(神殺)의 하나. 귀하게 된다는 뜻을 갖는다. 지지(地支)의 자(子)에 해당하는 살이다. ⇨ 당사주(唐四柱)

천기누설(天機漏泄) 古 하늘의 은밀한 기밀을 세상에 누출시킴. 몰라야 할 것을 알게 된다는 의미로도 사용하는 경우가 있다.

朗月 자평명리학(子平命理學)을 공부하는 것도 천기(天機)를 배우는 것이라고 할 수 있다. 그러나 그렇게 비밀스럽다고 할 필요도 없다. 천기를 누설시키면 천벌을 받는다는 식으로 얼버무리고 거액의 돈을 요구하는 경우도 있다. 어리석은 욕심으로 그러한 것을 돈으로 바꾸려는 사람도 적지 않으므로 주의해야 한다. 그러므로 이러한 이름을 거론하는 사람은 일단 진정한 답을 모르는 사람이라고 간주하면 된다.

천기대요(天機大要) 冊 택일(擇日) 등의 용도로 사용하는 책. 해독이 쉽지 않은데 이것을 매년의 분량으로 풀어놓은 것이 대한민력(大韓民曆)이다.

천덕귀인(天德貴人) 殺 인월(寅月) - 정(丁), 묘월(卯月) - 신(申), 진월(辰月) - 임(壬), 사월(巳月)-신(辛), 오월(午月)- 해(亥), 미월(未月)-갑(甲), 신월(申月)- 계(癸), 유월(酉月 - 인(寅), 술월(戌月)- 병(丙), 해월(亥月)-을(乙), 자월(子月)-

사(巳), 축월(丑月) - 경(庚)에 해당하면 천덕귀인이다. 작용은 관운(官運)이 좋고 병(病)이 적다고 한다.

朗月 실제로는 큰 비중이 없다. 개인적인 생각으로는 신살(神殺)은 모두 무시해도 좋고, 특히 생극제화(生剋制化)의 이치에는 부합되지 않는 것이 대부분이므로 적용시키면 그만큼 혼란이 가중될 수 있다.

천도살(天屠殺) 殺 군자(君子)는 괴질과 각기병에 걸리고, 소인(小人)은 사지가 온전치 못하거나 형액을 당하는 살. 구조는 자일(子日) - 오시(午時), 축일(丑日) - 해시(亥時), 인일(寅日) - 술시(戌時), 묘일(卯日)-유시(酉時), 진일(辰日)-신시(申時), 사일(巳日)-미시(未時), 오일(午日) - 자시(子時), 미일(未日) - 사시(巳時), 신일(申日) - 진시(辰時), 유일(酉日) - 묘시(卯時), 술일(戌日)-인시(寅時), 해일(亥日)-축시(丑時)에 해당한다.

朗月 실제로는 큰 비중이 없다. 개인적인 생각으로는 신살(神殺)은 모두 무시해도 좋고, 특히 생극제화(生剋制化)의 이치에는 부합되지 않는 것이 대부분이므로 적용시키면 그만큼 혼란이 가중될 수 있다.

천도유한난 발육만물 인도득지 불가과야(天道有寒煖 發育萬物 人道得之 不可過也) 【滴天髓】 천간(天干)에는 한난(寒煖)의 도(道)가 있으니 만물을 발육하게 하는지라 사람이 이를 얻음에 지나침이 없어야 한다.

천라지망(天羅地網) 殺 ⇨ 천라지망살(天羅地網殺)

천라지망살(天羅地網殺) 殺 신살(神殺)의 하나. 구조는 진(辰) - 천라(天羅), 술(戌) - 지망(地網)인데, 남자는 천라를 꺼리고 여자는 지망을 꺼린다. 한신(韓信)도 이 살이 있어서 흉한 죽음을 당했다고 한다.

ㅊ

朗月 실제로는 큰 비중이 없다. 개인적인 생각으로는 신살(神殺)은 모두 무시해도 좋고, 특히 생극제화(生剋制化)의 이치에는 부합되지 않는 것이 대부분이므로 적용시키면 그만큼 혼란이 가중될 수 있다.

천마(天馬) 殺 벼슬을 구하거나 취임하거나 출행하는 일에 길한 살. 구조는 1·7월-오(午), 2·8월-신(申), 3·9월-술(戌), 4·10월-자(子), 5·11월-인(寅), 6·12월-진(辰)에 해당한다.

朗月 실제로는 큰 비중이 없다. 개인적인 생각으로는 신살(神殺)은 모두 무시해도 좋고, 특히 생극제화(生剋制化)의 이치에는 부합되지 않는 것이 대부분이므로 적용시키면 그만큼 혼란이 가중될 수 있다.

천문성(天文星) 殺 신살(神殺)의 하나. 문장(文章)에 능하다는 뜻을 갖으며, 지지(地支)의 사(巳)에 해당하는 살이다. ⇨ 당사주(唐四柱)

천문학(天文學) 外 우주 전체에 관한 연구 및 우주 안에 있는 여러 천체에 관해 연구하는 자연과학의 한 분야. 천문학은 인류문명이 시작되는 바빌로니아 시대부터 점성술(占星術)이나 달력의 작성과 관련을 가지고 발달되었으므로 자연과학 가운데 가장 일찍 시작된 학문이다. 또 천체의 관측으로 지구 위에서의 위치가 알려지는 원리는 항해하는 데 이용되어 이런 목적으로 천문학은 크게 발달되어 17세기에 망원경이 발명된 후 프랑스의 파리천문대, 영국의 그리니치천문대 등의 큰 천문대가 창설되었다. 이처럼 천문학은 실용적인 필요성에서 발달했다고 볼 수 있으며, 천문학을 시간과 공간 위치에 관한 가장 기본적인 관측을 하는 학문이라고 말하는 것도 이 때문이다. ⇨ 점성술(占星術)

천배지반(天背地反) 干支 천간(天干)이나 지지(地支)에서 용신(用神)이나 일간(日干)이 원하는 것과 반대로 작용하는 것으로 흉한 의미이다.

천복성(天福星) 殺 신살(神殺)의 하나. 복록(福祿)이 많다는 뜻을 갖으며 지지(地支)의 오(午)에 해당하는 살이다. ⇨ 당사주(唐四柱)

천복지재(天覆地載) 古 하늘에서는 덮어주고 땅에서는 받쳐줌을 이르는 말. 유정하게 간지(干支)에서 보호하는 것을 말한다. 반대의 개념은 개두절각(蓋頭截脚)이다.

천사(天赦) 殺 신살(神殺)의 하나. 재앙에서 구제해주는 신이라는 뜻이다. 인묘진(寅卯辰)월의 무인(戊寅)일, 사오미(巳午未)월의 갑오(甲午)일, 신유술(申酉戌)월의 무신(戊申)일, 해자축(亥子丑)월의 갑자(甲子)일에 태어난 사람에게 해당한다

朗月 실제로는 큰 비중이 없다. 개인적인 생각으로는 신살(神殺)은 모두 무시해도 좋고, 특히 생극제화(生剋制化)의 이치에는 부합되지 않는 것이 대부분이므로 적용시키면 그만큼 혼란이 가중될 수 있다.

천살(天殺) 殺 신살(神殺)의 하나. 하늘을 보고 눈물을 흘린다는 살이다. 비행기살이라고도 한다. 구조는 일지(日支)나 연지(年支)가 삼합(三合)이 되는 첫 글자의 앞에 오는 글자에 해당한다. 예를 들면 일지에 축(丑)이 있을 경우에 삼합은 사유축(巳酉丑)이 되고, 그 첫자인 사(巳)의 앞 글자는 진(辰)이다. 그래서 진이 천살에 해당한다.

朗月 실제로는 큰 비중이 없다. 개인적인 생각으로는 신살(神殺)은 모두 무시해도 좋고, 특히 생극제화(生剋制化)의 이치에는 부합되지 않는 것이 대부분이므로 적용시키면 그만큼 혼란이 가중될 수

있다.

천상화(天上火) 古 무오기미천상화(戊午己未天上火)의 줄임말. ⇨ 무오기미천상화(戊午己未天上火)

천세력(千歲曆) 冊 역서(曆書)의 한 종류. 매월의 간지(干支)를 10일 단위로 줄여서 표시한 것이다. 예전에는 이것으로 환산하여 일진(日辰)을 찾았는데, 지금은 만세력(萬歲曆)을 사용하고 천세력은 거의 사용하지 않는다.

천소성(天掃星) 殺 장가를 세 번 든다는 살. 구조는 갑년(甲年) - 계미(癸未)일시, 을년(乙年) - 임오(壬午)일시, 병년(丙年) - 신사(辛巳)일시, 정년(丁年) - 경진(庚辰)일시, 무년(戊年) - 기묘(己卯)일시, 기년(己年) - 무인(戊寅)일시, 경년(庚年) - 정축(丁丑)일시, 신년(辛年) - 병자(丙子)일시, 임년(壬年) - 을해(乙亥)일시, 계년(癸年) - 갑술(甲戌)일시에 해당한다.

   朗月 실제로는 큰 비중이 없다. 개인적인 생각으로는 신살(神殺)은 모두 무시해도 좋고, 특히 생극제화(生剋制化)의 이치에는 부합되지 않는 것이 대부분이므로 적용시키면 그만큼 혼란이 가중될 수 있다.

천수성(天壽星) 殺 신살(神殺)의 하나. 수명(壽命)이 길다는 뜻을 갖으며, 지지(地支)의 해(亥)에 해당하는 살이다. ⇨ 당사주(唐四柱)

천액성(天厄星) 殺 신살(神殺)의 하나. 액난(厄難)이 많다는 뜻을 갖는다. 지지(地支)의 축(丑)에 해당하는 살이다. ⇨ 당사주(唐四柱)

천역성(天驛星) 殺 신살(神殺)의 하나. 역마(驛馬)처럼 떠돌아다닌다는 뜻을 갖으며 지지(地支)의 미(未)에 해당하는 살이다. ⇨ 당사주(唐四柱)

천예성(天藝星) 殺 신살(神殺)의 하나. 예술(藝術) 분야에 소질이 있다는 뜻을 갖

으며, 지지(地支)의 술(戌)에 해당하는 살이다. ⇨ 당사주(唐四柱)

천원일기격(天元一氣格) 格 고전격국(古典格局)의 하나. 천간격(天干格)에도 해당하는데, 천간(天干)에 하나의 오행으로만 되어 있을 경우에 해당한다.

   朗月 지지(地支)에서 실어주거나 말거나 고려하지 않고 귀격이라고 말하므로 이러한 논리가 있는 동안에는 사주학(四柱學)은 학문으로 대우받지 못할 것이다. 사용하지 않는 것이 좋다.

천을귀인(天乙貴人) 殺 길신(吉神)의 최고(最高). 갑무경(甲戊庚) - 축미(丑未), 을기(乙己) - 자신(子申), 병정(丙丁) - 해유(亥酉), 신(辛) - 오인(午寅), 임계(壬癸) - 사묘(巳卯)로 대입한다. 이러한 글자가 있으면 흉한 일을 당하여도 흉함이 나타나지 않고 길한 일은 증가한다.

   朗月 특히 천을귀인은 육임학(六壬學)에서는 매우 중요하게 취급한다. 그러나 육임에서 중요하다고 자평법(子平法)에서도 중요한 것은 아니다. 오히려 이러한 길신의 이름에 현혹되어 흉함을 흉하다고 하지 않으면 또한 오류를 범한다고 이해하는 것이 현명하다. 그러므로 사용하지 않는 것이 최선이다.

천인성(天刃星) 殺 신살(神殺)의 하나. 살상(殺傷)의 액을 당한다는 뜻을 갖으며, 지지(地支)의 유(酉)에 해당하는 살이다. ⇨ 당사주(唐四柱)

천일관(千日關) 殺 태어난지 천일(千日) 안에 경풍이나 젖을 토하는 살. 구조는 갑을일(甲乙日) - 진오(辰午), 병정일(丙丁日) - 신(申), 무기일(戊己日) - 사(巳), 경신일(庚辛日) - 인(寅), 임계일(壬癸日) - 축해(丑亥)에 해당한다.

   朗月 실제로는 큰 비중이 없다. 개인적인 생각으로는 신살(神殺)은 모두 무시해도 좋고, 특히 생극제화(生剋制化)의 이

치에는 부합되지 않는 것이 대부분이므로 적용시키면 그만큼 혼란이 가중될 수 있다.

천전(天戰) 干支 하늘의 전쟁. 구조는 천간(天干)에서 서로 극(剋)하는 경우이다.

천전살(天轉殺) 殺 신살(神殺)의 하나. 구조는 인묘진월(寅卯辰月) – 을묘(乙卯), 사오미월(巳午未月) – 병오(丙午), 신유술월(申酉戌月) – 신유(辛酉), 해자축월(亥子丑月) – 임자(壬子) 등을 말한다. 단명할 우려가 있다. 매우 왕하다는 의미로는 가치가 있지만, 왕한 경우는 많으므로 이 날짜만 유독 골라서 천전살이라는 것은 이치에 합당하지 않다.

朗月 실제로는 큰 비중이 없다. 개인적인 생각으로는 신살(神殺)은 모두 무시해도 좋고, 특히 생극제화(生剋制化)의 이치에는 부합되지 않는 것이 대부분이므로 적용시키면 그만큼 혼란이 가중될 수 있다.

천전유자가 지전급여화(天戰猶自可 地戰急如火)【滴天髓】 천간(天干)에서 전쟁하는 것은 오히려 부담이 없지만, 지지(地支)에서의 싸움은 불과 같이 그 작용이 급하게 나타난다.

천전일기(天全一氣) 古 사주의 천간(天干) 네 글자가 모두 같은 것. 예를 들어 천간이 모두 갑(甲)으로 이루어졌거나 을(乙)로 이루어진 경우 등인데 이를 귀하다고도 한다.

朗月 이치적으로 생각하면 천전일기라서 귀하다는 것은 믿기 어렵다. 왜냐하면 지지(地支)의 상황이 돕지 않는다면 천간의 일기(一氣)도 아무 소용이 없기 때문이다.

천전일기 불가사지덕막지재(天全一氣 不可使地德莫之載)【滴天髓】 천간(天干)이 한 가지의 오행(五行)으로 되어 있으면 귀한 사주이지만, 지지(地支)가 덕을 베풀어서 실어주지 않으면 아무 소용이 없다.

천조관(天弔關) 殺 하늘의 조문을 받는다는 살. 여러 번 죽을 고비를 넘기는 살이다. 구조는 신자진(申子辰)일 – 사오(巳午), 사유축(巳酉丑)일 – 자묘(子卯), 인오술(寅午戌)일 – 진오(辰午), 해묘미(亥卯未)일 – 오신(午申)에 해당한다.

朗月 실제로는 큰 비중이 없다. 개인적인 생각으로는 신살(神殺)은 모두 무시해도 좋고, 특히 생극제화(生剋制化)의 이치에는 부합되지 않는 것이 대부분이므로 적용시키면 그만큼 혼란이 가중될 수 있다.

천주귀인(天廚貴人) 殺 갑병(甲丙) – 사(巳), 을정(乙丁) – 오(午), 무(戊) – 신(申), 기(己) – 유(酉), 경(庚) – 해(亥), 신(辛) – 자(子), 임(壬) – 인(寅), 계(癸) – 묘(卯)에 해당한다. 복록과 수명이 장구하다. 식신(食神)을 말하지만 병화(丙火)가 사(巳)를 봐도 천주귀인인 것을 보면 그렇지도 않으므로 신빙성이 없다.

朗月 실제로는 큰 비중이 없다. 개인적인 생각으로는 신살(神殺)은 모두 무시해도 좋고, 특히 생극제화(生剋制化)의 이치에는 부합되지 않는 것이 대부분이므로 적용시키면 그만큼 혼란이 가중될 수 있다.

천중살(天中殺) 殺 신살(神殺)의 하나. 공망(空亡)과 같은 말이다. ⇨ 공망(空亡)

천중수(泉中水) 古 갑신을유천중수(甲申乙酉泉中水)의 줄임말. ⇨ 갑신을유천중수(甲申乙酉泉中水)

천지교태(天地交泰) 古 천지가 서로 크게 통함을 이르는 말. 천간(天干)이 모두 목(木)이면 지지(地支)도 모두 목이거나 목국(木局)을 이루는 경우다. 오행의 기운이 편중된 것은 좋지 않기 때문에 뜻에 비해서 실제의 상황은 그렇지 못하다. 그냥 참고만 한다.

천지덕합(天地德合) 殺 일간(日干)을 포함하여 좌우의 두 간지(干支)가 모두 합이 되는 것. 예를 들어 기축일(己丑日) 갑자시(甲子時)의 경우이다. 합이 되었다는 것은 하나의 상황은 되지만 그것만으로 어떤 구체적인 길흉 판단은 의미가 없다.

천지전살(天地轉殺) 殺 신살(神殺)의 하나. 구조는 인묘진월(寅卯辰月) - 묘(卯), 사오미월(巳午未月) - 오(午), 신유술월(申酉戌月) - 유(酉), 해자축월(亥子丑月) - 자(子)가 되므로 왕성하게 된다고 이해한다. 작용은 단명할 우려가 있지만 믿을 말은 못된다. 다만, 매우 왕(旺)하여 그럴 수 있다는 가능성은 고려해도 무방하다.

천파성(天破星) 殺 신살(神殺)의 하나. 풍파(風波)가 많다는 뜻을 갖는다. 지지(地支)의 묘(卯)에 해당하는 살이다. ⇨ 당사주(唐四柱)

천하수(天河水) 古 병오정미천하수(丙午丁未天河水)의 줄임말. ⇨ 병오정미천하수(丙午丁未天河水)

천한지동(天寒地凍) 干支 하늘은 춥고 땅은 얼었음을 이르는 말. 하늘은 천간(天干)이고 땅은 지지(地支)인데, 겨울에 태어난 사주에서 온기(溫氣)가 전혀 없는 경우에 해당한다. 온기가 필요하다는 의미도 되지만 그렇지 못함을 아쉬워한다.

천합(天合) 干支 천간(天干)의 합. 간합(干合) 또는 오합(五合)이라고도 한다. ⇨ 간합(干合)

천합지(天合地) 干支 천간(天干)과 지지(地支)가 합하는 것. 특히 간지(干支)가 합이 된 것이다. 무자(戊子), 신사(辛巳), 임오(壬午), 정해(丁亥) 등 네 간지(干支)가 있다.

천합지자 지왕의정(天合地者 地旺宜靜) 【滴天髓】 천간(天干)에서 지지(地支)와 합하는 경우에는 지지가 왕해야 하고 또 안정되어야 한다.

천형살(天刑殺) 殺 형액(刑厄)과 질병이 따르는 살. 구조는 자축일(子丑日) - 을시(乙時), 인일(寅日) - 경시(庚時), 묘진일(卯辰日) - 신시(辛時), 사일(巳日) - 임시(壬時), 오미일(午未日) - 계시(癸時), 신일(申日) - 병시(丙時), 유술일(酉戌日) - 정시(丁時), 해일(亥日) - 무시(無視) 등에 해당한다.

朗月 실제로는 큰 비중이 없다. 개인적인 생각으로는 신살(神殺)은 모두 무시해도 좋고, 특히 생극제화(生剋制化)의 이치에는 부합되지 않는 것이 대부분이므로 적용시키면 그만큼 혼란이 가중될 수 있다.

천화살(天火殺) 殺 신살의 하나. 사주 천간(天干)에 병정화(丙丁火)가 투출하고, 지지(地支)에 인오술화국(寅午戌火局)을 이루고, 사주에 임계해자(壬癸亥子)가 없으면 화왕(火旺)운에서 반드시 화재를 당한다.

朗月 이렇게 되면 신살이기 보다는 염상격(炎上格)의 구조라고 할 수 있다. 구조가 이러하므로 화운(火運)이 용신운(用神運)일 상황이므로 용신운에 화재를 당한다는 것은 옳은 해석이 아니다. 실제로는 큰 비중이 없다. 개인적인 생각으로는 신살(神殺)은 모두 무시해도 좋고, 특히 생극제화(生剋制化)의 이치에는 부합되지 않는 것이 대부분이므로 적용시키면 그만큼 혼란이 가중될 수 있다.

철두철미(徹頭徹尾) 心 심리구조에서 빈틈없이 철저하게 확인하면서 일을 진행하는 사람은 꼼꼼한 성분인 정재(正財)와 의심(疑心)을 포함하는 편인(偏印)이 있을 경우에 발생한다.

철사관(鐵蛇關) 殺 돌림병이나 홍역 등으로 죽을 수 있는 살. 구조는 갑을일(甲乙日) - 진(辰), 병정일(丙丁日) - 미신(未

申), 무기일(戊己日) - 미(未), 경신일(庚辛日) - 술(戌), 임계일(壬癸日) - 축(丑)에 해당한다.

朗月 실제로는 큰 비중이 없다. 개인적인 생각으로는 신살(神殺)은 모두 무시해도 좋고, 특히 생극제화(生剋制化)의 이치에는 부합되지 않는 것이 대부분이므로 적용시키면 그만큼 혼란이 가중될 수 있다.

철소추(鐵掃帚) 殺 남자는 처가가 몰락하고 여자는 시가의 재산이 망한다. 신자진(申子辰)년 - 남자는 1월, 여자는 12월, 사유축(巳酉丑)년 - 남자는 6월, 여자는 9월, 인오술(寅午戌)년 - 남자는 4월, 여자는 7월, 해묘미(亥卯未)년 - 남자는 2월, 여자는 8월 등에 해당한다.

朗月 실제로는 큰 비중이 없다. 개인적인 생각으로는 신살(神殺)은 모두 무시해도 좋고, 특히 생극제화(生剋制化)의 이치에는 부합되지 않는 것이 대부분이므로 적용시키면 그만큼 혼란이 가중될 수 있다.

철학관(哲學館) 業 운명상담업(運命相談業)을 하는 곳.

철학원(哲學院) 業 ⇨ 철학관(哲學館)

첩(妾) 星 아내 외의 아내. 예전에 양반이 처첩(妻妾)을 두었기 때문에 이런 용어가 있었지만 지금은 의미가 없으므로 사라질 용어이다. 첩과 처를 구분할 필요는 없기 때문에 아내로 대입한다.

朗月 일설에는 정재(正財)를 처라고 하고 편재(偏財)를 첩이라고도 하지만 의미가 없다.

청득진시황방객 수존탁기역중식(淸得盡時黃榜客 雖存濁氣亦中式) 【滴天髓】맑은 기운을 얻었다면 왕실에 출입하는 사람이고 비록 탁기(濁氣)가 있더라도 벼슬을 할 수 있다.

청명(淸明) 슘 24절기의 하나. 태양이 황경(黃經) 15°에 도달하는 4월 5·6일경에 시작되어 다음 절기인 곡우(穀雨)까지이다. 춘분(春分) 15일 후, 곡우(穀雨) 15일 전이다. 음력으로는 3월중에 온다. 진월(辰月)이 시작되는 계절에 해당하여 30일간 작용하는 절기이기도 하다.

청명시(淸明時) 슘 청명이 시작되는 시각. 이 시각을 기준으로 진월(辰月)이 시작되므로 출생시간이 이 부근일 경우에는 정밀하게 대입해야 한다.

청적부자(靑赤父子) 格 ⇨ 목화상생격(木火相生格)

청적시위부자(淸赤是爲父子) 格 ⇨ 목화상생격(木火相生格)

청탁(淸濁) 古 청(淸)하거나 탁(濁)한 것을 논하는 것. 청(淸)하다는 말은 일간(日干)의 기운이 견실하고, 용신이 유력하며, 충극(沖剋)을 만나지 않고, 유정하게 배합된 것이다. 탁(濁)하다는 말은 일간이 무력하거나 아니면 너무 왕성하고, 용신은 무력하거나 충극되어서 제 기능을 다하기 어려운 형상이다.

체양용음(體陽用陰) 五 본체(本體)는 양(陽)이지만 작용은 음(陰)으로 하는 것. 지지(地支)에서 자오(子午)는 체(體)가 양이지만 작용은 음(陰)으로 하므로 혼동하기 쉽다. 자평명리학(子平命理學)에서는 이 용(用)만 사용하고 체(體)는 거론하지 않으므로 용의 작용만 알면 된다.

체용(體用) 五 체(體)와 용(用). 체(體)는 일간(日干)이고, 용(用)은 용신(用神)이다.

체용정신(體用精神) 【滴天髓】일간(日干)을 체(體)라고 하고, 용신(用神)은 용(用)이라고 하며 그 가운데에 정신(精神)이 있다.

체음용양(體陰用陽) 五 본체(本體)는 음(陰)이지만 작용(作用)은 양(陽)으로 하는 것. 지지(地支)에서 사해(巳亥)는 체

(體)가 음이지만 작용은 양이므로 혼동하지 않는다. 자평명리학(子平命理學)에서는 이 용(用)만 사용하고 체(體)는 거론하지 않으므로 용의 작용만 알면 된다.

체전지상(體全之象) 五 일주(日柱)가 인성(印星)을 만나서 매우 강한 형상. 상황은 별로 좋지 않고 이름만 좋다고 할 수 있다. 특히 일수(一水)가 삼금(三金)을 만나면 성립하는데, 구태여 그렇게 할 의미가 없으므로 오히려 무시해도 된다. 대입하려면 인성이 많아서 신왕한 것으로 보는 것이 무난하다.

초기(初氣) 五 처음의 기운. 여기(餘氣)라고도 한다. 월령(月令)의 처음에 해당하는 부분이다. 지장간(支藏干)의 처음 글자이기도 하다. ⇨ 지장간(支藏干)

초년운(初年運) 五 어려서 만나는 운. ⇨ 초운(初運)

초복(初伏) 슈 처음의 복. 삼복(三伏) 중 첫 번째에 해당한다. 구조는 하지(夏至)가 지나고 세 번째 경일(庚日)을 초복이라고 부른다.

초운(初運) 五 처음에 들어오는 운. 어렸을 때의 운도 해당된다. 20세 이전의 운을 초운으로 보면 무난하다. 초년(初年)이라고도 하는데, 사주에서 연주(年柱)를 두고 해석하는 경우도 있으나 참고만 한다. 초운은 십년대운(十年大運)에서 앞부분을 의미한다.

초전(初傳) 外 육임(六壬)에서 쓰이는 용어. 육임을 삼전사과(三專四課)라고도 하는데, 삼전에서 맨위에 해당한다. 해석할 경우에는 어떤 일의 발단(發端)을 예측한다.

초지일관(初志一貫) 心 심리구조에서 처음에 세운 계획을 끝까지 진행시키는 것은 비겁(比劫)이 많아서 주체성(主體性)이 강하고, 다시 편관(偏官)이 있어서 인내심(忍耐心)도 많은 사람에게 나타난다.

최신팔자조화진적(最新八字造化眞跡) 冊 대만의 유금재(劉金財) 선생의 저서. 구조는 각 명식에 설명을 취하는 형태이다.

최요자서수환남(最拗者西水還南) 【滴天髓】 가장 강력한 힘으로 화(火)를 꺾어버리는 것은 가을에 태어난 물이 남쪽운을 만나는 것이다.

추(秋) 슈 가을. 금(金)의 계절이며, 신유술월(申酉戌月)을 말한다.

추금(秋金) 五 가을의 쇠. 계절에 따른 오행의 상황을 의미하는데, 가을은 금의 계절이므로 금(金)이 자신의 계절을 만나서 매우 왕성하다고 이해한다. 경신(庚辛) 일간(日干)이 신유월(申酉月)에 태어나면 추금이라고 한다.

추명학(推命學) 子 운명(運命)의 길흉(吉凶)을 추단(推斷)하는 학문. 주로 일본 등에서 그렇게 부른다. 명리학(命理學)과 같은 말이다.

추목(秋木) 五 가을의 나무. 계절에 따른 오행 상황을 의미하는데 가을에 태어난 목(木)을 나타낸다. 가을은 금(金)의 계절이니 가을에 태어난 목은 그 기운이 약화되어서 무력한 것으로 이해한다. 갑을(甲乙) 일간(日干)이 신유월(申酉月)에 태어난 경우이다.

추분(秋分) 슈 24절기의 하나. 가을의 중심이라고 하는 추분은 백로(白露) 15일 후인 양력 9월 23일경부터 한로(寒露) 전까지의 15일간을 말한다. 음력으로는 8월 중이다. 춘분(春分)과 함께 이분(二分)이라고도 한다. 이 시기부터 낮의 길이가 점점 짧아지며, 밤의 길이가 길어진다. 농사력에서는 이 시기가 추수기이므로, 백곡이 풍성한 때이다.

추사(秋社) 俗 잡절(雜節)의 하나. 추분(秋分)을 전후로 가장 가까이 있는 무일(戊日)을 말한다.

추삼월(秋三月) 슈 가을철의 3개월. 신유술

월(申酉戌月)을 말한다.

추수(秋水) 五 가을의 물. 계절에 따른 오행 상황을 의미하는데 가을은 금(金)의 계절이므로 금생수(金生水)의 이치에 의해서 수(水)의 기운이 왕성하다고 이해한다. 임계(壬癸) 일간(日干)이 신유월(申酉月)에 태어나면 추수라고 한다.

추수통원(秋水通源) 古 가을의 수(水)는 근원과 통함을 이르는 말. 가을은 금(金)의 계절이니 가을에 태어난 수(水)는 근원이 강해서 여간해서는 마르지 않다는 의미이다.

추토(秋土) 五 가을의 흙. 계절에 따른 오행 상황을 의미하는데 가을은 금(金)이 왕성한 계절이므로 토생금(土生金)의 이치에 따라서 토(土)의 기운이 약화된다고 이해한다. 무기(戊己) 일간(日干)이 신유월(申酉月)에 태어나면 추토라고 한다.

추화(秋火) 五 가을의 불. 계절에 따른 오행 상황을 의미하는데 가을은 금(金)의 계절이므로 가을에 태어난 불은 그 기운이 약하다고 이해한다. 병정(丙丁) 일간(日干)이 신유월(申酉月)에 태어나면 추화라고 한다.

축(丑) 干支 지지(地支)에서의 음토(陰土) 또는 동토(冬土). 계절로는 소한(小寒)에서 대한(大寒) 사이를 말하고, 시간으로는 새벽 1시 ~ 새벽 3시에 해당한다. 단, 동경 135도 기준으로 본다면 약 30분을 추가한다. 금(金)의 고지(庫地)가 된다. 유(酉)를 만나면 합이 되고, 화(化)하면 금(金)이 된다. 미(未)와는 충하는데, 같은 토(土)이기 때문에 손상은 없고 대신 내부에 계수(癸水)와 신금(辛金)이 손상을 입는다. 지장간의 구조는 계수(癸水)-9, 신금(辛金)-3, 기토(己土)-18의 배합이다.

　　朗月 축년(丑年)에 태어나면 소띠가 되는데 실제 소와는 아무 연관이 없다. 토(土)의 충은 창고가 열려서 내용 성분을 사용할 수 있다고 하는데, 밖이 깨어진 다음에 내용물을 사용한다는 것은 이치적으로 조잡하다. 『자평진전(子平眞詮)』에서는 이러한 오류를 바로잡았지만 아직도 이렇게 주장하는 학자가 많으니 깊이 생각해본다. 창고에 든 물건은 열쇠로 열어야 다시 사용할 수 있으므로 축토(丑土)의 열쇠는 유금(酉金)이 된다.

축년(丑年) 子 축(丑)의 해. 연지(年支)가 축일 경우에 해당한다. 소띠해라고도 한다.

축미상충(丑未相沖) 干支 ⇨ 축미충(丑未沖)

축미충(丑未沖) 干支 축(丑)과 미(未)가 만나면 충돌함을 이르는 말. 축은 금(金)의 고지(庫支)이고, 미는 목(木)의 고지(庫支)에 해당한다. 그래서 왕지(旺支)를 따르다 보니 같은 토가 되면서도 충돌한다고 해석한다.

　　朗月 충돌한다는 말이 좀 어색하다. 같은 토가 만나서 충돌할 일이 없다는 생각에 붕충(朋沖)이라고도 하는데, 이럴 바에는 충의 의미를 둘 필요가 없을지도 모른다. 다만 지장간(支藏干)의 성분들이 손상을 받는다고 보는 것이 무난하다. 일설에는 축미충(丑未沖)이면 축토(丑土) 속의 신금(辛金)이나, 미토(未土) 속의 을목(乙木)이 밖으로 튀어나와서 비로소 용신(用神)을 삼을 수 있다고 한다. 즉 창고가 열려야 사용할 수 있다는 말이다. 여기에 대해서 심효첨(沈孝瞻) 선생은 묘고형충지설(墓庫刑沖之說)이라 하여 『자평진전』에 이치에 타당하지 않음을 풀이했지만, 그 설의 의미를 보면 상당히 조잡하다. 토가 충하는 것을 창고가 열렸다고 해석하는 것이 문제이므로 충이면 서로 정면충돌했다고 이해하는 것이 옳은

데, 물건이 온전하느냐는 생각보다 합리적인 해석이다. 그래서 토가 충하면 토는 강화되고 그 속에 든 지장간의 성분들은 파괴된다. 그리고 애석한 것은 이미 심효첨 선생이 『자평진전』에서 오류를 상세하게 지적했음에도 불구하고 여전히 학자들 사이에서 사용하고 있다는 점이다.

축미토(丑未土) 干支 축토(丑土)와 미토(未土). 지지(地支)의 음토(陰土)를 말한다.

축수양목(蓄水養木) 古 물을 저장하고 나무를 기름. 진토(辰土)나 축토(丑土)를 얻은 목(木)은 수분을 얻어서 가뭄을 염려하지 않고 잘 성장할 수 있음을 생각하면 된다.

축술미삼형(丑戌未三刑) 殺 신살(神殺)의 하나. 축(丑)과 술(戌)과 미(未)가 만나면 지세지형의 작용이 발생한다. 남과 다툼이 일어나 형액을 당하게 된다는 말도 있다.

朗月 같은 토(土)의 성분인데 별도로 다시 서로 형벌을 내린다는 것은 이해하기 어렵다. 그냥 무시하는 것이 최선이다. 토가 토를 형한다는 것도 이치에 부합되지 않으며, 그로 인한 흉한 작용이 생긴다는 것도 이치에 합당하지 않다.

축술형(丑戌刑) 殺 신살(神殺)의 하나. 축(丑)과 술(戌)이 만나면 형의 작용이 생긴다.

朗月 축과 술은 같은 토(土)가 되는데 왜 별도로 형의 작용이 생긴다는 것인지 납득되지 않으므로 그냥 무시한다.

축시(丑時) 子 축(丑)의 시. 사주의 시지(時支)가 축에 해당하는 경우이다. 동경 135도 기준으로 오전 1시 30분 ~ 오전 3시 30분 두 시간에 해당한다.

朗月 시계를 보지 못하고 출생한 경우에 보통 첫닭이 울 때 낳았다면 축시일 가능성이 많다.

축오상천(丑午相穿) 格 신살(神殺)의 하나.

축오(丑午)가 만나면 상천(相穿)이 된다. ⇨ 상천(相穿)

朗月 실제로는 큰 비중이 없다. 개인적인 생각으로는 신살(神殺)은 모두 무시해도 좋고, 특히 생극제화(生剋制化)의 이치에는 부합되지 않는 것이 대부분이므로 적용시키면 그만큼 혼란이 가중될 수 있다.

축오원진(丑午怨嗔) 殺 신살(神殺)의 하나. 원진살(怨嗔殺)의 일종이다.

축요사격(丑遙巳格) 格 고전격국(古典格局)의 한 종류. 일주격(日柱格)이기도 하다. 구조는 신축(辛丑)일과 계축(癸丑)일에 해당하는데, 사주에 관성(官星)이 없을 경우에 멀리에서 붙어와 귀격이 된다. 신축일의 경우에는 축토(丑土) 속의 신금(辛金)은 사화(巳火) 속의 병화(丙火)와 합하려고 멀리서 사화를 불러온다. 병화(丙火)는 일간(日干) 신금의 정관(正官)이 되어 용신으로 삼는다. 그리고 계축일(癸丑日)의 경우에는 같은 이유로 사화를 불러들여서 사중의 무토(戊土)를 정관(正官)으로 삼는다. 영향요계격(影響遙繫格)에 해당하기도 한다.

朗月 사주에 없는 것으로 용신을 삼는 것은 참으로 한심스러운 궁리이다. 그래도 지장간(支藏干)의 구조를 논하는 것은 일리가 있는데, 문제는 억지로 비틀어서 답을 구했다는 허물을 면치 못할 것이다. 생극제화(生剋制化)의 이치에 벗어난 논리는 자평명리학(子平命理學)이 아니다. 무시하는 것이 현명하다.

축월(丑月) 子 축(丑)의 달. 사주의 월지(月支)가 자(子)에 해당하는 경우이다. 절기로는 소한(小寒)과 대한(大寒) 사이에 해당한다.

축월갑목(丑月甲木) 子 축월(丑月)에 태어난 갑목(甲木). 섣달 매서운 추위가 염려되는 계절이므로 사주에는 강력한 화

ㅊ

(火)가 있기를 희망한다.

【窮通寶鑑】용신(用神)은 정화(丁火), 보조(補助)는 경금(庚金), 병화(丙火)가 된다. 정화는 반드시 필요하여 부족하지 않아야 하므로, 사화(巳火)나 인목(寅木)에 통근(通根)되어야 한다. 갑목(甲木)은 정화를 돕도록 한다. 경금(庚金)을 써서 갑목을 쪼개어 정화를 돕는다.

축월경금(丑月庚金)[子] 축월(丑月)에 태어난 경금(庚金). 추운 겨울이지만 토(土)의 계절이므로 따스한 화(火)의 도움이 필요하다.

【窮通寶鑑】용신(用神)은 병화(丙火), 보조(補助)는 정화(丁火), 갑목(甲木)이다. 정화와 갑목을 용신으로 삼는다. 다음으로 병화는 조후(調候)로 쓴다. 금수(金水)가 많으면 남방(南方)의 따스한 운을 만나지 못해 외롭고 가난하다. 병정(丙丁)은 모름지기 인사오미술(寅巳午未戌)의 지지(地支)를 만나야 힘이 있다.

축월계수(丑月癸水)[子] 축월(丑月)에 태어난 계수(癸水). 축월(丑月) 임수(壬水)의 상황에 따른다.

【窮通寶鑑】용신(用神)은 병화(丙火), 보조(補助)는 정화(丁火)이다. 병화로 겨울을 녹이니 뿌리가 인사오미술(寅巳午未戌)에 있으면 묘(妙)하게 된다. 계수(癸水)와 기토(己土)가 무리를 이루고, 천간(天干)에 정화가 투출(透出)되면 설후등광(雪後燈光)이므로 밤에 태어난 자는 귀(貴)하다. 지지(地支)에 화국(火局)이 되면 마땅히 경신금(庚辛金)을 쓴다.

축월기토(丑月己土)[子] 축월(丑月)에 태어난 기토(己土). 축월 무토(戊土)의 상황에 따른다.

【窮通寶鑑】용신(用神)은 병화(丙火), 보조(補助)는 갑목(甲木), 무토(戊土)이다. 겨울의 기토(己土)는 병화가 아니고는 생조(生助)되지 않는다. 임수(壬水)가 태왕(太旺)하니 무토를 취해서 극제(剋制)하고 토(土)가 많으면 갑목으로 소토(疎土)한다.

축월무토(丑月戊土)[子] 축월(丑月)에 태어난 무토(戊土). 꽁꽁 언 계절의 무토이므로 아무 작용도 할 수 없어서 강력한 화력을 필요로 한다. 화(火)가 있어야 쓸모가 생긴다.

【窮通寶鑑】용신(用神)은 병화(丙火), 보조(補助)는 갑목(甲木)이다. 병화를 높이 받들고, 갑목은 보조(補助)로 삼는다.

축월병화(丑月丙火)[子] 축월(丑月)에 태어난 병화(丙火). 화(火)의 기운이 너무 쇠약해지는 계절이므로 강력한 목(木)의 도움을 필요로 한다.

【窮通寶鑑】용신(用神)은 임수(壬水), 보조(補助)는 갑목(甲木)이다. 임수를 용신으로 삼으면 기쁜 일이다. 만약 토(土)가 많을 경우에는 갑목이 부족하면 안 된다.

축월신금(丑月辛金)[子] 축월(丑月)에 태어난 신금(辛金). 축월 경금(庚金)의 상황에 따른다.

【窮通寶鑑】용신(用神)은 병화(丙火), 보조(補助)는 무토(戊土), 임수(壬水), 갑목(甲木)이다. 병화의 보온(保溫)이 빠질 수 없다. 나머지는 참작한다.

축월을목(丑月乙木)[子] 축월(丑月)에 태어난 을목(乙木). 축월 갑목(甲木)의 상황에 따른다.

【窮通寶鑑】용신(用神)은 병화(丙火)를 쓴다. 추운 골짜기에는 봄이 와야 하니 오로지 병화만을 쓴다.

축월임수(丑月壬水)[子] 축월(丑月)에 태어난 임수(壬水). 겨울에 태어나 약하지는 않지만 세력이 있다면 목(木)이 좋다.

【窮通寶鑑】용신(用神)은 병화(丙火), 보조(補助)는 정화(丁火), 갑목(甲木)이다. 상반기(上半期)에는 오로지 병화를 쓰고, 하반기(下半期)에는 병화를 쓰고 갑목으

로 보조를 삼는다.

축월정화(丑月丁火) 子 축월(丑月) 병화(丙火)의 상황에 따른다.

【窮通寶鑑】 용신(用神)은 갑목(甲木), 보조(補助)는 경금(庚金)이다. 경금으로 갑목을 쪼개어 정화(丁火)를 생조(生助)하니, 갑목은 용신이 되고 경금은 보조가 된다. 무계(戊癸)가 있으면 참작하여 쓴다.

축(丑)의 지장간(支藏干) 干支 지지(地支)의 축토(丑土) 속에 들어있는 천간(天干). 지장간의 구조는 계수(癸水) - 9, 신금(辛金) - 3, 기토(己土) - 18에 해당한다. 인원용사(人元用事)의 구조도 같다.

朗月 지지(地支)에 천간(天干)이 포함된 형태가 각 비율로 포함되어서 각기 분류할 수 있는 형태로 존재하는지, 아니면 완전히 일정한 비율로 용해되어서 분리시킬 수 없는 상태인지에 대해서는 뭐라고 말하기 어렵다. 일정한 흐름에 의해서 지장간의 기운이 흘러가는 것을 참고한다면 분리하지 못할 형상으로는 보이지 않는다. 지지의 그릇에 담긴 일정 비율의 천간 덩어리라고 이해한다.

축인방(丑寅方) 干支 축인(丑寅)의 방향. 북동(北東)을 말한다. 팔괘(八卦)로는 간방(艮方)이라고도 한다.

朗月 방향은 팔방(八方)으로 논하는데, 지지(地支)는 십이지(十二支)가 되므로 부득이 어느 지지는 겹치는데, 축인(丑寅)도 그렇게 지정된 것이다. 참고로 중국에서는 한국을 간방(艮方)이라 하는데 한국의 역학인들도 간방문화(艮方文化)라고 하는 것은 다소 주체성이 떨어지는 발상이 아닌가 싶다. 그냥 우리 문화라고 하는 것이 좋다. 우리가 우리를 보면 중앙(中央)이기 때문이다. 간방(艮方)이라는 중국 중심적인 사고방식은 버려야 한다.

축일(丑日) 子 축(丑)의 날. 사주의 일지(日支)가 축에 해당하는 경우이다.

축정(丑正) 俗 축시(丑時)의 중앙.

축중계수(丑中癸水) 干支 축토(丑土) 속에 들어 있는 계수(癸水). 월령(月令)에서는 자월(子月)에서 넘어온 여기(餘氣)가 되고, 절기는 소한(小寒)에 속하며 약 9일간 작용한다. 독립적으로는 축토가 동토(凍土)나 습토(濕土)의 역할을 할 수 있게 중요한 성분으로 작용한다.

축중기토(丑中己土) 干支 축토(丑土) 속에 들어 있는 기토(己土). 월령(月令)에서는 본기(本氣)가 되고, 절기는 대한(大寒)이며 약 18일간 작용한다. 독립적으로는 축토의 주체가 된다.

축중신금(丑中辛金) 干支 축토(丑土) 속에 들어 있는 신금(辛金). 월령(月令)에서는 중기(中氣)가 되고, 절기는 소한(小寒)에 해당하며 약 3일간 작용한다. 독립적으로는 축토의 본기인 기토(己土)의 보호를 받아 힘이 있다고 본다. 그리고 유금(酉金)을 만나면 축토 전체를 50% 정도 금(金)의 기운이 된다고 보는 것은 이 글자 때문이다. 축토를 금고(金庫)로 보는 것은 이 신금의 작용이다.

축천액(丑天厄) 殺 신살(神殺)의 하나. 축(丑)은 천액성(天厄星)에 해당한다. 당사주(唐四柱)에서 12성(星)에 해당하는데, 축에 해당하면 액난(厄難)이 많다는 뜻이다. ⇨ 당사주(唐四柱)

축초(丑初) 俗 축시(丑時)의 첫 부분.

춘(春) 슈 봄. 목(木)의 계절이며, 인묘진월(寅卯辰月)을 말한다.

춘금(春金) 五 봄의 쇠. 계절에 따른 오행 상황을 의미한다. 봄은 오행에서 목(木)의 계절이므로 화극금(火剋金)의 이치에 의해서 봄의 금(金)은 약하지는 않더라도 세력이 외롭다고 이해한다. 경신(庚辛) 일간(日干)이 인묘월(寅卯月)에 태어나면 춘금이라고 한다.

춘목(春木) 五 봄의 나무. 계절에 따른 목(木)의 상황을 의미한다. 봄에 태어난 나무라는 뜻이다. 주체가 나무가 되고 객체는 환경, 즉 봄이 되는데 봄은 목의 계절이기도 하므로 왕성한 목이라는 말도 사용한다. 갑을(甲乙) 일간(日干)이 인묘월(寅卯月)에 나면 춘목이라고 한다.

춘분(春分) 命 24절기의 하나. 봄의 기운이 극에 달한다는 절기이다. 양력 3월 21일경부터 청명(淸明) 전까지의 15일간이다. 음력으로는 2월중이다. 추분(秋分)과 대비해서 춘분은 목(木)의 기운이 왕성한 시기로 본다. 불교에서는 춘분 전후 7일간을 봄의 피안이라 하여 극락왕생의 시기로 본다.

춘불용금 추불용토(春不容金 秋不容土) 【滴天髓】 목왕절(木旺節)인 봄에는 허약해진 금(金)은 용신(用神)으로 삼을 수 없고, 금왕절(金旺節)인 가을에는 토생금(土生金)으로 허약(虛弱)해진 토(土)는 용신 역할을 못한다.

춘사(春社) 俗 잡절(雜節)의 하나. 춘분(春分)을 전후하여 가장 가까이 있는 무일(戊日)을 말한다.

춘삼월(春三月) 命 봄철의 3개월. 인묘진월(寅卯辰月)을 말한다.

춘수(春水) 五 봄의 물. 계절에 따른 오행 상황을 의미하는데 봄은 목(木)의 계절이므로 수생목(水生木)의 이치에 의해서 봄의 수(水)는 기운이 약하다고 이해한다. 임계(壬癸) 일간(日干)이 인묘월(寅卯月)에 태어나면 춘수라고 한다.

춘양조열(春陽燥烈) 五 봄볕이 건조하면서도 세참을 이르는 말. 인묘월(寅卯月)의 병정화(丙丁火)는 보통 강하게 작용하는데, 다시 추가로 건조한 미토(未土)나 술토(戌土)가 있어도 강하게 작용한다고 해도 무방하다. 이는 습기(濕氣)가 필요

하다는 단서이다.

춘토(春土) 五 봄의 흙. 계절에 따른 오행 상황을 의미하는데 봄은 오행에서 목(木)의 계절이므로 목극토(木剋土)의 이치에 의해서 봄에 태어난 토(土)는 그 기운이 매우 약하다고 이해한다. 무기(戊己) 일간(日干)이 인묘월(寅卯月)에 태어나면 춘토라고 한다.

춘화(春火) 五 봄의 불. 계절에 따른 오행 상황을 의미하는데 봄은 오행에서 목(木)의 계절이므로 목생화(木生火)의 기운을 받아서 불이 강하다고 이해한다. 병정(丙丁) 일간(日干)이 인묘월(寅卯月)에 태어나면 춘화라고 한다.

출고(出庫) 五 창고에서 빠져 나왔음을 이르는 말. 개고(開庫)와 같은 말이다.

출문요향천애유 하사군차자의류 불관백운여명월 임군책마조천궐(出門要向天涯游 何事裙釵恋意留 不管白雲與明月 任君策馬朝天闕) 【滴天髓】 장부가 집을 나서 천하를 유람하는데, 아녀자가 옷깃을 잡고 늘어진다. 흰 구름과 밝은 달이 서로 간섭하지 않으니 마음대로 말을 채찍질해서 대궐로 나서라.

충(沖) 干支 ⇨ 육충(六沖)

충거(沖去) 子 충(沖)으로 제거함을 이르는 말. 주로 흉하게 작용하는 글자를 운에서 충이 들어와 제거할 때 사용하는 말이지만 특별히 구분하지 않는다.

　　朗月 용어의 의미는 굴러온 돌이 박힌 돌을 빼낸다는 말과 같다.

충극(沖剋) 子 충돌(衝突)하거나 극제(剋制)하는 것. 흉(凶)한 형상(形象)을 말한다.

충성(忠誠) 心 심리구조에서 지극한 마음으로 복종(服從)하며 절대로 변동 없는 사람은 비견(比肩)의 감정인 주체성(主體性)과 편관(偏官)의 복종성이 있는 경우에 발생할 가능성이 많다.

충운(沖運) 子 충(沖)이 되는 운. 운에서 들어온 글자가 사주 원국(原局)의 어느 글자와 충이 되었을 때 해당한다. 특히 용신을 충하는 운이 들어왔을 경우에 주의하라는 의미이다.

충이불충(沖而不沖) 干支 충(沖)을 해도 충(沖)이 되지 않음을 이르는 말. 예를 들어 자오충(子午沖)인데 그 사이에 인목(寅木)이나 술토(戌土)가 있으면 충은 성립되지 않으므로 충이라고 해도 충이 되지 않는다고 말한다.

취용(取用) 用 가져다 씀을 이르는 말. 용신(用神)으로 삼는다.

취정회신(聚精會神) 古 정(精)과 신(神)이 모여 있음을 이르는 말. 정신(精神)이 모여 있다는 말인데, 고서에는 수(水)를 정(精)으로 보고 화(火)를 신(神)으로 보아 수화(水火)가 단결되어 정신이 있다는 말도 한다.

치밀성(緻密性) 心 치밀하고 꼼꼼한 성품. 정재(正財)의 성격이다.

친구 星 친구는 간혹 대입할 경우도 있는데, 동업을 해도 되는지의 질문을 받는다면 살펴볼 필요가 있다. 대입은 비견(比肩)이나 겁재(劫財)로 본다. 같은 급수로 보아 이와 같이 대입한다.

칠용치수(七龍治水) 俗 일곱 마리의 용이 물을 다스림을 이르는 말. ⇨ 일용치수(一龍治水)

칠살(七殺) 干支 편관(偏官)의 다른 말. 신살(神殺)과는 무관하다.

칠살격(七殺格) 格 칠살(七殺)은 편관(偏官)의 다른 말. 편관격(偏官格)과 같은 말이다.

침수관(沈水關) 殺 ⇨ 심수관(深水關)

콤플렉스(complex) ⓒ 이루지 못한 것이
나, 자신도 모르는 것에 대한 열등감(劣
等感)이 심리적으로 존재하는 것. 원인불
명(原因不明)인 경우도 있다. 자평명리학
(子平命理學)에서 심리적으로 보면 남과
비교하는 것이므로 겁재(劫財)에 해당하
고, 이루고자 한 것이 잘 되지 않은 것에
대한 기억력은 편관(偏官)에 해당한다.
여기에 남들이 자신을 안 좋게 본다는 비
틀린 수용성(受容性)은 편인(偏印)에 해
당한다. 겁재와 편관과 편인이 있으면 이
러한 현상이 나타난다.

ㅌ

탁기편고 성괴정역(濁氣偏枯 性乖情逆)【滴天髓】 용신(用神)이 깨어져 탁기(濁氣)가 발생하거나, 기운이 치우쳐 편중(偏重)되는 형상이라면 성품도 일그러지고 마음은 뒤집혀지기 쉽다.

탄함살(呑陷殺)[殺] 신살(神殺)의 하나. 이 살이 있으면 재난이 따른다. 미술해(未戌亥)에 태어나면 몸을 다치고, 신사(申巳)생은 질병을 앓고, 유(酉)생은 아내가 달아나고, 묘(卯)생은 고향을 멀리 떠나고, 자(子)생은 횡액이 발생하고, 축오(丑午)생은 몸을 상하고, 진(辰)생은 물에 빠진다. 구조는 연지(年支)로 보며, 자년(子年)-술(戌), 축년(丑年)-인(寅), 인년(寅年)-미(未), 묘년(卯年)-사(巳), 진년(辰年)-진(辰), 사년(巳年)-신(申), 오년(午年)-인(寅), 미년(未年)-인(寅), 신년(申年)-사(巳), 유년(酉年)-자(子), 술년(戌年)-자(子), 해년(亥年)-술(戌)에 해당한다.

朗月 실제로는 큰 비중이 없다. 개인적인 생각으로는 신살은 모두 무시해도 좋고, 특히 생극제화(生剋制化)의 이치에는 부합되지 않는 것이 대부분이므로 적용시키면 그만큼 혼란이 가중될 수 있다.

탈식(奪食)[星] 밥을 빼앗음. 도식(倒食)과 같은 말이다. 특히 정인(正印)이 식신(食神)과 합이 되고, 그 식신이 용신의 역할일 경우에 사용한다. 용신기반(用神羈絆)과도 통한다.

탈재(奪財)[星] 재물을 빼앗거나 빼앗김. 형상은 사주에 비겁(比劫)이 있어 재성(財星)을 극할 경우에 해당한다.

탐생망극(貪生忘剋)[古] 생극(生剋)이 함께 있을 경우에 생(生)을 먼저 탐해 극(剋)을 잊음. 실제로 모두 존재하는 것으로 본다. 순서의 차이는 있을지 몰라도 작용은 그대로 한다.

탐욕성(貪慾性)[心] 안으로 저장하려는 성품. 정재(正財)와 합이 된 성격이다.

탐재괴인(貪財壞印)[古] 재성(財星)을 탐하여 인성(印星)을 무너뜨림. 사주에 신약한 일주(日主)가 인성을 용신으로 삼는 형상에서 재성과 합을 하고, 그 재성은 다시 용신인 인성을 극한다. 용신격(用神格)으로 탐재괴인격(貪財壞印格)도 성립한다.

탐재괴인격(貪財壞印格)[格] 신약해서 인성(印星)을 용신으로 삼는데, 일간(日干)은 용신을 보지 않고 재성(財星)을 탐하는 격. 용신격(用神格)의 한 종류이다. 어머니의 말을 듣지 않고 여자에게 빠져서 신세를 망치는 형상이다. 재성이 많으면 비겁(比劫)을 용신으로 하는 것이 좋고, 이렇게 되면 득비리재격(得比利財格)이 된다. 비겁이 없으면 인성을 용신으로 삼는다. 탐재괴인격은 특히 일간이 신약하면 재성과 합을 한다.

朗月 예를 들면 신약한 병화(丙火)가 묘시(卯時)에 태어나면 신묘(辛卯)시가 되

므로 일간은 신금(辛金)과 합이 되어 인성을 돌보지 않는다. 이런 경우를 일간이 병들었다고 하는데, 약을 찾는다면 정화(丁火)가 들어와서 신금을 극하는 것이다.

탐재파인(貪財破印) 固 재(財)를 탐하여 인성(印星)을 깸. ⇨ 탐재괴인(貪財壞印)

탐합망충(貪合忘沖) 固 합충(合沖)이 있을 경우에 합(合)을 탐해서 충(沖)을 잊음. 실제로는 모두 작용한다. 선후(先後)의 차이는 있을지 몰라도 합충(合沖)의 작용은 그대로 나타난다.

탕화살(湯火殺) 殺 화상(火傷)을 입을 수 있는 살. 구조는 자오묘유(子午卯酉)일 - 오(午), 진술축미(辰戌丑未)일 - 미(未), 인신사해(寅申巳亥)일 - 인(寅) 등이 해당한다.

　朗月 실제로는 큰 비중이 없다. 개인적인 생각으로는 신살(神殺)은 모두 무시해도 좋고, 특히 생극제화(生剋制化)의 이치에 부합되지 않는 것이 대부분이므로 적용시키면 그만큼 혼란이 가중될 수 있다.

태(胎) 固 잉태함. 십이운성(十二運星)에서 말하는 명칭의 하나이다.

　朗月 비록 인생으로 대입은 하지만 오행생극(五行生剋)의 이치에는 어긋나므로 적용하지 않는다.

태과(太過) 固 너무 지나침. 어떤 오행이 너무 지나치게 많은 경우이다. 지나친 것은 주로 나쁘게 작용하는 경우가 많다.

태과지년(太過之年) 外 태과(太過)에 해당하는 해. 오운(五運)에서 말하는 것으로 태과불급(太過不及)으로 구분하는데, 그 중에 태과는 양간(陽干)에 해당하는 해이다.

태극(太極) 外 근원(根源)의 극(極). 태극이란 음양(陰陽)이 균형을 이루는 것이다. 보통 태극기(太極旗)의 가운데 있는

태극도 같은 의미이다. 크게 보면 무극(無極)과 혼돈(渾沌)과 양의(兩儀), 즉 음양분리(陰陽分離)의 상황도 모두 태극의 의미에 포함한다. 그 중 태극은 음양으로 대입한다.

태극귀인(太極貴人) 殺 갑을(甲乙) - 자오(子午), 병정(丙丁) - 묘유(卯酉), 무(戊) - 진술(辰戌), 기(己) - 축미(丑未), 경신(庚辛) - 해해(亥亥), 임계(壬癸) - 사신(巳申) 등이 해당한다. 연간(年干)을 기준으로 대입하며, 여기에 해당하면 격이 좋아 입신양명(立身揚名)한다.

　朗月 실제로는 큰 비중이 없다. 개인적인 생각으로는 신살(神殺)은 모두 무시해도 좋고, 특히 생극제화(生剋制化)의 이치에는 부합되지 않는 것이 대부분이므로 적용시키면 그만큼 혼란이 가중될 수 있다.

태로(太露) 固 크게 노출(露出)됨. 풀 끝의 이슬처럼 대롱대롱 위태롭게 달려 있다. 천간(千干)에 나온 글자가 매우 약할 경우에 해당한다.

　朗月 희용신(喜用神)이 태로가 되면 쟁탈당할까 염려되고, 기구신(忌仇神)이 태로가 되면 누가 가져가기를 바란다.

태백살(太白殺) 殺 태백살(太白殺)은 택일하는 경우에 손이 없는 곳으로 이사한다는 말. 이 경우 구조가 전혀 다른데, 예를 들어 음력으로 매월 1 · 11 · 21일은 정동방, 2 · 12 · 22일은 동남간방, 3 · 13 · 23일은 정남방, 4 · 14 · 24일은 남서간방, 5 · 15 · 25일은 정서방, 6 · 16 · 26일은 북서간방, 7 · 17 · 27일은 정북방, 8 · 18 · 28일은 북동간방으로 태백살이 있다. 이 날짜에는 방향을 피한다. 그리고 9 · 19 · 29일은 하늘에 손이 있고, 10 · 20 · 30일은 지하에 손이 있어 이사하는 경우에 손 없는 날을 택하면 9일과 10일로 이사 방향이 동서남북이 된다. 하지만

신살은 소용 없기 때문에 비중을 두지 않는다.

태백성(太白星) 殺 신살(神殺)의 하나. 구조는 자오묘유(子午卯酉)가 사(巳)를 만나거나, 인신사해(寅申巳亥)가 유(酉)를 만나거나, 진술축미(辰戌丑未)가 축(丑)을 만나면 성립한다. 사주에 이 살이 있으면 고독하고, 빈천하며, 요절하는데, 이 말의 근거는 전혀 없다.

태양(太陽) 外 양(陽)이 극에 달함. 사상(四象)에서 양의 기운으로만 모인 것을 말한다. 괘상은 '＝＝'으로 표시한다.

태양력(太陽曆) 外 태양(太陽)을 기준으로 제작된 역법(曆法). 보통 양력(陽曆)이라고 한다. 구체적인 의미는 절기(節氣)를 기준으로 작성된 24절기력(節氣曆)을 말한다. 지구의 공전(公轉)과 자전(自轉), 태양의 도수(度數)를 이용해 만든 역법이 있다.

태원(胎元) 古 태월(胎月) 또는 입태월(入胎月). ⇨ 입태월(入胎月)

태월(胎月) 古 입태월(入胎月)의 줄임말.

태음(太陰) 外 음(陰)이 극에 달함. 사상(四象)에서 음의 기운으로만 모인 것을 말한다. 괘상은 '＝＝'으로 표시한다.

태일법(胎日法) 古 입태일(入胎日)과 같음. 구조는 태어난 날의 간지(干支)가 합하는 날이다. 예를 들어 어떤 사람이 갑자일(甲子日)에 태어났다면 기축일(己丑日)이 입태일이다. 하지만 사실무근으로 거의 활용하지 않는다.

택묘살(宅墓殺) 殺 가정이 불안하고 신액(身厄)이 있는 살. 구조는 자년(子年)－진신(辰申), 축년(丑年)－사유(巳酉), 인년(寅年)－오술(午戌), 묘년(卯年)－미해(未亥), 진년(辰年)·신자(申子)·사년(巳年)－유축(酉丑), 오년(午年)－인술(寅戌), 미년(未年)－해묘(亥卯), 신년(辛年)－자진(子辰), 유년(酉年)－축사(丑巳), 술

년(戌年)－인오(寅午), 해년(亥年)－묘미(卯未) 등이다.

朗月 실제로는 큰 비중이 없다. 개인적인 생각으로는 신살(神殺)은 모두 무시해도 좋고, 특히 생극제화(生剋制化)의 이치에는 부합되지 않는 것이 대부분이므로 적용시키면 그만큼 혼란이 가중될 수 있다.

토(土) 五 흙으로 대표되는 오행의 한 종류. 중년, 포용, 중심 등을 의미한다. 천간(千干)에서는 양토(陽土)를 무(戊)로 하고, 음토(陰土)를 기(己)로 하며, 지지(地支)에서는 양토를 진술(辰戌)로 하고, 음토를 축미(丑未)로 한다.

토국(土局) 五 토(土)의 국세. 사주의 지지(地支)에는 진술축미(辰戌丑未)만 있고, 천간(天干)에는 무기토(戊己土)가 나열되어 전체적으로 토의 세력을 이루면 해당한다.

토극금(土剋金) 五 토(土)가 금(金)을 극(剋)함. 기본적으로 토생금(土生金)의 이치이지만, 사주에 이미 금이 과중한 경우에 다시 토를 만나면 금은 더욱 강하게 된다. 금생수(金生水)로 수(水)를 사용하려면 토극수(土剋水)로 막아버리고, 다시 화극금(火剋金)으로 화(火)를 사용하려면 화생토(火生土)가 되어 다시 토생금(土生金)이 되기 때문이다. 결과적으로 토극금(土剋金)의 이치가 된다.

토극목(土剋木) 五 토(土)가 목(木)을 극(剋)함.

朗月 역극(逆剋)의 원리이다. 원래는 목극토(木剋土)이지만, 토(土)는 세력이 매우 강하고, 반면에 목(木)은 세력이 너무 약하면 토는 목을 극한다. 이러한 현상을 재다신약(財多身弱)의 현상, 또는 중과부적(衆寡不敵), 토중목절(土重木折)의 현상이라고 한다. 토다목절(土多木折)도 같은 의미이다.

ㅌ

토극수(土剋水) 五 토(土)가 수(水)를 극함. 토는 명령자가 되고, 수는 수행자가 된다. 오행상극(五行相剋)의 법칙에 해당하며 매우 무정한 것으로 해석한다.

朗月 다만 기본 공식으로만 이해한다. 상황에 따라서 세력이 서로 뒤바뀌는 경우가 발생하기 때문이다. 이렇게 되면 공격자가 도리어 공격받을 수도 있는 것이 오행의 세계이다.

토극토(土剋土) 五 토(土)가 토(土)를 극(剋)함. 같은 토가 토를 극하는 경우라면, 사주에 화(火)가 왕해서 수(水)를 의지해 수극화(水剋火)로 사용한다. 이 때 토가 많으면 토극수(土剋水)의 작용에 의해 화를 제어할 수 없으니 결과적으로 토극토(土剋土)가 되는 현상이다. 군겁쟁재(群劫爭財) 또는 군비쟁재(群比爭財)의 현상이다.

토극화(土剋火) 五 토(土)가 화(火)를 극(剋)함. 기본적으로 화생토(火生土)가 된다. 그러나 사주에 화가 너무 약한 상황에서 목(木)의 도움을 받아야 하는데, 오히려 토가 너무 왕하여 화를 설기(洩氣)하니, 결과적으로 토가 화를 극한 현상이 된다.

토금(土金) 五 흙과 쇠. 토생금(土生金)과 같은 말이다. 토(土)가 금(金)을 생조하니 서로 유정하다. 어미와 자식이 함께 있다는 의미이다.

토금가상관(土金假傷官) 古 신왕(身旺)하여 금(金)을 용신으로 삼음. 토일간(土日干)이 식신격(食神格)이나 상관격(傷官格)을 이루면 해당한다. 거의 사용하지 않는다.

토금상관(土金傷官) 古 무기토(戊己土)가 상관(傷官)을 만남. 특히 월지(月支)가 신유월(申酉月)일 경우에 잘 어울린다.

토금상관격(土金傷官格) 格 토금상관(土金傷官)과 같은 의미. 상관(傷官)을 용신으로 삼은 경우에는 격을 붙여도 무방하다.

토금상생격(土金相生格) 格 고전격국(古典格局)의 하나. 사주 구조에서 다른 성분은 전혀 없고, 토금(土金)의 두 성분만 있다. 양기성상격(兩氣成象格)이라고도 한다.

朗月 용신을 정할 경우에는 상황에 따라 달라지는데, 억부법(抑扶法)을 기준으로 대입하면 무난하므로 특별히 양기성상격을 고려할 필요는 없다.

토기(土氣) 五 토(土)의 기운(氣運). ⇨ 토(土)

토끼 俗 토끼띠에 해당하는 동물.

토끼띠 俗 묘년(卯年)에 태어난 사람을 부르는 말. 생극제화(生剋制化)의 이치와는 무관하다.

토다금매(土多金埋) 古 토(土)가 많으면 금(金)이 토에게 파묻힌다. '인성과다(印星過多)의 해(害)'에 속한다.

朗月 금(金)이 해야 할 일에는 금생수(金生水)로 수(水)를 생조하는 것도 있는데, 토(土)의 왕함으로 수를 생조할 수 없을 경우도 포함한다.

토다목절(土多木折) 五 토(土)가 지나치게 많으면 목(木)이 꺾임. 오행의 기본은 목극토(木剋土)이지만, 사주의 형상에서 토의 세력이 너무 지나치면 도리어 토극목(土剋木)의 현상이 생긴다. 중과부적(衆寡不敵)이라고도 한다.

토다화허(土多火虛) 五 토(土)가 많으면 화(火)는 약하다. 화생토(火生土)의 원리로 화의 기운은 계속 토로 흐르는데, 화를 생조하는 목(木)이 없는 형상이다. 식상과다(食傷過多)의 해(害)에 속한다.

토불수화자기상(土不受火者氣傷) 【滴天髓】 토(土)가 너무 건조하여 화(火)의 기운을 받아들이지 못하면 기운(氣運)이 상하는 병이 된다.

토생금(土生金) 五 토(土)가 금(金)을 생조

함. 토는 어머니의 입장이고, 금은 자식의 입장으로, 오행상생(五行相生)의 법칙에 해당하며 매우 유정하다.

朗月 다만, 이것은 기본 공식이라고 이해한다. 경우에 따라서는 생하는 것이 오히려 병이 되는 경우도 허다하기 때문이다.

토생목(土生木) 五 토(土)가 목(木)을 생(生)함. 기본적인 이치로는 목극토(木剋土)가 되지만, 사주에 수(水)가 너무 많아 수생목(水生木)이 과중하면 수다목부(水多木浮)의 현상으로 목은 곤경(困境)에 처한다. 이 경우에 힘 있는 토가 있으면 토극수(土剋水)가 되어 수는 목(木)을 생조하지 못하니, 결과적으로 토생목(土生木)의 이치가 된다. 기인취재(棄印就財) 또는 군뢰신생(君賴臣生)이라고도 한다.

토생수(土生水) 五 토(土)가 수(水)를 생(生)함. 기본적으로 토극수(土剋水)가 되지만, 사주에 수가 너무 과중하면 화(火)가 와도 군겁쟁재(群劫爭財)의 쟁탈전이 벌어진다. 목(木)을 사용하려 해도 수로 인해 수다목부(水多木浮)의 현상이 발생한다. 그러므로 이러한 경우에 힘 있는 토가 강력히 수를 제어한다면 오히려 수는 그 용도(用度)가 발생한다. 결과적으로 토생수(土生水)의 이치가 된다. 이러한 현상은 지수(止水)라고도 하는데, 넘치는 물을 멈추고 사용할 방법을 얻게 한다는 의미이다.

토생토(土生土) 五 토(土)가 토(土)를 생(生)함. 같은 토가 토를 생한다는 것은 사주에 수(水)가 과중하여 재다신약(財多身弱)이 극심할 경우에 힘 있는 토를 얻어 토극수(土剋水)를 하면, 수다토류(水多土流)의 위기에서 구제가 되므로 토생토(土生土)가 된다. 득비리재(得比利財) 또는 재중용겁(財重用劫)이라고도 한다.

다.

토생화(土生火) 五 토(土)가 화(火)를 생(生)함.

朗月 역생(逆生)의 원리이다. 원래는 화생토(火生土)이지만, 화(火)가 수(水)에게 수극화(水剋火)의 공격을 받게 될 경우에 토(土)가 나서서 토극수(土剋水)하여 화를 살린다. 이런 경우에 식신제살격(食神制殺格)의 구조가 된다. 또는 화의 세력이 과다하여 수극화(水剋火)가 되지 못할 경우에, 토가 있어서 그 화를 유통(流通)시키면 토생금(土生金)의 논리가 적용된다. 이런 경우는 식신격(食神格)이 된다.

토왕용사(土旺用事) 슈 토(土)가 왕하여 일을 함. 진월(辰月), 미월(未月), 술월(戌月), 축월(丑月) 등 본기(本氣)가 시작되는 날에 해당한다. 주로 잡절(雜節)로 사용한다.

토왕절(土旺節) 슈 토(土)의 기운이 왕성한 계절. 진술축미월(辰戌丑未月)이 해당한다.

토운(土運) 子 1.토(土)의 운. 대운에서 무기(戊己)나 진술축미(辰戌丑未)의 운이 진행되는 것이다.
2.오운(五運)에서 토(土)에 해당하는 운. 갑년(甲年)이나 기년(己年)은 토의 운에 해당한다. 특히 갑년은 토태과(土太過)의 운으로 보고, 기년은 토불급(土不及)의 운으로 본다. 자평명리학에서는 대입하지 않는다.

토윤물생(土潤物生) 古 토(土)가 윤택하니 만물이 살아남. 모든 만물은 토를 의지하므로, 토가 적당한 습도와 온도를 유지하면 나머지 목화금수(木火金水)가 잘 움직인다.

토윤즉생 토건즉취(土潤則生 土乾則脆) 【滴天髓】 축축한 습토(濕土)를 만나면 무럭무럭 자라지만, 바싹 마른 조토(燥土)를 만나면 오히려 조각조각 부서진다.

토(土)의 계절(季節) ㈜ 진술축미월(辰戌丑
未月). 사계(四季) 또는 사계절(四季節)
이라고도 한다.

토(土)의 음양(陰陽) 五 천간(天干)에서 음
토(陰土)는 기토(己土)가 되고, 양토(陽
土)는 무토(戊土)가 된다. 지지(地支)에
서 음토(陰土)는 축미토(丑未土)가 되고,
양토(陽土)는 진술토(辰戌土)가 된다.

　　朗月 토의 음양을 물리학(物理學)의 관
점에서 보면 양토는 인력(引力)으로 보
고, 음토는 토양(土壤)으로 본다.

토일간(土日干) 干支 태어난 날이 무기토
(戊己土)에 해당하는 경우.

토일주(土日主) 干支 태어난 날이 무기일
(戊己日)에 해당하는 경우.

토정비결(土亭秘訣) 外 조선 선조(宣祖)때
의 학자 토정(土亭) 이지함 선생의 신수
(身數)를 판단하는 술서(術書). 일년의
운세(運勢)를 보는 책으로, 자료는 생년
월일(生年月日)까지 보는데, 만들 당시
시간이 명확하지 않았음을 고려한다. 수
리학(數理學)을 이용하고 주역(周易)과
도 접목시켜 만든 것으로, 현재도 대중들
이 많이 찾는다. 원래 괘상이 863괘로 되
어 있는데, 지금은 886괘로 된 토정비결
도 많다. 이것은 적중률도 원본만 못하고
어수선하여 오히려 원본의 토정비결을
퇴화시킨다.

토조물병(土燥物病) 古 토(土)가 건조하면
만물이 병듦. 토윤물생(土潤物生)과 반대
되는 말이다.

토중목절(土重木折) 五 토(土)가 너무 많고
반대로 목(木)이 너무 허약하면 목은 도
리어 꺾인다.

토중성자 수창현절(土衆成慈 水猖顯節) 【滴
天髓】 자식(子息)에 해당하는 토(土)가
많으면 그 마음에 자애로움이 생겨 관살
(官殺)에 해당하는 임계수(壬癸水)가 범

람(泛濫)해도 절개(節槪)를 지킨다.

통관(通關) 子 두 세력을 통하게 함. 용신
법(用神法)에서 사용한다. 실제 용신으로
통관법이 적용되는 경우는 거의 없다. ⇨
통관법(通關法)

통관법(通關法) 用 통관(通關)의 방법. 용
신을 정하는 기준의 하나이다. 두 세력이
비슷한 힘으로 버틸 때에는 그 두 세력을
유통시켜 주는 글자가 용신이 된다. 예를
들어 목(木)과 토(土)가 대립하는 경우에
는 화(火)를 용신으로 삼고, 금(金)과 목
이 대립하는 경우에는 수(水)가 통관을
시킨다.

　　朗月 의미는 분명하나 실제로 임상하면
통관의 용신이 되는 경우는 거의 없다.
두 세력이 균형을 이루는 것이 쉽지 않기
때문이다. 다만 의미는 활용된다.

통관용신(通關用神) 用 두 세력이 견제하고
있을 경우에 그 사이를 유통시켜 주는 글
자. ⇨ 통관법(通關法)

통근(通根) 子 뿌리를 통함. 천간(天干)에
있는 글자가 지지(地支)에 인겁(印劫)을
만나면 해당한다. 예를 들어 천간에 임계
수(壬癸水)가 있고, 지지에 신금(申金)이
있다면 통근이 된다. 그리고 진월(辰月)
이더라도 약간의 뿌리는 되는데, 이는 진
토(辰土) 속에 계수(癸水)가 있기 때문이
다.

　　朗月 일부 학자들은 지지에 비겁(比劫)
이 있어야만 통근이 되고, 인성(印星)은
통근과 무관하다고 하는데, 어째서 이런
말이 나왔는지 모르겠다. 아마도 투출(透
出)의 의미를 잘못 해석한 것이 아닌가
싶다. 인겁(印劫)에 통근한다는 것은 생
극제화(生剋制化)의 이치에서 벗어난 것
이 아니다.

통근투계 충천분지(通根透癸 沖天奔地) 【滴
天髓】 지지(地支)에 뿌리인 해자수(亥子
水)가 있고, 다시 천간(天干)에는 계수

(癸水)가 나와 있다면, 그 세력은 대단히 커져서 하늘을 치고 땅을 휩쓸고 다닐 것이다.

朗月 만약 임수(壬水)가 물이라면 땅을 휩쓰는 것은 알겠는데, 하늘을 치는 것은 무엇일까? 그냥 물보라가 일어나는 것일까? 어쩌면 수소폭탄이 터진 것과 같은 장면이 아닐까? 온천지를 얼어붙게 한다고 이해한다.

통기용신(通氣用神) 用 기운(氣運)의 흐름에 의해서 정해진 용신. 이 경우는 흔치 않으므로 거의 사용하지 않는다.

통변(通變) 外 변화(變化)에 통(通)하는 것. 여기서 변화란 음양오행(陰陽五行)의 생극제화(生剋制化)를 말한다. 이것을 잘 알아야 올바르게 해석할 수 있다. ⇨ 통변법(通變法)

통변법(通變法) 子 변화(變化)에 통하는 방법. 변화에 통하기 위해서는 기본형을 깊이 이해해야 하는데, 기본법이란 오행(五行)과 간지(干支)의 이치이다. 이렇게 되면 변화는 자연히 알게 된다.

朗月 혹자는 기본형은 익히지 않고 급한 마음에 서둘러 통변법(通變法)이 아닌 통변법(通辯法)을 배우려는 사람도 많다. 깊은 오행의 이치를 말장난 정도로 생각하는 어리석은 학자는 되지 말아야 한다. 통변(通辯)은 통역(通譯) 정도이고, 좀 더 낮춰서 말하면 말재간이나 부리는 것이다.

통제성(統制性) 心 통제하고 관리하는 성품. 편재(偏財)의 성격이다.

퇴기(退氣) 五 물러나는 기운. 예를 들어 여름의 나무를 목(木)의 계절에서 다음 계절로 넘어간 상황으로 보고 퇴기라고 한다. 춘수(春水), 하목(夏木), 추토(秋土), 동금(冬金) 등이 해당한다.

투간(透干) 干支 천간(天干)에 나타남. 지지(地支)에 있는 글자가 천간에도 있을 경우에 해당한다. 지지의 지장간(支藏干)에 있는 글자도 같다.

투고(投庫) 古 창고에 던져짐. 또는 창고에 빠짐을 의미한다.

朗月 창고를 일종의 구덩이로 생각하지 않는 다음에야 빠진다는 말은 의미가 없다. 예를 들어 원국(原局)에 을목(乙木)이 있는데, 운에서 미토(未土)가 오면 을목이 미토에 빠져 을목은 사용할 수 없다는 설이다. 그러나 미토는 그냥 하나의 토(土)일 뿐이고, 경우에 따라서 원국에 묘목(卯木)이 있다면 합이 되는 것으로 보면 빠졌다거나 던져졌다는 말은 하지 않는 것이 옳다.

투출(透出) 干支 천간(天干)에 나타남. 지지(地支)에 있는 글자가 천간에도 있다. 예를 들어 진월(辰月)에서 천간에 계수(癸水)가 있다면 월지(月支)에서 투출했다고 한다. 하지만 천간에 임수(壬水)가 있다면 이 경우에는 투출이라고 하지 않는다.

투합(妬合) 古 질투의 합. 음간(陰干)이 둘이고 그 사이에 양간(陽干)이 있으면 합이 된다. 예를 들어 어느 사주의 천간(天干)이 기갑기(己甲己)의 구조인 경우에 해당한다. 두 여자가 한 남자를 놓고 합을 하려고 한다는 의미로 붙여진 이름이다. 그러나 이름뿐이고 실제로는 의미가 없다. 단순히 갑기합(甲己合)이라고 본다.

특수격(特殊格) 格 특수한 격. 부분적인 특징으로 이름이 정해진 것인데, 대개는 생극제화(生剋制化)의 이치가 없어서 논리적으로는 수용하지 않는다.

티존(T - zone) 心 성격존과 같은 말.

ㅌ

파

파(破) 殺 ⇨ 육파(六破)

파격(破格) 格 격(格)이 깨짐. 어떤 격을 이루는 데는 그에 따르는 조건이 있는데, 그 조건이 온전하지 못할 경우에 해당한다.

파국(破局) 格 국세(局勢)가 파괴(破壞)됨. 예를 들어 해묘미(亥卯未)가 모이면 목국(木局)이라 하는데, 여기에 유금(酉金)이 끼어들면 금극목(金剋木)이 되어 국이 깨진다.

파군살(破軍殺) 殺 신살(神殺)의 하나. 구조는 자(子)가 신(申)을 보거나, 축(丑)이 사(巳)를 보거나, 인(寅)이 인(寅)을 보면 해당한다. 입으로는 부처의 말을 해도 마음은 뱀의 마음이라는 의미인데, 믿을 만한 근거는 전혀 없다.

파극(破剋) 子 충(沖)을 만나 손상되는 것과 극(剋)을 받아 손상되는 것을 묶어서 말함. 주로 희용신(喜用神)의 역할을 맡은 글자가 사용된다.

파료상관(破了傷官) 古 상관(傷官)이 완전히 깨짐. 상관상진(傷官傷盡)과 비슷한 말이다. 특히 상관이 용신인 경우 파격(破格)의 형상이다.

파조공망(破祖空亡) 古 조상의 일을 망침. 구조는 갑을일(甲乙日) – 오(午), 병정일(丙丁日) – 신(申), 무기일(戊己日) – 술(戌), 경신일(庚辛日) – 자(子), 임계일(壬癸日) – 인(寅) 등이다.

朗月 실제로는 큰 비중이 없다. 개인적인 생각으로는 신살(神殺)은 모두 무시해도 좋고, 특히 생극제화(生剋制化)의 이치에는 부합되지 않는 것이 대부분이므로 적용시키면 그만큼 혼란이 있을 수 있다.

팔격(八格) 【滴天髓】 여덟 가지의 격(格)을 논함. 여덟 가지의 격이란 정인(正印), 편인(偏印), 정관(正官), 편관(偏官), 정재(正財), 편재(偏財), 식신(食神), 상관(傷官) 등이다.

팔용치수(八龍治水) 俗 여덟 마리의 용이 물을 다스림. ⇨ 일용치수(一龍治水)

팔자(八字) 俗 사람이 출생한 연월일시(年月日時)는 각기 네 개의 천간(天干)과 네 개의 지지(地支)로 나타난다. 그 글자의 수가 모두 여덟 자이기 때문에 붙여졌다. ⇨ 사주(四柱)

팔자개운비법(八字開運秘法) 冊 대만 장근(張勤) 선생의 저서. 개운(開運)에 대한 내용을 다루는데, 마음의 움직임과 환경의 변수와 국가나 사상의 관계까지 다양하게 고려하였다.

팔자명리정화(八字命理精華) 冊 대만 오명수(吳明修) 선생의 저서. 일반적인 자평명리학(子平命理學) 안내서이다.

팔자명보총람(八字命譜總覽) 冊 대만 한우묵(韓雨墨) 선생의 저서. 많은 명식을 수집해서 일간(日干) 별로 정리한 것이 특징이다.

팔자비유년실무(八字批流年實務) 冊 대만

반동광(潘東光) 선생의 저서. 운세의 해석에 비중을 두었다.

팔자실전육삼초(八字實戰六三招) 冊 대만 관정흥(管廷興) 선생의 저서. 수필 형태를 취하면서 실전에서 경험한 자료를 실은 것으로, 인용은 주로 『적천수(滴天髓)』를 취하였다.

팔자심리추명학(八字心理推命學) 冊 하건충(何建忠) 선생의 저서. 1985년에 희대서판(希代書版)에서 출판한 서적으로, 최초의 서적인지는 정확하지 않다. 내용은 논리적인 접근을 시도하려고 노력한 흔적이 많이 보이며, 특히 용신(用神)을 정하는 방법을 세 종류로 제시하였다. 또한 십성(十星)의 심리적인 분석을 새롭게 시도한 것은 독창적인 이론이다. 모두 다 수용할 것은 아니지만 자평명리학(子平命理學)의 심리분석에 대한 탁월한 감각과 방향 제시는 놀라운 직관력과 연구력의 결정이다.

팔자심리학(八字心理學) 冊 대만 이철필(李鐵筆) 선생의 저서. 심리학을 다루었는데 다소 미흡한 내용이 많다.

팔자심입(八字深入) 冊 대만 사무등(謝武藤) 선생의 저서. 2권. 내용은 수필 형태로 삼각관계나 남녀문제에 대해 많이 다루었으며, 같은 팔자나 만들어진 사주 등에 대한 부분도 있다.

팔자인연간인간(八字因緣看人間) 冊 대만 장건민(張建民) 선생의 저서. 인연에 대한 명리학자(命理學者)적인 견해와 운명의 변화 등에 대해 연구한 것을 수필 형태로 정리하였다.

팔자파미(八字破迷) 冊 대만 반동광(潘東光) 선생의 저서. 수필 형태로 조후, 입춘과 동지의 문제, 야자시에 대해 소신 있는 견해를 보인다. 제목은 자평명리학(子平命理學)의 미신(迷信)을 깨자는 의미이다.

팔자학(八字學) 子 팔자(八字)를 연구하는 학문. 주로 대만에서 이렇게 부르는데 명리학(命理學)과 같다.

팔전(八專) 殺 남녀를 막론하고 색욕이 많으면 바람을 피우거나 부부간의 이별도 발생하며, 일주(日柱)에 해당하면 부정한 아내를 두고, 시주(時柱)에 해당하면 자녀가 바람을 피운다. 구조는 갑인(甲寅), 을묘(乙卯), 기미(己未), 정미(丁未), 무술(戊戌), 계축(癸丑), 경신(庚申), 신유(辛酉) 등이 해당한다.

　朗月 실제로는 큰 비중이 없다. 개인적인 생각으로는 신살은 모두 무시해도 좋고, 특히 생극제화(生剋制化)의 이치에는 부합되지 않는 것이 대부분이므로 적용시키면 그만큼 혼란이 가중될 수 있다.

팔패살(八敗殺) 殺 여덟 번을 실패한다는 살. 일생 손재수가 많고, 하는 일이 거의 용두사미(龍頭蛇尾)가 된다. 구조는 자진사년(子辰巳年)-6월, 축술해년(丑戌亥年)-9월, 인묘오년(寅卯午年)-12월, 미신유년(未申酉年)-3월에 해당한다.

　朗月 실제로는 큰 비중이 없다. 개인적인 생각으로는 신살(神殺)은 모두 무시해도 좋고, 특히 생극제화(生剋制化)의 이치에는 부합되지 않는 것이 대부분이므로 적용시키면 그만큼 혼란이 가중될 수 있다.

패운(敗運) 子 일그러진 운. 운에서 기구신(忌仇神)이 들어와 사주의 희용신(喜用神)을 부담스럽게 하는 경우이다. 하는 일이 마음대로 되지 않을 가능성이 많다.

패중무구(敗中無救) 古 파격(破格)에 구응(救應)이 없음. 격(格)이 깨졌는데 그 결점을 해소할 글자가 없다.

패중유구(敗中有救) 古 파격(破格)에 구응(救應)을 만남. 격(格)이 깨졌는데 그 결점을 해소하면 성격(成格)이 된다.

패중유성(敗中有成) 古 격(格)이 깨졌는데,

그 깨고 있는 요소를 제거함을 의미함. 기신(忌神)으로 파격(破格)되었으나 그 기신을 제거하였다는 말이다.

편관(偏官) 星 치우친 벼슬. 정관(正官)은 음양이 다른데, 편관은 음양이 같다. 그래서 치우친 것이라 하는데 이는 특별히 나쁠 이유가 없다. 고법(古法)에서는 편관을 가장 어렵다고 해서 다루는 방법에 대한 설도 가장 많은데, 부담이 된다면 정관이라고 해서 다를 이유는 없다. 형상은 일간(日干)을 극하는 오행이면서 음양이 다른 경우에 해당한다. 육친으로는 남자에게는 자식이 되고, 여자에게는 남편이 된다. 사회적으로는 무정한 상사(上司)라고도 하는데, 경우에 따라 다르며 위험한 일도 포함된다. 심리적으로는 인내심이나 봉사심을 의미하기도 하고 부담으로 작용하기도 하는데, 그 대입 기준은 사주에서 어떤 역할을 하느냐에 따라서 달라진다.

朗月 여자 사주에 편관이 있으면 남편이 아니고 애인이라는 식의 통변도 하는데, 이치에 부합되지 않는 말이니 사용하지 않는다. 고법에서는 편관을 다스리는 공식을 세 가지로 설명하는데, 그 하나는 인성(印星)으로 유통시켜야 하고[살인상생(殺印相生)], 둘째는 식신(食神)으로 공격해야 하며[식신제살(食神制殺)], 셋째는 겁재(劫財)로 합을 하는 것이 좋다고 하는데[살인상정(殺刃相停)], 특별히 그래야 할 이유가 있다면 몰라도 무조건 그렇게 하는 것 또한 편견이다. 모든 것은 경우에 따라 적용해야 올바르게 판단할 수 있다. 식신제살의 경우에 신약(身弱)한 경우와 신왕(身旺)한 경우가 다르다. 신약한 상황에서 식신제살이 되면 인성(印星)의 운이 무난하고, 신왕한 상태에서 식신제살이 되면 인성의 운이 흉하다는 것도 참고한다.

편관격(偏官格) 格 1. 편관을 용신으로 삼은 격. 용신격(用神格)의 한 종류이다. 칠살격(七殺格)이라고도 한다. 사주에 비겁(比劫)이 왕성하여 신왕한 상황에서 식상(食傷)은 없거나, 무력한 경우에 편관이 있으면 용신으로 삼는다. 그리고 사주에 재성(財星)이 있으면 재자약살격(財滋弱殺格)이 되어 운에서 식상이 왔을 경우에는 방어가 되므로 더 좋지만, 그렇지 않더라도 단독으로 용신을 삼고 편관격이 된다.

2. 편관의 격. 월지(月支)가 일간(日干)의 편관에 해당하는 격으로 십격(十格)의 한 종류이다.

朗月 월지가 편관이 되면 일간은 신약할 가능성이 많다. 그러나 절대적인 것이 아니므로 주변 상황을 고려해서 판단해야 한다. 혹자는 월지가 편관이면 무조건 신약하다고 보아 용신을 찾는 경우도 있지만 이러한 것은 현명한 방법이 아니다.

편관(偏官)**과 겁재**(劫財) 心 ⇨ 겁재(劫財)와 편관(偏官)

편관(偏官)**과 비견**(比肩) 心 ⇨ 비견(比肩)과 편관(偏官)

편관(偏官)**과 상관**(傷官) 心 ⇨ 상관(傷官)과 편관(偏官)

편관(偏官)**과 식신**(食神) 心 ⇨ 식신(食神)과 편관(偏官)

편관(偏官)**과 정관**(正官) 心 편관이 정관을 만나면 봉사성과 합리성이 결합되어 남을 위해 삶을 살아가는 인생일 가능성이 많다. 그릇이 크다고 하지만 너무 지나친 것은 거부하는 것도 필요한데, 합리적이면 쉽사리 거부하기 어려워 심리적으로 부담이 크다.

편관(偏官)**과 정인**(正印) 心 ⇨ 정인(正印)과 편관(偏官)

편관(偏官)**과 정재**(正財) 心 ⇨ 정재(正財)와 편관(偏官)

편관(偏官)**과 편관**(偏官) 心 편관이 겹치면 봉사성이 과중되어 억압이 극심하다. 이것에 대한 거부심리는 나타나지만 그렇다고 자유롭지도 못하므로 스트레스가 크다. 일종의 피해망상(被害妄想)의 현상으로 진전될 수 있으며, 대외관계도 잘 적응하지 못할 수 있다.

편관(偏官)**과 편인**(偏印) 心 ⇨ 편인(偏印)과 편관(偏官)

편관(偏官)**과 편재**(偏財) 心 ⇨ 편재(偏財)와 편관(偏官)

편관궁(偏官宮) 星 편관의 집. 월지(月支)가 정관(正官)의 궁인데, 별도로 나누지 않고 함께 참고한다. ⇨ 궁성이론(宮星理論)

　朗月 하건충 선생의 설이다. 원래는 정관의 궁이지만, 편관도 겁재(劫財)와 마찬가지로 별도의 궁을 두지 않고 정관궁(正官宮)에서 함께 대입한다.

편관성격(偏官性格) 心 편관에 해당하는 대표적인 성격은 봉사성(奉仕性)이다. 부정적인 현상은 억압(抑壓)인데, 이는 편관의 양면성으로 이해한다. 일주(日主)가 강할 때에는 봉사의 성분으로 작용하고, 약할 경우에는 억압감으로 작용한다. 기억력이 뛰어난 것도 편관의 영역으로 이해한다. 기억력을 확대하면 복사(複寫)의 능력도 발휘하는데, 수정하기보다는 본 대로 들은 대로 그대로 기억하는 것이 복사이다.

　朗月 기본형의 성격을 이해한 다음에는 겹치는 성격이 있다는 것을 이해하는 것도 중요한데, 겹치는 성격은 거부하는 현상으로 이해한다.

편관운(偏官運) 子 편관의 운. 대운이나 세운에서 편관에 해당하는 운이 들어오는 것이다. 이러한 운은 주로 억압당할 일이 생기거나 또는 봉사하는 운으로 작용한다. 편관이 희용신(喜用神)이라면 그로 인해 이름이 높아질 것이고, 기구신(忌仇神)이라면 오히려 억압받으므로 추방당하거나 강제로 억울한 일을 당할 수 있으므로 신중히 살펴서 판단한다.

편인(偏印) 星 치우친 도장. 식신(食神)을 극하는 성분이기 때문에 도식(倒食)이라고도 부르며, 심지어는 자기 새끼를 잡아먹는다는 의미로 효신살(梟神殺)이라고 부른다. 그래서 사흉신(四凶神)에 속한다. 정인(正印)은 음양이 다른데 편인은 음양이 같아서 정인보다 못하다. 구조는 일간(日干)을 생조하는 오행(五行)이면서 음양도 같으면 해당한다. 육친으로는 계모(繼母)이기도 한데 그냥 어머니로 보는 것이 타당하다. 심리적으로는 의심(疑心)으로 신비로움에 작용하는 성분이며, 환경적으로는 종교의 성분으로 보며, 약품이나 의료업과도 연관이 있다. 명리학과 같은 학문에 흥미를 보인다.

　朗月 '당신은 계모가 있는 사람이네요.'라고 말한다면 누가 듣기 좋겠는가. 책에 있다고 모두 응용할 필요는 없으며, 실제로 계모가 있는 것도 아니므로 무시해야 할 부분이다. 비록 고전에는 험악하게 설명되지만 일주(日主)가 허약하다면 정인과 다름없이 좋은 역할도 한다는 점을 잊지 말아야 하며, 이렇게 대입하지 못하면 올바른 생극제화(生剋制化)가 아니다. 이름의 선악(善惡)에 구애받지 말고 올바른 오행관(五行觀)을 갖고 대입한다.

편인격(偏印格) 格 편인의 격. 월지(月支)의 십성(十星)이 편인에 해당하는 계절이다. 보통 십격(十格)이라고도 불린다.

　朗月 월지가 정인(正印)이라는 것은 인성(印星)의 계절에 태어난 것인데, 일간(日干)의 상황은 신강(身強)할 가능성이 많다. 그렇다고 해서 절대적인 것이 아니므로 다른 위치의 오행도 함께 고려하여 판단하는 것이 현명하다. 혹자는 월지에

편인이 되면 무조건 신강으로 보고 용신을 정하기도 하는데 현명한 방법이 아니다.

편인(偏印)과 겁재(劫財) ⓒ 편인과 겁재가 만나면 신비성과 경쟁성이 작용되어, 비견(比肩)이 편인을 본 것과 비슷하다. 차이가 있다면 감정적으로 주체성을 강화시켜 자신이 알게 된 신비의 세계를 남에게도 알리려고 노력한다.

편인(偏印)과 비견(比肩) ⓒ 편인이 비견과 만나면 신비성과 주체성이 작용되어, 신비한 현상을 적극적으로 받아들인다. 비견을 주체성인 정인(正印)을 만난 것과 비교한다면, 정인은 현상적인 것에 대한 직관력으로 수용하고 주체적으로 판단하지만, 편인을 만난 비견은 설명이 난해한 초월적인 현상에 대해서도 잘 믿는다고 해석할 수 있다.

편인(偏印)과 상관(傷官) ⓒ 편인과 상관이 만나면 신비성과 표현성이 작용되어, 설명하기 어려운 신비현상도 잘 설명한다. 이러한 현상이 발전되면 교주(敎主)의 역할도 할 수 있는데, 대체로 교주는 말을 잘해야 한다는 의미로 생각한다면 관련이 있다. 여기에 재성(財星)이라도 가세하면 신흥교주의 역할을 멋지게 할 수 있는데, 왜냐하면 재성은 결실의 성분이기 때문이다.

편인(偏印)과 식신(食神) ⓒ 편인과 식신이 만나면 신비성과 궁리성이 작용되어 신비한 현상에 대해 규명하려 한다. 이러한 결과는 실패할 가능성도 있지만, 설명이 되지 않는 부분을 풀려고 노력하기 때문에 신비학자나 종교학자 등의 성향으로 나타난다.

편인(偏印)과 정관(正官) ⓒ 편인과 정관이 만나면 신비성과 합리성이 작용되어 믿을 것은 믿고, 합리성이 떨어지는 것은 부정하는 현상이 나타난다. 강요를 받으면 객관적인 성향으로 다른 신비한 현상도 공부할 것이며 그에 따른 결론을 내려 개종하는 것도 고려하지만, 합리적인 현상이라고 판단하면 그대로 수용한다.

편인(偏印)과 정인(正印) ⓒ ⇨ 정인(正印)과 편인(偏印)

편인(偏印)과 정재(正財) ⓒ 편인과 정재가 만나면 신비성과 치밀성이 작용되어, 대체로 신비성을 부정하는 쪽으로 현상이 나타난다. 결과는 현실적인 방향으로 정리하지만, 확실하게 믿지 못하므로 부정하는 생각도 갖는다.

편인(偏印)과 편관(偏官) ⓒ 편인과 편관이 만나면 신비성과 복종성이 작용되어, 자신이 믿는 종교에 대해 거의 맹종(盲從)하는 현상이 생긴다. 매우 보수적인 경향도 나타나는데, 감정적이기 때문에 맹종하는 경우에는 이성적인 판단력이 없어진다. 만약 정관이라도 있다면 합리성이 작용할 수 있지만, 그렇지 않으면 자신이 따르는 신비현상에 대한 노예가 될 수도 있다.

편인(偏印)과 편인(偏印) ⓒ 편인이 겹쳐 있으면 부정을 수용하는 성분이 작용되어 의심이 많지만, 한편으로는 그 의심을 거부하는 마음도 생겨 스스로 혼란스러워질 수 있다. 편인은 신비성에도 작용하는데, 이것이 겹치면 신비한 현상을 부정한다고 이해한다. 그러나 결국 믿지만 늘 신비한 현상을 의심하면서 수용하는 현상으로 본다.

편인(偏印)과 편재(偏財) ⓒ 편인과 편재가 만나면 신비성과 통제성이 작용한다. 통제성이 자신의 생각대로 관리하는 것이라면, 신비성은 대체로 부정적인 면을 보인다. 그래서 신비성을 무시하는 언행을 하게 되는데, 그 현상을 인정하면서도 몰두하지 않기 때문에 편재가 편인을 극하는 관계로 해석한다. 신비부정(神秘否定)

이라고도 한다.

편인궁(偏印宮) 星 편인의 집. 시간(時干)을 편인궁으로 본다. ⇨ 궁성이론(宮星理論)

朗月 하건충 선생의 설이다. 편인은 종교성으로 보고, 그 위치를 시간에 부여하는 것은 도표적이면서도 탁월한 철학적인 견해가 포함된 것으로 이해한다. 종교는 어려서는 필요가 없고, 나이가 들면서 의미를 부여하는데, 그러한 관점에서도 시간(時干)을 종교궁으로 이해한 것은 탁월한 견해이다.

편인성격(偏印性格) 心 편인에 해당하는 대표적인 성격은 신비성이다. 반대로 의심하는 마음도 존재하는데, 이는 편인의 양면성이다. 무슨 이야기를 듣거나 신기해하면서도 과연 사실인지를 의심한다. 신비현상을 변형하면 종교성도 포함되는데, 종교도 신비한 현상을 부정하면 의미가 없으므로, 편인은 종교성과도 연관이 있다. 나아가 철학 부분에도 관심을 많이 보이는데 끝없는 의심을 품는 철학이 편인과 연관을 맺는 것이다.

朗月 기본형의 성격을 이해한 다음에는 겹치는 성격이 있음도 이해하는 것이 중요한데, 겹치는 성격은 거부하는 현상으로 이해한다.

편인운(偏印運) 子 편인의 운. 대운이나 세운에서 편인(偏印)에 해당하는 운이 들어오는 것이다. 이러한 운은 주로 신비한 일이나 의심할 일이 많이 발생한다고 대입하는데, 종교와의 인연도 발생할 수 있다. 이것은 편인의 성분이 종교성이나 신비성과 연결되기 때문이다.

편재(偏財) 星 치우친 재물. 이름 때문에 보통 횡재 또는 올바르지 못한 방법으로 돈을 번다고 해석하는데 타당하지 못한 대입이다. 음양이 다르기 때문에 다른 성분들, 예를 들어 편관(偏官)이나 편인(偏印)처럼 붙여진 이름에 불과하다. 형상은 일간(日干)이 극하는 오행이면서 음양이 같을 경우에 해당한다. 육친 대입은 남자에게 아내가 되고, 여자에게는 시어머니가 된다. 심리적으로는 통제성(統制性)을 의미하고, 공간성(空間性)도 좋아 마무리하는 것도 포함한다.

朗月 혹자는 편재를 첩(妾)으로 보는데, 이 시대에 어울리지 않는 발상이며 첩이라는 말도 사용할 필요가 없다.

편재격(偏財格) 格 편재의 격. 월지(月支)가 일간(日干)의 편재가 되면 해당하는 격으로, 십격(十格)의 한 종류이다.

朗月 월지가 편재가 되면 일간의 기운이 갇히는 계절에 속하므로 신약한 상황이 될 수 있다. 다만 절대적이지 않으므로 전체적인 상황을 고려하여 판단하는 것이 중요하다. 혹자는 월지에 편재가 되면 무조건 신약한 것으로 보고 용신을 찾기도 하는데 현명한 방법은 아니다.

편재궁(偏財宮) 星 편재의 집. 연간(年干)을 편재의 궁으로 본다. ⇨ 궁성이론(宮星理論)

朗月 하건충 선생의 설이다. 어머니의 궁이 연지(年支)가 되고, 아버지의 궁이 연간(年干)이 되므로 그 배합이 합리적이다.

편재성격(偏財性格) 心 편재에 해당하는 대표적인 성격은 통제성(統制性)이다. 천간(天干)에 있으면 공간성(空間性)으로 나타난다. 공간을 통제하든지 물질을 통제하든지 그 본질은 같다. 반대로 부정적인 요소로 독재(獨裁)의 성향이 나타날 수 있는데, 편재의 양면성으로 이해한다.

朗月 흔히 손재주가 있다는 말은 편재의 영역이라 할 수 있다. 공간성이 좋아서 처음 가는 길도 지도를 보고 잘 찾아갈 수 있는 것 또한 편재의 능력이라고 해석한다. 기본형의 성격을 이해한 다음에는

ㅍ

겹치는 성격이 있음도 이해하는 것이 중
요한데, 겹치는 성격은 거부하는 현상으
로 이해한다.

편재(偏財)**와 겁재**(劫財) 心 ⇨ 겁재(劫財)
와 편재(偏財)

편재(偏財)**와 비견**(比肩) 心 ⇨ 비견(比肩)
과 편재(偏財)

편재(偏財)**와 상관**(傷官) 心 ⇨ 상관(傷官)
과 편재(偏財)

편재(偏財)**와 식신**(食神) 心 ⇨ 식신(食神)
과 편재(偏財)

편재(偏財)**와 정관**(正官) 心 편재가 정관을
만나면 통제성과 합리성이 결합되어, 보
수적인 교육자의 형태가 된다. 또는 행정
관(行政官)의 형태도 가능한데, 폭넓은
시야로 일을 합리적으로 처리하므로 주
어진 일을 얻으면 능력을 최대한으로 발
휘한다. 공무의 수행이라면 잘 어울린다.

편재(偏財)**와 정인**(正印) 心 ⇨ 정인(正印)
과 편재(偏財)

편재(偏財)**와 정재**(正財) 心 편재가 정재
를 만나면 통제성과 치밀성이 결합되어
너무 멋대로 결과를 요구한다. 과정을 무
시하고 결과에 대해서만 요구하기 때문
에, 우물에서 숭늉 찾는다고 말하기도 한
다. 너무 성급하다는 말을 듣지 않도록
인내심을 기르는 것이 필요하다.

편재(偏財)**와 편관**(偏官) 心 편재가 편관을
만나면 통제성과 봉사성이 결합되어, 군
대의 교관(敎官) 분위기를 나타낸다. 주
어진 일을 확실하게 통제하여 특공대와
같은 성향을 나타나는데, 이기심을 버리
고 남을 위해서 노력하는 형이다. 하지만
자칫 자신의 개성이 나타나지 않을 수 있
다.

편재(偏財)**와 편인**(偏印) 心 ⇨ 편인(偏印)
과 편재(偏財)

편재(偏財)**와 편재**(偏財) 心 편재가 겹치면
통제성이 강화되어 막무가내의 성격이

될 수 있는데, 그렇지 않으려는 심리도
내부에 존재한다. 하지만 결국은 통제하
려고 하기 때문에 말과 행동에서 차이가
난다. 자칫하면 너무 결과에만 비중을 두
어 상당히 비합리적인 성격으로 판단될
수 있다.

편재운(偏財運) 子 편재의 운. 대운이나 세
운에서 편재에 해당하는 운이 들어오는
것이다. 이러한 운은 주로 마무리를 지어
야 할 일이 발생하는데, 재성(財星)이 희
용신(喜用神)이 될 경우에 결실의 기쁨
을 누린다. 다만 신약해서 기구신(忌仇
神)이 된다면 자칫 남의 꾀임에 빠져 큰
손실을 당할 수 있으므로 신중히 판단한
다.

평두살(平頭殺) 殺 낙상(落傷), 교통사고
등의 우려가 있는 살. 구조는 갑자(甲
子), 갑인(甲寅), 갑진(甲辰), 병인(丙
寅), 병술(丙戌), 병진(丙辰) 등이 해당한
다.

　朗月 실제로는 큰 비중이 없다. 개인적
인 생각으로는 신살(神殺)은 모두 무시해
도 좋고, 특히 생극제화(生剋制化)의 이
치에는 부합되지 않는 것이 대부분이므
로 적용시키면 그만큼 혼란이 가중될 수
있다.

평상심(平常心) 心 심리구조에서 언제나
한결같은 마음으로 동요가 없는 사람은
사주의 오행(五行)이 서로 충극(沖剋)하
지 않고 균형(均衡)을 이룬다. 생조(生
助)할 것은 생조하고 극설(剋洩)할 것은
극설하여 청고(淸高)한 구조로 나타난
다.

평생운(平生運) 子 한평생 살아가는 운. 사
람의 일생은 순탄하지 않고 대부분 여러
기복을 겪으면서 살아간다. 이러한 정황
을 살펴서 전체적으로 운을 해석하는 것
이 평생운이다. 평생의 운은 한가지로 보
는 것이 아니고, 대운의 흐름을 살펴서

보기 때문에 실제적으로는 큰 의미가 없다. 십년운과 일년운이 서로 엮어져 일생을 만들기 때문에 단지 평생운이라는 의미는 적다.

朗月 어떤 경우에는 1세부터 100세까지의 평생운을 풀이해 달라고도 하는데, 이런 경우의 평생운은 용어로 보아 타당하지만 의미가 없다.

평운(平運) 子 평탄한 운. 길흉에 크게 영향받지 않는 운이다. 대체로 무난하다고 해석한다. 평탄하다면 길운으로 봐도 되는데, 이는 적어도 흉운이 아니면 좋은 운으로 대입하는 것이 좋기 때문이다.

평지목(平地木) 古 무술기해평지목(戊戌己亥平地木)의 줄임말. ⇨ 무술기해평지목(戊戌己亥平地木)

포을이효 합임이충(抱乙而孝 合壬而忠) 【滴天髓】 어머니인 을목(乙木)이 신금(辛金)에게 공격받으면 효심(孝心)으로 보호하고, 임수(壬水)와는 정임합목(丁壬合木)을 하니 무토(戊土)가 와도 임금인 임수(壬水)를 극하지 못하므로 충신(忠臣)이라고 할 만하다.

포태법(胞胎法) 古 십이운성(十二運星)의 다른 이름. ⇨ 십이운성(十二運星)

폭패살(暴敗殺) 殺 일이 진행되다가 갑자기 망하는 살. 여자는 시집가면 시댁이 몰락하는 살이다. 구조는 자년(子年)-미(未), 축년(丑年)-신(申), 인년(寅年)-유(酉), 묘년(卯年)-술(戌), 진년(辰年)-해(亥), 사년(巳年)-자(子), 오년(午年)-축(丑), 미년(未年)-인(寅), 신년(申年)-묘(卯), 유년(酉年)-진(辰), 술년(戌年)-사(巳), 해년(亥年)-오(午)에 해당한다.

朗月 실제로는 큰 비중이 없다. 개인적인 생각으로는 신살(神殺)은 모두 무시해도 좋고, 특히 생극제화(生剋制化)의 이치에는 부합되지 않는 것이 대부분이므로 적용시키면 그만큼 혼란이 가중될 수

있다.

표출(表出) 子 겉으로 나타남. 특히 천간(天干)에 나타났을 경우에 해당한다.

표현성(表現性) 心 심리구조에서 표현성을 의미하는 것은 식신(食神)이다.

풍수(風水) 外 바람과 물을 말하는데, 보통 풍수지리(風水地理)라고 한다. ⇨ 풍수지리

풍수지리(風水地理) 外 자연의 구조로 길흉을 판단하는 학문. 지리학(地理學) 또는 감여학(堪輿學)이라고도 한다. 오래된 분야로 유명한 인물로는 도선 국사나 무학대사, 육관 도사 등이 있다. 국민적인 정서에도 비중이 크며, 핵심은 자연에 순응하는 인간의 마음을 나타낸다는 것이다. 이 분야에서 꼭 필요한 것이 패철(佩鐵)이라는 나침반인데, 이것으로 동서남북을 세분하여 24방향으로 나누고, 그 지형의 형세에 따라 길흉을 판단한다. 묘자리를 보는 것이 음택(陰宅)이고, 거주공간을 보는 것이 양택(陽宅)이다. 관련 서적으로는 『인자수지(人者須知)』, 『청낭경(青囊經)』 등이 있다. 이 분야에서는 최창조 선생의 관찰법이 합리적이라고 생각한다.

풍수학(風水學) 外 바람과 물을 연구하는 학문. 지리학(地理學)이라고도 한다. ⇨ 지리학(地理學)

피두살(披頭殺) 殺 머리를 부상당할 우려가 있는 살. 구조는 자년(子年)-진(辰), 축년(丑年)-묘(卯), 인년(寅年)-인(寅), 묘년(卯年)-축(丑), 진년(辰年)-자(子), 사년(巳年)-해(亥), 오년(午年)-술(戌), 미년(未年)-유(酉), 신년(申年)-신(申), 유년(酉年)-미(未), 술년(戌年)-오(午), 해년(亥年)-사(巳)에 해당한다.

朗月 실제로는 큰 비중이 없다. 개인적인 생각으로는 신살(神殺)은 모두 무시해도 좋고, 특히 생극제화(生剋制化)의 이

ㅍ

치에는 부합되지 않는 것이 대부분이므
로 적용시키면 그만큼 혼란이 가중될 수
있다.

피해망상(被害妄想) ⓒ 심리구조에서 남에
게 피해를 입었다고 생각하거나 또는 그
렇게 될 것이라고 생각하여 불안해하는
증세. 부정적이고 수용성인 편인(偏印)
과 주체성이 부족하기 때문에 비겁(比
劫)이 부족한 상황으로, 사주에 충극(沖
剋)이 발생할 경우에 나타난다.

하(夏) [슈] 여름. 화(火)의 계절이며, 사오미월(巳午未月)을 말한다.

하건충(何建忠) [人] 대만의 명리학자(命理學者). 생몰연대 미상. 저서는『팔자심리추명학(八字心理推命學)』,『천고팔자비결총해(千古八字秘訣總解)』등이다. ⇨ 궁성이론(宮星理論)

하괘(下卦) [外] 주역(周易)이나 육효(六爻) 등의 구조에서 아래에 놓이는 괘. 상괘(上卦)와 하괘(下卦)로 나누는데, 보통 먼저 나오는 괘가 하괘에 해당하여 아래에 놓인다. 이것은 땅이 먼저 생기고 하늘이 뒤에 생겼다는 의미도 된다. 다만 사람에 따라서는 반대로 해석하기도 한다. 하괘는 상괘에 대응하여 주로 개인적인 일이나 가정적인 일에 의미를 둔다.

하금(夏金) [五] 여름의 쇠. 계절에 따른 오행 상황을 의미하는데, 여름은 불의 계절이므로 화극금(火剋金)의 이치에 의해서 여름의 금(金)은 그 기운이 매우 약하다고 이해한다. 경신(庚辛) 일간(日干)이 사오월(巳午月)에 태어나면 하금이라고 한다.

하락이수(河洛理數) [外] 운명해석법(運命解釋法)의 한 종류. 사주의 천간(天干)과 지지(地支)를 각기 숫자로 바꾼 다음에 주역(周易)의 64괘를 대입시켜서 해석한다.

하목(夏木) [五] 여름의 나무. 오행을 각 계절에 배속시켜 여름에 태어난 나무라는 뜻이다. 여름은 화(火)의 계절이므로 이 계절에 태어난 목(木)은 기운이 약화되었다고 이해한다. 갑을(甲乙) 일간(日干)이 사오월(巳午月)에 태어나면 하목이라고 한다.

하삼월(夏三月) [슈] 여름철의 3개월. 사오미월(巳午未月)을 말한다.

하수(夏水) [五] 여름의 물. 계절에 따른 오행 상황을 의미하는데 여름은 화(火)의 계절이므로 수극화(水剋火)의 이치에 의해서 수(水)가 극을 받는 것은 아니지만 세력이 약하다고 이해한다. 임계(壬癸) 일간(日干)이 사오월(巳午月)에 태어나면 하수라고 한다.

하원갑자(下元甲子) [古] 60년을 하나의 원(元)으로 하여 상중하(上中下)로 나눈 것. 큰 주기는 삼원(三元)으로 180년을 잡고, 그 주기의 초중말(初中末)에 해당하는 의미로 60년을 잡았다. 하원갑자는 그 마지막에 해당하는 60년에 해당한다. 참고로 1984년부터 하원갑자가 되므로 그 이전의 60년은 중원갑자(中元甲子)가 되고 다시 그 이전의 60년은 상원갑자(上元甲子)가 된다. 그리고 월일시(月日時)에도 상중하(上中下)로 구분한다. 다만 자평명리학(子平命理學)에서는 아무 의미가 없음을 참고한다.

하위전(何爲戰) 【滴天髓】 무엇을 일러 전쟁이라 하는가. 천간(天干)에서 싸우는 것을 말한다.

ㅎ

하위충(何爲沖)【滴天髓】무엇을 일러 충(沖)이라고 하는가. 대운과 세운의 지지가 충돌하는 것이다.

하위호(何爲好)【滴天髓】무엇을 일러 좋은 것이라고 하는가. 대운과 세운의 오행이 같음을 말한다.

하위화(何爲和)【滴天髓】무엇을 일러 화평하다 하는가. 대운과 세운의 천간(天干)이 합(合)이 됨을 말한다.

하절(夏節)[수] ⇨ 하(夏)

하지(夏至)[수] 24절기의 하나. 여름의 중간이라고 하는 하지의 절기이다. 동지(冬至)와 대비되는 절기이기도 하다. 양력 6월 21일경이 시작되는 날이다. 망종(亡種)이 지나고 15일이 되면 들어오는 계절이고 다음 절기인 소서(小署)까지 작용한다. 음력으로는 5월중이다. 하지에는 해의 길이가 가장 길다. 반대로 동지는 해의 길이가 가장 짧다.

하지기인귀 관성유리회(何知其人貴 官星有理會)【滴天髓】그 사람이 고귀한 사람인지 알려면 관성(官星)이 이치에 부합되는 형상인지를 알아야 한다.

하지기인길 희신위보필(何知其人吉 喜神爲輔弼)【滴天髓】그 사람이 길한 일만 많이 생기는 사람인지를 알려면 희신이 용신을 보필해 주는지를 알아야 한다.

하지기인부 재기통문호(何知其人富 財氣通門戶)【滴天髓】그 사람이 부자인 것을 알려면 재성(財星)이 월령(月令)에 뿌리를 내렸는지를 알아야 한다.

하지기인빈 재신반부진(何知其人貧 財神反不眞)【滴天髓】그 사람이 가난한 사람인지를 알려면 재성(財星)이 올바르지 못함을 본다.

하지기인수 성정원기후(何知其人壽 性定元氣厚)【滴天髓】그 사람이 오래 사는지를 알려면 성품(性品)이 안정(安定)되고 원기(元氣)가 두터운 지를 알아야 한다.

하지기인요 기탁신고료(何知其人夭 氣濁神枯了)【滴天髓】그 사람이 일찍 죽는 것을 알려면 기운(氣運)이 혼탁(混濁)하고 정신(精神)이 메말라 있음을 알아야 한다.

하지기인천 관성환불견(何知其人賤 官星還不見)【滴天髓】그 사람이 천박(淺薄)한 사람인지를 알려면 관성(官星)이 보이지 않음을 살핀다.

하지기인흉 기신전전공(何知其人凶 忌神輾轉攻)【滴天髓】그 사람이 흉한 일만 많이 만나는 사람인지를 알려면 기신이 곳곳에서 용신을 공격하는지를 알아야 한다.

하처기근원 유도하방주 기괄차중구 지래역지거(何處起根源 流到何方住 機括此中求 知來亦知去)【滴天髓】어느 곳에서 근원이 일어나 어떻게 흘러서 멈추는가. 이 가운데에서 답을 얻는다면 오는 곳과 가는 곳도 알게 된다.

하토(夏土)[五] 여름의 흙. 계절에 따른 오행 상황을 의미하는데 여름은 화(火)의 계절이므로 여름에 태어난 토(土)는 화생토(火生土)의 이치에 의해서 기운을 받으므로 매우 왕성하다고 이해한다. 무기(戊己) 일간(日干)이 사오월(巳午月)에 태어나면 하토라고 한다.

하화(夏火)[五] 여름의 불. 계절에 따른 오행 상황을 의미하는데 여름은 오행에서 화(火)의 계절이므로 자신의 계절을 만난 화는 기운이 왕성하다고 이해한다. 병정(丙丁) 일간(日干)이 사오월(巳午月)에 태어나면 하화라고 한다.

학당(學堂)[殺] 신살(神殺)의 하나. 학당귀인(學堂貴人)과 같은 말이다. ⇨ 학당귀인(學堂貴人)

학당귀인(學堂貴人)[殺] 신살(神殺)의 하나. 학문의 재주가 있고, 벼슬의 운이 따른다. 구조는 갑일(甲日) - 해(亥), 을일(乙

日)-오(午), 병무일(丙戊日)-인(寅), 정기일(丁己日)-유(酉), 경일(庚日)-사(巳), 신일(辛日)-자(子), 임일(壬日)-신(申), 계일(癸日)-묘(卯)에 해당한다.

朗月 실제로는 큰 비중이 없다. 개인적인 생각으로는 신살(神殺)은 모두 무시해도 좋고, 특히 생극제화(生剋制化)의 이치에는 부합되지 않는 것이 대부분이므로 적용시키면 그만큼 혼란이 가중될 수 있다.

학업운(學業運) 子 공부하는 운. 사주에 학업에 좋은 운으로는 주로 인성(印星)의 운에 해당하는 경우에 대입하는 것이 좋다.

朗月 인성의 운은 수용하는 성분이 작용하므로 대체로 공부에 순응하는 것으로 보아야 무리가 없다. 다만 사주에 인성이 너무 과다하면 오히려 공부가 되지 않고 산만하다고 해석해야 하므로 사주의 정황을 잘 파악하여 결론내린다. 단편적인 해석은 오류를 범하므로 신중한 관찰이 필요하다.

한격(寒格) 格 추운 사주. 『적천수(滴天髓)』에 언급되어 있다. 겨울 사주가 전혀 온기가 없을 경우에는 그대로 두고 조후(調候)를 고려하지 말라는 의미이다.

朗月 실제로 이러한 사주를 만나서 임상해보았지만, 한격(寒格)으로 해석하기는 불가능하였다. 아마 임철초(任鐵樵) 선생의 임상 자료에 문제가 있었거나, 그러한 자료를 발견하지 못했기 때문일 것이다. 일단 고려하지 않는 것이 좋다.

한난(寒煖) 五 차갑거나 따스함. 천간(天干)에서의 온도를 말한다. 차갑다는 것은 금수(金水)의 기운이 천간에 가득하다는 것이고, 따스하다는 것은 천간에 목화(木火)의 기운이 가득하다는 것으로 구분한다.

朗月 조후용신법(調候用神法)에서 한난

조습(寒煖燥濕)은 사주의 정세를 살피는 큰 기준이기도 하다. 다만 너무 지나치게 한쪽으로 집착하는 것이므로 참고하는 것으로만 이해한다.

한냉(寒冷) 五 춥고도 차가움. 하늘은 차갑고 땅은 얼었다는 말도 가능하다. 겨울의 해자축(亥子丑)월에 태어났는데 사주에는 금수(金水)의 기운이 충만한 상황에서 목화(木火)의 온기가 전혀 없거나 있더라도 미약한 경우에 해당한다. 이런 경우에는 발생지기(發生之氣)가 부족하다고 해석한다. 특히 수(水)의 세력이 상당할 경우에 더 어울리는 말이기도 하다.

한로(寒露) 숨 24절기의 하나. 찬이슬이 내린다는 한로는 추분(秋分)과 상강(霜降) 사이의 절기로, 양력 10월 8일경이 시작되어 15일간 작용한다. 이때 태양은 황경 195°의 위치에 온다. 음력으로는 9월절이고, 술월(戌月)이 시작되는 절기에 해당하여 30일간 작용하는 절기이기도 하다.

한로시(寒露時) 숨 한로가 시작되는 시각. 이 시각을 기준으로 술월(戌月)이 시작되므로 출생시간이 이 부근일 경우에는 정밀하게 대입해야 한다.

한목(寒木) 五 추운 나무. 겨울에 태어난 갑을목(甲乙木)이 사주에 화(火)의 기운이 부족하고 오히려 수(水)의 기운이 많으면 해당한다.

한목향양(寒木向陽) 古 겨울 나무는 볕을 향함을 이르는 말. 해자축월(亥子丑月)에 태어난 갑을목(甲乙木)이 크게 약하지 않다면 병정사오화(丙丁巳午火)를 필요로 하는 구조이다.

한목흔영(寒木欣榮) 古 차가운 나무가 영화로움을 기뻐함. 동목(冬木)이 화(火)를 얻어서 생화(生化)가 잘 이루어질 경우에 해당한다.

한습 五 차갑고도 습함. 하늘은 차갑고 땅

은 축축하다는 말이기도 하다. 겨울의 해자축(亥子丑)월에 태어났는데 간지(干支)에는 목화(木火)의 온기가 없을 경우에 해당한다. 이런 경우에는 발생지기(發生之氣)가 부족한데, 특히 습토(濕土)가 세력을 형성하고 있을 경우에 더 어울리는 말이기도 하다.

한신(閑神) 用 한가로운 글자. 희용신(喜用神)도 아니고 기구신(忌仇神)도 아닌 글자를 말한다. 원국(原局)에서는 작용하지 않지만, 운에 들어오는 글자와 합충(合沖)이 벌어지는 과정에서 변수(變數)가 의외로 많으므로 이러한 것을 고려하여 잘 살피는 것이 중요하다. 그리고 실력이 높아질수록 한신의 동태(動態)에 비중이 커진다고 생각하는 것이 좋다. 주의가 필요하다.

한신충(閑神沖) 用 한신이 충(沖)을 맞았음을 이르는 말. 한신은 길흉간에 크게 작용하지 않는 글자이므로 충을 맞아도 그 영향은 크지 않다. 대체로 무난하다고 해석한다.

한신합(閑神合) 用 한신이 합이 되었음을 이르는 말. 한신은 길흉간에 작용하지 않으므로 합이 되었어도 크게 부담되지 않는다. 다만 어느 글자와 합을 하면 그 글자는 희용기구한(喜用忌仇閑)의 어딘가에 해당하므로 상황에 따라서 길흉을 판단한다.

할머니 星 아버지의 어머니. 아버지를 편재(偏財)로 대입하므로 편재의 정인(正印)은 상관(傷官)이 되고, 그러므로 할머니는 상관으로 대입한다. 경우에 따라서는 할머니의 비중이 클 수도 있다. 만약 연주(年柱)에 상관이 있고, 그 글자가 용신이 되고, 실제로 그 사람이 할머니의 손에서 자랐다면 대입해볼만하다.

할아버지 星 아버지의 아버지. 아버지가 편재(偏財)이고 그 편재의 편재는 편인(偏印)이 된다. 그래서 할아버지는 편인의 관계가 성립한다. 편인을 대신 어머니로 보기도 하므로 참작하는 것으로 충분하다.

함지살(咸池殺) 殺 ⇨ 도화살(桃花殺)

합(合) 干支 간지(干支)가 각각 인연이 있어 만나면 합하게 된다. ⇨ 간합(干合), 지합(地合)

합거(合去) 干支 합(合)을 해서 떠나감을 이르는 말. 예를 들어 사주에 갑목(甲木)이 있는데, 운에서 기토(己土)가 와서 합하는 경우이다.

   朗月 합하는 것으로 갔다고 하기는 어렵다. 그러므로 갔는지 안 갔는지는 화(化)인지 불화(不化)인지를 구분하여 판단하는데, 실제로 화하는 경우는 거의 없다고 볼 때 합거(合去)는 다시 살펴보는 것이 좋다.

합관불귀(合官不貴) 古 정관(正官)을 합하면 귀하지 않음을 이르는 말. 원래 관성(官星)은 귀한데 그것을 다른 글자가 합하면 귀하지 않다는 의미이다. 다만 경우에 따라서는 합을 해줘야만 귀한 경우도 있다.

합래(合來) 干支 합(合)으로 들어왔음을 이르는 말. 예를 들어 원국에 기토(己土)가 있는데, 운에 갑목(甲木)이 들어오면 이것을 갑기합(甲己合)이라 하는데, 갑목이 들어온 것이다.

   朗月 합하는 것으로 왔다고 하기는 어렵다. 그래서 온 것이 화(化)인지 불화(不化)인지를 구분하여 판단하는데, 실제로 화하는 경우는 거의 없다고 볼 때 합래(合來)는 다시 살펴보는 것이 좋다.

합록격(合祿格) 格 고전격국(古典格局)의 하나. 시격(時格)의 형상도 이에 해당한다. 녹(祿)이 합하여 이루어진 격이라는 의미이다. 구조는 무일(戊日) 경신(庚申)시에 태어나고 사주에 갑을목(甲乙木),

병화(丙火), 인목(寅木), 묘목(卯木)이 없어야 하며, 계일(癸日)의 경신(庚申)이 되면 사주에 무기토(戊己土)와 병화와 인목과 사화(巳火)가 없어야 해당한다. 영향요계격(影響遙繫格)에 해당한다.

朗月 조건이 까다로우면 성립이 어렵지만, 이렇게 특수한 시(時)를 놓고 인생을 논하는 것은 현명하지 않으며 자평(子平)의 법도 아니다. 자평의 법은 생극제화(生剋制化)를 바탕으로 하고 일간(日干)을 주로 하며 월지(月支)를 중심으로 보기 때문이다.

합리성(合理性) 心 이치에 부합되는지를 살피는 성품. 정관(正官)의 성격이다.

합무견화 화상사진(合戊見火 化象斯眞) 【滴天髓】 무토(戊土)를 만나 무계합화(戊癸合火)를 이룬 상황에서 다시 병정화(丙丁火)를 본다면 화(化)하는 형상이 제대로 되었다고 한다.

합운(合運) 子 합이 되는 운. 운에서 들어온 글자가 사주 원국(原局)의 어느 글자와 합이 되었을 때에 해당한다. 특히 용신을 합하는 운이 들어왔을 경우에 주의하라는 의미로 강조하기도 한다.

합유의불의 합다불위기(合有宜不宜 合多不爲奇) 【滴天髓】 합(合)이 되는 것에도 옳고 나쁨이 있고, 합이 많아서 좋을 것은 없다.

합이불합(合而不合) 干支 합을 해도 합이 되지 않음을 이르는 말. 그런 경우는 합하는 사이에 다른 이물질이 있는 경우가 대부분이다. 또 주변에서 충극(沖剋)을 만나는 경우에도 합이 되어도 합이 성립하지 않는 경우가 있다. 자세한 것은 사주마다 정황을 살펴서 판단한다. 합해도 합이 되지 않으면 합이 아니라고 보지 않고 올바른 합이 되지 못한다고 본다.

합화(合化) 干支 합(合)하여 화(化)함을 이르는 말. 합하지 않으면 화(化)하지 않는다. 다만 합해도 화하는 경우와 그렇지 않은 경우가 있다.

합화성국(合化成局) 格 삼합(三合)으로 화(化)하여 국(局)이 이루어진 것.

합화(合化)**의 조건**(條件) 格 합(合)하여 화(化)하기까지는 그만한 조건이 필요하다. 예를 들어 일간(日干)이 갑목(甲木)이고 옆의 기토(己土)와 합을 했다면, 지지(地支)에는 진술축미월(辰戌丑未月)로 토(土)의 계절이어야 한다. 다른 곳에서는 갑을인묘목(甲乙寅卯木)이 전혀 보이지 않아야 하고, 임계해자수(壬癸亥子水)도 보이지 않아야 한다. 화(火)의 기운이 보조한다면 비로소 합화(合化)의 조건이 이루어진 것으로 본다. 다른 경우도 이렇게 유추한다.

해(害) 殺 ⇨ 육해(六害)

해(亥) 干支 지지(地支)의 양수(陽水). 계절로는 입동(立冬)에서 소설(小雪) 사이가 되고, 시간으로는 오후 9시 ~ 오후 11시 사이이다. 단, 우리나라의 경우 동경 135도 기준으로 약 30분을 가산한다. 목(木)의 생지(生地)가 된다. 묘(卯)를 만나면 합(合)하고, 화(化)하면 목(木)이 된다. 사(巳)를 만나면 충하는데, 수극화(水剋火)의 이치에 의해서 사화(巳火)보다 피해는 덜하다. 지장간의 구조는 무토-7, 임수-7, 경금-16의 배합이다.

朗月 해년에 태어나면 돼지띠인데, 이치적으로는 서로 연관이 없다고 본다.

해년(亥年) 子 해(亥)의 해. 연지(年支)가 해일 경우에 해당한다. 보통 돼지띠의 해라고도 한다.

해말(亥末) 俗 해시(亥時)의 끝 부분.

해묘(亥卯) 干支 해(亥)와 묘(卯)가 바짝 붙어 있으면 반합이라고 한다. 반합이면 목(木)의 기운이 생성된다고 보고 합의 의미도 있다. 다만 반합이 되었다고 두 글자 모두 목이 되었다고 보는 것은 성급

한 결론이다. ⇨ 합화(合化)의 조건

해묘미(亥卯未) 干支 해(亥)와 묘(卯)와 미(未)가 있으면 합이 된다. 해는 목(木)의 생지(生地)가 되고, 묘는 목의 왕지(旺支)가 되며, 미는 목의 고지(庫地)가 되어서 셋이 모이면 합이 된다. 그리고 서로 유정하여 부자손합(父子孫合)이라고도 한다. 세 글자가 모여 있으면 목의 세력이 강하다고 본다.

　朗月 어떤 경우에는 세 글자만 사주에 있으면 무조건 합이 된다고 아는데, 그렇게 작용하는 것은 아니라고 본다. 반드시 순서를 지켜야 한다. 즉 해묘미(亥卯未)로 있거나 미묘해(未卯亥)로 있을 경우에만 합이 된다고 이해하는 것이 옳다.

해묘미목국(亥卯未木局) 格 해묘미가 합하여 변화하면 목국(木局)이 된다. ⇨ 목국(木局)

해묘미삼합(亥卯未三合) 干支 해묘미가 모이면 합한다. ⇨ 해묘미(亥卯未)

해묘미합목(亥卯未合木) 五 해묘미가 합하여 변화하면 목(木)이 된다.

　朗月 합화(合化)의 이치는 주변 정세에 따라서 변수가 많다. 화기(化氣)가 넉넉한 경우에 한해서 화(化)하는 것으로 본다. 그렇지 않으면 합은 인정되지만 화(化)함은 여간해서 잘 나타나지 않음을 참고하는 것이 좋다.

해미(亥未) 干支 해(亥)와 미(未)는 토극수(土剋水)의 관계이다. 반합은 성립하지 않는다.

　朗月 반합이라고도 하는데 묘목(卯木)이 빠진 상태에서의 합이라는 것은 시멘트가 빠진 콘크리트라고 이해해도 무방하다. 그리고 해미(亥未)가 있고 천간(天干)에 갑목(甲木)이나 을목(乙木)이 있으면, 삼합(三合)이 되기도 하지만 또한 믿기 어려운 이야기이다. 오로지 그 자리에는 그 글자가 있어야 한다고 보는 것이

타당하다.

해시(亥時) 子 해(亥)의 시. 사주의 시지(時支)가 해에 해당하는 경우이다. 동경 135도 기준으로 21시 30분 ~ 23시 30분으로 두 시간에 해당한다.

　朗月 시계를 보지 않고 출생한 경우, 보통 이른 밤이나 마을꾼 갈 때 낳았다고 하면 해시가 될 가능성이 많다.

해월(亥月) 子 해(亥)의 월. 사주의 월지(月支)가 해에 해당하는 경우이다. 절기로는 입동(立冬)과 소설(小雪) 사이에 해당한다. 여기서부터 겨울이 시작된다고 본다.

해월갑목(亥月甲木) 子 해월(亥月)에 태어난 갑목(甲木). 초겨울에 태어났으므로 자칫 추워질 상황이므로 사주에는 화(火)가 있기를 희망한다.

　【窮通寶鑑】 용신(用神)은 경금(庚金), 보조(補助)는 정화(丁火), 병화(丙火), 무토(戊土)이다. 경금을 용신(用神)으로 삼으면 정화로 제어하고 병화는 조후(調候)로 쓴다. 수(水)가 왕(旺)하면 무토를 용신으로 삼는다.

해월경금(亥月庚金) 子 해월(亥月)에 태어난 경금(庚金). 초겨울에 태어난 금(金)이므로 특별히 약하면 토(土)가 필요하고 어느 정도 세력이면 온도를 높이는 화(火)가 필요하다.

　【窮通寶鑑】 용신(用神)은 정화(丁火), 보조(補助)는 병화(丙火)이다. 금수(金水)가 한냉(寒冷)하니 병정화(丙丁火)를 사랑한다. 갑목(甲木)은 정화를 돕도록 한다.

해월계수(亥月癸水) 子 해월(亥月)에 태어난 계수(癸水). 해월 임수(壬水)의 상황에 따른다.

　【窮通寶鑑】 용신(用神)은 경금(庚金), 보조(補助)는 신금(辛金), 무토(戊土), 정화(丁火)이다. 해수(亥水) 속에서 갑목

(甲木)은 장생(長生)이 되니 원신(元神)을 설(洩)한다. 그래서 경신금(庚辛金)을 쓰는 것이 마땅하다. 수(水)가 많으면 무토를 쓰고, 금(金)이 많으면 정화가 필요하다.

해월기토(亥月己土) 子 해월(亥月)에 태어난 기토(己土). 해월 무토(戊土)의 상황에 따른다.

【窮通寶鑑】 용신(用神)은 병화(丙火), 보조(補助)는 갑목(甲木), 무토(戊土)이다. 겨울의 기토(己土)는 병화가 아니면 생조(生助)되지 않는다. 임수(壬水)가 태왕(太旺)하니 무토를 취하여 극제(剋制)하고 토(土)가 많으면 갑목으로 소토(疏土)한다.

해월무토(亥月戊土) 子 해월(亥月)에 태어난 무토(戊土). 초겨울에 태어났으니 토(土)가 얼게 되므로 화(火)의 도움과 토의 보호를 희망하게 된다.

【窮通寶鑑】 용신(用神)은 갑목(甲木), 보조(補助)는 병화(丙火)이다. 갑목이 아니면 정신(精神)이 맑지 못하고 병화가 아니면 조후(調候)를 얻을 수 없다.

해월병화(亥月丙火) 子 해월(亥月)에 태어난 병화(丙火). 초겨울에 태어나 화(火)가 되는데 수(水)의 계절이므로 목(木)이 유통을 시켜주기를 희망한다.

【窮通寶鑑】 용신(用神)은 갑목(甲木), 보조(補助)는 무토(戊土), 경금(庚金), 임수(壬水)이다. 월지(月支)에 임수(壬水)가 당령(當令)하면 수(水)가 너무 왕성(旺盛)하게 되어 갑목을 용신(用神)으로 삼고, 일주도 왕하고 임수도 왕하면 무토를 써서 식신제살(食神制殺)을 한다. 화(火)가 왕하면 임수(壬水)를 쓰고 목(木)이 왕하면 경금을 쓴다.

해월신금(亥月辛金) 子 해월(亥月)에 태어난 신금(辛金). 해월 경금(庚金)의 상황에 따른다.

【窮通寶鑑】 용신(用神)은 임수(壬水), 보조(補助)는 병화(丙火)이다. 먼저 임수를 쓰고 다음으로는 병화를 쓰니, 금백수청(金白水淸)이라고 한다. 나머지는 참작한다.

해월을목(亥月乙木) 子 해월(亥月)에 태어난 을목(乙木). 해월 갑목(甲木)의 상황에 따른다.

【窮通寶鑑】 용신(用神)은 병화(丙火), 보조(補助)는 무토(戊土)이다. 을목(乙木)이 화(火)를 필요로 하므로 오직 병화를 용신으로 취한다. 수(水)가 많은 경우에는 무토를 보조로 쓴다.

해월임수(亥月壬水) 子 해월(亥月)에 태어난 임수(壬水). 수(水)가 왕성해지는 계절이므로 넘치는 수를 제어하기 위해서 토(土)가 있으면 좋다.

【窮通寶鑑】 용신(用神)은 무토(戊土), 보조(補助)는 병화(丙火), 경금(庚金)이다. 갑목(甲木)이 투출(透出)되어 무토를 제어한다면 경금으로 임수(壬水)를 생조(生助)할 필요가 있다.

해월정화(亥月丁火) 子 해월(亥月)에 태어난 정화(丁火). 해월 병화(丙火)의 상황에 따른다.

【窮通寶鑑】 용신(用神)은 갑목(甲木), 보조(補助)는 경금(庚金)이다. 경금으로 갑목을 쪼개어 정화(丁火)를 생조(生助)하므로 갑목은 용신이 되고, 경금은 보조가 된다. 무계(戊癸)가 있으면 참작하여 쓴다.

해(亥)**의 지장간**(支藏干) 干支 지지(地支)의 해수(亥水) 속에 들어 있는 천간(天干). 지장간의 구조는 무토(戊土)-7, 갑목(甲木)-7, 임수(壬水)-16에 해당한다. 인원용사(人元用事)의 구조는 갑임(甲壬)만을 취한다.

朗月 지지에 천간이 포함된 형태가 각 비율로 포함되어서 각기 분류할 수 있는

형태로 존재하는지, 아니면 완전히 일정한 비율로 용해되어서 분리시킬 수 없는 상태인지는 말하기 어렵다. 그러나 절기를 고려해보면 일정한 흐름에 의해서 지장간의 기운이 흘러가는 것을 참고하면 분리하지 못할 형상으로는 보이지 않는다. 지지의 그릇에 담긴 일정 비율의 천간 덩어리라고 이해한다.

해일(亥日) 子 해(亥)의 날. 사주의 일지(日支)가 해에 해당하는 경우이다.

해자(亥子) 干支 해(亥)와 자(子). 지지(地支)의 수(水)이다. 해는 양수(陽水)이고, 자는 음수(陰水)이다. 또는 북방(北方)을 나타낸다.

해자월(亥子月) 干支 해월(亥月)과 자월(子月). 수월(水月)이라고도 할 수 있다.

해자축(亥子丑) 干支 해(亥)와 자(子)와 축(丑)이 모여 있으면 북방합(北方合)이 된다. 이 때 자수(子水)에 대한 위치는 고려하지 않는다.

해자축월(亥子丑月) 슈 겨울철의 3개월. 수절(水節) 또는 동절(冬節)이라고도 할 수 있다.

해정(亥正) 俗 해시(亥時)의 중앙.

해중갑목(亥中甲木) 干支 해수(亥水) 속에 들어 있는 갑목(甲木). 월령(月令)에서는 중기(中氣)에 해당하고, 절기는 입동(立冬)이며 약 7일간 작용한다. 독립적으로는 해수에서 임수(壬水)의 생조를 받아 상당히 강한 갑목으로 본다. 다만 이 갑목이 화(火)를 생조하는 일은 어렵다고 해석한다.

해중금(海中金) 古 갑자을축해중금(甲子乙丑海中金)의 줄임말 ⇨ 갑자을축해중금(甲子乙丑海中金)

해중무토(亥中戊土) 干支 해수(亥水) 속에 들어 있는 무토(戊土). 월령(月令)에서는 술월(戌月)에서 넘어온 여기(餘氣)에 해당하고, 절기는 입동(立冬)이며 약 7일간

작용한다. 독립적으로는 거의 논하지 않는다.

朗月 심리분석을 할 경우에는 해수(亥水)가 일지(日支)에 있을 경우에는 무토(戊土)의 성분은 없는 것으로 보고 생략한다.

해중임수(亥中壬水) 干支 해수(亥水) 속에 들어 있는 임수(壬水). 월령(月令)에서는 본기(本氣)에 해당하고, 절기는 소설(小雪)이며 약 16일간 작용한다. 독립적으로는 해수의 주체가 된다.

해천수(亥天壽) 殺 신살(神殺)의 하나. 해(亥)는 천수성(天壽星)에 해당한다. 당사주(唐四柱)에서의 12성(星)에 해당하는데 해에 해당하면 수명이 길다고 한다. ⇨ 당사주(唐四柱)

해초(亥初) 俗 해시(亥時)의 첫 부분.

행운(行運) 五 흐르는 운(運). 대운(大運)이나 세운(歲運)을 모두 행운이라고 말한다.

해해형(亥亥刑) 殺 신살(神殺)의 하나. 해(亥)가 해(亥)를 만나면 형이 된다.

朗月 해가 스스로 형이 된다는 것은 이치적으로 타당하지 않으므로 그냥 무시한다.

허금(虛金) 五 허약한 쇠. 경신금(庚辛金)이 간지(干支)에 토금(土金)의 세력을 얻지 못하고 반대로 수목화(水木火)의 세력만 강하게 될 경우에 해당한다. 그러나 특히 천간(天干)의 금(金)이 지지(地支)에 전혀 통근(通根)하지 못한 경우에 더 어울린다.

허목(虛木) 五 허약한 목(木). 목이 주변에 수목(水木)의 도움을 얻지 못하고 반대로 화토금(火土金)의 세력을 강하게 만난 경우에 해당한다. 특히 천간(天干)의 목(木)이 지지(地支)에 전혀 통근(通根)하지 못한 경우에 잘 어울린다.

허성(虛星) 外 실제 존재하지 않는 별. 자

미두수(紫微斗數) 등에서 취급하는 이론적인 별자리이다.

허수(虛水) 五 허약한 물. 임계수(壬癸水)가 간지(干支)에 금수(金水)의 도움을 받지 못하고 반대로 목화토(木火土)의 세력이 강할 경우에 해당한다. 특히 천간(天干)의 수(水)가 지지(地支)에 전혀 통근(通根)하지 못한 경우에 잘 어울린다.

허습지지 기마역우(虛濕之地 騎馬亦憂)【滴天髓】 지지(地支)에 습기(濕氣)가 지나치면, 오화(午火)가 도와주어도 또한 근심이 된다.

허영심(虛榮心) 心 심리구조에서 자신의 분수에 어울리지 않는 사치를 하면서 자신이 돋보이도록 하고 싶은 심리이다. 주체성(主體性)에 해당하는 비견(比肩)이 약하고, 경쟁심(競爭心)을 의미하는 겁재(劫財)가 있고, 다시 보여주는 것을 좋아하는 상관(傷官)이 있으면 나타날 수 있다.

허충(虛沖) 干支 거짓으로 충(沖)함. 사주에 충이 없는데 합의 작용 등으로 만들어진다는 충이다. 성립되지 않는 논리이다.

허토(虛土) 五 허약한 토(土). 무기토(戊己土)가 사주에 화토(火土)의 세력을 전혀 얻지 못하고 반대로 금수목(金水木)의 세력을 만나면 해당한다. 특히 천간(天干)의 토가 지지(地支)에 전혀 통근(通根)하지 못한 경우에 더욱 어울린다.

허화(虛火) 五 허약한 불. 병정화(丙丁火)가 사주에 목(木)이나 화(火)의 세력이 없고 반대로 토금수(土金水)의 세력이 강할 경우에 해당한다. 특히 천간(天干)의 화가 지지(地支)에 전혀 통근(通根)하지 못한 경우에 더 잘 어울린다.

허화봉토(虛火逢土) 五 허약한 화(火)가 토(土)를 만남을 이르는 말. 기본적으로는 화생토(火生土)이지만 화는 너무 허약하고, 반면에 토는 너무 왕하면 화의 역할

을 수행하지 못한다.

朗 화의 역할이라면 화극금(火剋金)을 하는 것도 해당된다. 토가 너무 왕하므로 허약한 화는 금(金)을 극하지 못하고 오히려 금을 생조하는 결과가 되는 경우이다. 이러한 현상을 일명 '식상과다(食傷過多)의 해(害)'라고도 한다.

현대명리실용집(現代命理實用集) 冊 대만의 종의명(鍾義明) 선생(先生) 저서. 십성(十星)의 해석이 볼만하다.

현대명리여중의(現代命理與中醫) 冊 대만의 종의명(鍾義明) 선생 저서. 제목에서 나타나듯이 의학과 명리학에 대한 대입을 연구한 자료이다. 2권.

현대파역적천수(現代破譯滴天髓) 冊 대만의 종의명(鍾義明) 선생 저서. 많은 명식 자료들을 대입하면서 『적천수(滴天髓)』를 새롭게 해석하였다.

현대팔자예기(現代八字禮記) 冊 대만의 이거장(李居璋) 선생 저서. 편지를 통해서 대화를 나눈 형식으로 여러 이야기들을 언급하였고, 야자시(夜子時)에 대해서도 거론하였다.

현무당권격(玄武當權格) 格 고전격국(古典格局)의 하나. 삼합격(三合格)에도 해당한다. 현무(玄武)란 수(水)를 말하므로 임계수(壬癸水)가 되고, 지지(地支)에 인오술(寅午戌)의 화국(火局)이 되거나 진술축미(辰戌丑未)의 토국(土局)이 되면 재관(財官)의 국을 이루어서 현무당권격이 되어 대귀한다.

朗 전체를 논하지 않고 한 부분만으로 길흉을 말하는 것은 자평명리학(子平命理學)에서 크게 꺼린다. 그러한 것이 있다면 당연히 제거하는 것이 후학의 역할이므로 이 격은 사용하지 않는 것이 현명하다.

현침살(懸針殺) 殺 신살(神殺)의 하나. 신살(神殺)의 한 종류이다. 일시(日時)에

있으면 작용이 크다는데, 갑(甲), 신
(辛), 묘(卯), 오(午), 신(申)이 해당한
다. 이러한 살이 있으면 의약업이나 기술
직에 종사한다는데, 신빙성은 없는 것으
로 간주한다.

혈기난자 평생다병(血氣亂者 平生多病)【滴
天髓】오행(五行)이 어지럽게 흩어진 사
람은 일생 온갖 병에 시달린다.

협공격(夾拱格) 格 고전격국(古典格局)의
하나. 지지격(地支格)에도 해당하는 구조
이다. 설명을 살펴보면 협구공재격(夾丘
拱財格)과는 다른 말로 보인다. 구조는
자인진오신술(子寅辰午申戌)의 순서로
나열되었거나, 축해유미사묘(丑亥酉未巳
卯)의 순서일 경우에 해당한다.

朗月 과연 이러한 구조가 무슨 격이 되
는지는 참 의문스럽다. 소용없는 이름으
로 보면 가장 현명하다. 왜냐하면 생극제
화(生剋制化)로 논하지 않는 이치이기 때
문이다.

협구공재격(夾丘拱財格) 格 고전격국(古典
格局)의 한 종류. 영향요계격(影響遙繫
格)에도 해당한다. 협구격(夾丘格) 또는
공재격(拱財格)이라고도 한다. 구조는 일
지(日支)와 시지(時支) 사이에 일간(日
干)의 재성(財星)이 공협(拱夾)으로 끼여
있으면 해당한다. 계유일(癸酉日) 계해시
(癸亥時), 갑인일(甲寅日) 갑자시(甲子
時), 기묘일(己卯日) 기사시(己巳時), 경
오일(庚午日) 갑신시(甲申時)의 경우인
데, 모두 일지와 시지 사이에 공협된 것
이 일간의 재성에 해당한다. 그런데 사주
에서 실제로 재성이 보이면 파격이 된다.

朗月 없는 것이 주인이 되고 오히려 실
체가 있으면 파격이 되는 논리를 어떻게
올바른 정신의 논리라고 할 수 있는지 모
르겠다. 그대로 무시하는 것이 좋다.

협록(夾祿) 殺 신살(神殺)의 하나. 갑목(甲
木)이 축묘(丑卯)를 만나면 중간에 인목

(寅木)이 끼여 있어 협록이라고 하는데,
없는 것을 논하니 또한 공론(空論)이라
고 한다. 마치 불고기집 앞에서 냄새를
맡으면 시장기에 도움이 된다는 것과 같
은 말이다.

朗月 실제로는 큰 비중이 없다. 개인적
인 생각으로는 신살은 모두 무시해도 좋
고, 특히 생극제화(生剋制化)의 이치에
는 부합되지 않는 것이 대부분이므로 적
용시키면 그만큼 혼란이 가중될 수 있다.

형(刑) 殺 ⇨ 삼형(三刑)

형결자의보기부족(形缺者宜補其不足)【滴天
髓】형상(形象)에 결함이 있어서 완전하
지 못한 경우에는 당연히 그 부족함을 보
충해주어야 한다.

형상(形象)【滴天髓】형체(形體)의 모습과
상징적인 의미이다.

형상격국(形象格局)【滴天髓】사주의 생김
새와 구조를 논한다.

형전자의손기유여(形全者宜損其有餘)【滴天
髓】형상(形象)이 완전한 경우에는 마땅
히 그 넉넉한 기운을 덜어내야 한다.

형전형결(形全形缺) 古 형상(形象)이 완전
하거나 형상이 손상되어 있다.

朗月 아무래도 의미가 애매하다. 없어도
되는 말이 생긴 것으로 본다. 글의 구조
로 봐서 『적천수(滴天髓)』에서 말하는
형이 완전한 자는 그 남는 것을 손상해야
하고, 형에 결함이 있는 자는 그 결함을
보완해야 한다는 말에서 가져온 말이 아
닌가 싶다.

형제(兄弟) 星 일간(日干)과 음양(陰陽)과
오행(五行)이 같으면 형제로 본다. 형제
라는 것은 부모의 자식이면서 성별도 같
기 때문이다. 여자는 자매가 되기도 한
다. 그러나 사주의 비견과 겁재로 형제인
지 자매인지 구분할 필요는 없다. 그리고
그렇게 해석되지도 않는다고 생각한다.

형제궁(兄弟宮) 星 형제가 머무는 자리. 일

간(日干)은 자기궁(自己宮)도 되는데, 형제의 궁을 별도로 두지 않고 함께 본다.

　朗月　어떤 경우에는 월주(月柱)를 형제궁이라고 보기도 하지만 너무 생각이 깊지 못한 설로 인정하지 않아도 된다.

형제수혜여수흥 제용재신간중경(兄弟誰廢與誰興 提用財神看重輕)【滴天髓】같은 형제라도 누구는 잘되고 누구는 못되는데 월령의 재성과 힘이 있는지 없는지를 보고 구분한다.

형충(刑沖)〔干支〕 형(刑)하거나 충(沖)하는 것. 다만 형(刑)은 논리적으로 모순점이 많아서 사용하지 않는 것이 좋고, 충(沖)은 항상 작용하므로 주의하여 살피는 것이 좋다.

형충파해(刑沖破害)〔干支〕 형(刑)하고 충(沖)하고 파(破)하고 해(害)함을 이르는 말. 사주의 상황을 말하는데, 그 중에서 충이 된 것을 제외하고는 고려하지 않아도 된다. ⇨ 형(刑), 충(沖), 파(破), 해(害)

형충회합(刑沖會合)〔干支〕 형(刑)하거나 충(沖)하거나 모이거나 합(合)함. 사주의 상황을 말하는데 '형충회합을 잘 살펴서 용신(用神)을 정한다.'라고 말한다.

형합격(刑合格)〔格〕 고전격국(古典格局)의 하나. 형(刑)하고 다시 합(合)되는 격으로 신살격(神殺格)의 한 종류이다. 구조는 예를 들어 계수(癸水) 일간(日干)이 무토(戊土)를 관(官)으로 삼는데, 무토의 녹(祿)은 사(巳)에 있다. 사주에 사는 보이지 않고 다만 인(寅)만 있을 경우 인이 사를 형합으로 이끌어와 그 사화(巳火)의 지장간(支藏干)에 있는 무토를 정관(正官)으로 삼는다. 『적천수징의(滴天髓徵義)』에서는 이러한 격을 영향요계(影響遙繫)라고 하였다. 실체 없는 그림자와 메아리를 바라보는 것처럼 허망하다는 뜻이다.

호랑이〔俗〕 호랑이띠에 해당하는 동물.

호랑이띠〔俗〕 인년(寅年)에 태어난 사람을 부르는 말. 생극제화(生剋制化)의 이치와는 무관하다고 보는 것이 타당하다.

호마견향 갑래성멸(虎馬犬鄉 甲來成滅)【滴天髓】그렇잖아도 불같은 병화(丙火)인데, 인오술(寅午戌)을 지지(地支)에서 만나면, 어머니인 갑목(甲木)은 불타서 없어지므로 이것 또한 몹쓸 불효(不孝)이다.

호생염극(好生厭剋)〔古〕 생(生)은 좋아하지만 극(剋)은 싫어함을 이르는 말. 일반적인 사람의 심리도 마찬가지이다. 오행의 이치도 그와 같아서 생하는 것을 좋아하고 극을 받는 것은 싫어한다는 의미이다.

호환재록(互換財祿)〔古〕 서로 재록(財祿)을 교환함을 이르는 말. 예를 들어 경인(庚寅)일 갑신(甲申)시라면 서로 뿌리를 교환한다는 말인데, 현실적으로는 별로 사용할 필요가 없는 말이다. 오히려 인신충(寅申沖)이 두렵다고 해야 할 상황이다.

혼돈(混沌)〔五〕 사물의 구분이 확연하지 않은 상태. 혼돈(渾沌)이라고도 한다. 음양(陰陽)으로 아직 나뉘기 이전의 상황으로도 이해하는데, 밤도 아니고 낮도 아닌 상태이다. 음양이 혼합된 상태로 보는 것이 무난하다.

홍난성(紅鸞星)〔星〕 천상의 선녀로 용모가 단정하고 마음씨가 곱다고 하는데, 현모양처의 좋은 성분을 가리킨다. 구조는 자년(子年) - 묘(卯), 축년(丑年) - 인(寅), 인년(寅年) - 축(丑), 묘년(卯年) - 자(子), 진년(辰年) - 해, 사년(巳年) - 술(戌), 오년(午年) - 유(酉), 미년(未年) - 신(申), 신년(申年) - 미(未), 유년(酉年) - 오(午), 술년(戌年) - 사(巳), 해년(亥年) - 진(辰)에 해당한다.

　朗月　실제로는 큰 비중이 없다. 개인적인 생각으로는 신살(神殺)은 모두 무시해

도 좋고, 특히 생극제화(生剋制化)의 이치에는 부합되지 않는 것이 대부분이므로 적용시키면 그만큼 혼란이 가중될 수 있다.

홍범구주(洪範九疇) 冊 중국 유교의 5대 경전 중 하나인 『서경(書經)』의 1편으로서 유가(儒家)의 천하적 세계관에 의거한 정치철학을 말한 글. 홍범(洪範)이라고도 한다. 중국 상(商)나라의 기자(箕子)가 고조선에 들어가서 백성들을 가르치기 위해 지은 것으로 동양 최초의 정치, 경제, 종교, 농경법 또는 음양오행(陰陽五行)의 원리에 해당하는 철학이다. 정치는 천(天)의 상도(常道)인 행(五行)·오사(五事)·팔정(八政)·오기(五紀)·황극(皇極)·삼덕(三德)·계의(稽疑)·서징(庶徵)·오복(五福) 등 구주(九疇)에 의해 인식되고 실현된다는 것이 그 주요 내용이다.

홍범오행(洪範五行) 五 홍범구주(洪範九疇)에서 말하는 오행(五行). 일육수(一六水), 이칠화(二七火), 삼팔목(三八木), 사구금(四九金), 오십토(五十土)를 말한다. 선천수(先天數)의 오행으로 통용된다.

홍연진결(洪烟眞訣) 冊 기문둔갑(奇門遁甲)의 원리를 한국의 지형에 맞도록 재편한 것. 홍연진결(洪煙眞訣)이라고도 한다. 화담 선생과 토정 선생의 작품이라고도 하는데, 내용은 알 수 없다. 사람의 생년월일시(生年月日時)를 기문국(奇門局)으로 대입하는 원리는 비슷하다.

홍연진결(洪煙眞訣) 外 ⇨ 홍연진결(洪烟眞訣)

홍염살(紅艶殺) 殺 신살(神殺)의 하나. 구조는 일간 위주로 보아, 갑을(甲乙)-오(午), 병(丙)-인(寅), 정(丁)-미(未), 무기(戊己)-진(辰), 경(庚)-술(戌), 신(辛)-유(酉), 임계(壬癸)-신(申)이 된다. 이 살이 있으면 애정사건이 발생하는

데 의미 없는 말이다.

朗月 실제로는 큰 비중이 없다. 개인적인 생각으로는 신살(神殺)은 모두 무시해도 좋고, 특히 생극제화(生剋制化)의 이치에는 부합되지 않는 것이 대부분이므로 적용시키면 그만큼 혼란이 가중될 수 있다.

화(火) 五 불로 대표되는 오행의 한 종류. 젊음, 열정, 분노, 화염, 분발 등의 의미로 형상을 취한다. 천간(天干)에서의 화(火)의 양(陽)은 병(丙)으로 하고, 음화는 정(丁)으로 한다. 지지(地支)에서는 양화는 사(巳), 음화는 오(午)가 된다.

화(花) 星 꽃. 일주(日柱)의 다른 이름이다. 월주(月柱)가 싹이 되어서 그 인연으로 일주가 발생하였다고 본다. 그래서 자신의 위치를 꽃과 같다고 한다.

화갑자(花甲子) 古 ⇨ 납음오행(納音五行)

화개(華蓋) 殺 신살(神殺)의 하나. 화개살(華蓋殺)과 같은 말이다.

화개살(華蓋殺) 殺 신살(神殺)의 하나. 종교심이 있다는 살이다. 또는 꽃방석살이라고도 한다. 구조는 일지(日支)나 연지(年支)에 진술축미(辰戌丑未)가 있으면 해당한다.

朗月 실제로는 큰 비중이 없다. 개인적인 생각으로는 신살(神殺)은 모두 무시해도 좋고, 특히 생극제화(生剋制化)의 이치에는 부합되지 않는 것이 대부분이므로 적용시키면 그만큼 혼란이 가중될 수 있다.

화격(化格) 格 ⇨ 화기격(化氣格)

화고(火庫) 干支 화(火)의 창고. 술토(戌土)를 두고 하는 말이다. 화(火)의 생지(生地)는 인목(寅木)이 되고, 왕지(旺地)는 오화(午火)가 되며, 고지(庫地)는 술토(戌土)가 된다. 술토 속에는 정화(丁火)가 들어 있는데, 그 정화의 성분이 고장지에 들어 있는 주체가 된다.

朗月 일설에는 화고(火庫)를 열기 위해서는 진토(辰土)가 와서 충(沖)해야 된다고 하는데, 이것은 낭설이며 오히려 충하면 내용물은 파괴된다고 이해하는 것이 타당하다. 고(庫)를 연다면 저장한 주체의 주인인 왕지(旺地)가 와야만 가능하다. 여기에서는 오화(午火)가 된다.

화국(火局) 干支 화(火)의 국세. 사주의 지지(地支)에는 인오술(寅午戌)이 합을 이루고, 천간(天干)에는 병정화(丙丁火)가 널려 있어서 전체적으로 화의 세력을 형성한다. 또는 지지에 인오술(寅午戌)이 있으면 화국이라고 한다.

화극금(火剋金) 五 화(火)는 금(金)을 극함을 이르는 말. 화는 명령자가 되고 금은 수행자가 되는 것으로 이해한다. 오행상극(五行相剋)의 법칙에 해당하며 매우 무정한 것으로 해석한다

朗月 다만 기본 공식으로 이해한다. 상황에 따라서는 세력이 서로 뒤바뀌는 경우가 발생하기 때문이다. 그렇게 되면 공격자가 도리어 공격받을 수도 있는 것이 오행의 세계이다.

화극목(火剋木) 五 화(火)가 목(木)을 극(剋)함을 이르는 말. 기본적으로는 목생화(木生火)이지만, 만약 사주에 목(木)이 너무 허약하여 수(水)의 도움을 받아야 할 상황에서 오히려 화(火)가 너무 왕해서 목을 설기(洩氣)한다면 결과적으로 화가 목을 극한 현상이 된다.

화극수(火剋水) 五 화(火)가 수(水)를 극(剋)함을 이르는 말. 역극(逆剋)의 원리이다. 원래는 수극화(水剋火)이지만, 화는 세력이 매우 강하고, 반면에 수(水)의 세력이 너무 무력하다면 화는 수를 극한다. 이것은 재다신약(財多身弱), 중과부적(衆寡不敵), 화염수작(火炎水灼)의 현상이다.

화극토(火剋土) 五 화(火)가 토(土)를 극함

을 이르는 말. 기본적으로 화생토(火生土)의 이치이지만, 만약 사주에 토가 과중한 경우에 다시 화를 만나면 결국 토는 화기(火氣)를 받아서 화염토초(火焰土焦)가 되어 오히려 화가 토를 쓸모없이 만들므로, 토생금(土生金)으로 금(金)을 사용하려면 화극금(火剋金)으로 막아버리고, 다시 목극토(木剋土)로 토를 사용하려면 이번에는 목생화(木生火)가 되어서 오히려 토를 생조하므로 결과적으로 화극토(火剋土)의 이치가 된다.

화극화(火剋火) 五 화(火)가 화(火)를 극(剋)함을 이르는 말. 예를 들어 사주에 목(木)이 왕해서 금(金)을 의지하여 금극목(金剋木)으로 사용하려고 할 경우에 화가 많으면 화극금(火剋金)의 작용으로 목을 제어할 수 없으니 결과적으로는 화극화(火剋火)의 결과가 된다. 이것은 군겁쟁재(群劫爭財) 또는 군비쟁재(群比爭財)의 현상이다.

화금격(化金格) 格 금(金)의 기운으로 합화(合化)하는 격. 외격(外格)의 일종이다. 일간(日干)이 경금(庚金)이거나 을목(乙木)이고, 일간이 간합(干合)된 상태에서 월지(月支)는 신유월(申酉月)이며, 다시 주변에는 경신금(庚辛金)의 기운이 넘치면 비로소 화기격(化氣格)이 되어 화금격이 된다.

朗月 웬만하면 화금격이 되지 않는다고 해석하는 것이 실수를 줄이는 방법이다. 화격(化格)의 형상은 여간해서 잘 이루어지지 않기 때문이다. 특히 경금(庚金)의 경우에는 모두가 금이니 화할 의미가 없고, 을목(乙木)은 전혀 무근하다면 비로소 화금격이 성립할 가능성이 있다고 이해한다.

화기(火氣) 五 화(火)의 기운. ⇨ 화(火)

화기(化氣) 干支 합화(合化)하는 기운. ⇨ 화기격(化氣格)

ㅎ

화기격(化氣格) 格 합화(合化)하는 기운이 넘쳐서 이루어진 격. 외격(外格)의 일종이다. 화기격에는 화토격(化土格), 화금격(化金格), 화수격(化水格), 화목격(化木格), 화화격(化火格) 등이 있다. 화(化)하는 오행이 사주에 넘치도록 많은 상황에서 일간(日干)이 합하여 변화하는 조건이 성립된다면 비로소 화기격이 된다.

朗月 웬만하면 화기격이 되지 않는다는 생각으로 해석하는 것이 실수를 줄이는 방법이 될 수 있다. 화격(化格)의 형상은 여간해서 잘 이루어지지 않기 때문이다.

화다토척(火多土斥) 古 화(火)의 세력이 너무 왕하면 토(土)가 갈라터짐을 이르는 말. 화염토초(火焰土焦)와 같은 의미이다.

朗月 '인성과다(印星過多)의 해(害)'에 속하는 경우이다. 토(土)가 금(金)을 생조해야 하는데, 열기 때문에 달아 있으므로 그렇게 할 수 없다는 의미도 포함된다.

화득진자지론화 화신환유기반화(化得眞者只論化 化神還有幾般話) 【滴天髓】 외격(外格)에 속하는 진정한 화격(化格)을 얻었다면 다만 화격으로만 논하되, 화격(化格)도 잘 살펴야 할 몇 가지 이야기가 있다.

화목격(化木格) 格 목(木)의 기운으로 합화(合化)하는 격. 외격(外格)의 일종이다. 일간(日干)이 임수(壬水)이거나 정화(丁火)가 되고, 일간의 간합(干合)된 상태에서 월지(月支)는 인묘월(寅卯月)이 되고, 다시 주변에 갑을목(甲乙木)이 넘치면 비로소 화기격(化氣格)이 되어서 화목격이라고 한다.

朗月 웬만하면 화목격이 되지 않는다는 생각으로 해석하는 것이 실수를 줄이는 방법이 될 수 있다. 화격(化格)의 형상은 여간해서 잘 이루어지지 않기 때문이다.

특히 임수(壬水)의 경우에는 인겁(印劫)이 없어야 비로소 화목격을 생각하고, 정화(丁火)의 입장에서는 사주에 넘치는 것이 인성(印星)이 되므로 화(化)한다는 것은 어렵다고 보면 된다.

화방(火方) 干支 화(火)의 방향. 지지(地支)에 사오미(巳午未)가 있거나, 또는 대운(大運)에서 사오미의 흐름으로 진행될 경우이다.

화사주(畵四柱) 古 그림으로 된 사주. 당사주(唐四柱)를 말한다. ⇨ 당사주(唐四柱)

화살(化殺) 殺 편관(偏官)을 순화(純化)시킴. 편관(偏官)이 많아서 부담인 경우에는 인성(印星)이 살(殺)의 기운을 유통시켜서 일간(日干)을 생조하도록 한다.

화살생신(化殺生身) 古 관살(官殺)을 생화(生化)해서 일간(日干)을 생조하는 것. 인성(印星)이 용신(用神)의 역할을 할 경우에 해당한다.

화상(化象) 格 신취팔법(神趣八法)의 하나. 합화(合化)의 구조를 말한다. 화기격(化氣格)과 같은 말이다

화상격(化象格) 格 고전격국(古典格局)의 하나. 화기격(化氣格)과 같은 말이다. 신취팔법(神趣八法)의 하나라고도 한다.

화상관(和尙關) 殺 일찍 부모 곁을 떠나 주인이 될 가능성이 있다는 살. 구조는 자오묘유(子午卯酉)일-진술축미(辰戌丑未)시, 진술축미(辰戌丑未)일-자오묘유(子午卯酉)시, 인신사해(寅申巳亥)일-인신사해(寅申巳亥)시에 해당한다.

朗月 실제로는 큰 비중이 없다. 개인적인 생각으로는 신살(神殺)은 모두 무시해도 좋고, 특히 생극제화(生剋制化)의 이치에는 부합되지 않는 것이 대부분이므로 적용시키면 그만큼 혼란이 가중될 수 있다.

화생금(火生金) 五 1. 화(火)가 금(金)을 생(生)함을 이르는 말. 기본적으로 화극금

(火剋金)이지만, 만약 사주에 금이 너무 과중하면 목(木)이 있어도 군겁쟁재(群劫爭財)의 쟁탈전이 벌어진다. 수(水)를 사용하려 해도 과중한 금으로 금다수탁(金多水濁)의 현상이 생기는데, 이러한 경우에 힘 있는 화(火)가 강력하게 금을 제어하니 결과적으로 화생금(火生金)의 이치가 된다. 이러한 현상을 용금(鎔金)이라고도 한다. 금을 녹여서 쓰임새를 얻는다는 의미이다.

2. 화생금(火生金)은 오행(五行)의 상생법(相生法)에서 동서남북(東西南北)으로 방향을 잡으면 북(北)의 수(水)에서 동(東)의 목(木)을 생하고, 목은 남(南)의 화(火)를 생하며, 화는 서(西)의 금(金)을 생하고, 금은 다시 북(北)의 수(水)를 생한다는 설이다. 일리가 있으므로 좀더 시간을 두고 연구해야 한다.

화생목(火生木) 五 화(火)가 목(木)을 생(生)함을 이르는 말. 역생(逆生)의 원리이다. 원래는 목생화(木生火)이지만, 목이 금(金)에게 금극목(金剋木)의 공격을 받게 될 경우에 화(火)가 나서서 화극금(火剋金)으로 목을 살린다. 이런 경우에 해당하는 것은 식신제살격(食神制殺格)의 구조이다. 또는 목의 세력이 과다하여 금극목(金剋木)이 되지 못할 경우에 화가 있어서 그 목을 유통(流通)시켜주는 경우에도 화생목(化生木)의 논리가 적용된다. 이런 경우에 해당하는 것은 식신격(食神格)이다.

화생수(火生水) 五 화(火)가 수(水)를 생(生)함을 이르는 말. 기본적인 이치로는 수극화(水剋火)이지만, 만약 사주에 금(金)이 너무 많아서 과중하게 금생수(金生水)가 되면 수는 인성과다(印星過多)의 현상이 발생하여 금극수(金剋水)의 현상이 된다. 이러한 경우에 힘 있는 화가 있어서 화극금(火剋金)을 하면 금은 수를

생조하지 못하므로 결과적으로 화생수(火生水)의 이치가 된다. 이러한 현상을 기인취재(棄印就財) 또는 군뢰신생(君賴臣生)이라고도 한다.

화생토(火生土) 五 화(火)가 토(土)를 생조함을 이르는 말. 화는 어머니의 입장이고, 토는 자식의 입장으로 이해한다. 오행상생(五行相生)의 법칙에 속하며 매우 유정한 것으로 해석한다.

朗月 다만 이것은 기본 공식으로 이해하는 것이 중요하다. 경우에 따라서는 생하는 것이 오히려 병이 되는 경우도 많기 때문이다.

화생화(火生火) 五 화(火)가 화(火)를 생(生)함을 이르는 말. 같은 화가 화를 생함은 사주에 금(金)이 과중하여 재다신약(財多身弱)이 극심할 경우에 힘 있는 화를 얻어서 화극금(火剋金)을 하면, 자칫 금다화식(金多火熄)의 위기에서 구제되므로 화생화(火生火)가 되는 것으로 본다. 이러한 현상을 득비리재(得比利財) 또는 재중용겁(財重用劫)이라고도 한다.

화소화회 금다금광(火少火晦 金多金光) 【滴天髓】 병정화(丙丁火)가 적으면 화생토(火生土)로 열기(熱氣)를 흡수하여 불이 어둡게 되지만, 경신금(庚辛金)은 많아도 토생금(土生金)을 하게 되어 잘 길러준다.

朗月 '기토(己土) – 대지(大地)'라는 느낌이다. 무토(戊土)에서는 토생금(土生金)의 의미가 없는데, 기토에서는 토생금의 이야기가 등장하는 것을 보면 땅이 금(金)을 생산한다는 힌트라고 생각한다.

화수격(化水格) 格 수(水)의 기운으로 합화(合化)하는 격. 외격(外格)의 일종이다. 일간(日干)이 병화(丙火)이거나 신금(辛金)이 되고, 일간(日干)의 간합(干合)이 된 상태에서 월지(月支)는 해자월(亥子月)이 되며, 다시 주변에 임계수(壬癸水)

ㅎ

가 넘치면 비로소 화기격(化氣格)이 되어서, 화수격이라고도 한다.

朗月 웬만하면 화수격이 되지 않는다는 생각으로 해석하는 것이 실수를 줄이는 방법이다. 화격(化格)의 형상은 여간해서 잘 이루어지지 않기 때문이다. 특히 병화(丙火)의 경우에는 어디에서든 인겁(印劫)이 하나도 없어야 화수격이 성립되고, 신금(辛金)의 입장에서도 마찬가지로 인겁이 없어야 화수격이 성립한다.

화신설수(化身洩秀) 五 합하여 변화(變化)한 오행이 다시 기운을 설하게 됨을 이르는 말. 뜻은 그렇지만 현실적으로 쉽지 않은 상황이다. 합은 어렵지 않지만 화(化)하는 것은 쉽지 않기 때문이다. 더구나 화해서 다시 화기(化氣)의 기운을 설(洩)하니 책에서나 볼 수 있는 것으로 생각한다.

화열용금(火熱鎔金) 五 화(火)가 맹렬하면 금(金)을 녹인다. 화염주용(火焰鑄鎔)과 같은 의미이다.

화열이성조자 우금수지격(火烈而性燥者 遇金水之激) 【滴天髓】 화기(火氣)가 과다하여 성품이 조급한 사주는 금수(金水)를 만나면 과격해져서 흉한 일이 발생한다.

화염수작(火炎水灼) 五 화(火)는 너무 많고, 반대로 수(水)는 매우 허약하여 수극화(水剋火)를 이루지 못하고 오히려 화극수(火剋水)가 되는 현상이다.

화염주용(火焰鑄鎔) 五 이글거리는 불은 능히 금(金)을 녹임을 이르는 말. 오행의 기본으로도 화극금(火剋金)이지만 구체적인 형상을 의미하는 용어이다. 강력한 화는 금을 녹이니 다른 그릇을 만들 수 있다는 의미이다.

화염토초(火焰土焦) 五 화(火)가 이글거리니 토(土)가 갈라짐을 이르는 말. 오행의 기본은 화생토(火生土)이지만 그 화가 너무 치열하면 토는 열기를 받아서 가뭄이

든 논밭처럼 갈라져 자신의 일을 못하게 된다.

朗月 인성(印星)이 너무 많아서 발생하는 재앙이라고 하여 '인성과다(印星過多)의 해(害)'라고도 한다.

화왕목분(火旺木焚) 五 불이 지나치게 왕하니 목(木)도 불타게 됨을 이르는 말. 오행의 기본은 목생화(木生火)이지만 화(火)가 너무 강하면 목은 도움을 주다가 오히려 불타버리게 된다. 목종화세(木從火勢)의 현상이다.

朗月 자식이 너무 많아서 어머니가 시달리는 형상도 이와 같다. 일명 '식상과다(食傷過多)의 해(害)'라고도 한다.

화왕절(火旺節) 氵 화(火)의 기운이 왕성한 계절. 사오월(巳午月)이 해당한다.

화운(火運) 子 1. 화(火)의 운. 대운에서의 병정(丙丁)이나 사오(巳午)의 운이 진행되는 것이다.
2. 오운(五運)에서 화(火)에 해당하는 운. 무년(戊年)이나 계년(癸年)은 화의 운에 해당하는데, 특히 무년은 화태과(火太過)의 운으로 보고, 계년은 화불급(火不及)의 운으로 본다. 자평명리학에서는 이렇게 대입하지 않으므로 몰라도 상관없다.

화위설상(化爲洩傷) 古 합(合) 되어 화(化)하면서 너무 많이 설기(洩氣)하여 손상됨을 이르는 말. 예를 들어 을경화금격(乙庚化金格)이 되었는데, 사주에 수(水)가 너무 많으면 금(金)이 되어서 수에게 설기된다는 의미이다.

朗月 을목(乙木) 입장에서는 이미 인성이 있으니 화금(化金)을 논할 필요도 없고, 경금(庚金)의 입장에서도 수(水)가 그렇게 많은데 어찌 금으로 화하겠느냐고 생각해야 한다. 종아격(從兒格)이면 모르겠지만 화(化)한다는 말은 되지 않는다.

화(火)의 계절(季節) 㑞 사오월(巳午月). 경우에 따라서는 미월(未月)도 포함시킨다.

화(火)의 음양(陰陽) ㄸ支 천간(天干)에서의 음화(陰火)는 정화(丁火)가 되고, 양화(陽火)는 병화(丙火)가 된다. 지지(地支)에서의 음화는 오화(午火)가 되고, 양화는 사화(巳火)가 된다. 단, 지지(地支)에서의 화(火)는 체(體)와 용(用)으로 분류하는데, 화는 체용(體用)이 달라지므로 체로 본다면 사화(巳火)가 음(陰)이고, 오화가 양(陽)이 됨을 혼동하지 않아야 한다.

자평명리학(子平命理學)에서는 체를 사용하지 않고 용을 사용하므로 항상 용 위주로 알아둔다.

朗月 오행의 음양에서 특히 화(火)의 음양을 생각하면 화의 양(陽)은 광선(光線)으로 보고, 화의 음(陰)은 열기(熱氣)로 보면 좋다. 보통 태양을 화의 양이라 하고 달이나 촛불을 화의 음이라 하는데, 그보다 빛과 열을 화의 음양으로 보는 것이 보다 근원에 가까운 이해가 될 것이다.

화이불화(化而不化) ㄸ支 변화를 해도 화(化)하지 않음. 예를 들어 갑기합(甲己合)은 주변 조건에 따라서 화(化)하면 토(土)로 변화가 가능한데, 그러한 조건이 충족되지 않으면 화할 수 없으므로 이러한 경우에는 화해도 화하지 않는다는 말을 한다. 화할 수 없는 주요 이유는 화기(化氣)가 부족한 경우가 대부분이다. 그리고 충극(沖剋)이 있어도 화가 되기 어렵다.

朗月 대다수의 합을 보면 화하지 않는 것이 대부분이다. 그래서 신중히 살펴서 화했는지를 구분하는 것이 중요하다.

화일간(火日干) ㄸ支 태어난 날이 병정화(丙丁火)에 해당하는 사람.

화일주(火日主) ㄸ支 태어난 날이 병정일(丙丁日)에 해당하는 사람.

화즉유정 종즉상제(化則有情 從則相濟) 【滴天髓】 정화(丁火)를 만나서 합화(合化)하면 그 사이에 목(木)을 탄생시키니 이를 일러 유정하다는 것은 수생목(水生木)과 목생화(木生火)를 발생하는 까닭이고, 병화(丙火)를 따라 종(從)하면 수화기제(水火旣濟)의 공을 이룰 것이다.

화지진가(化之眞假) ㄸ支 화(化)하는 것에는 진화(眞化)와 가화(假化)가 있다. 뿌리가 있으면서 화하는 것은 가화이고, 뿌리가 전혀 없이 화하면 진화이다. 임상하면서 느끼는 것은 가화는 어렵다는 것이다. 즉 가화는 뿌리가 있다는 말인데 뿌리가 있으면 화(化)하지 않는 것으로 나타난다.

화치승룡 수탕기호(火熾乘龍 水蕩騎虎) 【滴天髓】 지지(地支)에 인오술(寅午戌)이 모여서 열기(熱氣)가 넘친다면 진토(辰土)를 깔고 앉아 갑진(甲辰)이 되어야만 마음이 놓인다. 반대로 신자진(申子辰)으로 냉기(冷氣)가 넘칠 때에는 인목(寅木)을 깔고 앉아 갑인(甲寅)이 되어야만 액난(厄難)을 면한다.

화토(火土) 五 불과 흙. 화토는 화생토(火生土)와 같은 말이다. 화(火)가 토(土)를 생하므로 서로 유정한 것으로 이해한다. 어미와 자식이 함께한다는 의미로 유정함을 나타내기도 한다.

화토격(化土格) 格 토(土)의 기운으로 합화(合化)하는 격이다. 외격(外格)의 일종이다. 일간(日干)이 갑목(甲木)이거나 기토(己土)가 되고, 일간의 간합(干合)인 상태에서 월지(月支)는 진술축미(辰戌丑未)의 토월(土月)이 되며, 다시 주변에 무기토(戊己土)의 기운이 넘치면 비로소 화기격(化氣格)이 된다. 그러므로 화토격이라고 한다.

ㅎ

朗月 웬만하면 화토격이 되지 않는다는 생각으로 해석하는 것이 실수를 줄이는 방법이다. 화격(化格)의 형상은 여간해서 잘 이루어지지 않기 때문이다. 특히 갑목(甲木)의 경우에는 뿌리가 전혀 없어야 하고, 기토(己土)의 경우에는 모두 뿌리가 되니 토(土)가 토로 화한들 무슨 변화가 있느냐고 본다. 그래서 갑목의 경우에 전혀 뿌리가 없는 것에 한해서 화토격은 성립될 가능성이 있다.

화토상관(火土傷官) 固 병정화(丙丁火)가 토(土)를 만나는 것. 특히 진술축미월(辰戌丑未月)에 해당하면 더욱 잘 어울린다.

화토상관격(火土傷官格) 格 화토상관(火土傷官)과 같은 말. 상관(傷官)을 용신으로 삼은 경우에는 격을 붙여도 무방하다.

화토상생격(火土相生格) 格 고전격국(古典格局)의 하나. 사주 구조가 다른 성분은 전혀 없고, 화토(火土)의 두 성분으로만 되어 있으면 양기성상격(兩氣成象格) 또는 화토협잡(火土夾雜)이라고 한다.

朗月 용신을 정할 경우에는 상황에 따라서 달라지는데, 억부법(抑扶法)에 준해서 대입하면 무난하므로 특별히 양기성상격을 고려할 필요는 없다.

화토인수 열즉풍담 조즉피양(火土印綬 熱則風痰 燥則皮痒) 【滴天髓】 여름에 태어난 토(土)가 병정화(丙丁火)가 너무 많아서 조열(燥熱)하면 풍담(風痰)이 발생하기 쉽고, 술미토(戌未土)가 많아서 건조하면 피부병(皮膚病)이 발생하기 쉽다.

화토협잡(火土夾雜) 固 ⇨ 화토상생격(火土相生格)

화투점 外 화투로 치는 점. 화투는 짝을 맞추어 끗수를 다투는 놀이용 딱지 또는 그것으로 행하는 오락이나 도박이다. 대개는 심심풀이로 화투점을 치는데, 만약 점술에 능통한 사람이 화투를 이용하면 깊은 해석도 얼마든지 가능하다.

화호시기숙절(和好視其孰切) 【滴天髓】 화해를 청하고 사귀고자 할 때에는 누가 항복할 마음이 있는지를 살펴야 한다.

화화격(化火格) 格 화(火)의 기운으로 합화(合化)하는 격. 외격(外格)의 일종이다. 일간(日干)이 무토(戊土)이거나 계수(癸水)가 되고, 일간이 간합(干合)된 상태에서 월지(月支)는 사오월(巳午月)이 되고, 다시 주변이 병정화(丙丁火)의 기운으로 넘치면 비로소 화기격(化氣格)이 되어 화화격이 된다.

朗月 웬만하면 화화격이 되지 않는다는 생각으로 해석하는 것이 실수를 줄이는 방법이 될 수 있다. 화격(化格)의 형상은 여간해서 잘 이루어지지 않기 때문이다. 특히 무토(戊土)의 경우에는 인겁(印劫)의 기운이 넘치므로 화(火)하기 어렵고, 계수(癸水)의 경우에는 전혀 의지할 곳이 없어야 화한다고 본다.

확신(確信) 心 심리구조에서 자신이 알고 있는 것이 확실해서 틀림 없다고 생각하는 사람은 주체성(主體性)을 의미하는 비겁(比劫)과 결정을 잘 내리는 재성(財星)이 있으면 나타날 수 있다.

환절기(換節氣) 命 계절(季節)이 바뀌는 시기. 자평명리학(子平命理學)에서는 진술축미월(辰戌丑未月)을 말한다.

황극책수(皇極策數) 外 수리법(數理法)을 이용하여 점치는 방법의 하나. 원회운세(元會運世)라는 수리법을 이용하는데 역사가 길다. 보편적인 방법은 아니지만 나름대로 관심이 높다.

朗月 황극책수조수(皇極策數祖數)라는 책을 편법으로 응용하는데 그래도 적중률은 놀랍다.

회동제궐(會同帝闕) 固 임금의 궁궐에서 함께 만남을 이르는 말. 임금의 궁궐은 건(乾)이므로 술해(戌亥)가 되는데, 사주에 술해가 있을 때를 가리킨다. 어떤 고정관념을 갖고 대입하는 것은 오류를 범할 위험이 있으므로 이러한 방식의 대입은 고려하지 않는 것이 좋다.

朗月 과연 술해(戌亥)가 임금이 사는 궁일까를 고려해보면 적어도 자평명리학(子平命理學)에서는 의미가 없는 말이다.

회두극(回頭剋) 五 뒤통수를 극함을 이르는 말. 예를 들어 갑목(甲木)이 무토(戊土)를 극할 경우에 무토가 직접 갑목을 극하지는 못하지만, 경금(庚金)을 생조하여 그 경금으로 하여금 갑목을 치게 하는 것이다. 무정(無情)한 형상에 속한다.

회정포병 과봉승후(懷丁抱丙 跨鳳乘　)【滴天髓】좌우(左右)에 정화(丁火)나 병화(丙火)가 있다면 을유(乙酉)이거나 신월(申月)이거나 문제가 없다.

회합(會合) 干支 모이거나 합함을 이르는 말. 회(會)는 방합(方合)을 말하고, 합(合)은 삼합(三合)을 말한다.

朗月 방합은 합이 아님을 이미 고인들이 밝혔는데, 단지 모여 있는 세력이라는 의미로 보아 짐작할 수 있다. 그러므로 방합도 합이라는 설은 삭제해야 한다.

효살(梟殺) 星 ⇨ 효신(梟神)

효신(梟神) 星 편인(偏印)이 식상(食傷)을 극하는 경우. 특히 식상이 용신(用神)일 경우에 더욱 흉하다. 그래서 그 흉함을 고려하여 하나의 신살(神殺)로 취급하기도 한다. 효신은 부엉이가 자신의 자식을 잡아먹는다고 해서 붙여진 이름인데 실제로는 그렇지 않다.

효신살(梟神殺) 殺 ⇨ 효신(梟神)

효신탈식(梟神奪食) 古 효신(梟神)이 식신(食神)을 빼앗아감을 이르는 말. 용신(用神)인 식신을 편인(偏印)이 극하여 못쓰게 되는 경우에 해당한다.

효자봉친(孝子奉親) 古 효자가 어머니를 봉양함을 이르는 말. 자식이 비겁(比劫)이면 어머니는 인성(印星)인데, 비겁이 너

무 왕성하면 약한 인성은 자식에게 의지하므로 종왕격(從旺格)의 의미로 생각한다. 그렇게 되면 일간은 어머니를 봉양하는 것으로 둘 사이가 무난하다고 본다. 물론 재운(財運)이 들어오면 문제가 발생하는 것은 자명한 일이다.

후천수(後天數) 五 후천의 수(數). 오행의 후천수(後天數)와 간지(干支)의 후천수(後天數)가 있다. 일이목(一二木), 삼사화(三四火), 오육토(五六土), 칠팔금(七八金), 구십수(九十水)를 말한다. 특히 작명(作名)할 때에는 선천수(先天數)를 쓰는 사람과 후천수(後天數)를 쓰는 사람이 있어서 혼란스러운데, 지금은 대부분 후천수(後天數)를 사용한다. 간지의 후천수(後天數)는 임자일(壬子一), 정사이(丁巳二), 갑인삼(甲寅三), 신유사(辛酉四), 무진술오(戊辰戌五), 기백(己百) 또는 기십(己十), 계해육(癸亥六), 병오칠(丙午七), 을묘팔(乙卯八), 경신구(庚申九), 축미십(丑未十) 등으로 분류한다.

휴(休) 子 쉼을 이르는 말. 주변에 내가 생조하는 오행이 많을 경우에 해당한다. 목(木)이 화(火)의 계절에 나거나, 화(火)가 토(土)의 계절에 나거나, 토(土)가 금(金)의 계절에 나거나, 금(金)이 수(水)의 계절에 나거나, 수(水)가 목(木)의 계절에 나도 해당한다.

朗月 산모가 아기를 낳고 휴식을 취하는 상태로 이해한다. 힘이 없는 것은 아니지만 지금은 휴식이 필요한 상황이다. 매우 지쳐 있는 상황으로도 본다.

휴구계호운 역계호세(休咎係乎運 亦係乎歲)【滴天髓】좋고 나쁜 것은 대운(大運)에 달렸으며 더욱 중요한 것은 세운(歲運)에 달렸다.

휴수(休囚) 五 약한 상태를 말함. 휴(休)는 식상(食傷)을 만난 경우이고, 수(囚)는 재성(財星)을 만난 경우이다. 특히 월령

ㅎ

(月令)에 이러한 성분이 있으면 어울린다. ⇨ 왕상휴수사(旺相休囚死)

흉물심장 성양호지환(凶物深藏 成養虎之患) 【滴天髓】 기구신(忌仇神)이 지장간(支藏干)에 깊이 숨어 있는 것은 호랑이를 기르는 것과 같은 근심이 있다.

흉운(凶運) 子 나쁜 운. 운은 좋을 수도 있고 나쁠 수도 있는데, 그 중에서 나쁘게 작용하는 것이 흉운이다. 주로 용신(用神)을 손상시키는 운이거나 그와 유사한 작용이 예견되면 흉운이라고 해석한다.

희기편(喜忌篇) 冊 『연해자평(淵海子平)』에서 길흉(吉凶)을 해석하는 방법을 설명한 글로 많이 인용된다.

희신(喜神) 用 반가운 글자. 용신(用神)을 도와주는 글자로 보조용신(補助用神)이라고도 한다. 용신의 용신이라고 이해하면 무리가 없다. 사주를 도와주는 글자이므로 희용신(喜用神)이라는 말로 묶어서 좋은 의미로 대입한다.

朗月 보통 생각하기에는 용신을 생조하는 글자, 즉 용신의 인성(印星)을 희신으로 보기도 하는데, 이것은 오류가 될 수 있다. 다시 말하면 용신이 약할 경우에는 용신을 생조(生助)하는 글자가 희신이 되지만, 용신이 약하지 않으면 오히려 용신의 식상(食傷)이 희신 역할을 하는 경우가 더 많기 때문이다. 예를 들어서 재성(財星)을 용신으로 삼았을 경우에 재성이 다소 약하더라도 사주에 비겁(比劫)이 많다면 용신을 보호하는 차원에서 관살(官殺)이 희신 역할을 하는 경우도 가능하고, 식상도 재성을 보호하는 역할도 가능하므로 이러한 것을 참작하여 희신으로 보는 것이 옳다. 다만 관살(官殺)을 용신으로 삼았을 경우에는 이미 신강(身强)하다는 것을 전제하므로 관살이 왕성하더라도 인성을 희신으로 삼지 않고, 그대로 재성을 희신으로 본다. 이러한 문제로 용신은 잘 보더라도 희신에 대해서 혼란스러워하는 경우도 있는데, 희신도 용신을 중심으로 대입하여 결정한다는 것을 참고한다.

희신충(喜神沖) 用 희신이 충(沖)을 맞았음을 이르는 말. 용신이 충을 맞은 것에 비해서는 다행이지만 용신을 도울 수 없기 때문에 희신이 충을 맞아도 다소 불안한 요인이 되므로 주의가 필요하다.

희신합(喜神合) 用 희신이 합함을 이르는 말. 희신은 용신을 돕는 글자이기 때문에 합으로 작용 못하면 부담이 된다. 합은 묶이는 것이기 때문에 합이 되지 않는 것을 원하게 된다.

희용신(喜用神) 用 사주에서 필요로 하는 용신(用神)과 희신(喜神)을 묶어서 하는 말.

부록

> 인명
> 직업
> 책소개

인명

건륭(乾隆) **황제**(皇帝) 중국 청(淸)나라 제 6대 황제(재위 1735 ~ 95). 조부 강희제(康熙帝)의 재위기간(61년)을 넘는 것을 꺼려 재위 60년에 퇴위하고 태상황제가 되었는데, 태상황제로 있던 3년을 합하면 중국 역대황제 중 재위기간이 가장 길다. 조부 때부터의 재정적 축적을 계승하여 안정되고 문화적으로도 난숙한 '강희·건륭 시대'라는 청나라 최성기를 이룩하였다. 명조(命造)는 신묘(辛卯), 정유(丁酉), 경오(庚午), 병자(丙子) 6대운이다.

고르바초프(Mikhail Sergeyevich Gorba-chyov) 전(前) 러시아 대통령. 사주는 신미(辛未), 경인(庚寅), 병진(丙辰), 신묘(辛卯) 9대운이다.

고흐(Vincent van Gogh) 1853년 3월 30일 출생. 화가. 사주는 계축(癸丑), 을묘(乙卯), 병신(丙申), 미상(未詳) 8대운이다.

공자(孔子) 이름은 구(丘). 춘추시대(春秋時代) 노(魯)나라에서 BC 551년에 태어났다. 정치를 하고자 무던히도 노력하였으나 뜻을 이루지 못하고, 말년에 위편삼절(韋編三絶)이라는 말을 남길 정도로 주역(周易)에 심취하여 관련서적을 많이 집필하였다. 『전전(篆傳)』, 『상전(象傳)』, 『계사전(繫辭傳)』, 『문언전(文言傳)』, 『설괘전(說卦傳)』, 『서괘전(序卦傳)』, 『잡괘전(雜卦傳)』 등 10여 종에 달한다.

관우(關羽) 중국 삼국시대(三國時代) 촉(蜀)나라의 무장(武將). 후한말(後漢末)의 동란기에 탁현(下北省 소재)에서 유비(劉備)를 만나, 장비(張飛)와 함께 의형제를 맺고, 평생 그 의를 저버리지 않았다. 명조(命造)는 경자(庚子), 갑신(甲申), 경오(庚午), 경신(庚申)이다. 도원결의(桃園決義)를 통해 등장했고, 『삼국지(三國志)』의 중심 인물이다.

괴테(Johann Wolfgang von Geothe) 문학가·작가. 사주는 기사(己巳), 임신(壬申), 계해(癸亥), 갑인(甲寅) 4대운이다.

귀곡자(鬼谷子) 중국 전국시대(戰國時代) 초(楚)나라의 사상가. 성명과 행적이 모두 알려지지 않았다. 영천(潁川)·양성(陽城)의 귀곡지방에 은둔하였기 때문에 귀곡자라고 하였다. 소진(蘇秦)과 장의(張儀)를 길러낸 인물로 유명하다. 음양오행(陰陽五行)의 술수(術數)에 능통하여 많은 제자를 배출하였지만, 그 이름은 널리 알려지지 않았다.

김구(金九) 정치가. 사주는 병자(丙子), 병신(丙申), 기사(己巳), 신미(辛未) 4대운(大運)이다.

김대중(金大中) 대통령·정치가. 사주는 계해(癸亥), 을축(乙丑), 을유(乙酉), 정축(丁丑) 1대운이다. 또 계해(癸亥), 을묘(乙卯), 계해(癸亥), 정사(丁巳)가 있고, 을축(乙丑), 기축(己丑), 을사(乙巳), 을유(乙酉)도 있으니 어느 것이 실제 명식인지 알 수 없다.

김영삼(金泳三) 전(前) 대통령·정치가. 사주는 정묘(丁卯), 임인(壬寅), 정유(丁酉), 신축(辛丑) 9대운이다. 또 하나의 사주로는 무진(戊辰), 을축(乙丑), 기미(己未), 기사(己巳) 8대운이 있다.

김옥균(金玉均) 정치가·혁명가. 사주는 신해(辛亥), 경인(庚寅), 경술(庚戌), 임오(壬午) 6대운이다.

김우중(金宇中) 사업가. 대우(大宇)그룹 창립자. 사주는 병자(丙子), 경자(庚子), 을해(乙亥), 기묘(己卯) 6대운(大運)이다.

나운규(羅雲奎) 영화제작자. 사주는 임인(壬寅), 신해(辛亥), 계축(癸丑), 계해(癸亥) 5대운이다.

나이팅게일(Florence Nightingale) 1820년 5월 12일 출생. 간호봉사자. 사주는 경진(庚辰), 신사(辛巳), 병술(丙戌), 미상(未詳) 2대운이다.

노스트라다무스(Nostradamus) 1503년 12월 15일 출생. 예언가. 사주는 계해(癸亥), 갑자(甲子), 경인(庚寅), 미상(未詳) 3대운이다.

노태우(盧泰禹) 전(前) 대통령·군인(軍人). 사주는 임신(壬申), 무신(戊申), 경술(庚戌), 정축(丁丑) 8대운이다.

닉슨(Richard Milhous Nixon) 전(前) 미국 대통령. 사주는 임자(壬子), 계축(癸丑), 경인(庚寅), 병술(丙戌) 10대운(大運)이다.

단종(端宗) 조선시대의 왕. 사주는 신유(辛酉), 병신(丙申), 정사(丁巳), 병오(丙午) 5대운이다.

도선(道銑) 신라(新羅) 말기의 스님. 영암(靈岩) 출생. 15세에 출가하여 화엄사(華嚴寺)에서 공부하고 경의 뜻을 깨달았다. 그 후 당(唐)나라로 가서 일행선사(一行禪師)를 만나 34년간 수도하며 지리학을 구전심수로 깨달았다. 음양지리설에 크게 통달하여 명성을 날렸으며, 저서로 고려의 건국에 대해서도 예언했다는 『도선비기(道詵秘記)』가 있다.

두보(杜甫) 당(唐)나라 시인(詩人). 사주는 임자(壬子), 임인(壬寅), 신미(辛未), 미상(未詳) 7대운이다.

로맹 롤랑(Romain Rolland) 1966년 1월 29일 출생. 작가. 사주는 을축(乙丑), 기축(己丑), 갑진(甲辰), 미상(未詳) 8대운이다.

링컨(Abraham Lincoln) 전(前) 미국대통령. 사주는 기사(己巳), 병인(丙寅), 기미(己未), 계유(癸酉) 3대운(大運)이다.

마돈나(Madonna) 1958년 8월 16일 출생. 가수. 사주는 무술(戊戌), 경신(庚申), 을축(乙丑), 미상(未詳) 3대운이다.

마릴린 몬로(Marilyn Monroe) 1926년 6월 1일 사시(巳時) 출생. 배우(俳優). 사주는 병인(丙寅), 계사(癸巳), 신유(辛酉) 9대운이다.

마하트마 간디(Mohandas Karamchand Gandhi) 인도인. 사상가·정치가. 사주는 기사(己巳), 계유(癸酉), 을축(乙丑), 신사(辛巳)이다.

만유오(萬有吾) 『역학대사전(易學大辭典)』에서 보이는 이름인데, 명(明)나라 사람으로 『삼명통회(三命通會)』를 지은 사람인 만육오(萬育吾)의 착오로 보인다.

만육오(萬育吾) 명(明)나라의 명리학자. 저서에는 『삼명통회(三命通會)』가 있고, 만유오(萬有吾)라 불리기도 한다.

박도사(朴道士) 명리학자인 제산(霽山) 박제현 선생의 별명(別名).

박사주(朴四柱) 명리학자인 도계(陶溪) 박재완(朴在琓) 선생의 별호(別號).

박재완(朴在琓) 명리학자. 호는 도계(陶溪). 1903년 대구 출생. 1992년 9월 사망. 명리학자로 크게 명성을 날렸다. 저서로는 『명리요강(命理要綱)』, 『명리사전(命理辭典)』, 『도계실관(陶溪實觀)』이 있다. 고법에 정통하고 흩어진 명리학의 자료들을 일목요연하게 정리하였다. 한국에서는 이석영(李錫暎) 선생과 더불어 명리학계의 큰 기둥이었다.

박정희(朴正熙) 전(前) 대통령. 사주는 정사(丁巳), 신해(辛亥), 경신(庚申), 무인(戊寅) 2대운이다.

박주현(朴珠鉉) 명리학자. 아호는 낭월(朗月). 본 사전의 편저자(編著者)이기도 하다. 1957년 음력 3월 18일 유시(酉時)에 경북 청도 출생. 17세에 불교에 입문한 후 세월을 보내다가, 30세에 백민(白民) 양원석(梁元碩) 선생을 만나 명리학에 입문한 후로 『적천수징의(滴天髓徵義)』를 통해서 깊은 이치를 조금이나마 느끼고 마음에 평온을 얻었다. 저서로는 『왕초보 사주학(입문 · 연구 · 심리)』, 『알기 쉬운 천간지지』, 『알기 쉬운 합충변화』, 『알기 쉬운 용신분석』, 『사주문답』, 『적천수 강의 1 · 2 · 3』, 『낭월 사주용어사전』 등이 있다.

박태준(朴泰俊) 정치가 · 사업가. 사주는 정묘(丁卯), 기유(己酉), 갑자(甲子), 무진(戊辰) 6대운(大運)이다.

반동광(潘東光) 명리학자. 대만인. 주요 저서로는 『팔자비유년실무(八字批流年實務)』, 『팔자파미(八字破迷)』 등이 있다. 특히 『팔자파미』는 자평명리학(子平命理學)에 대해서 수필집 형태로 되어 있는데, 내용은 입춘(立春)과 동지(冬至)의 기준으로 연주(年柱)를 세우는 문제나, 조후(調候)의 문제점이나, 야자시(夜子時)의 문제 등을 거론하고 있다.

반자단(潘子端) 명리학자. 대만인으로 생각되는데 자세한 약력은 없다. 저서로 『명학신의(命學新義)』라고 하는 조그마한 책이 전해지는데, 내용을 보면 그야말

로 보석(寶石)이라고 해야 할 주옥 같은 글로 채워져 있다. 그의 필명(筆名) 또는 아호(雅號)는 수요화제관주(水繞花堤館主)로 되어 있다.

베이컨(Francis Bacon) 영국인. 사상가. 사주는 경신(庚申), 기축(己丑), 정묘(丁卯), 미상(未詳) 5대운이다.

부룩 실즈(Brooke Shields) 1965년 5월 31일 미시(未時) 출생. 배우. 사주는 을사(乙巳), 신사(辛巳), 을유(乙酉), 계미(癸未) 2대운이다.

빌 클린턴(Bill Clinton) 전(前) 미국 대통령. 사주는 병술(丙戌), 병신(丙申), 병인(丙寅), 병자(丙子) 6대운이다.

서경보(徐京保) 스님. 서예가. 사주는 갑인(甲寅), 을해(乙亥), 정사(丁巳), 계묘(癸卯) 5대운이다.

서대승(徐大升) 송(宋)나라 때의 명리학자. 그의 오행전도론은 명리학자의 사고력을 한 단계 상승시켰다.

서락오(徐樂吾) 명리학자. 서낙오(徐樂吾)라고도 부른다. 청(淸)나라 광서(光緒) 12년 3월 3일, 1886년 4월 6일 신시생(申時生). 명조(命造)는 병술(丙戌), 임진(壬辰), 병신(丙申) 10대운이다. 호는 동해(東海). 근대 명리학자 중에서 가장 활발한 편저(編著) 활동을 한 사람으로 자평명리학(子平命理學)을 보급한 공로가 큰 선생 중의 한 사람이다. 스스로 지은 서적과 고전(古典)을 평주(評註)한 책이 다수 있는데, 편저(編著)로는 『정정적천수징의(訂正滴天髓徵義)』, 『궁통보감평주(窮通寶鑑評註)』, 『조화원약평주(造化元鑰評註)』, 『자평진전평주(子平眞詮評註)』, 『적천수보주(滴天髓補註)』, 또는 『적천수예기(滴天髓禮記)』 등이 있다. 저서로는 『명리입문(命理入門)』, 『자평일득(子平一得)』, 『자평수언(子平粹言)』, 『고금명인명감(古今名人命鑑)』 등이 있다.

서자평(徐子平) 자평명리학(子平命理學)을 창시한 것으로 알려진 인물. 이름은 서균(徐均)이며 송(宋)나라 사람으로 알려졌지만, 오대(五代)의 인물이라고 하여 명확하지 않다. 호는 공승(公升)이고, 당(唐)나라 때부터 운명의 기준을 연주로 보던 방식에서 획기적으로 전환하여 일주의 천간 즉 일간(日干)을 그 사람의 주체로 보고 연구하여 자평명리학의 창시자로 알려지게 되었다. 저서로는 『연해자평(淵海子平)』이 유명하며 천문학에도 능했던 것으로 알려져 있다.

소강절(邵康節) 이름은 옹(雍). 호는 요부(堯夫). 시호는 강절(康節)이며 또는 소자(邵子)라고 존칭하기도 한다. 명조(命造)는 신해(辛亥), 신축(辛丑), 갑자(甲子), 갑술(甲戌)이다. 송(宋)나라 사람으로 모든 학문에 정통하고 특히 역리학에 깊은 조예를 갖고 있었는데, 대표적인 저서로는 『황극책수(皇極策數)』와 『황극경세서(皇極經世書)』 등이 있으며, 그의 우주론(宇宙論)은 우주만유(宇宙萬有)가 시작과 끝이 있다고 했다. 자평명리학(子平命理學)에서는 인연이 없지만 역학계에서는 놀라운 점술로 인해 명성을 얻고 있다.

소동파(蘇東坡) 이름은 소식(蘇軾). 문장가. 송(宋)나라 사람. 사주는 병자(丙子), 신축(辛丑), 계해(癸亥), 을묘(乙卯)이다.

신격호 사업가. 롯데그룹 대표. 사주는 임술(壬戌), 신해(辛亥), 갑오(甲午), 병인(丙寅) 5대운(大運)이다.

신봉(神峰) 명(明)나라 때의 장남(張楠) 선생을 칭함. 신봉은 그의 호이다. 저서인 『명리정종(命理正宗)』이 일명 『신봉통고(神峯通考)』라는 이름으로도 불리는 것은 그의 호에서 따온 것으로 생각된다. 다만 책이름만 서적에서 보이고 구체적으로 책은 발견할 수 없어 지금은 『명리정종』으로 통일하였다.

심효첨(沈孝瞻) 자세한 내용은 알 수 없다. 명(明)나라 때 사람이라고 전한다. 저서로는 『자평진전(子平眞詮)』이 있는데, 내용을 보면 당시로서는 획기적인 가르침으로 고전의 난무하는 격국들을 모두 쓸어버리고 십격(十格)으로 정리하였다. 용신(用神)의 개념으로 월지(月支)를 관찰하는 등 논리정연한 설명이 돋보이는 자료이다. 묘(卯)는 충해야 열린다는 말의 오류도 지적한 것으로 봐서 상당히 궁리를 많이 한 학자로 판단된다.

아이아코카(Lido Anthony Iacocca) 미국인. 크라이슬러 창립자. 사주는 갑자(甲子), 갑술(甲戌), 정묘(丁卯), 신축(辛丑) 8대운(大運)이다.

아인슈타인(Alfred Einstein) 1879년 3월 14일 사시(巳時) 출생. 물리학자. 사주는 기묘(己卯), 정묘(丁卯), 병신(丙申), 계사(癸巳) 3대운이다.

안비취 국악인. 곤명(坤命). 사주는 병인(丙寅), 임진(壬辰), 신묘(辛卯), 병신(丙申) 10대운(大運)이다.

안중근(安重根) 독립운동가. 사주는 기묘(己卯), 임신(壬申), 무자(戊子), 무오(戊午)인데, 다른 자료에는 병신시(丙申時)로 되어 있기도 하다.

에드가 앨런 포(Edga Allen Poe) 1809년 1월 19일 출생. 작가·시인. 사주는 무진(戊辰), 을축(乙丑), 을미(乙未), 미상(未詳) 4대운이다.

에디슨(Thomas Alva Edison) 1847년 2월 11일 묘시(卯時) 출생. 미국의 발명가. 사주는 정미(丁未), 임인(壬寅), 정축(丁丑), 계묘(癸卯) 3대운이다.

엘리자베스 테일러(Elizabeth Taylor) 영화배우. 곤명(坤命). 사주는 임신(壬申), 임인(壬寅), 무오(戊午), 갑인(甲寅), 8대운

(大運)이다.

여동빈(呂洞賓)　중국인. 신선(神仙). 사주는 병자(丙子), 계사(癸巳), 신사(辛巳), 계사(癸巳)이다.

연산군(燕山君)　조선시대의 왕(王). 사주는 병신(丙申), 기해(己亥), 정미(丁未), 임인(壬寅) 7대운이다.

요한 바오로 2세(Johannes Paulus Ⅱ)　교황. 사주는 경신(庚申), 신사(辛巳), 병자(丙子), 경자(庚子) 7대운이다.

윤보선(尹潽善)　전(前) 대통령. 사주는 정유(丁酉), 무신(戊申), 임인(壬寅), 계묘(癸卯) 2대운이다.

우장춘　식물학자. 사주는 무술(戊戌), 병진(丙辰), 신축(辛丑), 무자(戊子) 10대운(大運)이다.

육영수(陸英修)　전(前) 박정희(朴正熙) 대통령의 영부인. 1925년 11월 29일 신시(申時)로 추정되는데, 양력일 경우 을축(乙丑), 정해(丁亥), 정사(丁巳), 무신(戊申) 3대운이 되고, 음력일 경우 을축(乙丑), 기축(己丑), 임인(壬寅), 무신(戊申) 8대운이다. 육 여사 기념사이트에서는 양력이 맞는 것으로 나오니 참고하기 바란다.

육조(六祖) **혜능**(慧能).　당(唐)나라 사람. 달마 이후 육조(六祖) 스님. 사주는 무술(戊戌), 갑인(甲寅), 무오(戊午), 임자(壬子) 3대운이다.

윤봉길(尹奉吉)　독립운동가. 사주는 무신(戊申), 무오(戊午), 정미(丁未), 을사(乙巳) 6대운이다.

이기붕(李起鵬)　정치가. 호는 만송(晩松). 사주는 병신(丙申), 신축(辛丑), 경진(庚辰), 경진(庚辰) 4대운이다.

이병철(李秉喆)　사업가. 삼성그룹 창립. 사주는 경술(庚戌), 무인(戊寅), 무신(戊申), 임술(壬戌) 7대운(大運)이다. 또 다른 사주는 갑자시(甲子時)로 되어 있기도

하다.

이상재(李商在)　종교가·정치가. 호는 월남(月南). 사주는 경술(庚戌), 정해(丁亥), 갑신(甲申), 계유(癸酉) 4대운(大運)이다.

이석영(李錫暎)　명리학자. 아호는 자강(自彊), 단촌(檀村). 1920년 평안북도 삭주 출생. 저서로는 한국에서 매우 유명한 『사주첩경(四柱捷徑)』 6권이 있다. 난립하던 이론들을 모아서 종합적인 명리서로 체계를 갖춘 것으로 자평명리학(子平命理學)계에서는 평가한다. 많은 명리학자에게 영향을 끼쳤으며, 한국에서는 박재완(朴在玩) 선생과 더불어 큰 기둥의 역할을 하셨다.

이승만(李承晚)　전(前) 대통령·학자. 사주는 을해(乙亥), 기묘(己卯), 정해(丁亥), 경자(庚子) 6대운이다.

이태백(李太白)　당(唐)나라 시인. 사주는 기해(己亥), 무진(戊辰), 기사(己巳), 미상(未詳) 5대운이다.

임어당(林語堂)　1895년 10월 10일 신시(申時) 출생. 중국인. 문학가. 사주는 을미(乙未), 병술(丙戌), 경인(庚寅), 갑신(甲申) 2대운이다.

장개석(蔣介石)　중국의 국민당(國民黨)을 이끌고 공산당과 전쟁을 계속하다 실패하고 대만으로 망명한 사람. 명조(命造)는 정해(丁亥), 경술(庚戌), 기사(己巳), 경오(庚午)이다.

장남(張楠)　명리학자. 명조(命造)는 갑술(甲戌), 경오(庚午), 을사(乙巳), 정축(丁丑)이다. 『명리정종(命理正宗)』의 저자.

장택상(張澤相)　정치가. 사주는 계사(癸巳), 계해(癸亥), 경오(庚午), 신사(辛巳) 8대운이다.

전두환(全斗煥)　전(前) 대통령·군인. 사주는 신미(辛未), 신축(辛丑), 계유(癸酉), 무오(戊午) 2대운이다.

정주영(鄭周永) 현대그룹 창립. 사주는 을묘(乙卯), 정해(丁亥), 경신(庚申), 정축(丁丑) 6대운(大運)이다.

제산(霽山) 명리학자(命理學子). 박제현 선생을 말한다. 당대(當代)에 대단한 위력을 떨친 명리학자로 부산에서 주로 활동했다. 명조(命造)는 을해(乙亥), 무자(戊子), 정묘(丁卯), 기유(己酉)이다.

조만식(曹晚植) 정치인 · 민족운동가. 사주는 계미(癸未), 을묘(乙卯), 계해(癸亥), 갑자(甲子) 2대운이다.

조중훈(趙重勳) 사업가. 한진(韓進) 그룹 창립. 사주는 경신(庚申), 무인(戊寅), 기해(己亥), 을해(乙亥) 8대운(大運)이다.

종의명(鍾義明) 명리학자. 1949년 대만 남투현(南投縣)에서 태어났다. 활발한 저술 활동을 통해 자평명리학(子平命理學)의 연구를 깊이 하고 있다. 주요 저서로는 『고금명인명운감상(古今名人命運鑑賞)』, 『현대명리실용집(現代命理實用集)』, 『명리뇌근급전만(命理腦筋急轉彎)』, 『현대파역적천수(現代破譯滴天髓)』, 『현대명리여중의(現代命理與中醫)』, 『명리난제해제(命理難題解題)』, 『명리준승평주(命理準繩評註)』, 『명리용신정화평주(命理用神精華評註)』, 『명리건곤(命理乾坤)』 등 다수가 있다.

종진첨(鍾進添) 명리학자. 대만인으로 생각된다. 저서로는 『명리대감(命理大鑑)』이라는 책이 전하는데, 생몰(生沒)년대는 잘 모른다.

주자(朱子) 이름은 희(熹). 송(宋)나라 사람. 유학자이면서 성리학자. 사주는 경술(庚戌), 병술(丙戌), 갑인(甲寅), 경오(庚午) 7대운이다.

지미 카터(Jimmy Carter) 전(前) 미국 대통령. 사주는 갑자(甲子), 계유(癸酉), 계축(癸丑), 무오(戊午) 3대운이다.

진백유(陳柏諭) 명리학자. 대만인. 저서로는 『사주팔자천미여실무(四柱八字闡微與實務)』, 『전론기업가팔자학(專論企業家八字學)』이 있다. 특히 『전론기업가팔자학』은 현대를 살아가는 재벌들의 명식(命式)이 많이 모아 놓아 좋은 참고자료가 된다.

진소암(陳素庵) 『명리약언(命理約言)』의 저자.

찰리 채플린(Charles Spencer Chaplin) 미국인. 희극배우. 기축(己丑), 무진(戊辰), 임술(壬戌), 임인(壬寅) 5대운(大運)이다.

처어칠(Winston Leonard Spencer Churchill) 영국 수상. 사주는 갑술(甲戌), 을해(乙亥), 경인(庚寅), 갑신(甲申) 4대운이다.

최남선(崔南善) 문학가 · 사상가. 호는 육당(六堂). 사주는 경인(庚寅), 임오(壬午), 을축(乙丑), 병술(丙戌) 9대운이다.

칭기즈칸(Chingiz Khan) 한 시절 천하를 호령했던 무장. 명조(命造)는 을해(乙亥), 경진(庚辰), 무진(戊辰), 무오(戊午) 7대운이다.

카네기(Andrew Carnegie) 1837년 11월 25일 출생. 사업가. 철강의 왕이라 불린다. 사주는 정유(丁酉), 신해(辛亥), 임신(壬申), 미상(未詳) 6대운이다.

케네디(John Fitzgerald Kennedy) 전(前) 미국 대통령. 명조(命造)는 정사(丁巳), 을사(乙巳), 신미(辛未), 임진(壬辰), 추정(推定) 8대운이다.

테레사(Theresa of Calcutta) 수녀. 사주는 경술(庚戌), 갑신(甲申), 갑자(甲子) 7대운(大運)이다.

피카소(Pablo Ruizy Picasso) 1881년 10월 24일 출생. 사주는 신사(辛巳), 무술(戊戌), 신묘(辛卯), 미상(未詳) 5대운이다.

한신(韓信) 유방(劉邦)을 도와 큰 공을 세운 사람. 사주는 신유(辛酉), 정유(丁酉), 을묘(乙卯), 을유(乙酉)이다.

함석헌(咸錫憲) 사상가. 사주는 신축(辛丑), 임진(壬辰), 기묘(己卯), 병인(丙寅) 10대운(大運)이다.

히틀러(Adolf Hitler) 독일 출생. 제 2차 세계대전 당시 유태인 학살로 악명을 떨쳤던 사람. 명조(命造)는 기축(己丑), 무진(戊辰), 병인(丙寅), 정유(丁酉) 5대운이다.

직업

가수(歌手) 직업적성(職業適性)에서 노래
를 부르는 것은 늘 같은 곡조와 소리를
반복해야 하므로 기억력(記憶力)이 좋아
야 한다. 이는 편관(偏官)의 영역이고 분
위기에 따라서 변화를 하면 좋은데, 그것
은 사교성(社交性)으로 봐서 상관(傷官)
으로 본다. 또한 관중의 희망을 잘 판단
하는 것이 좋은데, 이러한 것을 순간적으
로 파악해야 한다면 정인(正印)으로 해
석한다.

가정주부(家庭主婦) ⇨ 전업주부(專業主婦)

간호사(看護士) 직업적성(職業適性)에서
간호를 하는 입장은 봉사(奉仕)하는 것
이 최우선이므로 편관(偏官)이 필요하
고, 고통을 호소하는 사람을 감싸줘야 하
므로 자애심(自愛心)에 해당하는 정인
(正印)이 있으면 좋다. 하지만 주체성(主
體性)에 해당하는 비견(比肩)이 있으면
자기 주장이 발생하므로 부담이 된다.

감독(監督) 직업적성(職業適性)에서 통제
하고 관리하는 역할을 하는 감독의 적성
이라면 편재(偏財)가 좋고, 주관적(主觀
的)으로 판단해야 하므로 비견(比肩)이
필요하다.

감사(監査) 직업적성(職業適性)에서 감시
(監視)하고 조사(調査)하는 일을 하려면
우선 의심(疑心)을 해야 하므로 편인(偏
印)이 필요하고, 합리적(合理的)으로 처
리해야 하므로 정관(正官)도 필요하다.
그리고 중심을 잡고 소신껏 일해야 하므

로 주체성(主體性)의 비견(比肩)이 있으
면 좋다.

감정평가(鑑定評價) 직업적성(職業適性)에
서 어떤 물건에 대해서 감정하고 평가하
기 위해서는 합리적(合理的)인 기준이 필
요하므로 정관(正官)이 있어야 하고, 주
관적(主觀的)으로 결론을 내려야 하므로
비견(比肩)도 필요하다. 그리고 대인관
계에서도 수단이 좋아야 한다면 사교성
(社交性)도 필요하며 상관(傷官)도 있으
면 좋다.

강도(强盜) 직업적성(職業適性)에서 남의
것을 강제로 빼앗고, 경우에 따라서는 인
명(人命)도 살상(殺傷)하게 되는 것은 윤
리(倫理)와 도덕(道德)이 없기 때문이므
로 인성(印星)과 관살(官殺)이 무력하다.
또한 방법론(方法論)에서 이치에 합당하
지 않으므로 식상(食傷)도 없다. 그러므
로 비겁(比劫)과 재성(財星)만 있을 경우
해당한다.

　　朗月 이러한 성분으로 올바르게 살아가
려고 한다면 임대업(賃貸業)에 인연이 있
다고 본다. 임대업은 그 적성이 빌려주고
사용료(使用料)를 받는 것이기 때문이다.
⇨ 임대업(賃貸業)

건축(建築) 직업적성(職業適性)에서 집을
지어서 매매하는 사람의 경우 유통(流
通)업에 속한다고 봐서 상관(傷官)이 있
으면 좋고, 편재(偏財)가 있으면 공간성
(空間性)이 좋으므로 장소에 따라서 집의

형태를 파악하는 데 유리하다.

건축설계사(建築設計士) 직업적성(職業適性)에서 설계하는 일은 창작의 영역에 속하므로 창의성(創意性)에 해당하는 식신(食神)이 필요하고, 공간(空間)에 뭔가를 마련하게 되므로 공간성(空間性)도 좋아야 하므로 편재(偏財)가 있으면 좋다.

검사(檢事) 직업적성(職業適性)에 검찰청(檢察廳)에서 사건을 해결하는 적성은 부정적(否定的)인 성분으로 관찰을 해야 하므로 편인(偏印)이 필요하고, 강력한 통제(統制)를 하므로 편재(偏財)가 필요하다.

경비원(警備員) 직업적성(職業適性)에서 경비의 업무를 잘 하기 위해서는 상황을 전체적으로 파악해야 하므로 공간성(空間性)에 해당하는 편재(偏財)가 필요하고, 또한 자신을 돌보지 않고 공익을 위해 위험을 무릅써야 하므로 봉사성(奉仕性)과 희생성(犧牲性)에 해당하는 편관(偏官)이 필요하다.

경찰관(警察官) 직업적성(職業適性)에서 경찰관이 어울리는 사람은 무조건 봉사를 하는 편관(偏官)과 합리적(合理的)인 성분인 정관(正官)이 함께 있으면 잘 어울린다.

경호원(警護員) 직업적성(職業適性)에서 남의 생명을 보호하기 위해 스스로를 돌보지 않아야 하므로 극기심(克己心)에 해당하는 편관(偏官)의 성분과, 꼼꼼하게 경비를 해야 하므로 정재(正財)가 필요하다.

계주(契主) 직업적성(職業適性)에서 계(契)를 주선하고 관리하는 사람의 적성은 언변이 좋아야 하므로 상관(傷官)이 필요하고, 또한 돈을 잘 굴려야 하므로 편재(偏財)도 작용한다.

골프(Golf) 직업적성(職業適性)에서 골프를 잘 하기 위해서는 넓은 공간을 통제해야 하므로 편재(偏財)가 필요하고, 다시 홀에 집어넣기 위해서는 치밀성(緻密性)이 있어야 하므로 정재(正財)가 필요하다.

공무원(公務員) 직업적성(職業適性)에서 국가의 일을 보는 사람은 합리적(合理的)인 성분인 정관(正官)이 있고, 반대로 자의적(自意的)인 해석을 내리는 식상(食傷)의 성분은 없는 경우에 해당한다. 그래서 공무원은 보수적(保守的)이라고 이해한다.

관광(觀光) **버스** 직업적성(職業適性)에서 전세 버스를 운행하는 적성으로는 승객을 즐겁게 해준다는 의미에서 쇼맨십이 있으면 좋으므로 사교성(社交性)에 해당하는 상관(傷官)이 있으면 좋고, 안전하게 운행해야 하므로 조심성(操心性)에 해당하는 편관(偏官)도 필요하다. 자신의 고집을 부리면 곤란하므로 비겁(比劫)은 없는 것이 좋다.

광부(鑛夫) 직업적성(職業適性)에서 지하(地下)의 광물(鑛物)을 발굴하는 것은 암석(岩石)인지 광물(鑛物)인지를 구분해야 하므로 전문적(專門的)인 성분인 식신(食神)이 있으면 좋고, 분석하기 좋아하는 편재(偏財)도 도움이 되는 것으로 본다. 지질학(地質學)의 경우에도 같은 의미를 적용시킬 수 있다.

교육자(敎育者) 직업적성(職業適性)에서 남을 가르치는 사람은 우선 인내심(忍耐心)이 많아야 하므로 관살(官殺)이 있으면 좋고, 또한 수용성(受容性)에 해당하는 인성(印星)이 있으면 좋다. 여기에 연구성(研究性)에 해당하는 식신(食神)이 있으면 더욱 잘 어울린다. 요약을 하면 관살(官殺)과 정인(正印)과 식신(食神)이 있으면 좋은 구조이다.

국악인(國樂人) 직업적성(職業適性)에서 국악에 흥미를 갖는 경우라면 보수적(保

守的)인 성향으로 관살(官殺)과 인성(印星)이 있으면 좋고, 반복성(反復性)을 고려한다면 편관(偏官)이 있으면 좋다.

국회의원(國會議員) 직업적성(職業適性)에서 국회의 일을 보는 의원은 입법기관이므로 합리적(合理的)인 판단을 필요로 하니 정관(正官)이 필요하고, 소신껏 공익(公益)을 위해서 추진해야 하므로 주체성(主體性)에 해당하는 비견(比肩)도 필요하다.

　朗月 한국의 국회의원이 여기에 부합되는지는 잘 모르겠다. 누가 말하기를 '정치인(政治人)은 없고 정치꾼만 있다'고 하던데, 그렇다면 상관(傷官)이 절대로 필요하다. 이익(利益)에 민감해야 하므로 정재(正財)가 필요하며 공익은 무시해야 하므로 관성(官星)은 없다.

군인(軍人) 직업적성(職業適性)에서 군인에 해당하는 적성은 합리성(合理性)보다는 복종성(服從性)이 우선하므로 편관(偏官)이 있어야 하고, 다시 그 편관을 자신이 복종을 시키려고 하는 마음인 식신(食神)이 있으면 제격이다.

권투(拳鬪) 직업적성(職業適性)에서 권투를 하려면 이기겠다는 투지가 특별히 필요한데, 경쟁성(競爭性)으로 봐서 겁재(劫財)가 필요하다. 맞으면서도 공격의 기회를 보려면 침착해야 하는데, 인내심(忍耐心)을 편관(偏官)과 연결되는 것으로 본다.

극작가(劇作家) 직업적성(職業適性)에서 드라마의 극본(劇本)을 쓰는 것은 창의성(創意性)이 있어야 하므로 식신(食神)이 필요하고, 시청자(視聽者)의 입장을 늘 고려해야 하므로 합리적(合理的)인 수용(收用)을 해야 하니 정관(正官)과 정인(正印)이 있으면 좋다.

기능공(技能工) 직업적성(職業適性)에서 기술자(技術者)가 되는 것은 반복해서 익

히는 성분인 편관(偏官)과 기계를 통제하는 성분인 편재(偏財)가 있으면 잘 어울린다.

기술자(技術者) 직업적성(職業適性)에서 숙련공(熟練工)으로 자신의 일에서 전문가가 되려면 한 가지 일에 몰두해야 하므로 연구하는 식신(食神)이나 인내하는 편관(偏官)이 있으면 좋다. 그리고 보통의 전문가라고 한다면 편재(偏財)의 통제성으로도 가능하다.

내과(內科) 직업적성(職業適性)에서 내장(內臟)을 관찰하는 것은 치밀해야 하므로 정재(正財)가 필요하고, 복합적(複合的)으로 나타난 현상을 분석하려면 식신(食神)과 편재(偏財)도 필요하다.

노동자(勞動者) 직업적성(職業適性)에서 특별한 기술 없이 아무 일이나 하는 것은 주체성(主體性)인 비겁(比劫)만 강하고, 인내심(忍耐心)인 관살(官殺)은 없으며, 전문성(專門性)인 식상(食傷)도 없는 경우에 해당한다. 그리고 운이 나쁠 경우에도 감당하게 된다.

농부(農夫) 직업적성(職業適性)에서 농업에 종사하는 경우는 신약(身弱)한 병정화(丙丁火)에 잘 나타난다. 그리고 식상(食傷)의 연구가 크게 필요치 않으므로, 자연(自然)에 순응하는 인성(印星)이 있으면 좋다.

대리점(代理店) 직업적성(職業適性)에서 제품을 받아 팔아주는 대리점의 적성은 방문자를 즐겁게 해주는 사교성(社交性)인 상관(傷官)이 해당한다.

도둑 직업적성(職業適性)에서 주지 않는 것을 가지려고 하는 탐욕(貪慾)이 물질에 대한 집착으로 나타나면 정재(正財)가 되고, 또한 남보다 더 가지려고 하는 사람들(있는 도둑들...)을 보면 경쟁심(競爭心)도 상당한 것으로 봐서 겁재(劫財)가 있어야 한다. 그리고 윤리적(倫理

的)인 생각은 약해야 하므로 인성(印星)이 무력하고, 또한 준법정신(遵法精神)도 부족하므로 관살(官殺)이 보이지 않는다.

朗月 서낙오(徐樂吾) 선생의 『자평수언(子平粹言)』에 도둑의 사주가 등장하는데, 병술(丙戌), 정유(丁酉), 정사(丁巳), 경술(庚戌)의 명식이다.

딴지작가 직업적성(職業適性)에서 보통 정상이라고 생각하는 것의 허점을 파악하고 비틀어서 보여주는 뚱딴지의 준말로, 우선 정상이라고 하는 것을 비정상(非正常)으로 봐야 하므로 의심(疑心)의 성분인 편인(偏印)이 필요하고, 그러한 결론을 유머러스하게 표현해야 하므로 독설적(毒舌的)인 성분이 포함된 상관(傷官)이 필요하다. 그리고 소신껏 일해야 하므로 주체성(主體性)인 비견(比肩)도 필요하다.

만화가(漫畵家) 직업적성(職業適性)에서 만화를 그린다는 것은 신속하게 요점을 살리는 것이 중요하고 치밀한 것은 우선하지 않으니 공간성(空間性)에 해당하는 편재(偏財)가 필요하다. 또한 이야기를 창작해야 하므로 창의성(創意性)에 해당하는 식신(食神)이 담당한다.

매춘(賣春) 직업적성(職業適性)에서 몸을 파는 직업으로 그 일이 즐거워서 하는 사람과 어쩔 수 없어서 하는 사람이 있다. 즐거워서 하는 사람은 사주가 탁(濁)하면서 식상(食傷)이 과중한 경우에 해당하고, 어쩔 수 없어서 하는 사람은 사주가 탁(濁)하면서 관살(官殺)이 많은 경우에 해당한다. 심리적으로 본다면 주체성(主體性)이 약하므로 비겁(比劫)이 없어야 가능하다.

면장(面長) 직업적성(職業適性)에서 면장의 적성이라고 한다면 작은 구역이지만 어머니의 마음으로 관리해야 하므로 정인(正印)이 있으면 좋다.

목사(牧師) 직업적성(職業適性)에서 기독교에 귀의하는 것이 유일신(唯一神)에 귀의하는 것을 목적으로 한다면 복종성(服從性)이 뛰어난 편관(偏官)이 있어야 하고, 또한 자신의 생각을 남에게 전파하는 것에 전념(專念)하는 종교의 특성을 본다면 상관(傷官)이 있으면 제격이다. 그래서 편관(偏官)과 상관(傷官)이 잘 어우러지면 유력한 적성이다.

무용가(舞踊家) 직업적성(職業適性)에서 춤을 추는 것으로 업을 삼는 경우 표현력(表現力)이 좋아야 하므로 식신(食神)이나 상관(傷官)이 필요하고, 직관력(直觀力)이 있으면 즉흥적인 춤도 잘 추게 되므로 정인(正印)이 있으면 더 좋다.

문구점(文具店) 직업적성(職業適性)에서 문구점은 품목이 많으니 모두 기억하기 위해 기억력(記憶力)에 해당하는 편관(偏官)이 있어야 하고, 많이 늘어 놓아야 하므로 공간성(空間性)에 강한 편재(偏財)가 있으면 좋다.

문학가(文學家) 직업적성(職業適性)에서 글을 쓰는 사람은 개성이 뛰어나야 하므로 주체성(主體性)의 성분인 비견(比肩)이 필요하고, 창작성(創作性)도 필요하므로 식신(食神)이 요구되며, 사람의 심금을 울리는 감수성(感受性)도 필요하므로 정인(正印)도 요구된다.

미용사(美容士) 직업적성(職業適性)에서 미용(美容)은 피부를 가꾸는 일이니 몸에 해당하는 정재(正財)가 필요하고, 치밀하게 살피는 것도 같은 의미로 정재(正財)를 요한다. 그리고 서비스로 봉사하는 성분이 포함되므로 편관(偏官)이 있으면 좋다.

朗月 국어사전에는 미용사로 표기되는데, 기능직에 해당하는 것을 고려한다면 스승 사(師) 보다는 선비 사(士)가 더 타

당할 것으로 생각되어 고쳤다.

발명가(發明家) 직업적성(職業適性)에서 새로운 것을 만들어내는 것을 직업으로 하는 사람은 영감(靈感)에 해당하는 정인(正印)과, 궁리(窮理)에 해당하는 식신(食神)과, 마무리를 지어야 하는 결실(結實)의 편재(偏財) 또는 정재(正財)가 있으면 가능하다.

방사선과(放射線科) 직업적성(職業適性)에서 방사선을 취급하는 것은 위험물에 속한다고 봐서 조심성(操心性)에 해당하는 편관(偏官)이 있으면 좋고, 항상 꼼꼼하게 살펴야 하는 것은 치밀성(緻密性)이 요구되므로 정재(正財)가 있으면 좋다.

방송인(放送人) 직업적성(職業適性)에서 방송을 통해 일하는 사람은 늘 공정성(公正性)에 신경을 써야 하므로 정관(正官)이 필요하고, 또한 객관성(客觀性)도 있어야 하므로 역시 정관(正官)이 좋다. 그리고 부조리(不條理)를 캐낼 경우에는 의심(疑心)을 해야 하므로 편인(偏印)이 필요하고, 조리(條理) 있는 설명을 해야 할 경우에는 식신(食神)도 필요하다.

번역사(飜譯士) 직업적성(職業適性)에서 다른 언어(言語)로 된 것을 번역하는 일은 이해성(理解性)이 필요하니 수용성(受容性)이 좋은 정인(正印)이 필요하고, 또한 창작(創作)을 하는 일과도 같으므로 식신(食神)도 필요하다.

법무사(法務士) 직업적성(職業適性)에서 법과 연관해 대행을 하려면 합리적(合理的)인 판단이 필요하므로 정관(正官)이 필요하고, 고객이 부탁하는 대로 처리를 잘 해야 하므로 봉사성(奉仕性)을 의미하는 편관(偏官)도 필요하다.

변리사(辨理士) 직업적성(職業適性)에서 특허(特許)등록 등에 대한 일을 한다면 전체적인 관련 상황을 잘 알고 있어야 하므로 폭넓은 상식이 필요하다. 그러기 위해서는 공간성(空間性)의 의미가 있는 편재(偏財)가 필요하고, 또한 합법적(合法的)인 부분에 대해서도 밝아야 하므로 정관(正官)이 필요하다.

변호사(辯護士) 직업적성(職業適性)에서 남의 입장을 변호하게 되는 것은 남의 마음을 잘 헤아려야 하므로 수용성(受容性)에 해당하는 정인(正印)이 필요하고, 또한 그러한 상황을 합리적(合理的)으로 분석하기 위해서는 정관(正官)과 식신(食神)이 있으면 좋다. 다만 한국의 일부 변호사는 세금을 내지 않으려고 월수입을 수십만 원으로 신고한다고 하니 그런 사람의 경우에는 이기심에 해당하는 식상(食傷)과 자신의 목적을 위해 법을 지키지 않으려는 성분인 '자기 멋대로'에 해당하는 재성(財星)이 많아야 하고, 봉사심(奉仕心)에 해당하는 편관(偏官)은 없어야 수입을 올리고 잘 살아가는 것으로 본다.

보석감정사(寶石鑑定士) 직업적성(職業適性)에서 보석(寶石)을 감정하는 일은 매우 꼼꼼해야 하므로 치밀성(緻密性)에 해당하는 정재(正財)가 필요하다.

보험설계(保險設計) 직업적성(職業適性)에서 보험 상품을 판매하는 경우는 처음 보는 사람과도 잘 사귀어야 하므로 사교성(社交性)인 상관(傷官)이 필요하고, 신뢰감(信賴感)을 주면 좋으므로 여기에 해당하는 편관(偏官)이 있으면 좋다. 다만 주체성(主體性)에 해당하는 비겁(比劫)이 있으면 오히려 거부감을 줄 수 있음을 참고한다.

부동산(不動産) **중개업**(仲介業) 직업적성(職業適性)에서 흔히 복덕방(福德房)이라고 부르기도 하는 일에 어울리는 사람은 두 사람의 의견을 조절해서 결정하도록 해야 하므로 사교성(社交性)에 해당하는 상관(傷官)과, 합리성(合理性)에 해당하는 정관(正官)이 적절하게 배합되면 좋다.

부동산투자(不動産投資) 주로 땅이나 집에 해당하는 것으로 본다. 이러한 것을 권하게 되는 경우는 당분간 운이 불리하고 자금은 있을 경우에 비교적 위험성이 적은 것을 월할 때이다.

부인과(婦人科) 직업적성(職業適性)에서 자궁(子宮)과 태아(胎兒)에 대해서 전문적으로 관리하는 것은 어머니의 마음이 필요하다고 봐서 정인(正印)이 있으면 좋다.

브로커(Broker) 직업적성(職業適性)에서 법원(法院)이나 관청(官廳) 부근에서 일거리를 찾는 사람은 대인관계가 좋아야 하므로 사교성(社交性)에 해당하는 상관(傷官)이 필요하고, 대체로 법을 이용하는 일이 많으므로 합리적(合理的)인 정관(正官)은 없어야 가능하다.

비뇨기과(泌尿器科) 직업적성(職業適性)에서 비뇨기를 치료하기 위해서는 기본적(基本的)으로 정재(正財)가 필요하고, 그 외에 내과(內科)를 준한다.

비디오샵 직업적성(職業適性)에서 비디오 대여점(貸與店)에 어울리는 성분은 임대(賃貸)에 속하므로 편재(偏財)나 정재(正財)가 필요하다.

사기꾼 직업적성(職業適性)에서 남을 곤란하게 하면서 자신의 이익을 취해야 하므로 재성(財星)이 필요하고, 실제상황과 같이 그럴싸해야 하므로 꾸밈이 좋은 상관(傷官)이 있으면 더욱 좋다. 그리고 상황에 따라서 변화해야 하므로 눈치가 빨라야 하니 이것은 직관력(直觀力)에 해당하는 정인(正印)이 있으면 좋다.

　朗月 스스로 사기꾼이라고 생각하는 사람은 별로 없을 것이다. 뭔가 나름대로의 합리성이 있을 것으로 보는데, 우선은 적성이 된다고 하더라도 방법을 바꾸면 얼

마든지 멋진 능력으로 작용하게 된다.

사업(社業) 직업적성(職業適性)에서 사업가(事業家)의 특징이라고 한다면 스스로 창업하는 것으로 식신(食神)이 있고, 다시 결실로 이어지는 것은 재성(財星)이 있으니 이러한 성분은 제조업(製造業)에 어울린다. 그리고 상관(傷官)이 있고, 식신이 없는 경우에는 유통(流通) 사업(社業)에 해당한다.

상업(商業) 직업적성(職業適性)에서 사고 파는 일에 잘 어울리는 것은 흥정을 잘 해야 하는 것이므로 사교성(社交性)의 상관(傷官)이 있고, 팔 것인지 말 것인지를 결정하는 재성(財星)이 있으면 잘 어울린다.

서점(書店) 직업적성(職業適性)에서 책을 판매하는 일은 다양한 의견을 수용해서 상품을 구비해야 하므로 정인(正印)의 수용성(受容性)이 필요하고, 전시를 잘 해야 눈에 띄므로 편재(偏財)의 공간성(空間性)이 있으면 더욱 좋다. 혹 식신(食神)이 있는 경우에는 전문서점으로 진행될 수 있다.

성악가(聲樂家) 직업적성(職業適性)에서 성악을 하는 사람은 목소리에 모든 것을 걸어야 하므로 표현성(表現性)인 상관(傷官)이 있으면 좋고, 다시 절제된 규칙을 준수해야 하므로 편관(偏官)도 필요하다.

세무사(稅務士) 직업적성(職業適性)에서 세무의 일을 하려면 보통은 치밀하게 계산해야 하므로 정재(正財)가 필요하다고 하지만, 합법적(合法的)인 세금의 절약을 위해 관련법을 잘 알아야 하므로 관살(官殺)이 있어야 하고, 관련 서류를 살펴야 하므로 전체적인 상황이 필요하므로 통제성(統制性)에 해당하는 편재(偏財)가 필요하다. 그래서 겉으로 생각하는 것과 실제의 상황은 오차가 있다. 회계사(會計

士)와 비슷하다.

속기사(速記士) 직업적성(職業適性)에서 속기사는 빨리 기록하는 기술이므로 기술(技術)에 해당하는 편재(偏財)가 필요하고, 기억력(記憶力)을 바탕으로 놓고 정리하게 되므로 편관(偏官)을 의지한다.

수녀(修女) 직업적성(職業適性)에서 신부(神父)의 적성에 준한다.

수영(水泳) 직업적성(職業適性)에서 수영을 잘 하려면 지구력(持久力)이 필요하다고 봐서 비겁(比劫)의 힘이 필요하고, 경쟁력(競爭力)이 있으면 좋으니 겁재(劫財)가 필요하다.

수의사(獸醫師) 직업적성(職業適性)에서 전문적으로 동물을 치료하는 경우에는 생명을 사랑하는 마음인 정인(正印)이 필요하고, 말이 통하지 않는 대상과 대화를 나눠야 하므로 직관력(直觀力)에 해당하는 정인(正印)이나 편인(偏印)이 있으면 좋다.

수행자(修行者) 직업적성(職業適性)에서 도(道)를 닦는 사람은 현실을 바로 인식하지 않을 수 있으므로 부정적(否定的)인 성향이라고 봐서 편인(偏印)이 있으면 제격이다. 미래지향적인 마음이 없다고 봐서 식상(食傷)이나 재성(財星)이 미약하면 더욱 좋다. 그리고 직관력(直觀力)을 필요로 하는 것도 있으므로 정인(正印)이 있다면 깨달음에 이르기 쉽다.

스튜어디스 직업적성(職業適性)에서 항공기 승무원이라고 한다면 두려움이 없어야 할 것이므로 공포심(恐怖心)을 의미하는 정재(正財)가 없어야 하고, 봉사심(奉仕心)이 많아야 하니 편관(偏官)이 필요하며, 서비스에서 사교성(社交性)이 있으면 더 좋으므로 상관(傷官)도 요구한다.

승려(僧侶) 직업적성(職業適性)에서 불교에 귀의하는 것은 자신의 부처를 찾고자

하는 것이므로 주체성(主體性)을 의미하는 비겁(比劫)이 강한 것이 좋다. 그리고 참선(參禪)을 하려면 직관력(直觀力)이 강해야 하므로 정인(正印)이 있기를 요하고, 교리(敎理)를 따라서 율사(律師)가 되겠다면 인내심(忍耐心)을 의미하는 편관(偏官)이 있어야 가능하다.

신경정신과(神經精神科) 직업적성(職業適性)에서 보이지 않는 부분을 치료하는 것이라고 본다면 신비성(神秘性)에 대해 고려하는 게 좋으므로 편인(偏印)이 필요하고, 정신질환(精神疾患)은 워낙 복잡한 구조에서 발생하므로 이를 분석하기 위해서는 식신(食神)과 편재(偏財)가 필요하다.

신부(神父) 직업적성(職業適性)에서 구교(舊敎)라고도 하는 카톨릭에 귀의하는 사람은 바티칸의 통제(統制)를 받아야 하므로 편관(偏官)이 필요하고, 초지일관으로 자신의 뜻을 유지하려면 감정적(感情的)인 주체성(主體性)에 속하는 비견(比肩)이 있으면 좋다.

실내장식(室內裝飾) 직업적성(職業適性)에서 실내를 꾸미는 일은 공간성(空間性)이 좋아야 하므로 편재(偏財)가 필요하고, 의뢰인의 의견을 존중해야 하므로 정인(正印)이 있으면 좋다.

심마니 직업적성(職業適性)에서 산삼(山蔘)을 채취하는 사람은 공간(空間)성이 좋은 편재(偏財)가 있어야 산야(山野)를 잘 뒤지고 다닐 것이고, 영감(靈感)이 있어야 삼을 얻을 감을 잡을 수가 있어 정인(正印)이 있으면 좋다. 그 외에 식상(食傷)은 과히 필요치 않은 것으로 본다.

안과(眼科) 직업적성(職業適性)에서 안과 전문의는 작은 공간을 통제해야 하므로 치밀한 정재(正財)와 편재(偏財)가 필요하다.

안내원(案內員) 관광 안내원같이 사람들에

게 설명하는 것이 주목적인 경우는 전체 인원의 성향을 통제하고 관리하는 것이 중요하므로, 통제성(統制性)에 해당하는 편재(偏財)와 많은 요구를 다 수용(收用)하는 인성(印星)이 있으면 좋다. 또한 다양한 요구에 인내심(忍耐心)도 필요하므로 편관(偏官)이 있으면 더욱 좋다.

야구(野球) 직업적성(職業適性)에서 야구 선수는 우선 극기심(克己心)에 해당하는 편관(偏官)과, 야구의 특성상 심리전(心理戰)에도 밝아야 하므로 순간적인 직관력(直觀力)을 의미하는 정인(正印)이 필요하다.

양어장(養魚場) 직업적성(職業適性)에서 물고기를 기르는 일을 하려면 우선 기르는 성분인 정인(正印)이 필요하고, 세심하게 관리하지 않으면 병으로 죽게 되므로 꼼꼼한 성분인 정재(正財)가 필요하다.

어부(漁夫) 직업적성(職業適性)에서 바다에서 생활하는 사람은 인내심(忍耐心)과 계속 반복되는 일에 끈기가 있어야 하므로 편관(偏官)이 필요하다. 그리고 잡아들이는 것에 대한 즐거움을 낚시와 같은 의미로 물고기와 경쟁을 한다고 봐서 겁재(劫財)가 있으면 또한 좋다.

언론인(言論人) 직업적성(職業適性)에서 언론계(言論界)에 종사하면 특히 말을 잘해야 하므로 사교성(社交性)에 해당하는 상관(傷官)과 공정성(公正性)을 고려하여 정관(正官)이 필요하다.

연구원(研究員) 직업적성(職業適性)에서 전문적인 것을 연구하는 경우는 활동적(活動的)인 성격을 원하지 않으므로 상관(傷官)은 없어야 하고, 집중적(集中的)인 성격에 해당하는 비겁(比劫)과 새로운 발견을 하기 위한 직관력(直觀力)에 해당하는 정인(正印)이 필요하다. 그리고 이치에 합당한지를 임상해야 하므로 바탕

에 식신(食神)이 깔려 있으면 좋다.

예언가(豫言家) 직업적성(職業適性)에서 예언을 업으로 하는 사람은 무엇보다도 직관력(直觀力)이 뛰어나야 하므로 손상이 되지 않은 정인(正印)이 있기를 요한다. 종교인(宗敎人)의 성분과 비슷한 것으로 봐서 종교인과 예언가는 닮은 점이 많은 것으로 본다.

옷장사 직업적성(職業適性)에서 의류를 판매하려면 사교성(社交性)의 상관(傷官)으로 손님을 끌어야 하고, 새로운 상품을 수용해야 하므로 보수적인 관살(官殺)은 없는 것이 좋다. 그리고 언제나 긍정적으로 생각하는 것이 좋으므로 의심에 해당하는 편인(偏印)보다는 수용성(受容性)이 좋은 정인(正印)이 있어야 한다.

외과(外科) 직업적성(職業適性)에서 주로 칼을 쥐고 수술을 해야 한다면 치밀하고도 신속하게 통제해야 하므로 정재(正財)와 편재(偏財)가 있으면 유리하다.

외환(外換) **딜러** 직업적성(職業適性)에서 외환을 바꾸면서 차액을 얻는 일을 직업으로 삼는 것은 국제 정세에 밝아야 하므로 통제성(統制性)을 의미하는 편재(偏財)가 필요하고, 스스로 판단해야 하니 주체성(主體性)을 의미하는 비견(比肩)이 필요하다. 그리고 결단을 내리면 과감하게 추진해야 하는 것 또한 편재(偏財)이다.

요리사(料理士) 직업적성(職業適性)에서 음식물을 요리하는 것은 우선 어머니의 마음으로 요리를 하는 것이 좋다고 봐서 정인(正印)이 있으면 좋고, 보기 좋게 나열하는 것은 통제성(統制性)으로 봐서 편재(偏財)가 있으면 좋다.

운동선수(運動選手) 직업적성(職業適性)에서 운동선수로 활동하는 사람은 주체성(主體性)을 의미하는 비견(比肩)과 경

쟁성(競爭性)을 의미하는 겁재(劫財)가 있어야 하고, 극기심(克己心)에 해당하는 편관(偏官)도 필요하다. 그리고 표현력(表現力)에 해당하는 식상(食傷)은 없는 경우에 이 분야에 흥미를 느낄 수 있다.

유치원(幼稚園) 직업적성(職業適性)에서 유치원을 경영하기에 적당한 성분이라면 내 자식처럼 보살피는 마음이 필요하므로 정인(正印)이 있어야 하고, 유치원도 사업이므로 경영을 잘 하기 위해서는 편재(偏財)가 있으면 좋다.

유통업(流通業) 직업적성(職業適性)에서 완제품(完製品)을 사다가 이익을 남기고 판매하는 일에 해당하는 직업은 유통성(流通性)에 해당하는 상관(傷官)이 필요하고, 이익을 남기고 팔아야 하는 마무리에 해당하는 성분인 정재(正財)나 편재(偏財)가 필요하다.

은행원(銀行員) 직업적성(職業適性)에서 금융업(金融業)에 종사하면 통상적으로 정재(正財)가 있어야 한다고 하지만, 실은 그렇게 생각을 할 필요는 없다. 은행원이라고 해서 하루 종일 계산만 하는 것은 아니기 때문이다. 그래서 각 적성에 어울리는 성분이 있을 것이므로 그렇게 기준을 삼고, 일반적으로 본다면 서비스업이라고 봐서 봉사심(奉仕心)이 필요하므로 편관(偏官)이 있으면 좋다.

음식장사 직업적성(職業適性)에서 음식(飲食)업을 하려면 먹는 것에 대한 사명감을 갖는 것이 좋은데 이것은 어머니의 역할이므로 정인(正印)이 있으면 좋고, 전문음식점의 구조가 되려면 전문성(專門性)을 의미하는 식신(食神)이 추가되면 좋다. 그래서 정인(正印)과 식신(食神)이 좋은데, 결국 교육자(敎育者)의 적성과 닮았다고 본다.

음악가(音樂家) 직업적성(職業適性)에서 음악에 종사하는 사람은 수용성(受容性)이 좋아야 하므로 정인(正印)이 필요하고, 창의력(創意力)이 필요한 경우는 작곡(作曲) 분야가 되는데, 이러한 영역은 식신(食神)이 있으면 좋다. 연주(演奏)를 전문으로 하는 경우는 반복성(反復性)에 해당하는 편관(偏官)과, 표현성(表現性)에 해당하는 상관(傷官)이 있으면 좋다.

의사(醫師) 직업적성(職業適性)에서 질병을 치료하려면 우선 상황을 정확하게 인식해야 하므로 의심(疑心)이 필요하니 편인(偏印)이 있으면 좋다. 이 때 식신(食神)이면 개발분야에서, 편재(偏財)라면 응용분야에서 능력을 발휘한다.

의상 디자이너 직업적성(職業適性)에서 패션디자이너와 같은 말이지만 좀더 실용적(實用的)인 분위기가 드는 의상 디자이너는 몸을 우선적으로 생각하므로 어머니의 자애심(自愛心)을 살리는 정인(正印)이 필요하고, 다시 새로운 감각으로 유행을 창조하는 것도 고려하므로 편재(偏財)가 필요하다.

이비인후과(耳鼻咽喉科) 직업적성(職業適性)에서 귀, 코, 목을 다루는 분야는 그만큼 다양하기 때문에 전체적으로 관리를 잘 하는 편재(偏財)가 있으면 좋다.

이장(里長) 직업적성(職業適性)에서 동네의 일을 보는 사람이므로 봉사(奉仕)를 하는 것이니 편관(偏官)이 필요하다.

임대업(賃貸業) 직업적성(職業適性)에서 임대(賃貸)하는 일에 어울리는 성분은 관리를 잘 해야 하므로 통제성(統制性)에 해당하는 편재(偏財)와 치밀하게 정리를 해야 하는 정재(正財)가 필요하다.

자동차(自動車) **딜러** 직업적성(職業適性)에서 자동차를 유통시키는 일은 우선 홍보(弘報)를 잘 해야 하므로 사교성(社交性)의 상관(傷官)이 있으면 좋고, 덩치가 큰 물건이니 우선 얼렁뚱땅 팔아치우려는 느낌을 주지 않도록 신뢰감을 주는 성분인 편관(偏官)과 정관(正官)이 있으면 좋다.

자원봉사자(自願奉仕者) 직업적성(職業適性)에서 스스로 원해서 남의 어려움이나 불편함을 도와주는 사람이라면 우선 봉사심(奉仕心)에 해당하는 편관(偏官)과 남의 곤경을 안타깝게 여기는 모성애(母性愛)의 정인(正印)이 있으면 제격이며, 대가를 바라지 않아야 하므로 결실(結實)을 중히 여기는 재성(財星)은 없는 것이 좋다.

작곡가(作曲家) 직업적성(職業適性)에서 음악을 작곡하는 성분은 창의력(創意力)이 넘쳐야 하므로 식신(食神)이 필요하고, 공간적(空間的)인 구조를 하고 있으니 편재(偏財)도 필요하다. 그리고 영감(靈感)이 떠오르면 바로 구체화(具體化)시켜서 오선지에 그려야 하므로 직관력(直觀力)에 해당하는 정인(正印)이 있으면 좋다.

잡지사기자(雜誌社記者) 직업적성(職業適性)에서 여러 가지 일을 맡아서 취재하고 정리하는 것은 발이 넓어야 하므로 사교성(社交性)에 해당하는 상관(傷官)과, 인터뷰에서 본론을 찾아내기 위해서는 직관력(直觀力)이 필요하므로 정인(正印)이 좋다. 그리고 거짓된 것이 있는지를 파악해야 하므로 의심(疑心)에 해당하는 편인(偏印)이 필요하다.

장사 ⇨ 상업(商業)

전문가(專門家) 직업적성(職業適性)에서 보다 전문적인 자질을 갖추는 것으로 본다면 기술자(技術者)의 적성과 같이 식신(食神)과 편관(偏官)이 있고, 편재(偏財)도 있다면 우선한다. 여기에서 기술자보다 더욱 전문적인 영역을 생각한다면 식신에 대한 비중을 더 둔다.

전업주부(專業主婦) 직업적성(職業適性)에서 가정에서 생활하는 여성의 경우라면 모성애(母性愛)가 많아서 보살피게 되는 성분이 발달하므로 정인(正印)이 필요하고, 남편이 벌어다주는 돈을 알뜰하게 분할해서 사용해야 하므로 정재(正財)가 있으면 좋다. 자녀를 잘 교육시키기 위해서는 식신(食神)의 관찰(觀察)이 있으면 좋다. 밖으로 나돌아다니면 가정이 엉망이 될 수 있으니 상관(傷官)이 있으면 전업주부의 자질이 떨어지는 것으로 본다.

점쟁이 직업적성(職業適性)에서 영매자(靈媒者)를 포함한 이 방향의 적성은 직관력(直觀力)이 생명이므로 정인(正印)이나 편인(偏印)이 있어야 한다.

정치인(政治人) 직업적성(職業適性)에서 정치에 어울리는 사람은 기본적으로 봉사(奉仕)를 위주로 해야 하므로 편관(偏官)이 제격이고, 합리적(合理的)인 입법(立法)을 해야 하므로 정관(正官)이 필요하며, 민중의 행복을 위해서는 어떤 위협도 흔들리지 않기 위해서 주체성(主體性)인 비견(比肩)이 필요하다.

朗月 한국의 현재 정치상황에서 보면 오히려 남을 밟고 자신이 올라서는 것을 보면 경쟁심(競爭心)에 해당하는 겁재(劫財)가 필요하고, 또 말만이라도 번지르르하게 해야 하므로 입에 발린 소리를 잘하는 사교성(社交性)인 상관(傷官)이 필요하다. 그리고 당리당략(黨利黨略)에 따라 처신(處身)해야 생존이 보장되므로, 주체성(主體性)은 없어야 하니까 비견(比肩)은 없는 것이 좋다.

제조업(製造業) 직업적성(職業適性)에서 제품을 생산하는 일을 하려면 일종의 창작(創作)이 되므로 식신(食神)이 필요하고, 다시 제품을 완성시켜야 하므로 편재(偏財)도 필요하다.

조리사(調理士) ⇨ 요리사(料理士)

조종사(操縱士) 직업적성(職業適性)에서 조종사라고 하면 항공기를 조종하는 것

을 말하는데, 공간성(空間性)이 좋아야
하므로 편재(偏財)가 필요하고, 복잡한
기계를 조작해야 하므로 또한 편재(偏
財)가 필요하다. 그리고 강력한 훈련을
받아야 하므로 인내심(忍耐心)을 요하는
편관(偏官)이 필요하다.

종교인(宗敎人) 직업적성(職業適性)에서
종교와 연관된 성분은 신비(神秘)한 현
상을 믿어야 가능하므로 편인(偏印)이
있는 것이 좋고, 성실하고 경건한 마음은
편관(偏官)으로 본다.

중개인(仲介人) 직업적성(職業適性)에서
이쪽과 저쪽의 중간에서 흥정하는 것으
로 업을 삼는 경우에 사교성(社交性)인
상관(傷官)이 필요하고, 두 사람의 눈치
를 살펴야 하므로 정인(正印)이 있으면
더욱 유력하다.

증권분석가(證券分析家) 직업적성(職業適
性)에서 증권(證券)을 분석하는 전문가
라면 한 방면의 전문인 기술이 필요하
므로 식신(食神)과 편재(偏財)의 분석력
이 필요하다. 그리고 최대한 자료를 수용
해서 판단하므로 가능하면 직관력(直觀
力)도 필요하기 때문에 정인(正印)과 편
관(偏官)도 필요하다.

직장인(職場人) 직업적성(職業適性)에서
직장생활을 하는 경우에 복종(服從)을
의미하는 관살(官殺)이 있고, 자신의 주
장을 나타내는 상관(傷官)은 없을 경우
에 해당한다.

촬영기사(撮影技士) 직업적성(職業適性)에
서 카메라 전문가는 공간성(空間性)이 가
장 우선하므로 편재(偏財)가 필요하고,
순간의 포착(捕捉)도 중요하므로 직관력
(直觀力)에 해당하는 정인(正印)이 있으
면 좋다. 그리고 감독의 지시를 바로 받
아서 시행하는 것도 중요하므로 편관(偏
官)도 필요하다.

축구(蹴球) 직업적성(職業適性)에서 축구

선수를 고려한다면 단체전에서는 협동
력이 우선해야 하므로 비겁(比劫)이 강
하지 않아야 하고, 순간적(瞬間的)인 판
단이 맞아야 하므로 정인(正印)이 필요
하다.

치과(齒科) 직업적성(職業適性)에서 치아
를 치료하는 성분은 좁은 공간에서 치료
를 하므로 정재(正財)가 있으면 좋다.

컴퓨터 디자이너 직업적성(職業適性)에서
웹디자인을 하는 것은 창의성(創意性)이
필요하므로 식신(食神)이 있으면 좋고,
다시 주문자의 의견을 수용해야 하므로
복종성(服從性)인 편관(偏官)과, 수용성
(受容性)인 정인(正印)이 필요하다.

탁구(卓球) 직업적성(職業適性)에서 탁구
를 잘 하려면 무엇보다도 공간을 통제하
는 기술이 순간적(瞬間的)적으로 이뤄져
야 하므로, 편재(偏財)와 정인(正印)이
필요하다.

탐정(探偵) 직업적성(職業適性)에서 남의
거짓을 밝혀내는 일을 하려면 우선 자신
의 주관대로 풀어야 하므로 주체성(主體
性)의 비견(比肩)이 필요하고, 다시 간단
한 단서를 통해서 상황을 설정해야 하므
로 직관력(直觀力)에 해당하는 정인(正
印)이 필요하다. 또 모든 상황이 조작되
었을 수 있음을 생각하고 의심(疑心)을
해야 하니까 편인(偏印)도 필요하다. 다
만 직장에 소속되지 않고 스스로 자유롭
게 일을 하는 것은 관살(官殺)이 부족하
기 때문이다.

태권도(跆拳道) 직업적성(職業適性)에서
격투기는 모두 같지만 두둑한 배짱이 필
요하다면 비겁(比劫)이 있어야 하고, 극
기심(克己心)도 필요하므로 편관(偏官)
이 있어야 한다.

택시 기사(技士) 직업적성(職業適性)에서
영업용 택시를 몰기에 적당한 성분은 동
서남북(東西南北)의 지리(地理)에 밝아

야 하므로 공간성(空間性)이 좋은 편재(偏財)가 필요하고, 아무하고나 이야기를 잘 나누면 좋으므로 사교성(社交性)에 해당하는 상관(傷官)도 필요하다. 그냥 묵묵히 올바른 방향으로 모셔다 드리는 것을 목적으로 삼는다면 인내심(忍耐心)의 편관(偏官)도 필요하다.

통반장(統班長) 직업적성(職業適性)에서 봉사를 하는 일로 봐서 관살(官殺)이 있으면 좋다.

통역(通譯) 직업적성(職業適性)에서 통역가의 일을 잘 하는 성분으로는 두 사람의 뜻을 잘 헤아려야 하기 때문에 직관력(直觀力)에 해당하는 정인(正印)이 있으면 좋고, 설명을 합당하게 해야 하므로 상관(傷官)이나 식신(食神)이 있으면 좋다. 그리고 자신의 주장이 많이 개입되지 않아야 하므로 주체성(主體性)에 해당하는 비겁(比劫)은 원하지 않는다.

판사(判事) 직업적성(職業適性)(職業適性)에서 죄(罪)의 선악(善惡)을 판단하는 일의 적성에는 공명정대(公明正大)함이 필요하므로 오로지 정관(正官)이 있어야 한다.

패션 디자이너 직업적성(職業適性)에서 같은 의상 디자이너이면서도 유행(流行)에 좀더 민감한 것으로 느껴지는 패션 디자이너는 감각(感覺)이 뛰어나야 하므로 편재(偏財)가 있으면 좋고, 다시 객관적인 상황을 수용하는 것도 포함되므로 정인(正印)이 있으면 좋다. 그리고 다소 튀어도 좋다고 보므로 상관(傷官)도 포함한다.

편집인(編輯人) 직업적성(職業適性)에서 관리하고 통제하는 편집(編輯) 일은 내용을 파악하고 관리하는 일이 되므로 통제성(統制性)에 해당하는 편재(偏財)가 필요하다. 그리고 발행(發行)이 된 후에 미칠 영향에 대해서도 고려를 한다면 합

리적(合理的)인 성향인 정관(正官)의 도움도 필요하다.

포주(抱主) 직업적성(職業適性)에서 몸 파는 여성을 두고 영업하는 사람의 경우에 통제(統制)를 확실히 해야 하므로 편재(偏財)가 필요하고, 윤리적(倫理的)인 부담이 적어야 하므로 인성(印星)은 극을 받는 것이 좋다.

풍수가(風水家) 직업적성(職業適性)에서 풍수지리(風水地理)를 연구하는 경우에 산천(山川)을 보고 판단해야 하므로 편재(偏財)가 필요하고, 추상적(抽象的)인 형상을 통해서 구체적으로 해석해야 하므로 정인(正印)과 정재(正財)가 있으면 좋다.

프로듀서 직업적성(職業適性)에서 방송 기술자가 되는 성분은 통제(統制)를 잘 해야 하므로 편재(偏財)가 필요하고, 치밀한 성분인 정재(正財)가 있으면 더욱 짜임새 있는 작품을 만들게 된다. 그리고 방송이 나가면서 반응에 따라 수정(修訂)도 필요하므로 수용성(受容性)에 해당하는 정인(正印)이 있으면 더 좋다.

피부과(皮膚科) 직업적성(職業適性)에서 겉으로 보이는 것을 치료하는 것이니 정재(正財)가 있으면 좋고, 좀더 깊이 연구하고 표면에 나타난 것이 내부의 원인에 의한다고 보고 궁리한다면 식신(食神)이 필요하다.

학원(學院) 직업적성(職業適性)에서 학원을 경영하는 것은 교육기관(教育機關)의 일종으로 정인(正印)과 편인(偏印)의 영역으로 간주한다. 사업이라는 점에서는 재성(財星)이 가세한다.

학자(學者) 직업적성(職業適性)에서 한 가지 학문에 전문가(專門家)로 활동하게 되는 것은 파고들면서 연구를 하는 식신(食神)이 있어야 한다. 여기에 나름대로 결론을 내리게 되는 재성(財星)이 있으면

더욱 유력하다.

한의사(韓醫師) 직업적성(職業適性)에서 한의학을 통해 질병을 치료하는 일은 전체적인 상황을 보는 편재(偏財)와, 종합해서 결론을 내리는 인성(印星)과, 두려움이 없어야 병과 대항하므로 비겁(比劫)이 있으면 좋다.

항해사(航海士) 직업적성(職業適性)에서 뱃길을 밝게 아는 사람이라면 공간성(空間性)이 좋은 편재(偏財)와 풍파(風波)를 만나도 버티는 뚝심이 필요한 주체성(主體性)에 해당하는 비견(比肩)이 있으면 좋다. 좁은 공간에서 일하므로 의식이 밖으로 향하는 상관(傷官)은 없는 것이 좋다.

형사(刑事) 직업적성(職業適性)에서 범죄(犯罪) 사건을 수사하는 것은 남의 거짓을 밝혀내 우선 자신의 주관대로 풀어야 하므로 주체성(主體性)의 비견(比肩)이 필요하고, 간단한 단서를 통해 상황을 설정해야 하므로 직관력(直觀力)에 해당하는 정인(正印)이 필요하며, 모든 상황이 조작되었을 수도 있음을 생각해 의심(疑心)을 해야 하니 편인(偏印)도 필요하다. 그리고 직장에서 종사하려면 정관(正官)이 있으면 좋다.

화가(畵家) 직업적성(職業適性)에서 그림을 그리는 사람은 무에서 유를 창조하므로 창작성(創作性)에 해당하는 식신(食神)이 필요하고, 자신의 느낌을 잘 표현해야 하므로 느낌에 해당하는 정인(正印)이 있으면 좋다. 그리고 화폭(畵幅)을 잘 채우기 위해 배분도 잘 해야 하므로 편재(偏財)가 필요하며, 특히 정밀묘사를 하는 그림을 그린다면 정재(正財)가 필요하다.

회계사(會計士) 직업적성(職業適性)에서 회계 일을 하려면 보통은 치밀한 계산을 요구하는 정재(正財)가 필요할 것이라고 생각하는데, 실제는 합법적(合法的)인 세금 절약을 위해 관련되는 법을 잘 알아야 하므로 관살(官殺)이 있어야 하고, 관련 서류를 살펴 전체적인 상황을 파악해야 하므로 통제성(統制性)에 해당하는 편재(偏財)가 필요하다.

책소개

격국용신론전서(상) 엄윤운, 동양서적

격국용신론전서(중) 엄윤운, 동양서적

격국용신론전서(하) 엄윤운, 동양서적

계절로 풀이한 사주팔자 이준용, 좋은글

고려천세력 추송학 편, 생활문화사

고산의 십이지비법 엄창용, 위미디어

과학적 사주풀이 과학역학연구회 계백

궁통보강 강해 이을로 동학사

역학 원리를 과학적으로 분석한 구성기학 이승재, 동학사

구성기학 실전사례 이승재, 동학사

궁통보감정해 권백철 외, 명문당

궁합대백과 한중수, 동반인

궁합론전서 강태호, 동양서적

궁합을 알면 행복이 보인다 은희석, 예문당

궁합의 선택 유종석 외, 생활문화사

귀곡운기병법(당년운세편) 유덕선, 동반인

그림 당사주대전(원본비전) 이선암 외, 관음출판사

그림사주 당화주역 김한도 편, 남산당

그림사주풀이 임승혁 편, 황금시대

그림으로 배우는 사주원리 김춘기, 백산출판사

그림 추사주 추송학, 생활문화사

TEST중심 기본사주학 이영준, 동학사

기문둔갑 1. 2 이을로, 동학사

기 살리는 사주학 한대희, 초록배매직스

기초부터 활용까지 택일 완벽 가이드 백호, 동학사

나의 운명감정 맹관호 엮음, 크라운출판사

나의 운명 나의 건강 정수호, 동학사

나이로 본 궁합(송원역학시리즈9) 김용호, 송원문화사

남산만세력(개정증보) 대한역법연구소 편, 대지문화사

내가 보고 내가 바꾸는 DIY 사주(역학) 전광, 삼한출판사

내가 보는 내 운수(한국동양철학총서 18) 남궁상, 역학사

내가 푸는 내 운명 감정 소프트(상) 김백만, 관음출판사

내가 푸는 내 운명 감정 소프트(하) 김백만, 관음출판사

넉자사주 황상현 편, 솔바람

논리적 사주풀이 과학역학연구회, 계백

당사주요람대전 김혁제 외, 명문당

당화사주 백운당 편, 동양서적

대영 백세력 편집부 편, 역리원

대영 종합 만세력(기문둔갑 명리대운) 오상도, 역리원

대운만세력 김현석 편, 동양서적

대운만세력 편집부, 우성출판사

대운만세력(소) 김현석 편, 동양서적

대운전산만세력 한중수 편, 한림원

대운전산만세력(12000) 한중수 편, 한림원

대운천세력(대) 추송학, 생활문화사

대운천세력(수첩) 추송학, 생활문화사

대조 만세력(개정판) 한중수 편, 명문당

대학생 사주학 안태성, 명문당

도경 만세력 이도경, 가교

도계실관 박재완, 너른터

동양인의 사주팔자 김성진, 동양역리교육원
동양인의 사주팔자 2 김성진, 동양역리교육원
디지털절기만세력 김동완, 동학사
띠별로 풀이한 사주정해 최전권, 좋은글
만세력 대백과 한중수, 동반인
만세력 정도명, 가림출판사
명1 김상연 편저, 갑을당
명2 김상연 편저, 갑을당
명리대전(고급편1) 박평원, 창해
명리대전(고급편2) 박평원, 창해
명리대전(고급편3) 박평원, 창해
명리대전(기초편) 박평원, 창해
명리대전정해(원전대역) 이해형, 남산당
명리비전(상) 추일호, 나라
명리비전(하) 추일호, 나라
명리사전 박재완, 신지평
명리신해 홍정, 가교
명리실관 박재완, 역문관서우회
명리요강 종관, 역문관서우회
명리요강 편집부, 신지평
명리입문 정지호, 삼한출판
명리입문 추일호, 나라
명리정설 이준우, 명문당
명리정종정해 심재열, 명문당
명리학과 오운육기론 편집부, 명문당
명리학과 질병론(사주팔자는정직하다) 민족문
  화사
명리학교실 홍정, 책만드는집
명리학 길라잡이 백리향, 계백
명리학 만문만답 조성우, 관음출판사
명리학원론 이상규, 명문당
명리학의 교과서 편집부, 운주사
명학비해 엄윤문, 동양서적
밀알 만세력 김혜원 편, 밀알
보기 쉬운 사주만세력 우리문화기획팀, 동학사
부자사주 거지팔자 유일우, 동학사
비전 당사주요람 김혁제 외, 명문당
비전 한국사주학보감 Ⅰ(한국동양철학총서 2)
  남궁상 편, 역학사
비전 한국사주학보감 Ⅱ(한국동양철학총서3)

남궁상 편, 역학사
사람팔자 알 수 있다 김의철, 피플뱅크
사랑의 남녀 궁합 한중수, 명문당
사주감정법비결집 신육천, 갑을당
사주감정 실천법(천고비전) 신육천, 갑을당
사주강의(녹음테이프) 추송학, 생활문화사
사주강의(완전정리 1) 추송학, 생활문화사
사주강의(완전정리 2) 추송학, 생활문화사
사주강의(완전정리 3) 추송학, 생활문화사
사주강의(완전정리 4) 추송학, 생활문화사
사주공부 100일 완성 이청담, 신지평
사주궁합 살성이야기 오희규, 명문당
사주길잡이 정호담 편, 영림원
사주대관(자해비전) 김우재, 명문당
사주대전(비전) 김우재 외 편, 명문당
사주를 알면 운명이 보인다 김동윤, 두남
사주를 알면 인생이 보인다 이선종, 신지평
사주명리학 초보탈출 김동완, 동학사
사주명리학 완전정복 김동완, 동학사
사주명리학 격국특강 김동완, 동학사
사주명리학 용신특강 김동완, 동학사
사주명리학 운세변화 김동완, 동학사
사주명리학 심리분석 김동완, 동학사
사주명리학 가족상담 김동완, 동학사
사주명리학 물상론분석 김동완, 동학사
사주명리학 실전풀이 김동완, 동학사
사주명리학대사전 편집부 편, 갑을당
사주명리학의 핵심 박흥식, 삼한출판사
사주문답 1·2·3 박주현, 동학사
사주보감(정통비전) 김백만, 명문당
사주 보는법 최윤석, 동양서적
사주비결 활용법 이세진, 가림출판사
사주비전 추송학, 생활문화사
사주비전적천수 김동규, 명문당
사주신비의 연구 윤제악, 한림원
사주 신비탐험 이선종, 동학사
사주운명학의 정설 김찬동, 명문당
사주임상록 이상욱, 관음출판사
사주자해 김우재, 대지문화사
사주정해 Ⅰ 최학림, 가교

왕초보도 풀 수 있는 내 궁합 사주팔자 정청암,
　문원북
왕초보사주학(연구) 박주현, 동학사
왕초보사주학(입문) 박주현, 동학사
왕초보사주학(심리) 박주현, 동학사
왕초보 자미두수 1·2 김선호, 동학사
우리나라 만세력 한국민족문화연구원, 동학사
우리말 대운만세력 조영수, 관음출판사
우리 시간 우리 절기 맞춤형 사주만세력 이 경,
　동학사
육갑 마의천, 동반인
육갑경 마의천, 동반인
육갑으로 풀이한 신궁합 정해 정도명, 좋은글
육십갑자(알고나삽시다 2) 명지산인 편, 단군
음양오행으로 살펴본 세상사 김태규, 동학사
이런 사주가 증권에 강하다 이혁경, 테마북스
인생과 궁합 김원정, 교학사
자평일득강론 정규련 편, 홍릉과학출판사
자평진전 강해 이을로, 동학사
증보판 작은 사주만세력 이 경, 동학사
적천수강의 1·2·3 박주현, 동학사
적천수 써머리 이수, 동학사
정본만세력(수정증보) 김우재 편, 명문당
정본천세력(수정판) 김우재 편, 명문당

진본 토정비결 이재운, 동학사
천기대요 우리민력 이을로 편, 동학사
천문만세력 한중수 편, 명문당
추명가해설집(상) 성공도외 편, 동양서관
추명가해설집(중) 성공도외 편, 동양서관
추명가해설집(하) 성공도외 편, 동양서관
추명학비전 강열호, 동양서적
컴퓨터만세력(중) 김상연 편, 갑을당
태음만세력 조성우, 명문당
Test중심 핵심사주학 이영준, 동학사
표준역학시험문제집 1 한국역리학원장 편, 동양
　서적
하락이수(상) 김수길 외 역, 대유학당
하락이수(하) 김수길 외 역, 대유학당
하락이수(하) 서정기 편역, 신지평
하락이수해설(가림역학총서 5) 이천교, 가림출
　판사
한의학과 사주팔자 이정근, 민족문화사
행림 만세력 1 이도경, 행림출판사
행림 만세력 2 이도경, 행림출판사
행림 만세력 3 이도경, 행림출판사
행림 만세력 4 이도경, 행림출판사
현대인의 사주팔자 한중수, 글벗사

낭월의 저서

왕초보 사주학 시리즈와 사주용어사전

- **왕초보 사주학(입문편)** 360쪽 | 값 17,000원
- **왕초보 사주학(연구편)** 436쪽 | 값 17,000원
- **왕초보 사주학(심리편)** 452쪽 | 값 17,000원
- **낭월 사주용어사전** 316쪽 | 값 23,000원

자신의 운명을 생각하다가 인연이 되어서 자평명리학(子平命理學)에 관심을 갖게 된 입문자를 위해 알기 쉬운 설명과 재미있는 비유로 쉽게 이해할 수 있게 구성되었다. 또한 어렵고 생소한 용어의 정리를 도와줄 용어사전도 마련되어 있다.

알기 쉬운 시리즈

- **알기 쉬운 음양오행** 432쪽 | 값 17,000원
- **알기 쉬운 천간지지** 450쪽 | 값 17,000원
- **알기 쉬운 합충변화** 408쪽 | 값 17,000원
- **알기 쉬운 용신분석** 468쪽 | 값 20,000원

자평명리학을 공부하려는 독자에게 기준이 되기를 바라는 관점에서 저술한 《알기 쉬운 시리즈》이다. 어렵고 딱딱한 사주공부를 조금이라도 이해하기 쉽게 풀어서 설명하면 책을 통해서 공부하는 입장에서 많은 도움이 되겠다는 생각으로 쓴 책이다. 무엇이든 다 그렇지만, 학문의 체계에서 기초보다 더 중요한 것은 없다고 해도 과언이 아니다. 그래서 혹시라도 간과하고 지나간 부분이 있어서 마무리가 되지 않는다면, 이 시리즈가 바로 그러한 점을 찾아주는 역할을 할 수 있을 것이다.

적천수 강의(滴天髓講義) 시리즈

- **적천수 강의 1** 560쪽 | 값 30,000원
- **적천수 강의 2** 572쪽 | 값 30,000원
- **적천수 강의 3** 628쪽 | 값 30,000원

모든 분야에는 정점을 지키는 경전(經典)이 있기 마련이다. 『적천수(滴天髓)』는 자평명리학의 핵심 경전이라고 할 수 있는데, 이 책을 풀이한 『적천수징의(滴天髓徵義)』의 직역과 뜻을 설명하여 이해에 도움이 되게 한 지침서이다.

사주문답 시리즈

- **사주문답 1** 424쪽 | 값 18,000원
- **사주문답 2** 392쪽 | 값 18,000원
- **사주문답 3** 416쪽 | 값 18,000원

《왕초보 사주학 시리즈》와 《알기 쉬운 시리즈》를 통해서 인연이 된 독자들과 인터넷 〈낭월명리학당〉 게시판에서 문답한 내용을 책으로 엮었다. 다양한 질문과 또 그만큼 다양한 관점으로 자평명리학을 바라보면서 나눈 이야기들을 모아서 공부의 자료로 재구성하였다. 마음속에 쌓인 의문에 대해서 때로는 속 시원한 답변이 될 수도 있고, 때로는 새로운 의문을 갖게 되는 계기가 될 수도 있을 것이다. 이러한 과정을 통해서 학문의 세계는 더욱 넓어질 것이고, 그만큼 통찰력이 깊어지게 된다.

* 위 도서의 상세한 설명은 동학사 홈페이지 www.donghaksa.co.kr을 참조하세요.

사주심리학 시리즈

- **사주심리학 1** 390쪽 | 값 32,000원
- **사주심리학 2** 394쪽 | 값 32,000원

삼라만상은 모두 자신의 마음이 있다. 명리학을 공부하는 학자가 반드시 알아야 할 '음양의 마음', '오행의 마음', '십간의 마음'과 '십이지의 마음'을 분석하고, 십성(十星)의 구조에 대해서도 심리적인 관점으로 풀이하여 사람의 심리와 사주의 연관성을 살펴볼 수 있게 구성하였다. 상담은 결국 심리 치료라고 할 수 있으므로 사주를 통해 그 사람의 마음을 이해하는 것이 중요하다.

시시콜콜 명리학 시리즈

- **1. 음양** 270쪽 | 값 13,000원
- **2. 오행** 300쪽 | 값 13,000원
- **3. 천간** 364쪽 | 값 14,000원
- **4. 지지** 336쪽 | 값 14,000원
- **5. 간지** 326쪽 | 값 14,000원
- **6. 육갑** 371쪽 | 값 14,000원

사주를 공부하려고 마음을 일으켰지만 왠지 어려운 벽이 느껴져서 망설이는 독자를 위해서 준비하였다. 이 시리즈를 통해서 간지(干支)의 핵심에 접근하여 기본을 다져서 스스로 공부의 방향을 잡을 수 있을 것이다.

점술 활용 시리즈

- **오주괘(五柱卦)** 낭월·인월 엮음 324쪽 | 값 35,000원
- **오주괘관법(五柱卦觀法)** 336쪽 | 값 24,000원
- **백수점단(百首占斷)** 낭월 엮음 232쪽 | 값 22,000원

오주괘(五柱卦)는 연월일시분의 오주(五柱)를 자평법에 대입하여 점료로 삼는 방법을 설명한 것이며, 백수점단(百首占斷)은 100개의 대막대기를 뽑아서 길흉을 판단하는 고법(古法)을 활용하도록 하였다. 사주를 풀이하더라도 때로는 점괘가 필요할 때도 있다. 그러한 경우를 당하여 당황하지 말고 괘를 뽑아서 활용할 수 있게 구성하였다.

현공풍수(玄空風水) 시리즈

- **신나는 현공풍수(입문편)** 낭월·자명 지음 306쪽 | 값 35,000원
- **놀라운 현공풍수(활용편)** 낭월·자명 지음 408쪽 | 값 43,000원
- **현공수책(玄空手冊)** 낭월·자명·화인 지음 270쪽 | 값 32,000원

환경의 변화를 읽는 학문으로 현공풍수(玄空風水)가 각광받고 있다. 특히 고인(故人)을 위한 음택(陰宅)에서만이 아니라 사람이 살아가는 환경인 양택(陽宅)에 대해서 많은 궁리의 결과로 현공풍수가 있었다. 여기에 대해서 기본적인 의미와 활용 방법을 재미있게 설명하였고, 현장에서 간편하게 찾아볼 수 있는 사주에서의 만세력과 같은 역할을 하는 현공수책을 소개하였다.

* 위 도서의 상세한 설명과 주문은 저자 낭월의 홈페이지 www.nangwol.com을 참조하세요.

문의전화_ 041-732-2583 / 이메일_ nangwol@gmail.com

낭월 사주용어사전

엮은이 ᅵ 박주현
펴낸이 ᅵ 유재영
펴낸곳 ᅵ 동학사

1판 1쇄 ᅵ 2002년 2월 14일
1판 12쇄 ᅵ 2022년 12월 30일
출판등록 ᅵ 1987년 11월 27일 제10-149

주소 ᅵ 04083 서울 마포구 토정로 53(합정동)
전화 ᅵ 324-6130, 324-6131 · 팩스 ᅵ 324-6135
E-메일 ᅵ dhsbook@hanmail.net
홈페이지 ᅵ www.donghaksa.co.kr
www.green-home.co.kr

© 박주현, 2002

ISBN 89-7190-088-1 03150